경비지도사
경호학

2차 [일반경비]

시대에듀

2025 시대에듀 경비지도사 경호학 [일반경비]

Always with you

사람의 인연은 길에서 우연하게 만나거나 함께 살아가는 것만을 의미하지는 않습니다. 책을 펴내는 출판사와 그 책을 읽는 독자의 만남도 소중한 인연입니다. **시대에듀**는 항상 독자의 마음을 헤아리기 위해 노력하고 있습니다. 늘 독자와 함께하겠습니다.

합격의 공식
온라인 강의

보다 깊이 있는 학습을 원하는 수험생들을 위한 시대에듀의 동영상 강의가 준비되어 있습니다.
www.sdedu.co.kr ➜ 회원가입(로그인) ➜ 강의살펴보기

머리말
PREFACE

"생명과 재산을 지켜주는 수호자! 경비지도사"

현대인들은 자신의 의지와 상관없이 외부로부터 가해지는 각종의 위협에 노출되어 있다. 그러나 국가 경찰력이 각종 범죄의 급격한 증가 추세를 따라잡기에는 현실적으로 한계가 있으며, 이에 국가가 사회의 다변화 및 범죄의 증가에 효과적으로 대응하고 경찰력을 보완할 수 있는 전문인력을 양성하고자 경비지도사 국가자격시험을 시행한 지도 28년이 되었다.

경비지도사는 사람의 신변보호, 국가중요시설의 방호, 시설에 대한 안전업무 등을 담당하는 경비인력을 효율적으로 관리, 감독할 수 있는 전문인력으로서 그 중요성이 나날이 커지고 있으며, 그 수요 역시 꾸준히 증가하고 있지만, 합격인원을 한정하고 있기 때문에 경비지도사를 준비하는 수험생들의 부담감 역시 커지고 있다. 해마다 높아지고 있는 합격점에 대한 부담감을 안고 시험 준비에 어려움을 겪고 있을 수험생들을 위하여 본서를 권하는 바이다.

더 이상 단순 암기만으로는 합격에 도달할 수 없는 현시점에서, 지금 수험생들에게 가장 필요한 것은 "선택과 집중 그리고 이해 위주의 학습"이다. 점차 확장되고 있는 출제범위 내에서 과목별로 적절한 분량과 학습에 필요한 자료들만을 선택하여 이해 위주의 학습을 하는 것이야말로 시간 대비 가장 효율적인 학습방법인 것과 동시에 합격으로 향하는 가장 확실한 지름길이라 할 수 있을 것이다.

이에 따라 국가자격시험 전문출판사인 시대에듀가 수험생의 입장에서 더 필요하고 중요한 것을 생각하며 본서를 내놓게 되었다.

"2025 시대에듀 경비지도사 경호학 [일반경비]"의 특징은 다음과 같다.

❶ 최신 개정법령과 최근 기출문제의 출제경향을 완벽하게 반영하여 수록하였다.
❷ 시대에듀 교수진의 철저한 검수를 통해 교재상의 오류를 없애고 최신 학계 동향을 정확하게 반영하여 출제 가능성이 높은 테마를 빠짐없이 학습할 수 있도록 하였다.
❸ 다년간 경비지도사 수험분야 최고의 자리에서 축적된 본사만의 노하우(Know-how)를 바탕으로 시험에 자주 출제되는 중요 포인트를 선별하여 꼭 학습해야 할 핵심내용을 중심으로 교재를 구성하였다.
❹ 경비지도사 시험의 기출문제를 완벽하게 분석하여 상세한 해설을 수록하였으며, 기출표기를 통해 해당 문항의 중요도를 한눈에 파악할 수 있도록 하였다.
❺ 대한민국을 대표하는 시대에듀와의 강의 연계를 통해 검증된 수준의 강의를 지원받을 수 있다.

끝으로 본서가 모든 수험생들에게 합격의 지름길을 제시하는 안내서가 될 것을 확신하면서 본서로 공부하는 모든 수험생들에게 행운이 함께하기를 기원한다.

대표 편저자 씀

STRUCTURES
도서의 구성 및 특징

PART 01 이론편

STEP 1 학습지원

본격적으로 학습하기에 앞서 CHAPTER별로 상세 목차, 최다 출제 POINT 및 학습 목표를 통해 내용의 흐름을 파악하고, 중요도 및 학습방향을 설정할 수 있다.

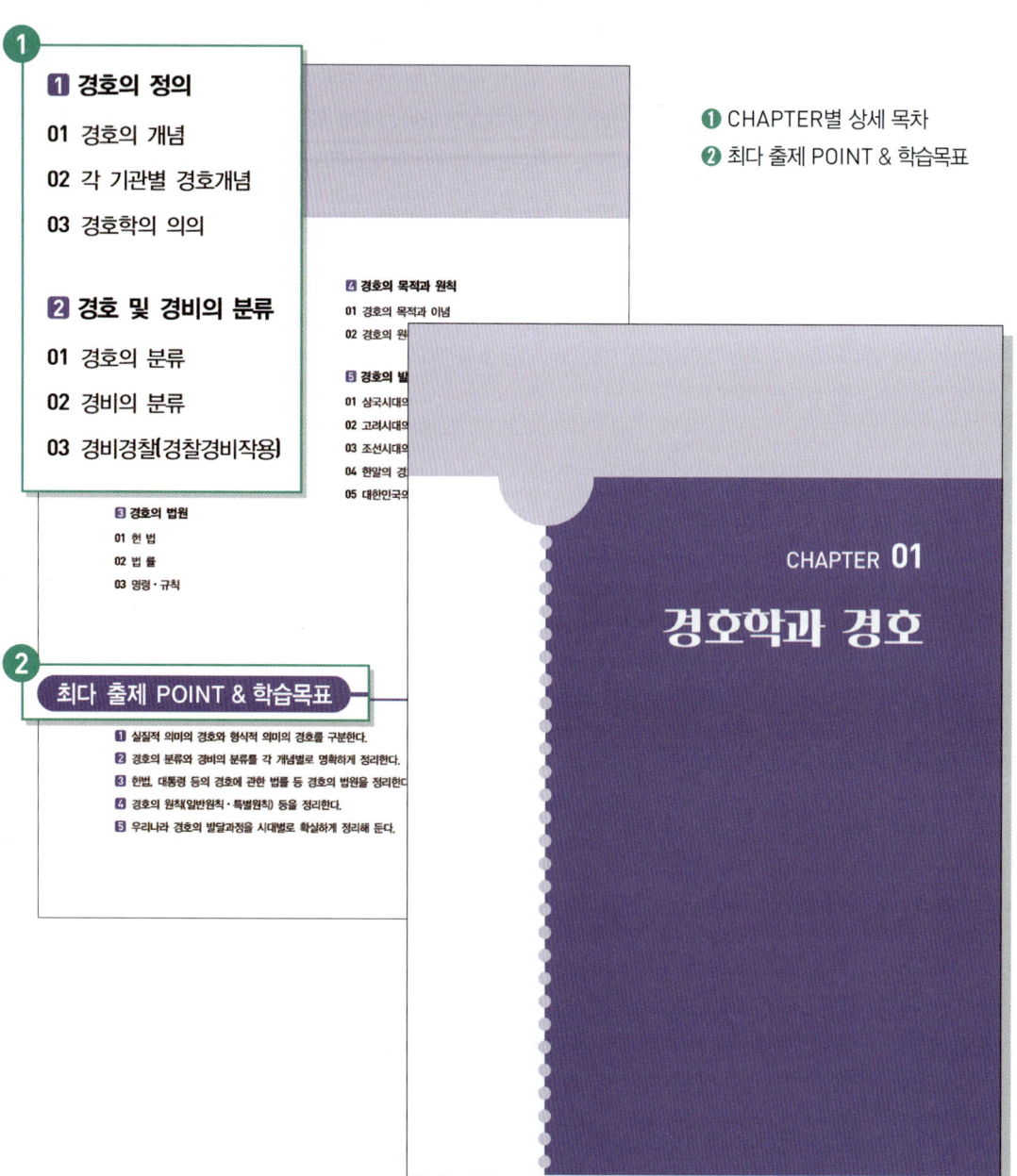

❶ CHAPTER별 상세 목차
❷ 최다 출제 POINT & 학습목표

PART 01 이론편

STEP 2 핵심이론

최신 출제경향 및 개정법령을 반영하여 체계적으로 정리한 핵심이론을 수록하였으며, 심화내용 BOX와 빈칸문제를 통해 필수개념을 확실하게 정리할 수 있다.

❶ 심화내용 BOX
❷ 기출표시
❸ 출제 POINT 빈칸문제 및 정답

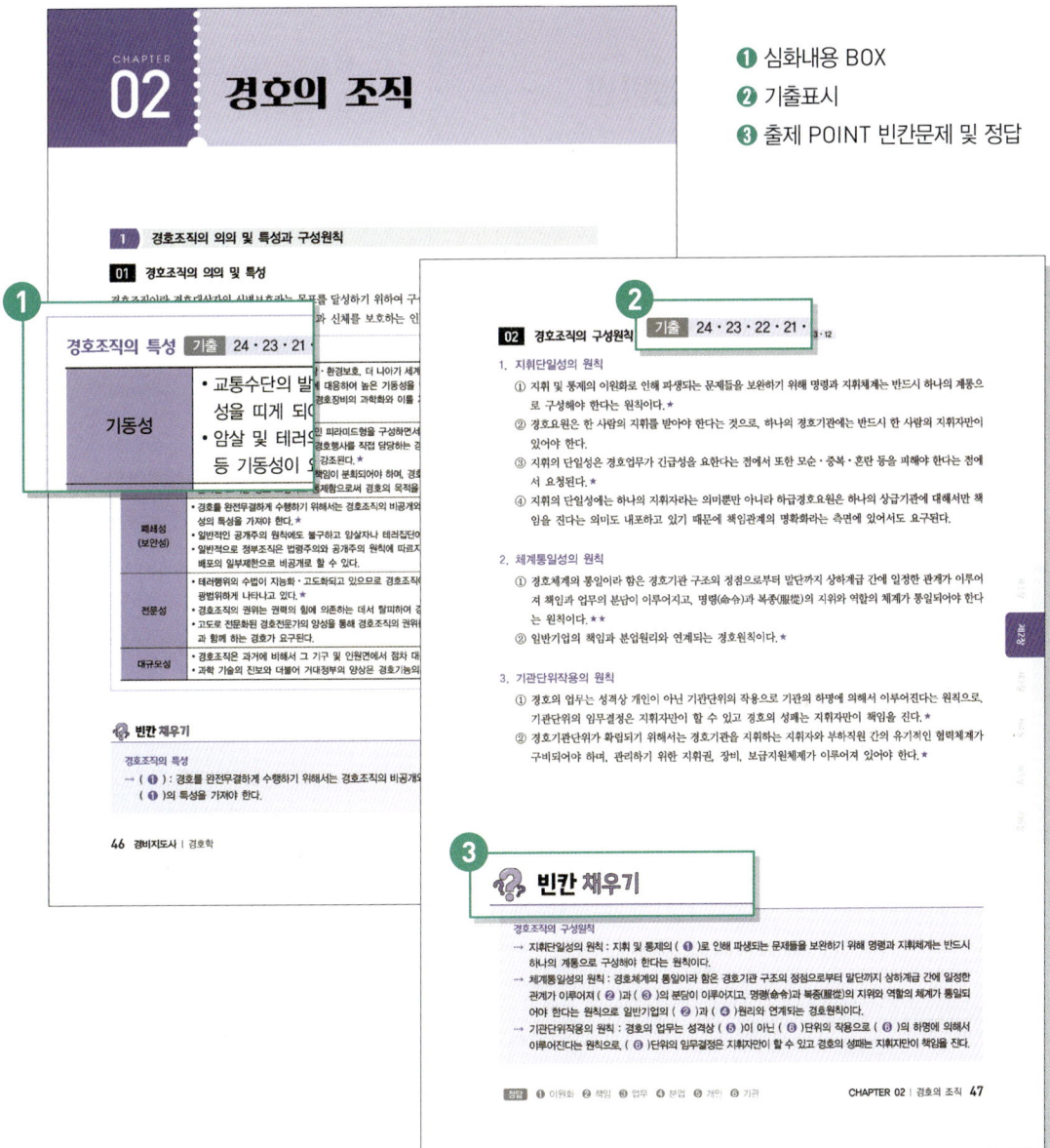

STRUCTURES
도서의 구성 및 특징

PART 02 문제편

STEP 3 심화문제

경비지도사 제1회부터 제26회까지의 기출문제 중 중요 기출만을 엄선하였으며, 실전감각을 향상시킬 수 있는 모의심화문제를 추가로 수록하였다.

❶ 심화문제 & 정답
❷ 기출년도

2025 시대에듀 경비지도사 경호학 [일반경비]

합격의 공식 Formula of pass | 시대에듀 www.sdedu.co.kr

PART 02
문제편

STEP 4 상세해설

꼼꼼한 상세해설을 통해 이론을 재확인하고, 핵심만 콕 & 법령 박스로 추가적인 학습이 가능하다.

❶ 상세해설
❷ 법령 박스
❸ 핵심만 콕

INTRODUCTION

경비지도사 소개 및 시험안내

➕ 경비지도사란?

경비원을 지도·감독 및 교육하는 자를 말하며, 일반경비지도사와 기계경비지도사로 구분한다.

➕ 주요업무

경비업자가 대통령령이 정하는 바에 따라 선임한 경비지도사의 직무는 다음과 같다(경비업법 제12조 제2항, 동법 시행령 제17조 제1항).

> 1. 경비원의 지도·감독·교육에 관한 계획의 수립·실시 및 그 기록의 유지
> 2. 경비현장에 배치된 경비원에 대한 순회점검 및 감독
> 3. 경찰기관 및 소방기관과의 연락방법에 대한 지도
> 4. 집단민원현장에 배치된 경비원에 대한 지도·감독
> 5. 그 밖에 대통령령이 정하는 직무
>   [1] 기계경비업무를 위한 기계장치의 운용·감독(기계경비지도사의 경우에 한한다)
>   [2] 오경보방지 등을 위한 기기관리의 감독(기계경비지도사의 경우에 한한다)

➕ 응시자격 및 결격사유

응시자격	제한 없음
결격사유	경비업법 제10조 제1항 각호의 1에 해당하는 자

※ 결격사유에 해당하는 자는 시험 합격 여부와 관계없이 시험을 무효처리한다.

2025년 일반·기계경비지도사 시험 일정(사전공고 기준)

회 차	응시원서 접수기간	제1차·제2차 시험 동시 실시	합격자 발표일
27	9.22~9.26 / 10.30~10.31(추가)	11.15 (토)	12.31 (수)

합격기준

구 분	합격기준
제1차 시험	매 과목 100점을 만점으로 하여 매 과목 40점 이상, 전 과목 평균 60점 이상 득점한 자
제2차 시험	• 선발예정인원의 범위 안에서 전 과목 평균 60점 이상을 득점한 자 중에서 고득점순으로 결정 • 동점자로 인하여 선발예정인원이 초과되는 때에는 동점자 모두를 합격자로 결정

※ 제1차 시험 불합격자는 제2차 시험을 무효로 한다.

경비지도사 자격시험

구 분	과목구분	일반경비지도사	기계경비지도사	문항수	시험시간	시험방법
제1차 시험	필 수	1. 법학개론 2. 민간경비론		과목당 40문항 (총 80문항)	80분 (09:30~10:50)	객관식 4지택일형
제2차 시험	필 수	1. 경비업법(청원경찰법 포함)		과목당 40문항 (총 80문항)	80분 (11:30~12:50)	객관식 4지택일형
	선택 (택1)	1. 소방학 2. 범죄학 3. 경호학	1. 기계경비개론 2. 기계경비기획 및 설계			

INTRODUCTION
경비지도사 소개 및 시험안내

일반경비지도사 제2차 시험 검정현황

구 분	대상자	응시자	합격자	합격률
2020년(제22회)	12,578	7,700	791	10.27%
2021년(제23회)	12,418	7,677	659	8.58%
2022년(제24회)	11,919	7,325	573	7.82%
2023년(제25회)	10,325	6,462	574	8.88%
2024년(제26회)	10,102	6,487	873	13.47%

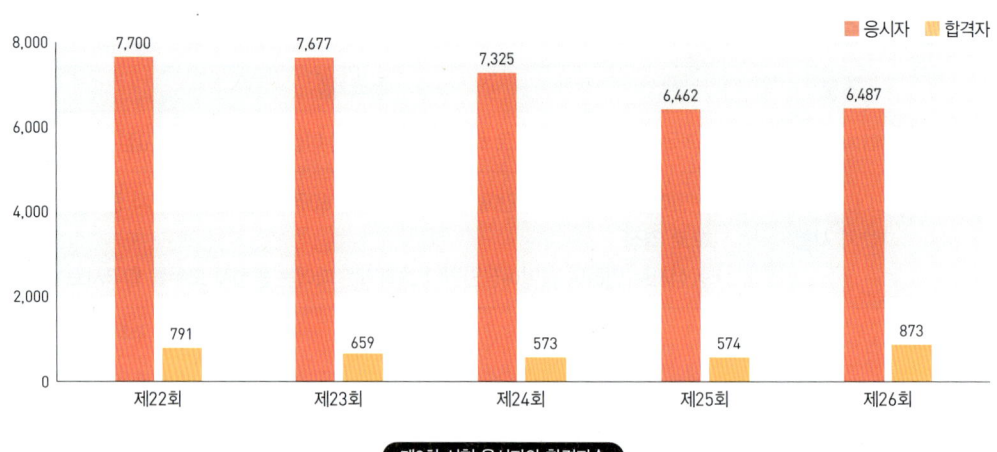

제2차 시험 응시자와 합격자수

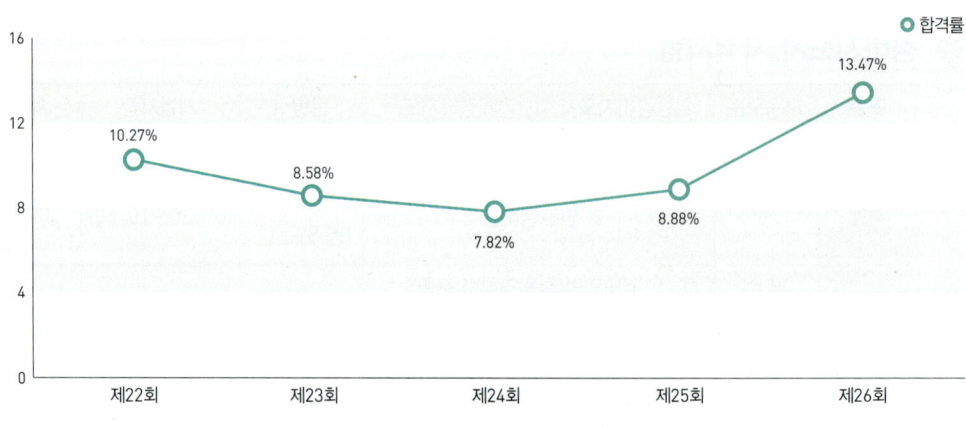

제2차 시험 합격률

REVISED LAW
최신 개정법령 소개

➕ 경비지도사 제2차 시험 관련 법령

본 도서에 반영된 주요 최신 개정법령은 아래와 같다(적색 : 2024년 이후 개정법령).

구 분	법 령	시행일
경비업법	경비업법	2025.01.31
	경비업법 시행령	2025.01.31
	경비업법 시행규칙	2025.01.31
청원경찰법	청원경찰법	2022.11.15
	청원경찰법 시행령	2024.04.23
	청원경찰법 시행규칙	2022.11.10
경호학 관련 법령	대통령 등의 경호에 관한 법률	2025.06.04
	대통령 등의 경호에 관한 법률 시행령	2023.06.05
	대통령경호처와 그 소속기관 직제	2023.12.29
	전직대통령 예우에 관한 법률	2017.09.22
	전직대통령 예우에 관한 법률 시행령	2021.01.05
	대통령경호안전대책위원회규정	2022.11.01
	국민보호와 공공안전을 위한 테러방지법	2024.02.09
	국민보호와 공공안전을 위한 테러방지법 시행령	2022.11.01
	국민보호와 공공안전을 위한 테러방지법 시행규칙	2024.10.17
	국가테러대책위원회 및 테러대책실무위원회 운영규정	2017.08.23
	다자간 정상회의의 경호 및 안전관리 업무에 관한 규정	2014.07.04
	보안업무규정	2021.01.01
	보안업무규정 시행규칙	2022.11.28

※ 경비지도사 자격시험에서 법률 등을 적용하여 정답을 구하여야 하는 문제는 시험 시행일 현재 시행 중인 법률 등을 적용하여 정답을 구하여야 한다.

➕ 개정법령 관련 대처법

❶ 최신 개정사항은 당해 연도 시험에 출제될 확률이 높으므로, 시험 시행일 전까지 최신 개정법령 및 개정사항을 필히 확인해야 한다.

❷ 최신 개정법령은 아래 법제처의 국가법령정보센터 홈페이지 등을 통해 확인이 가능하다.

법제처 국가법령정보센터	www.law.go.kr

❸ 도서 출간 이후의 최신 개정법령 및 개정사항에 대한 도서 업데이트(추록)는 아래의 시대에듀 홈페이지 및 서비스를 통해 제공받을 수 있다.

시대에듀 홈페이지	www.sdedu.co.kr www.edusd.co.kr
시대에듀 경비지도사 독자지원카페	cafe.naver.com/sdsi
시대북 통합서비스 앱	구글 플레이 또는 앱스토어에서 시대에듀로 검색

ANALYSIS
최근 5년간 출제경향 분석

제2과목 경호학

❖ 경호학 회당 평균 출제횟수 : 경호업무 수행방법(19.2문제), 경호학과 경호(6문제), 경호의 조직(4.8문제) 순이다.

	출제영역	2020 (제22회)	2021 (제23회)	2022 (제24회)	2023 (제25회)	2024 (제26회)	총 계 (문항수)	회별출제 (평균)
제1장	경호학과 경호	6	7	6	5	6	30	6
제2장	경호의 조직	5	5	3	5	6	24	4.8
제3장	경호업무 수행방법	20	17	19	21	19	96	19.2
제4장	경호복장과 장비	2	4	3	2	2	13	2.6
제5장	경호의전과 구급법	3	3	4	2	3	15	3
제6장	경호의 환경	4	4	5	5	4	22	4.4
	합계(문항수)	40	40	40	40	40	200	40

⋯ 2024년도 경호학 총평 : 전체적으로 주요 빈출 주제에서 출제되었고, 합격의 당락을 결정한 문제는 41번, 42번, 70번, 76번이라고 생각된다. 41번과 42번은 경호기관의 시대순을 묻는 문제로 실수 가능성이 높은 문제였고, 우발상황의 특성에 관한 문제(70번)와 응급처치 및 구급법에 관한 문제(76번)는 수험생들의 이의제기가 있었으나 한국산업인력공단은 이를 수용하지 않았다.

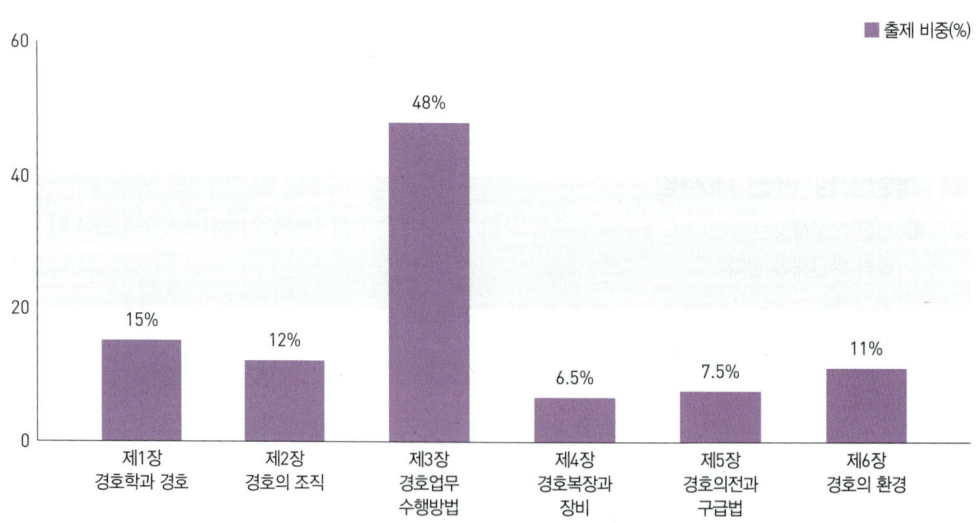

2020~2024년 경비지도사 경호학 출제경향

2024년 제26회 경호학 주제별 출제 분석

본 도서의 목차별로 정리한 2024년 경호학 과목의 기출주제이다(중복 출제된 주제 있음).

CHAPTER	POINT	2024년 제26회 기출주제
제1장 경호학과 경호	1. 경호의 정의	–
	2. 경호 및 경비의 분류	경호의 분류
	3. 경호의 법원	경호의 성문법원
	4. 경호의 목적과 원칙	경호의 원칙, 근접경호의 기본원리(주의력효과와 대응효과)
	5. 경호의 발달과정과 배경	구한말 경호조직의 변천, 대한민국의 경호제도
제2장 경호의 조직	1. 경호조직의 의의 및 특성과 구성원칙	경호조직의 특성, 경호조직의 구성원칙
	2. 각국의 경호조직	–
	3. 경호의 주체와 객체	경호의 주체, 경호등급 구분 운영 시 협의 대상, 대통령경호처의 경호대상
제3장 경호업무 수행방법	1. 경호임무의 수행절차	경호작용의 기본 고려요소, 경호임무 수행절차, 경호행사계획 수립 시 고려사항
	2. 사전예방경호(선발경호)	선발경호의 목적, 산발경호의 특성, 사전예방경호(경호안전작용), 안전검측(방에서의 안전검측활동 단계), 검식활동
	3. 근접경호(수행경호)	근접경호의 특성(기만성), 경호원의 활동수칙 등, 근접경호원의 임무원칙, 근접경호 수행방법, 근접도보경호, 차량경호
	4. 출입자 통제대책	출입자 통제, 출입자 통제업무 수행, 출입통제대책
	5. 우발상황(돌발사태) 대응방법	우발상황의 특성, 우발상황 시 근접경호원의 대응
제4장 경호복장과 장비	1. 경호원의 복장과 장비	경호원의 복제, 경호장비
	2. 경호장비의 유형별 관리	–
제5장 경호의전과 구급법	1. 경호원의 자격과 윤리	–
	2. 경호원의 의전과 예절	경호의전(국기게양 등), 탑승 시 경호예절
	3. 응급처치 및 구급법	심폐소생술 및 자동심장충격(AED) 사용방법
제6장 경호의 환경	1. 경호의 환경요인	경호 환경요인
	2. 암 살	–
	3. 테 러	국민보호와 공공안전을 위한 테러방지법, 테러사건대책본부 설치·운영 주체, 테러단체 구성원의 처벌

PROCESS

시험접수부터 자격증 취득까지

1. 응시자격조건

- 경비업법 제10조 제1항의 결격사유에 해당하지 않는 어느 누구나 응시할 수 있습니다.
- 결격사유 기준일은 원서접수 마감일이며, 해당자는 시험합격 여부와 상관없이 시험을 무효처리합니다.

2. 필기원서접수

※ 인터넷 원서 접수 사이트 : q-net.or.kr

8. 자격증 발급

- 경비지도사 기본교육 종료 후 교육기관에서 일괄 자격증 신청
- 경찰청에서 교육 사항 점검 후, 20일 이내 해당 주소지로 우편 발송

7. 경비지도사 기본교육

3. 일반 · 기계 경비지도사의 시험

4. 1 · 2차 시험안내

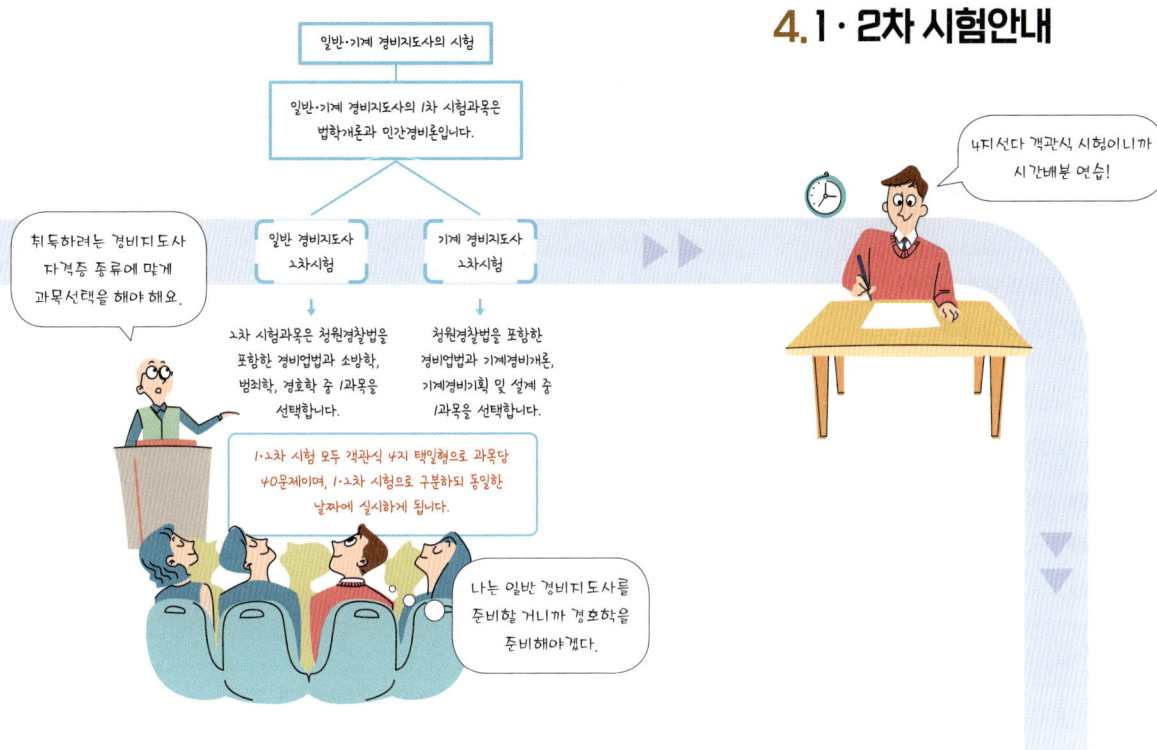

6. 합격자발표

5. 합격기준

※ 확인 홈페이지 : q-net.or.kr

CONTENTS
이 책의 차례

이론편

CHAPTER 01 경호학과 경호

기출지문 OX	4
❶ 경호의 정의	6
❷ 경호 및 경비의 분류	8
❸ 경호의 법원	16
❹ 경호의 목적과 원칙	24
❺ 경호의 발달과정과 배경	31

CHAPTER 02 경호의 조직

기출지문 OX	44
❶ 경호조직의 의의 및 특성과 구성원칙	46
❷ 각국의 경호조직	48
❸ 경호의 주체와 객체	58

CHAPTER 03 경호업무 수행방법

기출지문 OX	72
❶ 경호임무의 수행절차	74
❷ 사전예방경호(선발경호)	81
❸ 근접경호(수행경호)	98
❹ 출입자 통제대책	110
❺ 우발상황(돌발사태) 대응방법	115

CHAPTER 04 경호복장과 장비

기출지문 OX	122
❶ 경호원의 복장과 장비	124
❷ 경호장비의 유형별 관리	128

CHAPTER 05 경호의전과 구급법

기출지문 OX	138
❶ 경호원의 자격과 윤리	140
❷ 경호원의 의전과 예절	141
❸ 응급처치 및 구급법	149

CHAPTER 06 경호의 환경

기출지문 OX	162
❶ 경호의 환경요인	164
❷ 암 살	166
❸ 테 러	167

문제편

CHAPTER 01 경호학과 경호

심화문제	4

CHAPTER 02 경호의 조직

심화문제	78

CHAPTER 03 경호업무 수행방법

심화문제	138

CHAPTER 04 경호복장과 장비

심화문제	306

CHAPTER 05 경호의전과 구급법

심화문제	336

CHAPTER 06 경호의 환경

심화문제	376

경비업법

OX문제 + 핵심이론

CHAPTER 01 총 칙

CHAPTER 02 경비업의 허가 등

CHAPTER 03 기계경비업무

CHAPTER 04 경비지도사 및 경비원

CHAPTER 05 행정처분 등

CHAPTER 06 경비협회

CHAPTER 07 보 칙

CHAPTER 08 벌 칙

경비업법 제1조~제3조

01 경비업법의 목적
02 경비업법상 용어의 정의
03 경비법인

최다 출제 POINT & 학습목표

1. 경비업무의 종류 및 의의, 경비지도사, 경비원 등의 주요 용어에 관하여 학습한다.
2. 집단민원현장의 정의는 굉장히 중요하므로 면밀히 학습한다.
3. 종합문제가 많이 출제되므로, 용어 간의 차이점 등을 꼼꼼히 비교하면서 학습해야 한다.

CHAPTER 01

총 칙

CHAPTER 01 총 칙

01 경비업법령상 시설경비업무란 경비대상시설에 설치한 기기에 의하여 감지·송신된 정보를 수신하여 도난·화재 등 위험발생을 방지하는 업무를 말한다. 기출 21·17 ( )

02 다음은 경비업법에 규정된 용어의 정의이다. ( ) 안에 들어갈 내용은 순서대로 ㄱ : 도난, ㄴ : 혼잡이다. 기출 16 ( )

> 시설경비업무란 경비를 필요로 하는 시설 및 장소에서의 (ㄱ)·화재 그 밖의 (ㄴ) 등으로 인한 위험발생을 방지하는 업무를 말한다.

03 경비업법령상 호송경비업무란 운반 중에 있는 현금·유가증권·귀금속·상품 그 밖의 물건에 대하여 도난·화재 등 위험발생을 방지하는 업무이다. 기출 24·17·13 ( )

04 경비업법령상 신변보호업무는 사람의 생명이나 신체에 대한 위해발생을 방지하고 그 신변을 보호하는 업무이다. 기출 23·17 ( )

05 경비업법령상 특수경비업무는 경비대상시설에 설치한 기기에 의하여 감지·송신된 정보를 그 경비대상시설 외의 장소에 설치한 관제시설의 기기로 수신하여 도난 등 위험발생을 방지하는 업무이다. 기출 23·17·13·12·11 ( )

06 경비업법령상 국가중요시설은 공항·항만, 원자력발전소 등의 시설 중 국가정보원장이 지정하는 국가보안목표시설과 통합방위법 제21조 제4항의 규정에 의하여 국방부장관이 지정하는 국가중요시설을 말한다. 기출 18·11 ( )

07 경비업법령상 경비지도사란 경비원을 지도·감독 및 교육하는 자를 말하며 일반경비지도사와 특수경비지도사로 구분한다. 기출 21·18 ( )

08 경비업법령상 특수경비원은 공항(항공기 포함) 등 대통령령이 정하는 국가중요시설의 경비 및 도난·화재 그 밖의 위험발생을 방지하는 경비업무를 수행하는 자이다. 기출 21·18·13 ( )

09 경비업법령상 무기라 함은 인명을 살상할 수 있도록 제작·판매된 권총·소총·분사기를 말한다. 기출 18·13·11 ( )

10 「도시개발법」에 따라 도시개발사업을 시행하기 위하여 지정·고시된 도시개발구역은 경비업법령상 집단민원현장이 아니다. 기출 14 ( )

11 특정 시설물의 설치와 관련하여 민원이 있는 장소는 경비업법령상 집단민원현장에 해당한다. 기출 18·15 ( )

12 주주총회와 관련하여 이해대립이 있어 다툼이 있는 장소는 경비업법령상 집단민원현장에 해당한다. 기출 18·15 ( )

13 대기업의 주주총회가 개최되고 있는 장소는 경비업법령상 집단민원현장에 해당하지 않는다. 기출 17 ( )

14 110명의 사람이 모이는 문화 행사장은 경비업법령상 집단민원현장이 아니다. 기출 21·17·16·15 ( )

15 「행정절차법」에 따라 대집행을 하는 장소는 경비업법령상 집단민원현장에 해당한다. 기출 18·17·15 ( )

16 「공유토지분할에 관한 특례법」에 따라 공유토지에 대한 소유권행사와 토지의 이용에 문제가 있는 장소는 경비업법령상 집단민원현장에 해당하지 않는다. 기출 22 ( )

17 「노동조합 및 노동관계조정법」에 따라 노동관계 당사자가 노동쟁의 조정신청을 한 사업장 또는 쟁의행위가 발생한 사업장은 경비업법령상 집단민원현장에 해당한다. 기출 22 ( )

18 「도시 및 주거환경정비법」에 따른 정비사업과 관련하여 이해대립이 있어 다툼이 있는 장소는 경비업법령상 집단민원현장에 해당한다. 기출 22 ( )

▶ **정답과 해설** ◀ 01 × 02 ○ 03 ○ 04 ○ 05 × 06 ○ 07 × 08 ○ 09 × 10 ○
11 ○ 12 ○ 13 ○ 14 × 15 × 16 ○ 17 ○ 18 ○

✔ **오답분석**
01 시설경비업무는 경비를 필요로 하는 시설 및 장소(경비대상시설)에서의 도난·화재 그 밖의 혼잡 등으로 인한 위험발생을 방지하는 업무를 말한다(경비업법 제2조 제1호 가목).
05 지문은 기계경비업무에 관한 설명이다. 특수경비업무는 공항(항공기를 포함) 등 대통령령이 정하는 국가중요시설의 경비 및 도난·화재 그 밖의 위험발생을 방지하는 업무를 말한다(경비업법 제2조 제1호 라목·마목).
07 "경비지도사"라 함은 경비원을 지도·감독 및 교육하는 자를 말하며 일반경비지도사와 기계경비지도사로 구분한다(경비업법 제2조 제2호).
09 "무기"라 함은 인명 또는 신체에 위해를 가할 수 있도록 제작된 권총·소총 등을 말한다(경비업법 제2조 제4호).
14 100명 이상의 사람이 모이는 국제·문화·예술·체육 행사장은 집단민원현장에 해당한다(경비업법 제2조 제5호 바목).
15 「행정대집행법」에 따라 대집행을 하는 장소가 집단민원현장이다(경비업법 제2조 제5호 사목).

CHAPTER 01 총 칙

경비업법 제1조~제3조

01 경비업법의 목적

경비업법은 경비업의 육성 및 발전과 그 체계적 관리에 관하여 필요한 사항을 정함으로써 경비업의 건전한 운영에 이바지함을 목적으로 한다(경비업법 제1조).★

02 경비업법상 용어의 정의 기출 23·21·18·17·16·14·10·07·08·04

1. **경비업** 기출 14·12·06·05

   시설경비업무, 호송경비업무, 신변보호업무, 기계경비업무, 특수경비업무, 혼잡·교통유도경비업무의 전부 또는 일부를 도급받아 행하는 영업을 말한다(경비업법 제2조 제1호).★★

   > **경비업의 정의**
   > 경비업법상의 경비업이란 경비업무를 목적으로 하는 영업을 말하며 경비를 요하는 시설이나 장소를 그 대상으로 한다. 경비업에는 물건의 도난·화재 및 혼잡으로 인한 위해발생을 방지하는 업무도 포함되며 경비수요자와의 도급계약에 의한 사적 경비업무를 말한다.
   >
   > **도급(都給)의 개념**
   > 도급이란 당사자의 일방(受給人)이 어느 일을 완성할 것을 약정하고 상대방(都給人)이 그 일의 결과에 대하여 보수를 지급할 것을 약정함으로써 성립하는 계약을 말한다(민법 제664조).

   ① **시설경비업무** 기출 21·06·05 : 경비를 필요로 하는 시설 및 장소(경비대상시설)에서의 도난·화재 그 밖의 혼잡 등으로 인한 위험발생을 방지하는 업무를 말한다.★

   ② **호송경비업무** 기출 24·06
   ㉠ 개념 : 운반 중에 있는 현금·유가증권·귀금속·상품 그 밖의 물건에 대하여 도난·화재 등 위험발생을 방지하는 업무를 말한다.
   ㉡ 호송경비의 통지 : 경비업자가 호송경비업무를 수행하기 위하여 관할 경찰서의 협조를 얻고자 하는 때에는 현금 등의 운반을 위한 출발 전일까지 출발지의 경찰서장에게 호송경비통지서(전자문서로 된 통지서 포함)를 제출하여야 한다(경비업법 시행규칙 제2조).★

   ③ **신변보호업무** 기출 23 : 사람의 생명이나 신체에 대한 위해의 발생을 방지하고 그 신변을 보호하는 업무를 말한다.

④ 기계경비업무 기출 23·02·99 : 경비대상시설에 설치한 기기에 의하여 감지·송신된 정보를 그 경비대상시설 외의 장소에 설치한 관제시설의 기기로 수신하여 도난·화재 등 위험발생을 방지하는 업무를 말한다. ★
⑤ 특수경비업무 기출 23·11
  ㉠ 공항(항공기를 포함) 등 대통령령이 정하는 국가중요시설의 경비 및 도난·화재 그 밖의 위험발생을 방지하는 업무를 말한다.
  ㉡ ㉠에서 "대통령령이 정하는 국가중요시설"이라 함은 공항·항만, 원자력발전소 등의 시설 중 국가정보원장이 지정하는 국가보안목표시설과 「통합방위법」 제21조 제4항의 규정에 의하여 국방부장관이 지정하는 국가중요시설을 말한다(경비업법 시행령 제2조). 기출 18
⑥ 혼잡·교통유도경비업무 : 도로에 접속한 공사현장 및 사람과 차량의 통행에 위험이 있는 장소 또는 도로를 점유하는 행사장 등에서 교통사고나 그 밖의 혼잡 등으로 인한 위험발생을 방지하는 업무를 말한다.

2. 경비업자
경비업법 제4조 제1항의 규정에 의하여 경비업의 허가를 받은 법인(法人)을 말한다.

3. 경비지도사 기출 21·17·11·07·05·99
경비원을 지도·감독 및 교육하는 자를 말하며 일반경비지도사와 기계경비지도사로 구분한다(경비업법 제2조 제2호, 동법 시행령 제10조).

일반경비지도사	시설경비업무, 호송경비업무, 신변보호업무, 특수경비업무, 혼잡·교통유도경비업무에 종사하는 경비원을 지도·감독 및 교육하는 자
기계경비지도사	기계경비업무에 종사하는 경비원을 지도·감독 및 교육하는 자

4. 경비원 기출 21·04·99
경비업의 허가를 받은 법인(경비업자)이 채용한 고용인으로서 일반경비원과 특수경비원으로 구분한다(경비업법 제2조 제3호). ★

일반경비원	시설경비업무, 호송경비업무, 신변보호업무, 기계경비업무, 혼잡·교통유도경비업무를 수행하는 자★
특수경비원	특수경비업무를 수행하는 자

빈칸 채우기

경비업법상 용어의 정의
- 특수경비업무 : 공항(항공기를 포함) 등 (❶)이 정하는 국가중요시설의 경비 및 도난·화재 그 밖의 위험발생을 방지하는 업무를 말한다.
- "(❶)이 정하는 국가중요시설"이라 함은 공항·항만, 원자력발전소 등의 시설 중 (❷)이 지정하는 (❸)과 (❹) 제21조 제4항의 규정에 의하여 (❺)이 지정하는 국가중요시설을 말한다.

정답 ❶ 대통령령 ❷ 국가정보원장 ❸ 국가보안목표시설 ❹ 통합방위법 ❺ 국방부장관

5. 무기

인명 또는 신체에 위해를 가할 수 있도록 제작된 권총, 소총 등을 말한다(경비업법 제2조 제4호). 따라서 인명이나 신체에 위해를 가할 수 없는 모형 플라스틱 권총은 무기로 볼 수 없다.★

6. 집단민원현장 기출 22・21・18・17・16・15・14

집단민원현장은 다음의 장소를 말한다(경비업법 제2조 제5호).
① 「노동조합 및 노동관계조정법」에 따라 노동관계 당사자가 노동쟁의 조정신청을 한 사업장 또는 쟁의행위가 발생한 사업장(가목)★
② 「도시 및 주거환경정비법」에 따른 정비사업과 관련하여 이해대립이 있어 다툼이 있는 장소(나목)★
③ 특정 시설물의 설치와 관련하여 민원이 있는 장소(다목)★
④ 주주총회와 관련하여 이해대립이 있어 다툼이 있는 장소(라목)★
⑤ 건물・토지 등 부동산 및 동산에 대한 소유권・운영권・관리권・점유권 등 법적 권리에 대한 이해대립이 있어 다툼이 있는 장소(마목)★
⑥ 100명 이상의 사람이 모이는 국제・문화・예술・체육 행사장(바목)
⑦ 「행정대집행법」에 따라 대집행을 하는 장소(사목)★

03 경비법인

경비업은 법인(法人)이 아니면 이를 영위할 수 없다(경비업법 제3조). 따라서 경비업법에서 경비업자라고 하면 경비법인을 가리키며, 개인은 해당되지 않는다.★

빈칸 채우기

집단민원현장
- 「노동조합 및 노동관계조정법」에 따라 노동관계 당사자가 노동쟁의 (❶)을 한 사업장 또는 (❷)가 발생한 사업장
- 「도시 및 주거환경정비법」에 따른 (❸)과 관련하여 이해대립이 있어 다툼이 있는 장소
- 특정 시설물의 설치와 관련하여 민원이 있는 장소, 주주총회와 관련하여 이해대립이 있어 다툼이 있는 장소

❶ 조정신청 ❷ 쟁의행위 ❸ 정비사업 〔정답〕

무언가를 시작하는 방법은
말하는 것을 멈추고, 행동을 하는 것이다.

- 월트 디즈니 -

경비업법 제4조~제7조의2

01 경비업의 허가
02 경비업자의 의무
03 경비업무 도급인 등의 의무

최다 출제 POINT & 학습목표

1. 경비인력·자본금·시설 및 장비에 대한 기준은 변별력을 위한 고난도의 문제로 자주 출제된다.
2. 경비업의 허가, 허가권자, 경비업자의 신고사항 등에 대해 꼼꼼히 학습해야 한다.
3. 경비업의 갱신허가, 허가의 유효기간, 경비업자의 의무 등도 종종 출제되므로 세심한 학습이 요구된다.
4. 임원의 결격사유는 확실히 파악해두어야 한다.

CHAPTER 02

경비업의 허가 등

CHAPTER 02 경비업의 허가 등

01 경비업법령상 경비업 허가신청 시 시설을 갖출 수 없는 경우에는 시설 확보계획서를 제출한 후 허가를 받은 날부터 1월 이내에 법령 규정에 의한 시설을 갖추고 시·도 경찰청장의 확인을 받아야 한다. 기출 20 (   )

02 경비업법령상 특수경비업은 경비인력으로 특수경비원 20명 이상과 경비지도사 1명 이상, 자본금으로 3억원 이상이 요구된다. 기출 21 (   )

03 경비업법령상 대표자·임원의 경력 및 신용은 경비업을 영위하고자 하는 법인의 허가 여부 결정을 위한 검토사항에 해당한다. 기출 24 (   )

04 경비업법령상 시·도 경찰청장은 경비업 변경허가를 한 경우 해당 법인의 주사무소를 관할하는 지구대장을 거쳐 신청인에게 허가증을 발급하여야 한다. 기출 20 (   )

05 경비업법령상 법인의 명칭을 변경할 때에는 그 법인의 주사무소의 소재지를 관할하는 시·도 경찰청장의 허가를 받아야 한다. 기출 18 (   )

06 경비업법령상 기계경비업무의 수행을 위한 관제시설의 이전에 관해서는 시·도 경찰청장의 허가를 받아야 한다. 기출 18 (   )

07 경비업법령상 경비업의 허가를 받은 법인이 법인의 주사무소를 이전한 때에는 시·도 경찰청장에게 신고하여야 한다. 기출 24 (   )

08 경비업법령상 성년후견인은 경비업을 영위하는 법인의 임원이 될 수 없다. 기출 20 (   )

09 경비업법령상 금고 이상의 형의 선고를 받고 그 형이 실효된 후 3년이 지난 을(乙)은 경비업을 영위하는 법인의 임원이 될 수 있다. 기출 19 (   )

10 경비업법령상 「대통령 등의 경호에 관한 법률」에 위반하여 벌금형의 선고를 받고 3년이 지나지 아니한 자는 특수경비업무를 수행하는 법인의 임원이 될 수 없다. 기출 24·20 (   )

11 경비업법에 위반하여 벌금형의 선고를 받고 5년이 지나지 아니한 자는 경비업법령상 경비업을 영위하는 법인의 임원이 될 수 없다. 기출 20 (   )

12 경비업법령상 「대통령 등의 경호에 관한 법률」에 위반하여 벌금형의 선고를 받은 후 1년이 지나지 않고 특수경비업무를 수행하는 법인의 임원이 되려는 병(丙)은 해당 법인의 임원이 될 수 없다. 기출 19 ( )

13 경비업법령상 관할 경찰관서장의 배치폐지명령에 따르지 아니하여 허가가 취소된 법인의 허가취소 당시의 임원이었던 자로서 허가가 취소된 날부터 5년이 지나지 아니한 자는 특수경비업무를 수행하는 법인의 임원이 될 수 없다. 기출 20 ( )

14 경비업법령상 법인 임원의 인감증명서 1부는 경비업 허가를 받으려는 자가 신청서에 첨부하여야 하는 서류에 해당하지 않는다. 기출 23 ( )

15 소속 경비원으로 하여금 경비업무의 범위를 벗어난 행위를 하게 하여 허가가 취소된 법인의 허가취소 당시의 임원이었던 자로서 그 취소 후 3년이 지난 자는 경비업법령상 경비업을 영위하는 법인의 임원이 될 수 있다. 기출수정 21 ( )

16 피한정후견인은 경비업법령상 경비업을 영위하는 법인의 임원 결격사유에 해당하지 않는다. 기출 22 ( )

17 경비업법령상 법인의 임원 변경은 경비업 허가사항 등의 변경신고서 제출 시 첨부서류로 허가증 원본을 필요로 하는 경우에 해당하지 않는다. 기출 22 ( )

▶ **정답과 해설** ◀ 01 ○ 02 ○ 03 ○ 04 × 05 × 06 × 07 ○ 08 × 09 ○ 10 ○
11 × 12 ○ 13 × 14 ○ 15 × 16 ○ 17 ○

✔ **오답분석**

04 시·도 경찰청장은 경비업을 허가하거나 변경허가를 한 경우에는 해당 법인의 주사무소를 관할하는 경찰서장을 거쳐 신청인에게 허가증을 발급하여야 한다(경비업법 시행령 제4조 제2항).

05 법인의 명칭을 변경할 때에는 그 법인의 주사무소의 소재지를 관할하는 시·도 경찰청장에게 신고하여야 한다(경비업법 제4조 제3항 제2호).

06 기계경비업무의 수행을 위한 관제시설의 이전에 관해서는 시·도 경찰청장에게 신고하여야 한다(경비업법 제4조 제3항 제4호).

08 피성년후견인이 경비업을 영위하는 법인의 임원 결격사유에 해당한다(경비업법 제5조 제1호).

11 경비업법을 위반하여 벌금형의 선고를 받고 3년이 지나지 아니한 자는 특수경비업무를 수행하는 법인의 임원이 될 수 없다(경비업법 제5조 제4호).

13 관할 경찰관서장의 배치폐지명령에 따르지 아니하여(경비업법 제19조 제1항 제8호 위반) 허가가 취소된 법인의 허가취소 당시의 임원이었던 자로서 허가가 취소된 날부터 3년이 지나지 아니한 자는 허가취소된 경비업무와 동종의 경비업무를 수행하는 법인의 임원이 될 수 없다(경비업법 제5조 제5호).

15 소속 경비원으로 하여금 경비업무의 범위를 벗어난 행위를 하게 하여(경비업법 제19조 제1항 제2호) 허가가 취소된 법인의 허가취소 당시의 임원이었던 자로서 허가가 취소된 날부터 5년이 지나지 아니한 자는 경비업을 영위하는 법인의 임원이 될 수 없다(경비업법 제5조 제6호).

CHAPTER 02 경비업의 허가 등

> 경비업법 제4조~제7조의2

01 경비업의 허가 기출 20·18·15·14·10·09·08·02

1. 경비업 허가의 주체와 객체 기출 08·05·01·99

① **경비업 허가의 주체 - 시·도 경찰청장** : 경비업을 영위하고자 하는 법인은 도급받아 행하고자 하는 경비업무를 특정하여 그 법인의 주사무소의 소재지를 관할하는 시·도 경찰청장의 허가를 받아야 한다. 도급받아 행하고자 하는 경비업무를 변경하는 경우에도 시·도 경찰청장의 변경허가를 받아야 한다〈경비업법 제4조 제1항〉. ★

② **경비업 허가의 객체 - 경비업자** : 경비업은 법인(法人)이 아니면 이를 영위할 수 없다〈경비업법 제3조〉.

2. 경비업의 허가신청절차

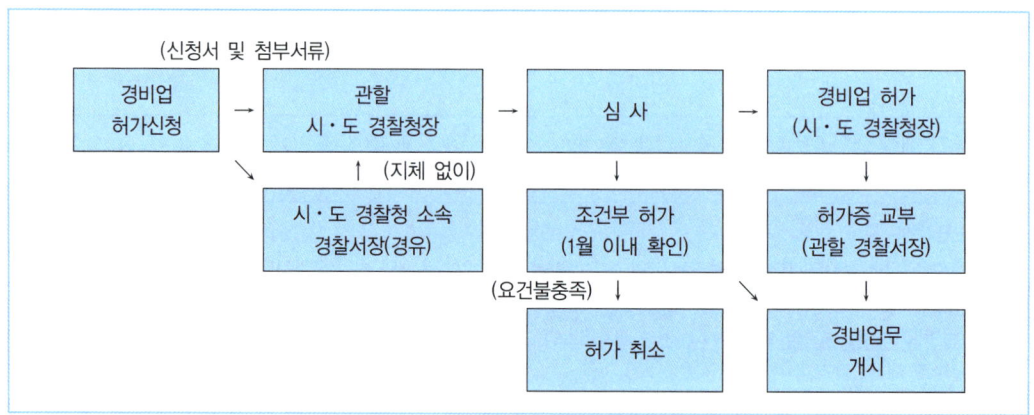

3. 경비업 허가(변경허가)신청서의 제출 기출 20

① 경비업의 허가를 받으려는 경우에는 허가신청서에, 경비업의 허가를 받은 법인(경비업자)이 허가를 받은 경비업무를 변경하거나 새로운 경비업무를 추가하려는 경우에는 변경허가신청서에 행정안전부령으로 정하는 서류를 첨부하여 법인의 주사무소를 관할하는 시·도 경찰청장 또는 해당 시·도 경찰청 소속의 경찰서장에게 제출하여야 한다. 이 경우 신청서를 제출받은 경찰서장은 지체 없이 관할 시·도 경찰청장에게 보내야 한다(경비업법 시행령 제3조 제1항).★★

> **법인의 주사무소**
> 법인설립 후 등기부 등본에 기재된 소재지의 사무소를 의미, 흔히 경비업체의 주된 영업장 또는 본사라고 한다.

② ①에서 행정안전부령으로 정하는 서류란 다음과 같다(경비업법 시행규칙 제3조 제1항).★ 기출 23
   ㉠ 법인의 정관 1부
   ㉡ 법인 임원의 이력서 1부
   ㉢ 경비인력·시설 및 장비의 확보계획서 1부(경비업 허가의 신청 시 이를 갖출 수 없는 경우에 한한다)
③ ②에 따른 신청서를 제출받은 시·도 경찰청장은 「전자정부법」 제36조 제1항에 따른 행정정보의 공동이용을 통하여 법인의 등기사항증명서를 확인하여야 한다(경비업법 시행규칙 제3조 제2항).

4. 경비업의 시설 등의 기준(허가요건) 기출 21·20·19·17·15·12·11·09·08·07·06·04·02·01·99

① 허가를 받으려는 법인(경비업자)은 다음의 요건을 갖추어야 한다(경비업법 제4조 제2항).
   ㉠ 대통령령으로 정하는 1억원 이상의 자본금의 보유
   ㉡ 다음의 경비인력 요건
      • 시설경비업무 : 경비원 10명 이상 및 경비지도사 1명 이상
      • 시설경비업무 외의 경비업무 : 대통령령으로 정하는 경비인력
   ㉢ 경비인력을 교육할 수 있는 교육장을 포함하여 대통령령(경비업법 시행령 제3조)으로 정하는 시설과 장비의 보유
   ㉣ 그 밖에 경비업무 수행을 위하여 대통령령으로 정하는 사항
② 경비인력·자본금·시설 및 장비 보유 : 허가 또는 변경허가신청서를 제출하는 법인은 [별표 1] 규정에 의한 경비인력·자본금·시설 및 장비를 갖추어야 한다(경비업법 시행령 제3조 제2항 본문).
③ 허가신청 시 시설 등을 갖출 수 없는 경우(= 조건부 허가)★ : 경비업의 허가 또는 변경허가를 신청하는 때에 [별표 1] 규정에 의한 시설 등(자본금을 제외)을 갖출 수 없는 경우에는 허가 또는 변경허가의 신청 시 시설 등의 확보계획서를 제출한 후 허가 또는 변경허가를 받은 날부터 1월 이내에 [별표 1] 규정에 의한 시설 등을 갖추고 시·도 경찰청장의 확인을 받아야 한다(경비업법 시행령 제3조 제2항 단서).

빈칸 채우기

경비업의 시설 등의 기준(허가요건)
⋯ 허가를 받으려는 법인은 대통령령으로 정하는 (❶)억원 이상의 자본금의 보유와 (❷)경비업무의 경우 경비원 (❸)명 이상 및 경비지도사 (❶)명 이상의 요건을 갖추어야 한다.

정답 ❶ 1 ❷ 시설 ❸ 10

④ 허가 또는 신고의 절차, 신고의 기한 등 허가 및 신고에 관하여 필요한 사항은 대통령령으로 정한다(경비업법 제4조 제4항). ★

경비업의 시설 등의 기준(경비업법 시행령 [별표 1]) <개정 2024.12.31.>

시설 등 기준 업무별	경비인력	자본금	시 설	장비 등
1. 시설경비업무	• 일반경비원 10명 이상 • 경비지도사 1명 이상	1억원 이상	기준 경비인력 수 이상을 동시에 교육할 수 있는 교육장	기준 경비인력 수 이상의 경비원 복장 및 경적, 단봉, 분사기
2. 호송경비업무	• 무술유단자인 일반경비원 5명 이상★ • 경비지도사 1명 이상	1억원 이상	기준 경비인력 수 이상을 동시에 교육할 수 있는 교육장	• 호송용 차량 1대 이상★ • 현금호송백 1개 이상★ • 기준 경비인력 수 이상의 경비원 복장 및 경적, 단봉, 분사기
3. 신변보호업무	• 무술유단자인 일반경비원 5명 이상★ • 경비지도사 1명 이상	1억원 이상	기준 경비인력 수 이상을 동시에 교육할 수 있는 교육장	• 기준 경비인력 수 이상의 무전기 등 통신장비★ • 기준 경비인력 수 이상의 경적, 단봉, 분사기
4. 기계경비업무	• 전자·통신 분야 기술자격증소지자 5명을 포함한 일반경비원 10명 이상★ • 경비지도사 1명 이상	1억원 이상	• 기준 경비인력 수 이상을 동시에 교육할 수 있는 교육장 • 관제시설★	• 감지장치·송신장치 및 수신장치★ • 출장소별로 출동차량 2대 이상★ • 기준 경비인력 수 이상의 경비원 복장 및 경적, 단봉, 분사기
5. 특수경비업무	• 특수경비원 20명 이상★ • 경비지도사 1명 이상	3억원 이상★	기준 경비인력 수 이상을 동시에 교육할 수 있는 교육장	기준 경비인력 수 이상의 경비원 복장 및 경적, 분사기
6. 혼잡·교통 유도경비업무	• 일반경비원 10명 이상 • 경비지도사 1명 이상	1억원 이상	기준 경비인력 수 이상을 동시에 교육할 수 있는 교육장	기준 경비인력 수 이상의 경비원 복장 및 경적, 단봉, 분사기, 무전기, 경광봉

※ 비 고
1. 자본금의 경우 납입자본금을 말하고, 하나의 경비업무에 대한 자본금을 갖춘 경비업자가 그 외의 경비업무를 추가로 하려는 경우 자본금을 갖춘 것으로 본다. 다만, 특수경비업자 외의 자가 특수경비업무를 추가로 하려는 경우에는 이미 갖추고 있는 자본금을 포함하여 특수경비업무의 자본금 기준에 적합하여야 한다. ★
2. 교육장의 경우 하나의 경비업무에 대한 시설을 갖춘 경비업자가 그 외의 경비업무를 추가로 하려는 경우에는 경비인력이 더 많이 필요한 경비업무에 해당하는 교육장을 갖추어야 한다.
3. "무술유단자"란 「국민체육진흥법」 제33조에 따른 대한체육회에 가맹된 단체 또는 문화체육관광부에 등록된 무도 관련 단체가 무술유단자로 인정한 사람을 말한다.
4. "호송용 차량"이란 현금이나 그 밖의 귀중품의 운반에 필요한 견고성 및 안전성을 갖추고 무선통신시설 및 경보시설을 갖춘 자동차를 말한다. ★
5. "현금호송백"이란 현금이나 그 밖의 귀중품을 운반하기 위한 이동용 호송장비로서 경보시설을 갖춘 것을 말한다. ★
6. "전자·통신 분야 기술자격증소지자"란 「국가기술자격법」에 따라 전자 및 통신 분야에서 기술자격을 취득한 사람을 말한다.

무술유단자 경비인력
무술유단자 일반경비원 5명 이상이 필요한 경비업무는 호송경비업무와 신변보호업무이다. 🔑 무술유단자·호·신

[별표 1]에서 정리할 내용
- 6가지 업무 중 자본금이 나머지 업무와 다른 것은 특수경비업무로 3억원 이상이어야 한다. ★
- 경비인력의 기준으로 "20명 이상"이 요구되는 것은 시설경비업무와 특수경비업무였으나, 경비업법령의 개정으로 인하여 이제는 특수경비업무만 이에 해당한다고 보아야 한다. ★
- 6가지 업무 모두 "기준 경비인력 수 이상을 동시에 교육할 수 있는 교육장"을 갖추어야 한다.
- 기계경비업에서 출장소가 3곳이라면 출동차량의 최소 대수는 "3곳 × 2대 = 6대"이다. ★

5. 경비업 허가의 제한 [기출 20]

① 누구든지 적법한 허가를 받은 경비업체와 동일한 명칭으로 경비업 허가를 받을 수 없다(경비업법 제4조의2 제1항). ★

② 경비업법 제19조 제1항 제2호(㉠) 및 제7호(㉡)의 사유로 경비업체의 허가가 취소된 경우 허가가 취소된 날부터 10년이 지나지 아니한 때에는 누구든지 허가가 취소된 경비업체와 동일한 명칭으로 허가를 받을 수 없다(경비업법 제4조의2 제2항). ★

③ 경비업법 제19조 제1항 제2호(㉠) 및 제7호(㉡)의 사유로 허가가 취소된 법인은 법인명 또는 임원의 변경에도 불구하고 허가가 취소된 날부터 5년이 지나지 아니한 때에는 허가를 받을 수 없다(경비업법 제4조의2 제3항). ★

㉠ 경비업자는 허가받은 경비업무 외의 업무에 경비원을 종사하게 하여서는 아니 된다(경비업법 제7조 제5항)는 규정을 위반하여 경비업무 외의 업무에 경비원을 종사하게 한 때(경비업법 제19조 제1항 제2호)★

㉡ 누구든지 경비원으로 하여금 경비업무의 범위를 벗어난 행위를 하게 하여서는 아니 된다(경비업법 제15조의2 제2항)는 규정에 위반하여 소속 경비원으로 하여금 경비업무의 범위를 벗어난 행위를 하게 한 때(경비업법 제19조 제1항 제7호)★

빈칸 채우기

경비업의 시설 등 기준

업무별 \ 시설 등 기준	경비인력	자본금
호송경비업무	• 무술유단자인 일반경비원 (❶)명 이상 • 경비지도사 1명 이상	(❷)억원 이상
기계경비업무	• 전자·통신 분야 기술자격증소지자 (❶)명을 포함한 일반경비원 (❸)명 이상 • 경비지도사 1명 이상	(❷)억원 이상
특수경비업무	• 특수경비원 (❹)명 이상 • 경비지도사 1명 이상	(❺)억원 이상

정답 ❶ 5 ❷ 1 ❸ 10 ❹ 20 ❺ 3

6. 경비업 허가절차 등에 관한 사항

① **허가심사** : 시·도 경찰청장은 허가 또는 변경허가의 신청을 받은 때에는 다음의 사항을 검토하여 허가 여부를 결정하여야 한다(경비업법 시행령 제4조 제1항). 기출 24·20
  ㉠ 경비업을 영위하고자 하는 법인의 임원 중 결격사유에 해당하는 자가 있는지의 유무
  ㉡ 경비인력·시설 및 장비의 확보 또는 확보가능성의 여부
  ㉢ 자본금과 대표자·임원의 경력 및 신용 등

② **임원의 결격사유** : 다음 중 어느 하나에 해당하는 자는 경비업을 영위하는 법인의 임원이 될 수 없다(경비법 제5조). 기출 24·23·22·21·20·19·18·17·16·15·14·12·11·10·08·07·05·04·02

   피·파·실·삼·삼·오

  ㉠ **피**성년후견인(제1호)
  ㉡ **파**산선고를 받고 복권되지 아니한 자(제2호)
  ㉢ 금고 이상의 형의 선고를 받고 그 형이 **실**효되지 아니한 자(제3호)
  ㉣ 특수경비업무를 수행하는 법인인 경우 : 경비업법 또는 「대통령 등의 경호에 관한 법률」에 위반하여 벌금형의 선고를 받고 **3년**이 지나지 아니한 자(제4호)
  ㉤ 허가취소사유에 해당하는 경비업무와 동종의 경비업무를 수행하는 법인인 경우 : 경비업법(제19조 제1항 제2호·제7호 제외) 또는 경비업법에 의한 명령에 위반하여 허가가 취소된 법인의 허가취소 당시의 임원이었던 자로서 그 취소 후 **3년**이 지나지 아니한 자(제5호)
  ㉥ 경비업법 제19조 제1항 제2호·제7호의 사유로 허가가 취소된 법인의 허가취소 당시의 임원이었던 자로서 허가가 취소된 날부터 **5년**이 지나지 아니한 자(제6호)

빈칸 채우기

임원의 결격사유

→ 다음 중 어느 하나에 해당하는 자는 경비업을 영위하는 법인의 임원이 될 수 없다.
  ㉠ 피성년후견인
  ㉡ 파선선고를 받고 복권되지 아니한 자
  ㉢ (❶) 이상의 형의 선고를 받고 그 형이 (❷)되지 아니한 자
  ㉣ (❸)경비업무를 수행하는 법인인 경우 : 경비업법 또는 「대통령 등의 경호에 관한 법률」에 위반하여 (❹)의 선고를 받고 (❺)년이 지나지 아니한 자
  ㉤ 허가취소사유에 해당하는 경비업무와 동종의 경비업무를 수행하는 법인인 경우 : 경비업법(제19조 제1항 제2호·제7호는 제외) 또는 경비업법에 의한 명령에 위반하여 허가가 취소된 법인의 허가취소 당시의 임원이었던 자로서 그 취소 후 (❺)년이 지나지 아니한 자
  ㉥ 경비업법 제19조 제1항 제2호·제7호의 사유로 허가가 취소된 법인의 허가취소 당시의 임원이었던 자로서 허가가 취소된 날부터 (❻)년이 지나지 아니한 자

정답 ❶ 금고 ❷ 실효 ❸ 특수 ❹ 벌금형 ❺ 3 ❻ 5

임원의 결격사유 ⓜ과 ⓫
- 임원의 결격사유 ⓜ은 뜻을 잘 파악하여야 한다. 즉, 동종의 경비업무를 수행하는 법인이라고 하였으므로, 허가취소 전에 시설경비업무를 수행하는 법인이었다면, 허가취소 당시의 임원이었던 사람은 허가취소 후 3년 동안은 시설경비업무를 수행하는 법인의 임원이 될 수 없다는 뜻이다. 따라서 시설경비업무가 아닌 호송경비업무, 신변보호업무, 기계경비업무, 특수경비업무, 혼잡·교통유도경비업무를 수행하는 법인의 임원은 될 수 있다. 사례유형으로 출제가 되고 있기 때문에 의미를 반드시 파악해야 한다.
- 임원의 결격사유 ⓜ과 ⓫의 차이점도 반드시 정리해야 한다. ⓫은 법인의 허가취소사유가 경비업법 제19조 제2호·제7호 위반인 경우 허가취소 당시의 임원은 5년간 동종이든 이종이든 경비법인의 임원이 될 수 없다는 의미이나, ⓜ은 위에서 설명한 바와 같이 경비업법 제19조 제2호·제7호를 제외한 허가취소사유인 경우에는 동종인 경비법인에만 3년간 임원이 될 수 없다는 의미이다.

미성년자 임원결격사유 해당 여부
미성년자는 경비업법 제5조 규정상 임원의 결격사유에 해당하지 않으므로 경비업을 영위하는 법인의 임원이 될 수 있다.

③ **허가증의 발급** 기출 20 : 시·도 경찰청장은 ①의 규정에 따른 사항 등을 검토한 후 경비업을 허가하거나 변경허가를 한 경우에는 해당 법인의 주사무소를 관할하는 경찰서장을 거쳐 신청인에게 허가증을 발급하여야 한다(경비업법 시행령 제4조 제2항). ★

> **허가증 포함내용(경비업법 시행규칙 [별지 제3호 서식])**
> - 법인 명칭
> - 소재지
> - 대표자 성명
> - 허가번호
> - 허가경비업무
> - 허가유효기간

④ **허가의 유효기간과 갱신허가** 기출 16·08·06·05·04
  ㉠ 경비업 허가의 유효기간은 허가받은 날부터 5년으로 한다(경비업법 제6조 제1항). ★
  ㉡ 유효기간이 만료된 후 계속하여 경비업을 하고자 하는 법인은 행정안전부령(경비업법 시행규칙 제6조)이 정하는 바에 의하여 갱신허가를 받아야 한다. ★
  ㉢ ㉡에 따라 경비업의 갱신허가를 받으려는 자는 유효기간 만료일 30일 전까지 별지 제2호 서식의 경비업 갱신허가신청서(전자문서로 된 신청서를 포함한다)에 허가증 원본 및 정관(변경사항이 있는 경우만 해당한다)을 첨부하여 법인의 주사무소를 관할하는 시·도 경찰청장 또는 해당 시·도 경찰청 소속의 경찰서장에게 제출하여야 한다. 경비업 갱신허가신청서를 제출받은 경찰서장은 이를 지체 없이 관할 시·도 경찰청장에게 보내야 한다(경비업법 시행규칙 제6조 제1항). ★
  ㉣ ㉢에 따른 신청서를 제출받은 시·도 경찰청장은 「전자정부법」 제36조 제1항에 따른 행정정보의 공동이용을 통하여 법인의 등기사항증명서를 확인하여야 한다(경비업법 시행규칙 제6조 제2항). ★
  ㉤ 시·도 경찰청장은 ㉡의 규정에 의하여 갱신허가를 하는 때에는 유효기간이 만료되는 허가증을 회수한 후 별지 제3호 서식의 허가증을 교부하여야 한다(경비업법 시행규칙 제6조 제3항). ★

⑤ **허가증의 재발급 및 첨부서류** 기출 20 : 경비업자는 경비업 허가증을 잃어버리거나 경비업 허가증이 못쓰게 된 경우에는 허가증 재교부신청서에 다음의 구분에 따른 서류를 첨부하여 법인의 주사무소를 관할하는 시·도 경찰청장 또는 해당 시·도 경찰청 소속의 경찰서장에게 재발급을 신청하여야 하고, 신청서를 제출받은 경찰서장은 지체 없이 관할 시·도 경찰청장에게 보내야 한다(경비업법 시행령 제4조 제3항).★
  ㉠ 허가증을 잃어버린 경우에는 그 사유서
  ㉡ 허가증이 못쓰게 된 경우에는 그 허가증

7. **신고사항** 기출 24·21·19·18·17·16·15·13·11·10·07·06·04·01·99
  ① 신고사유 및 신고기한 : 경비업의 허가를 받은 법인은 다음의 경우에는 시·도 경찰청장에게 신고하여야 한다. 신고는 사유가 발생한 날부터 ㉠은 7일 이내, ㉡~㉥은 30일 이내에 하여야 한다(경비업법 제4조 제3항, 동법 시행령 제5조 제1항·제2항·제5항).
    ㉠ 영업을 폐업하거나 휴업한 때(7일)★
    ㉡ 법인의 명칭이나 대표자·임원을 변경한 때(30일)
    ㉢ 법인의 주사무소나 출장소를 신설·이전 또는 폐지한 때(30일)
    ㉣ 기계경비업무의 수행을 위한 관제시설을 신설·이전 또는 폐지한 때(30일)★
    ㉤ 특수경비업무를 개시하거나 종료한 때(30일)★
    ㉥ 그 밖에 대통령령이 정하는 중요사항(정관의 목적)을 변경한 때(30일)★

빈칸 채우기

신고사유 및 신고기한
→ 경비업의 허가를 받은 법인은 다음의 경우에는 (❶)에게 신고하여야 한다. 신고는 사유가 발생한 날부터 ㉠은 (❷)일 이내, ㉡~㉥은 (❸)일 이내에 하여야 한다.
→ ㉠ 영업을 (❹)하거나 (❺)한 때, ㉡ 법인의 명칭이나 대표자·임원을 변경한 때, ㉢ 법인의 주사무소나 출장소를 신설·이전 또는 폐지한 때, ㉣ 기계경비업무의 수행을 위한 (❻)을 신설·이전 또는 폐지한 때, ㉤ (❼)경비업무를 개시하거나 종료한 때, ㉥ 그 밖에 대통령령이 정하는 중요사항(정관의 목적)을 변경한 때

❶ 시·도 경찰청장 ❷ 7 ❸ 30 ❹ 폐업 ❺ 휴업 ❻ 관제시설 ❼ 특수   **정답**

② 폐업 또는 휴업 등의 신고절차★★
  ㉠ 폐업 신고 : 경비업자는 폐업을 한 경우에는 폐업을 한 날부터 7일 이내에 폐업신고서에 허가증을 첨부하여 법인의 주사무소를 관할하는 시·도 경찰청장 또는 해당 시·도 경찰청 소속의 경찰서장에게 제출하여야 한다. 이 경우 폐업신고서를 제출받은 경찰서장은 지체 없이 관할 시·도 경찰청장에게 보내야 한다(경비업법 시행령 제5조 제1항).
  ㉡ 휴업 및 재개 신고 : 경비업자는 휴업을 한 경우에는 휴업한 날부터 7일 이내에 휴업신고서를 법인의 주사무소를 관할하는 시·도 경찰청장 또는 해당 시·도 경찰청 소속의 경찰서장에게 제출하여야 하고, 휴업신고서를 제출받은 경찰서장은 지체 없이 관할 시·도 경찰청장에게 보내야 한다. 이 경우 휴업신고를 한 경비업자가 신고한 휴업기간이 끝나기 전에 영업을 다시 시작하거나 신고한 휴업기간을 연장하려는 경우에는 영업을 다시 시작한 후 7일 이내에 또는 신고한 휴업기간이 끝난 후 7일 이내에 영업재개신고서 또는 휴업기간연장신고서를 제출하여야 한다(경비업법 시행령 제5조 제2항).
  ㉢ 법인의 주사무소나 출장소를 신설·이전 또는 폐지한 때에 신고를 하여야 하는 출장소는 주사무소 외의 장소로서 일상적으로 일정 지역 안의 경비업무를 지휘·총괄하는 영업거점인 지점·지사 또는 사업소 등의 장소로 한다(경비업법 시행령 제5조 제3항).
③ 폐업 또는 휴업 등의 신고서류(경비업법 시행규칙 제5조)
  ㉠ 폐업 또는 휴업의 신고에 필요한 서류는 폐업신고서, 휴업신고서·영업재개신고서 및 휴업기간연장신고서이다(제1항).
  ㉡ 법인의 명칭·대표자·임원, 주사무소·출장소나 정관의 목적이 변경되어 신고를 하는 경우에는 경비업 허가사항 등의 변경신고서(전자문서로 된 신고서를 포함)에 다음 서류(전자문서를 포함)를 첨부하여 법인의 주사무소를 관할하는 시·도 경찰청장 또는 해당 시·도 경찰청 소속의 경찰서장에게 제출하여야 한다. 변경신고서를 제출받은 경찰서장은 이를 지체 없이 관할 시·도 경찰청장에게 보내야 한다(제2항).
    • 명칭 변경의 경우 : 허가증 원본
    • 대표자 변경의 경우 : 법인 대표자의 이력서 1부, 허가증 원본★
    • 임원 변경의 경우 : 법인 임원의 이력서 1부(허가증 원본 ×)★★
    • 주사무소 또는 출장소 변경의 경우 : 허가증 원본
    • 정관의 목적 변경의 경우 : 법인의 정관 1부(허가증 원본 ×)★★
  ㉢ 신고서를 제출받은 시·도 경찰청장은 「전자정부법」 제36조 제1항에 따른 행정정보의 공동이용을 통하여 법인의 등기사항증명서를 확인하여야 한다(제3항).
  ㉣ 특수경비업무의 개시 또는 종료의 신고에 필요한 서류는 「특수경비업무(개시, 종료)신고서」(별지 제7호 서식)이다(제4항).

④ **특수경비업자의 업무개시 신고 전 조치사항**(경비업법 시행령 제6조) 기출 24
  ㉠ **비밀취급인가** : 특수경비업무를 수행하는 경비업자는 첫 업무개시의 신고를 하기 전에 시·도 경찰청장의 비밀취급인가를 받아야 한다(제1항).★
  ㉡ **보안측정** : 시·도 경찰청장은 특수경비업자에게 비밀취급인가를 하고자 하는 때에는 특수경비업자로 하여금 경찰청장을 거쳐 국가정보원장에게 보안측정을 요청하도록 하여야 한다(제2항).★

경비업법령상 구비서류

1. 경비업 허가사항 등의 변경신고서 구비서류(경비업법 시행규칙 [별지 제6호 서식])

구 분	신고인(대표자) 제출서류	시·도 경찰청장(담당 공무원) 확인사항
명칭 변경	허가증 원본	법인의 등기사항증명서
대표자 변경	• 법인 대표자의 이력서 1부★ • 허가증 원본★	
임원 변경	법인 임원의 이력서 1부★	
주사무소 또는 출장소 변경	허가증 원본	
정관의 목적 변경의 경우	법인의 정관 1부★	

2. 그 밖의 신고서 구비서류 : 특수경비업무 개시·종료 신고서, 경비원 배치·배치폐지 신고서는 구비서류가 없다(기계경비업무의 수행을 위한 관제시설을 신설·이전 또는 폐지한 때는 서식규정이 없다).
3. 허가신청 시 또는 허가증재교부 신청 시 구비서류(경비업법 시행규칙 [별지 제2호·제4호 서식])

구 분	신청인(대표자) 제출서류	시·도 경찰청장(담당 공무원) 확인사항
신규·변경 허가신청 시	• 법인의 정관 1부★ • 법인 임원의 이력서 1부★ • 경비인력·시설 및 장비의 확보계획서 1부(경비업 허가신청 시 이를 갖출 수 없는 경우에 한한다)★	법인의 등기사항증명서
갱신 허가신청 시	• 허가증 원본 • 법인의 정관 1부 (변경사항이 있는 경우)	
허가증 재교부 신청 시	• 사유서 (허가증을 잃어버린 경우)★ • 허가증 (허가증이 못쓰게 된 경우)★	–

🔍 빈칸 채우기

특수경비업자의 업무개시 신고 전 조치사항

→ (❶) : 특수경비업무를 수행하는 경비업자는 첫 업무개시의 신고를 하기 전에 (❷)의 (❶)를 받아야 한다.
→ (❸) : (❷)은 특수경비업자에게 (❶)를 하고자 하는 때에는 특수경비업자로 하여금 경찰청장을 거쳐 (❹)에게 보안측정을 요청하도록 하여야 한다.

❶ 비밀취급인가 ❷ 시·도 경찰청장 ❸ 보안측정 ❹ 국가정보원장

02 경비업자의 의무 (경비업법 제7조) 기출 23·19·14·11·10·09·07·05·04·02·01·99

1. 타인의 자유와 권리 침해금지의무(제1항)

경비업자는 "경비대상시설의 소유자 또는 관리자"(이를 "시설주"로 약칭함)의 관리권의 범위 안에서 경비업무를 수행하여야 하며, 다른 사람의 자유와 권리를 침해하거나 그의 정당한 활동에 간섭하여서는 아니 된다.

2. 법령준수의무 및 성실의 의무(제2항)

경비업자는 경비업무를 성실하게 수행하여야 하고, 도급을 의뢰받은 경비업무가 위법 또는 부당한 것일 때에는 이를 거부하여야 한다. ★

3. 경비원의 권익침해금지 및 공정계약의무(제3항)

경비업자는 불공정한 계약으로 경비원의 권익을 침해하거나 경비업의 건전한 육성과 발전을 해치는 행위를 하여서는 아니 된다.

4. 직무상 비밀준수의무(제4항)

경비업자의 임·직원이거나 임·직원이었던 자는 다른 법률에 특별한 규정이 있는 경우를 제외하고는 그 직무상 알게 된 비밀을 누설하거나 다른 사람에게 제공하여 이용하도록 하는 등 부당한 목적을 위하여 사용하여서는 아니 된다.

5. 경비업무 외 업무 강제금지의무(제5항)

경비업자는 허가받은 경비업무 외의 업무에 경비원을 종사하게 하여서는 아니 된다.

- 헌법재판소는 2023년 3월 23일 재판관 6 : 3의 의견으로 시설경비업을 허가받은 경비업자로 하여금 허가받은 경비업무 외의 업무에 경비원을 종사하게 하는 것을 금지하고, 이를 위반한 경비업자에 대한 허가를 취소하도록 정하고 있는 경비업법 제7조 제5항 중 '시설경비업무'에 관한 부분과 경비업법 제19조 제1항 제2호 중 '시설경비업무'에 관한 부분이 헌법에 합치되지 아니하여 법원 기타 국가기관 및 지방자치단체는 입법자가 2024.12.31.까지 위 법률조항을 개정할 때까지 위 법률조항의 적용을 중지하여야 한다는 적용중지 헌법불합치 결정을 선고하였다(헌재결[전] 2023.3.23. 2020헌가19). 구체적으로 헌법재판소는 심판대상조항이 과잉금지원칙에 위반(침해의 최소성 및 법익의 균형성 위반)하여 시설경비업을 수행하는 경비업자의 직업의 자유를 침해한다고 보았다.
- 국회는 2025.1.7. 법률 제20645호에 의하여 2023.3.23. 헌법재판소에서 헌법불합치 결정된 제7조 제5항을 "경비업자는 허가받은 경비업무 외의 업무에 경비원을 종사하게 하여서는 아니 된다. 다만, 경비업무의 목적 달성을 침해하지 아니하는 범위에서 대통령령으로 정하는 업무에 대하여는 경비원을 종사하게 할 수 있다"로 개정하였고, 제19조 제1항 제2호를 삭제하였다. 제19조 제1항 제2호를 삭제하면서 제19조 제2항 제2호의2(제7조 제5항을 위반하여 경비업무 또는 경비업무의 목적 달성을 침해하지 아니하는 범위에서 대통령령으로 정하는 업무 외의 업무에 경비원을 종사하게 한 때)를 상대적 허가취소·영업정지사유로 신설하고, 제19조 제3항을 "허가관청은 제1항 및 제2항에 의하여 허가취소 또는 영업정지처분을 하는 때에는 경비업자가 허가받은 경비업무 중 허가취소 또는 영업정지사유에 해당되는 경비업무에 한하여 처분을 하여야 한다. 다만, 제1항 제7호에 해당하여 허가취소를 하는 때에는 그러하지 아니하다"로 개정하였다. 이러한 개정 규정은 2026.1.8.부터 시행된다.

6. 집단민원현장에 경비지도사 선임·배치의무(제6항)

① 경비업자는 집단민원현장에 경비원을 배치하는 때에는 경비지도사를 선임하고 그 장소에 배치하여 행정안전부령(경비업법 시행규칙 제6조의2)으로 정하는 바에 따라 경비원을 지도·감독하게 하여야 한다.★★
② ①에 따라 경비업자는 집단민원현장에 선임·배치된 경비지도사로 하여금 다음의 직무를 수행하도록 하여야 한다(경비업법 시행규칙 제6조의2).
  ㉠ 법 제15조의2에 따른 경비원 등의 의무 위반행위 예방 및 제지(제1호)
  ㉡ 법 제16조에 따른 경비원의 복장 착용 등에 대한 지도·감독(제2호)
  ㉢ 법 제16조의2에 따른 경비원의 장비 휴대 및 사용에 대한 지도·감독(제3호)
  ㉣ 법 제18조 제1항에 따른 집단민원현장에 비치된 경비원 명부의 관리(제4호)

7. 특수경비업자의 경비대행업자 지정의무(제7항)

특수경비업자는 특수경비업무의 개시신고를 하는 때에는 국가중요시설에 대한 특수경비업무의 수행이 중단되는 경우 시설주의 동의를 얻어 다른 특수경비업자 중에서 경비업무를 대행할 자(경비대행업자)를 지정하여 허가관청(시·도 경찰청장)에 신고하여야 한다. 경비대행업자의 지정을 변경하는 경우에도 또한 같다.★★

8. 특수경비업자의 경비대행업자에 대한 통보의무 및 경비대행업자의 인수의무(제8항)

특수경비업자는 국가중요시설에 대한 특수경비업무를 중단하게 되는 경우에는 미리 이를 경비대행업자에게 통보하여야 하며, 경비대행업자는 통보받은 즉시 그 경비업무를 인수하여야 한다. 이 경우 7.의 규정은 경비대행업자에 대하여 이를 준용한다.★

빈칸 채우기

특수경비업자의 의무

⋯ 경비대행업자 (❶)의무 : 특수경비업무의 개시신고를 하는 때에는 국가중요시설에 대한 특수경비업무의 수행이 중단되는 경우 시설주의 동의를 얻어 다른 특수경비업자 중에서 경비대행업자를 (❶)하여 [(❷)(시·도 경찰청장)]에 (❸)하여야 한다.

⋯ 경비대행업자에 대한 (❹)의무 및 경비대행업자의 (❺)의무 : 국가중요시설에 대한 특수경비업무를 중단하게 되는 경우에는 미리 이를 경비대행업자에게 (❹)하여야 하며, 경비대행업자는 (❹)받은 (❻) 그 경비업무를 (❺)하여야 한다.

❶ 지정 ❷ 허가관청 ❸ 신고 ❹ 통보 ❺ 인수 ❻ 즉시 정답

9. 특수경비업자의 경비관련업 외의 영업금지의무(제9항)

① 특수경비업자는 경비업법에 의한 경비업과 경비장비의 제조·설비·판매업, 네트워크를 활용한 정보산업, 시설물 유지관리업 및 경비원 교육업 등 대통령령이 정하는 경비관련업 외의 영업을 하여서는 아니 된다.★★

② ①에서 "대통령령이 정하는 경비관련업"이란 다음의 영업을 말한다(경비업법 시행령 제7조의2 제1항).
　㉠ 시행령 [별표 1의2]에 따른 특수경비업자가 할 수 있는 영업(제1호)
　㉡ 시행령 [별표 1의2]에 따른 영업에 부수되는 것으로서 경찰청장이 지정·고시하는 영업(제2호)★

③ 영업의 범위에 관하여는 경비업법 또는 경비업법 시행령에 특별한 규정이 있는 경우를 제외하고는 통계법에 따라 통계청장이 고시하는 한국표준산업분류표에 따른다(경비업법 시행령 제7조의2 제2항).★

특수경비업자가 할 수 있는 영업(경비업법 시행령 [별표 1의2]) 기출 14·12·08

분야	해당 영업
금속가공제품 제조업 (기계 및 가구 제외)	• 일반철물 제조업(자물쇠제조 등 경비 관련 제조업에 한정) • 금고 제조업
그 밖의 기계 및 장비제조업	분사기 및 소화기 제조업
전기장비 제조업	전기경보 및 신호장치 제조업
전자부품, 컴퓨터, 영상, 음향 및 통신장비 제조업	• 전자카드 제조업★ • 통신 및 방송 장비 제조업 • 영상 및 음향기기 제조업
전문직별 공사업	• 소방시설 공사업 • 배관 및 냉·난방 공사업(소방시설 공사 등 방재 관련 공사에 한정) • 내부 전기배선 공사업 • 내부 통신배선 공사업
도매 및 상품중개업	통신장비 및 부품 도매업
통신업	전기통신업
부동산업	부동산 관리업★
컴퓨터 프로그래밍, 시스템 통합 및 관리업	• 컴퓨터 프로그래밍 서비스업 • 컴퓨터시스템 통합 자문, 구축 및 관리업
건축기술, 엔지니어링 및 관련기술 서비스업	• 건축설계 및 관련 서비스업(소방시설 설계 등 방재 관련 건축설계에 한정) • 건물 및 토목엔지니어링 서비스업(소방공사 감리 등 방재 관련 서비스업에 한정)
사업시설 관리 및 조경 서비스업	• 사업시설 유지관리 서비스업 • 건물 산업설비 청소 및 방제 서비스업
사업지원 서비스업	• 인력공급 및 고용알선업★ • 경비, 경호 및 탐정업★
교육서비스업	• 직원훈련기관 • 그 밖의 기술 및 직업훈련학원(경비 관련 교육에 한정)
수리업	• 일반 기계 수리업 • 전기, 전자, 통신 및 정밀기기 수리업
창고 및 운송 관련 서비스업	주차장 운영업★

03 경비업무 도급인 등의 의무(경비업법 제7조의2)

1. 직접고용금지와 관여금지

① 누구든지 경비업의 허가를 받지 아니한 자에게 경비업무를 도급하여서는 아니 된다. ★
② 누구든지 집단민원현장에 경비인력을 20명 이상 배치하려고 할 때에는 그 경비인력을 직접 고용하여서는 아니 되고, 경비업자에게 경비업무를 도급하여야 한다. ★★
③ 다만, 시설주 등이 집단민원현장 발생 3개월 전까지 직접 고용하여 경비업무를 수행하는 피고용인의 경우에는 그러하지 아니하다. ★★
④ 경비업무를 도급하는 자는 그 경비업무를 수급한 경비업자의 경비원 채용 시 무자격자나 부적격자 등을 채용하도록 관여하거나 영향력을 행사해서는 아니 된다.

> **도급인(都給人)**
> 도급계약에서 상대편이 어떤 일을 완성하면 그 일의 결과에 대하여 약정한 보수를 지급하기로 한 사람을 말하는 것으로 경비업법상의 '시설주'를 의미하며 수급인은 경비업자가 된다.

2. 무자격자 및 부적격자 등의 범위

무자격자 및 부적격자의 구체적인 범위 등은 대통령령으로 정한다(경비업법 제7조의2 제4항).

> **무자격자 및 부적격자 등의 범위(경비업법 시행령 제7조의3)**
> 다음 각호의 경비업무를 도급하려는 자는 법 제7조의2 제3항에 따라 다음 각호의 구분에 해당하는 사람을 그 경비업무를 수급한 경비업자의 경비원으로 채용하도록 관여하거나 영향력을 행사해서는 아니 된다. 〈개정 2024.8.13.〉
> 1. 시설경비업무, 호송경비업무, 신변보호업무, 기계경비업무 또는 혼잡·교통유도경비업무. 다만, 제3호의 경비업무는 제외한다.
>   가. 법 제10조 제1항에 따라 경비지도사 또는 일반경비원이 될 수 없는 사람
>   나. 「아동·청소년의 성보호에 관한 법률」 제56조 제1항 제14호에 따라 경비업무에 종사할 수 없는 사람
> 2. 특수경비업무
>   가. 법 제10조 제2항에 따라 특수경비원이 될 수 없는 사람
>   나. 「아동·청소년의 성보호에 관한 법률」 제56조 제1항 제14호에 따라 경비업무에 종사할 수 없는 사람
> 3. 집단민원현장의 시설경비업무, 신변보호업무 또는 혼잡·교통유도경비업무
>   가. 법 제10조 제1항에 따라 경비지도사 또는 일반경비원이 될 수 없는 사람
>   나. 법 제18조 제6항에 따라 집단민원현장에 일반경비원으로 배치할 수 없는 사람
>   다. 「아동·청소년의 성보호에 관한 법률」 제56조 제1항 제14호에 따라 경비업무에 종사할 수 없는 사람

빈칸 채우기

경비업무 도급인 등의 의무 - 직접고용금지와 관여금지
⋯ 누구든지 경비업의 허가를 받지 아니한 자에게 경비업무를 (❶)하여서는 아니 된다.
⋯ 누구든지 (❷)에 경비인력을 (❸)명 이상 배치하려고 할 때에는 그 경비인력을 직접 고용하여서는 아니 되고, 경비업자에게 경비업무를 (❶)하여야 한다.
⋯ 다만, 시설주 등이 (❷) 발생 (❹)개월 전까지 직접 고용하여 경비업무를 수행하는 피고용인의 경우에는 그러하지 아니하다.

정답 ❶ 도급 ❷ 집단민원현장 ❸ 20 ❹ 3

많은 실패자들은 포기하기 때문에,
성공이 얼마나 가까웠는지 깨닫지 못한다.

– 토머스 에디슨 –

경비업법 제8조~제9조

01 기계경비업자의 의무
02 기계경비지도사의 임무

최다 출제 POINT & 학습목표

1. 기계경비업무에 대한 전반적인 이해와 대응체제, 오경보의 방지 등에 대해 학습한다.
2. 기계경비업자의 출장소별 관리 서류에 대해서는 오경보의 방지를 위한 설명 등과 비교하여 꼼꼼히 학습한다.

CHAPTER 03

기계경비업무

CHAPTER 03 기계경비업무

01 경비업법령상 기계경비업무를 수행하는 경비원은 일반경비원에 해당한다. 기출 16　　　　　　　(　　)

02 경비업법령상 기계경비업무란 경비대상시설에 설치한 기기에 의하여 감지·송신된 정보를 그 경비대상시설 외의 장소에 설치한 관제시설의 기기로 수신하여 도난·화재 등 위험발생을 방지하는 업무를 말한다. 기출 13
(　　)

03 경비업법령상 경비업 허가를 받기 위한 기계경비업무의 경비인력 기준은 전자·통신 분야 기술자격증소지자 5명을 포함한 일반경비원 10명 이상과 경비지도사 1명 이상이고, 자본금 보유 기준은 1억원 이상이다. 기출 16
(　　)

04 경비업법령상 기계경비업자는 경비업과 경비장비의 제조·설비·판매업 등 대통령령이 정하는 경비관련업 외의 영업을 하여서는 안 된다. 기출 17　　　　　　　(　　)

05 경비업법령상 기계경비업자는 관제시설 등에서 경보를 수신한 때에는 경보를 수신한 때부터 늦어도 30분 이내에는 도착시킬 수 있는 대응체제를 갖추어야 한다. 기출 19·18·16·15·13　　　　　(　　)

06 경비업법령상 기계경비업자는 경비계약을 체결하는 때에는 오경보를 막기 위하여 계약상대방에게 기기사용요령 및 기계경비운영체계 등에 관하여 설명하여야 하며, 각종 기기가 오작동되지 아니하도록 관리하여야 한다. 기출 18·12·11　　　　　(　　)

07 경비업법령상 기계경비업자는 경비계약을 체결하는 때에 계약상대방에게 기기사용요령 및 기계경비운영체계 등에 관하여 서면 또는 구두로 설명하여야 한다. 기출 14·12　　　　　(　　)

08 경비업법령상 기계경비업자는 경비원의 업무수행 중 고의 또는 과실로 경비대상에 손해가 발생하는 것을 방지하지 못한 때에 그 손해에 대한 배상 범위와 손해배상액에 관한 사항을 기재한 서면을 출장소별로 갖추어 두어야 한다. 기출 11　　　　　(　　)

09 경비업법령상 기계경비업자는 출장소별로 기계경비지도사의 명단·배치일자·배치장소와 출동차량의 대수를 기재한 서류를 갖추어 두어야 한다. 기출 24·21·19　　　　　(　　)

10 경비업법령상 기계경비업자는 출장소별로 오경보인 경우 오경보가 발생한 경비대상시설 및 그 오경보에 대한 조치의 결과를 기재한 서류를 갖추어 두어야 한다. 기출 21　　　　　(　　)

11 경비업법령상 기계경비업자는 출장소별로 오경보가 발생한 경비대상시설을 기재한 서류를 갖추어 두어야 한다. 기출 24 ( )

12 경비업법령상 기계경비업자는 경비대상시설의 명칭·소재지 및 경비계약기간을 기재한 서류를 주사무소에 갖추어 두어야 한다. 기출 19·16 ( )

13 경비업법령상 기계경비업자는 출장소별로 오경보에 대한 조치의 결과를 기재한 서류는 당해 경보를 수신한 날부터 2년간 이를 보관하여야 한다. 기출 21·19·16·13 ( )

14 경비업법령상 기계경비업자는 경보의 수신 및 현장도착 일시와 조치의 결과 사항을 기재한 서류를 당해 경보를 수신한 날부터 1년간 이를 보관해야 한다. 기출 15·14·12 ( )

15 경비업법령상 기계경비업자가 오경보의 방지를 위하여 계약상대방에게 하여야 하는 설명은 서면등을 교부하는 방법에 의한다. 다음 중 이때 서면등에 기재하는 사항에 해당하는 것은 ㄱ, ㄴ, ㄷ이다. 기출 20 ( )

> ㄱ. 기계경비업무용 기기의 설치장소 및 종류
> ㄴ. 오경보의 발생원인과 송신기기의 유지·관리방법
> ㄷ. 당해 기계경비업무와 관련된 관제시설 및 출장소의 명칭·소재지

16 기계경비지도사의 명단·배치일자·배치장소와 출동차량의 대수는 경비업법령상 기계경비업자가 오경보의 방지를 위해 계약상대방에게 설명하여야 하는 사항에 해당하지 않는다. 기출 23 ( )

▶ **정답과 해설** ◀ 01 ○   02 ○   03 ○   04 ×   05 ×   06 ○   07 ×   08 ×   09 ○   10 ○
11 ○   12 ×   13 ×   14 ○   15 ○   16 ○

✔ **오답분석**

04 특수경비업자는 이 법에 의한 경비업과 경비장비의 제조·설비·판매업, 네트워크를 활용한 정보산업, 시설물 유지관리업 및 경비원 교육업 등 대통령이 정하는 경비관련업 외의 영업을 하여서는 아니 된다(경비업법 제7조 제9항).

05 기계경비업무를 수행하는 경비업자는 관제시설 등에서 경보를 수신한 때에는 경보를 수신한 때부터 늦어도 25분 이내에는 도착시킬 수 있는 대응체제를 갖추어야 한다(경비업법 시행령 제7조).

07 기계경비업자가 계약상대방에게 하여야 하는 오경보의 방지를 위한 설명은 서면 또는 전자문서(여기서 전자문서는 상대방이 원하는 경우에 한한다)를 교부하는 방법에 의한다(경비업법 시행령 제8조 제1항).

08 기계경비업자는 제1항 각호의 사항을 기재한 서면등과 함께 법 제26조의 규정에 의한 손해배상의 범위와 손해배상액에 관한 사항을 기재한 서면등을 계약상대방에게 교부하여야 한다(경비업법 시행령 제8조 제2항).

12 기계경비업자는 출장소별로 경비대상시설의 명칭·소재지 및 경비계약기간을 기재한 서류를 갖추어 두어야 한다(경비업법 시행령 제9조 제1항 제1호).

13 오경보에 대한 조치의 결과를 기재한 서류는 당해 경보를 수신한 날부터 1년간 이를 보관하여야 한다(경비업법 시행령 제9조 제2항).

CHAPTER
03 기계경비업무

경비업법 제8조~제9조

01 기계경비업자의 의무 기출 19·18·17·15·14·12·11·09·08·05·99

1. 대응체제 구축의무 기출 11·07·06·02·01

① 기계경비업무를 수행하는 경비업자(기계경비업자)는 경비대상시설에 관한 경보를 수신한 때에는 신속하게 그 사실을 확인하는 등 필요한 대응조치를 취하여야 하며, 이를 위한 대응체제를 갖추어야 한다(경비업법 제8조). ★

② 기계경비업자는 관제시설 등에서 경보를 수신한 때에는 경보를 수신한 때부터 늦어도 25분 이내에는 도착시킬 수 있는 대응체제를 갖추어야 한다(경비업법 시행령 제7조). ★★

2. 오경보의 방지 등 의무(경비업법 제9조)

① 기계경비업자는 경비계약을 체결하는 때에는 오경보를 막기 위하여 계약상대방에게 기기사용요령 및 기계경비운영체계 등에 관하여 서면 또는 전자문서로 설명하여야 하며, 각종 기기가 오작동되지 아니하도록 관리하여야 한다(제1항). ★★

② 기계경비업자는 대응조치 등 업무의 원활한 운영과 개선을 위하여 대통령령(경비업법 시행령 제9조)이 정하는 바에 따라 관련 서류를 작성·비치하여야 한다(제2항). ★

3. 오경보의 방지를 위한 설명 및 교부의무(경비업법 시행령 제8조) 기출 23·20·10·07

① 기계경비업자가 계약상대방에게 하여야 하는 설명은 다음의 사항을 기재한 서면 또는 전자문서(이하 "서면등", 여기서 전자문서는 계약상대방이 원하는 경우에 한한다)를 교부하는 방법에 의한다(제1항). ★
  ㉠ 당해 기계경비업무와 관련된 관제시설 및 출장소의 명칭·소재지(제1호)
  ㉡ 기계경비업자가 경비대상시설에서 발생한 경보를 수신한 경우에 취하는 조치(제2호)
  ㉢ 기계경비업무용 기기의 설치장소 및 종류와 그 밖의 기계장치의 개요(제3호)
  ㉣ 오경보의 발생원인과 송신기기의 유지·관리방법(제4호)

② 기계경비업자는 ①의 사항을 기재한 서면등과 함께 손해배상의 범위와 손해배상액에 관한 사항을 기재한 서면등을 계약상대방에게 교부하여야 한다(제2항). ★★

4. 기계경비업자의 관리 서류(경비업법 시행령 제9조) 기출 24·23·21·19·16·11·09·07

① 기계경비업자는 출장소별로 다음의 사항을 기재한 서류를 갖추어 두어야 한다.
　　㉠ 경비대상시설의 명칭·소재지 및 경비계약기간★
　　㉡ 기계경비지도사의 명단·배치일자·배치장소와 출동차량의 대수★
　　㉢ 경보의 수신 및 현장도착 일시와 조치의 결과(1년간 보관)★
　　㉣ 오경보인 경우 오경보가 발생한 경비대상시설 및 그 오경보에 대한 조치의 결과(1년간 보관)★
② ①의 ㉢, ㉣에 의한 사항을 기재한 서류는 당해 경보를 수신한 날부터 1년간 이를 보관하여야 한다.★

02 기계경비지도사의 임무

1. 기계경비지도사의 정의(경비업법 시행령 제10조 제2호)

기계경비업무에 종사하는 경비원을 지도·감독·교육하는 경비지도사이다.

2. 기계경비지도사의 직무(경비업법 시행령 제17조 제1항·제2항)

다음은 기계경비지도사에 한정된 직무이고, 이를 월 1회 이상 수행하여야 한다.★ 기출 23
① 기계경비업무를 위한 기계장치의 운용·감독★
② 오경보방지 등을 위한 기기관리의 감독★

빈칸 채우기

기계경비업자의 관리 서류

⋯ 기계경비업자는 (❶)별로 다음의 사항을 기재한 서류를 갖추어 두어야 한다.
　　㉠ 경비대상시설의 명칭·소재지 및 (❷)
　　㉡ 기계경비지도사의 명단·배치일자·배치장소와 출동차량의 (❸)
　　㉢ 경보의 (❹) 및 (❺) 일시와 조치의 결과
　　㉣ 오경보인 경우 오경보가 발생한 경비대상시설 및 그 오경보에 대한 조치의 결과
⋯ ㉢, ㉣에 의한 사항을 기재한 서류는 당해 경보를 수신한 날부터 (❻)년간 이를 보관하여야 한다.

정답 ❶ 출장소　❷ 경비계약기간　❸ 대수　❹ 수신　❺ 현장도착　❻ 1

경비업법 제10조~제18조

01 경비지도사 및 경비원의 결격사유
02 특수경비원의 당연 퇴직
03 경비지도사의 시험 등
04 경비지도사의 보수교육
05 경비지도사 교육기관의 지정 및 교육의 위탁 등
06 경비지도사 교육기관의 지정취소 등
07 경비지도사의 선임·배치
08 경비지도사의 직무
09 경비지도사의 선임·해임 신고의 의무
10 경비원의 교육 등
11 경비원 교육기관의 지정 및 지정취소 등
12 특수경비원의 직무 및 무기사용 등
13 경비원의 복장·장비·출동차량 등
14 경비원의 명부와 배치허가 등

최다 출제 POINT & 학습목표

1. 결격사유(경비지도사, 일반경비원, 특수경비원)의 공통점과 차이점 등을 명확히 파악해야 한다.
2. 경비지도사 및 경비원의 교육, 시험과목, 시험의 일부면제 등도 자주 출제되는 내용이다.
3. 경비지도사의 보수교육, 교육기관의 지정, 교육의 위탁 및 교육기관의 지정취소 등에 대해 학습하고, 경비원 교육기관의 지정 및 지정취소 등에 대해서도 학습한다.
4. 경비지도사의 선임·배치, 직무 및 경비지도사의 선임·해임 신고의 의무 등에 대해 학습한다.
5. 특수경비원의 직무, 의무 및 무기관리수칙은 거의 매년 출제되는 주요 출제 포인트이다.
6. 특수경비원을 배치한 시설주가 갖추어야 할 장부 및 서류 또한 파악해두어야 한다.
7. 경비원의 복장 및 장비, 경비원의 배치 및 허가, 배치신고, 배치폐지의 절차 등에 대해 조문을 중심으로 꼼꼼히 학습한다.

CHAPTER 04

경비지도사 및 경비원

CHAPTER 04 경비지도사 및 경비원

01 벌금형의 선고유예를 받고 그 유예기간이 끝난 날부터 5년이 지나지 아니한 자는 경비업법령상 경비지도사 및 경비원의 결격사유에 해당한다. 기출 21 ( )

02 「형법」제114조(범죄단체 등의 조직)의 죄를 범하여 벌금형을 선고받은 날부터 5년이 지나지 아니한 자는 경비업법령상 경비지도사 및 경비원의 결격사유에 해당한다. 기출 22·21 ( )

03 「형법」제297조(강간)의 죄를 범하여 치료감호를 선고받고 그 집행이 종료된 날 또는 집행이 면제된 날부터 5년이 지나지 아니한 자는 경비업법령상 경비지도사 및 경비원의 결격사유에 해당한다. 기출 21 ( )

04 경비업법령상 「군인사법」에 따른 각 군 전투병과 또는 군사경찰병과 부사관 이상 간부로 6년 재직한 사람은 경비지도사 제1차 시험을 면제한다. 기출 22·21 ( )

05 경비업법령상 경비업자는 선임·배치된 경비지도사가 자격정지의 사유로 그 직무를 수행할 수 없는 때에는 7일 이내에 경비지도사를 새로이 충원하여야 한다. 기출 21 ( )

06 경비업법령상 특수경비원의 교육 시 경비업자가 교육기관에 입회하여 행정안전부령이 정하는 바에 따라 지도·감독하여야 한다. 기출 21·16·12 ( )

07 경비업법령상 경비원이 되려는 사람은 미리 일반경비원 신임교육을 받을 수 없다. 기출수정 21·20 ( )

08 경비업법령상 시설주가 대여받은 무기에 대하여 시설주 및 관할 경찰관서장은 무기의 관리책임을 지고, 관할 경찰관서장은 시설주 및 특수경비원의 무기관리상황을 대통령령이 정하는 바에 따라 지도·감독하여야 한다. 기출 21 ( )

09 경비업법령상 관할 경찰관서장은 시설주 및 특수경비원의 무기관리상황을 매주 1회 이상 점검하여야 한다. 기출 24·21·19·15·12·11 ( )

10 경비업법령상 특수경비원은 소속상사의 허가 또는 정당한 사유 없이 경비구역을 벗어나서는 아니 된다. 기출 24·22·21·16·15·14·13·12 ( )

11 경비업법령상 특수경비원이 사람을 향하여 권총 또는 소총을 발사하고자 하는 때에는 인질사건에 있어서 은밀히 작전을 수행하는 경우로서 부득이한 때에도 공포탄에 의한 사격으로 상대방에게 경고하여야 한다. 기출 21·19·18·15·13 ( )

12 경비업법령상 특수경비원은 임산부가 총기 또는 폭발물을 가지고 대항하는 경우에는 임산부에 대하여 소총을 발사할 수 있다. 기출 22·21·15   (   )

13 경비업법령상 집단민원현장에서 신변보호업무를 수행하는 경우에는 동일한 복장을 착용하지 아니할 수 있다. 기출 22·21   (   )

14 경비업법령상 일반경비원 배치허가를 받은 경비업자가 집단민원현장에 새로운 경비원을 배치하려는 경우에는 새로운 경비원을 배치하기 48시간 전까지 배치허가 신청서를 관할 경찰관서장에게 제출하여 허가를 받아야 한다. 기출 24   (   )

15 경비업법령상 관할 경찰관서장이 집단민원현장에 일반경비원 배치허가 신청을 받은 경우 경비원 중 결격자가 대통령령으로 정하는 기준 이상으로 포함되어 있는 경우에는 배치허가를 하여서는 아니 된다. 기출 24   (   )

16 경비업체와의 연락방법에 대한 지도는 경비업법령상 경비지도사의 직무에 해당하지 않는다. 기출 22   (   )

17 심신미약자는 경비업법령상 특수경비원의 결격사유에 해당하지 않는다. 기출 23   (   )

▶ 정답과 해설 ◀   01 ×   02 ○   03 ○   04 ×   05 ×   06 ×   07 ×   08 ○   09 ×   10 ○
　　　　　　　　11 ×   12 ○   13 ×   14 ○   15 ○   16 ○   17 ○

✓ 오답분석

01 금고 이상의 형의 선고유예를 받고 그 유예기간 중에 있는 자가 특수경비원의 결격사유에 해당한다(경비업법 제10조 제2항 제4호).

04 「군인사법」에 따른 각 군 전투병과 또는 군사경찰병과 부사관 이상 간부로 7년 이상 재직한 사람은 경비지도사 제1차 시험을 면제한다(경비업법 시행령 제13조 제3호).

05 경비업자는 선임·배치된 경비지도사에 결원이 있거나 자격정지 등의 사유로 그 직무를 수행할 수 없는 때에는 15일 이내에 경비지도사를 새로이 충원하여야 한다(경비업법 시행령 제16조 제2항).

06 특수경비원의 교육 시 관할 경찰서 소속 경찰공무원이 교육기관에 입회하여 대통령령이 정하는 바에 따라 지도·감독하여야 한다(경비업법 제13조 제4항).

07 경비원이 되려는 사람은 대통령령으로 정하는 교육기관(일반경비원 교육기관)에서 미리 일반경비원 신임교육을 받을 수 있다(경비업법 제13조 제2항, 동법 시행령 제18조 제4항).

09 관할 경찰관서장은 법 제14조 제5항의 규정에 의하여 시설주 및 특수경비원의 무기관리상황을 매월 1회 이상 점검하여야 한다(경비업법 시행령 제21조).

11 특수경비원은 사람을 향하여 권총 또는 소총을 발사하고자 하는 때에는 미리 구두 또는 공포탄에 의한 사격으로 상대방에게 경고하여야 한다. 다만 특수경비원을 급습하거나 타인의 생명·신체에 대한 중대한 위험을 야기하는 범행이 목전에 실행되고 있는 등 상황이 급박하여 경고할 시간적 여유가 없는 경우, 인질·간첩 또는 테러사건에 있어서 은밀히 작전을 수행하는 경우로서 부득이한 경우에는 경고하지 아니할 수 있다(경비업법 제15조 제4항 제1호).

13 경비업법 제16조 제2항 단서(집단민원현장이 아닌 곳에서 신변보호업무를 수행하는 경우 또는 경비업무의 성격상 부득이한 사유가 있어 관할 경찰관서장이 허용하는 경우에는 그러하지 아니하다)의 반대해석상 경비업자는 경비원이 집단민원현장에서 신변보호업무를 수행하는 경우에는 동일한 복장을 착용하게 하여야 한다.

CHAPTER 04 경비지도사 및 경비원

경비업법 제10조~제18조

01 경비지도사 및 경비원의 결격사유(경비업법 제10조) 기출 21·19·18·14

1. 경비지도사 또는 일반경비원의 결격사유(경비업법 제10조 제1항) 기출 22·21·15·12·11·10·07·99

다음에 해당하는 자는 경비지도사 또는 일반경비원이 될 수 없다.

① 18세 미만인 사람 또는 피성년후견인(제1호)★
② 파산선고를 받고 복권되지 아니한 자(제2호)
③ 금고 이상의 실형의 선고를 받고 그 집행이 종료(집행이 종료된 것으로 보는 경우를 포함)되거나 집행이 면제된 날부터 5년이 지나지 아니한 자(제3호)★
④ 금고 이상의 형의 집행유예선고를 받고 그 유예기간 중에 있는 자(제4호)★
⑤ 다음의 어느 하나에 해당하는 죄를 범하여 벌금형을 선고받은 날부터 10년이 지나지 아니하거나 금고 이상의 형을 선고받고 그 집행이 종료된 날(종료된 것으로 보는 경우를 포함) 또는 집행이 유예·면제된 날부터 10년이 지나지 아니한 자(제5호)

  ㉠ 「형법」 제114조(범죄단체 등의 조직)의 죄(가목)
  ㉡ 「폭력행위 등 처벌에 관한 법률」 제4조(단체 등의 구성·활동)의 죄(나목)
  ㉢ 「형법」 : 제297조(강간), 제297조의2(유사강간), 제298조(강제추행), 제299조(준강간·준강제추행), 제300조[미수범(제297조, 제297조의2, 제298조 및 제299조의 미수범)], 제301조(강간 등 상해·치상), 제301조의2(강간 등 살인·치사), 제302조(미성년자 등에 대한 간음), 제303조(업무상 위력 등에 의한 간음), 제305조(미성년자에 대한 간음·추행), 제305조의2[상습범(제297조, 제297조의2, 제298조부터 제300조까지, 제302조, 제303조 또는 제305조의 상습범)](다목)
  ㉣ 「성폭력범죄의 처벌 등에 관한 특례법」 : 제3조(특수강도강간 등), 제4조(특수강간 등), 제5조(친족관계에 의한 강간 등), 제6조(장애인에 대한 강간·강제추행 등), 제7조(13세 미만의 미성년자에 대한 강간·강제추행 등), 제8조(강간 등 상해·치상), 제9조(강간 등 살인·치사), 제10조(업무상 위력 등에 의한 추행), 제11조(공중 밀집 장소에서의 추행), 제15조[미수범(제3조부터 제9조까지의 미수범)](라목)
  ㉤ 「아동·청소년의 성보호에 관한 법률」 : 제7조(아동·청소년에 대한 강간·강제추행 등), 제8조(장애인인 아동·청소년에 대한 간음 등)(마목)
  ㉥ ㉢~㉤ 세 항목의 죄로서 다른 법률에 따라 가중처벌되는 죄(바목)

⑥ 다음의 어느 하나에 해당하는 죄를 범하여 벌금형을 선고받은 날부터 5년이 지나지 아니하거나 금고 이상의 형을 선고받고 그 집행이 유예된 날부터 5년이 지나지 아니한 자(제6호)
　㉠ 「형법」: 제329조(절도), 제330조(야간주거침입절도), 제331조(특수절도), 제331조의2(자동차 등 불법사용), 제332조[상습범(제329조 내지 제331조의2의 상습범)], 제333조(강도), 제334조(특수강도), 제335조(준강도), 제336조(인질강도), 제337조(강도상해·치상), 제338조(강도살인·치사), 제339조(강도강간), 제340조(해상강도), 제341조[상습범(제333조, 제334조, 제336조 또는 제340조 제1항의 해상강도)], 제342조[미수범(제329조 내지 제341조의 미수범)], 제343조(강도 예비·음모)(가목)
　㉡ ㉠의 죄로서 다른 법률에 따라 가중처벌되는 죄(나목)
⑦ ⑤의 ㉢~㉥의 어느 하나에 해당하는 죄를 범하여 치료감호를 선고받고 그 집행이 종료된 날 또는 집행이 면제된 날부터 10년이 지나지 아니한 자 또는 ⑥의 어느 하나에 해당하는 죄를 범하여 치료감호를 선고받고 그 집행이 면제된 날부터 5년이 지나지 아니한 자(제7호)
⑧ 경비업법이나 경비업법에 따른 명령을 위반하여 벌금형을 선고받은 날부터 5년이 지나지 아니하거나 금고 이상의 형을 선고받고 그 집행이 유예된 날부터 5년이 지나지 아니한 자(제8호)★

2. 특수경비원의 결격사유(경비업법 제10조 제2항) 기출 23·21·15·11·08·06·04

특수경비원의 결격사유는 1.의 경비지도사 또는 일반경비원의 결격사유를 모두 포함(제3호)하는 외에 다음과 같이 특수경비원에만 해당하는 것이 있다.
① 18세 미만인 사람 또는 피성년후견인은 경비지도사 또는 경비원의 공통된 결격사유에 해당하나, 60세 이상인 사람은 특수경비원에게만 해당되는 결격사유이다(제1호).★
② 심신상실자, 알코올 중독자 등 대통령령으로 정하는 정신적 제약이 있는 자(제2호)★

> **특수경비원의 결격사유(경비업법 시행령 제10조의2)**
> 법 제10조 제2항 제2호에서 "심신상실자, 알코올 중독자 등 대통령령으로 정하는 정신적 제약이 있는 자"란 다음 각호의 사람을 말한다.
> 1. 심신상실자
> 2. 마약·대마·향정신성의약품 또는 알코올 중독자
> 3. 「치매관리법」 제2조 제1호에 따른 치매, 조현병·조현정동장애·양극성정동장애(조울병)·재발성우울장애 등의 정신질환이나 정신 발육지연, 뇌전증 등이 있는 사람. 다만, 해당 분야 전문의가 특수경비원으로서 적합하다고 인정하는 사람은 제외한다.

③ 금고 이상의 형의 선고유예를 받고 그 유예기간 중에 있는 자(제4호)★
④ 행정안전부령(경비업법 시행규칙 제7조)이 정하는 신체조건에 미달되는 자(제5호)★

빈칸 채우기

특수경비원에만 해당하는 결격사유
→ (❶)세 이상인 사람
→ 심신상실자, 알코올 중독자 등 (❷)으로 정하는 정신적 제약이 있는 자
→ (❸) 이상의 형의 (❹)를 받고 그 유예기간 중에 있는 자
→ (❺)으로 정하는 신체조건에 미달되는 자

정답 ❶ 60 ❷ 대통령령 ❸ 금고 ❹ 선고유예 ❺ 행정안전부령

특수경비원의 신체조건(경비업법 시행규칙 제7조)

"행정안전부령이 정하는 신체조건"이라 함은 팔과 다리가 완전하고 두 눈의 맨눈시력 각각 0.2 이상 또는 교정시력 각각 0.8 이상을 말한다.★

경비지도사 및 경비원의 결격사유 정리(경비업법 제10조 관련)

구 분	경비지도사·일반경비원 결격사유(제1항)	특수경비원 결격사유(제2항)
	18세 미만인 사람	18세 미만 또는 60세 이상인 사람
공통 사유	• 피성년후견인 • 파산선고를 받고 복권되지 아니한 자 • 금고 이상의 실형의 선고를 받고 그 집행이 종료(집행이 종료된 것으로 보는 경우를 포함)되거나 집행이 면제된 날부터 5년이 지나지 아니한 자 • 금고 이상의 형의 집행유예선고를 받고 그 유예기간 중에 있는 자 • 범죄와 관련한 결격사유(경비업법 제10조 제1항 제3호~제8호)	

구 분		일반범죄 (제3호~제4호)	재산범죄* (제6호)	성범죄 등의 중한 범죄* (제5호)	명령 위반 (제8호)
-		-	자동차 등 불법사용 죄, 강도강간죄 포함	범죄단체 등의 조직의 죄, 단체 등의 구성활동의 죄 포함	-
벌금형		×	5년	10년	5년
금고 이상	집행유예	유예 중	5년	10년	5년
	집행종료	5년	×	10년	×
	집행면제	5년	×	10년	×
치료감호 (제7호)		×	종료 : × 면제 : 5년	종료 : 10년 면제 : 10년	×

※ 비고 : 경비업법 제10조 제1항 제3호부터 제8호까지의 규정을 위 표로 정리하였다. 규정되어 있는 죄를 일반, 재산, 성범죄 등의 중한 범죄 등으로 구분하였고, 각 범죄에 따르는 제한 년수를 표기하였다.

신체 조건 등	-	• 금고 이상의 형의 선고유예를 받고 그 유예기간 중에 있는 자★ • 행정안전부령이 정하는 신체조건(팔과 다리가 완전하고 두 눈의 맨눈시력 각각 0.2 이상 또는 교정시력 각각 0.8 이상)에 미달되는 자★
파업·태업	-	특수경비원은 파업·태업 그 밖에 경비업무의 정상적인 운영을 저해하는 일체의 쟁의행위를 하여서는 아니 된다(경비업법 제15조 제3항).★

3. 채용 또는 근무 금지(경비업법 제10조 제3항)

경비업자는 상기의 결격사유에 해당하는 자를 경비지도사 또는 경비원으로 채용 또는 근무하게 하여서는 아니 된다.

02 특수경비원의 당연 퇴직(경비업법 제10조의2)

1. 입법 취지
특수경비원 인력을 원활히 운영하기 위하여 특수경비원이 결격사유에 해당하게 되면 당연 퇴직되도록 하되, 유사직무 종사자와의 형평성을 고려하여 당연 퇴직 요건을 규정하기 위해 2022.11.15. 본조를 신설하였다.

2. 내 용
① 특수경비원이 경비업법 제10조 제2항에 따른 결격사유에 해당하게 될 때에는 당연 퇴직된다(본문).
② 다만, 제10조 제2항 제1호는 나이가 60세가 되어 퇴직하는 경우에는 60세가 된 날이 1월부터 6월 사이에 있으면 6월 30일에, 7월부터 12월 사이에 있으면 12월 31일에 각각 당연 퇴직된다(단서 전단).
③ 또한 제10조 제2항 제3호 중 제10조 제1항 제2호는 파산선고를 받은 사람으로서 「채무자 회생 및 파산에 관한 법률」에 따라 신청기한 내에 면책신청을 하지 아니하였거나 면책불허가 결정 또는 면책 취소가 확정된 경우만 당연 퇴직되며, 제10조 제2항 제4호는 「성폭력범죄의 처벌 등에 관한 특례법」 제2조, 「아동ㆍ청소년의 성보호에 관한 법률」 제2조 제2호 및 직무와 관련하여 「형법」 제355조 또는 제356조에 규정된 죄를 범한 사람으로서 금고 이상의 형의 선고유예를 받은 경우만 당연 퇴직된다(단서 후단).

 빈칸 채우기

특수경비원의 당연 퇴직
- 특수경비원이 경비업법 제10조 제2항에 따른 (❶)에 해당하게 될 때에는 당연 퇴직된다(원칙).
- 나이가 (❷)가 되어 퇴직하는 경우에는 (❷)가 된 날이 1월부터 6월 사이에 있으면 6월 30일에, 7월부터 12월 사이에 있으면 12월 31일에 각각 당연 퇴직된다.
- 또한 제10조 제2항 제3호 중 제10조 제1항 제2호는 파산선고를 받은 사람으로서 「채무자 회생 및 파산에 관한 법률」에 따라 신청기한 내에 면책신청을 하지 아니하였거나 (❸) 결정 또는 (❹)가 확정된 경우만 당연 퇴직되며, 제10조 제2항 제4호는 「성폭력범죄의 처벌 등에 관한 특례법」 제2조, 「아동ㆍ청소년의 성보호에 관한 법률」 제2조 제2호 및 직무와 관련하여 「형법」 제355조 또는 제356조에 규정된 죄를 범한 사람으로서 금고 이상의 형의 (❺)를 받은 경우만 당연 퇴직된다.

정답 ❶ 결격사유 ❷ 60세 ❸ 면책불허가 ❹ 면책 취소 ❺ 선고유예

03 경비지도사의 시험 등(경비업법 제11조) 기출 21·17·15·14·12·10·09·01

1. 경비지도사의 자격 기출 21

경비지도사는 제10조 제1항 각호의 어느 하나에 해당하지 아니하는 자로서, 즉 경비지도사 결격사유에 해당하지 아니하는 자로서 경찰청장이 시행하는 경비지도사 시험에 합격하고 대통령령으로 정하는 바에 따라 경찰청장이 실시하는 기본교육을 받은 자이어야 한다(제1항). 〈개정 2024.2.13.〉★

> **경비지도사의 기본교육(경비업법 시행령 제15조의2)**
> ① 법 제11조 제1항에 따라 경찰청장이 실시하는 기본교육(이하 "기본교육"이라 한다)은 40시간 이상으로 한다. 다만, 다음 각호의 어느 하나에 해당하는 사람이 기본교육을 받는 경우에는 행정안전부령으로 정하는 바에 따라 기본교육의 일부를 면제할 수 있다.
>   1. 일반경비지도사 자격을 취득한 후 3년 이내에 기계경비지도사 시험에 합격한 사람
>   2. 기계경비지도사 자격을 취득한 후 3년 이내에 일반경비지도사 시험에 합격한 사람
> ② 제1항에 따른 기본교육의 과목, 시간, 그 밖에 기본교육의 실시에 필요한 사항은 행정안전부령으로 정한다.
> [본조신설 2024.8.13.]
>
> **경비지도사의 기본교육(경비업법 시행규칙 제9조)**
> ① 법 제11조 제1항 및 영 제15조의2 제1항에 따른 기본교육(이하 "기본교육"이라 한다)의 과목 및 시간은 [별표 1]과 같다.
> ② 기본교육에 소요되는 비용은 기본교육을 받는 사람의 부담으로 한다.
> [전문개정 2024.8.14.]
>
> **경비지도사 기본교육의 과목 및 시간(경비업법 시행규칙 [별표 1]) 〈개정 2024.8.14.〉** 기출 20
>
> | 구분
(교육시간) | 과목 및 시간 | |
> |---|---|---|
> | 공통교육
(22시간) | 「경비업법」, 「경찰관직무집행법」, 「도로교통법」 등 관계법령 및 「개인정보보호법」에 따른 개인정보 보호지침 등(4h), 실무 I (4h), 실무 II (3h), 범죄·테러·재난 대응요령 및 화재대처법(2h), 응급처치법(2h), 직업윤리 및 인권보호(2h), 체포·호신술(2h), 입교식, 평가 및 수료식(3h) | |
> | 자격의
종류별 교육
(18시간) | 일반경비지도사 | 시설경비(3h), 호송경비(2h), 신변보호(2h), 특수경비(2h), 혼잡·다중운집 인파 관리(2h), 교통안전 관리(2h), 일반경비 현장실습(5h) |
> | | 기계경비지도사 | 기계경비 운용관리(4h), 기계경비 기획 및 설계(4h), 인력경비개론(5h), 기계경비 현장실습(5h) |
> | 계 | 40h | |
>
> ※ 비고 : 다음 각호의 사람이 기본교육을 받는 경우 공통교육은 면제한다.
>   1. 일반경비지도사 자격을 취득한 후 3년 이내에 기계경비지도사 시험에 합격한 사람
>   2. 기계경비지도사 자격을 취득한 후 3년 이내에 일반경비지도사 시험에 합격한 사람

빈칸 채우기

경비지도사의 기본교육
- (❶)이 실시하는 기본교육은 (❷)시간 이상으로 한다.
- 기본교육은 공통교육 (❸)시간과 자격의 종류별 교육 (❹)시간으로 한다.
- 일반경비지도사 자격을 취득한 후 (❺)년 이내에 기계경비지도사 시험에 합격한 사람, 기계경비지도사 자격을 취득한 후 (❺)년 이내에 일반경비지도사 시험에 합격한 사람이 기본교육을 받는 경우 (❻)교육은 면제한다.

정답 ❶ 경찰청장 ❷ 40 ❸ 22 ❹ 18 ❺ 3 ❻ 공통

2. 경비지도사자격증 교부

경찰청장은 경비지도사 (기본)교육을 받은 자에게 행정안전부령(경비업법 시행규칙 제11조)이 정하는 바에 따라 경비지도사자격증을 교부하여야 한다(제2항).★

> **경비지도사자격증의 교부(경비업법 시행규칙 제11조)**
> 경찰청장은 법 제11조에 따른 경비지도사 시험에 합격하고 기본교육을 받은 사람에게는 별지 제9호 서식의 경비지도사자격증 교부대장에 정해진 사항을 기재한 후, 별지 제10호 서식의 경비지도사자격증을 교부해야 한다.★ 〈개정 2024.8.14.〉

3. 경비지도사 시험의 실시 기출 22

경비지도사 시험은 매년 1회 이상 시행하며, 시험과목, 시험공고, 시험의 일부가 면제되는 자의 범위 그 밖에 시험에 관하여 필요한 사항은 대통령령(경비업법 시행령 제11조부터 제15조까지의 규정)으로 정한다(제3항).★

4. 시험응시원서 등(경비업법 시행규칙 제8조)

① 경비업법 제11조의 규정에 의한 경비지도사 시험에 응시하고자 하는 자는 별지 제8호 서식의 응시원서(전자문서로 된 원서를 포함한다)를 경비지도사 시험의 관리를 위탁받은 기관 또는 단체(시험관리기관)에 제출해야 한다.

② 경비지도사 제1차 시험을 면제받으려는 사람은 면제 사유를 증명할 수 있는 서류로서 공고에서 정하는 서류를 시험관리기관에 제출해야 한다.

③ 시험관리기관은 서류 중 재직증명서 또는 경력증명서를 제출받은 경우에는 「전자정부법」 제36조 제1항에 따른 행정정보의 공동이용을 통하여 제출인의 국민연금가입자가입증명 또는 건강보험자격득실확인서를 확인해야 한다. 다만, 제출인이 확인에 동의하지 않는 경우에는 해당 서류를 제출하도록 해야 한다.

🧩 빈칸 채우기

경비지도사 시험의 실시

⋯ 경비지도사 시험은 매년 (❶)회 이상 시행하며, 시험(❷), 시험(❸), 시험의 일부가 면제되는 자의 범위 그 밖에 시험에 관하여 필요한 사항은 (❹)으로 정한다.

정답 ❶ 1 ❷ 과목 ❸ 공고 ❹ 대통령령

5. 경비지도사 시험의 시행 및 공고(경비업법 시행령 제11조) 기출 23·22

① 경찰청장은 경비지도사 시험의 실시계획을 매년 수립해야 한다(제1항).
② 경찰청장은 경비지도사 시험의 실시계획에 따라 시험을 실시하고자 하는 때에는 응시자격·시험과목·시험일시·시험장소 및 선발예정인원 등을 시험 시행일 90일 전까지 공고하여야 한다(제2항). ★★
③ 공고는 관보게재와 각 시·도 경찰청 게시판 및 인터넷 홈페이지에 게시하는 방법에 의한다(제3항). ★

6. 시험의 방법 및 과목 등(경비업법 시행령 제12조)

① 경비지도사 시험은 필기시험의 방법에 의하되, 제1차 시험과 제2차 시험으로 구분하여 실시한다. 이 경우 경찰청장이 필요하다고 인정하는 때에는 제1차 시험과 제2차 시험을 병합하여 실시할 수 있다(제1항).

기출 23

② 제1차 시험 및 제2차 시험은 각각 선택형으로 하되, 제2차 시험에 있어서는 선택형 외에 단답형을 추가할 수 있다(제2항).
③ 제1차 시험 및 제2차 시험의 과목은 [별표 2]와 같다(제3항).

경비지도사의 시험과목(경비업법 시행령 [별표 2])

구 분	제1차 시험	제2차 시험
	선택형	선택형 또는 단답형
일반경비지도사	• 법학개론 • 민간경비론	• 경비업법(청원경찰법 포함한다) • 소방학·범죄학 또는 경호학 중 1과목
기계경비지도사		• 경비업법(청원경찰법 포함한다) • 기계경비개론 또는 기계경비기획 및 설계 중 1과목

④ 제2차 시험은 제1차 시험에 합격한 자에 대하여 실시한다. 다만, 제1차 시험과 제2차 시험을 병합하여 실시하는 경우에는 그러하지 아니하다(제4항).
⑤ 제1차 시험과 제2차 시험을 병합하여 실시하는 경우에는 제1차 시험에 불합격한 자가 치른 제2차 시험은 이를 무효로 한다(제5항).
⑥ 제1차 시험에 합격한 자에 대하여는 다음 회의 시험에 한하여 제1차 시험을 면제한다(제6항).

7. 시험의 일부면제(경비업법 시행령 제13조) 기출 23·22·21·20·18·17·16·07

다음의 어느 하나에 해당하는 사람은 경비지도사 제1차 시험을 면제한다.
① 경찰공무원법에 따른 경찰공무원으로 7년 이상 재직한 사람(제1호)
② 대통령 등의 경호에 관한 법률에 따른 경호공무원 또는 별정직공무원으로 7년 이상 재직한 사람(제2호)★

> **별정직 공무원**
> 특정 업무를 담당하기 위하여 별도의 자격기준에 의하여 임용되는 공무원으로서 법령에서 별정직으로 지정하는 공무원을 말한다.

③ 군인사법에 따른 각 군 전투병과 또는 군사경찰병과 부사관 이상 간부로 7년 이상 재직한 사람(제3호)
④ 경비업법에 따른 경비업무에 7년 이상(특수경비업무의 경우에는 3년 이상) 종사하고 행정안전부령(경비업법 시행규칙 제10조)으로 정하는 교육과정을 이수한 사람(제4호)

> **경비지도사 시험의 일부면제(경비업법 시행규칙 제10조)**
> 영 제13조 제4호에서 "행정안전부령으로 정하는 교육과정을 이수한 사람"이란 다음 각호의 어느 하나에 해당하는 사람을 말한다.
> 1. 고등교육법에 의한 전문대학 이상의 교육기관(경비지도사의 시험과목 3과목 이상이 개설된 교육기관에 한한다)에서 1년 이상의 경비업무관련 과정을 마친 사람★
> 2. 경찰청장이 지정하는 기관 또는 단체에서 실시하는 64시간 이상의 경비지도사 양성과정을 마치고 수료시험에 합격한 사람★

⑤ 고등교육법에 따른 대학 이상의 학교를 졸업한 자로서 재학 중 경비지도사 시험과목을 3과목 이상을 이수하고 졸업한 후 경비업무에 종사한 경력이 3년 이상인 사람(제5호)★
⑥ 고등교육법에 따른 전문대학을 졸업한 자로서 재학 중 경비지도사 시험과목을 3과목 이상을 이수하고 졸업한 후 경비업무에 종사한 경력이 5년 이상인 사람(제6호)★
⑦ 일반경비지도사의 자격을 취득한 후 기계경비지도사의 시험에 응시하는 사람 또는 기계경비지도사의 자격을 취득한 후 일반경비지도사의 시험에 응시하는 사람(제7호)
⑧ 공무원임용령에 따른 행정직군 교정직렬 공무원으로 7년 이상 재직한 사람(제8호)★

8. 시험합격자의 결정(경비업법 시행령 제14조)

① 제1차 시험의 합격결정에 있어서는 매 과목 100점을 만점으로 하며, 매 과목 40점 이상, 전과목 평균 60점 이상 득점한 자를 합격자로 결정한다(제1항).
② 제2차 시험의 합격결정에 있어서는 선발예정인원의 범위 안에서 60점 이상을 득점한 자 중에서 고득점 순으로 합격자를 결정한다. 이 경우 동점자로 인하여 선발예정인원이 초과되는 때에는 동점자 모두를 합격자로 한다(제2항).
③ 경찰청장은 제2차 시험에 합격한 자에 대하여 합격공고를 하고, 합격 및 교육소집 통지서를 교부하여야 한다(제3항).

빈칸 채우기

경비지도사 시험의 일부면제

→ 다음의 어느 하나에 해당하는 사람은 경비지도사 제1차 시험을 면제한다.
㉠ 경찰공무원법에 따른 경찰공무원으로 (❶)년 이상 재직한 사람
㉡ 대통령 등의 경호에 관한 법률에 따른 경호공무원 또는 (❷)공무원으로 7년 이상 재직한 사람
㉢ 군인사법에 따른 각 군 전투병과 또는 군사경찰병과 부사관 이상 간부로 (❶)년 이상 재직한 사람
㉣ 경비업법에 따른 경비업무에 7년 이상[(❸)경비업무의 경우에는 (❹)년 이상] 종사하고 (❺)으로 정하는 교육과정을 이수한 사람
㉤ 공무원임용령에 따른 행정직군 (❻)직렬 공무원으로 7년 이상 재직한 사람

정답 ❶ 7 ❷ 별정직 ❸ 특수 ❹ 3 ❺ 행정안전부령 ❻ 교정

9. 시험출제위원의 임명·위촉 등(경비업법 시행령 제15조)

① 경찰청장은 시험문제의 출제를 위하여 다음에 해당하는 사람 중에서 시험출제위원을 임명 또는 위촉한다(제1항). 〈개정 2024.8.13.〉

　㉠ 고등교육법에 따른 전문대학 이상의 교육기관에서 경찰행정학과 등 경비업무 관련학과 및 법학과의 조교수 이상으로 재직하고 있는 사람(제1호)★

　㉡ 석사 이상의 학위소지자로 경찰청장이 정하는 바에 의하여 경비업무에 관한 연구실적이나 전문경력이 인정되는 사람(제2호)★

　㉢ 경감 이상의 경찰공무원(범죄예방·경비 업무를 담당한 경력이 3년 이상인 사람으로 하되, 경감이 되기 전의 경력을 포함한다)(제3호)★

② 시험출제위원의 수는 시험과목별로 2인 이상으로 한다(제2항). ★

③ 시험출제위원으로 임명 또는 위촉된 자는 경찰청장이 정하는 준수사항을 성실히 이행하여야 한다(제3항).

④ 시험출제위원과 시험관리업무에 종사하는 자에 대하여는 예산의 범위 안에서 수당과 여비를 지급할 수 있다. 다만, 공무원인 위원이 그 소관업무와 직접적으로 관련하여 시험관리업무에 종사하는 경우에는 그러하지 아니하다(제4항).

 빈칸 채우기

시험출제위원의 임명·위촉 등

⋯ (❶)은 시험문제의 출제를 위하여 다음에 해당하는 사람 중에서 시험출제위원을 임명 또는 위촉한다.
　㉠ 고등교육법에 따른 전문대학 이상의 교육기관에서 경찰행정학과 등 경비업무 관련학과 및 법학과의 (❷) 이상으로 재직하고 있는 사람
　㉡ (❸) 이상의 학위소지자로 (❶)이 정하는 바에 의하여 경비업무에 관한 연구실적이나 전문경력이 인정되는 사람
　㉢ (❹) 이상의 경찰공무원[(❺)·경비 업무를 담당한 경력이 (❻) 이상인 사람으로 하되, (❹)이 되기 전의 경력을 포함한다]
⋯ 시험출제위원의 수는 시험과목별로 (❼) 이상으로 한다.

정답 ❶ 경찰청장 ❷ 조교수 ❸ 석사 ❹ 경감 ❺ 범죄예방 ❻ 3년 ❼ 2인

04 경비지도사의 보수교육 (경비업법 제11조의2)

제12조 제1항에 따라 선임된 경비지도사는 대통령령으로 정하는 바에 따라 경찰청장이 실시하는 보수교육을 받아야 한다. [본조신설 2024.2.13.]

경비지도사의 보수교육(경비업법 시행령 제15조의3)

① 법 제11조의2에 따라 경찰청장이 실시하는 보수교육(이하 "보수교육"이라 한다)은 법 제12조 제1항에 따라 선임된 경비지도사를 대상으로 선임된 날부터 매 3년이 되는 날이 속하는 해에 실시하는 6시간 이상의 교육으로 한다. 다만, 일반경비지도사와 기계경비지도사 자격을 모두 취득한 사람이 법 제12조 제1항에 따라 일반경비지도사와 기계경비지도사에 모두 선임된 경우에는 행정안전부령으로 정하는 바에 따라 보수교육의 일부를 면제할 수 있다.★
② 제1항에도 불구하고 기본교육 또는 직전 보수교육을 받은 날부터 3년 이상 보수교육을 받은 적이 없는 사람이 법 제12조 제1항에 따라 경비지도사로 선임된 경우에는 선임된 날부터 60일 이내에 보수교육을 받아야 한다.★
③ 제1항 및 제2항에 따른 보수교육의 과목, 시간, 그 밖에 보수교육의 실시에 필요한 사항은 행정안전부령으로 정한다.
[본조신설 2024.8.13.]

부칙 <대통령령 제34826호, 2024.8.13.>

제1조(시행일) 이 영은 2024년 8월 14일부터 시행한다. 다만, 제7조의3 제1호·제3호, 제10조, [별표 1] 제6호 및 [별표 3] 비고 제1호의 개정규정은 2025년 1월 31일부터 시행한다.

제2조(경비지도사의 보수교육에 관한 특례) 이 영 시행 당시 법 제12조 제1항에 따라 선임된 경비지도사는 제15조의3의 개정규정에도 불구하고 이 영 시행일부터 6개월 이내에 보수교육을 받아야 한다.

경비지도사의 보수교육(경비업법 시행규칙 제11조의2)

① 법 제11조의2 및 영 제15조의3 제1항·제2항에 따른 보수교육(이하 "보수교육"이라 한다)의 과목 및 시간은 [별표 1의2]와 같다.
② 법 제11조의3 제1항에 따른 경비지도사 교육기관(이하 "경비지도사 교육기관"이라 한다)의 장은 보수교육을 이수한 사람에게 별지 제10호의2 서식의 경비지도사 보수교육 이수증을 발급해야 한다.★
③ 보수교육의 방법은 집합교육을 원칙으로 하되, 부득이한 경우 온라인교육으로 대체할 수 있다.★
[본조신설 2024.8.14.] [종전 제11조의2는 제11조의6으로 이동 <2024.8.14.>]

경비지도사 보수교육의 과목 및 시간(경비업법 시행규칙 [별표 1의2]) <신설 2024.8.14.>

구 분		과 목	시 간
공통교육		경비업법령	1
		직업윤리 및 인권보호	1
자격의 종류별 교육	일반경비지도사	일반경비 실무	4
	기계경비지도사	기계경비 실무	

※ 비고 : 일반경비지도사와 기계경비지도사 자격을 모두 취득한 사람이 일반 경비업무와 기계경비업무에 모두 선임된 경우 공통교육은 1회만 실시한다.

05 경비지도사 교육기관의 지정 및 교육의 위탁 등(경비업법 제11조의3)

1. 경비지도사 교육기관의 지정 및 교육의 위탁

경찰청장은 경비지도사에 대한 기본교육 및 보수교육에 관한 업무를 전문인력 및 시설 등을 갖춘 법인으로서 경찰청장이 지정하는 기관 또는 단체(이하 "경비지도사 교육기관"이라 한다)에 위탁할 수 있다(제1항).

2. 필요한 지침 마련 및 시행

경찰청장은 경비지도사에 대한 기본교육 및 보수교육의 전국적 균형을 유지하기 위하여 교육수준 및 교육방법 등에 필요한 지침을 마련하여 시행할 수 있다(제2항).

3. 시정명령

경찰청장은 경비지도사 교육기관이 2.에 따른 교육지침을 위반한 경우에는 기간을 정하여 시정을 명할 수 있다(제3항).

4. 경비지도사 교육기관의 지정기준 및 절차 등

그 밖에 경비지도사 교육기관의 지정기준 및 절차 등에 필요한 사항은 대통령령으로 정한다(제4항).

[본조신설 2024.2.13.]

경비지도사 교육기관의 지정 기준 등(경비업법 시행령 제15조의4)

① 법 제11조의3 제1항에 따른 경비지도사 교육기관(이하 "경비지도사 교육기관"이라 한다)의 지정 기준은 [별표 2의2]와 같다.
② 법 제11조의3 제1항에 따라 경비지도사 교육기관 지정을 받으려는 자는 행정안전부령으로 정하는 바에 따라 다음 각호의 서류를 첨부하여 경찰청장에게 지정을 신청해야 한다.
 1. 경비 관련 교육 운영계획서 및 운영경력서(운영경력서의 경우에는 경비 관련 교육을 운영한 경력이 있는 자만 해당한다)
 2. 인력 기준에 해당하는 강사의 인적사항 및 자격을 증명하는 서류
 3. 교육 시설 및 장비의 현황을 확인할 수 있는 서류
③ 제2항에 따른 지정 신청을 받은 경찰청장은 제1항에 따른 지정 기준에 적합한지를 심사하고, 심사 결과 적합하다고 인정되는 경우에는 경비지도사 교육기관으로 지정할 수 있다. 이 경우 경찰청장은 「전자정부법」 제36조 제1항에 따른 행정정보의 공동이용을 통하여 법인 등기사항증명서를 확인해야 한다.
④ 경찰청장은 제3항에 따라 경비지도사 교육기관을 지정하는 경우 그 명칭, 소재지, 지정일자 등을 인터넷 홈페이지에 공고해야 한다.
⑤ 경찰청장은 법 제11조의3 제1항에 따라 경비지도사에 대한 기본교육 및 보수교육에 관한 업무를 경비지도사 교육기관에 위탁하는 경우에는 위탁받는 기관 및 위탁업무의 내용을 고시해야 한다.

[본조신설 2024.8.13.]

빈칸 채우기

경비지도사 교육기관의 지정 및 교육의 위탁

→ (❶)은 경비지도사에 대한 (❷)교육 및 (❸)교육에 관한 업무를 전문인력 및 시설 등을 갖춘 법인으로서 (❶)이 지정하는 기관 또는 단체(경비지도사 교육기관)에 (❹)할 수 있다.

❶ 경찰청장 ❷ 기본 ❸ 보수 ❹ 위탁 【정답】

경비지도사 교육기관의 지정 기준(경비업법 시행령 [별표 2의2]) <신설 2024.8.13.> ★

구 분	지정 기준
1. 인력	다음 각목의 어느 하나에 해당하는 강사를 1명 이상 갖출 것 가. 「고등교육법」제2조 각호에 따른 학교 또는 이에 준하는 학교에서 교육과목 관련 학과의 조교수 이상의 직에 1년 이상 근무한 경력이 있는 사람 나. 교육과목 관련 박사학위를 취득한 후 관련 분야의 연구실적이 있는 사람 다. 교육과목 관련 석사 이상의 학위를 취득한 후 관련 분야에 1년 이상 근무한 경력이 있는 사람 라. 교육과목 관련 분야에서 공무원으로 5년 이상 근무한 경력이 있는 사람 마. 교육과목 관련 분야에 7년 이상 근무한 경력이 있는 사람. 다만, 체포·호신술 과목의 경우에는 무도사범 자격을 취득한 후 관련 분야에 2년 이상 근무한 경력이 있는 사람을 말한다.
2. 시설·장비	가. 지정기간 동안 교육 수행에 필요한 강의실과 사무실을 소유 또는 임차 등의 방법으로 확보할 것 나. 교육 수행에 필요한 컴퓨터, 시청각 장비 등 교육훈련 기자재를 확보할 것 다. 체포·호신술 과목의 경우에는 실습을 위한 별도의 공간 또는 매트 등 안전장비를 확보할 것 라. 기계경비지도사 교육에 필요한 감지장치, 수신장치 및 관제시설을 갖춘 실습실을 확보할 것

※ 비고 : 위 표에서 규정한 사항 외에 경비지도사 교육기관의 지정에 필요한 인력 및 시설·장비의 세부기준 등은 경찰청장이 정한다.

경비지도사 교육기관의 지정 신청 등(경비업법 시행규칙 제11조의3)
법 제11조의3 제1항·제13조의2 제1항 및 영 제15조의4 제2항(영 제19조의2 제2항에 따라 준용되는 경우를 포함한다)에 따라 경비지도사 교육기관 또는 경비원 교육기관의 지정을 받으려는 자는 경찰청장에게 별지 제10호의3 서식의 교육기관 지정 신청서를 제출해야 한다.
[본조신설 2024.8.14.]

06 경비지도사 교육기관의 지정취소 등(경비업법 제11조의4)

1. 경비지도사 교육기관의 지정취소 또는 업무의 정지 기출 24

경찰청장은 경비지도사 교육기관이 다음의 어느 하나에 해당하는 경우에는 그 지정을 취소하거나 1년의 범위에서 기간을 정하여 업무의 전부 또는 일부를 정지할 수 있다. 다만, ①의 경우에는 그 지정을 취소하여야 한다(제1항).

① 거짓이나 그 밖의 부정한 방법으로 경비지도사 교육기관의 지정을 받은 경우(제1호)
② 지정받은 사항을 위반하여 업무를 행한 경우(제2호)
③ 제11조의3 제3항에 따른 시정명령을 받고도 정당한 사유 없이 정하여진 기간 이내에 시정하지 아니한 경우(제3호)
④ 제11조의3 제4항에 따른 지정기준에 적합하지 아니하게 된 경우(제4호)

2. 경비지도사 교육기관의 지정취소 및 업무정지에 관한 세부기준 및 절차

그 밖에 경비지도사 교육기관의 지정취소 및 업무정지에 관한 세부기준 및 절차는 그 위반행위의 유형과 위반의 정도 등을 고려하여 행정안전부령으로 정한다(제2항). [본조신설 2024.2.13.]

경비지도사 교육기관의 지정취소 등(경비업법 시행규칙 제11조의4)
① 법 제11조의4 제1항에 따른 경비지도사 교육기관의 지정취소 및 업무정지 기준은 [별표 1의3]과 같다.
② 경찰청장은 제1항에 따라 경비지도사 교육기관 지정을 취소하거나 업무정지를 명한 경우 그 사실을 인터넷 홈페이지에 공고해야 한다. ★
[본조신설 2024.8.14.]

경비지도사 교육기관 및 경비원 교육기관의 지정취소 및 업무정지(경비업법 시행규칙 [별표 1의3]) <신설 2024.8.14.>

1. 일반기준
   가. 위반행위가 둘 이상이면 그중 <u>무거운</u> 처분기준에 따른다. 다만, 둘 이상의 처분기준이 모두 업무정지인 경우에는 각 처분기준을 <u>합산한 기간</u>을 넘지 않는 범위에서 무거운 처분기준에 그 처분기준의 <u>2분의 1 범위</u>에서 <u>가중</u>한다.
   나. 위반행위의 횟수에 따른 행정처분 기준은 <u>최근 2년간</u> 같은 위반행위로 행정처분을 받은 경우에 적용한다. 이 경우 기간의 계산은 위반행위에 대한 행정처분일과 그 처분 후 다시 같은 위반행위를 하여 적발된 날을 기준으로 한다.
   다. 나목에 따라 가중된 처분을 하는 경우 가중처분의 적용 차수는 그 위반행위 전 처분차수(나목에 따른 기간 내에 처분이 둘 이상 있었던 경우에는 <u>높은 차수</u>를 말한다)의 다음 차수로 한다.
   라. 처분권자는 제2호에 따른 처분기준이 업무정지인 경우에는 위반행위의 동기, 내용 및 위반의 정도 등을 고려하여 <u>2분의 1 범위</u>에서 감경할 수 있다.
2. 개별기준

위반행위	근거 법조문	행정처분 기준		
		1차	2차	3차 이상 위반
가. 지정받은 사항을 위반하여 업무를 행한 경우	법 제11조의4 제1항 제2호 또는 법 제13조의3 제1항 제2호	업무정지 1개월	업무정지 3개월	업무정지 6개월
나. 법 제11조의3 제3항 또는 법 제13조의2 제3항에 따른 시정명령을 받고도 정당한 사유 없이 시정하지 않은 경우	법 제11조의4 제1항 제3호 또는 법 제13조의3 제1항 제3호	업무정지 3개월	업무정지 6개월	지정취소
다. 법 제11조의3 제4항 또는 법 제13조의2 제4항에 따른 지정 기준에 적합하지 않게 된 경우	법 제11조의4 제1항 제4호 또는 법 제13조의3 제1항 제4호	업무정지 1개월	업무정지 3개월	지정취소

빈칸 채우기

경비지도사 · 경비원 교육기관의 지정취소 및 업무정지
- 위반행위가 둘 이상이면 그중 (❶) 처분기준에 따른다. 다만, 둘 이상의 처분기준이 모두 (❷)인 경우에는 각 처분기준을 (❸)한 기간을 넘지 않는 범위에서 (❶) 처분기준에 그 처분기준의 (❹) 범위에서 가중한다.
- 위반행위의 횟수에 따른 행정처분 기준은 최근 (❺)년간 같은 위반행위로 행정처분을 받은 경우에 적용한다. 이 경우 기간의 계산은 위반행위에 대한 행정처분일과 그 처분 후 다시 같은 위반행위를 하여 적발된 날을 기준으로 한다.
- 위 항목에 따라 가중된 처분을 하는 경우 가중처분의 적용 차수는 그 위반행위 전 처분차수(위 항목에 따른 기간 내에 처분이 둘 이상 있었던 경우에는 높은 차수를 말한다)의 다음 차수로 한다.
- 처분권자는 개별기준에 따른 처분기준이 (❷)인 경우에는 위반행위의 동기, 내용 및 위반의 정도 등을 고려하여 (❹) 범위에서 (❻)할 수 있다.

정답 ❶ 무거운 ❷ 업무정지 ❸ 합산 ❹ 2분의 1 ❺ 2 ❻ 감경

07 경비지도사의 선임·배치

1. 경비지도사의 선임·배치기준 [기출] 23·21·18·17·14·11·10·09·08·07·05·02·01·99

경비업자는 대통령령(경비업법 시행령 제16조 제1항)이 정하는 기준(경비업법 시행령 [별표 3])에 따라 경비지도사를 선임·배치하여야 한다(경비업법 제12조 제1항). ★

> **경비지도사의 선임·배치기준(경비업법 시행령 [별표 3]) <개정 2024.8.13.>**
> 1. 경비업자는 경비원을 배치하여 영업활동을 하고 있는 지역을 관할하는 시·도 경찰청의 관할구역별로 경비원 200명까지는 경비지도사 1명을 선임·배치하고, 경비원이 200명을 초과하는 경우 200명을 초과하는 경비원 100명 단위로 경비지도사 1명씩을 추가로 선임·배치해야 한다.
> 2. 제1호에 따라 경비지도사가 선임·배치된 시·도 경찰청의 관할구역과 경계를 맞닿아 인접한 시·도 경찰청의 관할구역에 배치된 경비원이 30명 이하인 경우에는 제1호에도 불구하고 경비지도사를 따로 선임·배치하지 않을 수 있다. 이 경우 제주특별자치도경찰청과 전라남도경찰청은 경계를 맞닿아 인접한 것으로 본다. ★
> 3. 제2호에 따라 경비지도사를 따로 선임·배치하지 않는 경우 경비지도사 1명이 지도·감독 및 교육할 수 있는 경비원의 총수(경계를 맞닿아 인접한 시·도 경찰청의 관할구역에 배치된 경비원의 수를 합산한다)는 200명을 초과할 수 없다. ★★
>
> [비 고]
> 1. 시설경비업무·호송경비업무·신변보호업무·특수경비업무 또는 혼잡·교통유도경비업무를 하는 경비업자는 일반경비지도사를 선임·배치하고, 시설경비업무·호송경비업무·신변보호업무·특수경비업무 또는 혼잡·교통유도경비업무 중 둘 이상의 경비업무를 하는 경우에는 각 경비업무에 종사하는 경비원의 수를 합산한 인원을 기준으로 경비지도사를 선임·배치해야 한다. 다만, 특수경비업무를 수행하는 경비업자는 제19조 제1항에 따른 특수경비원 신임교육을 이수한 일반경비지도사를 선임·배치해야 한다.
> 2. 기계경비업무를 하는 경비업자는 기계경비지도사를 선임·배치해야 한다.

2. 경비지도사의 충원 [기출] 24·23·21·12·99

경비업자는 선임·배치된 경비지도사에 결원이 있거나 자격정지 등의 사유로 그 직무를 수행할 수 없는 때에는 15일 이내에 경비지도사를 새로이 충원하여야 한다(경비업법 시행령 제16조 제2항). ★

빈칸 채우기

경비지도사의 선임·배치기준
- 경비업자는 시설경비업무·호송경비업무·신변보호업무·(❶) 또는 혼잡·교통유도경비업무를 하는 경우 일반경비지도사를 선임·배치해야 한다.
- 경비업자는 경비원을 배치하여 영업활동을 하고 있는 지역을 관할하는 (❷)의 관할구역별로 경비원 (❸)까지는 경비지도사 1명을 선임·배치하고, 경비원이 (❸)을 초과하는 경우 (❸)을 초과하는 경비원 (❹) 단위로 경비지도사 (❺)을 추가로 선임·배치해야 한다.

[정답] ❶ 특수경비업무 ❷ 시·도 경찰청 ❸ 200명 ❹ 100명 ❺ 1명씩

08 경비지도사의 직무 기출 24·23·22·21·19·16·12·11·09·07·02·01·99

1. 경비지도사의 직무(경비업법 제12조 제2항)

선임된 경비지도사의 직무는 다음과 같다(괄호는 직무주기).
① 경비원의 지도·감독·교육에 관한 계획의 수립·실시 및 그 기록의 유지(월 1회 이상)★
② 경비현장에 배치된 경비원에 대한 순회점검 및 감독(월 1회 이상)
③ 경찰기관 및 소방기관과의 연락방법에 대한 지도★★
④ 집단민원현장에 배치된 경비원에 대한 지도·감독
⑤ 그 밖에 대통령령이 정하는 직무
⑥ ⑤에서 "대통령령이 정하는 직무"란 다음의 직무(기계경비지도사의 경우에 한한다)를 말한다(경비업법 시행령 제17조 제1항).★
  ㉠ 기계경비업무를 위한 기계장치의 운용·감독(월 1회 이상)
  ㉡ 오경보방지 등을 위한 기기관리의 감독(월 1회 이상)
⑦ 경비지도사는 ⑥의 ㉠과 ㉡의 직무를 월 1회 이상 수행하여야 한다.
⑧ 선임된 경비지도사는 직무를 대통령령이 정하는 바에 따라 성실하게 수행하여야 한다(경비업법 제12조 제3항).★
⑨ 경비지도사는 경비원에 대한 (직무)교육을 실시하고, 행정안전부령(경비업법 시행규칙 제11조의6)으로 정하는 경비원 직무교육실시대장에 그 내용을 기록하여 2년간 보존하여야 한다(경비업법 시행령 제17조 제3항).★★

2. 집단민원현장에 선임·배치된 경비지도사의 직무(경비업법 시행규칙 제6조의2)

경비업자는 집단민원현장에 선임·배치된 경비지도사로 하여금 다음의 직무를 수행하도록 하여야 한다.
① 경비원 등의 의무 위반행위 예방 및 제지
② 경비원의 복장 착용 등에 대한 지도·감독
③ 경비원의 장비 휴대 및 사용에 대한 지도·감독
④ 집단민원현장에 비치된 경비원 명부의 관리★

빈칸 채우기

집단민원현장에 선임·배치된 경비지도사의 직무
⋯ 경비원 등의 (❶) 예방 및 제지
⋯ 경비원의 (❷) 등에 대한 지도·감독
⋯ 경비원의 (❸) 및 사용에 대한 지도·감독
⋯ (❹)에 비치된 경비원 명부의 관리

❶ 의무 위반행위 ❷ 복장 착용 ❸ 장비 휴대 ❹ 집단민원현장

09 경비지도사의 선임·해임 신고의 의무(경비업법 제12조의2)

경비업자는 경비지도사를 선임하거나 해임하는 때에는 행정안전부령으로 정하는 바에 따라 해당 경비현장을 관할하는 시·도 경찰청장 또는 경찰서장에게 신고하여야 한다. [본조신설 2024.2.13.]

> **경비지도사의 선임·해임 신고(경비업법 시행규칙 제11조의5)**
> ① 경비업자는 법 제12조의2에 따라 경비지도사를 선임 또는 해임하는 때에는 경비지도사를 선임 또는 해임한 날부터 15일 이내에 경비지도사자격증 사본을 첨부(경비지도사 선임 신고의 경우에만 해당한다)하여 별지 제10호의4 서식의 경비지도사 선임·해임신고서(전자문서로 된 신고서를 포함하며, 이하 같다)를 해당 경비현장(경비원 배치장소를 말하며, 이하 "배치지"라 한다)을 관할하는 시·도 경찰청장 또는 경찰서장에게 제출해야 한다. 다만, 경비지도사 선임 신고 시 경비지도사 선임신고서에 기재한 해임예정일에 경비지도사를 해임한 경우에는 경비지도사 해임신고서를 제출하지 않아도 된다.
> ② 경비업자는 제1항 본문에도 불구하고 법 제18조 제2항 단서에 따라 집단민원현장에 경비원 배치허가를 받은 경우 경비원을 배치하기 전까지 경비지도사 선임신고서를 배치지를 관할하는 경찰서장에게 제출해야 한다.
> ③ 시·도 경찰청장 또는 경찰서장은 경비지도사로 선임되거나 선임되었던 사람이 요청하는 경우 별지 제10호의5 서식의 경비지도사 선임 확인증을 발급할 수 있다.
>
> [본조신설 2024.8.14.]

10 경비원의 교육 등(경비업법 제13조) 기출 21·20·19·18·16·14·12·11·10·09·07·06

1. 일반경비원 신임교육 및 직무교육

경비업자는 경비업무를 적정하게 실시하기 위하여 경비원으로 하여금 대통령령(경비업법 시행령 제18조)으로 정하는 바에 따라 경비원 신임교육 및 직무교육을 받게 하여야 한다. 다만, 경비업자는 대통령령으로 정하는 경력 또는 자격을 갖춘 일반경비원을 신임교육대상에서 제외할 수 있다(경비업법 제13조 제1항). ★

① **일반경비원 신임교육기관** 기출 23·19 : 경비업자는 일반경비원을 채용한 경우 법 제13조 제1항 본문에 따라 해당 일반경비원에게 경비업자의 부담으로 법 제13조의2 제1항에 따른 경비원 교육기관(이하 "경비원 교육기관"이라 한다) 중 이 영 제19조의2 제1항에 따른 일반경비원 교육기관(이하 "일반경비원 교육기관"이라 한다)에서 실시하는 일반경비원 신임교육을 받도록 해야 한다(경비업법 시행령 제18조 제1항). 〈개정 2024.8.13.〉

② **일반경비원 신임교육 제외대상** 기출 24·23·22·21·19·14 : 경비업자는 다음의 어느 하나에 해당하는 사람을 일반경비원으로 채용한 경우에는 해당 일반경비원을 일반경비원 신임교육대상에서 제외할 수 있다(경비업법 시행령 제18조 제2항).

  ㉠ 일반경비원 또는 특수경비원 신임교육을 받은 사람으로서 채용 전 3년 이내에 경비업무에 종사한 경력이 있는 사람★
  ㉡ 경찰공무원법에 따른 경찰공무원으로 근무한 경력이 있는 사람
  ㉢ 대통령 등의 경호에 관한 법률에 따른 경호공무원 또는 별정직공무원으로 근무한 경력이 있는 사람
  ㉣ 군인사법에 따른 부사관 이상으로 근무한 경력이 있는 사람
  ㉤ 경비지도사자격이 있는 사람★
  ㉥ 채용 당시 일반경비원 신임교육을 받은 지 3년이 지나지 아니한 사람★

③ **일반경비원 직무교육** 기출 24·20 : 경비업자는 소속 일반경비원에게 경비업법에 따라 선임한 경비지도사가 수립한 교육계획에 따라 매월 행정안전부령이 정하는 시간(매월 2시간) 이상의 직무교육을 받도록 하여야 한다(경비업법 시행령 제18조 제3항). ★

④ 신임교육의 과목 및 시간, 직무교육의 과목 등 일반경비원의 교육 실시에 필요한 사항은 행정안전부령으로 정한다(경비업법 시행령 제18조 제5항). 기출 20

⑤ **일반경비원에 대한 신임교육의 실시 등**
  ㉠ 일반경비원 신임교육의 과목 및 시간은 [별표 2]과 같다(경비업법 시행규칙 제12조 제1항).
  ㉡ 일반경비원 신임교육의 교육과목은 11과목(입교식, 평가 및 수료식은 교육과목이 아님)이고, 총 24시간으로 3일에 걸쳐 진행된다. ★
  ㉢ 경찰청장은 일반경비원에 대한 신임교육의 실시를 위하여 연도별 교육계획을 수립하고, 영 제19조의2 제1항에 따른 일반경비원 교육기관(이하 "일반경비원 교육기관"이라 한다)이 교육계획에 따라 교육을 실시하도록 하여야 한다(경비업법 시행규칙 제12조 제2항). 〈개정 2024.8.14.〉

일반경비원 신임교육의 과목 및 시간(경비업법 시행규칙 [별표 2]) 〈개정 2024.8.14.〉

구분(교육시간)	과 목	시 간
이론교육 (4시간)	「경비업법」 등 관계법령	2
	범죄예방론	2
실무교육 (19시간)	시설경비실무	3
	호송경비실무	2
	신변보호실무	2
	기계경비실무	2
	혼잡·교통유도경비실무	2
	사고예방대책	2
	체포·호신술	2
	장비사용법	2
	직업윤리 및 인권보호	2
기타(1시간)	입교식, 평가 및 수료식	1
계	(보통 3일간 24시간 이수로 운용됨) ★	24

 빈칸 채우기

일반경비원 직무교육
→ (❶)는 소속 일반경비원에게 선임한 경비지도사가 수립한 교육계획에 따라 매월 행정안전부령이 정하는 시간 [매월 (❷)시간] 이상의 (❸)을 받도록 하여야 한다.

❶ 경비업자 ❷ 2 ❸ 직무교육 정답

② 일반경비원 교육기관의 장은 제1항에 따른 일반경비원 신임교육과정을 마친 사람에게 별지 제11호 서식의 신임교육이수증을 교부하고 그 사실을 별지 제12호 서식의 신임교육이수증 교부대장에 기록해야 하며, 교육기관, 교육일, 교육이수증 교부번호 등을 포함한 신임교육 이수자 현황을 경찰청장에게 통보해야 한다(경비업법 시행규칙 제12조 제4항). 〈개정 2024.8.14.〉

⑩ 경비업자는 일반경비원이 신임교육을 받은 때에는 경비원의 명부에 그 사실을 기재하여야 한다(경비업법 시행규칙 제12조 제5항).

ⓑ 시·도 경찰청장 또는 경찰서장은 일반경비원 신임교육을 받은 사람이 요청하는 경우에는 신임교육 이수 확인증을 발급할 수 있다(경비업법 시행규칙 제12조 제6항).

⑥ **일반경비원에 대한 직무교육의 시간 등**(경비업법 시행규칙 제13조)

㉠ 일반경비원에 대한 직무교육의 시간은 매월 2시간으로 한다. ★

㉡ 일반경비원에 대한 직무교육의 과목은 일반경비원의 직무수행에 필요한 이론·실무과목 및 직업윤리 등으로 한다. ★

㉢ 일반경비원에 대한 직무교육은 집합교육, 온라인교육 등 다양한 방법으로 실시할 수 있다(경비업법 시행규칙 제13조 제3항). 〈신설 2024.8.14.〉

2. 일반경비원 사전 신임교육 기출 21·20

① 경비원이 되려는 사람은 대통령령으로 정하는 교육기관(일반경비원 교육기관을 말한다)에서 미리 일반경비원 신임교육을 받을 수 있다(경비업법 제13조 제2항, 동법 시행령 제18조 제4항).

② 채용 당시 일반경비원 사전 신임교육을 받은 지 3년이 지나지 아니한 사람은 일반경비원 신임교육대상에서 제외될 수 있으므로(경비업법 시행령 제18조 제2항 제6호) 일반경비원 사전 신임교육의 유효기간은 3년이라고 할 수 있다. ★★

③ 채용 후 일반경비원 신임교육은 경비업자의 부담이지만, 일반경비원 사전 신임교육은 교육을 받는 사람의 부담이다. ★

3. 특수경비원 신임교육 및 직무교육(경비업법 제13조 제3항) 기출 24·21·19·17·15·14·12·09·08

특수경비업자는 대통령령(경비업법 시행령 제19조)으로 정하는 바에 따라 특수경비원으로 하여금 특수경비원 신임교육과 정기적인 직무교육을 받게 하여야 하고, 특수경비원 신임교육을 받지 아니한 자를 특수경비업무에 종사하게 하여서는 아니 된다(경비업법 제13조 제3항). 특수경비원의 교육 시 관할 경찰서 소속 경찰공무원이 교육기관에 입회하여 대통령령이 정하는 바에 따라 지도·감독하여야 한다(경비업법 제13조 제4항). ★★

① **특수경비원 신임교육기관**(경비업법 시행령 제19조 제1항) : 특수경비업자는 특수경비원을 채용한 경우 법 제13조 제3항에 따라 해당 특수경비원에게 특수경비업자의 부담으로 경비원 교육기관 중 제19조의2 제1항에 따른 특수경비원 교육기관에서 실시하는 특수경비원 신임교육을 받도록 해야 한다. 〈개정 2024.8.13.〉

② **특수경비원 신임교육 제외대상**(경비업법 시행령 제19조 제2항) : 특수경비업자는 채용 전 3년 이내에 특수경비업무에 종사하였던 경력이 있는 사람을 특수경비원으로 채용한 경우에는 해당 특수경비원을 특수경비원 신임교육대상에서 제외할 수 있다. ★★

③ **특수경비원 직무교육**(경비업법 시행령 제19조 제3항) : 특수경비업자는 소속 특수경비원에게 경비업법에 따라 선임한 경비지도사가 수립한 교육계획에 따라 매월 행정안전부령(경비업법 시행규칙 제16조)으로 정하는 시간(매월 3시간) 이상 직무교육을 받도록 하여야 한다. ★★

④ 신임교육의 과목 및 시간, 직무교육의 과목 등 특수경비원의 교육 실시에 필요한 사항은 행정안전부령으로 정한다(경비업법 시행령 제19조 제4항).★★

⑤ **특수경비원에 대한 신임교육의 실시 등**(경비업법 시행규칙 제15조)

　㉠ 특수경비원 신임교육의 과목 및 시간은 [별표 4]와 같다(제1항). 즉, 특수경비원 신임교육은 이론교육(15시간), 실무교육(61시간) 기타 입교식, 평가 및 수료식(4시간) 포함 총 80시간이다.★

　㉡ 특수경비원 교육기관의 장은 특수경비원 신임교육과정을 마친 사람에게 별지 제11호 서식의 신임교육이수증을 교부하고 그 사실을 별지 제12호 서식의 신임교육이수증 교부대장에 기록해야 하며, 교육기관, 교육일, 교육이수증 교부번호 등을 포함한 신임교육 이수자 현황을 경찰청장에게 통보해야 한다(제2항). 〈개정 2024.8.14.〉

　㉢ 경비업자는 특수경비원이 신임교육을 받은 때에는 경비원의 명부에 그 사실을 기재하여야 한다(제3항).★

　㉣ 시·도 경찰청장 또는 경찰서장은 특수경비원 신임교육을 받은 사람이 요청하는 경우에는 신임교육 이수 확인증을 발급할 수 있다(제4항). 기출 19

특수경비원 신임교육의 과목 및 시간(경비업법 시행규칙 [별표 4]) 〈개정 2024.8.14.〉 기출 20·15·14

구분(교육시간)	과 목	시 간
이론교육 (15시간)	「경비업법」 및 「경찰관직무집행법」 등 관계법령	8
	「헌법」 및 형사법★	4
	범죄예방론★	3
실무교육 (61시간)	테러 및 재난대응요령	4
	폭발물 처리요령	6
	화재대처법	3
	응급처치법	3
	장비사용법	3
	출입통제 요령	3
	직업윤리 및 인권보호	2
	기계경비실무	3
	혼잡·교통유도경비업무	4
	정보보호 및 보안업무	6
	시설경비 요령	4
	민방공	4
	총기조작	3
	사 격★	6
	체포·호신술	4
	관찰·기록기법	3
기타(4시간)	입교식, 평가 및 수료식	4
계		80

⑥ 특수경비원에 대한 직무교육의 시간 등(경비업법 시행규칙 제16조)
  ㉠ "행정안전부령으로 정하는 시간"이란 3시간을 말한다. 즉, 특수경비원에 대한 직무교육의 시간은 매월 3시간 이상으로 한다.★★
  ㉡ 관할 경찰서장 및 공항경찰대장 등 국가중요시설의 경비책임자(이하 "관할 경찰관서장")는 필요하다고 인정하는 경우에는 특수경비원이 배치된 경비대상시설에 소속공무원을 파견하여 직무집행에 필요한 교육을 실시할 수 있다.
  ㉢ 특수경비원에 대한 직무교육의 과목은 특수경비원의 직무수행에 필요한 이론·실무과목 및 직업윤리 등으로 한다.★
  ㉣ 특수경비원에 대한 직무교육은 집합교육, 온라인교육 등 다양한 방법으로 실시할 수 있다(경비업법 시행규칙 제16조 제4항). 〈신설 2024.8.14.〉

11 경비원 교육기관의 지정 및 지정취소 등

1. 경비원 교육기관의 지정 등(경비업법 제13조의2)
① 경찰청장은 제13조 제1항부터 제3항까지에 따른 경비원에 대한 신임교육의 효율성을 제고하기 위하여 전문인력 및 시설 등을 갖춘 기관 또는 단체를 경비원 교육기관으로 지정할 수 있다(제1항).
② 경찰청장은 경비원에 대한 신임교육의 전국적 균형을 유지하기 위하여 교육수준 및 교육방법 등에 필요한 지침을 마련하여 시행할 수 있다(제2항).
③ 경찰청장은 경비원 교육기관이 ②에 따른 교육지침을 위반한 경우에는 기간을 정하여 시정을 명할 수 있다(제3항).
④ 그 밖에 경비원 교육기관의 지정기준 및 절차 등에 필요한 사항은 대통령령으로 정한다(제4항).
[본조신설 2024.2.13.]

빈칸 채우기

특수경비원의 직무교육
- 직무교육의 시간은 매월 (❶)시간 이상으로 한다.
- 관할 경찰서장 및 공항경찰대장 등 (❷)의 경비책임자(이하 "관할 경찰관서장")는 필요하다고 인정하는 경우에는 특수경비원이 배치된 경비대상시설에 소속공무원을 파견하여 직무집행에 필요한 교육을 실시할 수 있다.
- 직무교육의 과목은 특수경비원의 직무수행에 필요한 이론·실무과목 및 (❸) 등으로 한다.
- 직무교육은 집합교육, (❹)교육 등 다양한 방법으로 실시할 수 있다.

정답 ❶ 3 ❷ 국가중요시설 ❸ 직업윤리 ❹ 온라인

경비원 교육기관의 지정 기준 등(경비업법 시행령 제19조의2)
① 경비원 교육기관은 일반경비원 교육기관과 특수경비원 교육기관으로 구분하되, 그 지정 기준은 [별표 3의2]와 같다.
② 경비원 교육기관의 지정 절차 등에 관하여는 제15조의4 제2항, 제3항 전단 및 제4항을 준용한다. 이 경우 "경비지도사 교육기관"은 "경비원 교육기관"으로 본다.
[본조신설 2024.8.13.]

경비원 교육기관의 지정 기준(경비업법 시행령 [별표 3의2]) <신설 2024.8.13.>

구 분		지정 기준
1. 일반 경비원 교육기관	가. 인력	다음의 어느 하나에 해당하는 강사를 1명 이상 갖출 것 1) 교육과목 관련 석사 이상의 학위를 취득한 후 관련 분야에 1년 이상 근무한 경력이 있는 사람 2) 교육과목 관련 분야에서 공무원으로 5년 이상 근무한 경력이 있는 사람 3) 교육과목 관련 분야에 5년 이상 근무한 경력이 있는 사람. 다만, 체포·호신술 과목의 경우에는 무도 사범 자격을 취득한 후 관련 분야에 2년 이상 근무한 경력이 있는 사람을 말한다.
	나. 시설·장비	1) 지정기간 동안 교육 수행에 필요한 강의실과 사무실을 소유 또는 임차 등의 방법으로 확보할 것 2) 교육 수행에 필요한 컴퓨터, 시청각 장비 등 교육훈련 기자재를 확보할 것 3) 체포·호신술 과목의 경우에는 실습을 위한 별도의 공간 또는 매트 등 안전장비를 확보할 것
2. 특수 경비원 교육기관	가. 인력	다음의 어느 하나에 해당하는 강사를 1명 이상 갖출 것 1) 「고등교육법」 제2조 각호에 따른 학교 또는 이에 준하는 학교에서 교육과목 관련 학과의 조교수 이상의 직에 1년 이상 근무한 경력이 있는 사람 2) 교육과목 관련 박사학위를 취득한 후 관련 분야의 연구실적이 있는 사람 3) 교육과목 관련 석사 이상의 학위를 취득한 후 관련 분야에 3년 이상 근무한 경력이 있는 사람 4) 교육과목 관련 분야에서 공무원으로 7년 이상 근무한 경력이 있는 사람 5) 교육과목 관련 분야에 10년 이상 근무한 경력이 있는 사람. 다만, 체포·호신술 과목 및 폭발물 처리요령 과목에 대해서는 다음의 구분에 따른다. 　가) 체포·호신술 과목 : 무도 사범 자격을 취득한 후 관련 분야에 2년 이상 근무한 경력이 있는 사람 　나) 폭발물 처리요령 과목 : 관련 분야에 2년 이상 근무한 경력이 있는 사람
	나. 시설·장비	1) 지정기간 동안 교육 수행에 필요한 강의실과 사무실을 소유 또는 임차 등의 방법으로 확보할 것 2) 교육 수행에 필요한 컴퓨터, 시청각 장비 등 교육훈련 기자재를 확보할 것 3) 체포·호신술 과목의 경우에는 실습을 위한 별도의 공간 또는 매트 등 안전장비를 확보할 것 4) 소총에 의한 실탄사격이 가능하고 10개 사로(射路) 이상을 갖춘 사격장을 사용할 수 있을 것. 다만, 사용계획서를 제출한 경우에는 교육기관 지정을 받은 날부터 2개월 이내에 시·도 경찰청장에게 사격장 사용이 가능하다는 사실의 확인을 받아야 한다.

※ 비고 : 위 표에서 규정한 사항 외에 일반경비원 교육기관 또는 특수경비원 교육기관의 지정에 필요한 인력 및 시설·장비의 세부기준 등은 경찰청장이 정한다.

2. 경비원 교육기관의 지정취소 등(경비업법 제13조의3) 기출 24

① 경찰청장은 경비원 교육기관이 다음의 어느 하나에 해당하는 경우에는 그 지정을 취소하거나 1년 이내의 기간을 정하여 업무의 전부 또는 일부를 정지할 수 있다. 다만, ㉠의 경우에는 그 지정을 취소하여야 한다(제1항).

㉠ 거짓이나 그 밖의 부정한 방법으로 경비원 교육기관의 지정을 받은 경우(제1호)
㉡ 지정받은 사항을 위반하여 업무를 행한 경우(제2호)
㉢ 제13조의2 제3항에 따른 시정명령을 받고도 정당한 사유 없이 정하여진 기간 이내에 시정하지 아니한 경우(제3호)
㉣ 제13조의2 제4항에 따른 지정기준에 적합하지 아니하게 된 경우(제4호)

② 그 밖에 경비원 교육기관의 지정취소 및 업무정지에 관한 세부기준 및 절차는 그 위반행위의 유형과 위반의 정도 등을 고려하여 행정안전부령으로 정한다(제2항).

[본조신설 2024.2.13.]

경비원 교육기관의 지정취소 등(경비업법 시행규칙 제16조의2)
① 법 제13조의3 제1항에 따른 경비원 교육기관의 지정취소 및 업무정지 기준은 [별표 1의3]과 같다.
② 경찰청장은 제1항에 따라 경비원 교육기관 지정을 취소하거나 업무정지를 명한 경우 그 사실을 인터넷 홈페이지에 공고해야 한다.

[본조신설 2024.8.14.]

경비지도사 교육기관 및 경비원 교육기관의 지정취소 및 업무정지 기준(경비업법 시행규칙 [별표 1의3]) 〈신설 2024.8.14.〉

1. 일반기준
   가. 위반행위가 둘 이상이면 그중 무거운 처분기준에 따른다. 다만, 둘 이상의 처분기준이 모두 업무정지인 경우에는 각 처분기준을 합산한 기간을 넘지 않는 범위에서 무거운 처분기준에 그 처분기준의 2분의 1 범위에서 가중한다.
   나. 위반행위의 횟수에 따른 행정처분 기준은 최근 2년간 같은 위반행위로 행정처분을 받은 경우에 적용한다. 이 경우 기간의 계산은 위반행위에 대한 행정처분일과 그 처분 후 다시 같은 위반행위를 하여 적발된 날을 기준으로 한다.
   다. 나목에 따라 가중된 처분을 하는 경우 가중처분의 적용 차수는 그 위반행위 전 처분차수(나목에 따른 기간 내에 처분이 둘 이상 있었던 경우에는 높은 차수를 말한다)의 다음 차수로 한다.
   라. 처분권자는 제2호에 따른 처분기준이 업무정지인 경우에는 위반행위의 동기, 내용 및 위반의 정도 등을 고려하여 2분의 1 범위에서 감경할 수 있다.

2. 개별기준

위반행위	근거 법조문	행정처분 기준		
		1차	2차	3차 이상 위반
가. 지정받은 사항을 위반하여 업무를 행한 경우	법 제11조의4 제1항 제2호 또는 법 제13조의3 제1항 제2호	업무정지 1개월	업무정지 3개월	업무정지 6개월
나. 법 제11조의3 제3항 또는 법 제13조의2 제3항에 따른 시정명령을 받고도 정당한 사유 없이 시정하지 않은 경우	법 제11조의4 제1항 제3호 또는 법 제13조의3 제1항 제3호	업무정지 3개월	업무정지 6개월	지정취소
다. 법 제11조의3 제4항 또는 법 제13조의2 제4항에 따른 지정 기준에 적합하지 않게 된 경우	법 제11조의4 제1항 제4호 또는 법 제13조의3 제1항 제4호	업무정지 1개월	업무정지 3개월	지정취소

12 특수경비원의 직무 및 무기사용 등 기출 21·19·18·17·16·15·12·11·08

1. 특수경비원의 직무 및 무기사용 등(경비업법 제14조)

① 특수경비업자는 특수경비원으로 하여금 배치된 경비구역 안에서 관할 경찰서장 및 공항경찰대장 등 국가중요시설의 경비책임자(이하 "관할 경찰관서장")와 국가중요시설의 시설주의 감독을 받아 시설을 경비하고 도난·화재, 그 밖의 위험의 발생을 방지하는 업무를 수행하게 하여야 한다(제1항). ★

② 특수경비원은 국가중요시설에 대한 경비업무수행 중 국가중요시설의 정상적인 운영을 해치는 장해를 일으켜서는 아니 된다(제2항).

③ 시·도 경찰청장은 국가중요시설에 대한 경비업무의 수행을 위하여 필요하다고 인정하는 때에는 시설주의 신청에 의하여 무기를 구입한다. 이 경우 시설주는 그 무기의 구입대금을 지불하고, 구입한 무기를 국가에 기부채납(寄附採納)하여야 한다(제3항). ★★ 기출 23·21

> **③ 관련 무기 구입 절차**
>
> (무기구입 신청)　　　　　　(필요성 인정)
>
> 국가주요시설의 시설주 → 시·도 경찰청장 → 필요성 검토 → 무기구입 계약
>
> 무기의 국가귀속 ← 구입한 무기의 기부채납 ← 무기구입 대금 지불(시설주)
>
> **기부채납(寄附採納)**
> 기부채납이란 국가 외의 자가 재산의 소유권을 무상으로 국가에 이전하여 국가가 이를 취득하는 것을 말한다. 기부채납된 재산은 국유재산이 된다.

④ 시·도 경찰청장은 국가중요시설에 대한 경비업무의 수행을 위하여 필요하다고 인정하는 때에는 관할 경찰관서장으로 하여금 시설주의 신청에 의하여 시설주로부터 국가에 기부채납된 무기를 대여하게 하고, 시설주는 이를 특수경비원으로 하여금 휴대하게 할 수 있다. 이 경우 특수경비원은 정당한 사유 없이 무기를 소지하고 배치된 경비구역을 벗어나서는 아니 된다(제4항). ★★

⑤ 시설주가 대여받은 무기에 대하여 시설주 및 관할 경찰관서장은 무기의 관리책임을 지고, 관할 경찰관서장은 시설주 및 특수경비원의 무기관리상황을 대통령령(경비업법 시행령 제21조)이 정하는 바에 따라 지도·감독하여야 한다(제5항). ★★ 기출 21

빈칸 채우기

특수경비원의 직무 및 무기사용 등
→ (❶)은 국가중요시설에 대한 경비업무의 수행을 위하여 필요하다고 인정하는 때에는 (❷)의 신청에 의하여 무기를 구입한다.

❶ 시·도 경찰청장　❷ 시설주　정답

⑥ 관할 경찰관서장은 ⑤의 규정에 의하여 시설주 및 특수경비원의 무기관리상황을 매월 1회 이상 점검하여야 한다(경비업법 시행령 제21조).★★ 기출 24·21
⑦ 관할 경찰관서장은 무기의 적정한 관리를 위하여 무기를 대여받은 시설주에 대하여 필요한 명령을 발할 수 있다(제6항).
⑧ 시설주로부터 무기의 관리를 위하여 지정받은 책임자(이하 "관리책임자")는 다음에 의하여 이를 관리하여야 한다(제7항).
  ㉠ 무기출납부 및 무기장비운영카드를 비치·기록하여야 한다.★
  ㉡ 무기는 관리책임자가 직접 지급·회수하여야 한다.★★

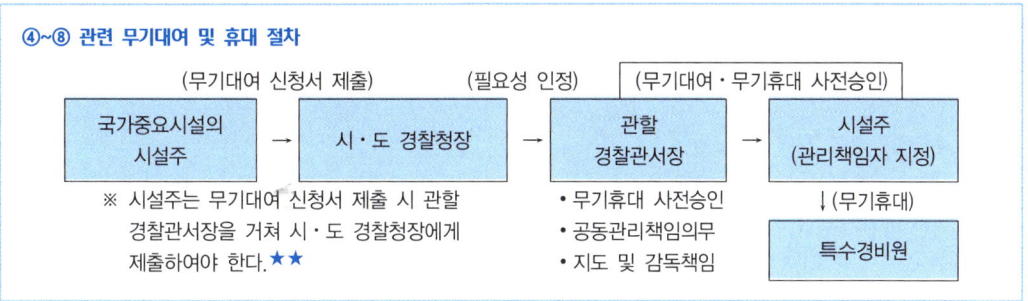

⑨ 특수경비원은 국가중요시설의 경비를 위하여 무기를 사용하지 아니하고는 다른 수단이 없다고 인정되는 때에는 필요한 한도 안에서 무기를 사용할 수 있다. 다만, 다음에 해당하는 때를 제외하고는 사람에게 위해를 끼쳐서는 아니 된다(제8항).★★
  ㉠ 무기 또는 폭발물을 소지하고 국가중요시설에 침입한 자가 특수경비원으로부터 3회 이상 투기(投棄) 또는 투항(投降)을 요구받고도 이에 불응하면서 계속 항거하는 경우 이를 억제하기 위하여 무기를 사용하지 아니하고는 다른 수단이 없다고 인정되는 때(제1호)★
  ㉡ 국가중요시설에 침입한 무장간첩이 특수경비원으로부터 투항(投降)을 요구받고도 이에 불응한 때(제2호)★
⑩ 특수경비원의 무기휴대, 무기종류, 그 사용기준 및 안전검사의 기준 등에 관하여 필요한 사항은 대통령령(경비업법 시행령 제20조)으로 정한다(제9항).★

빈칸 채우기

특수경비원의 직무 및 무기사용 등

→ 특수경비원은 (❶)의 경비를 위하여 무기를 사용하지 아니하고는 다른 수단이 없다고 인정되는 때에는 필요한 한도 안에서 무기를 사용할 수 있다. 다만, 다음에 해당하는 때를 제외하고는 사람에게 위해를 끼쳐서는 아니 된다.
  ㉠ 무기 또는 폭발물을 소지하고 (❶)에 침입한 자가 특수경비원으로부터 (❷) 이상 투기 또는 (❸)을 요구받고도 이에 불응하면서 계속 항거하는 경우 이를 억제하기 위하여 무기를 사용하지 아니하고는 다른 수단이 없다고 인정되는 때
  ㉡ (❶)에 침입한 (❹)이 특수경비원으로부터 (❸)을 요구받고도 이에 불응한 때

정답 ❶ 국가중요시설 ❷ 3회 ❸ 투항 ❹ 무장간첩

2. 특수경비원 무기휴대의 절차 등(경비업법 시행령 제20조) 기출 23·21·20

① 시설주는 특수경비원이 휴대할 무기를 대여받고자 하는 때에는 무기대여 신청서를 관할 경찰서장 및 공항경찰대장 등 국가중요시설의 경비책임자(이하 "관할 경찰관서장")를 거쳐 시·도 경찰청장에게 제출하여야 한다(제1항). ★★

② 시설주는 관할 경찰관서장으로부터 대여받은 무기를 특수경비원에게 휴대하게 하는 경우에는 관할 경찰관서장의 사전승인을 얻어야 한다(제2항). ★★

③ 사전승인을 함에 있어서 관할 경찰관서장은 국가중요시설에 총기 또는 폭발물의 소지자나 무장간첩 침입의 우려가 있는지의 여부 등을 고려하는 등 특수경비원에게 무기를 지급하여야 할 필요성이 있는지의 여부에 관하여 판단하여야 한다(제3항).

④ 시설주는 무기지급의 필요성이 해소되었다고 인정되는 때에는 특수경비원으로부터 즉시 무기를 회수하여야 한다(제4항). ★

⑤ 특수경비원이 휴대할 수 있는 무기종류는 권총 및 소총으로 한다(제5항). ★

⑥ 「위해성 경찰장비의 사용기준 등에 관한 규정」 제18조 및 [별표 2]의 규정은 법 제14조 제9항의 규정에 의한 안전검사의 기준에 관하여 이를 준용한다(제6항).

위해성 경찰장비에 대한 안전검사(위해성 경찰장비의 사용기준 등에 관한 규정 제18조)

위해성 경찰장비를 사용하는 경찰관이 소속한 국가경찰관서의 장은 소속 경찰관이 사용할 위해성 경찰장비에 대한 안전검사를 [별표 2]의 기준에 따라 실시하여야 한다.

위해성 경찰장비의 안전검사기준(위해성 경찰장비의 사용기준 등에 관한 규정 [별표 2] 내용 중 일부 발췌)

경찰장비	안전검사기준	검사 내용	검사 빈도
무기	권총·소총·기관총·산탄총·유탄발사기	1. 총열의 균열 유무 2. 방아쇠를 당길 수 있는 힘이 1킬로그램 이상인지 여부 3. 안전장치의 작동 여부	연간 1회
	박격포·3인치포·함포	포열의 균열 유무	연간 1회
	크레모아·수류탄·폭약류	1. 신관부 및 탄체의 부식 또는 충전물 누출 여부 2. 안전장치의 이상 유무	연간 1회
	도검	대검멈치쇠의 고장 유무	연간 1회

---

⑦ 시설주, 관리책임자와 특수경비원은 행정안전부령(경비업법 시행규칙 제18조)이 정하는 무기관리수칙을 준수하여야 한다(제7항). ★★

빈칸 채우기

특수경비원의 무기휴대절차

→ (❶)는 특수경비원이 휴대할 무기를 대여받고자 하는 때에는 무기대여 신청서를 (❷)을 거쳐 (❸)에게 제출하여야 한다.

→ (❶)는 (❷)으로부터 대여받은 무기를 특수경비원에게 휴대하게 하는 경우에는 (❷)의 (❹)을 얻어야 한다.

→ (❶)는 무기지급의 필요성이 해소되었다고 인정되는 때에는 특수경비원으로부터 (❺) 무기를 회수하여야 한다.

정답 ❶ 시설주 ❷ 관할 경찰관서장 ❸ 시·도 경찰청장 ❹ 사전승인 ❺ 즉시

3. 무기의 관리수칙 등(경비업법 시행규칙 제18조) 기출 24·23·22·20·19·18·16·12·10·09·08·07·06·05·04

① 무기를 대여받은 국가중요시설의 시설주 또는 관리책임자는 다음의 관리수칙에 따라 무기(탄약을 포함)를 관리해야 한다(제1항).

㉠ 무기의 관리를 위한 책임자를 지정하고 관할 경찰관서장에게 이를 통보할 것(제1호)

㉡ 무기고 및 탄약고는 단층에 설치하고 환기·방습·방화 및 총받침대 등의 시설을 할 것(제2호)★

㉢ 탄약고는 무기고와 사무실 등 많은 사람을 수용하거나 많은 사람이 오고 가는 시설과 떨어진 곳에 설치할 것(제3호)★

㉣ 무기고 및 탄약고에는 이중잠금장치를 하여야 하며, 열쇠는 관리책임자가 보관하되, 근무시간 이후에는 열쇠를 당직책임자에게 인계하여 보관시킬 것(제4호)★★

㉤ 관할 경찰관서장이 정하는 바에 의하여 무기의 관리실태를 매월 파악하여 다음 달 3일까지 관할 경찰관서장에게 통보할 것(제5호)★★

㉥ 대여받은 무기를 빼앗기거나 대여받은 무기가 분실·도난 또는 훼손되는 등의 사고가 발생한 때에는 관할 경찰관서장에게 그 사유를 지체 없이 통보할 것(제6호)★

㉦ 대여받은 무기를 빼앗기거나 대여받은 무기가 분실·도난 또는 훼손된 때에는 경찰청장이 정하는 바에 의하여 그 전액을 배상할 것. 다만, 전시·사변, 천재·지변 그 밖의 불가항력의 사유가 있다고 시·도 경찰청장이 인정한 때에는 그러하지 아니하다(제7호).★

㉧ 시설주는 자체계획을 수립하여 보관하고 있는 무기를 매주 1회 이상 손질할 수 있게 할 것(제8호)★

② 시설주 또는 관리책임자는 고의 또는 과실로 무기(부속품을 포함)를 빼앗기거나 무기가 분실·도난 또는 훼손되도록 한 특수경비원에 대하여 특수경비업자에게 교체 또는 징계 등의 조치를 요청할 수 있다. 이 경우 특수경비업자는 특별한 사유가 없는 한 이에 응하여야 한다(제2항).★

빈칸 채우기

무기의 관리수칙 등

→ 무기의 관리를 위한 책임자를 지정하고 (❶)에게 이를 통보할 것
→ 무기고 및 탄약고는 (❷)에 설치하고 환기·방습·방화 및 총받침대 등의 시설을 할 것
→ 탄약고는 무기고와 사무실 등 많은 사람을 수용하거나 많은 사람이 오고 가는 시설과 (❸) 곳에 설치할 것
→ (❶)이 정하는 바에 의하여 무기의 관리실태를 매월 파악하여 다음 달 (❹)일까지 (❶)에게 통보할 것
→ 대여받은 무기를 빼앗기거나 대여받은 무기가 분실·도난 또는 훼손되는 등의 사고가 발생한 때에는 (❶)에게 그 사유를 (❺) 통보할 것

정답 ❶ 관할 경찰관서장 ❷ 단층 ❸ 떨어진 ❹ 3 ❺ 지체 없이

③ 무기를 대여받은 시설주 또는 관리책임자가 특수경비원에게 무기를 출납하고자 하는 때에는 다음의 관리수칙에 따라 무기를 관리하여야 한다(제3항).
  ㉠ 관할 경찰관서장이 무기를 회수하여 집중적으로 관리하도록 지시하는 경우 또는 출납하는 탄약의 수를 증감하거나 출납을 중지하도록 지시하는 경우에는 이에 따를 것(제1호)
  ㉡ 탄약의 출납은 소총에 있어서는 1정당 15발 이내, 권총에 있어서는 1정당 7발 이내로 하되, 생산된 후 오래된 탄약을 우선적으로 출납할 것(제2호)★
  ㉢ 무기를 지급받은 특수경비원으로 하여금 무기를 매주 1회 이상 손질하게 할 것(제3호)★
  ㉣ 수리가 필요한 무기가 있는 때에는 그 목록과 무기장비운영카드를 첨부하여 관할 경찰관서장에게 수리를 요청할 것(제4호)★★

④ 시설주로부터 무기를 지급받은 특수경비원은 다음의 관리수칙에 따라 무기를 관리하여야 한다(제4항).
  ㉠ 무기를 지급받거나 반납하는 때 또는 무기의 인계인수를 하는 때에는 반드시 "앞에 총"의 자세에서 "검사 총"을 할 것(제1호)★
  ㉡ 무기를 지급받은 때에는 별도의 지시가 없는 한 탄약은 무기로부터 분리하여 휴대하여야 하며, 소총은 "우로 어깨걸어 총"의 자세를 유지하고, 권총은 "권총집에 넣어 총"의 자세를 유지할 것(제2호)★
  ㉢ 지급받은 무기를 다른 사람에게 보관·휴대 또는 손질시키지 아니할 것(제3호)★
  ㉣ 무기를 손질 또는 조작하는 때에는 총구를 반드시 공중으로 향하게 할 것(제4호)★★
  ㉤ 무기를 반납하는 때에는 손질을 철저히 한 후 반납하도록 할 것(제5호)
  ㉥ 근무시간 이후에는 무기를 시설주에게 반납하거나 교대근무자에게 인계할 것(제6호)★★

⑤ 시설주는 다음에 해당하는 특수경비원에 대하여 무기를 지급해서는 안 되며, 지급된 무기가 있는 경우 이를 즉시 회수해야 한다(제5항).★★
  ㉠ 형사사건으로 인하여 조사를 받고 있는 사람(제1호)
  ㉡ 사직 의사를 표명한 사람(제2호)
  ㉢ 정신질환자(제3호)
  ㉣ 그 밖에 무기를 지급하기에 부적합하다고 인정되는 사람(제4호)

⑥ 시설주는 무기를 수송하는 때에는 출발하기 전에 관할 경찰서장에게 그 사실을 통보하여야 하며, 통보를 받은 관할 경찰서장은 1인 이상의 무장경찰관을 무기를 수송하는 자동차 등에 함께 타도록 하여야 한다(제6항).★★

빈칸 채우기

무기의 관리수칙 등

→ 탄약의 출납은 (❶)에 있어서는 1정당 (❷) 이내, (❸)에 있어서는 1정당 (❹) 이내로 하되, 생산된 후 (❺) 탄약을 우선적으로 출납할 것, 무기를 지급받은 특수경비원으로 하여금 무기를 (❻) 이상 손질하게 할 것

→ 수리가 필요한 무기가 있는 때에는 그 목록과 무기장비운영카드를 첨부하여 (❼)에게 수리를 요청할 것

❶ 소총 ❷ 15발 ❸ 권총 ❹ 7발 ❺ 오래된 ❻ 매주 1회 ❼ 관할 경찰관서장

4. **특수경비원의 의무**(경비업법 제15조) 기출 24·23·22·21·20·19·16·15·14·12·09·08·07·05·04·99
   ① 특수경비원은 직무를 수행함에 있어 시설주·관할 경찰관서장 및 소속상사의 직무상 명령에 복종하여야 한다(제1항). ★
   ② 특수경비원은 소속상사의 허가 또는 정당한 사유 없이 경비구역을 벗어나서는 아니 된다(제2항). ★
   ③ 특수경비원은 파업·태업 그 밖에 경비업무의 정상적인 운영을 저해하는 일체의 쟁의행위를 하여서는 아니 된다(제3항). ★
   ④ 특수경비원이 무기를 휴대하고 경비업무를 수행하는 때에는 다음의 어느 하나에서 정하는 무기의 안전사용수칙을 지켜야 한다(제4항).
      ㉠ 특수경비원은 사람을 향하여 권총 또는 소총을 발사하고자 하는 때에는 미리 구두 또는 공포탄에 의한 사격으로 상대방에게 경고하여야 한다. 다만, 다음에 해당하는 경우로서 부득이한 때에는 경고하지 아니할 수 있다(제1호).
         • 특수경비원을 급습하거나 타인의 생명·신체에 대한 중대한 위험을 야기하는 범행이 목전에 실행되고 있는 등 상황이 급박하여 경고할 시간적 여유가 없는 경우(가목)
         • 인질·간첩 또는 테러사건에 있어서 은밀히 작전을 수행하는 경우(나목)
      ㉡ 특수경비원은 무기를 사용하는 경우에 있어서 범죄와 무관한 다중의 생명·신체에 위해를 가할 우려가 있는 때에는 이를 사용하여서는 아니 된다. 다만, 무기를 사용하지 아니하고는 타인 또는 특수경비원의 생명·신체에 대한 중대한 위협을 방지할 수 없다고 인정되는 때에는 필요한 최소한의 범위 안에서 이를 사용할 수 있다(제2호).
      ㉢ 특수경비원은 총기 또는 폭발물을 가지고 대항하는 경우를 제외하고는 14세 미만의 자 또는 임산부에 대하여는 권총 또는 소총을 발사하여서는 아니 된다(제3호).

5. **경비원 등의 의무**(경비업법 제15조의2) 기출 23·19·08
   ① 경비원은 직무를 수행함에 있어 타인에게 위력을 과시하거나 물리력을 행사하는 등 경비업무의 범위를 벗어난 행위를 하여서는 아니 된다.
   ② 누구든지 경비원으로 하여금 경비업무의 범위를 벗어난 행위를 하게 하여서는 아니 된다.

빈칸 채우기

특수경비원의 의무
- 특수경비원은 직무를 수행함에 있어 시설주·(❶) 및 소속상사의 직무상 명령에 복종하여야 한다.
- 특수경비원은 소속상사의 (❷) 또는 정당한 사유 없이 경비구역을 벗어나서는 아니 된다.
- 특수경비원은 파업·태업 그 밖에 경비업무의 정상적인 운영을 저해하는 일체의 (❸)를 하여서는 아니 된다.
- 특수경비원은 (❹) 또는 폭발물을 가지고 대항하는 경우를 제외하고는 (❺) 미만의 자 또는 임산부에 대하여는 권총 또는 소총을 발사하여서는 아니 된다.

정답 ❶ 관할 경찰관서장 ❷ 허가 ❸ 쟁의행위 ❹ 총기 ❺ 14세

13 경비원의 복장·장비·출동차량 등 기출 21·19·18·16·15·14·12·11·10·07·02·99

1. 경비원의 복장 등(경비업법 제16조) 기출 24·22·21·19

① 경비업자는 경찰공무원 또는 군인의 제복과 색상 및 디자인 등이 명확히 구별되는 소속 경비원의 복장을 정하고 이를 확인할 수 있는 사진을 첨부하여 주된 사무소를 관할하는 시·도 경찰청장에게 행정안전부령(경비업법 시행규칙 제19조)으로 정하는 바에 따라 신고하여야 한다(제1항). ★

② 경비업자는 경비업무 수행 시 경비원에게 소속 경비업체를 표시한 이름표를 부착하도록 하고, 시·도 경찰청장에게 신고된 동일한 복장을 착용하게 하여야 하며, 복장에 소속 회사를 오인할 수 있는 표시를 하거나 다른 회사의 복장을 착용하게 하여서는 아니 된다. 다만, 집단민원현장이 아닌 곳에서 신변보호업무를 수행하는 경우 또는 경비업무의 성격상 부득이한 사유가 있어 관할 경찰관서장이 허용하는 경우에는 그러하지 아니하다(제2항). ★

③ 시·도 경찰청장은 ①에 따라 제출받은 사진을 검토한 후 경비업자에게 복장 변경 등에 대한 시정명령을 할 수 있다(제3항). ★

④ 시정명령을 받은 경비업자는 이를 이행하여야 하고, 시·도 경찰청장에게 행정안전부령(경비업법 시행규칙 제19조)으로 정하는 바에 따라 이행보고를 하여야 한다(제4항). ★

⑤ 그 밖에 경비원의 복장 등에 필요한 사항은 행정안전부령(경비업법 시행규칙 제19조)으로 정한다(제5항). ★

> **경비원의 복장 등 신고 등(경비업법 시행규칙 제19조)** 기출 24·18
> ① 경비원의 복장 신고(변경신고를 포함)를 하려는 경비업자는 소속 경비원에게 복장을 착용하도록 하기 전에 경비원 복장 등 신고서(전자문서로 된 신고서를 포함)를 경비업자의 주된 사무소를 관할하는 시·도 경찰청장에게 제출하여야 한다.
> ② 경비원 복장 시정명령에 대한 이행보고를 하려는 경비업자는 시정명령 이행보고서(전자문서로 된 보고서를 포함)에 이행사실을 입증할 수 있는 사진 등의 서류를 첨부하여 시정명령을 한 시·도 경찰청장에게 제출하여야 한다.
> ③ 경비업자는 신고서 또는 이행보고서를 경비업자의 주된 사무소를 관할하는 시·도 경찰청장 소속 경찰서장을 거쳐 제출할 수 있다. 이 경우 신고서 또는 이행보고서를 받은 경찰서장은 지체 없이 경비업자의 주된 사무소를 관할하는 시·도 경찰청장에게 해당 신고서 또는 이행보고서를 보내야 한다. ★★
> ④ 경비원은 경비업무 수행 시 이름표를 경비원 복장의 상의 가슴 부위에 부착하여 경비원의 이름을 외부에서 알아볼 수 있도록 하여야 한다. ★

빈칸 채우기

경비원의 복장 등

⋯ (❶)는 경찰공무원 또는 군인의 제복과 색상 및 디자인 등이 명확히 구별되는 소속 경비원의 복장을 정하고 이를 확인할 수 있는 사진을 첨부하여 주된 사무소를 관할하는 (❷)에게 (❸)으로 정하는 바에 따라 (❹)하여야 한다.

⋯ (❶)는 경비업무 수행 시 경비원에게 소속 경비업체를 표시한 이름표를 부착하도록 하고, (❷)에게 신고된 동일한 복장을 착용하게 하여야 하며, 복장에 소속 회사를 오인할 수 있는 표시를 하거나 다른 회사의 복장을 착용하게 하여서는 아니 된다. 다만, 집단민원현장이 아닌 곳에서 신변보호업무를 수행하는 경우 또는 경비업무의 성격상 부득이한 사유가 있어 (❺)이 허용하는 경우에는 그러하지 아니하다.

❶ 경비업자 ❷ 시·도 경찰청장 ❸ 행정안전부령 ❹ 신고 ❺ 관할 경찰관서장 정답

2. 경비원의 장비 등(경비업법 제16조의2) 기출 24·23·22·21·19

① 경비원이 휴대할 수 있는 장비의 종류는 경적·단봉·분사기 등 행정안전부령(경비업법 시행규칙 제20조)으로 정하되, 근무 중에만 이를 휴대할 수 있다(제1항). ★★
② 경비업자가 경비원으로 하여금 분사기를 휴대하여 직무를 수행하게 하는 경우에는 「총포·도검·화약류 등 단속법」에 따라 미리 분사기의 소지허가를 받아야 한다(제2항). ★

> **「총포·도검·화약류 등의 안전관리에 관한 법률」 부칙 제6조 <개정 2015.1.6.>**
> 이 법 시행 당시 다른 법률에서 종전의 「총포·도검·화약류 등 단속법」 또는 그 규정을 인용한 경우 이 법 또는 이 법의 해당 규정을 각각 인용한 것으로 본다.

③ 누구든지 휴대장비를 임의로 개조하여 통상의 용법과 달리 사용함으로써 다른 사람의 생명·신체에 위해를 가하여서는 아니 된다(제3항).
④ 경비원은 경비업무를 위하여 필요하다고 인정되는 상당한 이유가 있을 때에는 필요한 최소한도에서 장비를 사용할 수 있다(제4항).
⑤ 그 밖에 경비원의 장비 등에 관하여 필요한 사항은 행정안전부령(경비업법 시행규칙 제20조)으로 정한다(제5항). ★

> **경비원의 휴대장비(경비업법 시행규칙 제20조)** 기출 24·23·18
> ① 경비원은 근무 중 경적, 단봉, 분사기, 안전방패, 무전기 및 그 밖에 경비 업무 수행에 필요한 것으로서 공격적인 용도로 제작되지 아니하는 장비를 휴대할 수 있으며, 안전모 및 방검복 등 안전장비를 착용할 수 있다. ★
> ② 경비원 장비의 구체적인 기준은 [별표 5]에 따른다.
>
> **경비원 휴대장비의 구체적인 기준(경비업법 시행규칙 [별표 5])** 기출 20
>
> | 장비 | 장비기준 |
> |---|---|
> | 1. 경 적 | 금속이나 플라스틱 재질의 호루라기 |
> | 2. 단 봉 | 금속(합금 포함)이나 플라스틱 재질의 전장 700mm 이하의 호신용 봉 |
> | 3. 분사기 | 「총포·도검·화약류 등의 안전관리에 관한 법률」에 따른 분사기 |
> | 4. 안전방패 | 플라스틱 재질의 폭 500mm 이하, 길이 1,000mm 이하의 방패로 경찰공무원이 사용하는 안전방패와 색상 및 디자인이 명확히 구분되어야 함 |
> | 5. 무전기 | 무전기 송신 시 실시간으로 수신이 가능한 것 |
> | 6. 안전모 | 얼굴을 가리지 아니하면서, 머리를 보호하는 장비로 경찰공무원이 사용하는 방석모와 색상 및 디자인이 명확히 구분되어야 함 |
> | 7. 방검복 | 경찰공무원이 사용하는 방검복과 색상 및 디자인이 명확히 구분되어야 함 |
>
> **규제의 재검토(경비업법 시행규칙 제27조의2)**
> 경찰청장은 경비원이 휴대하는 장비 등에 대하여 2014년 6월 8일을 기준으로 3년마다(매 3년이 되는 해의 6월 8일 전까지를 말한다) 그 타당성을 검토하여 개선 등의 조치를 하여야 한다.

3. 출동차량 등(경비업법 제16조의3) 기출 24·23·22·21·14

① 경비업자는 출동차량 등의 도색 및 표지를 경찰차량 및 군차량과 명확히 구별될 수 있게 하여야 한다(제1항). ★
② 경비업자는 출동차량 등의 도색 및 표지를 정하고 이를 확인할 수 있는 사진을 첨부하여 주된 사무소를 관할하는 시·도 경찰청장에게 행정안전부령(경비업법 시행규칙 제21조)으로 정하는 바에 따라 신고하여야 한다(제2항). ★
③ 시·도 경찰청장은 제출받은 사진을 검토한 후 경비업자에게 도색 및 표지 변경 등에 대한 시정명령을 할 수 있다(제3항).
④ 시정명령을 받은 경비업자는 이를 이행하여야 하고, 시·도 경찰청장에게 행정안전부령으로 정하는 바에 따라 이행보고를 하여야 한다(제4항). ★
⑤ 그 밖에 출동차량 등에 필요한 사항은 행정안전부령(경비업법 시행규칙 제21조)으로 정한다(제5항).

> **출동차량 등의 신고 등(경비업법 시행규칙 제21조)**
> ① 출동차량 등에 대한 신고(변경신고를 포함)를 하려는 경비업자는 출동차량 등을 운행하기 전에 출동차량 등 신고서(전자문서로 된 신고서를 포함)를 경비업자의 주된 사무소를 관할하는 시·도 경찰청장에게 제출하여야 한다.
> ② 출동차량 등의 시정명령에 대한 이행보고를 하려는 경비업자는 시정명령 이행보고서에 이행사실을 입증할 수 있는 사진 등의 서류를 첨부하여 시정명령을 한 시·도 경찰청장에게 제출하여야 한다.
> ③ 경비업자는 신고서 및 이행보고서를 경비업자의 주된 사무소를 관할하는 시·도 경찰청장 소속의 경찰서장을 거쳐 제출할 수 있다. 이 경우 신고서 또는 이행보고서를 받은 경찰서장은 지체 없이 경비업자의 주된 사무소를 관할하는 시·도 경찰청장에게 해당 신고서 또는 이행보고서를 보내야 한다. ★

빈칸 채우기

출동차량 등
→ 경비업자는 출동차량 등의 도색 및 표지를 (❶) 및 (❷)과 명확히 (❸)될 수 있게 하여야 한다.
→ 경비업자는 출동차량 등의 도색 및 표지를 정하고 이를 확인할 수 있는 사진을 첨부하여 주된 사무소를 관할하는 (❹)에게 (❺)으로 정하는 바에 따라 신고하여야 한다.
→ (❹)은 제출받은 사진을 검토한 후 경비업자에게 도색 및 표지 변경 등에 대한 (❻)을 할 수 있다.
→ (❻)을 받은 경비업자는 이를 이행하여야 하고, (❹)에게 (❺)으로 정하는 바에 따라 이행보고를 하여야 한다.

정답 ❶ 경찰차량 ❷ 군차량 ❸ 구별 ❹ 시·도 경찰청장 ❺ 행정안전부령 ❻ 시정명령

4. 결격사유 확인을 위한 범죄경력조회 등(경비업법 제17조) 기출 23·22·20·18·17·16·14

① 경찰청장, 시·도 경찰청장 또는 관할 경찰관서장은 직권으로 또는 범죄경력조회 요청이 있는 경우에는 경비업자의 임원, 경비지도사 또는 경비원이 제5조 제3호·제4호, 제10조 제1항 제3호부터 제8호까지 또는 같은 조 제2항 제3호·제4호에 따른 결격사유에 해당하는지를 확인하기 위하여 「형의 실효 등에 관한 법률」 제6조에 따른 범죄경력조회를 할 수 있다(제1항). ★★

② 경비업자는 선출·선임·채용 또는 배치하려는 임원, 경비지도사 또는 경비원이 제5조 제3호·제4호, 제10조 제1항 제3호부터 제8호까지 또는 같은 조 제2항 제3호·제4호에 따른 결격사유에 해당하는지를 확인하기 위하여 주된 사무소, 출장소 또는 배치장소를 관할하는 시·도 경찰청장 또는 경찰관서장에게 「형의 실효 등에 관한 법률」 제6조에 따른 범죄경력조회를 요청할 수 있다(제2항). ★

③ 범죄경력조회 요청을 받은 시·도 경찰청장 또는 관할 경찰관서장은 경비업자에게 그 결과를 통보할 때에는 경비업자의 임원, 경비지도사 또는 경비원이 제5조 제3호·제4호, 제10조 제1항 제3호부터 제8호까지 또는 같은 조 제2항 제3호·제4호에 따른 결격사유에 해당하는지 여부만을 통보하여야 한다(제3항). ★

④ 시·도 경찰청장 또는 관할 경찰관서장은 경비업자의 임원, 경비지도사 또는 경비원이 제5조 각호, 제10조 제1항 각호 또는 제2항 각호의 결격사유에 해당하는 사실을 알게 되거나 이 법 또는 이 법에 따른 명령을 위반한 때에는 경비업자에게 그 사실을 통보하여야 한다(제4항).

> **결격사유 확인을 위한 범죄경력조회 요청(경비업법 시행규칙 제22조)** 기출 24·23
> ① 범죄경력조회 요청은 범죄경력조회 신청서(전자문서로 된 신청서를 포함)에 따른다.
> ② 경비업자는 범죄경력조회를 요청하는 경우 다음의 서류를 첨부하여야 한다. ★
>   1. 경비업 허가증 사본
>   2. 취업자 또는 취업예정자 범죄경력조회 동의서

14 경비원의 명부와 배치허가 등 기출 22·21·20·19·18·17·16·14·05·99

1. 경비원의 명부와 배치허가 등(경비업법 제18조)

① 경비업자는 행정안전부령(경비업법 시행규칙 제23조)이 정하는 바에 따라 경비원의 명부를 작성·비치하여야 한다(경비업법 제18조 제1항 본문).

② 다만, 집단민원현장에 배치되는 일반경비원의 명부는 그 경비원이 배치되는 장소에도 작성·비치하여야 한다(경비업법 제18조 제1항 단서). 기출 24

> **경비원의 명부(경비업법 시행규칙 제23조)** 기출 20
> 경비업자는 법 제18조 제1항에 따라 다음 각호의 장소에 별지 제14호 서식의 경비원 명부(제2호 및 제3호의 경우에는 해당 장소에 배치된 경비원의 명부를 말한다)를 작성·비치하여 두고, 이를 항상 정리하여야 한다. 두 사·출·집
>   1. 주된 사무소
>   2. 영 제5조 제3항에 따른 출장소
>   3. 집단민원현장

③ 경비업자가 경비원을 배치하거나 배치를 폐지한 경우에는 행정안전부령이 정하는 바에 따라 관할 경찰관서장에게 신고하여야 한다(경비업법 제18조 제2항 본문). 기출 24

④ 다만, 다음 ㉠의 경우에는 경비원을 배치하기 48시간 전까지 행정안전부령으로 정하는 바에 따라 배치허가를 신청하고, 관할 경찰관서장의 배치허가를 받은 후에 경비원을 배치하여야 하며(㉡ 및 ㉢의 경우에는 경비원을 배치하기 전까지 신고하여야 한다), 이 경우 관할 경찰관서장은 배치허가를 함에 있어 필요한 조건을 붙일 수 있다(경비업법 제18조 제2항 단서). 〈개정 2025.1.7.〉★★ 기출 24·22·21·20·19

㉠ 시설경비업무, 신변보호업무 또는 혼잡·교통유도경비업무 중 집단민원현장에 배치된 일반경비원 → 배치허가 신청(48시간 전까지)(제1호)★★

㉡ 집단민원현장이 아닌 곳에서 신변보호업무를 수행하는 일반경비원 → 배치신고(배치하기 전까지)(제2호)★★

㉢ 특수경비원 → 배치신고(배치하기 전까지)(제3호)★★

⑤ 관할 경찰관서장은 ④의 ㉠에 따른 배치허가 신청을 받은 경우 다음의 사유에 해당하는 때에는 배치허가를 하여서는 아니 된다. 이 경우 관할 경찰관서장은 다음의 사유를 확인하기 위하여 소속 경찰관으로 하여금 그 배치장소를 방문하여 조사하게 할 수 있다(경비업법 제18조 제3항).★ 기출 24·21

㉠ 경비업무의 범위를 벗어난 행위를 할 우려가 있는 경우(제1호)

㉡ 경비원 중 결격자나 신임교육을 받지 아니한 사람이 대통령령으로 정하는 기준(21%) 이상으로 포함되어 있는 경우(제2호)★

> **집단민원현장 배치 불허가 기준(경비업법 시행령 제22조)**
> 법 제18조 제3항 제2호에서 "대통령령으로 정하는 기준"이란 100분의 21을 말한다.

㉢ 경비원의 복장·장비 등에 대하여 내려진 필요한 명령을 이행하지 아니하는 경우(제3호)

⑥ 배치허가 신청을 받은 관할 경찰관서장은 배치되는 경비원 중 결격자가 있는 경우에는 그 사람을 제외하고 배치허가를 하여야 한다(경비업법 제18조 제4항).★

⑦ 경비업자는 경비원을 배치하여 경비업무를 수행하게 하는 때에는 행정안전부령으로 정하는 바에 따라 배치된 경비원의 인적사항과 배치일시·배치장소 등 근무상황을 기록하여 보관하여야 한다(경비업법 제18조 제5항).★★ 기출 22

⑧ 경비업자는 다음의 어느 하나에 해당하는 죄를 범하여 벌금형을 선고받고 5년이 지나지 아니하거나 금고 이상의 형을 선고받고 그 집행이 유예된 날부터 5년이 지나지 아니한 자를 집단민원현장에 일반경비원으로 배치하여서는 아니 된다(경비업법 제18조 제6항).

㉠ 「형법」 제257조부터 제262조까지(상해, 존속상해, 중상해, 존속중상해, 특수상해, 상해치사, 폭행, 존속폭행, 특수폭행, 폭행치사상), 제276조부터 제281조까지(체포, 감금, 존속체포, 존속감금, 중체포, 중감금, 존속중체포, 존속중감금, 특수체포, 특수감금, 체포·감금등의 치사상)의 죄, 제284조의 죄(특수협박), 제320조의 죄(특수주거침입), 제324조 제2항의 죄(특수강요), 제350조의2의 죄(특수공갈), 제351조의 죄(상습 공갈, 상습 특수공갈), 제369조 제1항의 죄(특수손괴)(제1호)

㉡ 「폭력행위 등 처벌에 관한 법률」 제2조(폭행 등) 또는 제3조의 죄(집단적 폭행 등)(제2호)

※ ㉠에서 상습 및 미수범은 생략하였다.

⑨ 경비업자는 경비원 명부에 없는 자를 경비업무에 종사하게 하여서는 아니 되고, 경비원을 배치하는 경우에는 신임교육을 이수한 자를 배치하여야 한다(경비업법 제18조 제7항).
⑩ 관할 경찰관서장은 경비업자가 다음의 어느 하나에 해당하는 때에는 배치폐지를 명할 수 있다(경비업법 제18조 제8항). ★★ 기출 23·20·14
  ㉠ 배치허가를 받지 아니하고 경비원을 배치하거나 경비원 명단 및 배치일시·배치장소 등 배치허가 신청의 내용을 거짓으로 한 때(제1호)★
  ㉡ 결격사유에 해당하는 자(결격자)를 집단민원현장에 일반경비원으로 배치한 때(제2호)★
  ㉢ 신임교육을 이수하지 아니한 자를 경비원으로 배치한 때(제3호)
  ㉣ 경비업자 또는 경비원이 위력이나 흉기 또는 그 밖의 위험한 물건을 사용하여 집단적 폭력사태를 일으킨 때(제4호)★
  ㉤ 경비업자가 신고하지 아니하고 일반경비원을 배치한 때(제5호)★

2. **경비원의 배치 및 배치폐지의 신고**(경비업법 시행규칙 제24조) 기출 24·22·20·15·14·12·99
① 경비업자는 경비업무를 수행하기 위하여 20일 이상 경비원을 배치하거나 그 기간을 연장하려는 때에는 경비원을 배치한 후 7일 이내에 경비원 배치신고서(전자문서로 된 신고서를 포함)를 배치지를 관할하는 경찰관서장에게 제출해야 한다(제1항 본문). ★★
② 다만, 집단민원현장이 아닌 곳에서 신변보호업무를 수행하는 일반경비원과 특수경비원을 배치하는 경우에는 경비원을 배치하는 기간과 관계없이 경비원을 배치하기 전까지 제출해야 한다(제1항 단서). ★★
③ 특수경비원을 배치하는 경비업자는 배치신고서에 특수경비원 전원의 별지 제15호의2 서식의 병력(病歷)신고 및 개인정보 이용 동의서(이하 이 조에서 "동의서"라 한다)를 첨부하여 관할 경찰관서장에게 제출해야 한다(제2항).
④ 동의서를 제출받은 관할 경찰관서장은 국민건강보험공단 등 관계기관에 치료경력의 조회를 요청할 수 있다(제3항).
⑤ 관할 경찰관서장은 제2항에 따른 동의서의 기재내용 또는 관계기관의 조회결과를 확인하여 필요한 경우 경비업자에게 다음의 서류를 제출하도록 요청할 수 있다. 이 경우 경비업자는 해당 특수경비원의 서류(제출일 기준 6개월 이내에 발급된 서류에 한정한다)를 관할 경찰관서장에게 제출해야 한다(제4항).
  ㉠ 영 제10조의2 각호에 해당하지 않음을 증명하는 해당 분야 전문의의 진단서 1부(제1호)
  ㉡ 영 제10조의2 제3호 단서에 해당하는 경우 이를 증명하는 해당 분야 전문의의 진단서 1부(제2호)
⑥ 제1항의 규정에 의하여 경비원의 배치신고를 한 경비업자가 경비원의 배치를 폐지한 때에는 배치폐지를 한 날부터 7일 이내에 별지 제15호 서식의 경비원 배치폐지신고서(전자문서로 된 신고서를 포함한다)를 배치지의 관할 경찰관서장에게 제출하여야 한다. 다만, 경비원 배치신고 시에 기재한 배치폐지 예정일에 경비원의 배치를 폐지한 경우에는 그러하지 아니하다(제5항).
⑦ 시·도 경찰청장 또는 경찰서장은 일반경비원 또는 특수경비원이나 일반경비원 또는 특수경비원으로 근무했던 사람이 요청하는 경우에는 별지 제12호의2 서식의 배치폐지 또는 현재 배치여부 확인증을 발급할 수 있다(제6항).

3. 집단민원현장에의 일반경비원 배치허가 신청 등(경비업법 시행규칙 제24조의2)

① 집단민원현장에 일반경비원 배치허가를 신청하려는 경비업자는 집단민원현장 일반경비원 배치허가 신청서(전자문서에 의한 신청서를 포함)에 집단민원현장에 배치될 일반경비원의 신임교육 이수증(일반경비원 신임교육 면제대상의 경우 신임교육 면제 대상에 해당함을 입증할 수 있는 서류) 각 1부를 첨부하여 관할 경찰관서장에게 제출해야 한다(제1항). ★

② 배치허가 신청서를 받은 관할 경찰관서장은 경비원 배치예정 일시 전까지 배치허가 여부를 결정하여 경비업자에게 통보하여야 한다(제2항). ★★

③ 일반경비원 배치허가를 받은 경비업자가 경비원 배치기간을 연장하려는 경우에는 배치기간이 만료되기 48시간 전까지 배치허가 신청서를 관할 경찰관서장에게 제출하여 허가를 받아야 한다(제3항). ★★

④ 일반경비원 배치허가를 받은 경비업자가 집단민원현장에 새로운 경비원을 배치하려는 경우에는 새로운 경비원을 배치하기 48시간 전까지 배치허가 신청서를 관할 경찰관서장에게 제출하여 허가를 받아야 한다(제4항). ★★

⑤ 일반경비원 배치허가를 받은 경비업자가 경비원의 배치를 폐지한 때에는 배치폐지를 한 날부터 48시간 이내에 집단민원현장 일반경비원 배치폐지 신고서(전자문서로 된 신고서를 포함)를 관할 경찰관서장에게 제출해야 한다(제5항). ★

⑥ 일반경비원 배치허가를 받은 경비업자가 집단민원현장에 배치된 경비지도사를 변경한 경우에는 변경된 내용을 관할 경찰관서장에게 통보하여야 한다(제6항). ★★

4. 경비원의 근무상황기록부(경비업법 시행규칙 제24조의3)

① 경비업자는 경비업무를 수행하는 경비원의 인적사항, 배치일시, 배치장소, 배치폐지일시 및 근무여부 등 근무상황을 기록한 근무상황기록부(전자문서로 된 근무상황기록부를 포함)를 작성하여 주된 사무소 및 출장소에 갖추어 두어야 한다(제1항). ★

② 경비업자는 근무상황기록부를 1년 동안 보관하여야 한다(제2항). ★

5. 경비전화의 가설(경비업법 시행규칙 제25조)

① 관할 경찰관서장은 시설주의 신청에 의하여 특수경비원이 배치된 국가중요시설 등에 경비전화를 가설할 수 있다(제1항). ★

② 경비전화를 가설하는 경우의 소요경비는 시설주의 부담으로 한다(제2항). ★

6. 갖추어 두어야 하는 장부 또는 서류(경비업법 시행규칙 제26조) 기출 17·14·12·11·10·08·06·04

① 특수경비원을 배치한 시설주는 다음의 장부 및 서류를 갖추어 두어야 한다(제1항).
   ㉠ 근무일지
   ㉡ 근무상황카드
   ㉢ 경비구역배치도
   ㉣ 순찰표철
   ㉤ 무기탄약출납부
   ㉥ 무기장비운영카드

② 특수경비원을 배치한 국가중요시설의 관할 경찰관서장은 다음의 장부 및 서류를 갖추어 두어야 한다(제2항).
  ㉠ 감독순시부
  ㉡ 특수경비원 전·출입관계철
  ㉢ 특수경비원 교육훈련실시부
  ㉣ 무기·탄약대여대장
  ㉤ 그 밖에 특수경비원의 관리 등을 위하여 필요한 장부 또는 서류
③ 갖추어 두어야 하는 장부 또는 서류의 서식은 경찰관서에서 사용하는 서식을 준용한다(제3항).

7. 경비가 필요한 시설 등에 대한 경비의 요청(경비업법 시행령 제30조)

① 시·도 경찰청장 또는 경찰서장은 행사장, 그 밖에 많은 사람이 모이는 시설 또는 장소(이하 "행사장등"이라 한다)에서 혼잡 등으로 인한 위험의 발생을 방지하기 위하여 경비가 필요하다고 인정하는 경우에는 행사의 주최자나 시설 또는 장소의 관리자에게 행사장등에 경비원을 배치하도록 요청할 수 있다(제1항).
② 시·도 경찰청장 또는 경찰서장은 제1항에 따른 요청을 할 때 행사의 주최자나 시설 또는 장소의 관리자에게 행사장등에 경비원을 배치할 수 없다고 판단되는 경우에는 행사개최일 또는 많은 사람이 모이는 날 1일 전까지 그 사실을 통지해 줄 것을 함께 요청할 수 있다(제2항).

경비업법 제19조~제21조

01 경비업 허가의 취소 등
02 경비지도사자격의 취소 등
03 청 문

최다 출제 POINT & 학습목표

1. 경비업자의 영업정지, 허가취소 등 행정처분 기준에 대해 확실히 학습한다.
2. 경비지도사의 자격취소와 자격정지는 거의 매년 출제되는 출제 포인트이다.
3. 청문은 학습량이 적지만 자주 출제되는 주제이므로 반드시 숙지하도록 한다.

CHAPTER 05

행정처분 등

CHAPTER 05 행정처분 등

01 경비업법령상 허가관청은 경비업자가 정당한 사유 없이 최종 도급계약 체결일부터 2년 이내에 경비 도급실적이 없을 때에는 경비업 허가를 취소하여야 한다. 기출 23·22·20·19·12·11 (   )

02 경비업법령상 허가관청은 특수경비업자가 경비관련업 외의 영업을 한 경우에는 그 허가를 취소하여야 한다. 기출 22·16 (   )

03 경비업자가 배치경비원 인원 및 배치시간 등 배치허가 신청의 내용을 과실로 누락한 경우는 경비업법령상 허가관청이 6개월 이내의 기간을 정하여 영업의 전부 또는 일부에 대하여 경비업자에게 영업정지를 명할 수 있는 사유로 명시되어 있지 않다. 기출 20 (   )

04 경비업법령상 경비업자가 시·도 경찰청장의 허가 없이 경비업무를 변경한 경우 2차 위반 시 행정처분 기준은 영업정지 3월이다. 기출 15·13 (   )

05 경비업법령상 도급을 의뢰받은 경비업무가 위법한 것임에도 경비업자가 이를 거부하지 아니한 경우에는 허가관청은 의무적으로 경비업 허가를 취소해야 한다. 기출 21 (   )

06 경비업법령상 경비업자가 경비원의 복장 등에 관한 규정을 3차례 위반한 경우의 행정처분 기준은 영업정지 3개월이다. 기출 21 (   )

07 경비업법령상 위반행위의 횟수에 따른 행정처분 기준 적용일은 위반행위에 대한 행정처분일과 그 처분 후의 위반행위가 다시 적발된 날을 기준으로 한다. 기출 21 (   )

08 경비업법령상 영업정지처분에 해당하는 위반행위가 적발된 날 이전 최근 2년간 같은 위반행위로 3회 이상 영업정지처분을 받은 경우에는 그 위반행위에 대한 행정처분 기준은 허가취소로 한다. 기출 21·14·13 (   )

09 경비업법령상 경찰청장은 경비지도사가 자격정지 기간 중에 경비지도사로 선임되어 활동한 때에는 1년의 범위 내에서 정지기간을 연장시킬 수 있다. 기출 22·20 (   )

10 경비업법령상 경찰청장은 경비지도사가 법 제24조의 규정에 의한 경찰청장 또는 시·도 경찰청장의 명령을 위반한 때에는 경비지도사의 자격을 정지시킬 수 있으며, 구체적으로 1차 위반 시 행정처분 기준은 자격정지 1월이다. 기출 19·16 (   )

11 경비업법령상 경비지도사가 직무를 성실하게 수행하지 아니한 경우, 1차 위반 시 행정처분 기준은 자격정지 3월이다. 기출 24·22·19·16 ( )

12 경비업법령상 경비지도사가 시·도 경찰청장의 명령을 3차 위반한 경우 행정처분 기준은 자격정지 9월이다. 기출 24 ( )

13 경비업법령상 경비업자에 대한 과태료 부과처분은 경찰청장 또는 시·도 경찰청장이 청문을 실시해야 하는 행정처분에 해당하지 않는다. 기출 19·17 ( )

14 경비업법령상 허가관청은 경비업자가 집단민원현장에 특수경비원 명부를 작성·비치하지 않아 9개월 영업정지 처분을 하고자 하는 경우 청문을 실시하여야 한다. 기출 18 ( )

15 특수경비원의 징계, 경비업 법인 임원선임 취소, 경비업의 영업허가는 경비업법령상 경찰청장 또는 시·도 경찰청장이 해당 처분을 하기 위해 청문을 실시하여야 하는 경우에 해당하지 않는다. 기출 15·14·12 ( )

16 경비업법령상 허가관청은 경비업자가 소속 경비원으로 하여금 경비업무의 범위를 벗어난 행위를 하게 한 때에는 그 허가를 취소하여야 한다. 기출 22 ( )

17 경비업법령상 경찰청장은 경비지도사의 자격을 정지한 때에는 그 정지기간 동안 경비지도사자격증을 회수하여 보관하여야 한다. 기출 22 ( )

18 경비업법령상 허가관청은 경비업자가 관할 경찰관서장의 배치폐지 명령에 따르지 아니한 때에는 경비업 허가를 취소하여야 한다. 기출 24 ( )

▶ 정답과 해설 ◀ 01 × 02 ○ 03 ○ 04 × 05 × 06 ○ 07 ○ 08 × 09 × 10 ○
11 ○ 12 ○ 13 ○ 14 × 15 ○ 16 ○ 17 ○ 18 ○

✓ 오답분석
01 정당한 사유 없이 <u>최종 도급계약 종료일의 다음 날부터 2년 이내에 경비 도급실적이 없을 때</u>가 경비업 허가의 절대적 취소사유에 해당한다(경비업법 제19조 제1항 제5호).
04 시·도 경찰청장의 허가 없이 경비업무를 변경한 경우 행정처분 기준은 <u>1차 위반 시 경고, 2차 위반 시 영업정지 6개월, 3차 이상의 위반 시 허가취소</u>이다(경비업법 시행령 [별표 4] 제2호 가목).
05 <u>지문은 상대적 허가취소·영업정지사유이다</u>(경비업법 제19조 제2항 제2호).
08 영업정지처분에 해당하는 위반행위가 적발된 날 이전 최근 2년간 같은 위반행위로 2회 영업정지처분을 받은 경우에는 <u>제2호(개별기준)의 기준에도 불구하고 그 위반행위에 대한 행정처분 기준은 허가취소로 한다</u>(경비업법 시행령 [별표 4] 제1호 라목).
09 경찰청장은 경비지도사가 자격정지 기간 중에 경비지도사로 선임되어 활동한 때에는 <u>그 자격을 취소하여야 한다</u>(경비업법 제20조 제1항 제4호).
14 <u>경비업법 제21조 제3호가 적용되는 경비업법 제19조 제2항 제12호 사유는 집단민원현장에 일반경비원 명부를 작성·비치하지 않는 경우를 전제하는 규정이다. 또한 영업정지처분의 기간은 6개월을 한도로 한다</u>(경비업법 제19조 제2항). 따라서 본 지문은 2가지 내용이 잘못된 경우이다.

CHAPTER 05 행정처분 등

경비업법 제19조~제21조

01 경비업 허가의 취소 등

1. 경비업 허가의 취소 등(경비업법 제19조)

기출 24·23·22·21·20·19·18·16·15·14·12·11·10·09·08·06·05·04·02·99

① **필요적 허가취소사유**(경비업법 제19조 제1항) : 허가관청은 경비업자가 다음의 어느 하나에 해당하는 때에는 그 허가를 취소하여야 한다.
  ㉠ 허위 그 밖의 부정한 방법으로 허가를 받은 때(제1호)
  ㉡ 허가받은 경비업무 외의 업무에 경비원을 종사하게 한 때(제2호)★

> • 헌법재판소는 2023년 3월 23일 재판관 6 : 3의 의견으로 시설경비업을 허가받은 경비업자로 하여금 허가받은 경비업무 외의 업무에 경비원을 종사하게 하는 것을 금지하고, 이를 위반한 경비업자에 대한 허가를 취소하도록 정하고 있는 경비업법 제7조 제5항 중 '시설경비업무'에 관한 부분과 경비업법 제19조 제1항 제2호 중 '시설경비업무'에 관한 부분이 헌법에 합치되지 아니하여 법원 기타 국가기관 및 지방자치단체는 입법자가 2024.12.31.까지 위 법률조항을 개정할 때까지 위 법률조항의 적용을 중지하여야 한다는 적용중지 헌법불합치 결정을 선고하였다(헌재결[전] 2023.3.23. 2020헌가19). 구체적으로 헌법재판소는 심판대상조항이 과잉금지원칙에 위반(침해의 최소성 및 법익의 균형성 위반)하여 시설경비업을 수행하는 경비업자의 직업의 자유를 침해한다고 보았다.
> • 국회는 2025.1.7. 법률 제20645호에 의하여 2023.3.23. 헌법재판소에서 헌법불합치 결정된 제7조 제5항을 "경비업자는 허가받은 경비업무 외의 업무에 경비원을 종사하게 하여서는 아니 된다. 다만, 경비업무의 목적 달성을 침해하지 아니하는 범위에서 대통령령으로 정하는 업무에 대하여는 경비원을 종사하게 할 수 있다"로 개정하였고, 제19조 제1항 제2호를 삭제하였다. 제19조 제1항 제2호를 삭제하면서 제19조 제2항 제2호의2(제7조 제5항을 위반하여 경비업무 또는 경비업무의 목적 달성을 침해하지 아니하는 범위에서 대통령령으로 정하는 업무 외의 업무에 경비원을 종사하게 한 때)를 상대적 허가취소·영업정지사유로 신설하고, 제19조 제3항을 "허가관청은 제1항 및 제2항에 의하여 허가취소 또는 영업정지처분을 하는 때에는 경비업자가 허가받은 경비업무 중 허가취소 또는 영업정지사유에 해당되는 경비업무에 한하여 처분을 하여야 한다. 다만, 제1항 제7호에 해당하여 허가취소를 하는 때에는 그러하지 아니하다"로 개정하였다. 이러한 개정 규정은 2026.1.8.부터 시행된다.

  ㉢ 특수경비업자가 경비업 및 경비관련업 외의 영업을 한 때(제3호)★
  ㉣ 정당한 사유 없이 허가를 받은 날부터 2년 이내에 경비 도급실적이 없거나 계속하여 1년 이상 휴업한 때(제4호)★
  ㉤ 정당한 사유 없이 최종 도급계약 종료일의 다음 날부터 2년 이내에 경비 도급실적이 없을 때(제5호)★
  ㉥ 영업정지처분을 받고 계속하여 영업을 한 때(제6호)
  ㉦ 소속 경비원으로 하여금 경비업무의 범위를 벗어난 행위를 하게 한 때(제7호)★
  ㉧ 관할 경찰관서장의 배치폐지명령에 따르지 아니한 때(제8호)

② **임의적 허가취소 또는 영업정지사유**(경비업법 제19조 제2항) : 허가관청은 경비업자가 다음의 어느 하나에 해당하는 때에는 대통령령(경비업법 시행령 [별표 4])으로 정하는 행정처분의 기준에 따라 그 허가를 취소하거나 6개월 이내의 기간을 정하여 영업의 전부 또는 일부에 대하여 영업정지를 명할 수 있다.

㉠ 시·도 경찰청장의 허가 없이 경비업무를 변경한 때(제1호)★★
㉡ 도급을 의뢰받은 경비업무가 위법한 것임에도 이를 거부하지 아니한 때(제2호)★
㉢ 경비지도사를 집단민원현장에 선임·배치하지 아니한 때(제3호)
㉣ 기계경비업자가 경비대상시설에 관한 정보 대응체제를 갖추지 아니한 때(제4호)
㉤ 기계경비업자가 법 제9조 제2항 규정을 위반하여 관련 서류를 작성·비치하지 아니한 때(제5호)
㉥ 제10조 제3항을 위반하여 결격사유에 해당하는 경비원을 배치하거나 결격사유에 해당하는 경비지도사를 선임·배치한 때(제6호)
㉦ 경비지도사의 선임·배치기준을 위반하여 경비지도사를 선임한 때(제7호)
㉧ 경비원으로 하여금 (신임·직무)교육을 받게 하지 아니한 때(제8호)
㉨ 경비원의 복장 등에 관한 규정을 위반한 때(제9호)
㉩ 경비원의 장비 등에 관한 규정을 위반한 때(제10호)
㉪ 경비원의 출동차량 등에 관한 규정을 위반한 때(제11호)
㉫ 제18조 제1항 단서를 위반하여 집단민원현장에 일반경비원 명부를 작성·비치하지 아니한 때(제12호)
㉬ 제18조 제2항 각호 외의 부분 단서를 위반하여 배치허가를 받지 아니하고 경비원을 배치하거나 경비원 명단 및 배치일시·배치장소 등 배치허가 신청의 내용을 거짓으로 한 때(제13호)★★
㉭ 법 제18조 제6항을 위반하여 결격사유에 해당하는 일반경비원을 집단민원현장에 배치한 때(제14호)★
㉮ 법 제24조에 따른 감독상 명령에 따르지 아니한 때(제15호)★
㉯ 법 제26조를 위반하여 손해를 배상하지 아니한 때(제16호)★

③ 허가관청은 허가취소 또는 영업정지처분을 하는 때에는 경비업자가 허가받은 경비업무 중 허가취소 또는 영업정지사유에 해당되는 경비업무에 한하여 처분을 하여야 한다. 다만, ①의 ㉡(허가받은 경비업무 외의 업무에 경비원을 종사하게 한 때) 및 ㉧(소속 경비원으로 하여금 경비업무의 범위를 벗어난 행위를 하게 한 때)에 해당하여 허가취소를 하는 때에는 그러하지 아니하다(경비업법 제19조 제3항).★★

빈칸 채우기

임의적 허가취소 또는 영업정지사유

→ ㉠ (❶)의 허가 없이 경비업무를 변경한 때, ㉡ (❷)을 의뢰받은 경비업무가 위법한 것임에도 이를 거부하지 아니한 때, ㉢ (❸)를 받지 아니하고 경비원을 배치하거나 경비원 명단 및 배치일시·배치장소 등 (❸) 신청의 내용을 거짓으로 한 때, ㉣ (❹)에 해당하는 일반경비원을 (❺)에 배치한 때, ㉤ 법 제24조에 따른 감독상 명령에 따르지 아니한 때, ㉥ 법 제26조를 위반하여 손해를 배상하지 아니한 때 등

정답 ❶ 시·도 경찰청장 ❷ 도급 ❸ 배치허가 ❹ 결격사유 ❺ 집단민원현장

2. 행정처분의 기준(경비업법 시행령 [별표 4]) 기출 23·21·17·16·15·12

① 개별기준

해당 법조문	위반행위	행정처분 기준		
		1차 위반	2차 위반	3차 이상 위반
가. 법 제19조 제2항 제1호	법 제4조 제1항 후단을 위반하여 시·도 경찰청장의 허가 없이 경비업무를 변경한 때★★	경고	영업정지 6개월	허가취소
나. 법 제19조 제2항 제2호	법 제7조 제2항을 위반하여 도급을 의뢰받은 경비업무가 위법한 것임에도 이를 거부하지 않은 때	영업정지 1개월	영업정지 3개월	허가취소
다. 법 제19조 제2항 제3호	법 제7조 제6항을 위반하여 경비지도사를 집단민원현장에 선임·배치하지 않은 때	영업정지 1개월	영업정지 3개월	허가취소
라. 법 제19조 제2항 제4호	법 제8조를 위반하여 경비대상시설에 관한 경보대응체제를 갖추지 않은 때★	경고	경고	영업정지 1개월
마. 법 제19조 제2항 제5호	법 제9조 제2항을 위반하여 관련 서류를 작성·비치하지 않은 때★	경고	경고	영업정지 1개월
바. 법 제19조 제2항 제6호	법 제10조 제3항을 위반하여 결격사유에 해당하는 경비원을 배치하거나 결격사유에 해당하는 경비지도사를 선임·배치한 때	영업정지 1개월	영업정지 3개월	허가취소
사. 법 제19조 제2항 제7호	법 제12조 제1항(선임규정)을 위반하여 경비지도사를 선임한 때	영업정지 1개월	영업정지 3개월	허가취소
아. 법 제19조 제2항 제8호	법 제13조를 위반하여 경비원으로 하여금 교육을 받게 하지 않은 때★	경고	경고	영업정지 1개월
자. 법 제19조 제2항 제9호	법 제16조에 따른 경비원의 복장 등에 관한 규정을 위반한 때	경고	영업정지 1개월	영업정지 3개월
차. 법 제19조 제2항 제10호	법 제16조의2에 따른 경비원의 장비 등에 관한 규정을 위반한 때	경고	영업정지 1개월	영업정지 3개월
카. 법 제19조 제2항 제11호	법 제16조의3에 따른 경비원의 출동차량 등에 관한 규정을 위반한 때	경고	영업정지 1개월	영업정지 3개월
타. 법 제19조 제2항 제12호	법 제18조 제1항 단서를 위반하여 집단민원현장에 일반경비원 명부를 작성·비치하지 않은 때	영업정지 1개월	영업정지 3개월	허가취소
파. 법 제19조 제2항 제13호	법 제18조 제2항 각호 외의 부분 단서를 위반하여 배치허가를 받지 아니하고 경비원을 배치하거나 경비원 명단 및 배치일시·배치장소 등 배치허가 신청의 내용을 거짓으로 한 때	영업정지 1개월	영업정지 3개월	허가취소
하. 법 제19조 제2항 제14호	법 제18조 제6항을 위반하여 결격사유에 해당하는 일반경비원을 집단민원현장에 배치한 때	영업정지 1개월	영업정지 3개월	허가취소
거. 법 제19조 제2항 제15호	법 제24조에 따른 감독상 명령에 따르지 않은 때★★	경고	영업정지 3개월	허가취소
너. 법 제19조 제2항 제16호	법 제26조를 위반하여 손해배상을 하지 않은 때★★	경고	영업정지 3개월	영업정지 6개월

② **일반기준** 기출 21·16

㉠ ①의 개별기준에 따른 행정처분이 영업정지인 경우에는 위반행위의 동기, 내용 및 위반의 정도 등을 고려하여 가중하거나 감경할 수 있다(가목).★

㉡ 위반행위가 2 이상인 경우로서 그에 해당하는 각각의 처분기준이 다른 경우에는 그중 중한 처분기준에 따르며, 2 이상의 처분기준이 동일한 영업정지인 경우에는 중한 처분기준의 2분의 1까지 가중할 수 있다. 다만, 가중하는 경우에도 각 처분기준을 합산한 기간을 초과할 수 없다(나목).★★

㉢ 위반행위의 횟수에 따른 행정처분 기준은 최근 2년간 같은 위반행위로 행정처분을 받은 경우에 적용한다. 이 경우 기준 적용일은 위반행위에 대한 행정처분일과 그 처분 후의 위반행위가 다시 적발된 날을 기준으로 한다(다목).★★

㉣ 영업정지처분에 해당하는 위반행위가 적발된 날 이전 최근 2년간 같은 위반행위로 2회 영업정지처분을 받은 경우에는 개별 기준에도 불구하고 그 위반행위에 대한 행정처분 기준은 허가취소로 한다(라목). ★★

3. 위반행위의 보고·통보(경비업법 시행령 제23조)

① 경비업자의 출장소 또는 경비대상시설을 관할하는 시·도 경찰청장 또는 경찰관서장은 출장소의 임·직원이나 경비원이 법 또는 법에 의한 명령에 위반한 사실을 안 때에는 지체 없이 그 사실을 서면등으로 당해 경비업을 허가한 시·도 경찰청장에게 통보하거나 보고하여야 한다.★

② 통보 또는 보고를 받은 시·도 경찰청장은 그 위반행위에 대하여 행정처분을 한 때에는 이를 해당 시·도 경찰청장 또는 경찰관서장에게 통보하여야 한다.★

빈칸 채우기

행정처분 기준

- 개별기준에 따른 행정처분이 영업정지인 경우에는 위반행위의 동기, 내용 및 위반의 정도 등을 고려하여 (❶)할 수 있다.
- 위반행위가 2 이상인 경우로서 그에 해당하는 각각의 처분기준이 다른 경우에는 그중 (❷) 처분기준에 따르며, 2 이상의 처분기준이 동일한 영업정지인 경우에는 (❷) 처분기준의 (❸)까지 가중할 수 있다. 다만, 가중하는 경우에도 각 처분기준을 합산한 기간을 초과할 수 없다.
- 위반행위의 횟수에 따른 행정처분 기준은 최근 (❹)년간 같은 위반행위로 행정처분을 받은 경우에 적용한다. 이 경우 기준 적용일은 위반행위에 대한 행정처분일과 그 처분 후의 위반행위가 다시 적발된 날을 기준으로 한다.
- 영업정지처분에 해당하는 위반행위가 적발된 날 이전 최근 (❹)년간 같은 위반행위로 (❹)회 영업정지처분을 받은 경우에는 제2호의 기준에도 불구하고 그 위반행위에 대한 행정처분기준은 (❺)로 한다.

정답 ❶ 가중하거나 감경 ❷ 중한 ❸ 2분의 1 ❹ 2 ❺ 허가취소

02 경비지도사자격의 취소 등 기출 17·16·12·11·08

1. 경비지도사자격의 취소 등(경비업법 제20조) 기출 23·22·21·20·19·16·14·10·02·99·97

① 경비지도사의 자격취소사유(경비업법 제20조 제1항) : 경찰청장은 경비지도사가 다음의 어느 하나에 해당하는 때에는 그 자격을 취소하여야 한다.
  ㉠ 법 제10조 제1항 각호의 결격사유에 해당하게 된 때(제1호)
  ㉡ 허위 그 밖의 부정한 방법으로 경비지도사자격증을 교부받은 때(제2호)
  ㉢ 경비지도사자격증을 다른 사람에게 빌려주거나 양도한 때(제3호)
  ㉣ 자격정지 기간 중에 경비지도사로 선임되어 활동한 때(제4호)

② 경비지도사의 자격정지사유(경비업법 제20조 제2항) : 경찰청장은 경비지도사가 다음의 어느 하나에 해당하는 때에는 대통령령이 정하는 바에 따라 1년의 범위 내에서 그 자격을 정지시킬 수 있다.
  ㉠ 선임된 경비지도사가 법 제12조 제3항의 규정을 위반하여 직무를 성실하게 수행하지 아니한 때(제1호)
  ㉡ 선임된 경비지도사가 법 제24조의 규정에 의한 경찰청장 또는 시·도 경찰청장의 명령을 위반한 때(제2호)

③ 경찰청장은 경비지도사의 자격을 취소한 때에는 경비지도사자격증을 회수하여야 하고, 경비지도사의 자격을 정지한 때에는 그 정지기간 동안 경비지도사자격증을 회수하여 보관하여야 한다. ★

2. 경비지도사 자격정지처분 기준(경비업법 시행령 [별표 5]) 기출 24·20·19·18·16·14·10·09·07·04·02·01·99·97

해당 법조문	위반행위	행정처분 기준		
		1차 위반	2차 위반	3차 이상 위반
법 제20조 제2항 제1호	법 제12조 제3항의 규정에 위반하여 직무를 성실하게 수행하지 아니한 때	자격정지 3월	자격정지 6월	자격정지 12월
법 제20조 제2항 제2호	법 제24조의 규정에 의한 경찰청장, 시·도 경찰청장의 명령을 위반한 때	자격정지 1월	자격정지 6월	자격정지 9월

※ 비고 : 위반행위의 횟수에 따른 행정처분의 기준은 당해 위반행위가 있은 이전 최근 2년간 같은 위반행위로 행정처분을 받은 경우에 적용한다.

빈칸 채우기

경비지도사자격의 취소 및 정지사유

⋯ 취소사유
  ㉠ 경비지도사로서의 (❶)에 해당하게 된 때
  ㉡ 허위 그 밖의 부정한 방법으로 경비지도사자격증을 교부받은 때
  ㉢ 경비지도사자격증을 다른 사람에게 빌려주거나 (❷)한 때
  ㉣ (❸) 기간 중에 경비지도사로 선임되어 활동한 때
⋯ 정지사유
  ㉠ 선임된 경비지도사가 직무에 관한 법 규정을 위반하여 직무를 (❹)하게 수행하지 아니한 때
  ㉡ 선임된 경비지도사가 (❺) 또는 시·도 경찰청장의 명령을 위반한 때

❶ 결격사유 ❷ 양도 ❸ 자격정지 ❹ 성실 ❺ 경찰청장 정답

03 청문(경비업법 제21조) 기출 24·23·22·19·18·17·16·15·14·12·11

경찰청장 또는 시·도 경찰청장은 다음의 어느 하나에 해당하는 처분을 하고자 하는 경우에는 청문을 실시하여야 한다. 〈개정 2024.2.13.〉★

① 제11조의4에 따른 경비지도사 교육기관의 지정취소 또는 업무의 정지(제1호)
② 제13조의3에 따른 경비원 교육기관의 지정취소 또는 업무의 정지(제2호)
③ 제19조의 규정에 의한 경비업 허가의 취소 또는 영업정지(제3호)
④ 제20조 제1항 또는 제2항의 규정에 의한 경비지도사자격의 취소 또는 정지(제4호)

빈칸 채우기

청 문

→ (❶) 또는 (❷)은 다음의 어느 하나에 해당하는 처분을 하고자 하는 경우에는 청문을 실시하여야 한다.
  ㉠ 제11조의4에 따른 (❸) 교육기관의 지정취소 또는 업무의 정지
  ㉡ 제13조의3에 따른 (❹) 교육기관의 지정취소 또는 업무의 정지
  ㉢ 제19조의 규정에 의한 경비업 (❺)의 취소 또는 영업정지
  ㉣ 제20조 제1항 또는 제2항의 규정에 의한 경비지도사자격의 취소 또는 정지

정답 ❶ 경찰청장 ❷ 시·도 경찰청장 ❸ 경비지도사 ❹ 경비원 ❺ 허가

경비업법 제22조~제23조

01 경비협회

02 공제사업

최다 출제 POINT & 학습목표

1 경비협회의 전반적인 사항은 거의 매년 출제되는 주제이다.

2 경비협회의 업무와 공제사업 등에 대해서 꼼꼼히 학습해야 한다.

3 학습량이 많지 않으므로, 세심하게 학습하는 것이 고득점을 위한 지름길이라고 할 수 있다.

CHAPTER 06

경비협회

CHAPTER 06 경비협회

01 경비업법령상 경비업자는 경비업무의 건전한 발전과 경비원의 자질향상 및 교육훈련 등을 위하여 대통령령이 정하는 바에 따라 경비협회를 설립할 수 있다. 기출 23·22·19·16 （　　）

02 경비업법령상 경비협회는 행정안전부령이 정하는 바에 의하여 회원으로부터 회비를 징수할 수 있다. 기출 23·19·17 （　　）

03 경비업법령상 경비협회의 업무에는 경비원의 후생·복지에 관한 사항 외에도 경비진단에 관한 사항도 포함된다. 기출 22·15·14 （　　）

04 경비업법령상 경비협회에 관하여 「경비업법」에 특별한 규정이 있는 것을 제외하고는 「민법」 중 재단법인에 관한 규정을 준용한다. 기출 24·23·22·20·16·11 （　　）

05 경비원의 손해배상책임을 보장하기 위한 사업은 경비업법령상 경비협회가 할 수 있는 공제사업에 해당한다. 기출 20 （　　）

06 경비업법령상 경비협회는 경비업자의 손해배상책임 보장과 소속 경비원의 고용안정을 보장하기 위하여 별도의 법인을 설립하여 공제사업을 할 수 있다. 기출 11 （　　）

07 경비업법령상 경비협회는 경비업자가 경비업을 운영할 때 필요한 입찰보증을 위한 공제사업을 할 수 있다. 기출 21 （　　）

08 경비업법령상 경비원의 복지향상과 업무상 재해로 인한 손실을 보상하기 위한 사업은 경비협회가 할 수 있는 공제사업에 해당한다. 기출 20 （　　）

09 경비업법령상 경비협회는 공제사업을 하는 경우 공제사업의 회계는 다른 사업의 회계와 구분하여 경리하여야 한다. 기출 24·23·21 （　　）

10 경비업법령상 경비협회는 공제사업을 하고자 하는 때에는 공제계약의 내용 등 필요한 사항을 정한 공제규정을 제정하여야 한다. 기출 24·22·20 （　　）

11 경비업법령상 경비협회의 공제규정에는 공제사업의 범위, 공제계약의 내용, 공제금, 공제료 및 공제금에 충당하기 위한 책임준비금 등 공제사업의 운영에 관하여 필요한 사항을 정하여야 한다. 기출 21·19 （　　）

12 경비업법령상 경찰청장은 공제사업의 건전한 육성과 가입자의 보호를 위하여 공제사업의 감독에 관한 기준을 정할 수 있다. 기출 24 ( )

13 경비업법령상 공제사업의 감독에 관한 기준은 공제사업을 하려는 경비협회가 공제규정의 내용으로 정할 수 없는 사항이다. 기출 19 ( )

14 경비업법령상 경찰청장은 공제규정을 승인하는 경우에는 미리 금융감독원과 협의하여야 한다. 기출 21·20 ( )

15 경비업법령상 경찰청장은 공제사업에 대하여 금융감독원의 원장에게 검사를 요청할 수 있다. 기출 20·18 ( )

16 경비업법령상 경비협회는 법인으로 한다. 기출 22 ( )

17 경비업법령상 경비협회는 경비업자의 손해배상책임을 보장하기 위한 공제사업을 할 수 있다. 기출 23·22 ( )

18 경비업법령상 경비협회는 경비원의 복지향상을 위한 공제사업을 할 수 없다. 기출 22 ( )

19 경비업법령상 경비협회는 경비업자가 경비업을 운영할 때 필요한 입찰보증, 계약보증(이행보증을 포함한다), 하도급보증을 위한 공제사업을 할 수 있다. 기출 23·22 ( )

▶ **정답과 해설** ◀
01 ○ 02 × 03 ○ 04 × 05 × 06 × 07 ○ 08 ○ 09 ○ 10 ○
11 ○ 12 ○ 13 ○ 14 × 15 ○ 16 ○ 17 ○ 18 × 19 ○

✔ **오답분석**
02 경비협회는 <u>정관이 정하는 바에 의하여</u> 회원으로부터 회비를 징수할 수 있다(경비업법 시행령 제26조 제2항).
04 경비협회에 관하여 경비업법에 특별한 규정이 있는 것을 제외하고는 <u>민법 중 사단법인에 관한 규정을 준용한다</u>(경비업법 제22조 제4항).
05 경비원이 아닌 <u>경비업자의 손해배상책임을 보장하기 위한 사업이 경비협회가 할 수 있는 공제사업에 해당한다</u>(경비업법 제23조 제1항 제1호).
06 경비협회의 공제사업의 범위에 경비업자의 손해배상책임을 보장하기 위한 사업은 규정되어 있지만, <u>소속 경비원의 고용안정을 보장하기 위하여 별도의 법인을 설립하여 공제사업을 할 수 있다는 규정은 없다</u>(경비업법 제23조 제1항 제1호 참조).
14 경찰청장은 공제규정을 승인하거나 공제사업의 감독에 관한 기준을 정하는 경우에는 <u>미리 금융위원회와 협의하여야 한다</u>(경비업법 제23조 제5항).
18 <u>경비협회는 경비원의 복지향상을 위한 공제사업을 할 수 있다</u>(경비업법 제23조 제1항 제3호).

CHAPTER 06 경비협회

경비업법 제22조~제23조

01 경비협회(경비업법 제22조) 기출 24·23·22·19·17·16·15·14·11·09·08·07·04

1. 경비협회의 설립

① 목적 : 경비업자는 경비업무의 건전한 발전과 경비원의 자질향상 및 교육훈련 등을 위하여 대통령령이 정하는 바에 따라 경비협회를 설립할 수 있다(경비업법 제22조 제1항).★
② 주체 : 경비협회는 법인(法人)으로 한다(경비업법 제22조 제2항).★
③ 설립 : 경비업자가 경비협회를 설립하려는 경우에는 정관을 작성하여야 한다(경비업법 시행령 제26조 제1항).★
④ 회비징수 : 협회는 정관이 정하는 바에 의하여 회원으로부터 회비를 징수할 수 있다(경비업법 시행령 제26조 제2항).★★

2. 경비협회의 업무(경비업법 제22조 제3항) 기출 23·22·18·17·12·08·05·02·99·97

① 경비업무의 연구
② 경비원 교육·훈련 및 그 연구★
③ 경비원의 후생·복지에 관한 사항★
④ 경비진단에 관한 사항
⑤ 그 밖에 경비업무의 건전한 운영과 육성에 관하여 필요한 사항

3. 사단법인에 관한 규정 준용(경비업법 제22조 제4항)

경비협회에 관하여 경비업법에 특별한 규정이 있는 것을 제외하고는 민법 중 사단법인(社團法人)에 관한 규정을 준용한다.★

 빈칸 채우기

경비협회의 업무
→ ㉠ (❶)의 연구, ㉡ 경비원의 교육·훈련 및 그 연구, ㉢ 경비원의 (❷)·(❸)에 관한 사항, ㉣ (❹)에 관한 사항, ㉤ 그 밖에 경비업무의 건전한 운영과 육성에 관하여 필요한 사항

❶ 경비업무 ❷ 후생 ❸ 복지 ❹ 경비진단 정답

02 공제사업(경비업법 제23조) 기출 24·23·22·21·20·19·18·16·15·08·01

1. 공제사업의 범위
경비협회는 다음의 공제사업을 할 수 있다(제1항).
① 제26조에 따른 경비업자의 손해배상책임을 보장하기 위한 사업(제1호)★
② 경비업자가 경비업을 운영할 때 필요한 입찰보증, 계약보증(이행보증을 포함한다), 하도급보증을 위한 사업(제2호)
③ 경비원의 복지향상과 업무상 재해로 인한 손실을 보상하는 사업(제3호)★
④ 경비업무와 관련한 연구 및 경비원 교육·훈련에 관한 사업(제4호)★

2. 공제규정의 제정
① 경비협회는 공제사업을 하고자 하는 때에는 공제규정을 제정하여야 한다(제2항).
② 공제규정에는 공제사업의 범위, 공제계약의 내용, 공제금, 공제료 및 공제금에 충당하기 위한 책임준비금 등 공제사업의 운영에 관하여 필요한 사항을 정하여야 한다(제3항).★★

3. 공제사업의 감독 등
① 경찰청장은 공제사업의 건전한 육성과 가입자의 보호를 위하여 공제사업의 감독에 관한 기준을 정할 수 있다(제4항).★
② 경찰청장은 공제규정을 승인하거나 공제사업의 감독에 관한 기준을 정하는 경우에는 미리 금융위원회와 협의하여야 한다(제5항).★★
③ 경찰청장은 공제사업에 대하여 「금융위원회의 설치 등에 관한 법률」에 따른 금융감독원의 원장에게 검사를 요청할 수 있다(제6항).★

4. 공제사업의 회계(경비업법 시행령 제27조 제1항)
경비협회는 공제사업을 하는 경우 공제사업의 회계는 다른 사업의 회계와 구분하여 경리하여야 한다.★

빈칸 채우기

공제사업
⋯ 경비협회는 다음의 공제사업을 할 수 있다.
㉠ 제26조에 따른 (❶)의 손해배상책임을 보장하기 위한 사업
㉡ (❶)가 경비업을 운영할 때 필요한 입찰보증, 계약보증(이행보증을 포함한다), 하도급보증을 위한 사업
㉢ 경비원의 (❷)과 (❸)로 인한 손실을 보상하는 사업
㉣ 경비업무와 관련한 연구 및 경비원 교육·훈련에 관한 사업

정답 ❶ 경비업자 ❷ 복지향상 ❸ 업무상 재해

경비업법 제24조~제27조의3

01 감독 및 보안지도·점검 등
02 그 밖의 보칙

최다 출제 POINT & 학습목표

1. 감독과 보안지도, 점검 등의 전반적인 사항에 대해 학습한다.
2. 권한의 위임 및 위탁, 허가증 등의 수수료 또한 면밀히 학습해야 하는 부분이다.
3. 손해배상, 민감정보 및 고유식별정보의 처리에 대한 부분은 조문의 용어 및 표현에 주의하면서 학습한다.
4. 벌칙 적용에서 공무원 의제에 대한 부분도 꼼꼼히 학습한다.

CHAPTER 07

보 칙

CHAPTER 07 보 칙

01 경비업법령상 시·도 경찰청장은 경비업무의 적정한 수행을 위하여 경비업자 및 경비지도사를 지도·감독하며 필요한 명령을 할 수 있다. 기출 24·22·21·18·15·14·11 ( )

02 경비업법령상 시·도 경찰청장 또는 관할 경찰관서장은 소속 경찰공무원으로 하여금 관할구역 안에 있는 경비업자의 주사무소 및 출장소와 경비원 배치장소에 출입하여 감독하며 필요한 명령을 하게 할 수 있다. 기출 24·22·17·15·14·11 ( )

03 경비업법령상 시·도 경찰청장 또는 관할 경찰관서장은 배치된 경비원이 경비업법이나 경비업법에 따른 명령, 「폭력행위 등 처벌에 관한 법률」을 위반하는 행위를 하는 경우 그 위반행위의 중지를 명할 수 있다. 기출 24·22·21·18·17·14 ( )

04 경비업법령상 시·도 경찰청장 또는 관할 경찰관서장은 경비업무 장소가 집단민원현장으로 판단되는 경우에는 그때부터 48시간 이내에 경비업자에게 경비원 배치허가를 받을 것을 고지하여야 한다. 기출 24·21·20·18·17·16·15 ( )

05 경비업법령상 시·도 경찰청장은 특수경비업자에게 비밀취급인가를 하고자 하는 때에는 특수경비업자로 하여금 경찰청장을 거쳐 국가정보원장에게 보안측정을 요청하도록 하여야 한다. 기출 19 ( )

06 경비업법령상 시·도 경찰청장은 특수경비업자에 대하여 연 2회 이상의 보안지도·점검을 실시하여야 한다. 기출 21·20·18·17·15·14·11 ( )

07 경비업법령상 경비업자는 경비원이 업무수행 중 과실로 제3자에게 손해를 입힌 경우에는 이를 배상할 책임이 없다. 기출 24·20·16 ( )

08 경비업법령상 경비업자는 경비원 갑(甲)이 업무수행 중 무과실로 경비대상에 손해가 발생하는 것을 방지하지 못한 경우 손해배상책임이 발생하지 않는다. 기출 22·17 ( )

09 경비업법령상 경비지도사자격의 정지, 취소 및 이에 대한 청문에 관한 경찰청장의 권한은 시·도 경찰청장에게 위임되어 있는 권한에 해당한다. 기출 24·23·22·21·19·17·16·14·13 ( )

10 경비업법령상 경비지도사 시험은 경찰청장 권한의 위임사항에 해당하지 않는다. 기출수정 23·22·20·16·15·13 ( )

11 경비지도사자격증의 교부에 관한 권한은 경비업법령상 경찰청장이 시·도 경찰청장에게 위임하는 권한에 해당한다. 기출 23·18·15 ( )

12 경비업법령상 시·도 경찰청장은 경비지도사 시험 시행일 20일 전까지 접수를 취소하는 경우 응시수수료 전액을 반환하여야 한다. 기출 20 ( )

13 형법 제127조(공무상 비밀의 누설)는 경비업법령상 경찰청장으로부터 경비지도사의 시험에 관한 업무를 위탁받은 단체의 임직원이 벌칙 적용에 있어 공무원으로 의제되는 형법상의 규정에 해당한다. 기출 24·21 ( )

14 형법 제129조(수뢰, 사전수뢰)는 경비업법령상 경찰청장으로부터 경비지도사의 시험에 관한 업무를 위탁받은 단체의 임직원이 벌칙 적용에 있어 공무원으로 의제되는 형법상의 규정에 해당한다. 기출 24·19 ( )

15 신용카드사용내역이 포함된 자료는 경비업법령상 경찰청장 등이 처리할 수 있는 민감정보 및 고유식별정보가 아니다. 기출 21 ( )

16 경비업법령상 관할 경찰서장은 특수경비업자에 대하여 연 2회 이상의 보안지도·점검을 실시하여야 한다. 기출 22 ( )

17 경비협회의 공제사업에 대한 금융감독원장의 검사요청권한은 경비업법령상 경찰청장이 시·도 경찰청장에게 위임하는 권한에 해당하지 않는다. 기출 23 ( )

18 경비업법령상 경비업 허가사항의 변경신고로 인한 허가증 재교부의 경우에는 1만원의 수수료를 납부하여야 한다. 기출 23 ( )

▶ 정답과 해설 ◀ 01 ○ 02 ○ 03 ○ 04 ○ 05 ○ 06 ○ 07 × 08 ○ 09 ○ 10 ○
11 × 12 × 13 ○ 14 ○ 15 ○ 16 × 17 ○ 18 ×

✔ **오답분석**
07 경비업자는 경비원이 업무수행 중 과실로 제3자에게 손해를 입힌 경우에도 이를 배상하여야 한다(경비업법 제26조 제2항).
11 경비지도사자격증의 교부는 위임사항이 아니다. 경찰청장은 경비지도사 시험에 합격하고 기본교육을 받은 사람에게는 경비지도사자격증 교부대장에 정해진 사항을 기재한 후, 경비지도사자격증을 교부해야 한다(경비업법 시행규칙 제11조).
12 경찰청장은 경비지도사 시험 시행일 20일 전까지 접수를 취소하는 경우 응시수수료 전액을 반환하여야 한다(경비업법 시행령 제28조 제4항 제3호).
13 경비업법령상 형법 제127조는 벌칙 적용에서 공무원으로 의제되는 형법상 대상범죄에 해당하지 않는다(경비업법 제27조의3).
16 시·도 경찰청장은 법 제25조의 규정에 의하여 특수경비업자에 대하여 연 2회 이상의 보안지도·점검을 실시하여야 한다(경비업법 시행령 제29조).
18 경비업 허가사항의 변경신고로 인한 허가증 재교부의 경우에는 2천원의 수수료를 납부하여야 한다(경비업법 시행령 제28조 제1항 제2호).

CHAPTER 07 보칙

경비업법 제24조~제27조의3

01 감독 및 보안지도·점검 등 `기출` 21·18·15·14·11

1. 지도·감독(경비업법 제24조) `기출` 24·22·21·20·17·16·15·14·09·08

① 경찰청장 또는 시·도 경찰청장은 경비업무의 적정한 수행을 위하여 경비업자 및 경비지도사를 지도·감독하며 필요한 명령을 할 수 있다(제1항). ★★
② 시·도 경찰청장 또는 관할 경찰관서장은 소속 경찰공무원으로 하여금 관할구역 안에 있는 경비업자의 주사무소 및 출장소와 경비원 배치장소에 출입하여 근무상황 및 교육훈련상황 등을 감독하며 필요한 명령을 하게 할 수 있다. 이 경우 출입하는 경찰공무원은 그 권한을 표시하는 증표를 관계인에게 내보여야 한다(제2항).
③ 시·도 경찰청장 또는 관할 경찰관서장은 경비업자 또는 배치된 경비원이 경비업법이나 경비업법에 따른 명령, 「폭력행위 등 처벌에 관한 법률」을 위반하는 행위를 하는 경우 그 위반행위의 중지를 명할 수 있다(제3항). ★
④ 시·도 경찰청장 또는 관할 경찰관서장은 경비업무 장소가 집단민원현장으로 판단되는 경우에는 그때부터 48시간 이내에 경비업자에게 경비원 배치허가를 받을 것을 고지하여야 한다(제4항). ★

2. 보안지도·점검 등(경비업법 제25조) `기출` 22·21·20·19·15·05

① 시·도 경찰청장은 대통령령(경비업법 시행령 제29조)이 정하는 바에 따라 특수경비업자에 대하여 보안지도·점검을 실시하여야 하고, 필요한 경우 관계기관에 보안측정을 요청하여야 한다. ★
② 시·도 경찰청장은 특수경비업자에 대하여 연 2회 이상의 보안지도·점검을 실시하여야 한다(경비업법 시행령 제29조). ★★

3. 손해배상 등(경비업법 제26조) `기출` 24·22·20·18·17·16·06

① 경비업자는 경비원이 업무수행 중 고의 또는 과실로 경비대상에 손해가 발생하는 것을 방지하지 못한 때에는 그 손해를 배상하여야 한다(제1항). ★
② 경비업자는 경비원이 업무수행 중 고의 또는 과실로 제3자에게 손해를 입힌 경우에는 이를 배상하여야 한다(제2항). ★

02 그 밖의 보칙

1. 위임 및 위탁(경비업법 제27조) 기출 24·23·22·21·20·19·18·17·16·15·14·06·05·01

① **경찰청장의 권한 중 시·도 경찰청장에게 위임하는 사항** : 경찰청장의 권한은 대통령령이 정하는 바에 따라 그 일부를 시·도 경찰청장에게 위임할 수 있다(경비업법 제27조 제1항). 즉, 경찰청장은 다음의 권한을 시·도 경찰청장에게 위임한다(경비업법 시행령 제31조 제1항). ★★
  ㉠ 경비지도사자격의 취소 및 정지에 관한 권한(제1호)
  ㉡ 경비지도사자격의 취소 및 정지에 관한 청문의 권한(제2호)

② **경찰청장의 권한 중 관계전문기관 등에게 위탁하는 사항** : 경찰청장은 경비지도사의 시험에 관한 업무를 대통령령이 정하는 바에 따라 관계전문기관 또는 단체에 위탁할 수 있다(경비업법 제27조 제2항). 〈개정 2024.2.13.〉★
  이에 따라 경찰청장 또는 경찰관서장은 법 제27조 제2항에 따라 법 제11조 제1항에 따른 경비지도사 시험의 관리에 관한 업무를 경비업무에 관한 인력과 전문성을 갖춘 기관 또는 단체로서 경찰청장이 지정하여 고시하는 기관 또는 단체에 위탁한다(경비업법 시행령 제31조 제2항). 〈개정 2024.8.13.〉★

2. 허가증 등의 수수료(경비업법 제27조의2, 경비업법 시행령 제28조) 기출 24·23·22·20·17·15

이 법에 따른 경비업의 허가를 받거나 허가증을 재교부받고자 하는 자는 대통령령이 정하는 바에 따라 수수료를 납부하여야 한다(경비업법 제27조의2). ★

① 법에 의한 경비업의 허가를 받거나 허가증을 재교부받고자 하는 자는 다음의 수수료를 납부하여야 한다(경비업법 시행령 제28조 제1항).
  ㉠ 경비업의 허가(추가·변경·갱신허가를 포함)의 경우에는 1만원★★
  ㉡ 허가사항의 변경신고로 인한 허가증 재교부의 경우에는 2천원★

② 수수료는 허가 등의 신청서에 수입인지를 첨부하여 납부한다(경비업법 시행령 제28조 제2항).

③ 시험에 응시하고자 하는 자는 경찰청장이 정하여 고시하는 수수료를 납부하여야 한다(경비업법 시행령 제28조 제3항). ★

④ 경찰청장은 다음의 어느 하나에 해당하는 경우에는 받은 응시수수료의 전부 또는 일부를 다음의 구분에 따라 반환하여야 한다(경비업법 시행령 제28조 제4항).
  ㉠ 응시수수료를 과오납한 경우 : 과오납한 금액 전액(제1호)
  ㉡ 시험 시행기관의 귀책사유로 시험에 응시하지 못한 경우 : 응시수수료 전액(제2호)
  ㉢ 시험 시행일 20일 전까지 접수를 취소하는 경우 : 응시수수료 전액(제3호)★★
  ㉣ 시험 시행일 10일 전까지 접수를 취소하는 경우 : 응시수수료의 100분의 50(제4호)★

⑤ 경찰청장 및 시·도 경찰청장은 정보통신망을 이용하여 전자화폐·전자결제 등의 방법으로 수수료를 납부하게 할 수 있다(경비업법 시행령 제28조 제5항). ★

3. **벌칙 적용에서 공무원 의제**(경비업법 제27조의3) 기출 24·21·19

   제27조 제2항(경비지도사의 시험 및 교육에 관한 업무)에 따라 위탁받은 업무에 종사하는 관계전문기관 또는 단체의 임직원은 「형법」 제129조부터 제132조[수뢰·사전수뢰, 제3자뇌물제공, 수뢰후부정처사·사후수뢰, 알선수뢰]까지의 규정을 적용할 때에는 공무원으로 본다.

4. **민감정보 및 고유식별정보의 처리**(경비업법 시행령 제31조의2) 기출 23·21·15

   경찰청장, 시·도 경찰청장, 경찰서장 및 경찰관서장(제31조에 따라 경찰청장 및 경찰관서장의 권한을 위임·위탁받은 자를 포함한다)은 다음의 사무를 수행하기 위하여 불가피한 경우 「개인정보보호법」 제23조에 따른 건강에 관한 정보(제1호의2 및 제4호의 사무로 한정한다), 같은 법 시행령 제18조 제2호에 따른 범죄경력자료에 해당하는 정보(제1호의2 및 제9호의 사무로 한정한다), 같은 영 제19조 제1호 또는 제4호에 따른 주민등록번호 또는 외국인등록번호가 포함된 자료를 처리할 수 있다. 〈개정 2024.8.13.〉

   ① 법 제4조 및 제6조에 따른 경비업의 허가 및 갱신허가 등에 관한 사무(제1호)
   ② 법 제5조 및 제10조에 따른 임원, 경비지도사 및 경비원의 결격사유 확인에 관한 사무(제1호의2)
   ③ 법 제11조에 따른 경비지도사 시험 등에 관한 사무(제2호)
   ④ 법 제12조의2에 따른 경비지도사의 선임·해임 신고에 관한 사무(제2호의2)
   ⑤ 법 제13조에 따른 경비원의 교육 등에 관한 사무(제3호)
   ⑥ 법 제14조에 따른 특수경비원의 직무 및 무기사용 등에 관한 사무(제4호)
   ⑦ 법 제18조에 따른 경비원 배치허가 등에 관한 사무(제6호)
   ⑧ 법 제19조 및 제20조에 따른 행정처분에 관한 사무(제7호)
   ⑨ 법 제24조에 따른 경비업자 및 경비지도사의 지도·감독에 관한 사무(제8호)
   ⑩ 법 제25조에 따른 보안지도·점검 및 보안측정에 관한 사무(제9호)

5. **규제의 재검토**(경비업법 시행령 제31조의3) 기출 23·19

   경찰청장은 다음 사항에 대하여 다음의 기준일을 기준으로 3년마다(매 3년이 되는 해의 기준일과 같은 날 전까지를 말한다) 그 타당성을 검토하여 개선 등의 조치를 해야 한다. 〈개정 2024.8.13.〉★

   ① 경비업의 시설 등의 기준 : 2014년 6월 8일
   ② 경비지도사의 기본교육 및 보수교육의 시간 : 2025년 1월 1일
   ③ 집단민원현장 배치 불허가 기준 : 2014년 6월 8일
   ④ 행정처분 기준 : 2014년 6월 8일 → 삭제 〈2021.3.2.〉
   ⑤ 과태료의 부과기준 : 2014년 6월 8일 → 삭제 〈2021.3.2.〉

   ※ 경비업법 시행규칙 제27조의2는 경찰청장이 2014년 6월 8일을 기준으로 3년마다(매 3년이 되는 해의 6월 8일 전까지를 말한다) 그 타당성을 검토하여 개선 등의 조치를 하여야 하는 사항으로 경비원이 휴대하는 장비를 규정하고 있다.

더 많이 읽을수록 더 많은 것을 알게 될 것이고,
더 많이 배울수록 더 많은 곳을 가게 될 것이다.

– 닥터 수스 –

경비업법 제28조~제31조

01 벌 칙

02 형의 가중처벌 및 양벌규정

03 과태료

최다 출제 POINT & 학습목표

1. 벌칙, 과태료의 부과기준은 매년 출제되는 중요 출제 포인트이므로, 조문 및 별표의 내용을 확실히 숙지해두어야 한다.
2. 형의 가중처벌 및 양벌규정에 대한 부분도 꼼꼼히 학습해야 한다.
3. 유사 주제, 처벌기준 등으로 묶어서 정리하는 것 또한 학습전략이 될 수 있다.

CHAPTER 08

벌칙

CHAPTER 08 벌칙

01 경비업법령상 법정형의 최고한도가 높은 것부터 순서대로 나열하면 ㄷ - ㄴ - ㄱ이다. 기출 21 ( )

> ㄱ. 경찰관서장의 배치폐지명령을 따르지 아니한 자
> ㄴ. 경비원에게 경비업무의 범위를 벗어난 행위를 하게 한 자
> ㄷ. 국가중요시설의 정상적인 운영을 해치는 장해를 일으킨 특수경비원

02 경비업법령상 과실로 인하여 국가중요시설의 정상적인 운영을 해치는 장해를 일으킨 특수경비원은 3년 이하의 징역 또는 3천만원 이하의 벌금에 처한다. 기출 20·19·15 ( )

03 경비업법령상 특수경비원 갑(甲)이 국가중요시설에 대한 경비업무 수행 중 국가중요시설의 정상적인 운영을 해치는 장해를 발생시킨 경우 5년 이하의 징역 또는 5천만원 이하의 벌금에 처한다. 기출 19·14·13 ( )

04 경비업법령상 허가를 받지 아니하고 경비업을 영위한 자는 2년 이하의 징역 또는 2천만원 이하의 벌금에 처한다. 기출 24·20·15·14 ( )

05 경비업법령상 국가중요시설에 대한 경비업무 중 정당한 사유 없이 무기를 소지하고 배치된 경비구역을 벗어난 특수경비원은 2년 이하의 징역 또는 2천만원 이하의 벌금에 처한다. 기출 20·18·15·14·13 ( )

06 경비업법령상 직무수행 중 경비업무의 범위를 벗어나 타인에게 물리력을 행사한 경비원과 「경비업법」에서 정한 장비 외에 흉기를 휴대하고 경비업무를 수행한 경비원은 1년 이하의 징역 또는 1천만원 이하의 벌금에 처한다. 기출 19·15 ( )

07 경비업법령상 파업·태업 그 밖에 경비업무의 정상적인 운영을 저해하는 쟁의행위를 한 특수경비원은 1년 이하의 징역 또는 1천만원 이하의 벌금에 처한다. 기출 16·14·13 ( )

08 형법 제261조(특수폭행죄), 형법 제277조 제1항(중체포죄), 형법 제268조(업무상과실·중과실치사상죄), 형법 제350조의2(특수공갈죄), 형법 제366조(재물손괴죄) 중 경비업법령상 특수경비원이 무기를 휴대하고 경비업무를 수행 중에 경비업법의 규정에 의한 무기의 안전수칙을 위반하여 범죄를 범한 경우 그 법정형의 2분의 1까지 가중처벌되는 형법상의 범죄가 아닌 것은 형법 제261조(특수폭행죄)이다. 기출 21·13 ( )

09 경비업법령상 폭행죄는 경비원이 경비업무 수행 중에 경비업법에서 정한 장비 외에 흉기 등을 휴대하고 범죄를 범한 경우 그 법정형의 2분의 1까지 가중처벌하는 대상범죄이다. 기출 24·18·17·14 ( )

10 형법 제319조(주거침입죄), 제314조(업무방해죄)는 경비업법령상 경비원이 경비업무 수행 중에 경비업법령에서 정한 장비 외에 흉기 또는 그 밖의 위험한 물건을 휴대하고 죄를 범한 경우, 그 죄에 정한 형의 2분의 1까지 가중처벌하는 형법상 범죄에 해당하지 않는다. 기출 20·15 ( )

11 배치허가를 받지 아니하고 경비원을 배치한 자에게는 경비업법령상 양벌규정이 적용된다. 기출 21 ( )

12 법인의 대표자나 개인의 대리인, 사용인, 직계비속 중 경비업법령상 양벌규정이 적용되는 행위자가 될 수 없는 자는 직계비속이다. 기출 18·14 ( )

13 경비업법령상 경비업법의 규정에 위반하여 경비원의 복장에 관한 신고를 하지 아니하고 집단민원현장에 경비원을 배치한 경비업자와 이름표를 부착하게 하지 아니하고 집단민원현장에 경비원을 배치한 경비업자에게 부과될 수 있는 과태료 최고액은 3천만원으로 같다. 기출 24 ( )

14 경비업법령상 경비업자가 신고된 동일 복장을 착용하게 하지 아니하고 집단민원현장에 경비원을 배치한 경우 3천만원 이하의 과태료가 부과된다. 기출 20 ( )

15 경비업법령상 관할 경찰관서장이 무기의 적정 관리를 위하여 무기를 대여받은 시설주에 대하여 감독상 필요한 명령을 하였으나 정당한 이유 없이 이행하지 않은 경우에는 위반 횟수에 관계없이 500만원의 과태료가 부과된다. 기출 22 ( )

16 경비업법령상 특수협박죄(형법 제284조)는 경비원이 경비업무 수행 중에 경비업법령에서 정한 장비 외에 흉기 또는 그 밖의 위험한 물건을 휴대하고 죄를 범한 경우, 그 죄에 정한 형의 2분의 1까지 가중처벌되는 형법상의 범죄가 아니다. 기출 22 ( )

17 경비업법령상 경비업의 허가를 받지 아니하고 경비업을 영위한 자와 다른 법률에 특별한 규정이 있는 경우가 아님에도 그 직무상 알게 된 비밀을 누설한 경비업자의 임·직원에 대한 법정형은 3년 이하의 징역 또는 3천만원 이하의 벌금으로 같다. 기출 24 ( )

▶ 정답과 해설 ◀ 01 ○ 02 ○ 03 ○ 04 × 05 ○ 06 ○ 07 ○ 08 ○ 09 × 10 ○
11 × 12 ○ 13 ○ 14 ○ 15 ○ 16 ○ 17 ○

✔ 오답분석
04 허가를 받지 아니하고 경비업을 영위한 자는 <u>3년 이하의 징역 또는 3천만원 이하의 벌금에 처한다</u>(경비업법 제28조 제2항 제1호).
09 폭행죄는 <u>특수경비원이</u> 경비업무 수행 중에 경비업법에서 정한 장비 외에 흉기 등을 휴대하고 범죄를 범한 경우 그 법정형의 2분의 1까지 가중처벌되는 대상범죄이다(경비업법 제29조 제1항).
11 <u>배치허가를 받지 아니하고 경비원을 배치한 자는 과태료 부과대상</u>(경비업법 제31조 제1항 제4호)이므로, 경비업법령상 <u>양벌규정이 적용되는 경우에 해당하지 않는다.</u> 양벌규정은 경비업법 제28조(벌칙) 위반행위를 전제로 적용한다.

CHAPTER 08 벌칙

경비업법 제28조~제31조

01 벌칙(경비업법 제28조) 기출 24·22·21·20·19·18·16·15·14·11·10·09·08·07·06·05·04·01

1. **5년 이하의 징역 또는 5천만원 이하의 벌금**(경비업법 제28조 제1항)

   제14조 제2항의 규정에 위반하여 (국가중요시설에 대한 경비업무 수행 중) 국가중요시설의 정상적인 운영을 해치는 장해를 일으킨 특수경비원★

2. **3년 이하의 징역 또는 3천만원 이하의 벌금**(경비업법 제28조 제2항)
   ① 제4조 제1항의 규정에 의한 허가를 받지 아니하고 경비업을 영위한 자(제1호)★
   ② 제7조 제4항의 규정에 위반하여 직무상 알게 된 비밀을 누설하거나 부당한 목적을 위하여 사용한 자(제2호)★
   ③ 제7조 제8항의 규정에 위반하여 경비업무의 중단을 통보하지 아니하거나 경비업무를 즉시 인수하지 아니한 특수경비업자 또는 경비대행업자(제3호)★★
   ④ 집단민원현장에 경비원을 배치하면서 제7조의2 제1항을 위반하여 제4조 제1항에 따른 허가를 받지 아니한 자에게 경비업무를 도급한 자(제4호)★
   ⑤ 제7조의2 제2항을 위반하여 집단민원현장에 20명 이상의 경비인력을 배치하면서 그 경비인력을 직접 고용한 자(제5호)★
   ⑥ 제7조의2 제3항을 위반하여 경비업자의 경비원 채용 시 무자격자나 부적격자 등을 채용하도록 관여하거나 영향력을 행사한 도급인(제6호)★★
   ⑦ 과실로 인하여 제14조 제2항의 규정에 위반하여 (국가중요시설에 대한 경비업무 수행 중) 국가중요시설의 정상적인 운영을 해치는 장해를 일으킨 특수경비원(제7호)★★
   ⑧ 특수경비원으로서 경비구역 안에서 시설물의 절도, 손괴, 위험물의 폭발 등의 사유로 인한 위급사태가 발생한 때에 제15조 제1항 또는 제2항의 규정에 위반한 자(즉, 시설주·관할 경찰관서장 및 소속상사의 직무상 명령에 불복종하거나 소속상사의 허가 또는 정당한 사유 없이 경비구역을 벗어난 자)(제8호)★★
   (예) 특수경비원이 직무수행 중 경비구역 안에서 위험물의 폭발로 인한 위급사태가 발생한 때에 소속상사의 직무상 명령에 복종하지 아니한 경우)
   ⑨ 제15조의2 제2항의 규정을 위반하여 경비원에게 경비업무의 범위를 벗어난 행위를 하게 한 자(제9호)★

3. 2년 이하의 징역 또는 2천만원 이하의 벌금(경비업법 제28조 제3항)

제14조 제4항 후단의 규정에 위반하여 (국가중요시설에 대한 경비업무 중) 정당한 사유 없이 무기를 소지하고 배치된 경비구역을 벗어난 특수경비원★

4. 1년 이하의 징역 또는 1천만원 이하의 벌금(경비업법 제28조 제4항)

① 제14조 제7항(무기출납부 및 무기장비운영카드 비치·기록의무, 무기 직접 지급·회수의무)의 규정에 위반한 관리책임자(제1호)★★
(예 시설주로부터 무기의 관리를 위하여 지정받은 책임자가 특수경비원에게 무기를 직접 지급 또는 회수하지 아니한 경우)

② 제15조 제3항(파업·태업 그 밖에 경비업무의 정상적인 운영을 저해하는 일체의 쟁의행위금지)의 규정에 위반하여 쟁의행위를 한 특수경비원(제2호)★

③ 제15조의2 제1항을 위반하여 경비업무의 범위를 벗어난 행위를 한 경비원(제3호)
(예 물리력을 행사한 경비원)

④ 제16조의2 제1항에서 정한 장비 외에 흉기 또는 그 밖의 위험한 물건을 휴대하고 경비업무를 수행한 경비원 또는 경비원에게 이를 휴대하고 경비업무를 수행하게 한 자(제4호)★

⑤ 제18조 제8항을 위반하여 경찰관서장의 배치폐지명령을 따르지 아니한 자(제5호)★★
(예 경비업자가 법령상의 신고의무를 위반하여 일반경비원을 배치한 경우 관할 경찰관서장의 배치폐지명령을 이행하지 아니한 경우)

⑥ 제24조 제3항에 따른 시·도 경찰청장 또는 관할 경찰관서장의 중지명령에 따르지 아니한 자(제6호)★

빈칸 채우기

벌 칙

⇢ 1년 이하의 징역 또는 1천만원 이하의 벌금 : 무기출납부 및 무기장비운영카드 비치·기록의무와 무기 직접 지급·회수의무의 규정에 위반한 관리책임자, 파업·태업 그 밖에 경비업무의 정상적인 운영을 저해하는 (❶)금지의 규정에 위반하여 쟁의행위를 한 특수경비원, (❷)의 범위를 벗어난 행위를 한 경비원, 흉기 또는 그 밖의 (❸)을 휴대하고 경비업무를 수행한 경비원 또는 경비원에게 이를 휴대하고 경비업무를 수행하게 한 자, 경찰관서장의 (❹)명령을 따르지 아니한 자, 시·도 경찰청장 또는 관할 경찰관서장의 (❺)명령에 따르지 아니한 자

정답 ❶ 일체의 쟁의행위 ❷ 경비업무 ❸ 위험한 물건 ❹ 배치폐지 ❺ 중지

02 형의 가중처벌 및 양벌규정 기출 24·23·22·21·20·18·17·15·14·13·12·10

1. 특수경비원에 대한 형의 가중처벌(경비업법 제29조 제1항)

특수경비원이 무기를 휴대하고 경비업무를 수행 중에 제14조 제8항의 규정 및 제15조 제4항의 규정에 의한 무기의 안전수칙을 위반하여 형법 제258조의2(특수상해죄) 제1항[제257조 제1항(상해)의 죄로 한정]·제2항[제258조 제1항·제2항(중상해)의 죄로 한정], 제259조 제1항(상해치사죄), 제260조 제1항(폭행죄), 제262조(폭행치사상죄), 제268조(업무상과실·중과실치사상죄), 제276조 제1항(체포 또는 감금죄), 제277조 제1항(중체포 또는 중감금죄), 제281조 제1항(체포·감금등의 치사상죄), 제283조 제1항(협박죄), 제324조 제2항(특수강요죄), 제350조의2(특수공갈죄) 및 제366조(재물손괴등 죄)의 죄를 범한 때에는 그 죄에 정한 형의 2분의 1까지 가중처벌한다.

2. 경비원에 대한 형의 가중처벌(경비업법 제29조 제2항) 기출 24

경비원이 경비업무 수행 중에 제16조의2 제1항에서 정한 장비 외에 흉기 또는 그 밖의 위험한 물건을 휴대하고 형법 제258조의2(특수상해죄) 제1항[제257조 제1항(상해)의 죄로 한정]·제2항[제258조 제1항·제2항(중상해)의 죄로 한정], 제259조 제1항(상해치사죄), 제261조(특수폭행죄), 제262조(폭행치사상죄), 제268조(업무상과실·중과실치사상죄), 제276조 제1항(체포 또는 감금죄), 제277조 제1항(중체포 또는 중감금죄), 제281조 제1항(체포·감금등의 치사상죄), 제283조 제1항(협박죄), 제324조 제2항(특수강요죄), 제350조의2(특수공갈죄) 및 제366조(재물손괴등 죄)의 죄를 범한 때에는 그 죄에 정한 형의 2분의 1까지 가중처벌한다.

적용 범위의 비교		
구 분	경비원	특수경비원
공 통	특수상해, 상해치사, 폭행치사상, 업무상과실·중과실치사상, 체포·감금, 중체포·중감금, 체포·감금 등의 치사상, 협박, 특수강요, 특수공갈, 재물손괴	
차 이	특수폭행	폭 행

3. 양벌규정(경비업법 제30조) 기출 23·21·19·18·17·14

법인의 대표자나 법인 또는 개인의 대리인, 사용인, 그 밖의 종업원이 그 법인 또는 개인의 업무에 관하여 제28조의 위반행위를 하면 그 행위자를 벌하는 외에 그 법인 또는 개인에게도 해당 조문의 벌금형을 과(科)한다. 다만, 법인 또는 개인이 그 위반행위를 방지하기 위하여 해당 업무에 관하여 상당한 주의와 감독을 게을리하지 아니한 경우에는 그러하지 아니하다. ★

03 과태료(경비업법 제31조) 기출 24·21·20·19·18·17·16·15·14·12·11·04

1. 3천만원 이하의 과태료(경비업법 제31조 제1항)

다음의 어느 하나에 해당하는 경비업자에게는 3천만원 이하의 과태료를 부과한다.

① 제16조 제1항을 위반하여 경비원의 복장에 관한 신고를 하지 아니하고 집단민원현장에 경비원을 배치한 자(제1호)

② 제16조 제2항을 위반하여 이름표를 부착하게 하지 아니하거나, 신고된 동일 복장을 착용하게 하지 아니하고 집단민원현장에 경비원을 배치한 자(제2호)

③ 제18조 제1항 단서를 위반하여 집단민원현장에 일반경비원을 배치하면서 경비원의 명부를 배치장소에 작성·비치하지 아니한 자(제3호)

④ 제18조 제2항 각호 외의 부분 단서를 위반하여 배치허가를 받지 아니하고 경비원을 배치하거나 경비원 명단 및 배치일시·배치장소 등 배치허가 신청의 내용을 거짓으로 한 자(제4호)★★

⑤ 제18조 제7항을 위반하여 제13조에 따른 신임교육을 이수하지 아니한 자를 제18조 제2항 각호의 경비원으로 배치한 자(제5호)★★

2. 500만원 이하의 과태료(경비업법 제31조 제2항)

다음의 어느 하나에 해당하는 경비업자, 경비지도사 또는 시설주에게는 500만원 이하의 과태료를 부과한다.
〈개정 2024.2.13.〉

① 제4조 제3항(시·도 경찰청장에게 신고의무) 또는 제18조 제2항(관할 경찰관서장에게 배치신고의무)의 규정에 위반하여 신고를 하지 아니한 자(제1호)

② 제7조 제7항(특수경비업자의 경비대행업자 지정신고의무)의 규정에 위반하여 경비대행업자 지정신고를 하지 아니한 자(제2호)

③ 제9조 제1항(기계경비업자의 계약자에 대한 오경보를 막기 위한 기기설명의무)의 규정에 위반하여 설명의무를 이행하지 아니한 자(제3호)

④ 제11조의2(경비지도사의 보수교육)를 위반하여 정당한 사유 없이 보수교육을 받지 아니한 경비지도사(제3호의2)★

빈칸 채우기

과태료

→ 다음 어느 하나에 해당하는 경비업자에게는 3천만원 이하의 과태료를 부과한다.
  ㉠ 경비원의 (❶)에 관한 신고를 하지 아니하고 (❷)에 경비원을 배치한 자
  ㉡ (❸)를 부착하게 하지 아니하거나, 신고된 동일 (❶)을 착용하게 하지 아니하고 (❷)에 경비원을 배치한 자
  ㉢ (❷)에 일반경비원을 배치하면서 경비원의 명부를 (❹)에 작성·비치하지 아니한 자
  ㉣ 배치허가를 받지 아니하고 경비원을 배치하거나 경비원 (❺) 및 배치일시·배치장소 등 배치허가 신청의 내용을 거짓으로 한 자
  ㉤ (❻)교육을 이수하지 아니한 자를 경비원으로 배치한 자

정답 ❶ 복장 ❷ 집단민원현장 ❸ 이름표 ❹ 배치장소 ❺ 명단 ❻ 신임

⑤ 제12조 제1항(경비지도사의 선임·배치기준)의 규정에 위반하여 경비지도사를 선임하지 아니한 자(제4호)
⑥ 제12조의2를 위반하여 경비지도사의 선임 또는 해임의 신고를 하지 아니한 자(제4호의2)★
⑦ 제14조 제6항의 규정에 의한 감독상 필요한 명령을 정당한 이유 없이 이행하지 아니한 자(제5호)★★
⑧ 제10조 제3항을 위반하여 결격사유에 해당하는 경비원을 배치하거나 결격사유에 해당하는 경비지도사를 선임·배치한 자(제6호)
⑨ 제16조 제1항의 복장 등에 관한 신고규정을 위반하여 신고를 하지 아니한 자(제7호)
⑩ 제16조 제2항을 위반하여 이름표를 부착하게 하지 아니하거나, 신고된 동일 복장을 착용하게 하지 아니하고 경비원을 경비업무에 배치한 자(제8호)
⑪ 제18조 제1항 본문을 위반하여 명부를 작성·비치하지 아니한 자(제9호)
⑫ 제18조 제5항을 위반하여 경비원의 근무상황을 기록하여 보관하지 아니한 자(제10호)★★

3. 과태료의 부과·징수권자(경비업법 제31조 제3항)

과태료는 대통령령(경비업법 시행령 제32조)이 정하는 바에 의하여 시·도 경찰청장 또는 경찰관서장이 부과·징수한다.★★

4. 과태료의 부과기준 등(경비업법 시행령 제32조)

① 과태료의 부과기준은 [별표 6]과 같다(제1항).
② 시·도 경찰청장 또는 경찰관서장은「질서위반행위규제법」제14조 각호의 사항을 고려하여 [별표 6]에 따른 금액의 100분의 50의 범위에서 경감하거나 가중할 수 있다(제2항 본문).★
③ 다만, 가중하는 때에는 법 제31조 제1항(3천만원 이하) 및 제2항(500만원 이하)에 따른 과태료 금액의 상한을 초과할 수 없다(제2항 단서).★★

> **과태료의 산정(질서위반행위규제법 제14조)**
> 행정청 및 법원은 과태료를 정함에 있어서 다음 각호의 사항을 고려하여야 한다.
> 1. 질서위반행위의 동기·목적·방법·결과
> 2. 질서위반행위 이후의 당사자의 태도와 정황
> 3. 질서위반행위자의 연령·재산상태·환경
> 4. 그 밖에 과태료의 산정에 필요하다고 인정되는 사유

빈칸 채우기

과태료의 부과·징수권자 및 부과기준
- 과태료의 부과·징수권자 : 과태료는 대통령령이 정하는 바에 의하여 (❶) 또는 (❷)이 부과·징수한다.
- 과태료의 부과기준 : (❶) 또는 (❷)은 「(❸)」 제14조 각호의 사항을 고려하여 경비업법 시행령 [별표 6]에 따른 금액의 100분의 50의 범위에서 경감하거나 가중할 수 있다.

❶ 시·도 경찰청장 ❷ 경찰관서장 ❸ 질서위반행위규제법

5. 과태료의 부과기준 등(경비업법 시행령 [별표 6]) 〈개정 2024.8.13.〉 기출 23·22·19

위반행위	해당 법조문	과태료 금액(단위 : 만원)		
		1회 위반	2회 위반	3회 이상 위반
1. 법 제4조 제3항 또는 제18조 제2항을 위반하여 신고를 하지 않은 경우 　가. 1개월 이내의 기간 경과 　나. 1개월 초과 6개월 이내의 기간 경과 　다. 6개월 초과 12개월 이내의 기간 경과 　라. 12개월 초과의 기간 경과	법 제31조 제2항 제1호	50 100 200 400		
2. 법 제7조 제7항을 위반하여 경비대행업자 지정신고를 하지 않은 경우 　가. 허위로 신고한 경우 　나. 그 밖의 사유로 신고하지 않은 경우	법 제31조 제2항 제2호	400 300		
3. 법 제9조(기계경비업자의 오경보의 방지 등) 제1항을 위반하여 설명의무를 이행하지 않은 경우	법 제31조 제2항 제3호	100	200	400
4. 법 제10조 제3항을 위반하여 결격사유에 해당하는 경비원을 배치하거나 결격사유에 해당하는 경비지도사를 선임·배치한 경우	법 제31조 제2항 제6호	100	200	400
4의2. 법 제11조의2를 위반하여 정당한 사유 없이 보수교육을 받지 않은 경우 　가. 1년 이내의 기간 경과 　나. 1년 초과 2년 이내의 기간 경과 　다. 2년 초과의 기간 경과	법 제31조 제2항 제3호의2	100 200 300		
5. 법 제12조 제1항을 위반하여 경비지도사를 선임하지 않은 경우	법 제31조 제2항 제4호	100	200	400
5의2. 법 제12조의2를 위반하여 경비지도사의 선임 또는 해임의 신고를 하지 않은 경우 　가. 6개월 이내의 기간 경과 　나. 6개월 초과 12개월 이내의 기간 경과 　다. 12개월 초과의 기간 경과	법 제31조 제2항 제4호의2	100 200 400		
6. 법 제14조 제6항에 따른 감독상 필요한 명령을 정당한 이유 없이 이행하지 않은 경우	법 제31조 제2항 제5호	500		
7. 법 제16조 제1항을 위반하여 복장 등에 관한 신고규정을 위반하여 신고를 하지 않은 경우	법 제31조 제2항 제7호	100	200	400
8. 법 제16조 제1항을 위반하여 경비원의 복장에 관한 신고를 하지 않고 집단민원현장에 경비원을 배치한 경우	법 제31조 제1항 제1호	600	1,200	2,400
9. 법 제16조 제2항을 위반하여 이름표를 부착하게 하지 않거나, 신고된 동일 복장을 착용하게 하지 않고 경비원을 경비업무에 배치한 경우	법 제31조 제2항 제8호	100	200	400
10. 법 제16조 제2항을 위반하여 이름표를 부착하게 하지 않거나, 신고된 동일 복장을 착용하게 하지 않고 집단민원현장에 경비원을 배치한 경우	법 제31조 제1항 제2호	600	1,200	2,400

11. 법 제18조 제1항 본문을 위반하여 명부를 작성·비치하지 않은 경우 　가. 경비원 명부를 비치하지 않은 경우 　나. 경비원 명부를 작성하지 않은 경우	법 제31조 제2항 제9호	100 50	200 100	400 200
12. 법 제18조 제1항 단서를 위반하여 집단민원현장에 배치되는 일반경비원의 명부를 그 배치 장소에 작성·비치하지 않은 경우 　가. 경비원 명부를 비치하지 않은 경우 　나. 경비원 명부를 작성하지 않은 경우	법 제31조 제1항 제3호	600 300	1,200 600	2,400 1,200
13. 법 제18조 제2항 각호 외의 부분 단서를 위반하여 배치허가를 받지 않고 경비원을 배치하거나, 경비원 명단 및 배치일시·배치장소 등 배치허가 신청의 내용을 거짓으로 한 경우	법 제31조 제1항 제4호	1,000	2,000	3,000
14. 법 제18조 제5항을 위반하여 경비원의 근무상황을 기록하여 보관하지 않은 경우	법 제31조 제2항 제10호	50	100	200
15. 법 제18조 제7항을 위반하여 법 제13조에 따른 신임교육을 이수하지 않은 자를 법 제18조 제2항 각호의 경비원으로 배치한 경우	법 제31조 제1항 제5호	600	1,200	2,400

[비 고]

가. 위반행위의 횟수에 따른 과태료의 가중된 부과기준은 최근 2년간 같은 위반행위로 과태료 부과처분을 받은 경우에 적용한다. 이 경우 기간의 계산은 위반행위에 대하여 과태료 부과처분을 받은 날과 그 처분 후 다시 같은 위반행위를 하여 적발된 날을 기준으로 한다.

나. 가목에 따라 가중된 부과처분을 하는 경우 가중처분의 적용 차수는 그 위반행위 전 부과처분 차수(가목에 따른 기간 내에 과태료 부과처분이 둘 이상 있었던 경우에는 높은 차수를 말한다)의 다음 차수로 한다.

청원경찰법

OX문제 + 핵심이론

CHAPTER 01 청원경찰의 배치장소와 직무
CHAPTER 02 청원경찰의 배치·임용·교육·징계
CHAPTER 03 청원경찰의 경비와 보상금 및 퇴직금
CHAPTER 04 청원경찰의 제복착용과 무기휴대·비치부책
CHAPTER 05 보칙(감독·권한위임·면직 및 퇴직 등)
CHAPTER 06 벌칙과 과태료

청원경찰법 제1조~제3조

01 청원경찰의 개념 및 배치장소
02 청원경찰의 직무

최다 출제 POINT & 학습목표

1. 청원경찰의 배치장소는 출제 빈도가 많지 않지만 보기 지문으로 자주 출제되는 부분이므로, 꼼꼼히 학습해두어야 한다.
2. 청원경찰의 직무범위와 근무요령은 자주 출제되는 부분이므로, 확실히 학습해야 한다.
3. 종합문제가 종종 출제되므로, 전반적인 내용을 파악해두어야 한다.

CHAPTER 01

청원경찰의 배치장소와 직무

CHAPTER 01 청원경찰의 배치장소와 직무

01 청원경찰법은 1962년에 제정되었다. 기출 20   (   )

02 청원경찰법은 청원경찰의 직무・임용・배치・보수・사회보장 및 그 밖의 필요한 사항을 규정함으로써 청원경찰의 원활한 운영을 목적으로 한다. 기출 24・23・20・17・14   (   )

03 청원경찰법령상 청원경찰은 청원주 등이 경비(經費)를 부담할 것을 조건으로 사업장 등의 경비(警備)를 담당하게 하기 위하여 배치하는 경찰이다. 기출 24・23・21・17   (   )

04 청원경찰법령상 대통령령으로 정하는 중요시설은 청원경찰의 배치대상이다. 기출 20   (   )

05 「사회복지사업법」에 따른 사회복지시설은 청원경찰법령상 청원경찰의 배치대상이 아니다. 기출 21・18・16
                                                                                    (   )

06 청원경찰법령상 청원경찰은 선박, 항공기 등 수송시설에도 배치될 수 있다. 기출 24・21   (   )

07 청원경찰법령상 보험을 업으로 하는 시설, 의료법에 따른 의료기관은 청원경찰의 배치대상이다. 기출 18
                                                                                    (   )

08 청원경찰법령상 청원경찰은 청원주와 배치된 사업장 등의 구역을 관할하는 시・도지사 및 시・도 경찰청장의 감독을 받는다. 기출 24・21   (   )

09 청원경찰법령상 청원경찰은 배치된 경비구역만의 경비를 목적으로 필요한 범위에서 「경찰관직무집행법」에 따른 경찰관의 직무를 수행한다. 기출 23・22・21・17   (   )

10 청원경찰법령상 순찰근무자는 단독 또는 복수로 요점순찰을 하되, 청원주가 필요하다고 인정할 때에는 정선순찰 또는 난선순찰을 할 수 있다. 기출 23・22・21・19・18・12   (   )

11 청원경찰법령상 자체경비를 하는 입초근무자는 경비구역의 정문이나 그 밖의 지정된 장소에서 경비구역의 내부, 외부 및 출입자의 움직임을 감시한다. 기출 23・22・21・19   (   )

12 청원경찰법령상 업무처리 및 자체경비를 하는 소내근무자는 근무 중 특이한 사항이 발생하였을 때에는 지체 없이 청원주 또는 관할 경찰서장에게 보고하고 그 지시에 따라야 한다. 기출 23・22・21・19・15   (   )

13 청원경찰법령상 대기근무자는 소내근무에 협조하거나 휴식하면서 불의의 사고에 대비한다. `기출` 23·22·21·19·14
( )

14 청원경찰법령상 청원경찰은 「경찰관직무집행법」에 따른 직무 외의 수사활동 등 사법경찰관리의 직무를 수행해서는 아니 된다. `기출` 23·22·18·15·14
( )

15 청원경찰법령상 청원경찰이 직무를 수행할 때에 「경찰관직무집행법」 및 같은 법 시행령에 따라 하여야 할 모든 보고는 관할 경찰서장에게 서면으로 보고하기 전에 지체 없이 구두로 보고하고 그 지시에 따라야 한다. `기출` 23
( )

16 청원경찰법령상 청원경찰이 직무를 수행할 때에는 경비 목적을 위하여 필요한 최소한의 범위에서 하여야 한다. `기출` 22
( )

17 청원경찰법령상 청원경찰은 청원경찰의 배치결정을 받은 자와 배치된 기관·시설 또는 사업장 등의 구역을 관할하는 시·도 경찰청장의 감독을 받는다. `기출` 22
( )

18 청원경찰은 「형법」이나 그 밖의 법령에 따른 벌칙을 적용하는 경우와 청원경찰법 및 같은 법 시행령에서 특별히 규정한 경우를 제외하고는 공무원으로 본다. `기출` 23
( )

| ▶ 정답과 해설 ◀ | 01 ○ | 02 ○ | 03 ○ | 04 × | 05 ○ | 06 ○ | 07 ○ | 08 × | 09 ○ | 10 × |
| | 11 ○ | 12 ○ | 13 ○ | 14 ○ | 15 ○ | 16 ○ | 17 × | 18 × | | |

✔ **오답분석**

04 행정안전부령으로 정하는 중요시설, 사업장 또는 장소가 청원경찰의 배치대상에 해당한다(청원경찰법 제2조 제3호).

08 청원경찰은 제4조 제2항에 따라 청원경찰의 배치결정을 받은 자[청원주(請願主)]와 배치된 기관·시설 또는 사업장 등의 구역을 관할하는 경찰서장의 감독을 받아 그 경비구역만의 경비를 목적으로 필요한 범위에서 「경찰관직무집행법」에 따른 경찰관의 직무를 수행한다(청원경찰법 제3조).

10 순찰은 단독 또는 복수로 정선순찰(정해진 노선을 규칙적으로 순찰하는 것)을 하되, 청원주가 필요하다고 인정할 때에는 요점순찰(순찰구역 내 지정된 중요지점을 순찰하는 것) 또는 난선순찰(임의로 순찰지역이나 노선을 선정하여 불규칙적으로 순찰하는 것)을 할 수 있다(청원경찰법 시행규칙 제14조 제3항 후문).

17 청원경찰은 청원경찰의 배치결정을 받은 자(청원주)와 배치된 기관·시설 또는 사업장 등의 구역을 관할하는 경찰서장의 감독을 받아 그 경비구역만의 경비를 목적으로 필요한 범위에서 「경찰관직무집행법」에 따른 경찰관의 직무를 수행한다(청원경찰법 제3조).

18 청원경찰은 「형법」이나 그 밖의 법령에 따른 벌칙을 적용하는 경우와 법 및 이 영에서 특별히 규정한 경우를 제외하고는 공무원으로 보지 아니한다(청원경찰법 시행령 제18조).

CHAPTER 01 청원경찰의 배치장소와 직무

청원경찰법 제1조~제3조

01 청원경찰의 개념 및 배치장소 기출 24·23·21·20·14·11·04·02·99

1. 청원경찰의 개념(청원경찰법 제2조)

"청원경찰"이란 다음에 해당하는 기관의 장 또는 시설·사업장 등의 경영자가 경비(經費, 이하 "청원경찰경비")를 부담할 것을 조건으로 경찰의 배치를 신청하는 경우 그 기관·시설 또는 사업장 등의 경비(警備)를 담당하게 하기 위하여 배치하는 경찰을 말한다.
① 국가기관 또는 공공단체와 그 관리하에 있는 중요시설 또는 사업장(제1호)
② 국내 주재 외국기관(제2호)★
③ 그 밖에 행정안전부령(청원경찰법 시행규칙 제2조)으로 정하는 중요시설·사업장 또는 장소(제3호)

> **목적(청원경찰법 제1조)** 기출 23·20·14
> 청원경찰법은 청원경찰의 직무·임용·배치·보수·사회보장 및 그 밖에 필요한 사항을 규정함으로써 청원경찰의 원활한 운영을 목적으로 한다.
>
> **국내 주재 외국기관**
> 국내 주재 외국기관은 청원경찰의 배치대상이지만, 외국 주재 우리나라 기관은 배치대상이 아니다. 예를 들어 미국 주재 한국대사관은 청원경찰법령상 청원경찰 배치대상이 아니다.★

2. 행정안전부령으로 정하는 배치장소(청원경찰법 시행규칙 제2조)★★

① 선박·항공기 등 수송시설
② 금융 또는 보험을 업으로 하는 시설 또는 사업장★
③ 언론·통신·방송 또는 인쇄를 업으로 하는 시설 또는 사업장★
④ 학교 등 육영시설★
⑤ 의료법에 따른 의료기관★
⑥ 그 밖에 공공의 안녕질서 유지와 국민경제를 위하여 고도의 경비가 필요한 중요시설·사업체 또는 장소

02 청원경찰의 직무

1. 직무범위(청원경찰법 제3조) 기출 24·23·22·21·17·15·14·12·10·09·06·05·02·01·99

청원경찰은 청원경찰의 배치결정을 받은 자(청원주)와 배치된 기관·시설 또는 사업장 등의 구역을 관할하는 경찰서장의 감독을 받아 그 경비구역만의 경비를 목적으로 필요한 범위에서 「경찰관직무집행법」에 따른 경찰관의 직무를 수행한다. ★★

2. 직무상 주의사항(청원경찰법 시행규칙 제21조) 기출 24·23·22

① 청원경찰이 직무를 수행할 때에는 경비 목적을 위하여 필요한 최소한의 범위에서 하여야 한다(제1항). ★
② 청원경찰은 「경찰관직무집행법」에 따른 직무 외의 수사활동 등 사법경찰관리의 직무를 수행해서는 아니 된다(제2항). ★★

> **청원경찰의 신분**(청원경찰법 시행령 제18조) 기출 23
> 청원경찰은 형법이나 그 밖의 법령에 따른 벌칙을 적용하는 경우와 청원경찰법 및 청원경찰법 시행령에서 특별히 규정한 경우를 제외하고는 공무원으로 보지 아니한다. ★

3. 근무요령(청원경찰법 시행규칙 제14조) 기출 23·22·21·19·15·14·09·01·99·97

① 자체경비를 하는 입초근무자는 경비구역의 정문이나 그 밖의 지정된 장소에서 경비구역의 내부, 외부 및 출입자의 움직임을 감시한다. ★
② 업무처리 및 자체경비를 하는 소내근무자는 근무 중 특이한 사항이 발생하였을 때에는 지체 없이 청원주 또는 관할 경찰서장에게 보고하고 그 지시에 따라야 한다. ★★
③ 순찰근무자는 청원주가 지정한 일정한 구역을 순회하면서 경비 임무를 수행한다. 이 경우 순찰은 단독 또는 복수로 정선순찰(정해진 노선을 규칙적으로 순찰하는 것)을 하되, 청원주가 필요하다고 인정할 때에는 요점순찰(순찰구역 내 지정된 중요지점을 순찰하는 것) 또는 난선순찰(임의로 순찰지역이나 노선을 선정하여 불규칙적으로 순찰하는 것)을 할 수 있다. ★★
④ 대기근무자는 소내근무에 협조하거나 휴식하면서 불의의 사고에 대비한다. ★

🔍 빈칸 채우기

청원경찰의 직무범위

→ 청원경찰은 청원경찰의 배치결정을 받은 자[(❶)]와 배치된 기관·시설 또는 사업장 등의 구역을 관할하는 (❷)의 감독을 받아 그 경비구역만의 경비를 목적으로 필요한 범위에서 「경찰관직무집행법」에 따른 (❸)의 직무를 수행한다.

청원경찰의 근무요령

→ 업무처리 및 자체경비를 하는 (❹)는 근무 중 특이한 사항이 발생하였을 때에는 지체 없이 (❶) 또는 관할 (❷)에게 보고하고 그 지시에 따라야 한다.

정답 ❶ 청원주 ❷ 경찰서장 ❸ 경찰관 ❹ 소내근무자

청원경찰법 제4조~제5조의2

01 청원경찰의 배치

02 청원경찰의 임용

03 청원경찰의 교육

04 청원경찰의 복무 및 징계

최다 출제 POINT & 학습목표

1. 청원경찰의 배치와 임용, 임용방법은 청원경찰법에서 가장 중요한 출제 포인트 중 하나이다.
2. 청원경찰의 교육과 관련해서는 청원경찰법 제5조 및 동법 시행령 제5조, 동법 시행규칙 제13조를 종합적으로 연계하여 학습하는 것이 중요하다.
3. 청원경찰의 징계 또한 자주 출제되는 부분이므로, 꼼꼼히 학습해두어야 한다.

CHAPTER 02

청원경찰의
배치 · 임용 · 교육 · 징계

CHAPTER 02 청원경찰의 배치·임용·교육·징계

01 청원경찰법령상 청원경찰 배치신청서 제출 시 배치장소가 둘 이상의 도(道)일 때에는 주된 사업장의 관할 경찰서장을 거쳐 시·도 경찰청장에게 한꺼번에 신청할 수 있다. 기출 24·23·20·19·18 (　　)

02 청원경찰법령상 청원경찰을 배치받으려는 자는 대통령령으로 정하는 바에 따라 관할 시·도 경찰청장에게 청원경찰 배치를 신청하여야 한다. 기출 24·23·22·21·20·16 (　　)

03 청원경찰법령상 시·도 경찰청장은 청원경찰 배치가 필요하다고 인정하는 기관의 장 또는 시설·사업장의 경영자에게 청원경찰을 배치할 것을 요청할 수 있다. 기출 22·21·19 (　　)

04 청원경찰법령상 청원경찰의 임용자격은 18세 이상으로 신체가 건강하고 팔다리가 완전하며 시력(교정시력을 포함한다)은 양쪽 눈이 각각 0.8 이상인 사람이다. 기출 21 (　　)

05 청원경찰법령상 청원경찰의 복무에 관하여는 「국가공무원법」 및 「경찰공무원법」을 준용한다. 기출 22·20·18·15·13 (　　)

06 청원경찰법령상 시·도 경찰청장은 청원경찰이 품위를 손상하는 행위를 한 때에는 대통령령으로 정하는 징계절차를 거쳐 징계처분을 할 수 있다. 기출 23·21 (　　)

07 청원경찰법령상 청원경찰에 대한 징계의 종류는 파면, 해임, 강등, 정직, 감봉, 견책 및 경고로 구분한다. 기출 23·22·21·18·16·12 (　　)

08 청원경찰법령상 청원주는 청원경찰 배치결정의 통지를 받았을 때에는 통지를 받은 날부터 15일 이내에 청원경찰에 대한 징계규정을 제정하여 관할 시·도 경찰청장에게 신고하여야 한다. 기출 23·21·20·19·18·16 (　　)

09 청원경찰법령상 청원주는 청원경찰의 배치결정의 통지를 받은 날부터 30일 이내에 배치결정된 인원수의 임용예정자에 대하여 청원경찰 임용승인을 시·도 경찰청장에게 신청하여야 한다. 기출 20·16·15·14·13 (　　)

10 청원경찰법령상 청원주가 청원경찰을 임용하였을 때에는 임용한 날부터 10일 이내에 그 임용사항을 관할 경찰서장을 거쳐 시·도 경찰청장에게 보고하여야 한다. 기출 24·22·20·19·18·16·15 (　　)

11 청원경찰법령상 청원주는 청원경찰로 임용된 사람으로 하여금 경비구역에 배치하기 전에 경찰교육기관에서 직무수행에 필요한 교육을 받게 하여야 한다. 다만, 경찰교육기관의 교육계획상 부득이하다고 인정할 때에는 우선 배치하고 임용 후 1년 이내에 교육을 받게 할 수 있다. 기출 20·19·16·15·14 ( )

12 청원경찰법령상 청원주는 청원경찰을 이동배치하였을 때에는 전입지를 관할하는 경찰서장에게 그 사실을 통보하여야 한다. 기출 21 ( )

13 청원경찰법령상 청원경찰의 이동배치의 통보를 받은 경찰서장은 이동배치지가 다른 관할구역에 속할 때에는 전입지를 관할하는 시·도 경찰청장에게 이동배치한 사실을 통보하여야 한다. 기출 19 ( )

14 청원경찰법령상 정직은 1개월 이상 3개월 이하로 하고, 그 기간에 청원경찰의 신분은 보유하나 직무에 종사하지 못하며, 보수는 전액을 감한다. 기출 21·18·15·12 ( )

15 청원경찰법령상 청원주는 청원경찰 배치결정의 통지를 받은 날로부터 10일 이내에 배치결정된 인원수의 임용예정자에 대하여 청원경찰 임용승인을 시·도 경찰청장에게 신청하여야 한다. 기출 22 ( )

16 청원경찰법령상 시·도 경찰청장은 청원경찰 배치신청을 받으면 지체 없이 그 배치 여부를 결정하여 신청인에게 알려야 한다. 기출 24·22 ( )

17 청원경찰법령상 청원경찰의 배치를 받으려는 자는 청원경찰 배치신청서에 경비구역 평면도 1부 또는 배치계획서 1부를 첨부해야 한다. 기출 24·23·22 ( )

▶ 정답과 해설 ◀ 01 ○ 02 ○ 03 ○ 04 ○ 05 ○ 06 × 07 × 08 ○ 09 ○ 10 ○
11 ○ 12 × 13 × 14 × 15 × 16 ○ 17 ×

✓ 오답분석

06 청원주는 청원경찰이 품위를 손상하는 행위를 한 때에는 대통령령으로 정하는 징계절차를 거쳐 징계처분을 하여야 한다(청원경찰법 제5조의2 제1항 제2호).

07 강등은 청원경찰법상 징계의 종류에 해당하지 않는다. 청원경찰에 대한 징계의 종류는 파면, 해임, 정직, 감봉 및 견책으로 구분한다(청원경찰법 제5조의2 제2항).

12 청원주는 청원경찰을 이동배치하였을 때에는 종전의 배치지를 관할하는 경찰서장에게 그 사실을 통보하여야 한다(청원경찰법 시행령 제6조 제1항).

13 청원경찰의 이동배치의 통보를 받은 경찰서장은 이동배치지가 다른 관할구역에 속할 때에는 전입지를 관할하는 경찰서장에게 이동배치한 사실을 통보하여야 한다(청원경찰법 시행령 제6조 제2항).

14 정직(停職)은 1개월 이상 3개월 이하로 하고, 그 기간에 청원경찰의 신분은 보유하나 직무에 종사하지 못하며, 보수의 3분의 2를 줄인다(청원경찰법 시행령 제8조 제2항).

15 청원주는 배치결정의 통지를 받은 날부터 30일 이내에 배치결정된 인원수의 임용예정자에 대하여 청원경찰 임용승인을 시·도 경찰청장에게 신청하여야 한다(청원경찰법 시행령 제4조 제1항).

17 청원경찰의 배치를 받으려는 자는 청원경찰 배치신청서에 경비구역 평면도 1부와 배치계획서 1부를 첨부하여 사업장의 소재지를 관할하는 경찰서장을 거쳐 시·도 경찰청장에게 제출하여야 한다(청원경찰법 시행령 제2조 전문).

CHAPTER 02 청원경찰의 배치·임용·교육·징계

청원경찰법 제4조~제5조의2

01 청원경찰의 배치 기출 24·23·22·21·20·19·16·10·09·08·04·02·01·99·97

1. **청원경찰의 배치신청**(청원경찰법 제4조)

    청원경찰을 배치받으려는 자는 대통령령으로 정하는 바에 따라 관할 시·도 경찰청장에게 청원경찰 배치를 신청하여야 한다(제1항).★★

    ① **청원경찰의 배치신청 등**(청원경찰법 시행령 제2조) : 청원경찰의 배치를 받으려는 자는 청원경찰 배치신청서에 다음의 서류(㉠ 및 ㉡)를 첨부하여 국가기관 또는 공공단체와 그 관리하에 있는 중요시설 또는 사업장, 국내 주재 외국기관, 그 밖에 행정안전부령으로 정하는 중요시설, 사업장 또는 장소의 소재지를 관할하는 경찰서장을 거쳐 시·도 경찰청장에게 제출하여야 한다. 이 경우 배치장소가 둘 이상의 도(특별시, 광역시, 특별자치시 및 특별자치도를 포함)일 때에는 주된 사업장의 관할 경찰서장을 거쳐 관할 시·도 경찰청장에게 일괄 신청할 수 있다.★★
      - ㉠ 경비구역 평면도 1부(제1호)
      - ㉡ 배치계획서 1부(제2호)

    ② **청원경찰 배치신청서 등**(청원경찰법 시행규칙 제3조)
      - ㉠ 청원경찰 배치신청서는 별지 제1호 서식에 따른다.
      - ㉡ 청원경찰 배치결정 통지 또는 청원경찰 배치불허 통지는 별지 제2호 서식에 따른다.

빈칸 채우기

청원경찰의 배치신청 등

⋯▸ 청원경찰의 배치를 받으려는 자는 청원경찰 배치신청서에 다음의 서류(㉠ 및 ㉡)를 첨부하여 국가기관 또는 공공단체와 그 관리하에 있는 중요시설 또는 사업장, 국내 주재 외국기관, 그 밖에 (❶)으로 정하는 중요시설, 사업장 또는 장소의 소재지를 관할하는 (❷)을 거쳐 (❸)에게 제출하여야 한다. 이 경우 배치장소가 둘 이상의 도(특별시, 광역시, 특별자치시 및 특별자치도를 포함)일 때에는 (❹)의 관할 (❷)을 거쳐 관할 (❸)에게 (❺) 신청할 수 있다. : ㉠ 경비구역 평면도 1부, ㉡ 배치계획서 1부

❶ 행정안전부령 ❷ 경찰서장 ❸ 시·도 경찰청장 ❹ 주된 사업장 ❺ 일괄 정답

2. 배치결정 및 요청(청원경찰법 제4조)

① 시·도 경찰청장은 청원경찰 배치신청을 받으면 지체 없이 그 배치 여부를 결정하여 신청인에게 알려야 한다(제2항). ★

② 시·도 경찰청장은 청원경찰의 배치가 필요하다고 인정되는 기관의 장 또는 시설·사업장의 경영자에게 청원경찰을 배치할 것을 요청할 수 있다(제3항). ★

3. 배치 및 이동(청원경찰법 시행령 제6조)

① 청원주는 청원경찰을 신규로 배치하거나 이동배치하였을 때에는 배치지(이동배치의 경우에는 종전의 배치지)를 관할하는 경찰서장에게 그 사실을 통보하여야 한다(제1항). ★★

② 위의 통보를 받은 경찰서장은 이동배치지가 다른 관할구역에 속할 때에는 전입지를 관할하는 경찰서장에게 이동배치한 사실을 통보하여야 한다(제2항). ★

청원경찰 배치신청 처리절차(청원경찰법 시행규칙 [별지 제1호 서식])

(가) 사업장이 하나의 경찰서의 관할구역에 있는 경우

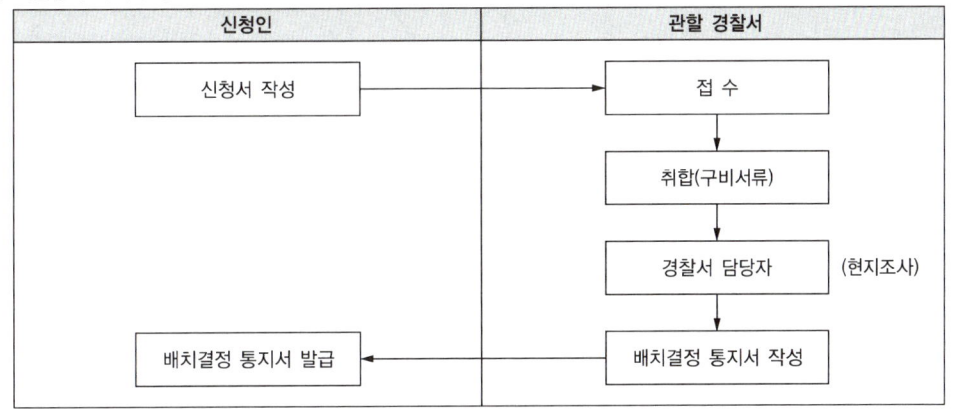

(나) 사업장이 둘 이상의 경찰서의 관할구역에 있는 경우

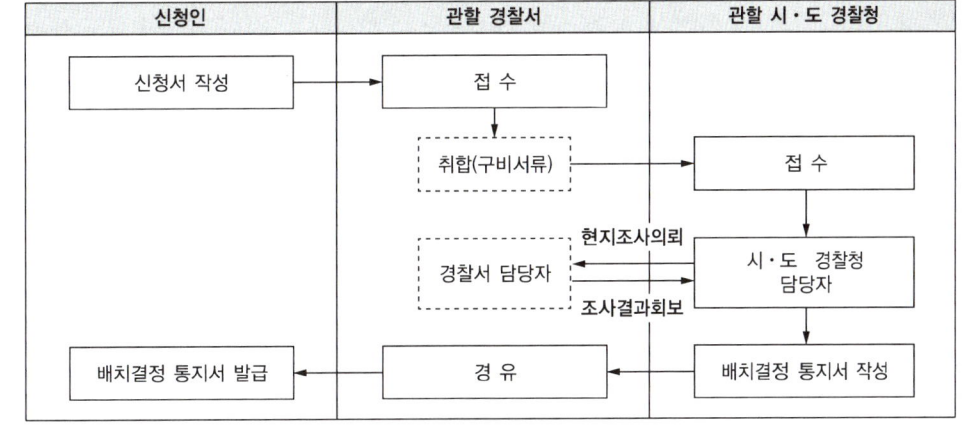

4. 배치의 폐지 등(청원경찰법 제10조의5) 기출 21·19

① 청원주는 청원경찰이 배치된 시설이 폐쇄되거나 축소되어 청원경찰의 배치를 폐지하거나 배치인원을 감축할 필요가 있다고 인정하면 청원경찰의 배치를 폐지하거나 배치인원을 감축할 수 있다. 다만, 청원주는 다음 ㉠과 ㉡의 어느 하나에 해당하는 경우에는 청원경찰의 배치를 폐지하거나 배치인원을 감축할 수 없다(제1항). ★
　㉠ 청원경찰을 대체할 목적으로 경비업법에 따른 특수경비원을 배치하는 경우(제1호)
　㉡ 청원경찰이 배치된 기관·시설 또는 사업장 등이 배치인원의 변동사유 없이 다른 곳으로 이전하는 경우(제2호)
② 청원주가 청원경찰을 폐지하거나 감축하였을 때에는 청원경찰 배치결정을 한 경찰관서의 장에게 알려야 한다(제2항 전단). ★★
③ ②의 사업장이 청원경찰법 제4조 제3항(시·도 경찰청장은 청원경찰 배치가 필요하다고 인정하는 기관의 장 또는 시설·사업장의 경영자에게 청원경찰을 배치할 것을 요청할 수 있다)에 따라 시·도 경찰청장이 청원경찰의 배치를 요청한 사업장일 때에는 그 폐지 또는 감축 사유를 구체적으로 밝혀야 한다(제2항 후단). ★
④ 청원경찰의 배치를 폐지하거나 배치인원을 감축하는 경우 해당 청원주는 배치폐지나 배치인원 감축으로 과원(過員)이 되는 청원경찰 인원을 그 기관·시설 또는 사업장 내의 유사업무에 종사하게 하거나 다른 시설·사업장 등에 재배치하는 등 청원경찰의 고용이 보장될 수 있도록 노력하여야 한다(제3항). ★

5. 근무배치 등의 위임(청원경찰법 시행령 제19조)

① 경비업법에 따른 경비업자가 중요시설의 경비를 도급받았을 때에는 청원주는 그 사업장에 배치된 청원경찰의 근무배치 및 감독에 관한 권한을 당해 경비업자에게 위임할 수 있다(제1항). ★
② 청원주는 경비업자에게 청원경찰의 근무배치 및 감독에 관한 권한을 위임한 경우에 이를 이유로 청원경찰의 보수나 신분상의 불이익을 주어서는 아니 된다(제2항). ★

빈칸 채우기

배치의 폐지 등
→ (❶)가 청원경찰을 (❷)하거나 (❸)하였을 때에는 청원경찰 배치결정을 한 (❹)에게 알려야 하며, 그 사업장이 청원경찰법 제4조 제3항에 따라 (❺)이 청원경찰의 배치를 요청한 사업장일 때에는 그 (❷) 또는 (❸) 사유를 구체적으로 밝혀야 한다.
→ 청원경찰의 배치를 (❷)하거나 배치인원을 (❸)하는 경우 해당 청원주는 배치(❷)나 배치인원 (❸)으로 과원이 되는 청원경찰 인원을 그 기관·시설 또는 사업장 내의 유사업무에 종사하게 하거나 다른 시설·사업장 등에 재배치하는 등 청원경찰의 (❻)이 보장될 수 있도록 노력하여야 한다.

❶ 청원주　❷ 폐지　❸ 감축　❹ 경찰관서의 장　❺ 시·도 경찰청장　❻ 고용

02 청원경찰의 임용 기출 24·22·20·19·15·14·12·11·10·09·08·07·06·05·04·02·01·99

1. 시·도 경찰청장의 승인(청원경찰법 제5조)

① 청원경찰은 청원주가 임용하되, 임용을 할 때에는 미리 시·도 경찰청장의 승인을 받아야 한다(청원경찰법 제5조 제1항). ★★

② **청원경찰 임용결격사유**(청원경찰법 제5조 제2항) : 국가공무원법 제33조의 어느 하나의 결격사유에 해당하는 사람은 청원경찰로 임용될 수 없다.

> **결격사유(국가공무원법 제33조)**
> 다음 각호의 어느 하나에 해당하는 자는 공무원으로 임용될 수 없다. 〈개정 2024.12.31.〉
> 1. 피성년후견인
> 2. 파산선고를 받고 복권되지 아니한 자
> 3. 금고 이상의 실형을 선고받고 그 집행이 끝나거나(집행이 끝난 것으로 보는 경우를 포함한다) 집행이 면제된 날부터 5년이 지나지 아니한 자
> 4. 금고 이상의 형의 집행유예를 선고받고 그 유예기간이 끝난 날부터 2년이 지나지 아니한 자
> 5. 금고 이상의 형의 선고유예를 받은 경우에 그 선고유예 기간 중에 있는 자
> 6. 법원의 판결 또는 다른 법률에 따라 자격이 상실되거나 정지된 자
> 6의2. 공무원으로 재직기간 중 직무와 관련하여 「형법」 제355조 및 제356조에 규정된 죄를 범한 자로서 300만원 이상의 벌금형을 선고받고 그 형이 확정된 후 2년이 지나지 아니한 자
> 6의3. 다음 각목의 어느 하나에 해당하는 죄를 범한 사람으로서 100만원 이상의 벌금형을 선고받고 그 형이 확정된 후 3년이 지나지 아니한 사람
>   가. 「성폭력범죄의 처벌 등에 관한 특례법」 제2조에 따른 성폭력범죄
>   나. 「정보통신망 이용촉진 및 정보보호 등에 관한 법률」 제74조 제1항 제2호 및 제3호에 규정된 죄
>   다. 「스토킹범죄의 처벌 등에 관한 법률」 제2조 제2호에 따른 스토킹범죄
> 6의4. 미성년자에 대하여 「성폭력범죄의 처벌 등에 관한 특례법」 제2조에 따른 성폭력범죄 또는 「아동·청소년의 성보호에 관한 법률」 제2조 제2호에 따른 아동·청소년대상 성범죄를 범한 사람으로서 다음 각목의 어느 하나에 해당하는 날부터 20년이 지나지 아니한 사람
>   가. 금고 이상의 실형을 선고받고 그 집행이 끝나거나(집행이 끝난 것으로 보는 경우를 포함한다) 집행이 면제된 날
>   나. 금고 이상의 형의 집행유예를 선고받고 그 집행유예가 확정된 날
>   다. 벌금 이하의 형을 선고받고 그 형이 확정된 날
>   라. 치료감호를 선고받고 그 집행이 끝나거나 집행이 면제된 날
>   마. 징계로 파면처분 또는 해임처분을 받은 날
> 7. 징계로 파면처분을 받은 때부터 5년이 지나지 아니한 자
> 8. 징계로 해임처분을 받은 때부터 3년이 지나지 아니한 자

빈칸 채우기

청원경찰의 임용
⋯ 청원경찰은 (❶)가 임용하되, 임용을 할 때에는 (❷) 시·도 경찰청장의 승인을 받아야 한다.
⋯ 「(❸)」 제33조의 어느 하나의 결격사유에 해당하는 사람은 청원경찰로 임용될 수 없다.
⋯ 청원경찰의 임용자격·임용방법·교육 및 보수에 관하여는 (❹)으로 정한다.

정답 ❶ 청원주 ❷ 미리 ❸ 국가공무원법 ❹ 대통령령

[헌법불합치, 2020헌마1181, 2022.11.24., 국가공무원법(2018.10.16. 법률 제15857호로 개정된 것) 제33조 제6호의4 나목 중 아동복지법(2017.10.24. 법률 제14925호로 개정된 것) 제17조 제2호 가운데 '아동에게 성적 수치심을 주는 성희롱 등의 성적 학대행위로 형을 선고받아 그 형이 확정된 사람은 국가공무원법 제2조 제2항 제1호의 일반직공무원으로 임용될 수 없도록 한 것'에 관한 부분 및 군인사법(2019.1.15. 법률 제16224호로 개정된 것) 제10조 제2항 제6호의4 나목 중 아동복지법(2017.10.24. 법률 제14925호로 개정된 것) 제17조 제2호 가운데 '아동에게 성적 수치심을 주는 성희롱 등의 성적 학대행위로 형을 선고받아 그 형이 확정된 사람은 부사관으로 임용될 수 없도록 한 것'에 관한 부분은 모두 헌법에 합치되지 아니한다. 위 법률조항들은 2024.5.31.을 시한으로 입법자가 개정할 때까지 계속 적용된다.]

[헌법불합치, 2020헌마1605, 2022헌마1276(병합), 2023.6.29., 국가공무원법(2018.10.16. 법률 제15857호로 개정된 것) 제33조 제6호의4 나목 중 구 아동·청소년의 성보호에 관한 법률(2014.1.21. 법률 제12329호로 개정되고, 2020.6.2. 법률 제17338호로 개정되기 전의 것) 제11조 제5항 가운데 '아동·청소년이용음란물임을 알면서 이를 소지한 죄로 형을 선고받아 그 형이 확정된 사람은 국가공무원법 제2조 제2항 제1호의 일반직공무원으로 임용될 수 없도록 한 것'에 관한 부분 및 지방공무원법(2018.10.16. 법률 제15801호로 개정된 것) 제31조 제6호의4 나목 중 구 아동·청소년의 성보호에 관한 법률(2014.1.21. 법률 제12329호로 개정되고, 2020.6.2. 법률 제17338호로 개정되기 전의 것) 제11조 제5항 가운데 '아동·청소년이용음란물임을 알면서 이를 소지한 죄로 형을 선고받아 그 형이 확정된 사람은 지방공무원법 제2조 제2항 제1호의 일반직공무원으로 임용될 수 없도록 한 것'에 관한 부분은 모두 헌법에 합치되지 아니한다. 위 법률조항들은 2024.5.31.을 시한으로 입법자가 개정할 때까지 계속 적용된다.]

※ 공무원의 결격사유에 대한 규정인 국가공무원법 제33조와 같은 내용을 규정한 지방공무원법 제31조는 2024.12.31. 개정 시 "[2024.12.31. 법률 제20621호에 의하여 2023.6.29. 헌법재판소에서 헌법불합치 결정된 이 조 제6호의4를 개정함]"이라고 기재하고 2023년 헌법불합치 결정 관련 내용을 삭제하였음

③ 청원경찰의 임용자격·임용방법·교육 및 보수에 관하여는 대통령령으로 정한다(청원경찰법 제5조 제3항). ★★

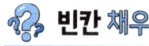

청원경찰 임용결격사유

→ 미성년자에 대하여 「성폭력범죄의 처벌 등에 관한 특례법」 제2조에 따른 성폭력범죄 또는 「아동·청소년의 성보호에 관한 법률」 제2조 제2호에 따른 아동·청소년대상 성범죄를 범한 사람으로서 다음의 어느 하나에 해당하는 날부터 (❶)년이 지나지 아니한 사람은 청원경찰로 임용될 수 없다.

㉠ (❷) 이상의 실형을 선고받고 그 집행이 끝나거나(집행이 끝난 것으로 보는 경우를 포함한다) 집행이 (❸)된 날
㉡ (❷) 이상의 형의 (❹)를 선고받고 그 (❹)가 확정된 날
㉢ (❺) 이하의 형을 선고받고 그 형이 확정된 날
㉣ (❻)를 선고받고 그 집행이 끝나거나 집행이 (❸)된 날
㉤ 징계로 (❼)처분 또는 해임처분을 받은 날

❶ 20 ❷ 금고 ❸ 면제 ❹ 집행유예 ❺ 벌금 ❻ 치료감호 ❼ 파면

2. 청원경찰의 임용자격 등 기출 24·23·22·21·20·19

① **임용자격**(청원경찰법 시행령 제3조)
  ㉠ 18세 이상인 사람(제1호)
  ㉡ 행정안전부령으로 정하는 신체조건에 해당하는 사람(제2호)★

> **임용의 신체조건(청원경찰법 시행규칙 제4조)**
> 영 제3조 제2호에 따른 신체조건은 다음 각호와 같다.
>   1. 신체가 건강하고 팔다리가 완전할 것
>   2. 시력(교정시력을 포함한다)은 양쪽 눈이 각각 0.8 이상일 것

② **임용 방법 등**(청원경찰법 시행령 제4조)★★
  ㉠ 청원경찰의 배치결정을 받은 자(청원주)는 그 배치결정의 통지를 받은 날부터 30일 이내에 배치결정된 인원수의 임용예정자에 대하여 청원경찰 임용승인을 시·도 경찰청장에게 신청하여야 한다(제1항).
  ㉡ 청원주가 청원경찰을 임용하였을 때에는 임용한 날부터 10일 이내에 그 임용사항을 관할 경찰서장을 거쳐 시·도 경찰청장에게 보고하여야 한다. 청원경찰이 퇴직하였을 때에도 또한 같다(제2항).

③ **임용승인신청서 등**(청원경찰법 시행규칙 제5조)
  ㉠ 청원경찰의 배치결정을 받은 청원주가 시·도 경찰청장에게 청원경찰 임용승인을 신청할 때에는 청원경찰 임용승인신청서에 그 해당하는 자에 관한 다음의 서류를 첨부해야 한다(제1항).★
    • 이력서 1부(제1호)
    • 주민등록증 사본 1부(제2호)
    • 민간인 신원진술서(「보안업무규정」 제36조에 따른 신원조사가 필요한 경우만 해당한다) 1부(제3호)
    • 최근 3개월 이내에 발행한 채용신체검사서 또는 취업용 건강진단서 1부(제4호)
    • 가족관계등록부 중 기본증명서 1부(제5호)
  ㉡ ㉠에 따른 신청서를 제출받은 시·도 경찰청장은 전자정부법 제36조 제1항에 따라 행정정보의 공동이용을 통하여 해당자의 병적증명서를 확인하여야 한다(제2항 본문).★
  ㉢ 다만, 그 해당자가 확인에 동의하지 아니할 때에는 해당 서류를 첨부하도록 하여야 한다(제2항 단서).

빈칸 채우기

청원경찰의 임용자격 등
→ 청원경찰의 배치결정을 받은 자(청원주)는 그 배치결정의 통지를 받은 날부터 (❶)일 이내에 배치결정된 인원수의 임용예정자에 대하여 청원경찰 임용승인을 (❷)에게 신청하여야 한다.
→ 청원주가 청원경찰을 임용하였을 때에는 임용한 날부터 (❸)일 이내에 그 임용사항을 관할 경찰서장을 거쳐 (❷)에게 보고하여야 한다. 청원경찰이 (❹)하였을 때에도 또한 같다.

정답 ❶ 30 ❷ 시·도 경찰청장 ❸ 10 ❹ 퇴직

03 청원경찰의 교육 기출 20·19·17·16·15·14·12·08·07·05·04

1. 청원경찰의 신임교육(청원경찰법 시행령 제5조)

① 청원주는 청원경찰로 임용된 사람으로 하여금 경비구역에 배치하기 전에 경찰교육기관에서 직무수행에 필요한 교육을 받게 하여야 한다. 다만, 경찰교육기관의 교육계획상 부득이하다고 인정할 때에는 우선 배치하고 임용 후 1년 이내에 교육을 받게 할 수 있다(제1항). ★
② 경찰공무원(의무경찰을 포함) 또는 청원경찰에서 퇴직한 사람이 퇴직한 날부터 3년 이내에 청원경찰로 임용되었을 때에는 교육을 면제할 수 있다(제2항).
③ 교육기간·교육과목·수업시간 및 그 밖에 교육의 시행에 필요한 사항은 행정안전부령(청원경찰법 시행규칙 제6조)으로 정한다(제3항). ★

2. 청원경찰의 신임교육기간 등(청원경찰법 시행규칙 제6조)

신임교육기간은 2주로 하고, 교육과목 및 수업시간은 다음과 같다. ★

청원경찰 신임교육과목 및 수업시간표(청원경찰법 시행규칙 [별표 1])

학과별	과 목		시 간
정신교육	정신교육		8
학술교육	형사법		10
	청원경찰법		5
실무교육	경 무	경찰관직무집행법	5
	방 범	방범업무	3
		경범죄 처벌법	2
	경 비	시설경비	6
		소 방	4
	정 보	대공이론	2
		불심검문	2
	민방위	민방공	3
		화생방	2
	기본훈련		5
	총기조작		2
	총검술		2
	사 격		6
술 과	체포술 및 호신술		6
기 타	입교·수료 및 평가		3
교육시간 합계	-		76시간

3. 청원경찰의 직무교육(청원경찰법 시행규칙 제13조) 기출 16·11

① 청원주는 소속 청원경찰에게 그 직무집행에 관하여 필요한 교육을 매월 4시간 이상 하여야 한다(제1항). ★
② 청원경찰이 배치된 사업장의 소재지를 관할하는 경찰서장은 필요하다고 인정하는 경우에는 그 사업장에 소속 공무원을 파견하여 직무집행에 필요한 교육을 할 수 있다(제2항). ★

04 청원경찰의 복무 및 징계 기출 24·23·22·21·20·19·16·15·14·12·11·10·07·04

1. 청원경찰의 복무(청원경찰법 제5조 제4항)

① 「국가공무원법」 제57조(**복**종의 의무), 제58조 제1항(**직**장이탈금지), 제60조(**비**밀엄수의 의무) 및 「경찰공무원법」 제24조(**거**짓보고 등의 금지)의 규정을 준용한다. ★★ 🔑 복·직·비/거

> **복무에 관한 관련법령**
> - 국가공무원법 제57조(복종의 의무) : 공무원은 직무를 수행할 때 소속 상관의 직무상 명령에 복종하여야 한다.
> - 국가공무원법 제58조 제1항(직장이탈금지) : 공무원은 소속 상관의 허가 또는 정당한 사유가 없으면 직장을 이탈하지 못한다.
> - 국가공무원법 제60조(비밀엄수의 의무) : 공무원은 재직 중은 물론 퇴직 후에도 직무상 알게 된 비밀을 엄수하여야 한다.
> - 경찰공무원법 제24조(거짓보고 등의 금지)
>   - 경찰공무원은 직무에 관하여 거짓으로 보고나 통보를 하여서는 아니 된다.
>   - 경찰공무원은 직무를 게을리하거나 유기해서는 아니 된다.

② 상기 규정 외에 청원경찰의 복무에 관하여는 당해 사업장의 취업규칙에 따른다(청원경찰법 시행령 제7조). ★

2. 청원경찰의 징계(청원경찰법 제5조의2)

① 청원주는 청원경찰이 다음에 해당하는 때에는 대통령령(청원경찰법 시행령 제8조)으로 정하는 징계절차를 거쳐 징계처분을 하여야 한다(제1항). ★★
  ㉠ 직무상의 의무를 위반하거나 직무를 태만히 한 때(제1호)
  ㉡ 품위를 손상하는 행위를 한 때(제2호)
② 청원경찰에 대한 징계의 종류는 파면, 해임, 정직, 감봉 및 견책으로 구분한다(제2항). ★★
③ 청원경찰의 징계에 관하여 그 밖에 필요한 사항은 대통령령(청원경찰법 시행령 제8조)으로 정한다(제3항).

🔍 빈칸 채우기

청원경찰의 징계
➡ 청원경찰에 대한 징계의 종류는 (❶), (❷), (❸), (❹) 및 (❺)으로 구분한다.

정답 ❶ 파면 ❷ 해임 ❸ 정직 ❹ 감봉 ❺ 견책

3. 청원경찰의 징계절차(청원경찰법 시행령 제8조)

① 관할 경찰서장은 청원경찰이 징계사유의 어느 하나에 해당한다고 인정되면 청원주에게 해당 청원경찰에 대하여 징계처분을 하도록 요청할 수 있다(제1항). ★
② 정직(停職)은 1개월 이상 3개월 이하로 하고, 그 기간에 청원경찰의 신분은 보유하나 직무에 종사하지 못하며, 보수의 3분의 2를 줄인다(제2항). ★
③ 감봉은 1개월 이상 3개월 이하로 하고, 그 기간에 보수의 3분의 1을 줄인다(제3항). ★
④ 견책(譴責)은 전과(前過)에 대하여 훈계하고 회개하게 한다(제4항). ★
⑤ 청원주는 청원경찰 배치결정의 통지를 받았을 때에는 통지를 받은 날부터 15일 이내에 청원경찰에 대한 징계규정을 제정하여 관할 시·도 경찰청장에게 신고하여야 한다. 징계규정을 변경할 때에도 또한 같다(제5항). ★★
⑥ 시·도 경찰청장은 징계규정의 보완이 필요하다고 인정할 때에는 청원주에게 그 보완을 요구할 수 있다(제6항). ★★

4. 청원경찰의 표창(청원경찰법 시행규칙 제18조)

시·도 경찰청장, 관할 경찰서장 또는 청원주는 청원경찰에게 다음의 구분에 따라 표창을 수여할 수 있다.
① **공적상** : 성실히 직무를 수행하여 근무성적이 탁월하거나 헌신적인 봉사로 특별한 공적을 세운 경우(제1호)
② **우등상** : 교육훈련에서 교육성적이 우수한 경우(제2호)

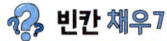 **빈칸 채우기**

청원경찰의 징계절차
→ 정직은 1개월 이상 (❶) 이하로 하고, 그 기간에 청원경찰의 신분은 보유하나 (❷)에 종사하지 못하며, 보수의 (❸)를 줄인다.
→ 감봉은 1개월 이상 (❶) 이하로 하고, 그 기간에 보수의 (❹)을 줄인다.
→ (❺)은 전과(前過)에 대하여 훈계하고 회개하게 한다.

❶ 3개월 ❷ 직무 ❸ 3분의 2 ❹ 3분의 1 ❺ 견책 **정답**

실패의 99%는
변명하는 습관이 있는 사람들에게서 온다.

– 조지 워싱턴 –

청원경찰법 제6조~제7조의2

01 청원경찰경비

02 보상금 및 퇴직금

최다 출제 POINT & 학습목표

1. 청원경찰의 경비는 내용이 많지 않지만 자주 출제되는 부분이므로 확실히 학습해두어야 한다.
2. 청원경찰법 제7조에 규정된 보상금과 동법 제7조의2에 규정된 퇴직금의 내용 또한 꼼꼼히 학습해야 한다.
3. 조문과 심화문제를 중심으로 회독 수를 늘리는 것도 좋은 방법이 될 수 있다.

CHAPTER 03

청원경찰의 경비와 보상금 및 퇴직금

CHAPTER 03 청원경찰의 경비와 보상금 및 퇴직금

01 청원경찰법령상 청원경찰의 피복비는 청원주가 부담하여야 하는 청원경찰경비에 해당하지 않는다. 기출 21
( )

02 청원경찰법령상 청원경찰의 경조사비는 청원주가 부담하여야 하는 청원경찰경비에 해당하지 않는다. 기출 20
( )

03 청원경찰법령상 국가기관 또는 지방자치단체에 근무하는 청원경찰의 보수는 재직기간 15년 이상 23년 미만인 경우 같은 재직기간에 해당하는 경찰공무원 '경장'의 보수를 감안하여 대통령령으로 정한다. 기출 21·14
( )

04 청원경찰법령상 지방자치단체에 근무하는 청원경찰의 봉급·수당의 최저부담기준액은 경찰청장이 정하여 고시한다. 기출 14
( )

05 청원경찰법령상 청원경찰의 피복비 및 교육비의 부담기준액은 시·도 경찰청장이 정하여 고시한다. 기출 21
( )

06 청원경찰법령상 청원주는 대통령령이 정하는 바에 따라 청원경찰에게 봉급과 각종 수당 등을 지급하여야 한다. 기출 17
( )

07 청원경찰법령상 청원주의 청원경찰에 대한 봉급·수당의 최저부담기준액(국가기관 또는 지방자치단체에 근무하는 청원경찰의 봉급·수당은 제외한다)은 경찰청장이 정하여 고시(告示)한다. 기출 20·18
( )

08 청원경찰법령상 지방자치단체에 근무하는 청원경찰의 각종 수당은 공무원수당 등에 관한 규정에 따른 수당 중 가계보전수당, 실비변상 등으로 하며, 그 세부 항목은 대통령령으로 정하여 고시한다. 기출 17 ( )

09 청원경찰법령상 청원주는 청원경찰이 직무수행으로 인하여 부상을 입거나, 질병에 걸리거나 또는 사망한 경우 대통령령으로 정하는 바에 따라 청원경찰 본인 또는 그 유족에게 보상금을 지급하여야 한다. 기출 20·19
( )

10 청원경찰법령상 청원경찰이 직무상의 부상·질병으로 인하여 퇴직 후 3년 이내에 사망한 경우 청원주는 대통령령으로 정하는 바에 따라 그 유족에게 보상금을 지급하여야 한다. 기출 23·21 ( )

11 청원경찰법령상 청원경찰이 고의·과실에 의한 위법행위로 타인에게 손해를 가한 경우는 청원주가 청원경찰 본인 또는 그 유족에게 보상금을 지급해야 하는 경우가 아니다. 기출 16 ( )

12 청원주는 보상금 지급의 이행을 위하여 산업재해보상보험법에 따른 산업재해보상보험에 가입하거나, 근로기준법에 따라 보상금을 지급하기 위한 재원(財源)을 따로 마련하여야 한다. 기출 24 ( )

13 청원경찰법령상 국가기관이나 지방자치단체에 근무하는 청원경찰의 퇴직금에 관하여는 행정안전부령으로 정한다. 기출 20 ( )

14 청원경찰법령상 교육비는 청원주가 경찰교육기관 입교(入校) 3일 전에 해당 청원경찰에게 지급하여 납부하게 한다. 기출 21·19·18·15 ( )

15 다음 중 청원경찰법령상 청원경찰의 봉급 산정의 기준이 되는 경력에 산입되지 않는 것은 ㄹ이다. 기출 22 ( )

> ㄱ. 청원경찰로 근무한 경력
> ㄴ. 군 또는 의무경찰에 복무한 경력
> ㄷ. 수위·경비원·감시원 또는 그 밖에 청원경찰과 비슷한 직무에 종사하던 사람이 해당 사업장의 청원주에 의하여 청원경찰로 임용된 경우에는 그 직무에 종사한 경력
> ㄹ. 국가기관 또는 공공단체에서 근무하는 청원경찰에 대해서는 국가기관 또는 공공단체에서 비상근(非常勤)으로 근무한 경력

▶ 정답과 해설 ◀   01 ✕   02 ○   03 ○   04 ✕   05 ✕   06 ✕   07 ○   08 ✕   09 ○   10 ✕
11 ○   12 ✕   13 ✕   14 ✕   15 ○

✔ 오답분석

01 청원경찰의 피복비는 청원주가 부담하여야 하는 청원경찰경비에 해당한다(청원경찰법 제6조 제1항 제2호).
04 지방자치단체에 근무하는 청원경찰의 보수는 재직기간에 해당하는 경찰공무원의 보수를 감안하여 대통령령으로 정한다(청원경찰법 제6조 제2항).
05 청원경찰의 피복비 및 교육비의 부담기준액은 경찰청장이 정하여 고시한다(청원경찰법 제6조 제3항).
06 청원주는 청원경찰에게 봉급과 각종 수당을 지급하여야 하며, 그 최저부담기준액(국가기관 또는 지방자치단체에 근무하는 청원경찰의 봉급·수당은 제외한다)은 경찰청장이 정하여 고시(告示)한다(청원경찰법 제6조 제1항 및 제3항). 국가기관 또는 지방자치단체에 근무하는 청원경찰의 보수는 재직기간에 따른 구분에 따라 같은 재직기간에 해당하는 경찰공무원의 보수를 감안하여 대통령령으로 정한다(청원경찰법 제6조 제2항).
08 국가기관 또는 지방자치단체에 근무하는 청원경찰의 각종 수당은 「공무원수당 등에 관한 규정」에 따른 수당 중 가계보전수당, 실비변상 등으로 하며, 그 세부 항목은 경찰청장이 정하여 고시한다(청원경찰법 시행령 제9조 제2항).
10 청원경찰이 직무상의 부상·질병으로 인하여 퇴직 후 2년 이내에 사망한 경우 청원주는 대통령령으로 정하는 바에 따라 그 유족에게 보상금을 지급하여야 한다(청원경찰법 제7조 제2호).
13 국가기관이나 지방자치단체에 근무하는 청원경찰의 퇴직금에 관하여는 따로 대통령령으로 정한다(청원경찰법 제7조의2 단서).
14 교육비는 청원주가 해당 청원경찰의 입교(入校) 3일 전에 해당 경찰교육기관에 낸다(청원경찰법 시행규칙 제8조 제3호).

CHAPTER 03 청원경찰의 경비와 보상금 및 퇴직금

청원경찰법 제6조~제7조의2

01 청원경찰경비(청원경찰법 제6조) 기출 24·22·21·20·19·17·16·15·14·11·10·09·08·07·06·05·04·01

1. 청원주의 부담경비
청원주는 다음의 청원경찰경비를 부담하여야 한다(제1항).
① 청원경찰에게 지급할 봉급과 각종 수당(제1호)
② 청원경찰의 피복비(제2호)★
③ 청원경찰의 교육비(교육비는 청원주가 해당 청원경찰의 입교 3일 전에 해당 경찰교육기관에 납부함)(제3호)★
④ 보상금 및 퇴직금(제4호)

2. 청원경찰의 보수
① 국가기관 또는 지방자치단체에 근무하는 청원경찰의 보수는 다음에 따라 같은 재직기간에 해당하는 경찰공무원의 보수를 감안하여 대통령령(청원경찰법 시행령 제9조·제10조·제12조)으로 정한다(제2항).★
  ㉠ 재직기간 15년 미만 : 순경
  ㉡ 재직기간 15년 이상 23년 미만 : 경장
  ㉢ 재직기간 23년 이상 30년 미만 : 경사
  ㉣ 재직기간 30년 이상 : 경위
② 청원주의 봉급·수당의 최저부담기준액(국가기관 또는 지방자치단체에 근무하는 청원경찰의 봉급·수당은 제외)과 피복비와 교육비 비용의 부담기준액은 경찰청장이 정하여 고시한다(제3항).★★
③ 국가기관 또는 지방자치단체에 근무하는 청원경찰의 보수(청원경찰법 시행령 제9조)
  ㉠ 국가기관 또는 지방자치단체에 근무하는 청원경찰의 봉급은 [별표 1]과 같다.
  ㉡ 국가기관 또는 지방자치단체에 근무하는 청원경찰의 각종 수당은 공무원수당 등에 관한 규정에 따른 수당 중 가계보전수당, 실비변상 등으로 하며, 그 세부 항목은 경찰청장이 정하여 고시한다.★★
  ㉢ ①의 재직기간은 청원경찰로서 근무한 기간으로 한다.

빈칸 채우기

청원주의 부담경비
→ 청원경찰에게 지급할 (❶)과 각종 (❷), 청원경찰의 (❸), 청원경찰의 (❹), (❺) 및 (❻)

❶ 봉급 ❷ 수당 ❸ 피복비 ❹ 교육비 ❺ 보상금 ❻ 퇴직금 정답

국가기관 또는 지방자치단체에 근무하는 청원경찰의 봉급표(청원경찰법 시행령 [별표 1]) <개정 2024.4.23.>

(월 지급액, 단위 : 원)

호봉 \ 재직기간	15년 미만	15년 이상 23년 미만	23년 이상 30년 미만	30년 이상
1	1,877,000	–	–	–
2	1,914,800	–	–	–
3	1,962,500	–	–	–
4	2,020,700	–	–	–
5	2,090,300	–	–	–
6	2,172,300	–	–	–
7	2,263,100	–	–	–
8	2,350,400	–	–	–
9	2,434,300	–	–	–
10	2,514,800	–	–	–
11	2,591,700	–	–	–
12	2,667,900	–	–	–
13	2,741,200	2,926,800	–	–
14	2,812,300	3,000,800	–	–
15	2,880,300	3,071,900	–	–
16	2,946,000	3,140,600	–	–
17	3,010,300	3,204,600	–	–
18	3,070,200	3,266,700	–	–
19	3,129,000	3,326,400	3,718,800	–
20	3,185,000	3,383,300	3,779,900	–
21	3,237,800	3,437,500	3,838,200	–
22	3,288,700	3,489,700	3,893,100	–
23	3,337,200	3,539,300	3,946,500	–
24	3,383,700	3,587,200	3,996,900	4,274,900
25	3,427,800	3,632,700	4,044,800	4,325,900
26	3,468,100	3,676,700	4,090,700	4,372,600
27	3,502,500	3,713,400	4,129,400	4,412,500
28	3,535,700	3,748,800	4,165,600	4,451,100
29	3,567,800	3,782,200	4,200,500	4,487,400
30	3,599,100	3,814,700	4,234,000	4,521,600
31	3,629,500	3,846,100	4,265,400	4,554,500

④ 국가기관 또는 지방자치단체에 근무하는 청원경찰 외의 청원경찰의 보수(청원경찰법 시행령 제10조)
  ㉠ 국가기관 또는 지방자치단체에 근무하는 청원경찰 외의 청원경찰의 봉급과 각종 수당은 경찰청장이 고시한 최저부담기준액 이상으로 지급하여야 한다(본문). ★★
  ㉡ 다만, 고시된 최저부담기준액이 배치된 사업장에서 같은 종류의 직무나 유사 직무에 종사하는 근로자에게 지급하는 임금보다 적을 때에는 그 사업장에서 같은 종류의 직무나 유사 직무에 종사하는 근로자에게 지급하는 임금에 상당하는 금액을 지급하여야 한다(단서). ★

3. 보수 산정 시의 경력 인정 등(청원경찰법 시행령 제11조)

① 청원경찰의 보수 산정에 관하여 그 배치된 사업장의 취업규칙에 특별한 규정이 없는 경우에는 다음의 경력을 봉급 산정의 기준이 되는 경력에 산입(算入)하여야 한다(제1항).
  ㉠ 청원경찰로 근무한 경력(제1호)
  ㉡ 군 또는 의무경찰에 복무한 경력(제2호)
  ㉢ 수위·경비원·감시원 또는 그 밖에 청원경찰과 비슷한 직무에 종사하던 사람이 해당 사업장의 청원주에 의하여 청원경찰로 임용된 경우에는 그 직무에 종사한 경력(제3호)
  ㉣ 국가기관 또는 지방자치단체에서 근무하는 청원경찰에 대해서는 국가기관 또는 지방자치단체에서 상근으로 근무한 경력(제4호)
② 국가기관 또는 지방자치단체에 근무하는 청원경찰 보수의 호봉 간 승급기간은 경찰공무원의 승급기간에 관한 규정을 준용한다(제2항).
③ 국가기관 또는 지방자치단체에 근무하는 청원경찰 외의 청원경찰 보수의 호봉 간 승급기간 및 승급액은 그 배치된 사업장의 취업규칙에 따르며, 이에 관한 취업규칙이 없을 때에는 순경의 승급에 관한 규정을 준용한다(제3항). ★

빈칸 채우기

보수 산정 시의 경력 인정 등

→ 청원경찰의 보수 산정에 관하여 그 배치된 사업장의 (❶)에 특별한 규정이 없는 경우에는 다음의 경력을 봉급 산정의 기준이 되는 경력에 산입(算入)하여야 한다.
  ㉠ 청원경찰로 근무한 경력
  ㉡ 군 또는 (❷)에 복무한 경력
  ㉢ 수위·경비원·감시원 또는 그 밖에 청원경찰과 비슷한 직무에 종사하던 사람이 해당 사업장의 청원주에 의하여 청원경찰로 임용된 경우에는 그 직무에 종사한 경력
  ㉣ 국가기관 또는 지방자치단체에서 근무하는 청원경찰에 대해서는 국가기관 또는 지방자치단체에서 (❸)으로 근무한 경력
→ 국가기관 또는 지방자치단체에 근무하는 청원경찰 보수의 호봉 간 승급기간은 (❹)의 승급기간에 관한 규정을 준용한다.
→ 국가기관 또는 지방자치단체에 근무하는 청원경찰 외의 청원경찰 보수의 호봉 간 승급기간 및 승급액은 그 배치된 사업장의 (❶)에 따르며, 이에 관한 (❶)이 없을 때에는 (❺)의 승급에 관한 규정을 준용한다.

❶ 취업규칙 ❷ 의무경찰 ❸ 상근 ❹ 경찰공무원 ❺ 순경 [정답]

4. 청원경찰경비의 고시 등(청원경찰법 시행령 제12조)

① 청원경찰경비의 지급방법 또는 납부방법은 행정안전부령(청원경찰법 시행규칙 제8조)으로 정한다(제1항). ★
② 청원경찰경비의 최저부담기준액 및 부담기준액은 경찰공무원 중 순경의 것을 고려하여 다음 연도분을 매년 12월에 고시하여야 한다. 다만, 부득이한 사유가 있을 때에는 수시로 고시할 수 있다(제2항). ★

5. 청원경찰경비의 지급방법 등(청원경찰법 시행규칙 제8조)

청원경찰경비의 지급방법 및 납부방법은 다음과 같다.
① 봉급과 각종 수당은 청원주가 그 청원경찰이 배치된 기관·시설·사업장 또는 장소(이하 "사업장")의 직원에 대한 보수 지급일에 청원경찰에게 직접 지급한다(제1호). ★
② 피복은 청원주가 제작하거나 구입하여 [별표 2]에 따른 정기지급일 또는 신규 배치 시에 청원경찰에게 현품으로 지급한다(제2호). ★

청원경찰 급여품표(청원경찰법 시행규칙 [별표 2]) 기출 19

품 명	수 량	사용기간	정기지급일
근무복(하복)	1	1년	5월 5일
근무복(동복)	1	1년	9월 25일
한여름 옷	1	1년	6월 5일
외투·방한복 또는 점퍼	1	2~3년	9월 25일
기동화 또는 단화	1	기동화 2년, 단화 1년	9월 25일
비 옷	1	3년	5월 5일
정 모	1	3년	9월 25일
기동모	1	3년	필요할 때
기동복	1	2년	필요할 때
방한화	1	2년	9월 25일
장 갑	1	2년	9월 25일
호루라기	1	2년	9월 25일

③ 교육비는 청원주가 해당 청원경찰의 입교 3일 전에 해당 경찰교육기관에 낸다(제3호). ★★

빈칸 채우기

청원경찰경비의 지급방법
→ 봉급과 각종 수당은 (❶)가 그 청원경찰이 배치된 기관·시설·사업장 또는 장소(이하 "사업장")의 직원에 대한 보수 지급일에 청원경찰에게 (❷) 지급한다.
→ 피복은 (❶)가 제작하거나 구입하여 정기지급일 또는 신규 배치 시에 청원경찰에게 현품으로 지급한다.
→ 교육비는 (❶)가 해당 청원경찰의 입교 (❸)일 전에 해당 경찰교육기관에 낸다.

정답 ❶ 청원주 ❷ 직접 ❸ 3

02 보상금 및 퇴직금 기출 24 · 23 · 21 · 20 · 19 · 16 · 11 · 08 · 06

1. **보상금**(청원경찰법 제7조)
    ① 청원주는 청원경찰이 다음에 해당하게 되면 대통령령으로 정하는 바에 따라 청원경찰 본인 또는 그 유족에게 보상금을 지급하여야 한다.★★
    　㉠ 직무수행으로 인하여 부상을 입거나, 질병에 걸리거나 또는 사망한 경우(제1호)
    　㉡ 직무상의 부상·질병으로 인하여 퇴직하거나, 퇴직 후 2년 이내에 사망한 경우(제2호)
    ② 청원주는 보상금의 지급을 이행하기 위하여 산업재해보상보험에 가입하거나, 근로기준법에 따라 보상금을 지급하기 위한 재원(財源)을 따로 마련하여야 한다(청원경찰법 시행령 제13조).★

2. **퇴직금**(청원경찰법 제7조의2)
    ① 청원주는 청원경찰이 퇴직할 때에는 「근로자퇴직급여보장법」에 따른 퇴직금을 지급하여야 한다.★
    ② 다만, 국가기관이나 지방자치단체에 근무하는 청원경찰의 퇴직금에 관하여는 따로 대통령령으로 정한다.★★

보상금 및 퇴직금

→ 청원주는 청원경찰이 다음에 해당하게 되면 (❶)으로 정하는 바에 따라 청원경찰 본인 또는 그 유족에게 보상금을 지급하여야 한다. : 직무수행으로 인하여 부상을 입거나, 질병에 걸리거나 또는 사망한 경우, 또는 직무상의 부상·질병으로 인하여 퇴직하거나, 퇴직 후 (❷) 이내에 사망한 경우

→ 청원주는 보상금의 지급을 이행하기 위하여 (❸)에 가입하거나, (❹)에 따라 보상금을 지급하기 위한 재원을 따로 마련하여야 한다.

→ 청원주는 청원경찰이 퇴직할 때에는 「근로자퇴직급여보장법」에 따른 (❺)을 지급하여야 한다.

❶ 대통령령　❷ 2년　❸ 산업재해보상보험　❹ 근로기준법　❺ 퇴직금　정답

"간절"하면 이루어지는 것이 아니라,
"하면" 이루어지는 것이다.

– 작가 이동영 –

청원경찰법 제8조

01 제복착용과 무기휴대
02 청원경찰의 복제(服制)
03 무기휴대 및 무기관리수칙
04 청원경찰의 비치부책

최다 출제 POINT & 학습목표

1. 가장 중요한 출제 포인트는 무기관리수칙으로, 전반적인 내용은 물론 무기와 탄약의 회수대상에 이르기까지 조문을 중심으로 하여 꼼꼼히 학습해야 한다.
2. 청원경찰의 제복착용과 무기휴대, 급여품 및 대여품 또한 자주 출제되는 주제이며, 종합문제가 많이 출제되므로, 각각의 내용을 명확히 파악해야 한다.
3. 청원경찰의 비치부책에 대해서도 면밀히 학습하도록 한다.

CHAPTER 04

청원경찰의 제복착용과 무기휴대·비치부책

CHAPTER 04 청원경찰의 제복착용과 무기휴대 · 비치부책

01 청원경찰법령상 청원경찰의 기동모와 기동복의 색상은 진한 청색으로 한다. 기출 21   (   )

02 청원경찰법령상 청원경찰은 평상근무 중에는 정모, 근무복, 단화, 호루라기를 착용하거나 휴대하여야 하고, 경찰봉 및 포승은 휴대하지 아니할 수 있다. 기출 21 · 19 · 18   (   )

03 청원경찰법령상 청원경찰이 그 배치지의 특수성 등으로 특수복장을 착용할 필요가 있을 때에는 청원주는 관할 경찰서장의 승인을 받아 특수복장을 착용하게 할 수 있다. 기출 23 · 21 · 19 · 18 · 17 · 16   (   )

04 청원경찰법령상 청원경찰의 복제는 제복 · 장구 및 부속물로 구분하며, 필요한 사항은 행정안전부령으로 정한다. 이 가운데 모자표장, 계급장, 장갑 등은 부속물에 해당한다. 기출 18 · 17   (   )

05 청원경찰법령상 청원경찰 장구의 종류는 경찰봉, 호루라기, 권총, 수갑 및 포승이다. 기출 21 · 16   (   )

06 기동모, 방한화, 허리띠, 근무복 중 청원경찰법령상 청원경찰의 대여품에 해당하는 것은 허리띠이다. 기출 21   (   )

07 청원경찰법령상 청원경찰에게 지급하는 대여품에는 허리띠, 경찰봉, 가슴표장, 분사기, 포승이 있으며, 청원경찰이 퇴직할 때에는 반납하여야 한다. 기출 19 · 17 · 15   (   )

08 청원경찰법령상 시 · 도 경찰청장은 청원경찰이 직무를 수행하기 위하여 필요하다고 인정하면 청원주의 신청을 받아 관할 경찰서장으로 하여금 청원경찰에게 무기를 대여하여 지니게 할 수 있다. 기출 19 · 12   (   )

09 청원경찰법령상 청원주에게 무기를 대여하였을 때에는 관할 경찰서장은 청원경찰의 무기관리상황을 수시로 점검하여야 한다. 기출 19 · 18   (   )

10 청원경찰법령상 소총의 탄약은 1정당 10발 이내, 권총의 탄약은 1정당 5발 이내로 출납하여야 한다. 기출 23   (   )

11 청원경찰법령상 청원경찰 명부, 감독 순시부, 교육훈련 실시부, 배치결정 관계철 중 관할 경찰서장이 갖춰 두어야 할 문서와 장부에 해당하지 않는 것은 배치결정 관계철이다. 기출 24   (   )

12 청원경찰법령상 청원경찰 명부, 경비구역 배치도, 청원경찰 직무교육계획서, 전출입 관계철 중 청원주가 갖춰 두어야 할 문서와 장부에 해당하지 않는 것은 전출입 관계철이다. `기출 21` ( )

13 청원경찰법령상 청원주는 무기와 탄약이 분실되거나 도난당하거나 빼앗기거나 훼손되었을 때에는 경찰청장이 정하는 바에 따라 그 전액을 배상하는 것이 원칙이다. `기출 23` ( )

14 청원경찰법령상 교육훈련 실시부는 관할 경찰서장과 청원주가 공통으로 비치해야 할 문서와 장부에 해당한다. `기출 22·15` ( )

15 청원경찰법령상 청원주가 무기와 탄약을 대여받았을 때에는 경찰청장이 정하는 무기·탄약 출납부 및 무기장비 운영카드를 갖춰 두고 기록하여야 한다. `기출 24·22` ( )

16 청원경찰법령상 청원주는 무기와 탄약의 관리를 위하여 관리책임자를 지정하고 관할 경찰서장에게 그 사실을 통보하여야 한다. `기출 22` ( )

17 청원경찰법령상 무기고와 탄약고에는 이중 잠금장치를 하고, 열쇠는 숙직책임자가 보관하되, 근무시간 이후에는 관리책임자에게 인계하여 보관시켜야 한다. `기출 22` ( )

18 청원경찰법령상 청원주는 경찰청장이 정하는 바에 따라 매월 무기와 탄약의 관리실태를 파악하여 다음 달 3일까지 관할 경찰서장에게 통보하여야 한다. `기출 22` ( )

19 청원경찰법령상 청원경찰에게 지급한 무기와 탄약은 매주 1회 이상 손질하게 하여야 한다. `기출 23` ( )

▶ **정답과 해설** ◀   01 ○   02 ×   03 ×   04 ○   05 ×   06 ○   07 ○   08 ○   09 ○   10 ×
11 ○   12 ○   13 ○   14 ○   15 ○   16 ○   17 ×   18 ○   19 ○

✔ **오답분석**

02 청원경찰은 평상근무 중에는 정모, 근무복, 단화, 호루라기, 경찰봉 및 포승을 착용하거나 휴대하여야 하고, 총기를 휴대하지 아니할 때에는 분사기를 휴대하여야 하며, 교육훈련이나 그 밖의 특수근무 중에는 기동모, 기동복, 기동화 및 휘장을 착용하거나 부착하되, 허리띠와 경찰봉은 착용하거나 휴대하지 아니할 수 있다(청원경찰법 시행규칙 제9조 제3항).

03 청원경찰이 그 배치지의 특수성 등으로 특수복장을 착용할 필요가 있을 때에는 청원주는 시·도 경찰청장의 승인을 받아 특수복장을 착용하게 할 수 있다(청원경찰법 시행령 제14조 제3항).

05 청원경찰 장구의 종류는 허리띠, 경찰봉, 호루라기 및 포승(捕繩)이므로(청원경찰법 시행규칙 제9조 제1항 제2호), 권총 및 수갑은 청원경찰의 장구에 해당하지 않는다.

10 소총의 탄약은 1정당 15발 이내, 권총의 탄약은 1정당 7발 이내로 출납하여야 한다(청원경찰법 시행규칙 제16조 제2항 제2호 전문).

17 무기와 탄약을 대여받은 청원주는 무기고와 탄약고에는 이중 잠금장치를 하고, 열쇠는 관리책임자가 보관하되, 근무시간 이후에는 숙직책임자에게 인계하여 보관시켜야 한다(청원경찰법 시행규칙 제16조 제1항 제5호).

CHAPTER 04 청원경찰의 제복착용과 무기휴대 · 비치부책

청원경찰법 제8조

01 제복착용과 무기휴대(청원경찰법 제8조) 기출 19·17·16·10·08

① 청원경찰은 근무 중 제복을 착용하여야 한다(제1항).
② 시·도 경찰청장은 청원경찰이 직무를 수행하기 위하여 필요하다고 인정하면 청원주의 신청을 받아 관할 경찰서장으로 하여금 청원경찰에게 무기를 대여하여 지니게 할 수 있다(제2항). ★★
③ 청원경찰의 복제(服制)와 무기휴대에 필요한 사항은 대통령령(청원경찰법 시행령 제14조·제16조)으로 정한다(제3항). ★★

02 청원경찰의 복제(服制) 기출 21·19·05·01

1. **복제**(청원경찰법 시행령 제14조)
   ① 청원경찰의 복제는 제복·장구 및 부속물로 구분한다(제1항). ★★
   ② 청원경찰의 제복·장구 및 부속물에 관하여 필요한 사항은 행정안전부령(청원경찰법 시행규칙 제9조)으로 정한다(제2항). ★★
   ③ 청원경찰이 그 배치지의 특수성 등으로 특수복장을 착용할 필요가 있을 때에는 청원주는 시·도 경찰청장의 승인을 받아 특수복장을 착용하게 할 수 있다(제3항). ★★ 기출 23·21·19

2. **행정안전부령으로 정하는 복제**(청원경찰법 시행규칙 제9조)
   ① 청원경찰의 제복·장구 및 부속물의 종류(제1항)
      ㉠ 제복 : 정모(正帽), 기동모(활동에 편한 모자를 말한다), 근무복(하복, 동복), 한여름 옷, 기동복, 점퍼, 비옷, 방한복, 외투, 단화, 기동화 및 방한화(제1호)
      ㉡ 장구 : 허리띠, 경찰봉, 호루라기 및 포승(제2호) ★★ 기출 21
      ㉢ 부속물 : 모자표장, 가슴표장, 휘장, 계급장, 넥타이핀, 단추 및 장갑(제3호) ★★

② 청원경찰의 제복·장구 및 부속물의 형태·규격 및 재질(제2항)
- ㉠ 제복의 형태·규격 및 재질은 청원주가 결정하되, 경찰공무원 또는 군인 제복의 색상과 명확하게 구별될 수 있어야 하며, 사업장별로 통일해야 한다(제1호 본문). ★
- ㉡ 다만, 기동모와 기동복의 색상은 진한 청색으로 하고, 기동복의 형태·규격은 [별도 1]과 같이 한다(제1호 단서). ★★ 기출 21
- ㉢ 장구의 형태·규격 및 재질은 경찰 장구와 같이 한다(제2호). ★★
- ㉣ 부속물의 형태·규격 및 재질은 다음과 같이 한다(제3호).
  - 모자표장의 형태·규격 및 재질은 [별도 2]와 같이 하되, 기동모의 표장은 정모 표장의 2분의 1 크기로 할 것(가목)
  - 가슴표장, 휘장, 계급장, 넥타이핀 및 단추의 형태·규격 및 재질은 [별도 3]부터 [별도 7]까지와 같이 할 것(나목)

③ 청원경찰은 평상근무 중에는 정모, 근무복, 단화, 호루라기, 경찰봉 및 포승을 착용하거나 휴대하여야 하고, 총기를 휴대하지 아니할 때에는 분사기를 휴대하여야 하며, 교육훈련이나 그 밖의 특수근무 중에는 기동모, 기동복, 기동화 및 휘장을 착용하거나 부착하되, 허리띠와 경찰봉은 착용하거나 휴대하지 아니할 수 있다(제3항). ★★ 기출 21·19

④ 가슴표장, 휘장 및 계급장을 달거나 부착할 위치는 [별도 8]과 같다(제4항).

⑤ 동·하복의 착용시기는 사업장별로 청원주가 결정하되, 착용시기를 통일하여야 한다(청원경찰법 시행규칙 제10조).

> **신분증명서(청원경찰법 시행규칙 제11조)**
> ① 청원경찰의 신분증명서는 청원주가 발행하며, 그 형식은 청원주가 결정하되 사업장별로 통일하여야 한다.
> ② 청원경찰은 근무 중에는 항상 신분증명서를 휴대하여야 한다.

3. 급여품 및 대여품(청원경찰법 시행규칙 제12조) 기출 21·19·17·15

① 청원경찰에게 지급하는 급여품은 [별표 2]와 같고, 품명은 근무복(하복·동복), 한여름 옷, 외투·방한복 또는 점퍼, 기동화 또는 단화, 비옷, 정모, 기동모, 기동복, 방한화, 장갑, 호루라기이다(제1항).

② 청원경찰에게 지급하는 대여품은 [별표 3]과 같고, 품명은 허리띠, 경찰봉, 가슴표장, 분사기, 포승이다(제1항).

청원경찰 대여품표(청원경찰법 시행규칙 [별표 3]) 기출 21·20·19

품 명	허리띠	경찰봉	가슴표장★	분사기	포 승
수 량	1	1	1	1	1

③ 청원경찰이 퇴직할 때에는 대여품을 청원주에게 반납하여야 한다(제2항). ★
④ 급여품은 반납하지 아니한다. ★

➡ 기동복의 형태 및 규격 [별도 1] 〈개정 2021.12.31.〉

상 의
- 노타이(no tie) 식, 가슴받이를 붙이고 긴소매, 앞면 중앙에 플라스틱 단추(소) 6개
- 흉부 좌우에 겉붙임 뚜껑주머니 및 플라스틱 단추(소)
- 어깨·가슴에 휘장(좌측)

하 의
- 긴바지
- 앞면 좌우측에 겉붙임 옆주머니
- 뒷면 좌우 둔부에 겉붙임주머니 및 단추

※ 그 밖의 사항은 「경찰복제에 관한 규칙」에 따른 형태 및 규격에 따른다.

➡ 모자표장 [별도 2]

- 색상 및 재질 : 금색 금속지

➡ 가슴표장 [별도 3]

- 색상 및 재질 : 금색 금속지
- "청원경찰"은 음각으로 새겨 넣는다.
- "번호"에는 소속 기관과 그 일련번호를 새겨 넣는다.
  ([예] 체신 112)

➡ 휘장 [별도 4]

어깨휘장(좌측)
- 너비 2cm, 바깥지름 10cm의 반원형
- 바탕색 : 상의 색상과 동일
- 글자(청원경찰)색 : 바탕이 밝은 색일 경우 검은색, 바탕이 어두운 색일 경우 흰색
- 글씨의 굵기는 2mm, 크기는 한 글자 기준으로 가로 1.7cm, 세로 1.9cm
- 모든 제복 왼쪽 어깨에 부착

가슴휘장(좌측)
- 가로 10cm, 세로 6.5cm
- 흰색 바탕에 글자(청원경찰)는 검은색
- 글씨의 굵기는 4mm, 크기는 한 글자 기준으로 가로 2cm, 세로 5.5cm
- 기동복, 점퍼, 비옷, 방한복 및 외투 왼쪽 가슴에 부착

▶ 계급장 [별도 5]

[▲ 조원(신임)]

[▲ 조원(8년 이상 근속)]

[▲ 조장]

[▲ 반장]   [▲ 대장]

• 색상 및 재질 : 금색 금속지

▶ 넥타이핀 [별도 6]

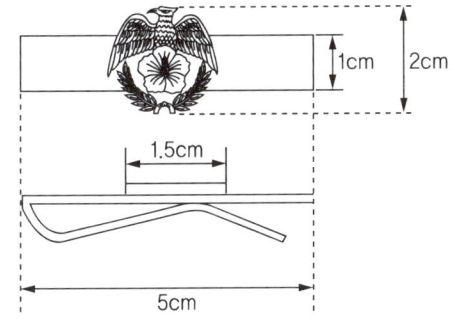

• 색상 및 재질 : 은색 금속지

▶ 단추 [별도 7]

• 색상 및 재질 : 은색 금속지

▶ 부속물의 위치 [별도 8]

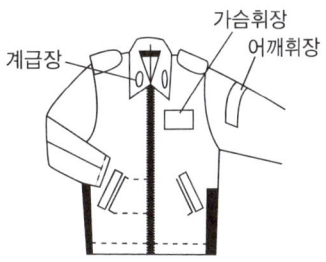

• 종류 : 점퍼, 외투, 비옷, 방한복

• 종류 : 근무복

03 무기휴대 및 무기관리수칙

1. **분사기 휴대**(청원경찰법 시행령 제15조)

    청원주는 「총포·도검·화약류 등의 안전관리에 관한 법률」에 따른 분사기의 소지허가를 받아 청원경찰로 하여금 그 분사기를 휴대하여 직무를 수행하게 할 수 있다.★

2. **무기휴대**(청원경찰법 시행령 제16조) 기출 19

    ① 청원주가 청원경찰이 휴대할 무기를 대여받으려는 경우에는 관할 경찰서장을 거쳐 시·도 경찰청장에게 무기대여를 신청하여야 한다(제1항).★★

    ② 무기대여 신청을 받은 시·도 경찰청장이 무기를 대여하여 휴대하게 하려는 경우에는 청원주로부터 국가에 기부채납된 무기에 한정하여 관할 경찰서장으로 하여금 무기를 대여하여 휴대하게 할 수 있다(제2항).★

    ③ 무기를 대여하였을 때에는 관할 경찰서장은 청원경찰의 무기관리상황을 수시로 점검하여야 한다(제3항).★★★

    ④ 청원주 및 청원경찰은 행정안전부령(청원경찰법 시행규칙 제16조)으로 정하는 무기관리수칙을 준수하여야 한다(제4항).★★★

빈칸 채우기

분사기 및 무기휴대
- 청원주는 분사기의 (❶)를 받아 청원경찰로 하여금 그 분사기를 휴대하여 직무를 수행하게 할 수 있다.
- 청원주가 청원경찰이 휴대할 무기를 대여받으려는 경우에는 (❷)을 거쳐 (❸)에게 무기대여를 신청하여야 한다.
- 무기대여 신청을 받은 (❸)이 무기를 대여하여 휴대하게 하려는 경우에는 청원주로부터 국가에 기부채납된 무기에 한정하여 (❷)으로 하여금 무기를 대여하여 휴대하게 할 수 있다.
- 무기를 대여하였을 때에는 (❷)은 청원경찰의 무기관리상황을 (❹)로 점검하여야 한다.
- 청원주 및 청원경찰은 (❺)으로 정하는 무기관리수칙을 준수하여야 한다.

❶ 소지허가 ❷ 관할 경찰서장 ❸ 시·도 경찰청장 ❹ 수시 ❺ 행정안전부령

3. **무기관리수칙**(청원경찰법 시행규칙 제16조) 기출 24·23·22·21·19·16·15·14·12·11·10·09·07·06·05·02·01·99

① **청원주의 무기관리** : 무기와 탄약을 대여받은 청원주는 다음에 따라 무기와 탄약을 관리해야 한다(제1항).
   ㉠ 청원주가 무기와 탄약을 대여받았을 때에는 경찰청장이 정하는 무기·탄약 출납부 및 무기장비 운영카드를 갖춰 두고 기록하여야 한다(제1호).
   ㉡ 청원주는 무기와 탄약의 관리를 위하여 관리책임자를 지정하고 관할 경찰서장에게 그 사실을 통보하여야 한다(제2호). ★★
   ㉢ 무기고 및 탄약고는 단층에 설치하고 환기·방습·방화 및 총받침대 등의 시설을 갖추어야 한다(제3호).
   ㉣ 탄약고는 무기고와 떨어진 곳에 설치하고, 그 위치는 사무실이나 그 밖에 여러 사람을 수용하거나 여러 사람이 오고 가는 시설로부터 격리되어야 한다(제4호).
   ㉤ 무기고와 탄약고에는 이중잠금장치를 하고, 열쇠는 관리책임자가 보관하되, 근무시간 이후에는 숙직책임자에게 인계하여 보관시켜야 한다(제5호). ★★
   ㉥ 청원주는 경찰청장이 정하는 바에 따라 매월 무기와 탄약의 관리실태를 파악하여 다음 달 3일까지 관할 경찰서장에게 통보하여야 한다(제6호). ★★
   ㉦ 청원주는 대여받은 무기와 탄약이 분실되거나 도난당하거나 빼앗기거나 훼손되는 등의 사고가 발생했을 때에는 지체 없이 그 사유를 관할 경찰서장에게 통보해야 한다(제7호). ★
   ㉧ 청원주는 무기와 탄약이 분실되거나 도난당하거나 빼앗기거나 훼손되었을 때에는 경찰청장이 정하는 바에 따라 그 전액을 배상해야 한다. 다만, 전시·사변·천재지변이나 그 밖의 불가항력적인 사유가 있다고 시·도 경찰청장이 인정하였을 때에는 그렇지 않다(제8호). ★

② **무기·탄약 출납 시 주의사항** : 무기와 탄약을 대여받은 청원주가 청원경찰에게 무기와 탄약을 출납하려는 경우에는 다음에 따라야 한다. 다만, 관할 경찰서장의 지시에 따라 탄약의 수를 늘리거나 줄일 수 있고, 무기와 탄약의 출납을 중지할 수 있으며, 무기와 탄약을 회수하여 집중관리 할 수 있다(제2항). ★
   ㉠ 무기와 탄약을 출납하였을 때에는 무기·탄약 출납부에 그 출납사항을 기록하여야 한다(제1호).
   ㉡ 소총의 탄약은 1정당 15발 이내, 권총의 탄약은 1정당 7발 이내로 출납하여야 한다(제2호 전문). ★
   ㉢ ㉡의 경우 생산된 후 오래된 탄약을 우선하여 출납하여야 한다(제2호 후문). ★
   ㉣ 청원경찰에게 지급한 무기와 탄약은 매주 1회 이상 손질하게 하여야 한다(제3호). ★★
   ㉤ 수리가 필요한 무기가 있을 때에는 그 목록과 무기장비 운영카드를 첨부하여 관할 경찰서장에게 수리를 요청할 수 있다(제4호). ★★

③ **청원경찰의 준수사항** : 청원주로부터 무기 및 탄약을 지급받은 청원경찰은 다음 사항을 준수하여야 한다(제3항).
   ㉠ 무기를 지급받거나 반납할 때 또는 인계인수할 때에는 반드시 "앞에 총" 자세에서 "검사 총"을 하여야 한다(제1호). ★
   ㉡ 무기와 탄약을 지급받았을 때에는 별도의 지시가 없으면 무기와 탄약을 분리하여 휴대하여야 하며, 소총은 "우로 어깨 걸어 총"의 자세를 유지하고, 권총은 "권총집에 넣어 총"의 자세를 유지하여야 한다(제2호). ★
   ㉢ 지급받은 무기는 다른 사람에게 보관 또는 휴대하게 할 수 없으며 손질을 의뢰할 수 없다(제3호). ★★
   ㉣ 무기를 손질하거나 조작할 때에는 반드시 총구를 공중으로 향하게 하여야 한다(제4호). ★★
   ㉤ 무기와 탄약을 반납할 때에는 손질을 철저히 하여야 한다(제5호).
   ㉥ 근무시간 이후에는 무기와 탄약을 청원주에게 반납하거나 교대근무자에게 인계하여야 한다(제6호). ★

④ **무기 및 탄약의 지급 제한** : 청원주는 다음의 어느 하나에 해당하는 청원경찰에게 무기와 탄약을 지급해서는 안 되며, 지급한 무기와 탄약은 즉시 회수해야 한다(제4항).
  ㉠ 직무상 비위(非違)로 징계대상이 된 사람(제1호)
  ㉡ 형사사건으로 조사대상이 된 사람(제2호)
  ㉢ 사직 의사를 밝힌 사람(제3호)
  ㉣ 치매, 조현병, 조현정동장애, 양극성 정동장애(조울병), 재발성 우울장애 등의 정신질환으로 인하여 무기와 탄약의 휴대가 적합하지 않다고 해당 분야 전문의가 인정하는 사람(제4호)
  ㉤ 제1호부터 제4호까지의 규정 중 어느 하나에 준하는 사유로 청원주가 무기와 탄약을 지급하기에 적절하지 않다고 인정하는 사람(제5호)

⑤ **무기 및 탄약의 지급 제한 또는 회수 결정 통지서 및 통보서**
  ㉠ 청원주는 ④에 따라 무기와 탄약을 지급하지 않거나 회수할 때에는 별지 제5호의2 서식의 결정 통지서를 작성하여 지체 없이 해당 청원경찰에게 통지해야 한다. 다만, 지급한 무기와 탄약의 신속한 회수가 필요하다고 인정되는 경우에는 무기와 탄약을 먼저 회수한 후 통지서를 내줄 수 있다(제5항).
  ㉡ 청원주는 ④에 따라 청원경찰에게 무기와 탄약을 지급하지 않거나 회수한 경우 7일 이내에 관할 경찰서장에게 별지 제5호의3 서식의 결정 통보서를 작성하여 통보해야 한다(제6항).

⑥ **무기 및 탄약의 지급 제한 또는 회수의 적정성 판단을 위한 조치** : ⑤의 ㉡에 따라 통보를 받은 관할 경찰서장은 통보받은 날부터 14일 이내에 무기와 탄약의 지급 제한 또는 회수의 적정성을 판단하기 위해 현장을 방문하여 해당 청원경찰의 의견을 청취하고 필요한 조치를 할 수 있다(제7항).

⑦ **무기 및 탄약의 지급 제한 사유 소멸 후 지급** : 청원주는 ④의 사유가 소멸하게 된 경우에는 청원경찰에게 무기와 탄약을 지급할 수 있다(제8항).

빈칸 채우기

무기 및 탄약의 지급 제한

⋯ 청원주는 다음의 어느 하나에 해당하는 청원경찰에게 무기와 탄약을 지급해서는 안 되며, 지급한 무기와 탄약은 즉시 회수해야 한다.
  ㉠ 직무상 비위(非違)로 (❶)대상이 된 사람
  ㉡ (❷)사건으로 (❸)대상이 된 사람
  ㉢ (❹) 의사를 밝힌 사람
  ㉣ 치매, 조현병, 조현정동장애, 양극성 정동장애(조울병), 재발성 우울장애 등의 정신질환으로 인하여 무기와 탄약의 휴대가 적합하지 않다고 해당 분야 (❺)가 인정하는 사람
  ㉤ ㉠부터 ㉣까지의 어느 하나에 준하는 사유로 (❻)가 무기와 탄약을 지급하기에 적절하지 않다고 인정하는 사람

❶ 징계 ❷ 형사 ❸ 조사 ❹ 사직 ❺ 전문의 ❻ 청원주 **정답**

04 청원경찰의 비치부책 기출 24・23・22・21・19・16・15・14・12・11

1. 청원주가 비치하여야 할 문서와 장부(청원경찰법 시행규칙 제17조 제1항)

청원주는 다음의 문서와 장부를 갖춰 두어야 한다.
① 청원경찰 명부(제1호)
② 근무일지(제2호)
③ 근무 상황카드(제3호)
④ 경비구역 배치도(제4호)
⑤ 순찰표철(제5호) ★
⑥ 무기・탄약 출납부(제6호) ★
⑦ 무기장비 운영카드(제7호)
⑧ 봉급지급 조서철(제8호)
⑨ 신분증명서 발급대장(제9호)
⑩ 징계 관계철(제10호) ★
⑪ 교육훈련 실시부(제11호) ★
⑫ 청원경찰 직무교육계획서(제12호)
⑬ 급여품 및 대여품 대장(제13호)
⑭ 그 밖에 청원경찰의 운영에 필요한 문서와 장부(제14호)

2. 관할 경찰서장이 비치하여야 할 문서와 장부(청원경찰법 시행규칙 제17조 제2항)

관할 경찰서장은 다음의 문서와 장부를 갖춰 두어야 한다.
① 청원경찰 명부(제1호) ★★
② 감독 순시부(제2호) ★
③ 전출입 관계철(제3호)
④ 교육훈련 실시부(제4호) ★★
⑤ 무기・탄약 대여대장(제5호) ★★
⑥ 징계요구서철(제6호) ★
⑦ 그 밖에 청원경찰의 운영에 필요한 문서와 장부(제7호)

빈칸 채우기

청원경찰의 비치부책
⋯ 청원주와 관할 경찰서장이 공통으로 비치하여야 할 문서와 장부 : (❶), (❷)

정답 ❶ 청원경찰 명부 ❷ 교육훈련 실시부

3. 시·도 경찰청장이 비치하여야 할 문서와 장부(청원경찰법 시행규칙 제17조 제3항)

시·도 경찰청장은 다음의 문서와 장부를 갖춰 두어야 한다.
① 배치결정 관계철(제1호)★
② 청원경찰 임용승인 관계철(제2호)
③ 전출입 관계철(제3호)
④ 그 밖에 청원경찰의 운영에 필요한 문서와 장부(제4호)

4. 서식의 준용(청원경찰법 시행규칙 제17조 제4항)

문서와 장부의 서식은 경찰관서에서 사용하는 서식을 준용한다.

비치하여야 할 문서와 장부 정리(청원경찰법 시행규칙 제17조)

청원주(제1항)	관할 경찰서장(제2항)	시·도 경찰청장(제3항)
• 청원경찰 명부 • 근무일지 • 근무 상황카드 • 경비구역 배치도 • 순찰표철 • 무기·탄약 출납부★ • 무기장비 운영카드 • 봉급지급 조서철 • 신분증명서 발급대장 • 징계 관계철★ • 교육훈련 실시부 • 청원경찰 직무교육계획서 • 급여품 및 대여품 대장 • 그 밖에 청원경찰의 운영에 필요한 문서와 장부	• 청원경찰 명부★ • 감독 순시부★ • 전출입 관계철★ • 교육훈련 실시부★★ • 무기탄약 대여대장 • 징계요구서철 • 그 밖에 청원경찰의 운영에 필요한 문서와 장부	• 배치결정 관계철 • 청원경찰 임용승인 관계철 • 전출입 관계철 • 그 밖에 청원경찰의 운영에 필요한 문서와 장부

※ 서식의 준용 : 문서와 장부의 서식은 경찰관서에서 사용하는 서식을 준용한다(제4항).

미래는
현재 우리가 무엇을 하는가에 달려 있다.

– 마하트마 간디 –

청원경찰법 제9조의3~제10조의7

01 감독 등
02 쟁의행위의 금지, 직권남용금지 및 배상책임 등
03 권한의 위임
04 면직 및 퇴직

최다 출제 POINT & 학습목표

1. 청원경찰의 직권남용금지는 단독문제 및 보기지문으로 자주 출제되는 중요한 내용이다.
2. 청원경찰의 감독, 감독자 지정기준에 대해서도 확실히 학습한다.
3. 권한의 위임, 근무배치 등의 위임, 배치폐지, 당연 퇴직 등의 사항에 대해서도 조문을 중심으로 꼼꼼하게 학습하도록 한다.

CHAPTER 05

보칙
(감독 · 권한위임 · 면직 및 퇴직 등)

CHAPTER 05
보칙 (감독·권한위임·면직 및 퇴직 등)

01 청원경찰법령상 근무인원이 30명 이상 40명 이하인 경우 감독자는 반장 1명, 조장 3~4명이 지정되어야 한다. 기출 21·20 ( )

02 청원경찰법령상 청원경찰은 파업, 태업 또는 그 밖에 업무의 정상적인 운영을 방해하는 일체의 쟁의행위를 하여서는 아니 된다. 기출 20·18 ( )

03 청원경찰법령상 청원경찰이 직무를 수행할 때 직권을 남용하여 국민에게 해를 끼친 경우에는 6개월 이하의 금고나 구류에 처한다. 기출 23·19·18·17·16·15·14 ( )

04 청원경찰법령상 청원경찰 업무에 종사하는 사람은 「형법」이나 그 밖의 법령에 따른 벌칙을 적용할 때에는 공무원으로 본다. 기출 18·17·16·15 ( )

05 청원경찰법령상 국가기관이나 지방자치단체에 근무하는 청원경찰의 직무상 불법행위에 대한 배상책임에 관하여는 「민법」의 규정을 따른다. 기출 20·18·16·15·14 ( )

06 청원경찰법령상 시·도 경찰청장은 청원경찰의 임용승인에 관한 권한을 대통령령으로 관할 경찰서장에게 위임할 수 있다. 기출 17 ( )

07 청원경찰법령상 청원경찰의 무기 대여 및 휴대에 관한 권한은 시·도 경찰청장이 대통령령으로 관할 경찰서장에게 위임할 수 있는 권한에 해당하지 않는다. 기출 17 ( )

08 청원경찰법령상 청원경찰이 배치된 사업장이 하나의 경찰서의 관할구역에 있는 경우에는 시·도 경찰청장은 청원주에 대한 지도 및 감독상 필요한 명령의 권한을 관할 경찰서장에게 위임한다. 기출 23 ( )

09 청원경찰법령상 무기의 관리 및 취급사항을 감독하는 권한은 청원경찰을 배치하고 있는 사업장이 하나의 경찰서의 관할구역에 있는 경우, 시·도 경찰청장이 관할 경찰서장에게 위임하는 권한으로 명시되어 있다. 기출 20 ( )

10 청원경찰법령상 청원경찰은 형의 선고, 징계처분 또는 신체상·정신상의 이상으로 직무를 감당하지 못할 때를 제외하고는 그 의사에 반하여 면직되지 아니한다. 기출 23·19·18·14 ( )

11 청원경찰법령상 청원주가 청원경찰을 면직시켰을 때에는 그 사실을 관할 시·도 경찰청장을 거쳐 경찰청장에게 보고하여야 한다. `기출` 20·16　　　　　　　　　　　　　　　　　　　　　　　　　　　　　　　　　　（　　）

12 청원경찰법령상 청원경찰의 배치폐지는 당연 퇴직사유에 해당하지 않는다. `기출` 22·20　　（　　）

13 청원경찰법령상 청원경찰은 60세가 되었을 때 당연 퇴직된다. `기출수정` 22·20·18　　　（　　）

14 청원경찰법령상 국가기관이나 지방자치단체에 근무하는 청원경찰의 휴직 및 명예퇴직에 관하여는 「국가공무원법」 관련규정을 준용한다. `기출` 22·20　　　　　　　　　　　　　　　　　　　　　　　　　　　（　　）

15 청원경찰법령상 청원경찰의 효율적인 운영을 위하여 청원주를 지도하며 감독상 필요한 명령을 할 수 있는 자는 시·도 경찰청장 또는 관할 경찰서장이다. `기출` 22　　　　　　　　　　　　　　　　　　　　　　（　　）

16 청원경찰법령상 청원주는 배치폐지나 배치인원 감축으로 과원(過員)이 되는 청원경찰 인원을 그 기관·시설 또는 사업장 내의 유사 업무에 종사하게 하거나 다른 시설·사업장 등에 재배치하는 등 청원경찰의 고용이 보장될 수 있도록 노력하여야 한다. `기출` 23　　　　　　　　　　　　　　　　　　　　　　　　　　　　　　　　　（　　）

17 청원경찰법령상 청원주는 항상 소속 청원경찰의 근무상황을 감독하고, 근무 수행에 필요한 교육을 하여야 한다. `기출` 24·23　　　　　　　　　　　　　　　　　　　　　　　　　　　　　　　　　　　　　　　（　　）

18 청원경찰법령상 관할 경찰서장은 매주 1회 이상 청원경찰을 배치한 경비구역에 대하여 복무규율과 근무상황, 무기의 관리 및 취급사항을 감독하여야 한다. `기출` 24·23　　　　　　　　　　　　　　　　　　　（　　）

▶ **정답과 해설** ◀　01 ○　02 ○　03 ×　04 ○　05 ×　06 ○　07 ○　08 ○　09 ×　10 ○
　　　　　　　　　11 ×　12 ×　13 ○　14 ○　15 ○　16 ○　17 ○　18 ×

✔ **오답분석**

03 청원경찰이 직무를 수행할 때 직권을 남용하여 국민에게 해를 끼친 경우에는 <u>6개월 이하의 징역이나 금고에 처한다</u>(청원경찰법 제10조 제1항).

05 국가기관이나 지방자치단체에 근무하는 청원경찰의 직무상 불법행위에 대한 배상책임에 관하여는 <u>국가배상법이 적용된다</u>(청원경찰법 제10조의2 반대해석, 국가배상법 제2조 및 대판 92다47564 참고).

09 <u>무기의 관리 및 취급사항을 감독하는 권한은 청원경찰법령상 관할 경찰서장의 고유권한에 해당한다</u>(청원경찰법 시행령 제17조 제2호).

11 청원주가 청원경찰을 면직시켰을 때에는 그 사실을 <u>관할 경찰서장을 거쳐 시·도 경찰청장에게 보고하여야 한다</u>(청원경찰법 제10조의4 제2항).

12 <u>청원경찰의 배치폐지는 당연 퇴직사유에 해당한다</u>(청원경찰법 제10조의6 제2호).

18 관할 경찰서장은 <u>매달 1회 이상</u> 청원경찰을 배치한 경비구역에 대하여 복무규율과 근무상황, 무기의 관리 및 취급사항을 감독하여야 한다(청원경찰법 시행령 제17조).

CHAPTER 05 보칙 (감독 · 권한위임 · 면직 및 퇴직 등)

청원경찰법 제9조의3~제10조의7

01 감독 등 기출 11·04·01·97

1. 감독 및 교육(청원경찰법 제9조의3) 기출 24·23·22·19

① 청원주는 항상 소속 청원경찰의 근무 상황을 감독하고 근무 수행에 필요한 교육을 하여야 한다(제1항).
② 시·도 경찰청장은 청원경찰의 효율적인 운영을 위하여 청원주를 지도하며 감독상 필요한 명령을 할 수 있다(제2항).★

2. 감독대상(청원경찰법 시행령 제17조) 기출 24·23

관할 경찰서장은 매월 1회 이상 청원경찰을 배치한 경비구역에 대하여 다음의 사항을 감독하여야 한다.
① 복무규율과 근무상황★
② 무기의 관리 및 취급사항★★

3. 감독자의 지정(청원경찰법 시행규칙 제19조) 기출 24·23·21·20·17·15

① 2명 이상의 청원경찰을 배치한 사업장의 청원주는 청원경찰의 지휘·감독을 위하여 청원경찰 중에서 유능한 사람을 선정하여 감독자로 지정하여야 한다.★
② 감독자는 조장, 반장 또는 대장으로 하며, 그 지정기준은 다음 표와 같다.★★

감독자 지정지준(청원경찰법 시행규칙 [별표 4])

근무인원	직급별 지정기준		
	대 장	반 장	조 장
9명까지	-	-	1명
10명 이상 29명 이하	-	1명	2~3명
30명 이상 40명 이하	-	1명	3~4명
41명 이상 60명 이하	1명	2명	6명
61명 이상 120명 이하	1명	4명	12명

4. 청원경찰의 보고(청원경찰법 시행규칙 제22조) 기출 23

청원경찰이 직무를 수행할 때에「경찰관직무집행법」및 동법 시행령에 따라 하여야 할 모든 보고는 관할 경찰서장에게 서면으로 보고하기 전에 지체 없이 구두로 보고하고 그 지시에 따라야 한다.★

> **경비전화의 가설(청원경찰법 시행규칙 제20조)**
> ① 관할 경찰서장은 청원주의 신청에 따라 경비를 위하여 필요하다고 인정할 때에는 청원경찰이 배치된 사업장에 경비전화를 가설할 수 있다.★★
> ② 제1항에 따라 경비전화를 가설할 때 드는 비용은 청원주가 부담한다.★

02 쟁의행위의 금지, 직권남용금지 및 배상책임 등

1. 쟁의행위의 금지(청원경찰법 제9조의4) 기출 24·20

청원경찰은 파업, 태업 또는 그 밖에 업무의 정상적인 운영을 방해하는 일체의 쟁의행위를 하여서는 아니 된다.

2. 직권남용금지(청원경찰법 제10조) 기출 24·23·19·17·16·11·08·04·02·01·99

① 청원경찰이 직무를 수행할 때 직권을 남용하여 국민에게 해를 끼친 경우에는 6개월 이하의 징역이나 금고에 처한다.★★
② 청원경찰업무에 종사하는 사람은 형법이나 그 밖의 법령에 따른 벌칙을 적용할 때에는 공무원으로 본다.

3. 청원경찰의 불법행위에 대한 배상책임(청원경찰법 제10조의2) 기출 24·23·20·19·14·07·05

청원경찰(국가기관이나 지방자치단체에 근무하는 청원경찰은 제외)의 직무상 불법행위에 대한 배상책임에 관하여는 민법의 규정을 따른다.★★

빈칸 채우기

쟁의행위의 금지, 직권남용금지 및 배상책임 등

→ 쟁의행위의 금지 : 청원경찰은 파업, (❶) 또는 그 밖에 업무의 정상적인 운영을 방해하는 일체의 쟁의행위를 하여서는 아니 된다.
→ 직권남용금지
   ㉠ 청원경찰이 직무를 수행할 때 직권을 남용하여 국민에게 해를 끼친 경우에는 (❷)개월 이하의 징역이나 금고에 처한다.
   ㉡ 청원경찰업무에 종사하는 사람은 (❸)이나 그 밖의 법령에 따른 벌칙을 적용할 때에는 (❹)으로 본다.
→ 청원경찰의 불법행위에 대한 배상책임 : 청원경찰(국가기관이나 지방자치단체에 근무하는 청원경찰은 제외)의 직무상 불법행위에 대한 배상책임에 관하여는 (❺)의 규정을 따른다.

정답 ❶ 태업 ❷ 6 ❸ 형법 ❹ 공무원 ❺ 민법

03 권한의 위임 [기출] 23·22·20·17·12·11·09·01

1. 관할 경찰서장에게 위임(청원경찰법 제10조의3)

청원경찰법에 따른 시·도 경찰청장의 권한은 그 일부를 대통령령으로 정하는 바에 따라 관할 경찰서장에게 위임할 수 있다.

2. 권한위임의 내용(청원경찰법 시행령 제20조)★★★

시·도 경찰청장은 다음의 권한을 관할 경찰서장에게 위임한다. 다만, 청원경찰을 배치하고 있는 사업장이 하나의 경찰서 관할구역 안에 있는 경우에 한한다.
① 청원경찰 배치의 결정 및 요청에 관한 권한(제1호)
② 청원경찰의 임용승인에 관한 권한(제2호)
③ 청원주에 대한 지도 및 감독상 필요한 명령에 관한 권한(제3호)
④ 과태료 부과·징수에 관한 권한(제4호)★★

04 면직 및 퇴직 [기출] 23·22·20·19·17·10·07·06

1. 의사에 반한 면직금지(청원경찰법 제10조의4)

① 청원경찰은 형의 선고, 징계처분 또는 신체상·정신상의 이상으로 직무를 감당하지 못할 때를 제외하고는 그 의사에 반하여 면직되지 아니한다.★★
② 청원주가 청원경찰을 면직시켰을 때에는 그 사실을 관할 경찰서장을 거쳐 시·도 경찰청장에게 보고하여야 한다.★★

빈칸 채우기

의사에 반한 면직금지
··· 청원경찰은 (❶), 징계처분 또는 신체상·정신상의 이상으로 직무를 감당하지 못할 때를 제외하고는 그 의사에 반하여 면직되지 아니한다.
··· 청원주가 청원경찰을 면직시켰을 때에는 그 사실을 (❷)을 거쳐 (❸)에게 보고하여야 한다.

❶ 형의 선고 ❷ 관할 경찰서장 ❸ 시·도 경찰청장 [정답]

2. 당연 퇴직(청원경찰법 제10조의6)

청원경찰이 다음의 어느 하나에 해당할 때에는 당연 퇴직된다.
① 제5조 제2항에 따른 임용결격사유에 해당될 때. 다만 「국가공무원법」 제33조 제2호는 파산선고를 받은 사람으로서 「채무자 회생 및 파산에 관한 법률」에 따라 신청기한 내에 면책신청을 하지 아니하였거나 면책불허가 결정 또는 면책 취소가 확정된 경우만 해당하고, 「국가공무원법」 제33조 제5호는 「형법」 제129조부터 제132조까지, 「성폭력범죄의 처벌 등에 관한 특례법」 제2조, 「아동·청소년의 성보호에 관한 법률」 제2조 제2호 및 직무와 관련하여 「형법」 제355조 또는 제356조에 규정된 죄를 범한 사람으로서 금고 이상의 형의 선고유예를 받은 경우만 해당한다(제1호).
[단순위헌, 2017헌가26, 2018.1.25., 청원경찰법(2010.2.4. 법률 제10013호로 개정된 것) 제10조의6 제1호 중 제5조 제2항에 의한 국가공무원법 제33조 제5호(금고 이상의 형의 선고유예를 받은 경우에 그 선고유예 기간 중에 있는 자)에 관한 부분은 헌법에 위반된다.]
② 제10조의5에 따라 청원경찰의 배치가 폐지되었을 때(제2호)
③ 나이가 60세가 되었을 때. 다만, 그날이 1월부터 6월 사이에 있으면 6월 30일에, 7월부터 12월 사이에 있으면 12월 31일에 각각 당연 퇴직된다(제3호).

3. 휴직 및 명예퇴직(청원경찰법 제10조의7)

국가기관이나 지방자치단체에 근무하는 청원경찰의 휴직 및 명예퇴직에 관하여는 「국가공무원법」 제71조부터 제73조까지(휴직, 휴직 기간, 휴직의 효력) 및 제74조의2(명예퇴직 등)를 준용한다. ★

빈칸 채우기

당연 퇴직

청원경찰이 다음의 어느 하나에 해당할 때에는 당연 퇴직된다.
… 제5조 제2항에 따른 (❶)사유에 해당될 때(원칙)
… 제10조의5에 따라 청원경찰의 배치가 폐지되었을 때
… 나이가 60세가 되었을 때. 다만, 그날이 1월부터 6월 사이에 있으면 6월 30일에, 7월부터 12월 사이에 있으면 12월 31일에 각각 당연 퇴직된다.

휴직 및 명예퇴직

… 국가기관이나 (❷)에 근무하는 청원경찰의 휴직 및 명예퇴직에 관하여는 (❸) 제71조부터 제73조까지 및 제74조의2를 준용한다.

정답 ❶ 임용결격 ❷ 지방자치단체 ❸ 국가공무원법

4. 민감정보 및 고유식별정보의 처리(청원경찰법 시행령 제20조의2)★★

시·도 경찰청장 또는 경찰서장은 다음 사무를 수행하기 위하여 불가피한 경우 「개인정보보호법」에 따른 건강에 관한 정보와 범죄경력자료에 해당하는 정보, 주민등록번호 또는 외국인등록번호가 포함된 자료를 처리할 수 있다.
① 청원경찰의 임용, 배치 등 인사관리에 관한 사무
② 청원경찰의 제복착용 및 무기휴대에 관한 사무
③ 청원주에 대한 지도·감독에 관한 사무
④ ①부터 ③까지의 규정에 따른 사무를 수행하기 위하여 필요한 사무

민감정보 및 고유식별정보의 처리

→ (❶)은 청원경찰의 임용, 배치 등 인사관리에 관한 사무, 청원경찰의 제복착용 및 무기휴대에 관한 사무, 청원주에 대한 지도·감독에 관한 사무 등을 수행하기 위하여 불가피한 경우 「(❷)」에 따른 건강에 관한 정보와 범죄경력자료에 해당하는 정보, 주민등록번호 또는 외국인등록번호가 포함된 자료를 처리할 수 있다.

❶ 시·도 경찰청장 또는 경찰서장 ❷ 개인정보보호법

할 수 있다고 믿는 사람은 그렇게 되고,
할 수 없다고 믿는 사람도 역시 그렇게 된다.

– 샤를 드골 –

청원경찰법 제11조~제12조

01 벌 칙
02 과태료

최다 출제 POINT & 학습목표

1. 과태료의 부과기준은 위반행위 및 과태료 금액 등에 대해 확실히 숙지해두어야 한다.
2. 종합문제가 주로 출제되므로, 각각의 위반행위에 대한 내용을 명확히 구분하여 학습하도록 한다.
3. 벌칙 및 과태료 부과 고지서 등의 내용 또한 세심하게 파악해야 한다.

CHAPTER **06**

벌칙과 과태료

CHAPTER 06 벌칙과 과태료

01 청원경찰법령상 청원경찰로서 청원경찰법 제9조의4를 위반하여 파업, 태업 또는 그 밖에 업무의 정상적인 운영을 방해하는 쟁의행위를 한 자는 1년 이하의 징역 또는 1,000만원 이하의 벌금에 처한다. 기출 22·19·12
( )

02 청원경찰법령상 과태료의 부과기준에서 시·도 경찰청장의 감독상 필요한 복무규율과 근무 상황에 관한 명령을 정당한 사유 없이 이행하지 않은 경우의 과태료 금액은 500만원이다. 기출 21
( )

03 청원경찰법령상 시·도 경찰청장의 배치결정을 받지 않고 국가중요시설(국가정보원장이 지정하는 국가보안목표시설)에 청원경찰을 배치한 경우, 시·도 경찰청장의 승인을 받지 않고 임용결격사유에 해당하는 청원경찰을 임용한 경우 및 정당한 사유 없이 경찰청장이 고시한 최저부담기준액 이상의 보수를 지급하지 않은 경우의 과태료 금액은 500만원으로 동일하다. 기출 21·13
( )

04 청원경찰법령상 시·도 경찰청장의 배치결정을 받지 않고 국가정보원장이 지정하는 국가보안목표시설에 청원경찰을 배치한 경우의 과태료는 500만원이다. 기출 18·17
( )

05 청원경찰법령상 시·도 경찰청장의 배치결정을 받지 않고 국가중요시설 외의 시설에 청원경찰을 배치한 경우의 과태료는 300만원이다. 기출 13
( )

06 청원경찰법령상 시·도 경찰청장의 배치결정을 받지 아니하고 청원경찰을 배치한 자에게는 500만원 이하의 과태료를 부과한다. 기출 24·23·22·20
( )

07 청원경찰법령상 시·도 경찰청장의 승인을 받지 않고 임용결격사유에 해당하지 않는 청원경찰을 임용한 경우 청원주는 500만원의 과태료 처분을 받는다. 기출 18·17
( )

08 청원경찰법령상 시·도 경찰청장의 승인을 받지 아니하고 청원경찰을 임용한 자에게는 500만원 이하의 과태료를 부과한다. 기출 23·22·19
( )

09 청원경찰법령상 시·도 경찰청장의 승인을 받지 않고 국가공무원법상 임용결격사유에 해당하는 청원경찰을 임용한 경우 청원주는 500만원의 과태료 처분을 받는다. 기출 21·13·11
( )

10 청원경찰법령상 정당한 사유 없이 경찰청장이 고시한 최저부담기준액 이상의 보수를 지급하지 아니한 청원주에게는 500만원 이하의 과태료를 부과한다. 기출 24·23·22·21·18·17·13·12
( )

11 청원경찰법령상 시·도 경찰청장의 감독상 필요한 총기·실탄 및 분사기에 관한 명령을 정당한 사유 없이 이행하지 않은 경우 500만원의 과태료가 부과된다. 기출 18·17·13·11 ( )

12 청원경찰법령상 청원경찰로서 직무에 관하여 거짓으로 보고하거나 통보하는 자에게는 500만원 이하의 과태료를 부과한다. 기출 12 ( )

13 청원경찰법령상 경찰서장은 위반행위의 동기, 내용 및 위반의 정도 등을 고려하여 과태료 금액의 3분의 1의 범위에서 그 금액을 줄이거나 늘릴 수 있다. 기출 20·19 ( )

14 청원경찰법령상 과태료는 대통령령으로 정하는 바에 따라 시·도 경찰청장이 부과·징수한다. 기출 23·20·16 ( )

15 청원경찰법령상 경찰청장은 과태료처분을 하였을 때에는 과태료 부과 및 징수 사항을 과태료 수납부에 기록하고 정리하여야 한다. 기출 24·20·19 ( )

16 청원경찰법령상 시·도 경찰청장은 위반행위의 동기, 내용 및 위반의 정도 등을 고려하여 과태료 금액의 100분의 50의 범위에서 그 금액을 줄이거나 늘릴 수 있다. 기출 23 ( )

▶ 정답과 해설 ◀   01 ○   02 ×   03 ○   04 ○   05 ×   06 ○   07 ×   08 ○   09 ○   10 ○
　　　　　　　　　11 ○   12 ×   13 ×   14 ○   15 ×   16 ○

✔ **오답분석**

02 총기·실탄 및 분사기에 관한 명령 이외의 시·도 경찰청장의 감독상 명령을 정당한 사유 없이 이행하지 않은 경우의 과태료는 300만원이다(청원경찰법 시행령 [별표 2] 제4호 나목).

05 시·도 경찰청장의 배치결정을 받지 않고 국가중요시설(국가정보원장이 지정하는 국가보안목표시설) 외의 시설에 청원 경찰을 배치한 경우의 과태료는 400만원이다(청원경찰법 시행령 [별표 2] 제2호 나목).

07 300만원의 과태료 처분을 받는다(청원경찰법 시행령 [별표 2] 제2호 나목).

12 청원경찰로서 직무에 관하여 거짓으로 보고하거나 통보하는 자는 500만원 이하의 과태료 부과대상에 포함되지 않는다.

13 시·도 경찰청장은 위반행위의 동기, 내용 및 위반의 정도 등을 고려하여 [별표 2]에 따른 과태료 금액의 100분의 50의 범위에서 그 금액을 줄이거나 늘릴 수 있다(청원경찰법 시행령 제21조 제2항 본문).

15 경찰서장은 과태료처분을 하였을 때에는 과태료 부과 및 징수 사항을 별지 제9호 서식의 과태료 수납부에 기록하고 정리하여야 한다(청원경찰법 시행규칙 제24조 제3항).

CHAPTER 06 벌칙과 과태료

청원경찰법 제11조~제12조

01 벌칙(청원경찰법 제11조)★ 기출 22·19·17·02·01

청원경찰로서 파업, 태업 또는 그 밖에 업무의 정상적인 운영을 방해하는 일체의 쟁의행위를 한 사람은 1년 이하의 징역 또는 1천만원 이하의 벌금에 처한다.

02 과태료 기출 20·19·16·15·12·11·10·07·04

1. 500만원 이하의 과태료(청원경찰법 제12조)★★

① 다음의 어느 하나에 해당하는 자는 500만원 이하의 과태료를 부과한다(제1항).★ 기출 24·23·22·20·19
  ㉠ 시·도 경찰청장의 배치결정을 받지 아니하고 청원경찰을 배치하거나 시·도 경찰청장의 승인을 받지 아니하고 청원경찰을 임용한 자(제1호)
  ㉡ 정당한 사유 없이 경찰청장이 고시한 최저부담기준액 이상의 보수를 지급하지 아니한 자(제2호)
  ㉢ 감독상 필요한 명령을 정당한 사유 없이 이행하지 아니한 자(제3호)
② 과태료는 대통령령(청원경찰법 시행령 제21조)으로 정하는 바에 의하여 시·도 경찰청장이 부과·징수한다(제2항). ★★ 기출 23·20

2. 과태료의 부과기준 등(청원경찰법 시행령 제21조)

① 과태료의 부과기준은 [별표 2]와 같다(제1항).
② 시·도 경찰청장은 위반행위의 동기, 내용 및 위반의 정도 등을 고려하여 과태료 부과기준에 따른 과태료 금액의 100분의 50의 범위에서 그 금액을 줄이거나 늘릴 수 있다. 다만, 늘리는 경우에는 과태료 금액의 상한인 500만원 이상을 초과할 수 없다(제2항).★ 기출 23·20·19
③ 과태료 부과 고지서(청원경찰법 시행규칙 제24조)
  ㉠ 과태료 부과의 사전 통지는 과태료 부과 사전 통지서에 따른다(제1항).
  ㉡ 과태료의 부과는 과태료 부과 고지서에 따른다(제2항).
  ㉢ 경찰서장은 과태료처분을 하였을 때에는 과태료 부과 및 징수 사항을 과태료 수납부에 기록하고 정리하여야 한다(제3항).★★ 기출 24·20·19

과태료 부과기준(청원경찰법 시행령 [별표 2]) 기출 21·18

위반행위	해당 법조문	과태료 금액
1. 법 제4조 제2항에 따른 시·도 경찰청장의 배치결정을 받지 않고 다음의 시설에 청원경찰을 배치한 경우 두 배·5·4 　가. 국가중요시설(국가정보원장이 지정하는 국가보안목표시설을 말한다)인 경우 　나. 가목에 따른 국가중요시설 외의 시설인 경우	법 제12조 제1항 제1호	500만원 400만원
2. 법 제5조 제1항에 따른 시·도 경찰청장의 승인을 받지 않고 다음의 청원경찰을 임용한 경우 두 승·5·3 　가. 법 제5조 제2항에 따른 임용결격사유에 해당하는 청원경찰 　나. 법 제5조 제2항에 따른 임용결격사유에 해당하지 않는 청원경찰	법 제12조 제1항 제1호	500만원 300만원
3. 정당한 사유 없이 법 제6조 제3항에 따라 경찰청장이 고시한 최저부담기준액 이상의 보수를 지급하지 않은 경우	법 제12조 제1항 제2호	500만원
4. 법 제9조의3 제2항에 따른 시·도 경찰청장의 감독상 필요한 다음의 명령을 정당한 사유 없이 이행하지 않은 경우 　가. 총기·실탄 및 분사기에 관한 명령 　나. 가목에 따른 명령 외의 명령	법 제12조 제1항 제3호	500만원 300만원

질서위반행위규제법

1. 이의제기(질서위반행위규제법 제20조)★
   ① 행정청의 과태료 부과에 불복하는 당사자는 과태료 부과 통지를 받은 날부터 60일 이내에 해당 행정청에 서면으로 이의제기를 할 수 있다.
   ② 이의제기가 있는 경우에는 행정청의 과태료 부과처분은 그 효력을 상실한다.
   ③ 당사자는 행정청으로부터 통지를 받기 전까지는 행정청에 대하여 서면으로 이의제기를 철회할 수 있다.
2. 가산금 징수 및 체납처분 등(질서위반행위규제법 제24조)★
   ① 행정청은 당사자가 납부기한까지 과태료를 납부하지 아니한 때에는 납부기한을 경과한 날부터 체납된 과태료에 대하여 100분의 3에 상당하는 가산금을 징수한다.
   ② 체납된 과태료를 납부하지 아니한 때에는 납부기한이 경과한 날부터 매 1개월이 경과할 때마다 체납된 과태료의 1천분의 12에 상당하는 가산금(중가산금)을 제1항에 따른 가산금에 가산하여 징수한다. 이 경우 중가산금을 가산하여 징수하는 기간은 60개월을 초과하지 못한다.
   ③ 행정청은 당사자가 기한 이내에 이의를 제기하지 아니하고 가산금을 납부하지 아니한 때에는 국세 또는 지방세 체납처분의 예에 따라 징수한다.
   ④ 삭제 〈2018.12.18.〉

빈칸 채우기

벌 칙

→ 청원경찰로서 파업, 태업 또는 그 밖에 업무의 정상적인 운영을 방해하는 일체의 (❶)를 한 사람은 (❷)년 이하의 징역 또는 (❷)천만원 이하의 벌금에 처한다.

과태료

→ 다음의 어느 하나에 해당하는 자는 (❸)만원 이하의 과태료를 부과한다.
　㉠ 시·도 경찰청장의 (❹)결정을 받지 아니하고 청원경찰을 (❹)하거나 시·도 경찰청장의 (❺)을 받지 아니하고 청원경찰을 임용한 자
　㉡ 정당한 사유 없이 (❻)이 고시한 최저부담기준액 이상의 보수를 지급하지 아니한 자
　㉢ 감독상 필요한 명령을 정당한 사유 없이 이행하지 아니한 자

정답　❶ 쟁의행위　❷ 1　❸ 500　❹ 배치　❺ 승인　❻ 경찰청장

똑같은 생각과 똑같은 말을 반복하면서,
다른 결과가 나오길 바라는 것만큼 어리석은 생각은 없다.

– 알버트 아인슈타인 –

주요 별지 서식

경비업법 시행규칙

청원경찰법 시행규칙

■ 경비업법 시행규칙 [별지 제2호 서식] 〈개정 2024.8.14.〉

경비업 [ ]신규 [ ]변경 [ ]갱신 허가신청서

접수번호		접수일	처리일	처리기간	15일

신청인	법인 명칭		허가번호	
	주사무소 소재지		전화번호	
	출장소 소재지		전화번호	
	대표자 성명		생년월일	

신청 내용	신청경비업무	[ ]시설경비업무 [ ]호송경비업무 [ ]신변보호업무 [ ]기계경비업무 [ ]특수경비업무 [ ]혼잡·교통유도경비업무
	자본	
	손해배상(공탁·보험·공제)	

「경비업법」 제4조제1항·제6조제2항, 같은 법 시행령 제3조 및 같은 법 시행규칙 제3조·제6조제1항에 따라 위와 같이 경비업의 (신규·변경·갱신) 허가를 신청합니다.

년   월   일

신청인(대표자)   (서명 또는 인)

시·도경찰청장   귀하

신청인 제출서류	1. 신규 · 변경 허가신청 　가. 법인의 정관 1부 　나. 법인 임원의 이력서 1부 　다. 경비인력·시설 및 장비의 확보계획서 각 1부(경비업의 허가를 신청하는 때에 갖출 수 없는 경우만 해당합니다) 2. 갱신 허가신청 　가. 허가증 원본 　나. 정관 1부(변경사항이 있는 경우만 해당합니다)	수수료 10,000원
담당 공무원 확인사항	법인의 등기사항증명서	

처리절차

신청서 작성	→	접수	→	결재	→	허가증 교부
(신청인)		(시·도경찰청 및 경찰서)		(시·도경찰청 및 경찰서)		(신청인)

210mm×297mm[백상지 80g/㎡(재활용품)]

■ 경비업법 시행규칙 [별지 제4호 서식] 〈개정 2023.7.17.〉

허가증 재교부신청서

접수번호	접수일	처리일	처리기간 7일
신청인	법인 명칭		허가번호
	소재지		전화번호
	대표자 성명		생년월일

「경비업법 시행령」 제4조제3항 및 「경비업법 시행규칙」 제4조제2항에 따라 위와 같이 경비업허가증의 재교부를 신청합니다.

년   월   일

신청인

(서명 또는 인)

시·도경찰청장   귀하

첨부서류	1. 사유서(허가증을 잃어버린 경우만 해당합니다) 2. 허가증(허가증이 못쓰게 된 경우만 해당합니다)	수수료 2,000원

처리절차

신청서 작성	→	접수	→	결재	→	허가증 재교부
(신청인)		(시·도경찰청 및 경찰서)		(시·도경찰청 및 경찰서)		(신청인)

210mm×297mm[백상지 80g/㎡(재활용품)]

■ 경비업법 시행규칙 [별지 제5호 서식] ⟨개정 2020.12.31.⟩

경비업 [ ] 폐업 / [ ] 휴업 / [ ] 영업재개 / [ ] 휴업기간연장 신고서

※ [ ]에는 해당되는 곳에 √표를 합니다.

(앞쪽)

접수번호		접수일자		처리기간	즉시

신고인	법인 명칭		허가번호	
	소재지		(전화번호 :)	
	대표자		생년월일	

신고내용	주소	(전화번호 :)
	폐업 연월일	
	휴업기간 또는 영업재개 연월일	

사유	

휴·폐업상황

계약 회사명	경비장소	경비원 성명	경비원에 대한 조치

「경비업법」 제4조제3항, 같은 법 시행령 제5조제1항, 제2항 및 같은 법 시행규칙에 따라 경비업의

[ ]폐업
[ ]휴업
[ ]영업재개
[ ]휴업기간연장

을(를) 신고합니다.

년 월 일

신고인 (서명 또는 인)

시·도경찰청장 귀하

첨부서류	허가증	수수료 없음

210mm×297mm[백상지 80g/㎡]

■ 경비업법 시행규칙 [별지 제6호 서식] 〈개정 2023.7.17.〉

경비업 허가사항 등의 변경신고서

접수번호		접수일	처리일	처리기간	7일

신고인	법인 명칭		허가번호	
	소재지		전화번호	
	대표자 성명		생년월일	

신고 내용	현재
	변경 후
	사유

「경비업법」 제4조제3항, 같은 법 시행령 제5조제4항·제5항 및 같은 법 시행규칙 제5조제2항에 따라 위와 같이 경비업의 허가사항 등의 변경을 신고합니다.

년   월   일

신고인(대표자)   (서명 또는 인)

시·도경찰청장   귀하

		수수료
신고인 제출서류	1. 명칭 변경의 경우: 허가증 원본 2. 대표자 변경의 경우: 법인 대표자의 이력서 1부 및 허가증 원본 3. 임원 변경의 경우: 법인 임원의 이력서 1부 4. 주사무소 또는 출장소 변경의 경우: 허가증 원본 5. 정관의 목적 변경의 경우: 법인의 정관 1부	2,000원
담당 공무원 확인사항	법인의 등기사항증명서	

처리절차

신청서 작성 (신청인) → 접수 (시·도경찰청 및 경찰서) → 결재 (시·도경찰청 및 경찰서) → 허가증 교부 (신청인)

210mm×297mm[백상지 80g/㎡(재활용품)]

■ 경비업법 시행규칙 [별지 제13호 서식] 〈개정 2020.12.31.〉

무기대여신청서

(앞쪽)

접수번호	접수일자	처리기간	30일

| 시설주 (신청인) | 성명 | | 생년월일 | |
| | 직책 | | | |

배치사업장의 명칭		배치사업장의 소재지	
특수경비원 배치 인원			

대여 요청량	총기 종류	수량	탄종	수량

대여신청 사유	
대여기간	
무기관리 방법	
비고	

「경비업법」 제14조제4항, 같은 법 시행령 제20조제1항 및 같은 법 시행규칙 제17조에 따라 위와 같이 무기대여를 신청합니다.

년 월 일

신청인 (서명 또는 인)

○○경찰서장 귀하

첨부서류	없음	수수료 없음

210mm×297mm[백상지 80g/㎡]

(뒤쪽)

처리절차

이 신청서는 아래와 같이 처리됩니다.

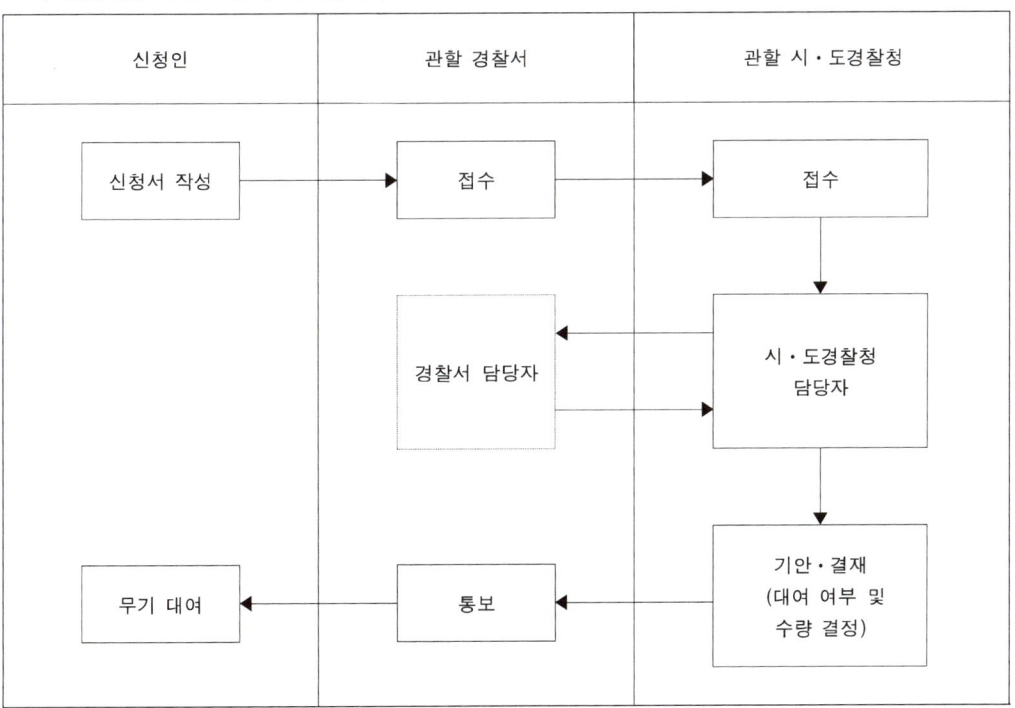

■ 경비업법 시행규칙 [별지 제13호의5 서식] 〈개정 2023.7.17.〉

범죄경력조회 신청서

접수번호	접수일자	처리일자	처리기간	1일

신청인(대표자)	업체명		허가번호	
	대표자		전화번호	
	주소지			

대상자	성 명	한글		
		한자		영문*
	주민등록번호 (여권번호 또는 외국인등록번호*)	-	국적*	
	주 소			
	취업(예정)직위			

「경비업법」 제17조제2항에 따라 우리 업체에 취업(예정)자인 (임원·경비원·경비지도사)에 대한 범죄경력조회를 요청하오니 그 결과를 회신해 주시기 바랍니다.

년   월   일

신청인(대표자)   (서명 또는 인)

_____ 시·도경찰청장(경찰서장) 귀하

첨부서류	1. 경비업 허가증 사본 2. 취업자 또는 취업예정자 범죄경력조회 동의서 각 1부	수수료
		없 음

작성요령
1. 영문 성명 및 국적은 조회 대상자가 외국인인 경우만 적습니다.
2. 조회 대상자가 외국인인 경우 주민등록번호 대신 여권번호 또는 외국인등록번호를 적습니다.
3. 조회 대상자가 여러 명일 경우에는 별지를 사용하시기 바랍니다.

처리절차

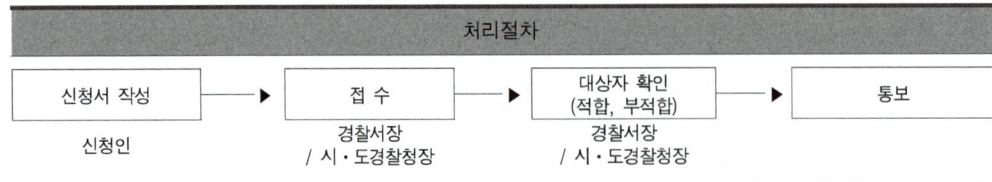

신청서 작성 (신청인) → 접 수 (경찰서장 / 시·도경찰청장) → 대상자 확인 (적합, 부적합) (경찰서장 / 시·도경찰청장) → 통보

210mm×297mm[백상지 80g/㎡(재활용품)]

■ 경비업법 시행규칙 [별지 제15호의2 서식] 〈신설 2021.7.13.〉

병력(病歷) 신고 및 개인정보 이용 동의서

※ 다음 물음을 읽고 있음 또는 없음의 해당 [ ] 칸에 √표시를 하며, 있음에 표시한 경우 그 내용을 적습니다.

접수번호	접수일	처리일	처리기간 10일
(1) 귀하는 조현병·정동장애(情動障碍)·재발성우울장애 등의 정신질환으로 치료받은 사실이 있습니까?			[ ]있음 [ ]없음
(있는 경우)	병명	치료병원	
	치료개시일	치료종료일	
(2) 귀하는 치매·정신발육지연·뇌전증 등으로 치료받은 사실이 있습니까?			[ ]있음 [ ]없음
(있는 경우)	병명	치료병원	
	치료개시일	치료종료일	
(3) 귀하는 마약·대마·향정신성의약품의 사용 또는 알코올 중독 등으로 치료받거나 수사기관에 단속된 사실이 있습니까?			[ ]있음 [ ]없음
(치료사실이 있는 경우)	병명	치료병원	
	치료개시일	치료종료일	
(단속된 사실이 있는 경우)	단속일시	단속기관	
	위반행위		

년   월   일

신고인   (서명 또는 인)

○○ 경찰서장   귀하

개인정보 이용 동의서

본인은 배치지 관할 경찰관서장이 「경비업법」 제10조제2항에 따른 특수경비원 결격사유의 해당여부 판단을 위해 국민건강보험공단 등 관계기관에 동의일부터 최근 5년간 본인의 심신상실, 마약·대마·향정신성의약품·알코올 중독, 치매, 조현병·조현정동장애·양극성정동장애(조울병)·재발성우울장애 등의 정신질환 또는 정신 발육지연, 뇌전증 등의 치료경력을 조회하는 것에 동의합니다.

년   월   일

동의인   (서명 또는 인)

유의사항

1. 기재하신 내용은 「경비업법」 제10조제2항에 따른 특수경비원 결격사유의 해당여부 판단을 위한 자료로만 활용됩니다.
2. 허위사실을 기재하여 특수경비원으로 배치된 경우 「경비업법」 제24조에 따라 배치가 폐지될 수 있습니다.

210mm×297mm(백상지 80g/㎡)

■ 청원경찰법 시행규칙 [별지 제1호 서식] 〈개정 2020.12.31.〉

청원경찰 배치 신청서

(앞쪽)

접수번호		접수일자		처리기간 7일	
청원주	성명			생년월일	
	직책			연락처	
배치 사업장의 명칭					
배치 사업장의 소재지					
경비 구역					
경비 배치 방법					
배치 받으려는 사유					
배치 받으려는 청원경찰 인원					
배치 기간					
근무 방법					

「청원경찰법」 제4조제1항, 같은 법 시행령 제2조 및 같은 법 시행규칙 제3조제1항에 따라 위와 같이 청원경찰 배치를 신청합니다.

년   월   일

신청인   (서명 또는 인)

○○경찰서장   귀하

첨부 서류	1. 경비 구역 평면도 1부 2. 배치 계획서 1부	수수료 없음

210mm×297mm[백상지 80g/㎡(재활용품)]

(뒤쪽)

처리 절차

1. 사업장이 하나의 경찰서의 관할구역에 있는 경우

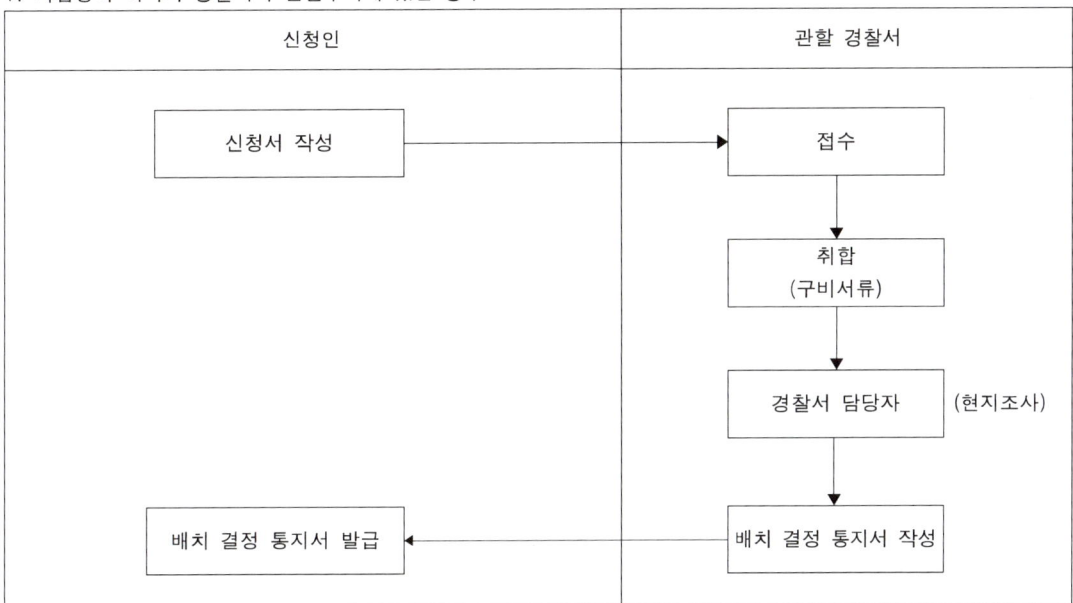

2. 사업장이 둘 이상의 경찰서의 관할구역에 있는 경우

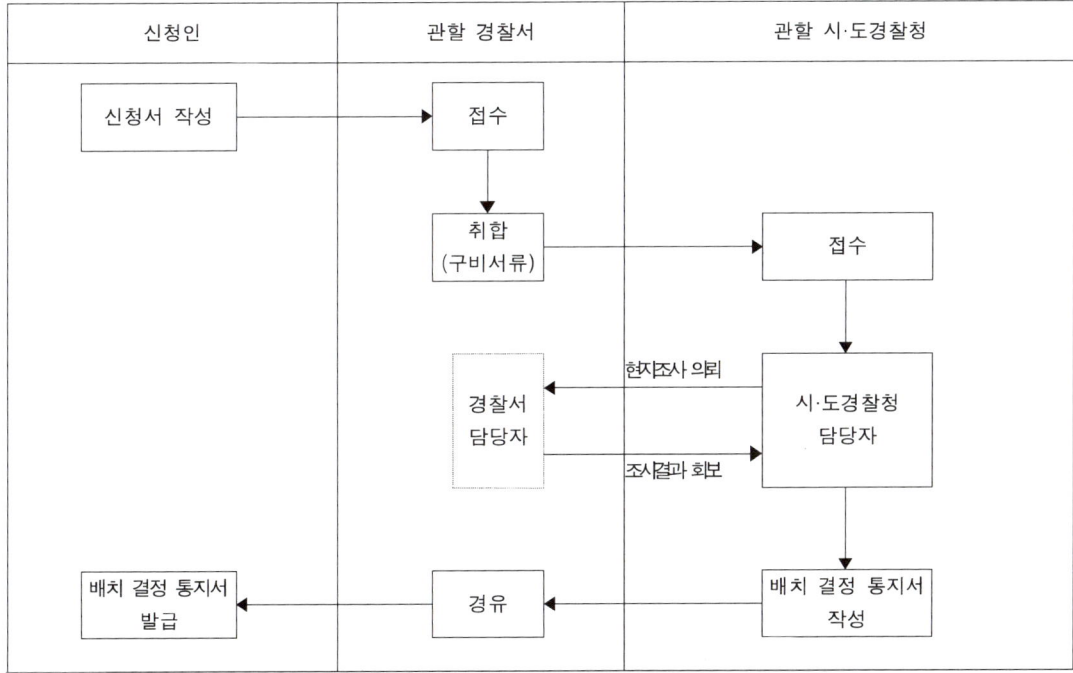

■ 청원경찰법 시행규칙 [별지 제3호 서식] 〈개정 2020.12.31.〉

청원경찰 임용 승인 신청서

(앞쪽)

접수번호	접수일자		처리기간	15일

청원주	성명		생년월일	
	직책		연락처	

배치 사업장의 명칭	
배치 사업장의 소재지	
청원경찰 배치 결정 통지 접수일	

임용예정자(총 명)	일련번호	성명	생년월일	주소	병역

「청원경찰법」 제5조제1항, 같은 법 시행령 제4조제1항 및 같은 법 시행규칙 제5조에 따라 위 사람들을 청원경찰로 임명하려고 하니 승인해 주시기 바랍니다.

년 월 일

신청인 (서명 또는 인)

○○경찰서장 귀하

첨부 서류	임용예정자에 대한 다음 각 호의 서류 1. 이력서 1부 2. 주민등록증 사본 1부 3. 민간인 신원진술서 1부 4. 최근 3개월 이내에 발행한 채용신체검사서 또는 취업용건강진단서 1부 5. 가족관계등록부 중 기본증명서 1부	수수료 없음
담당 공무원 확인사항	임용예정자 병적증명서	

행정정보 공동이용 동의서

임용예정자는 이 건 업무처리와 관련하여 담당 공무원이 「전자정부법」 제36조에 따른 행정정보의 공동이용을 통하여 위의 담당 공무원 확인 사항을 확인하는 것에 동의합니다.

※ 동의하지 아니하는 경우에는 임용예정자가 직접 관련 서류를 제출하여야 합니다.
※ 임용예정자가 2명 이상인 경우에는 별지를 사용할 수 있습니다.

청원경찰 임용예정자 (서명 또는 인)

210mm×297mm[백상지 80g/㎡(재활용품)]

(뒤쪽)

처리절차

1. 사업장이 하나의 경찰서의 관할구역에 있는 경우

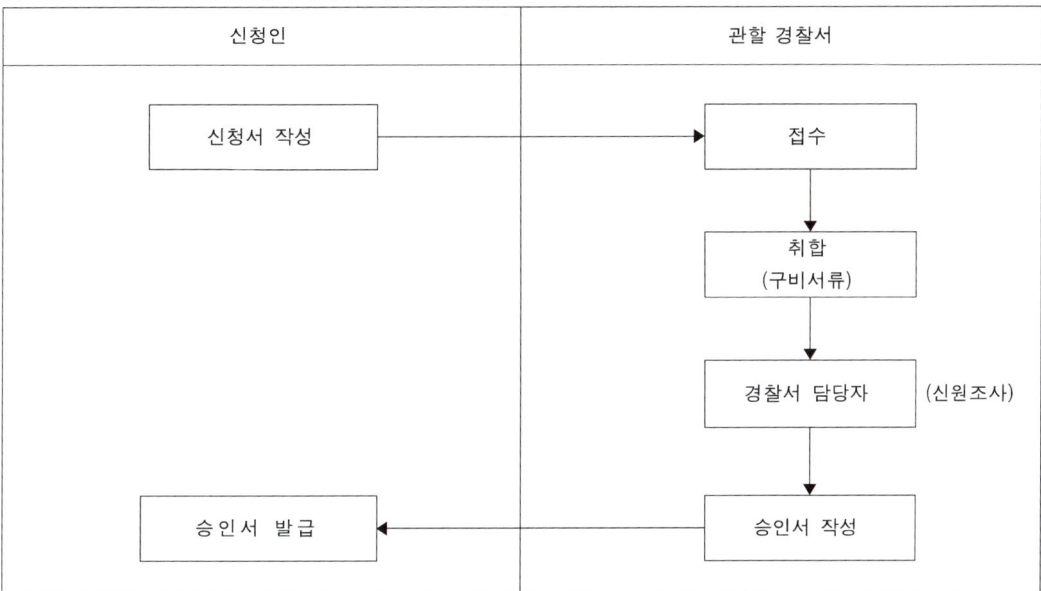

2. 사업장이 둘 이상의 경찰서의 관할구역에 있는 경우

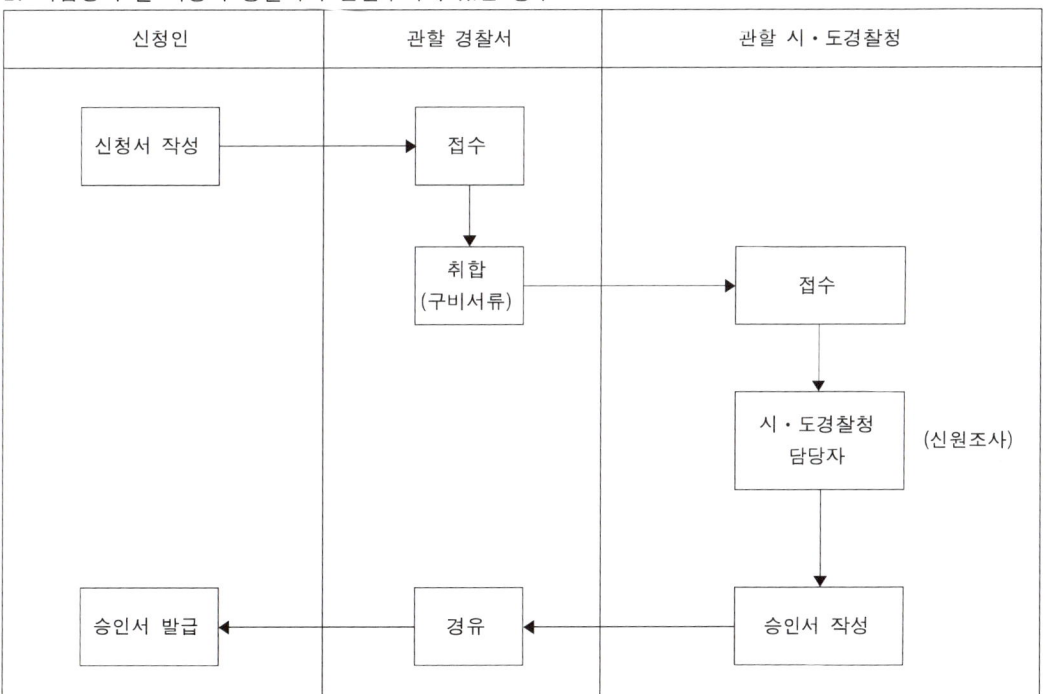

■ 청원경찰법 시행규칙 [별지 제5호 서식] 〈개정 2020.12.31.〉

청원경찰 무기 대여 신청서

(앞쪽)

접수번호		접수일자		처리기간	7일
청원주	성명		생년월일		
	직책		연락처		

배치 사업장의 명칭	
배치 사업장의 소재지	
청원경찰 배치 인원	

대여 신청량	총기의 종류	수량	탄약의 종류	수량

대여 신청 사유	
대여 기간	
무기 관리 방법	
비고	

「청원경찰법」 제8조제2항, 같은 법 시행령 제16조제1항 및 같은 법 시행규칙 제15조에 따라 위와 같이 무기대여를 신청합니다.

년 월 일

신청인 (서명 또는 인)

○○경찰서장 귀하

첨부 서류	없음	수수료 없음

210㎜×297㎜[백상지 80g/㎡(재활용품)]

(뒤쪽)

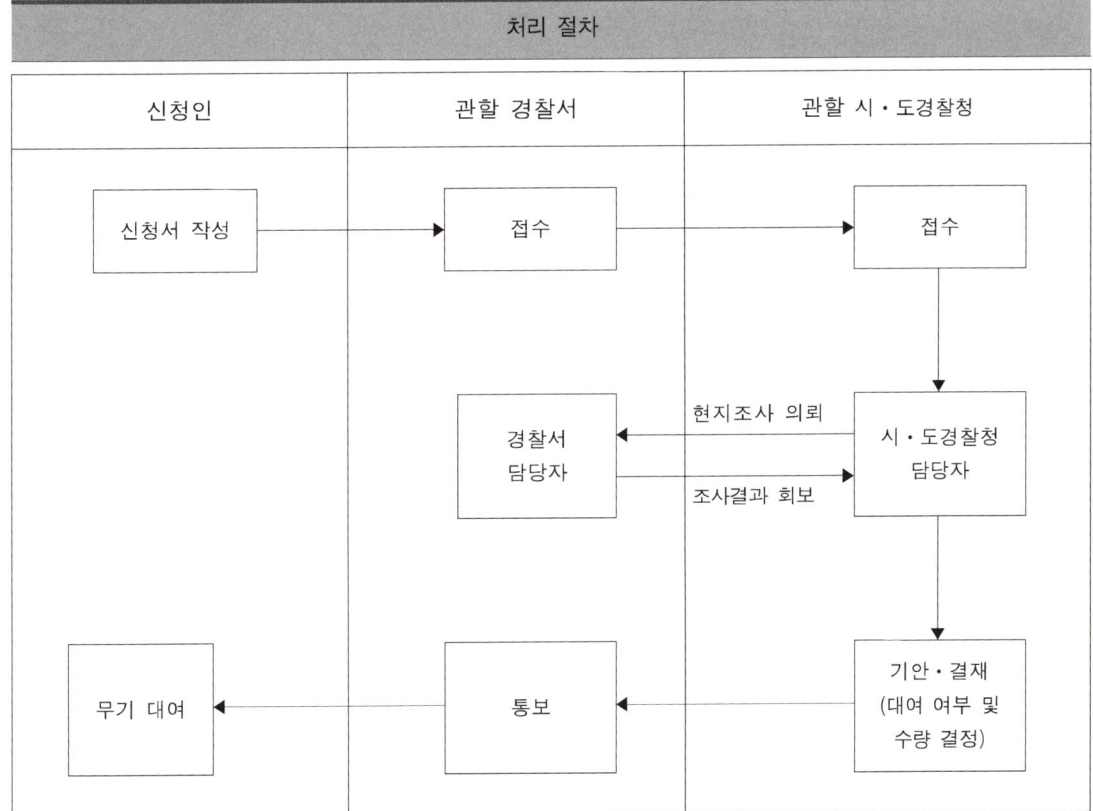

■ 청원경찰법 시행규칙 [별지 제5호의2 서식] 〈신설 2022.11.10.〉

청원경찰 무기·탄약 [ ] 지급 제한 / [ ] 회수 결정 통지서

제   호

대상자	성명		생년월일	
	주소			

통지내용	결정내용	
	무기·탄약 지급 제한 또는 회수 사유	

「청원경찰법 시행규칙」 제16조제4항 및 제5항에 따라 위와 같이 청원경찰의 무기·탄약 지급 제한 또는 회수 결정을 통지합니다.

년   월   일

○○기관의 장
○○시설·사업장   [직인]

210mm×297mm[백상지(80g/㎡) 또는 중질지(80g/㎡)]

■ 청원경찰법 시행규칙 [별지 제5호의3 서식] 〈신설 2022.11.10.〉

청원경찰 무기·탄약 [ ] 지급 제한 결정 통보서
[ ] 회수

접수번호		접수일자		처리기간	14일

청원주	성명		생년월일	
	직책		연락처	

통보 내용	배치 사업장의 명칭		배치 사업장의 소재지	
	대상자	성명	주소	
		생년월일		
	결정내용			
	무기·탄약 지급 제한 또는 회수 사유			

「청원경찰법 시행규칙」 제16조제5항 따라 위와 같이 청원경찰의 무기·탄약 지급 제한 또는 회수 결정을 통보합니다.

년   월   일

청원주   (서명 또는 인)

○○경찰서장   귀하

붙임 서류	없음	수수료 없음

210mm×297mm[백상지 80g/㎡(재활용품)]

 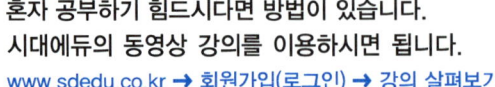 

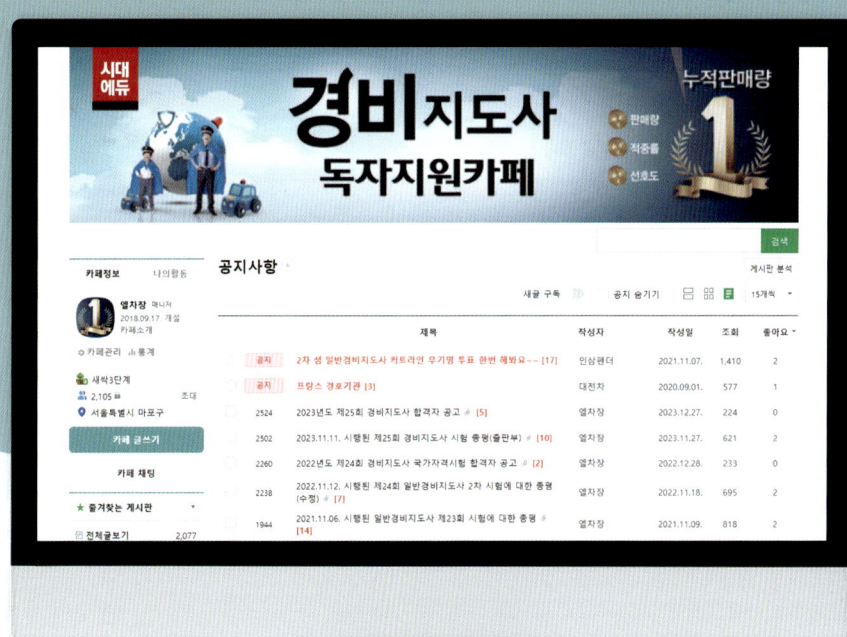

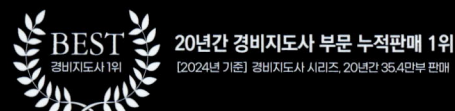

BEST 경비지도사 1위
20년간 경비지도사 부문 누적판매 1위
[2024년 기준] 경비지도사 시리즈, 20년간 35.4만부 판매

A SUCCESSFUL PROJECT

경비지도사
경비업법
2차 [일반·기계경비]

2025
A SUCCESSFUL PROJECT

편저 시대에듀 경비지도사 교수진

2025년 제27회 시험 대비
온라인 모의고사 무료 제공

최신 기출문제 무료 해설 강의

경비지도사
경비업법
2차 [일반·기계경비]
문제편

시대에듀

시대에듀 최강교수진!

합격에 최적화된 수험서와 최고 교수진의 名品 강의를 확인하세요!

시대에듀만의 경비지도사 수강혜택

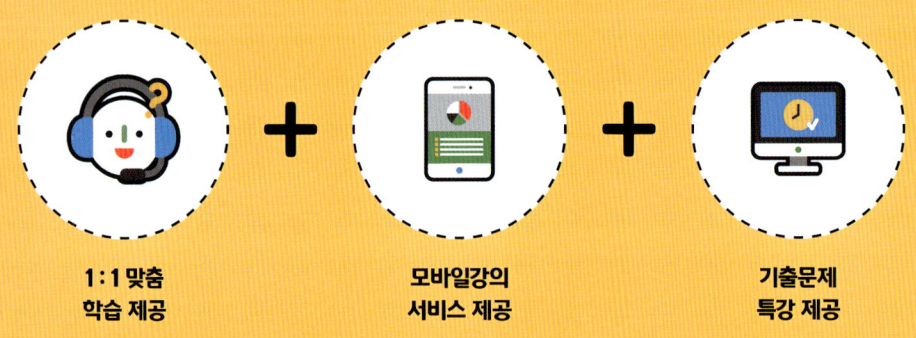

1:1 맞춤 학습 제공 + **모바일강의 서비스 제공** + **기출문제 특강 제공**

한눈에 보이는 경비지도사 동영상 합격 커리큘럼

1차	
기본이론	과목별 필수개념 수립
문제풀이	예상문제를 통한 실력 강화
모의고사	동형 모의고사로 실력 점검
기출특강	기출문제를 통한 유형 파악
마무리특강	시험 전 최종 마무리

2차	
기본이론	과목별 필수개념 수립
문제풀이	예상문제를 통한 실력 강화
모의고사	동형 모의고사로 실력 점검
기출특강	기출문제를 통한 유형 파악
마무리특강	시험 전 최종 마무리

※ 과정별 커리큘럼 및 강사진은 내부사정에 따라 변경될 수 있습니다.

경비업법

심화문제

CHAPTER 01 총 칙
CHAPTER 02 경비업의 허가 등
CHAPTER 03 기계경비업무
CHAPTER 04 경비지도사 및 경비원
CHAPTER 05 행정처분 등
CHAPTER 06 경비협회
CHAPTER 07 보 칙
CHAPTER 08 벌 칙

경비업법 제1조~제3조

01 경비업법의 목적

02 경비업법상 용어의 정의

03 경비법인

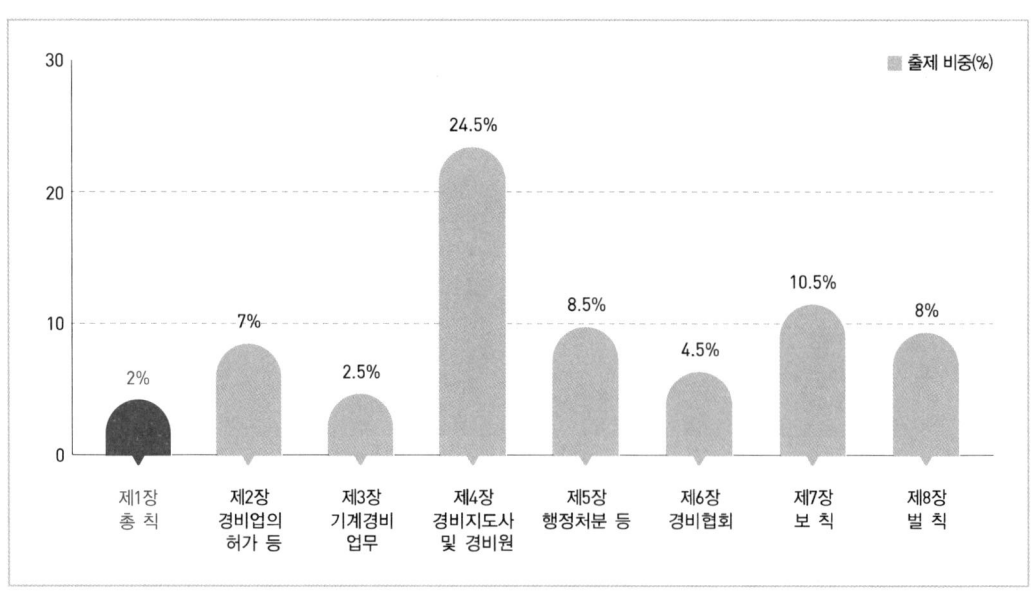

CHAPTER 01

총칙

CHAPTER 01 총 칙

01
CHECK ☐ △ ✕

경비업법령상 용어의 정의이다. ( )에 들어갈 내용이 바르게 나열된 것은? 기출 23

- 신변보호업무 : 사람의 생명이나 신체에 대한 (ㄱ)의 발생을 방지하고 그 신변을 보호하는 업무
- 특수경비업무 : 공항(항공기를 포함) 등 대통령령이 정하는 국가중요시설의 (ㄴ) 및 도난·화재 그 밖의 위험발생을 방지하는 업무
- 기계경비업무 : 경비대상시설에 설치한 기기에 의하여 감지·송신된 정보를 그 경비대상시설 외의 장소에 설치한 (ㄷ)의 기기로 수신하여 도난·화재 등 위험발생을 방지하는 업무

☑ ① ㄱ : 위 해, ㄴ : 경 비, ㄷ : 관제시설
② ㄱ : 위 해, ㄴ : 보 호, ㄷ : 관제시설
③ ㄱ : 침 해, ㄴ : 경 비, ㄷ : 감지시설
④ ㄱ : 침 해, ㄴ : 보 호, ㄷ : 감지시설

해설

( )에 들어갈 내용은 ㄱ : 위해, ㄴ : 경비, ㄷ : 관제시설이다(경비업법 제2조 제1호).

02

경비업법령상 운반 중에 있는 현금·유가증권·귀금속·상품 그 밖의 물건에 대하여 도난·화재 등 위험발생을 방지하는 업무는? 기출 24

① 특수경비업무
② 신변보호업무
③ 기계경비업무
④ 호송경비업무

해설

경비업법 제2조 제1호 나목의 호송경비업무에 대한 설명이다.

> **관계법령** 정의(경비업법 제2조)
>
> 이 법에서 사용하는 용어의 정의는 다음과 같다. 〈개정 2024.1.30.〉
> 1. "경비업"이라 함은 다음 각목의 1에 해당하는 업무(이하 "경비업무"라 한다)의 전부 또는 일부를 도급받아 행하는 영업을 말한다.
>   가. 시설경비업무 : 경비를 필요로 하는 시설 및 장소(이하 "경비대상시설"이라 한다)에서의 도난·화재 그 밖의 혼잡 등으로 인한 위험발생을 방지하는 업무
>   나. 호송경비업무 : 운반 중에 있는 현금·유가증권·귀금속·상품 그 밖의 물건에 대하여 도난·화재 등 위험발생을 방지하는 업무
>   다. 신변보호업무 : 사람의 생명이나 신체에 대한 위해의 발생을 방지하고 그 신변을 보호하는 업무
>   라. 기계경비업무 : 경비대상시설에 설치한 기기에 의하여 감지·송신된 정보를 그 경비대상시설 외의 장소에 설치한 관제시설의 기기로 수신하여 도난·화재 등 위험발생을 방지하는 업무
>   마. 특수경비업무 : 공항(항공기를 포함한다) 등 대통령령이 정하는 국가중요시설(이하 "국가중요시설"이라 한다)의 경비 및 도난·화재 그 밖의 위험발생을 방지하는 업무
>   바. 혼잡·교통유도경비업무 : 도로에 접속한 공사현장 및 사람과 차량의 통행에 위험이 있는 장소 또는 도로를 점유하는 행사장 등에서 교통사고나 그 밖의 혼잡 등으로 인한 위험발생을 방지하는 업무

03

다음 괄호 안에 알맞은 것은? 기출수정 06

> 경비업법상 경비업은 시설경비업무, 호송경비업무, (　), 기계경비업무, (　), 혼잡·교통유도경비업무의 전부 또는 일부를 (　)받아 행하는 영업을 말한다.

☑ 신변보호업무, 특수경비업무, 도급
② 신변보호업무, 특수경비업무, 위탁
③ 신변보호업무, 특수경비업무, 임대
④ 요인경비업무, 특별경비업무, 위임

해설

경비업법상 경비업은 시설경비업무, 호송경비업무, 신변보호업무, 기계경비업무, 특수경비업무, 혼잡·교통유도경비업무의 전부 또는 일부를 도급받아 행하는 영업을 말한다(경비업법 제2조 제1호).

04

경비업법상 용어에 관한 설명으로 옳지 않은 것은? 기출 17·06·05

① 시설경비업무는 경비를 필요로 하는 시설 및 장소에서의 도난 등으로 인한 위험발생을 방지하는 업무이다.
② 호송경비업무는 운반 중에 있는 현금 등 물건에 대하여 도난 등 위험발생을 방지하는 업무이다.
③ 신변보호업무는 사람의 생명이나 신체에 대한 위해발생을 방지하고 그 신변을 보호하는 업무이다.
☑ 특수경비업무는 경비대상시설에 설치한 기기에 의하여 감지·송신된 정보를 그 경비대상시설 외의 장소에 설치한 관제시설의 기기로 수신하여 도난 등 위험발생을 방지하는 업무이다.

해설

특수경비업무는 공항(항공기 포함) 등 대통령령이 정하는 국가중요시설의 경비 및 도난·화재 그 밖의 위험발생을 방지하는 업무이다(경비업법 제2조 제1호 마목). ④는 기계경비업무에 관한 설명이다.

05

경비업법에 규정된 용어의 정의이다. (   ) 안에 들어갈 단어가 올바르게 짝지어진 것은? 기출 16

> 시설경비업무란 경비를 필요로 하는 시설 및 장소에서의 (ㄱ)·화재 그 밖의 (ㄴ) 등으로 인한 위험발생을 방지하는 업무를 말한다.

① ㄱ : 위 해, ㄴ : 소 란
② ㄱ : 도 난, ㄴ : 혼 잡
③ ㄱ : 위 해, ㄴ : 혼 잡
④ ㄱ : 도 난, ㄴ : 소 란

해설

시설경비업무란 경비를 필요로 하는 시설 및 장소(경비대상시설)에서의 도난·화재 그 밖의 혼잡 등으로 인한 위험발생을 방지하는 업무를 말한다(경비업법 제2조 제1호 가목).★

06

경비업법령상 용어의 정의로 옳지 않은 것은? 기출 14

① 신변보호업무는 사람의 생명이나 신체에 대한 위해의 발생을 방지하고 그 신변을 보호하는 업무이다.
② 기계경비업무는 경비를 필요로 하는 시설 및 장소에서의 도난·화재 그 밖의 혼잡 등으로 인한 위험발생을 방지하는 업무이다.
③ 호송경비업무는 운반 중에 있는 현금·유가증권·귀금속·상품 그 밖의 물건에 대하여 도난·화재 등 위험발생을 방지하는 업무이다.
④ 특수경비업무는 공항 등 대통령령이 정하는 국가중요시설의 경비 및 도난·화재 그 밖의 위험발생을 방지하는 업무이다.

해설

기계경비업무는 경비대상시설에 설치한 기기에 의하여 감지·송신된 정보를 그 경비대상시설 외의 장소에 설치한 관제시설의 기기로 수신하여 도난·화재 등 위험발생을 방지하는 업무를 말한다(경비업법 제2조 제1호 라목). ②는 시설경비업무의 정의에 해당한다.

07

경비업법령상 다음 내용에 해당하는 경비업무는? 기출 12

> 경비대상시설에 설치한 기기에 의하여 감지·송신된 정보를 그 경비대상시설 외의 장소에 설치한 관제시설의 기기로 수신하여 도난·화재 등 위험발생을 방지하는 업무

① 시설경비업무
② 호송경비업무
✅ 기계경비업무
④ 특수경비업무

해설
경비업법 제2조 제1호 라목의 기계경비업무에 관한 내용이다.

08

경비업법령상 일반경비지도사는 다음의 경비업무에 종사하는 경비원을 지도·감독 및 교육하는데, 이러한 경비업무에 해당하지 않는 것은? 기출 11·07·99

① 시설경비업무
② 호송경비업무
③ 특수경비업무
✅ 기계경비업무

해설
기계경비업무는 기계경비지도사가 담당하는 경비업무에 해당한다.

09

경비업법상 기념식장, 경기장, 연예행사 등 많은 사람들의 혼잡에 의해서 발생할 수 있는 사고를 예방하기 위한 경비업무는? 기출 06

① 기계경비업무
② 혼잡경비업무
③ 호송경비업무
❹ **시설경비업무**

해설

기념식장, 경기장, 연예행사 등의 시설 및 장소에서 혼잡 등으로 인한 위험발생을 방지하는 업무이므로 시설경비업무에 해당한다. 덧붙여 시설경비업무에서 혼잡으로 인한 위험발생을 방지하는 업무는 질서유지업무를 의미한다.★ 다만, 2024.1.30. 개정으로 혼잡·교통유도경비업무(도로에 접속한 공사현장 및 사람과 차량의 통행에 위험이 있는 장소 또는 도로를 점유하는 행사장 등에서 교통사고나 그 밖의 혼잡 등으로 인한 위험발생을 방지하는 업무)가 추가되었으므로 설문에 주어진 행사장 등의 상황에 따라 시설경비업무인지 혼잡·교통유도경비업무인지 구별할 필요가 있다.

10

경기도 수원시에서 경비업을 영위하는 A경비법인은 수원시 소재 B은행의 현금 20억원을 2006년 10월 11일 대전광역시의 B은행으로 운반하는 업무를 담당하게 되었다. 이에 관한 설명으로 틀린 것은? 기출 06

① 이것은 호송경비에 해당한다.
② 호송경비통지서는 수원경찰서장에게 제출하여야 한다.
③ 호송경비통지서는 전자문서로 된 통지서를 포함한다.
❹ **현금수송을 위하여 관할 경찰서의 협조를 얻고자 하는 경우에는 2006년 10월 11일 오전 12시까지 호송경비통지서를 제출하여야 한다.**

해설

출발 전일까지 출발지의 경찰서장에게 호송경비통지서를 제출하여야 하므로 2006년 10월 11일 오전 12시가 아니라 2006년 10월 10일 오후 12시까지 수원경찰서장에게 호송경비통지서를 제출하여야 한다(경비업법 시행규칙 제2조 참고).

11

경비업법에서 의미하는 경비원의 개념은? 기출 04

① 국가시설주가 채용한 고용인으로서 경비업무를 수행하는 자
② 국가중요시설과 일반시설에 동원된 경비근무자
❸ 경비업자가 채용한 고용인으로서 경비업무를 수행하는 자
④ 국가시설주와 경비업자가 채용한 고용인으로서 경비업무를 수행하는 자

해설

경비원이라 함은 경비업의 허가를 받은 법인(경비업자)이 채용한 고용인으로서 시설경비, 호송경비, 신변보호, 기계경비업무, 혼잡·교통유도경비업무를 수행하는 자(일반경비원), 또는 특수경비업무를 수행하는 자(특수경비원)를 말한다. ★

12

경비업법령상 집단민원현장으로 옳지 않은 것은? 기출 22

① 「노동조합 및 노동관계조정법」에 따라 노동관계 당사자가 노동쟁의 조정신청을 한 사업장 또는 쟁의행위가 발생한 사업장
❷ 「공유토지분할에 관한 특례법」에 따라 공유토지에 대한 소유권행사와 토지의 이용에 문제가 있는 장소
③ 「도시 및 주거환경정비법」에 따른 정비사업과 관련하여 이해대립이 있어 다툼이 있는 장소
④ 「행정대집행법」에 따라 대집행을 하는 장소

해설

②는 경비업법 제2조 제5호의 집단민원현장에 해당하지 않는다. ①, ③, ④는 각각 경비업법 제2조 제5호 가목, 나목, 사목의 집단민원현장에 해당한다.

관계법령 정의(경비업법 제2조) ★

이 법에서 사용하는 용어의 정의는 다음과 같다.
  5. "집단민원현장"이란 다음 각목의 장소를 말한다.
    가. 「노동조합 및 노동관계조정법」에 따라 노동관계 당사자가 노동쟁의 조정신청을 한 사업장 또는 쟁의행위가 발생한 사업장
    나. 「도시 및 주거환경정비법」에 따른 정비사업과 관련하여 이해대립이 있어 다툼이 있는 장소
    다. 특정 시설물의 설치와 관련하여 민원이 있는 장소
    라. 주주총회와 관련하여 이해대립이 있어 다툼이 있는 장소
    마. 건물·토지 등 부동산 및 동산에 대한 소유권·운영권·관리권·점유권 등 법적 권리에 대한 이해대립이 있어 다툼이 있는 장소
    바. 100명 이상의 사람이 모이는 국제·문화·예술·체육 행사장
    사. 「행정대집행법」에 따라 대집행을 하는 장소

13

경비업법령상 '집단민원현장'에 해당하지 않는 것은? 기출 18

① 「노동조합 및 노동관계조정법」에 따라 노동관계 당사자가 노동쟁의 조정신청을 한 사업장
② 특정 시설물의 설치와 관련하여 민원이 있는 장소
③ 주주총회와 관련하여 이해대립이 있어 다툼이 있는 장소
④ 「행정절차법」에 따라 대집행을 하는 장소

[해설]
「행정대집행법」에 따라 대집행을 하는 장소가 집단민원현장이다(경비업법 제2조 제5호 사목).

14

경비업법상 집단민원현장에 해당하지 않는 것은? 기출 17

① 행정대집행법에 따라 대집행을 하는 장소
② 대기업의 주주총회가 개최되고 있는 장소
③ 100명 이상의 사람이 모이는 문화 행사장
④ 노동조합 및 노동관계조정법에 따라 노동관계 당사자가 노동쟁의 조정신청을 한 사업장

[해설]
주주총회와 관련하여 이해대립이 있어 다툼이 있는 장소가 집단민원현장이다(경비업법 제2조 제5호 라목). ★

15

경비업법상 집단민원현장에 해당하는 것은? 기출 16

① 30명의 사람이 모이는 예술 행사장
② 50명의 사람이 모이는 문화 행사장
③ 90명의 사람이 모이는 체육 행사장
④ 120명의 사람이 모이는 국제 행사장

[해설]
100명 이상의 사람이 모이는 국제·문화·예술·체육 행사장(경비업법 제2조 제5호 바목)이 집단민원현장이다.

16

경비업법상 집단민원현장에 해당하지 않는 것은? 기출 15

① 「행정대집행법」에 따라 대집행을 하는 장소
② 특정 시설물의 설치와 관련하여 민원이 있는 장소
③ 주주총회와 관련하여 이해대립이 있어 다툼이 있는 장소
❹ 70명의 사람이 모여 있는 국제·문화·예술·체육 행사장

해설
100명 이상의 사람이 모여 있는 국제·문화·예술·체육 행사장이 집단민원현장이다.

17

경비업법령상 집단민원현장에 해당하는 것은? 기출 14

① 건축법에 따라 철거명령이 내려진 장소
② 50명 이상의 사람이 모이는 국제·문화·예술·체육 행사장
③ 도시개발법에 따라 도시개발사업을 시행하기 위하여 지정·고시된 도시개발구역
❹ 노동조합 및 노동관계조정법에 따라 노동관계 당사자가 노동쟁의 조정신청을 한 사업장

해설
④ (○) 경비업법 제2조 제5호 가목
① (×) '행정대집행법'에 따라 대집행을 하는 장소가 집단민원현장에 해당한다(경비업법 제2조 제5호 사목).
② (×) 100명 이상의 사람이 모이는 국제·문화·예술·체육 행사장이어야 집단민원현장에 해당된다(경비업법 제2조 제5호 바목).
③ (×) '도시 및 주거환경정비법'에 따른 정비사업과 관련하여 이해대립이 있어 다툼이 있는 장소가 집단민원현장에 해당한다 (경비업법 제2조 제5호 나목). ★

18

경비업법령상 용어에 관한 설명으로 옳은 것은? 기출 21

① "시설경비업무"란 경비대상시설에 설치한 기기에 의하여 감지·송신된 정보를 수신하여 도난·화재 등 위험발생을 방지하는 업무를 말한다.
② "경비지도사"란 경비원을 지도·감독 및 교육하는 자를 말하며 일반경비지도사와 특수경비지도사로 구분한다.
❸ "특수경비원"은 공항(항공기 포함) 등 대통령령이 정하는 국가중요시설의 경비 및 도난·화재 그 밖의 위험발생을 방지하는 경비업무를 수행하는 자이다.
④ 110명의 사람이 모이는 문화 행사장은 "집단민원현장"이 아니다.

해설
③ (○) 경비업법 제2조 제3호 나목, 제1호 마목
① (×) 시설경비업무는 경비를 필요로 하는 시설 및 장소(경비대상시설)에서의 도난·화재 그 밖의 혼잡 등으로 인한 위험발생을 방지하는 업무이다(경비업법 제2조 제1호 가목).
② (×) 경비지도사는 일반경비지도사와 기계경비지도사로 구분한다(경비업법 제2조 제2호).
④ (×) 100명 이상의 사람이 모이는 국제·문화·예술·체육 행사장은 집단민원현장에 해당한다(경비업법 제2조 제5호 바목).

관계법령 정의(경비업법 제2조) ★

이 법에서 사용하는 용어의 정의는 다음과 같다. 〈개정 2024.1.30.〉
1. "경비업"이라 함은 다음 각목의 1에 해당하는 업무(경비업무)의 전부 또는 일부를 도급받아 행하는 영업을 말한다.
    가. 시설경비업무 : 경비를 필요로 하는 시설 및 장소(경비대상시설)에서의 도난·화재 그 밖의 혼잡 등으로 인한 위험발생을 방지하는 업무
    나. 호송경비업무 : 운반 중에 있는 현금·유가증권·귀금속·상품 그 밖의 물건에 대하여 도난·화재 등 위험발생을 방지하는 업무
    다. 신변보호업무 : 사람의 생명이나 신체에 대한 위해의 발생을 방지하고 그 신변을 보호하는 업무
    라. 기계경비업무 : 경비대상시설에 설치한 기기에 의하여 감지·송신된 정보를 그 경비대상시설 외의 장소에 설치한 관제시설의 기기로 수신하여 도난·화재 등 위험발생을 방지하는 업무
    마. 특수경비업무 : 공항(항공기를 포함) 등 대통령령이 정하는 국가중요시설의 경비 및 도난·화재 그 밖의 위험발생을 방지하는 업무
    바. 혼잡·교통유도경비업무 : 도로에 접속한 공사현장 및 사람과 차량의 통행에 위험이 있는 장소 또는 도로를 점유하는 행사장 등에서 교통사고나 그 밖의 혼잡 등으로 인한 위험발생을 방지하는 업무
2. "경비지도사"라 함은 경비원을 지도·감독 및 교육하는 자를 말하며 일반경비지도사와 기계경비지도사로 구분한다.
3. "경비원"이라 함은 제4조 제1항의 규정에 의하여 경비업의 허가를 받은 법인(경비업자)이 채용한 고용인으로서 다음 각목의 어느 하나에 해당하는 자를 말한다.
    가. 일반경비원 : 제1호 가목부터 라목까지 및 바목의 경비업무를 수행하는 자
    나. 특수경비원 : 제1호 마목의 경비업무를 수행하는 자
4. "무기"라 함은 인명 또는 신체에 위해를 가할 수 있도록 제작된 권총·소총 등을 말한다.
5. "집단민원현장"이란 다음 각목의 장소를 말한다.
    가. 「노동조합 및 노동관계조정법」에 따라 노동관계 당사자가 노동쟁의 조정신청을 한 사업장 또는 쟁의행위가 발생한 사업장
    나. 「도시 및 주거환경정비법」에 따른 정비사업과 관련하여 이해대립이 있어 다툼이 있는 장소
    다. 특정 시설물의 설치와 관련하여 민원이 있는 장소
    라. 주주총회와 관련하여 이해대립이 있어 다툼이 있는 장소
    마. 건물·토지 등 부동산 및 동산에 대한 소유권·운영권·관리권·점유권 등 법적 권리에 대한 이해대립이 있어 다툼이 있는 장소
    바. 100명 이상의 사람이 모이는 국제·문화·예술·체육 행사장
    사. 「행정대집행법」에 따라 대집행을 하는 장소

19

경비업법령상 규정된 용어에 관한 설명으로 옳은 것은? 기출 18

① 경비지도사는 일반경비지도사와 특수경비지도사로 구분한다.
② **국가중요시설에는 공항·항만, 원자력발전소 등의 시설 중 국가정보원장이 지정하는 국가보안목표시설도 해당된다.**
③ 무기라 함은 인명을 살상할 수 있도록 제작·판매된 권총·소총·분사기를 말한다.
④ 특수경비원은 시설경비, 호송경비, 신변보안, 특수경비업무를 수행하는 자이다.

해설

② (○) 경비업법 제2조 제1호 마목에서 "대통령령이 정하는 국가중요시설"이라 함은 공항·항만, 원자력발전소 등의 시설 중 국가정보원장이 지정하는 국가보안목표시설과 「통합방위법」 제21조 제4항의 규정에 의하여 국방부장관이 지정하는 국가중요시설을 말한다(경비업법 시행령 제2조). ★★
① (×) 경비지도사는 일반경비지도사와 기계경비지도사로 구분한다(경비업법 제2조 제2호).
③ (×) 무기라 함은 인명 또는 신체에 위해를 가할 수 있도록 제작된 권총·소총 등을 말한다(경비업법 제2조 제4호).
④ (×) 특수경비원은 공항(항공기를 포함한다) 등 대통령령이 정하는 국가중요시설(이하 "국가중요시설"이라 한다)의 경비 및 도난·화재 그 밖의 위험발생을 방지하는 업무를 수행하는 경비원을 말한다(경비업법 제2조 제3호 나목).

20

경비업법령에 대한 내용으로 옳지 않은 것은? 기출 11

① 일반경비원은 공항 등 국가중요시설의 특수경비업무를 수행할 수 없다.
② **국가중요시설은 공항·항만, 원자력발전소 등의 시설 중 국가정보원장이 지정하는 국가안보시설과 행정안전부장관이 지정하는 국가보안시설을 말한다.**
③ "경비지도사 및 경비원의 신분증명서는 경비지도사 또는 경비원이 소속된 경비업자가 발급한다"는 규정은 2014년 6월 5일 개정 시행규칙에서 삭제되었다.
④ 인명이나 신체에 위해를 가할 수 없는 모형 플라스틱 권총은 무기로 볼 수 없다.

해설

② (×) 경비업법 제2조 제1호 마목에서 "대통령령이 정하는 국가중요시설"이라 함은 공항·항만, 원자력발전소 등의 시설 중 국가정보원장이 지정하는 국가보안목표시설과 통합방위법 제21조 제4항의 규정에 의하여 국방부장관이 지정하는 국가중요시설을 말한다(경비업법 시행령 제2조). ★★
① (○) 특수경비업무는 특수경비원이 수행하고, 일반경비원은 특수경비업무를 수행할 수 없다.
③ (○) 경비원의 계급장·모장·흉장·표지장 및 신분증명서는 그간 경찰의 그것과 유사한 것이 문제되었고, 민간기업의 내부직책과 사원증에 해당하는 신분증명서를 법령으로 규정하는 것이 타당하지 않다는 이유로 경비업법 시행규칙 제27조는 2014년 6월 5일 개정 시행규칙에서 삭제되었다.
④ (○) 무기라 함은 인명 또는 신체에 위해를 가할 수 있도록 제작된 권총·소총 등을 말한다(경비업법 제2조 제4호).

21

경비업법령상 사용하는 용어의 정의로 옳지 않은 것은? 기출 10

① 호송경비업무 - 운반 중에 있는 현금·유가증권·귀금속·상품 그 밖의 물건에 대하여 도난·화재 등 위험발생을 방지하는 업무
② 특수경비업무 - 대통령령이 정하는 국가중요시설의 경비 및 도난·화재 그 밖의 위험발생을 방지하는 업무
❸ 경비지도사 - 경비원을 지도·감독 및 관리하는 자로서 일반경비지도사와 특수경비지도사로 구분
④ 경비원 - 경비업자가 채용한 고용인으로 일반경비원과 특수경비원으로 구분

해설

경비지도사는 일반경비지도사와 기계경비지도사로 구분하고(경비업법 제2조 제2호), 경비원은 일반경비원과 특수경비원으로 구분한다(경비업법 제2조 제3호).

핵심만콕

경비지도사	일반경비지도사	시설경비업무, 호송경비업무, 신변보호업무, 특수경비업무, 혼잡·교통유도경비업무에 종사하는 경비원을 지도·감독 및 교육하는 경비지도사
	기계경비지도사	기계경비업무에 종사하는 경비원을 지도·감독 및 교육하는 경비지도사
경비원	일반경비원	시설경비업무, 호송경비업무, 신변보호업무, 기계경비업무, 혼잡·교통유도경비업무를 수행하는 자
	특수경비원	특수경비업무를 수행하는 자

경비업법 제4조~제7조의2

01 경비업의 허가

02 경비업자의 의무

03 경비업무 도급인 등의 의무

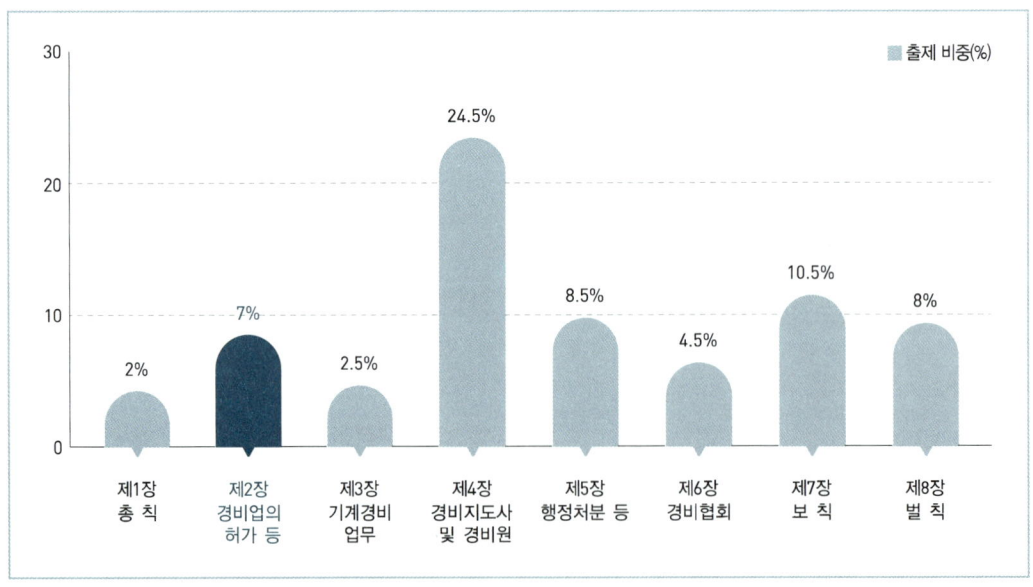

CHAPTER **02**

경비업의 허가 등

CHAPTER 02 경비업의 허가 등

01 CHECK ☐ △ ✕

경비업법령상 경비업을 영위하고자 하는 법인의 허가 여부 결정을 위한 검토사항에 해당하지 않는 것은? 기출 24

☑ ① 첫 업무개시의 신고에 따른 비밀취급인가 가능성 유무
② 경비인력·시설 및 장비의 확보 또는 확보가능성 여부
③ 임원 중 경비업법에 의한 결격사유에 해당하는 자가 있는지의 유무
④ 대표자·임원의 경력 및 신용

해설

이미 특수경비업의 허가를 받은 특수경비업자는 업무를 개시하거나 종료한 때에 시·도 경찰청장에게 신고하여야 하는 것(경비업법 제4조 제3항 제5호)이고 첫 업무개시의 신고를 하기 전에 시·도 경찰청장의 비밀취급인가를 받아야 한다(경비업법 시행령 제6조 제1항).

관계법령

허가절차 등(경비업법 시행령 제4조)
① 시·도 경찰청장은 제3조 제1항의 규정에 의하여 허가 또는 변경허가의 신청을 받은 때에는 경비업을 영위하고자 하는 법인의 임원 중 법 제5조의 규정에 의한 결격사유에 해당하는 자가 있는지의 유무, 경비인력·시설 및 장비의 확보 또는 확보가능성의 여부, 자본금과 대표자·임원의 경력 및 신용 등을 검토하여 허가여부를 결정하여야 한다.

특수경비업자의 업무개시 전의 조치(경비업법 시행령 제6조)
① 법 제2조 제1호 마목의 규정에 의한 특수경비업무를 수행하는 경비업자(이하 "특수경비업자"라 한다)는 법 제4조 제3항 제5호의 규정에 의하여 첫 업무개시의 신고를 하기 전에 시·도 경찰청장의 비밀취급인가를 받아야 한다.

> **경비업의 허가(경비업법 제4조)**
> ③ 제1항의 규정에 의하여 경비업의 허가를 받은 법인은 다음 각호의 어느 하나에 해당하는 때에는 시·도 경찰청장에게 신고하여야 한다. 〈개정 2024.2.13.〉
> 1. 영업을 폐업하거나 휴업한 때
> 2. 법인의 명칭이나 대표자·임원을 변경한 때
> 3. 법인의 주사무소나 출장소를 신설·이전 또는 폐지한 때
> 4. 기계경비업무의 수행을 위한 관제시설을 신설·이전 또는 폐지한 때
> 5. 특수경비업무를 개시하거나 종료한 때
> 6. 그 밖에 대통령령이 정하는 중요사항을 변경한 때

02

CHECK ○△×

경비업법령상 경비업 허가를 받으려는 자가 신청서에 첨부하여야 하는 서류를 모두 고른 것은?

기출 23

> ㄱ. 법인의 정관 1부
> ㄴ. 법인 임원의 이력서 1부
> ㄷ. 법인 임원의 인감증명서 1부

☑ ① ㄱ, ㄴ
② ㄱ, ㄷ
③ ㄴ, ㄷ
④ ㄱ, ㄴ, ㄷ

해설

ㄷ(법인 임원의 인감증명서 1부)은 ㄱ(법인의 정관 1부), ㄴ(법인 임원의 이력서 1부)과 달리 경비업법령상 경비업 허가를 받으려는 자가 신청서에 첨부하여야 할 서류에 해당하지 않는다.

관계법령 허가신청 등(경비업법 시행규칙 제3조)

① 법 제4조 제1항 및 「경비업법 시행령」(이하 "영"이라 한다) 제3조 제1항에 따라 경비업의 허가를 받으려는 경우 또는 경비업자가 허가를 받은 경비업무를 변경하거나 새로운 경비업무를 추가하려는 경우에는 별지 제2호 서식의 경비업 허가신청서 또는 변경허가신청서(전자문서로 된 신청서를 포함한다)에 다음 각호의 서류(전자문서를 포함한다)를 첨부하여 법인의 주사무소를 관할하는 시·도 경찰청장 또는 해당 시·도 경찰청 소속의 경찰서장에게 제출하여야 한다. 이 경우 신청서를 제출받은 경찰서장은 지체 없이 관할 시·도 경찰청장에게 보내야 한다.
  1. 법인의 정관 1부
  2. 법인 임원의 이력서 1부
  3. 경비인력·시설 및 장비의 확보계획서 1부(경비업 허가의 신청 시 이를 갖출 수 없는 경우에 한한다)
② 제1항에 따른 신청서를 제출받은 시·도 경찰청장은 「전자정부법」 제36조 제1항에 따른 행정정보의 공동이용을 통하여 법인의 등기사항증명서를 확인하여야 한다.

03

경비업법령상 경비업 허가신청 등에 관한 설명으로 옳은 것은? 기출 20

✓ 경비업 허가 신청 시 시설을 갖출 수 없는 경우에는 시설 확보계획서를 제출한 후 허가를 받은 날부터 1월 이내에 법령 규정에 의한 시설을 갖추고 시·도 경찰청장의 확인을 받아야 한다.
② 경비업의 허가를 받은 법인은 기계경비업무 수행을 위한 관제시설을 이전한 때에는 관할 경찰서장에게 신고하여야 한다.
③ 경비업 변경허가 신청 시 자본금을 갖출 수 없는 경우에는 자본금 확보계획서를 제출한 후 변경허가를 받은 날부터 1월 이내에 자본금을 갖추고 시·도 경찰청장의 확인을 받아야 한다.
④ 경비업자가 허가받은 경비업무를 변경하려는 경우에는 변경허가신청서를 경찰청장 또는 관할 시·도 경찰청장에게 제출하여야 한다.

해설

① (○) 경비업법 시행령 제3조 제2항 단서
② (×) 경비업의 허가를 받은 법인이 기계경비업무의 수행을 위한 관제시설을 신설·이전 또는 폐지한 때에는 시·도 경찰청장에게 신고하여야 한다(경비업법 제4조 제3항 제4호).
③ (×) 자본금은 경비업의 변경허가 신청 시 반드시 갖추고 있어야 한다(경비업법 시행령 제3조 제2항 단서 반대해석).
④ (×) 경비업의 허가를 받은 법인이 허가를 받은 경비업무를 변경하거나 새로운 경비업무를 추가하려는 경우에는 변경허가신청서에 행정안전부령으로 정하는 서류를 첨부하여 법인의 주사무소를 관할하는 시·도 경찰청장 또는 해당 시·도 경찰청 소속의 경찰서장에게 제출하여야 한다(경비업법 시행령 제3조 제1항 전문).

04

경비업법령상 특수경비업의 경비인력 및 자본금의 허가요건으로 옳은 것은? 기출 21

① 특수경비원 10명 이상, 경비지도사 1명 이상, 자본금 1억원 이상
② 특수경비원 20명 이상, 경비지도사 1명 이상, 자본금 1억원 이상
③ 특수경비원 10명 이상, 경비지도사 1명 이상, 자본금 3억원 이상
✓ 특수경비원 20명 이상, 경비지도사 1명 이상, 자본금 3억원 이상

해설

특수경비업은 경비인력으로 특수경비원 20명 이상과 경비지도사 1명 이상, 자본금으로 3억원 이상이 요구된다(경비업법 시행령 [별표 1] 제5호).

관계법령 경비업의 시설 등의 기준(경비업법 시행령 [별표 1]) ★ <개정 2024.12.31.>

시설 등 기준 업무별	경비인력	자본금	시 설	장비 등
1. 시설경비업무	• 일반경비원 10명 이상 • 경비지도사 1명 이상	1억원 이상	기준 경비인력 수 이상을 동시에 교육할 수 있는 교육장	기준 경비인력 수 이상의 경비원 복장 및 경적, 단봉, 분사기
2. 호송경비업무	• 무술유단자인 일반경비원 5명 이상 • 경비지도사 1명 이상	1억원 이상	기준 경비인력 수 이상을 동시에 교육할 수 있는 교육장	• **호송용 차량 1대 이상** • **현금호송백 1개 이상** • 기준 경비인력 수 이상의 경비원 복장 및 경적, 단봉, 분사기
3. 신변보호업무	• 무술유단자인 일반경비원 5명 이상 • 경비지도사 1명 이상	1억원 이상	기준 경비인력 수 이상을 동시에 교육할 수 있는 교육장	• 기준 경비인력 수 이상의 무전기 등 **통신장비** • 기준 경비인력 수 이상의 경적, 단봉, 분사기
4. 기계경비업무	• 전자·통신 분야 기술자격증소지자 5명을 포함한 일반경비원 10명 이상 • 경비지도사 1명 이상	1억원 이상	• 기준 경비인력 수 이상을 동시에 교육할 수 있는 교육장 • 관제시설	• **감지장치·송신장치 및 수신장치** • **출장소별로 출동차량 2대 이상** • 기준 경비인력 수 이상의 경비원 복장 및 경적, 단봉, 분사기
5. 특수경비업무	• 특수경비원 20명 이상 • 경비지도사 1명 이상	3억원 이상	기준 경비인력 수 이상을 동시에 교육할 수 있는 교육장	기준 경비인력 수 이상의 경비원 복장 및 경적, 단봉, 분사기
6. 혼잡·교통 유도경비업무	• 일반경비원 10명 이상 • 경비지도사 1명 이상	1억원 이상	기준 경비인력 수 이상을 동시에 교육할 수 있는 교육장	기준 경비인력 수 이상의 경비원 복장 및 경적, 단봉, 분사기, **무전기**, **경광봉**

[비 고]
1. 자본금의 경우 납입자본금을 말하고, 하나의 경비업무에 대한 자본금을 갖춘 경비업자가 그 외의 경비업무를 추가로 하려는 경우 자본금을 갖춘 것으로 본다. 다만, 특수경비업자 외의 자가 특수경비업무를 추가로 하려는 경우에는 이미 갖추고 있는 자본금을 포함하여 특수경비업무의 자본금 기준에 적합하여야 한다.
2. 교육장의 경우 하나의 경비업무에 대한 시설을 갖춘 경비업자가 그 외의 경비업무를 추가로 하려는 경우에는 경비인력이 더 많이 필요한 경비업무에 해당하는 교육장을 갖추어야 한다.
3. "무술유단자"란 「국민체육진흥법」 제33조에 따른 대한체육회에 가맹된 단체 또는 문화체육관광부에 등록된 무도 관련 단체가 무술유단자로 인정한 사람을 말한다.
4. "호송용 차량"이란 현금이나 그 밖의 귀중품의 운반에 필요한 견고성 및 안전성을 갖추고 무선통신시설 및 경보시설을 갖춘 자동차를 말한다.
5. "현금호송백"이란 현금이나 그 밖의 귀중품을 운반하기 위한 이동용 호송장비로서 경보시설을 갖춘 것을 말한다.
6. "전자·통신 분야 기술자격증소지자"란 「국가기술자격법」에 따라 전자 및 통신 분야에서 기술자격을 취득한 사람을 말한다.

05

경비업법령상 경비업 허가에 관한 설명으로 옳은 것은? 기출 20

① 시·도 경찰청장은 경비업 변경허가를 한 경우 해당 법인의 주사무소를 관할하는 지구대장을 거쳐 신청인에게 허가증을 발급하여야 한다.
② 경비업자는 경비업 허가증이 못쓰게 된 경우에는 그 사유서를 첨부하여 해당 시·도 경찰청 소속의 경찰서장에게 재발급을 신청하여야 한다.
③ 시·도 경찰청장이 경비업 허가를 신청받아 허가여부를 결정할 때, 임원의 신용은 검토대상이 아니다.
❹ 누구든지 허가를 받은 경비업체와 동일한 명칭으로 경비업 허가를 받을 수 없다.

해설

④ (○) 경비업법 제4조의2 제1항
① (×) 시·도 경찰청장은 경비업을 허가하거나 변경허가를 한 경우에는 해당 법인의 주사무소를 관할하는 경찰서장을 거쳐 신청인에게 허가증을 발급하여야 한다(경비업법 시행령 제4조 제2항).
② (×) 경비업자는 경비업의 허가증을 잃어버리거나 경비업 허가증이 못쓰게 된 경우에는 허가증 재교부 신청서에 다음 서류(허가증을 잃어버린 경우에는 그 사유서, 허가증이 못쓰게 된 경우에는 그 허가증)를 첨부하여 법인의 주사무소를 관할하는 시·도 경찰청장 또는 해당 시·도 경찰청 소속의 경찰서장에게 재발급을 신청하여야 하고, 신청서를 제출받은 경찰서장은 지체 없이 시·도 경찰청장에게 보내야 한다(경비업법 시행령 제4조 제3항).
③ (×) 임원의 신용은 시·도 경찰청장이 경비업 허가를 신청받아 허가여부를 결정할 때 검토할 대상에 해당한다(경비업법 시행령 제4조 제1항).

06

경비업법령상 시설경비업의 허가를 받으려는 법인의 경비인력 요건으로 옳은 것은? 기출수정 19

❶ 일반경비원 10명 이상 및 경비지도사 1명 이상
② 일반경비원 10명 이상 및 경비지도사 2명 이상
③ 무술유단자인 일반경비원 5명 이상 및 경비지도사 1명 이상
④ 무술유단자인 일반경비원 10명 이상 및 경비지도사 2명 이상

해설

경비업법령상 시설경비업무의 경비인력 기준은 일반경비원 10명 이상, 경비지도사 1명 이상이다(경비업법 시행령 [별표 1] 제1호).

07

경비업법령상 경비업의 허가요건으로 옳은 것을 모두 고른 것은? 기출 17

> ㄱ. 시설경비업무와 특수경비업무를 겸업하고자 하는 경우 자본금은 1억원 이상을 보유하여야 한다.
> ㄴ. 호송경비업무의 장비 등의 기준은 호송용 차량 1대 이상, 현금호송백 1개 이상, 기준 경비인력 수 이상의 경비원 복장 및 경적, 단봉, 분사기가 구비되어야 한다.
> ㄷ. 기계경비업무의 시설은 기준 경비인력 이상을 동시에 교육할 수 있는 교육장·관제시설이 있어야 한다.
> ㄹ. 기계경비업무의 경비인력은 전자·통신 분야 기술자격증 소지자 3명을 포함한 일반경비원 10명 이상, 경비지도사 1명 이상이 있어야 한다.
> ㅁ. 특수경비업자 외의 자가 특수경비업무를 추가하려는 경우에는 이미 갖추고 있는 자본금을 포함하여 특수경비업무의 자본금 기준에 적합하여야 한다.

① ㄱ, ㄴ, ㄷ
② ㄱ, ㄹ, ㅁ
③ ㄴ, ㄷ, ㄹ
④ ㄴ, ㄷ, ㅁ ✓

해설

경비업법령상 경비업의 허가요건으로 옳은 것은 ㄴ, ㄷ, ㅁ이다(경비업법 시행령 [별표 1]).
ㄱ. (×) 특수경비업무는 특수경비원 20명 이상의 경비인력 및 경비지도사 1명과 3억원 이상의 자본금을 갖추어야 한다.
ㄹ. (×) 기계경비업무는 전자·통신분야 기술자격증소지자 5명을 포함한 10명 이상의 경비인력 및 경비지도사 1명과 1억원 이상의 자본금을 갖추어야 한다.

08

경비업법상 허가사항에 해당하는 것은? 기출 15

① 경비업의 허가를 받은 법인이 영업을 폐업한 때
② 경비업의 허가를 받은 법인이 영업을 휴업한 때
③ 경비업의 허가를 받은 법인이 임원을 변경한 때
④ 경비업의 허가를 받은 법인이 경비업무를 변경하는 경우 ✓

해설

경비업을 영위하고자 하는 법인은 도급받아 행하고자 하는 경비업무를 특정하여 그 법인의 주사무소의 소재지를 관할하는 시·도 경찰청장의 허가를 받아야 한다. 도급받아 행하고자 하는 경비업무를 변경하는 경우에도 또한 같다(경비업법 제4조 제1항). ①·②·③은 신고사항이다.

09

경비업법령상 경비업의 시설 등의 기준에 따라 기계경비업 허가신청서를 제출하는 법인이 출장소를 서울, 인천, 대전의 3곳에 두려고 하는 경우에 최종적으로 갖추어야 할 출동차량은 최소 몇 대인가?

기출 15

① 3대
☑ 6대
③ 9대
④ 12대

해설

기계경비업자는 출장소별로 출동차량을 2대 이상 두어야 하므로, 서울, 인천, 대전에 출장소를 두려고 하는 법인은 최소 6대 이상의 출동차량을 구비하여야 한다.

10

경비업법령상 경비업의 허가에 관한 설명으로 옳지 않은 것은? 기출수정 14

① 경비업의 허가를 받으려는 법인은 대통령령으로 정하는 1억원 이상의 자본금을 보유해야 한다.
② 시설경비업의 허가를 받으려는 법인은 경비원 10명 이상 및 경비지도사 1명 이상을 확보해야 한다.
☑ 기계경비업무의 수행을 위한 관제시설의 신설·이전에 관해서는 시·도 경찰청장의 허가를 받아야 한다.
④ 경비업의 허가를 받은 법인은 영업을 폐업하거나 휴업한 때에는 시·도 경찰청장에게 신고해야 한다.

해설

③ (×) 기계경비업무의 수행을 위한 관제시설의 신설·이전에 관해서는 시·도 경찰청장에게 신고하여야 한다(경비업법 제4조 제3항 제4호).
① (○) 경비업법 제4조 제2항 제1호
② (○) 경비업법 제4조 제2항 제2호 가목
④ (○) 경비업법 제4조 제3항 제1호

11

경비업법령상 경비업 허가를 받으려는 법인이 갖추어야 할 경비인력·자본금 기준의 내용으로 옳지 않은 것은? 기출수정 12

① 시설경비업무는 10명 이상의 경비인력 및 경비지도사 1명 이상과 1억원 이상의 자본금을 갖추어야 한다.
② **호송경비업무는 무술유단자 10명 이상의 경비인력과 5천만원 이상의 자본금을 갖추어야 한다.**
③ 기계경비업무는 전자·통신분야 기술자격증소지자 5명을 포함한 10명 이상의 경비인력 및 경비지도사 1명과 1억원 이상의 자본금을 갖추어야 한다.
④ 특수경비업무는 특수경비원 20명 이상의 경비인력 및 경비지도사 1명과 3억원 이상의 자본금을 갖추어야 한다.

[해설]
호송경비업무는 무술유단자인 일반경비원 5명 이상 및 경비지도사 1명 이상의 경비인력과 1억원 이상의 자본금을 갖추어야 한다(경비업법 시행령 [별표 1] 제2호).

12

경비업법령상 '경비업의 시설 등의 기준'에서 정한 호송용 차량에 관한 내용 중 ( ) 안에 들어갈 용어로 옳지 않은 것은? 기출 12

> "호송용 차량"이란 현금이나 그 밖의 귀중품의 운반에 필요한 (ㄱ) 및 (ㄴ)을 갖추고 (ㄷ) 및 (ㄹ)을 갖춘 자동차를 말한다.

① ㄱ : 견고성
② ㄴ : 안전성
③ **ㄷ : 영상녹화시설**
④ ㄹ : 경보시설

[해설]
호송용 차량이란 현금이나 그 밖의 귀중품의 운반에 필요한 견고성 및 안전성을 갖추고 무선통신시설 및 경보시설을 갖춘 자동차를 말한다(경비업법 시행령 [별표 1] 비고 제4호).★

13

경비업법령상 경비업의 허가를 받으려는 법인이 갖추어야 하는 업무별 자본금의 기준이 옳게 짝지어진 것은? 기출 11

① 시설경비업무 - 5천만원 이상
② 호송경비업무 - 5천만원 이상
③ 특수경비업무 - 1억원 이상
❹ 기계경비업무 - 1억원 이상

해설

특수경비업무만 3억원 이상이고, 나머지는 모두 1억원 이상이다.

14

경비업법령상 경비업의 허가 등에 관한 설명으로 옳은 것은? 기출 10

① 경비업은 원칙적으로 법인만이 영위할 수 있으나, 법률이 정한 일정규모 이상의 시설이나 자본금을 갖춘 경우 조합이나 법인이 아닌 사단도 경비업을 영위할 수 있다.
❷ **징역형을 받고 그 형이 실효되지 아니한 자는 경비업을 영위하는 법인의 임원이 될 수 없다.**
③ 경비업을 영위하고자 하는 경우 법인 주사무소의 소재지를 관할하는 시·도 경찰청장의 허가를 받아야 하는데 허가 시에 행하고자 하는 경비업무를 특정할 필요는 없다.
④ 영업을 폐업하거나 휴업한 때는 관할 시·도 경찰청장에게 신고하여야 하지만 대통령령이 정하는 중요사항을 변경하고자 하는 때에는 허가를 받아야 한다.

해설

② (○) 금고 이상의 형의 선고를 받고 그 형이 실효되지 아니한 자는 경비업을 영위하는 법인의 임원이 될 수 없다(경비업법 제5조 제3호).
① (×) 경비업은 법인이 아니면 이를 영위할 수 없다(경비업법 제3조).
③ (×) 경비업을 영위하고자 하는 법인은 도급받아 행하고자 하는 경비업무를 특정하여 그 법인의 주사무소의 소재지를 관할하는 시·도 경찰청장의 허가를 받아야 한다. 도급받아 행하고자 하는 경비업무를 변경하는 경우에도 또한 같다(경비업법 제4조 제1항).
④ (×) 영업을 폐업하거나 휴업한 때뿐만 아니라 그 밖에 대통령령이 정하는 중요사항을 변경한 때에도 관할 시·도 경찰청장에게 신고하여야 한다(경비업법 제4조 제3항 제1호·제6호).

15

경비업법령상 경비업의 허가에 관한 설명으로 옳지 않은 것은? 기출수정 10

① 경비업의 허가를 받은 법인이 도급받아 행하고자 하는 경비업무를 변경하는 경우에는 그 법인의 주사무소 소재지 관할 시·도 경찰청장의 허가를 받아야 한다.
❷ 경비업을 영위하고자 하는 법인은 대통령령으로 정하는 경비인력·자본금·시설 및 장비를 갖추지 못한 경우에는 허가신청 시 그에 대한 확보계획서를 제출한 후 허가를 받은 날부터 1월 이내에 필요한 법정시설 등을 갖추고 시·도 경찰청장의 확인을 받아야 한다.
③ 경비업의 허가 여부를 결정하는 경우에 대표자·임원의 경력 및 신용 등은 검토의 대상이 된다.
④ 특수경비업의 허가기준 중 경비인력은 특수경비원 20명 이상 및 경비지도사 1명, 자본금은 3억원 이상을 갖추어야 한다.

해설

② (×) 자본금의 경우는 제외되어야 옳은 지문이 된다(경비업법 시행령 제3조 제2항 단서).
① (○) 경비업법 제4조 제1항 후문
③ (○) 경비업법 시행령 제4조 제1항
④ (○) 경비업법 시행령 [별표 1] 제5호

16

경비업법령상 경비업의 허가에 관한 설명으로 옳지 않은 것은? 기출수정 09

① 경비업자가 허가증을 분실한 경우에는 그 사유서를 첨부하여 시·도 경찰청장 또는 해당 시·도 경찰청 소속의 경찰서장에게 허가증의 재발급을 신청하여야 한다.
② 경비업자는 도급받아 행하고자 하는 경비업무를 특정하여 그 법인의 주사무소의 소재지를 관할하는 시·도 경찰청장의 허가를 받아야 한다.
❸ 허가를 받으려는 법인은 행정안전부령이 정하는 경비인력·자본금·시설 및 장비를 갖추어야 한다.
④ 경비업자가 경비업무를 변경하는 경우에도 그 법인의 주사무소의 소재지를 관할하는 시·도 경찰청장의 변경허가를 받아야 한다.

해설

③ (×) 허가를 받으려는 법인은 대통령령(경비업법 시행령 제3조 제2항)이 정하는 경비인력·자본금·시설 및 장비를 갖추어야 한다.★
① (○) 경비업법 시행령 제4조 제3항 전단
② (○) 경비업법 제4조 제1항 전문
④ (○) 경비업법 제4조 제1항 후문

17

경비업법령상 특수경비업 허가를 받으려는 법인이 갖추어야 할 경비인력과 자본금으로 맞는 것은?

① 특수경비원 20명 이상 및 경비지도사 1명 이상 - 자본금 5천만원 이상
❷ **특수경비원 20명 이상 및 경비지도사 1명 이상 - 자본금 3억원 이상**
③ 특수경비원 5명 이상 및 경비지도사 1명 이상 - 자본금 5천만원 이상
④ 특수경비원 5명 이상 및 경비지도사 1명 이상 - 자본금 3억원 이상

[해설]
특수경비업무 허가 시의 인력기준은 특수경비원 20명 이상 그리고 자본금 기준은 3억원 이상으로 한다(경비업법 시행령 [별표 1]).

18

영업구역이 다수의 경찰서 관할구역에 걸칠 때 허가권자는?

① 주사무소의 소재지 관할 경찰서장
② 규모가 가장 큰 경찰서장
❸ **주사무소의 소재지 관할 시·도 경찰청장**
④ 경찰청장

[해설]
경비업을 영위하고자 하는 법인은 도급받아 행하고자 하는 경비업무를 특정하여 그 법인의 주사무소의 소재지를 관할하는 시·도 경찰청장의 허가를 받아야 한다(경비업법 제4조 제1항).

19

경비업법령상 경비업 허가에 관한 설명으로 옳지 않은 것은?

① 누구든지 허가를 받은 경비업체와 동일한 명칭으로 경비업 허가를 받을 수 없다.
❷ 허가받은 경비업무 외의 업무에 경비원을 종사하게 하여 경비업체의 허가가 취소된 경우 허가가 취소된 날부터 5년이 지나지 아니한 때에는 누구든지 허가가 취소된 경비업체와 동일한 명칭으로 허가를 받을 수 없다.
③ 소속 경비원으로 하여금 경비업무의 범위를 벗어난 행위를 하게 하여 허가가 취소된 법인은 법인명의 변경에도 불구하고 허가가 취소된 날부터 5년이 지나지 아니한 때에는 허가를 받을 수 없다.
④ 경비업 허가의 유효기간은 허가받은 날부터 5년으로 한다.

해설

② (×) 제19조 제1항 제2호(허가받은 경비업무 외의 업무에 경비원을 종사하게 한 때) 및 제7호(소속 경비원으로 하여금 경비업무의 범위를 벗어난 행위를 하게 한 때)의 사유로 경비업체의 허가가 취소된 경우 허가가 취소된 날부터 10년이 지나지 아니한 때에는 누구든지 허가가 취소된 경비업체와 동일한 명칭으로 허가를 받을 수 없다(경비업법 제4조의2 제2항).
① (○) 경비업법 제4조의2 제1항
③ (○) 경비업법 제4조의2 제3항
④ (○) 경비업법 제6조 제1항

20

경비업법령상 경비업의 허가를 받은 법인이 시·도 경찰청장에게 신고하여야 하는 경우에 해당하는 것은? 기출 24

① 법인의 정관 시행일을 변경한 때
❷ 법인의 주사무소를 이전한 때
③ 기계경비업무를 개시하거나 종료한 때
④ 특수경비업무의 수행을 위한 관제시설을 신설한 때

해설

② (○) 법인의 주사무소나 출장소를 신설·이전 또는 폐지한 때(경비업법 제4조 제3항 제3호)
① (×) 법인의 정관의 목적을 변경한 때(경비업법 제4조 제3항 제6호, 동법 시행령 제5조 제4항)
③ (×) 특수경비업무를 개시하거나 종료한 때(경비업법 제4조 제3항 제5호)
④ (×) 기계경비업무의 수행을 위한 관제시설을 신설·이전 또는 폐지한 때(경비업법 제4조 제3항 제4호)

21

경비업법령에 규정된 호송경비업무에 관한 설명으로 (   ) 안에 들어갈 내용이 올바르게 연결된 것은?

> 경비업자가 호송경비업무를 수행하기 위하여 관할 경찰서의 협조를 얻고자 하는 때에는 현금 등의 운반을 위한 출발 (ㄱ)까지 (ㄴ)의 경찰서장에게 (ㄷ)(전자문서로 된 통지서를 포함)를 제출하여야 한다(경비업법 시행규칙 제2조).

☑ ㄱ : 전 일,   ㄴ : 출발지,   ㄷ : 호송경비통지서
② ㄱ : 전 일,   ㄴ : 도착지,   ㄷ : 호송경비통지서
③ ㄱ : 전일 오전 12시,   ㄴ : 출발지,   ㄷ : 호송경비통지서
④ ㄱ : 전일 오전 12시,   ㄴ : 도착지,   ㄷ : 호송경비통지서

해설

(   ) 안에 들어갈 내용은 순서대로 ㄱ - 전일, ㄴ - 출발지, ㄷ - 호송경비통지서가 들어간다.

관계법령 호송경비의 통지(경비업법 시행규칙 제2조)

경비업법(이하 "법"이라 한다) 제4조 제1항의 규정에 의하여 경비업의 허가를 받은 법인(이하 "경비업자"라 한다)은 법 제2조 제1호 나목의 규정에 의한 호송경비업무를 수행하기 위하여 관할 경찰서의 협조를 얻고자 하는 때에는 현금 등의 운반을 위한 출발 전일까지 출발지의 경찰서장에게 별지 제1호 서식의 호송경비통지서(전자문서로 된 통지서를 포함한다)를 제출하여야 한다.

22

경비업법령상 경비업 허가사항 등의 변경신고서 제출 시 첨부서류로 허가증 원본을 필요로 하는 경우가 아닌 것은? 기출 22

☑ 법인의 임원 변경
② 법인의 대표자 변경
③ 법인의 명칭 변경
④ 법인의 주사무소 또는 출장소 변경

해설

법인의 임원이 변경되어 신고를 하는 경우에는 경비업 허가사항 등의 변경신고서에 법인 임원의 이력서 1부를 첨부하여 법인의 주사무소를 관할하는 시·도 경찰청장 또는 해당 시·도 경찰청 소속의 경찰서장에게 제출하여야 한다(경비업법 시행규칙 제5조 제2항 전문). 이와 달리 법인의 대표자 변경, 법인의 명칭 변경, 법인의 주사무소 또는 출장소 변경의 경우에는 허가증 원본을 첨부하여야 한다.

> **관계법령** 폐업 또는 휴업 등의 신고(경비업법 시행규칙 제5조)
>
> ② 법 제4조 제3항 제2호에 따른 법인의 명칭·대표자·임원, 같은 항 제3호에 따른 주사무소·출장소나 영 제5조 제4항에 따른 정관의 목적이 변경되어 법 제4조 제3항에 따른 신고를 하는 경우에는 별지 제6호 서식의 경비업 허가사항 등의 변경신고서(전자문서로 된 신고서를 포함한다)에 다음 각호의 서류(전자문서를 포함한다)를 첨부하여 법인의 주사무소를 관할하는 시·도 경찰청장 또는 해당 시·도 경찰청 소속의 경찰서장에게 제출하여야 한다. 변경신고서를 제출받은 경찰서장은 이를 지체 없이 관할 시·도 경찰청장에게 보내야 한다.
> 1. 명칭 변경의 경우 : 허가증 원본
> 2. 대표자 변경의 경우
>   가. 삭제 〈2006.9.7.〉
>   나. 법인 대표자의 이력서 1부
>   다. 허가증 원본
> 3. 임원 변경의 경우 : 법인 임원의 이력서 1부
> 4. 주사무소 또는 출장소 변경의 경우 : 허가증 원본
> 5. 정관의 목적 변경의 경우 : 법인의 정관 1부

23

경비업법령상 경비업자가 시·도 경찰청장에게 신고하여야 하는 경우가 아닌 것은? 기출 21

① 법인의 출장소를 신설·이전한 경우
② 정관의 목적을 변경한 경우
③ 영업을 폐업하거나 휴업한 경우
❹ 시설경비업무를 개시하거나 종료한 경우

해설

④ (×) 시설경비업무가 아닌 특수경비업무를 개시하거나 종료한 때가 경비업자(경비업의 허가를 받은 법인)가 시·도 경찰청장에게 신고하여야 할 경우에 해당한다(경비업법 제4조 제3항 제5호).
① (○) 경비업법 제4조 제3항 제3호
② (○) 경비업법 제4조 제3항 제6호, 동법 시행령 제5조 제4항
③ (○) 경비업법 제4조 제3항 제1호

> **관계법령** 경비업의 허가(경비업법 제4조)
>
> ③ 제1항의 규정에 의하여 경비업의 허가를 받은 법인은 다음 각호의 어느 하나에 해당하는 때에는 시·도 경찰청장에게 신고하여야 한다. 〈개정 2024.2.13.〉
> 1. 영업을 폐업하거나 휴업한 때
> 2. 법인의 명칭이나 대표자·임원을 변경한 때
> 3. 법인의 주사무소나 출장소를 신설·이전 또는 폐지한 때
> 4. 기계경비업무의 수행을 위한 관제시설을 신설·이전 또는 폐지한 때
> 5. 특수경비업무를 개시하거나 종료한 때
> 6. 그 밖에 대통령령이 정하는 중요사항을 변경한 때
>
> > **폐업 또는 휴업 등의 신고(경비업법 시행령 제5조)**
> > ④ 법 제4조 제3항 제6호에서 "그 밖에 대통령령이 정하는 중요사항"이라 함은 정관의 목적을 말한다.

24

경비업법령상 경비업의 폐업 또는 휴업 등의 신고에 관한 설명으로 옳지 않은 것은? 기출 19

① 경비업자는 폐업을 한 경우에는 폐업을 한 날부터 7일 이내에 신고하여야 한다.
② 경비업자는 휴업을 한 경우에는 휴업한 날부터 7일 이내에 신고하여야 한다.
③ 휴업신고를 한 경비업자가 신고한 휴업기간이 끝나기 전에 영업을 다시 시작하려는 경우에는 영업을 다시 시작하기 전 7일 이내에 영업재개신고서를 제출하여야 한다.
④ 경비업자는 특수경비업무를 개시하거나 종료한 때에는 개시 또는 종료한 날부터 30일 이내에 신고하여야 한다.

해설

③ (×) 휴업신고를 한 경비업자가 신고한 휴업기간이 끝나기 전에 영업을 다시 시작하려는 경우에는 영업을 다시 시작한 후 7일 이내에 영업재개신고서를 제출하여야 한다(경비업법 시행령 제5조 제2항 후문).
① (○) 경비업법 시행령 제5조 제1항 전문
② (○) 경비업법 시행령 제5조 제2항 전문
④ (○) 경비업법 시행령 제5조 제5항, 경비업법 제4조 제3항 제5호

25

경비업법령상 경비업의 허가에 관한 설명으로 옳지 않은 것은? 기출 18

① 경비업 허가신청서는 법인의 주사무소를 관할하는 시·도 경찰청장 또는 해당 시·도 경찰청 소속의 경찰서장에게 제출하여야 한다.
② 경비업 허가의 유효기간은 허가받은 날부터 5년으로 한다.
③ 법인의 명칭을 변경할 때에는 그 법인의 주사무소의 소재지를 관할하는 시·도 경찰청장의 허가를 받아야 한다.
④ 경비업 허가의 유효기간이 만료된 후 계속하여 경비업을 하고자 하는 법인은 행정안전부령이 정하는 바에 따라 갱신허가를 받아야 한다.

해설

③ (×) 법인의 명칭을 변경할 때에는 그 법인의 주사무소의 소재지를 관할하는 시·도 경찰청장에게 신고하여야 한다(경비업법 제4조 제3항 제2호).★
① (○) 경비업법 제4조 제1항, 동법 시행령 제3조 제1항
② (○) 경비업법 제6조 제1항
④ (○) 경비업법 제6조 제2항★

| 관계법령 | 경비업의 허가(경비업법 제4조) |

③ 제1항의 규정에 의하여 경비업의 허가를 받은 법인은 다음 각호의 어느 하나에 해당하는 때에는 시·도 경찰청장에게 신고하여야 한다. 〈개정 2024.2.13.〉
  1. 영업을 폐업하거나 휴업한 때
  2. 법인의 명칭이나 대표자·임원을 변경한 때
  3. 법인의 주사무소나 출장소를 신설·이전 또는 폐지한 때
  4. 기계경비업무의 수행을 위한 관제시설을 신설·이전 또는 폐지한 때
  5. 특수경비업무를 개시하거나 종료한 때
  6. 그 밖에 대통령령이 정하는 중요사항을 변경한 때

26 CHECK ☐△✕

경비업법령상 경비업자의 신고 등에 관한 설명으로 옳지 않은 것은? 기출 17

① 특수경비업무를 개시한 때에는 개시한 날부터 30일 이내에 시·도 경찰청장에게 신고하여야 한다.
② 법인의 대표자·임원을 변경한 때에는 변경한 날로부터 30일 이내에 시·도 경찰청장에게 신고하여야 한다.
❸ 기계경비업무의 수행을 위한 관제시설을 이전한 때에는 이전한 날로부터 30일 이내에 관할 경찰서장에게 신고하여야 한다.
④ 경비업을 폐업한 경우에는 폐업을 한 날부터 7일 이내에 폐업신고서에 허가증을 첨부하여 법인의 주사무소를 관할하는 시·도 경찰청 소속의 경찰서장에게 제출하여야 한다.

해설

③ (✕) 기계경비업무의 수행을 위한 관제시설을 신설·이전 또는 폐지한 때에는 그날로부터 30일 이내에 <u>시·도 경찰청장에게 신고하여야 한다</u>(경비업법 제4조 제3항 제4호, 동법 시행령 제5조 제5항). ★
① (○) 경비업법 제4조 제3항 제5호, 동법 시행령 제5조 제5항
② (○) 경비업법 제4조 제3항 제2호, 동법 시행령 제5조 제5항
④ (○) 경비업법 제4조 제3항 제1호, 동법 시행령 제5조 제1항

| 관계법령 | 경비업의 허가(경비업법 제4조) |

③ 제1항의 규정에 의하여 경비업의 허가를 받은 법인은 다음 각호의 어느 하나에 해당하는 때에는 시·도 경찰청장에게 신고하여야 한다. 〈개정 2024.2.13.〉
  1. 영업을 폐업하거나 휴업한 때 → <u>7일 이내</u>
  2. 법인의 명칭이나 대표자·임원을 변경한 때 → <u>30일 이내</u>
  3. 법인의 주사무소나 출장소를 신설·이전 또는 폐지한 때 → <u>30일 이내</u>
  4. 기계경비업무의 수행을 위한 관제시설을 신설·이전 또는 폐지한 때 → <u>30일 이내</u>
  5. 특수경비업무를 개시하거나 종료한 때 → <u>30일 이내</u>
  6. 그 밖에 대통령령이 정하는 중요사항(정관의 목적)을 변경한 때 → <u>30일 이내</u>

27

경비업법상 경비업 허가를 받은 법인이 시·도 경찰청장에게 신고해야 하는 경우가 아닌 것은?

① 영업을 폐업한 때
② ✔ 도급받아 행하고자 하는 경비업무를 변경하는 때
③ 법인의 주사무소를 이전한 때
④ 특수경비업무를 개시한 때

[해설]
②의 경우 시·도 경찰청장의 허가를 받아야 한다(경비업법 제4조 제1항). 나머지 ①·③·④의 경우는 신고해야 하는 사항이다(경비업법 제4조 제3항).

28

경비업법령상 (   ) 안에 들어갈 내용으로 옳은 것은?

> 경비업의 허가를 받은 법인은 법인의 주사무소나 출장소를 신설·이전 또는 폐지한 때에는 그 사유가 발생한 날부터 (   )일 이내에 신고하여야 한다.

① 7
② 10
③ 15
④ ✔ 30

[해설]
경비업법령상 신고기한은 휴·폐업만 7일이고, 나머지는 30일이다(경비업법 제4조 제3항 제3호, 동법 시행령 제5조 제5항).

29

경비업의 허가를 받은 법인이 시·도 경찰청장에게 신고하지 않아도 되는 것은? 기출 13

① 법인의 임원을 변경한 때
② 법인의 정관의 목적을 변경한 때
③ 법인의 명칭을 변경한 때
④ **시설경비업무 또는 특수경비업무를 개시하거나 종료할 때**

[해설]
경비업무를 개시하거나 종료한 때 신고의무가 있는 것은 특수경비업무만 해당된다(경비업법 제4조 제3항).

30

경비업법상 경비업의 허가를 받은 법인의 시·도 경찰청장에 대한 신고사항에 해당하지 않는 것은? 기출 11·07·06

① 정관의 목적을 변경한 때
② 기계경비업무의 수행을 위한 관제시설을 이전한 때
③ 법인의 임원을 변경한 때
④ **경비업의 허가증을 분실한 때**

[해설]
경비업의 허가증을 분실한 때에는 허가증을 재교부받으면 된다. ★

31

다음 경비업자의 신고사항 중 그 신고대상기관이 다른 것은? 기출 04

① 법인의 명칭이나 대표자·임원 변경사항
② 영업의 폐업 또는 휴업사항
③ ✓ 특수경비원의 배치 또는 배치폐지사항
④ 기계경비 관제시설 신설·이전사항

해설

③은 관할 경찰관서장(경비업법 제18조 제2항), ①·②·④는 시·도 경찰청장(경비업법 제4조 제3항)에게 신고하여야 한다. ★

32

경비업법령상 특수경비업을 영위하는 법인의 임원이 될 수 없는 자를 모두 고른 것은? 기출 24

> ㄱ. 파산선고를 받고 복권된 자
> ㄴ. 징역형의 선고를 받고 그 형이 실효되지 아니한 자
> ㄷ. 「대통령 등의 경호에 관한 법률」에 위반하여 벌금형의 선고를 받고 3년이 지나지 아니한 자

① ㄱ
② ㄱ, ㄴ
③ ✓ ㄴ, ㄷ
④ ㄱ, ㄴ, ㄷ

해설

제시된 내용 중 특수경비업을 영위하는 법인의 임원이 될 수 없는 자는 ㄴ과 ㄷ이다.
ㄴ. (○) 금고 이상의 형의 선고를 받고 그 형이 실효되지 아니한 자는 법인의 임원이 될 수 없다(경비업법 제5조 제3호).
ㄷ. (○) 경비업법 또는 대통령 등의 경호에 관한 법률에 위반하여 벌금형의 선고를 받고 3년이 지나지 아니한 자는 특수경비업무를 수행하는 법인의 임원이 될 수 없다(경비업법 제5조 제4호). 경비업법 제5조 제4호에 해당하는 경우 특수경비업무를 수행하는 법인의 임원이 될 수 없을 뿐이고, 다른 경비업무를 수행하는 법인의 임원은 될 수 있다.
ㄱ. (×) 파산선고를 받고 복권되지 아니한 자는 법인의 임원이 될 수 없는 자(경비업법 제5조 제2호)이므로 복권된 자는 특수경비업을 영위하는 법인의 임원이 될 수 있다.

33

경비업법령상 특수경비업을 영위하는 법인 임원의 결격사유를 모두 고른 것은? 기출 23

> ㄱ. 경비업법에 위반하여 벌금형의 선고를 받고 3년이 지나지 아니한 자
> ㄴ. 「대통령 등의 경호에 관한 법률」에 위반하여 벌금형의 선고를 받고 3년이 지나지 아니한 자
> ㄷ. 금고 이상의 형의 선고를 받고 그 형이 실효되지 아니한 자

① ㄷ
② ㄱ, ㄴ
③ ㄴ, ㄷ
✔ ㄱ, ㄴ, ㄷ

해설

제시된 내용은 모두 특수경비업을 영위하는 법인 임원의 결격사유에 해당한다(경비업법 제5조 제3호 · 제4호).

관계법령 임원의 결격사유(경비업법 제5조)★★

다음 각호의 어느 하나에 해당하는 자는 경비업을 영위하는 법인(제4호에 해당하는 자의 경우에는 특수경비업무를 수행하는 법인, 제5호에 해당하는 자의 경우에는 허가취소사유에 해당하는 경비업무와 동종의 경비업무를 수행하는 법인)의 임원이 될 수 없다.
1. 피성년후견인
2. 파산선고를 받고 복권되지 아니한 자
3. 금고 이상의 형의 선고를 받고 그 형이 실효되지 아니한 자
4. 이 법 또는 「대통령 등의 경호에 관한 법률」에 위반하여 벌금형의 선고를 받고 3년이 지나지 아니한 자
5. 이 법(제19조 제1항 제2호 및 제7호는 제외) 또는 이 법에 의한 명령에 위반하여 허가가 취소된 법인의 허가취소 당시의 임원이었던 자로서 그 취소 후 3년이 지나지 아니한 자
6. 제19조 제1항 제2호(허가받은 경비업무 외의 업무에 경비원을 종사하게 한 때) 및 제7호(소속 경비원으로 하여금 경비업무의 범위를 벗어난 행위를 하게 한 때)의 사유로 허가가 취소된 법인의 허가취소 당시의 임원이었던 자로서 허가가 취소된 날부터 5년이 지나지 아니한 자

34

경비업법령상 경비업을 영위하는 법인의 임원 결격사유에 해당하지 않는 것은? 기출 22

① 피성년후견인
✓ ② 피한정후견인
③ 파산선고를 받고 복권되지 아니한 자
④ 금고 이상의 형의 선고를 받고 그 형이 실효되지 아니한 자

해설
피한정후견인은 2021.1.12. 경비업법 개정 시 법인의 임원 결격사유에서 삭제되어 현행법상 법인의 임원이 될 수 있다.

35

경비업법령상 경비업을 영위하는 법인의 임원이 될 수 없는 자는? 기출 21

① 징역형의 선고를 받고 형이 실효된 자
② 파산선고를 받고 복권된 자
③ 허위의 방법으로 허가를 받아 허가가 취소된 법인의 허가취소 당시의 임원이었던 자로서 그 취소 후 3년이 지난 자
✓ ④ 허가받은 경비업무 외의 업무에 경비원을 종사하게 하여 허가가 취소된 법인의 허가취소 당시의 임원이었던 자로서 그 취소 후 3년이 지난 자

해설
허가받은 경비업무 외의 업무에 경비원을 종사하게 하여(경비업법 제19조 제1항 제2호) 허가가 취소된 법인의 허가취소 당시의 임원이었던 자로서 허가가 취소된 날부터 5년이 지나지 아니한 자는 경비업을 영위하는 법인의 임원이 될 수 없다(경비업법 제5조 제6호).

36

경비업법령상 경비업을 영위하는 법인의 임원 결격사유에 관한 설명으로 옳은 것은? 기출수정 20

① 성년후견인은 임원이 될 수 없다.
② 이 법에 위반하여 벌금형의 선고를 받고 5년이 지나지 아니한 자는 임원이 될 수 없다.
❸ 「대통령 등의 경호에 관한 법률」에 위반하여 벌금형의 선고를 받고 3년이 지나지 아니한 자는 특수경비업무를 수행하는 법인의 임원이 될 수 없다.
④ 관할 경찰관서장의 배치폐지명령에 따르지 아니하여 허가가 취소된 법인의 허가취소 당시의 임원이었던 자로서 허가가 취소된 날부터 5년이 지나지 아니한 자는 특수경비업무를 수행하는 법인의 임원이 될 수 없다.

해설

③ (○) 경비업법 제5조 제4호
① (×) 피성년후견인이 경비업을 영위하는 법인의 임원 결격사유에 해당한다(경비업법 제5조 제1호).
② (×) 경비업법을 위반하여 벌금형의 선고를 받고 3년이 지나지 아니한 자는 특수경비업무를 수행하는 법인의 임원이 될 수 없다(경비업법 제5조 제4호).
④ (×) 관할 경찰관서장의 배치폐지명령에 따르지 아니하여(경비업법 제19조 제1항 제8호 위반) 허가가 취소된 법인의 허가취소 당시의 임원이었던 자로서 허가가 취소된 날부터 3년이 지나지 아니한 자는 허가취소된 경비업무와 동종의 경비업무를 수행하는 법인의 임원이 될 수 없다(경비업법 제5조 제5호).

37

경비업법령상 경비업을 영위하는 법인의 임원이 될 수 없는 자는? 기출 19

① 파산선고를 받고 복권된 지 3년이 지나지 아니한 갑(甲)
② 금고 이상의 형의 선고를 받고 그 형이 실효된 후 3년이 지난 을(乙)
❸ 「대통령 등의 경호에 관한 법률」에 위반하여 벌금형의 선고를 받은 후 1년이 지나지 않고 특수경비업무를 수행하는 법인의 임원이 되려는 병(丙)
④ 「경비업법」을 위반하여 벌금형의 선고를 받고 3년이 지난 후 특수경비업무를 수행하는 법인의 임원이 되려는 정(丁)

해설

대통령 등의 경호에 관한 법률에 위반하여 벌금형의 선고를 받은 후에 3년이 지나지 않은 丙은 특수경비업무를 수행하는 법인의 임원이 될 수 없다.

38

경비업법령상 2018년 11월 16일을 기준으로 특수경비업무를 수행하는 법인의 임원이 될 수 없는 자는?(단, 경비업법 제19조 제1항 제2호 및 제7호는 제외) 기출 18

① 2015년 11월 14일 파산선고를 받고 2018년 11월 14일 복권된 자
② 호송경비업무를 수행하던 법인이 경비업법에 의한 명령에 위반하여 2015년 11월 14일 허가가 취소된 경우 해당 법인의 허가 취소 당시의 임원이었던 자
③ 「대통령 등의 경호에 관한 법률」을 위반하여 2015년 11월 14일에 벌금형의 선고를 받은 자
❹ 2015년 11월 14일 상해죄로 징역 1년에 집행유예 3년의 형을 선고받고 그 형이 실효되지 아니한 자

해설

④ (×) 금고 이상의 형의 선고를 받고 그 형이 실효되지 아니한 자는 경비업법 제5조 제3호의 결격사유에 해당한다. 참고로 집행유예 기간의 기산점은 집행유예 판결 선고일이 아닌 집행유예 판결이 확정된 날이다.
① (○) 경비업법 제5조 제2호에 해당하지 않아 법인의 임원이 될 수 있다.
② (○) 경비업법 제5조 제5호의 결격사유는 허가취소사유에 해당하는 경비업무와 동종의 경비업무를 수행하는 법인의 경우를 전제로 한다. 따라서 허가 취소 당시 법인이 수행하던 업무(호송경비업무)가 아닌 특수경비업무를 수행하는 경우에는 임원의 결격사유에 해당하지 않는다.★
③ (○) 벌금형의 선고를 받은 후 3년이 경과하였기 때문에 경비업법 제5조 제4호의 결격사유에 해당하지 않는다.

39

경비업법상 법인 임원의 결격사유에 해당하는 것은? 기출 17

① 파산선고를 받고 복권된 자
② 금고 이상의 형의 선고를 받고 그 형이 실효된 자
③ 대통령 등의 경호에 관한 법률에 위반하여 벌금형의 선고를 받고 3년이 경과된 자
❹ 경비업법에 의한 명령에 위반하여 허가가 취소된 법인의 허가취소 당시 임원이었던 자로서 그 허가 취소 후 3년이 경과되지 아니한 자

해설

④ (○) 경비업법 제5조 제5호
① (×) 파산선고를 받고 복권되지 아니한 자(경비업법 제5조 제2호)가 결격사유에 해당한다.
② (×) 금고 이상의 형의 선고를 받고 그 형이 실효되지 아니한 자(경비업법 제5조 제2호)가 결격사유에 해당한다.
③ (×) 경비업법 또는 「대통령 등의 경호에 관한 법률」에 위반하여 벌금형의 선고를 받고 3년이 지나지 아니한 자(경비업법 제5조 제4호)가 결격사유에 해당한다.

40

경비업법상 경비업을 영위하는 법인의 임원이 될 수 있는 자는? 기출 16

☑ ① 60세인 사람
② 피성년후견인
③ 파산선고를 받고 복권되지 아니한 자
④ 금고 이상의 형의 선고를 받고 그 형이 실효되지 아니한 자

해설

임원의 결격사유에 관해 규정하고 있는 경비업법 제5조에서는 임원의 결격사유로 나이 제한을 따로 두고 있지 않다. 따라서 정관에 의한 특별한 제한이 없는 한, 자연인이면 누구나 법인의 임원이 될 수 있고, 미성년자나 아동의 경우에도 임원이 될 수 있다.

41

경비업법상 경비업을 영위하는 법인의 임원 결격사유에 해당하지 않는 것은? 기출 15

① 피성년후견인
② 파산선고를 받고 복권되지 아니한 자
③ 금고 이상의 형의 선고를 받고 그 형이 실효되지 아니한 자
☑ ④ 시설경비업무를 수행하는 법인의 경우, 경비업법에 위반하여 벌금형의 선고를 받고 3년이 지나지 아니한 자

해설

특수경비업무를 수행하는 법인의 경우, 경비업법 또는 대통령 등의 경호에 관한 법률에 위반하여 벌금형의 선고를 받고 3년이 지나지 아니한 자는 임원이 될 수 없다(경비업법 제5조 제4호).★

42

경비업법령상 경비업을 영위하는 법인의 임원의 결격사유에 관한 설명으로 옳은 것은? 기출수정 12

① 피성년후견인은 신변보호업무를 수행하는 법인의 임원이 될 수 있다.
② 파산선고를 받고 복권되지 아니한 자는 시설경비업무를 수행하는 법인의 임원이 될 수 있다.
③ 내란죄로 징역 1년에 집행유예 3년의 형의 선고를 받고 그 형이 실효된 자는 특수경비업무를 수행하는 법인의 임원이 될 수 없다.
④ 집회 및 시위에 관한 법률에 위반하여 200만원의 벌금형의 선고를 받고 그 형이 실효되지 아니한 자는 호송경비업무를 수행하는 법인의 임원이 될 수 있다.

해설

④ (○) 집회 및 시위에 관한 법률에 위반한 벌금형 선고자에 대한 결격사유는 경비업법령상 존재하지 않는다. 다만, 경비업법 또는 대통령 등의 경호에 관한 법률에 위반하여 벌금형의 선고를 받고 3년이 지나지 아니한 자는 특수경비업무를 수행하는 법인의 임원이 될 수 없다(경비업법 제5조 제4호)는 규정은 존재한다.
① (×) 피성년후견인은 결격사유이다(경비업법 제5조 제1호).
② (×) 파산선고를 받고 복권되지 아니한 자는 결격사유이다(경비업법 제5조 제2호).
③ (×) 금고 이상의 형의 선고를 받고 그 형이 실효되지 아니한 자는 결격사유이다(경비업법 제5조 제3호). ★

43

경비업법령상 (   ) 안에 들어갈 숫자의 합은? 기출 11

- 경비업법에 위반하여 벌금형의 선고를 받고 (   )년이 지나지 아니한 자는 특수경비업무를 수행하는 법인의 임원이 될 수 없다.
- 경비업 허가의 유효기간은 허가받은 날로부터 (   )년으로 한다.
- 고등교육법에 따른 전문대학을 졸업한 사람으로서 재학 중 경비지도사 시험과목을 3과목 이상 이수하고 졸업한 후 경비업무에 종사한 경력이 (   )년 이상인 사람은 경비지도사 제1차 시험을 면제한다.

① 9
② 11
③ 13
④ 15

해설

(   ) 안에 들어갈 숫자를 순서대로 더하면, 3 + 5 + 5 = 13이다.
- 경비업법에 위반하여 벌금형의 선고를 받고 3년이 지나지 아니한 자는 특수경비업무를 수행하는 법인의 임원이 될 수 없다(경비업법 제5조 제4호). ★
- 경비업 허가의 유효기간은 허가받은 날로부터 5년으로 한다(경비업법 제6조 제1항).
- 고등교육법에 따른 전문대학을 졸업한 사람으로서 재학 중 경비지도사 시험과목을 3과목 이상 이수하고 졸업한 후 경비업무에 종사한 경력이 5년 이상인 사람은 경비지도사 제1차 시험을 면제한다(경비업법 시행령 제13조 제6호).

44

경비업법령상 경비업을 영위하는 법인의 임원이 될 수 있는 경우는? 기출 10

① 경비업법에 위반하여 벌금형의 선고를 받고 2년이 된 자가 특수경비업무를 수행하는 법인의 임원이 되는 경우
② 파산선고를 받고 복권되지 아니한 자가 시설경비업무를 수행하는 법인의 임원이 되는 경우
③ 금고 이상의 형의 선고를 받고 그 형이 실효되지 아니한 자가 신변보호업무를 수행하는 법인의 임원이 되는 경우
❹ 호송경비업무를 수행하는 법인이 경비업법(법 제19조 제1항 제2호·제7호 제외)을 위반하여 허가가 취소된 경우, 그 당시 재직 중이던 임원이 그 취소 후 1년 만에 시설경비업무를 수행하는 법인의 임원이 되는 경우

해설

호송경비업무를 수행하는 법인이 경비업법을 위반하여 허가가 취소된 경우 그 당시 재직 중이던 임원은 그 취소 후 3년이 지나지 않는 한 같은 종류의 경비업무를 수행하는 법인의 임원이 될 수 없다. 따라서 호송경비업무의 임원은 될 수 없지만 동종의 경비업무가 아닌 다른 경비업무인 시설경비업무의 임원은 될 수 있다.

45

A는 특수경비업무를 수행하는 ○○ 경비법인의 임원으로 2007년 3월 5일부터 현재까지 근무하고 있다. 경비업법령상 다음 설명 중 틀린 것은? 기출수정 08

① A는 피성년후견인이 아니다.
② A는 2000년 1월 1일 금고 이상의 형의 선고를 받고 2007년 1월 1일 그 형이 실효되었다.
❸ A는 2006년 10월 5일 파산선고를 받고 2007년 7월 20일 복권되었다.
④ A는 2007년 6월 7일 도로교통법 위반으로 벌금형을 선고받고 벌금을 납부하였다.

해설

③ (×) 경비업법 제5조 제2호에 따라 파산선고를 받고 복권되지 아니한 자는 임원이 될 수 없다. 즉, A는 2006년에 파산선고를 받고 2007년 7월에 복권되었으므로, 근무를 시작한 시점인 2007년 3월에는 복권되지 않은 상태이므로 임원이 될 수 없다.
① (○) A는 2007년 3월 5일부터 현재까지 임원으로 근무하고 있으므로 경비업법 제5조 제1호에 따라 A는 피성년후견인이 아니다.
② (○) A는 2000년 1월 1일 금고 이상의 형의 선고를 받고 2007년 1월 1일 그 형이 실효되었으므로 2007년 3월 5일부터 특수경비업무를 수행하는 법인의 임원으로 근무할 수 있다.
④ (○) 경비업법 제5조 제4호는 "특수경비업무를 수행하는 법인인 경우, 경비업법 또는 대통령 등의 경호에 관한 법률에 위반하여 벌금형의 선고를 받고 3년이 지나지 아니한 자는 임원이 될 수 없다"고 규정하고 있을 뿐이고 그 밖에 다른 벌금형에 대한 제재는 없으므로, 도로교통법 위반으로 벌금형을 선고받고 벌금을 납부한 A는 임원이 될 수 있다.★

46
다음 중 경비업을 영위하는 법인의 임원의 결격사유가 아닌 것은? 기출수정 07·04·02

① 피성년후견인
② 파산선고를 받고 복권되지 아니한 자
③ 금고 이상의 형의 선고를 받고 그 형이 실효되지 아니한 자
④ **경비업법 또는 대통령 등의 경호에 관한 법률에 위반하여 벌금형의 선고를 받고 2년이 지나지 아니한 자**

해설
경비업법 또는 대통령 등의 경호에 관한 법률에 위반하여 벌금형의 선고를 받고 <u>3년</u>이 지나지 아니한 자는 경비업을 영위하는 법인의 임원이 될 수 없다(경비업법 제5조 제4호).

47
경비업법령상의 내용에 관한 설명으로 옳지 않은 것은? 기출 09

① 경비업의 허가를 받은 법인이 출장소를 신설·이전한 때에는 시·도 경찰청장에게 신고하여야 한다.
② **경비업 허가의 유효기간은 허가를 신청한 날로부터 3년으로 한다.**
③ 허가의 유효기간이 만료된 후 계속하여 경비업을 하고자 하는 법인은 갱신허가를 받아야 한다.
④ 경비업법을 위반하여 벌금형을 선고받고 3년이 지나지 않은 자는 특수경비업무를 수행하는 법인의 임원이 될 수 없다.

해설
② (×) 경비업 허가의 유효기간은 허가받은 날로부터 <u>5년</u>으로 한다(경비업법 제6조 제1항). ★
① (○) 경비업법 제4조 제3항의 시·도 경찰청장에게 신고하여야 하는 사항과 관련된다. 즉, 법인의 주사무소나 출장소를 신설·이전 또는 폐지한 때에는 시·도 경찰청장에게 신고하여야 한다.
③ (○) 유효기간이 만료된 후 계속하여 경비업을 하고자 하는 법인은 행정안전부령이 정하는 바에 의하여 갱신허가를 받아야 한다(경비업법 제6조 제2항). ★★
④ (○) 경비업법 제5조의 임원의 결격사유와 관련된다. 즉, 경비업법 또는 대통령 등의 경호에 관한 법률에 위반하여 벌금형의 선고를 받고 3년이 지나지 아니한 자는 특수경비업무를 수행하는 법인의 임원이 될 수 없다.

48

경비업법령상 경비업 허가에 관한 설명으로 옳은 것은? 기출 08

☑ ① 경비업 허가의 유효기간은 허가받은 날부터 5년이다.
② 정관을 변경하지 아니한 경비업체가 갱신허가를 받으려는 경우에는 유효기간 만료일 30일 전까지 경비업 갱신허가신청서에 허가증 원본과 정관을 첨부하여 경찰청장에게 제출하여야 한다.
③ 경비업 갱신허가신청서를 제출받은 시·도 경찰청장은 경비업법상 행정정보의 공동이용을 통하여 법인의 등기사항증명서를 확인하여야 한다.
④ 경찰청장은 경비업의 갱신허가를 하는 때에는 유효기간이 만료되는 허가증을 회수하여야 한다.

해설

① (○) 경비업법 제6조 제1항
② (×) 정관을 변경하지 아니한 경비업체가 갱신허가를 받으려는 경우에는 유효기간 만료일 30일 전까지 경비업 갱신허가신청서에 허가증 원본을 첨부하여 시·도 경찰청장 또는 경찰서장에게 제출하여야 한다(경비업법 시행규칙 제6조 제1항).
③ (×) 전자정부법 제36조 제1항에 따른 행정정보의 공동이용을 통하여 법인의 등기사항증명서를 확인하여야 한다(경비업법 시행규칙 제6조 제2항).★
④ (×) 시·도 경찰청장은 경비업의 갱신허가를 하는 때에는 유효기간이 만료되는 허가증을 회수하여야 한다(경비업법 시행규칙 제6조 제3항).★

49

경비업 갱신허가와 관련, 2000년 2월 1일 시설경비업 허가를 득하고, 2001년 1월 1일 기계경비업 허가를 득하였다면 이후 허가 유효기간 만료일은? 기출수정 06

① 2004년 1월 1일
② 2004년 12월 31일
③ 2005년 1월 1일
☑ ④ 2005년 12월 31일

해설

기계경비업 허가를 받은 2001년 1월 1일을 기준으로 5년을 잡으면, 2006년 1월 1일 전날인 2005년 12월 31일이 허가 유효기간 만료일이다. 참고로 갱신허가신청의 만료일을 물어보았다면, 갱신허가신청의 만료일은 허가의 유효기간 만료일 30일 전까지이므로 2005년 12월 1일이다.

핵심만콕

경비업 허가의 유효기간은 허가받은 날로부터 5년이다. 여기서 문제는 최초 시설경비업 허가를 받은 날을 기산점으로 할 것인지, 아니면 기계경비업 추가·변경허가를 받은 날을 기산점으로 할 것인지이다. 결론부터 말한다면, 추가·변경허가일을 기산점으로 삼는다. 경비업 허가에서 시설경비업 허가증이 따로 있고 기계경비업 허가증이 따로 있는 것이 아니라 하나의 허가증만 있을 뿐이므로, 변경허가가 있었다면 최종 변경허가일이 기산점이 된다.

50

경비업의 갱신허가를 받으려는 경비업자는 허가의 유효기간 만료일 며칠 전까지 갱신허가신청서를 제출하여야 하는가? 기출 05

① 7일 전
② 10일 전
③ 15일 전
✅ 30일 전

해설

경비업의 갱신허가를 받으려는 자는 허가의 유효기간 만료일 30일 전까지 경비업 갱신허가신청서(전자문서로 된 신청서를 포함한다)를 제출하여야 한다(경비업법 시행규칙 제6조 제1항).

> **관계법령** **허가갱신(경비업법 시행규칙 제6조)**
> ① 법 제6조 제2항에 따라 경비업의 갱신허가를 받으려는 자는 허가의 유효기간 만료일 30일 전까지 별지 제2호 서식의 경비업 갱신허가신청서(전자문서로 된 신청서를 포함한다)에 허가증 원본 및 정관(변경사항이 있는 경우만 해당한다)을 첨부하여 법인의 주사무소를 관할하는 시·도 경찰청장 또는 해당 시·도 경찰청 소속의 경찰서장에게 제출하여야 한다. 경비업 갱신허가신청서를 제출받은 경찰서장은 이를 지체 없이 관할 시·도 경찰청장에게 보내야 한다. ★★
> ② 제1항에 따른 신청서를 제출받은 시·도 경찰청장은 전자정부법 제36조 제1항에 따른 행정정보의 공동이용을 통하여 법인의 등기사항증명서를 확인하여야 한다. ★
> ③ 시·도 경찰청장은 법 제6조 제2항의 규정에 의하여 갱신허가를 하는 때에는 유효기간이 만료되는 허가증을 회수한 후 별지 제3호 서식의 허가증을 교부하여야 한다. ★

51

경비업법령상 경비업자의 의무에 관한 설명으로 옳은 것은? 기출 19

① 경비업자는 허가받은 경비업무 외의 업무에 경비원을 종사하게 하는 경우 관할 경찰서장에게 보고하여야 한다.
✅ 경비업자는 도급을 의뢰받은 경비업무가 위법 또는 부당한 것일 때에는 이를 거부하여야 한다.
③ 경비업자는 경비대상시설의 소유자 또는 관리자의 관리권의 범위와 상관없이 독립적으로 경비업무를 수행하여야 한다.
④ 특수경비업자는 부동산 관리업을 할 수 없다.

해설

② (○) 경비업법 제7조 제2항 후단
① (×) 경비업자가 허가받은 경비업무 외의 업무에 경비원을 종사하게 하는 경우 경비업법 제19조 제1항 제2호의 경비업 허가의 필요적 취소사유였으나, 헌법재판소는 2023.3.23. 해당 법률조항에 대하여 적용중지 헌법불합치 결정을 선고하였다. 이에 따라 국회는 2025.1.7. 개정을 통해 헌법불합치 결정된 제7조 제5항을 개정하고, 제19조 제1항 제2호를 삭제하였다. 헌법불합치 결정된 조항들과 관련된 2025.1.7. 개정규정들은 2026.1.8.부터 시행된다.
③ (×) 경비업법 제7조 제1항 전단에 반한다. 즉, 경비업자는 경비대상시설의 소유자 또는 관리자의 관리권의 범위 안에서 경비업무를 수행하여야 한다.
④ (×) 부동산 관리업은 특수경비업자가 할 수 있는 영업에 해당한다(경비업법 시행령 [별표 1의2]).

52

경비업법령상 경비업자 및 경비원의 의무에 관한 설명으로 옳지 않은 것은? 기출 23

① 경비업자는 경비대상시설의 소유자 또는 관리자의 관리권의 범위 안에서 경비업무를 수행하여야 한다.
② 경비업자는 도급을 의뢰받은 경비업무가 위법 또는 부당한 것일 때에는 시·도 경찰청장에게 보고하여야 한다.
③ 경비업자의 임·직원이거나 임·직원이었던 자는 다른 법률에 특별한 규정이 있는 경우를 제외하고는 그 직무상 알게 된 비밀을 누설하거나 다른 사람에게 제공하여 이용하도록 하는 등 부당한 목적을 위하여 사용하여서는 아니 된다.
④ 경비원은 직무를 수행함에 있어 타인에게 위력을 과시하거나 물리력을 행사하는 등 경비업무의 범위를 벗어난 행위를 하여서는 아니 된다.

해설

② (×) 경비업자는 경비업무를 성실하게 수행하여야 하고, 도급을 의뢰받은 경비업무가 위법 또는 부당한 것일 때에는 이를 거부하여야 한다(경비업법 제7조 제2항).
① (○) 경비업법 제7조 제1항 전단
③ (○) 경비업법 제7조 제4항
④ (○) 경비업법 제15조의2 제1항

53

경비업법령상 경비업자 및 경비업무 도급인 등의 의무에 관한 설명으로 옳은 것은? 기출 14

① 경비업자는 경비업무에 해당하는 한, 시설주의 관리권의 범위를 넘어 경비업무를 수행할 수 있다.
② 경비업자는 도급을 의뢰받은 경비업무가 부당하더라도 위법하지 않는 한, 이를 거부할 수 없다.
③ 특수경비업자는 국가중요시설에 대한 특수경비업무를 중단하게 되는 경우에는 미리 이를 경비대행업자에게 통보해야 한다.
④ 누구든지 집단민원현장에 경비인력을 10명 이상 배치하려고 할 때에는 경비업자에게 경비업무를 도급하여야 한다.

해설

③ (○) 경비업법 제7조 제8항
① (×) 경비업자는 시설주의 관리권의 범위 안에서 경비업무를 수행하여야 한다(경비업법 제7조 제1항).
② (×) 경비업자는 도급을 의뢰받은 경비업무가 위법 또는 부당한 것일 때에는 이를 거부하여야 한다(경비업법 제7조 제2항).
④ (×) 누구든지 집단민원현장에 경비인력을 20명 이상 배치하려고 할 때에는 그 경비인력을 직접 고용하여서는 아니 되고, 경비업자에게 경비업무를 도급하여야 한다(경비업법 제7조의2 제2항).

54

경비업법령상 특수경비업자에 관한 설명으로 옳은 것은? 기출 11

① 비밀취급인가는 첫 업무개시의 신고 후 즉시 받아야 한다.
❷ 비밀취급인가에 대한 인가권자는 시·도 경찰청장이다.
③ 비밀취급인가 신청에 대해 시·도 경찰청장은 특수경비업자로 하여금 직접 국가정보원장에게 보안측정을 요청하도록 할 수 있다.
④ 공항·항만·원자력발전소 등의 시설 중 행정안전부장관이 지정하는 국가보안목표시설에 대한 경비업무를 담당한다.

해설

② (O), ① (×) 특수경비업무를 수행하는 경비업자는 첫 업무개시의 신고를 하기 전에 시·도 경찰청장의 비밀취급인가를 받아야 한다(경비업법 시행령 제6조 제1항). ★
③ (×) 비밀취급인가 신청에 대해 시·도 경찰청장은 특수경비업자로 하여금 경찰청장을 거쳐 국가정보원장에게 보안측정을 요청하도록 하여야 한다(경비업법 시행령 제6조 제2항). ★
④ (×) 특수경비업무란 공항(항공기를 포함한다) 등 대통령령이 정하는 중요시설의 경비 및 도난·화재 그 밖의 위험발생을 방지하는 업무를 말한다(경비업법 제2조 제1호 마목). 경비업법 제2조 제1호 마목에서 "대통령령이 정하는 국가 중요시설"이라 함은 공항·항만·원자력발전소 등의 시설 중 국가정보원장이 지정하는 국가보안목표시설과 통합방위법 제21조 제4항의 규정에 의하여 국방부장관이 지정하는 국가중요시설을 말한다(경비업법 시행령 제2조). ★

관계법령 특수경비업자의 업무개시 전의 조치(경비업법 시행령 제6조)

① 법 제2조 제1호 마목의 규정에 의한 특수경비업무를 수행하는 경비업자(이하 "특수경비업자"라 한다)는 법 제4조 제3항 제5호의 규정에 의하여 첫 업무개시의 신고를 하기 전에 시·도 경찰청장의 비밀취급인가를 받아야 한다. ★★
② 시·도 경찰청장은 제1항의 규정에 의하여 특수경비업자에게 비밀취급인가를 하고자 하는 때에는 법 제25조의 규정에 의하여 특수경비업자로 하여금 경찰청장을 거쳐 국가정보원장에게 보안측정을 요청하도록 하여야 한다. ★★

55

경비업법령상 경비업자에 관한 설명으로 옳지 않은 것은? 기출 11

☑ ① 특수경비업자는 국가중요시설에 대한 특수경비업무의 수행이 중단되는 경우 시설주의 동의를 얻어 다른 특수경비업자 중에서 경비업무를 대행할 자를 지정하여 관할 시·도 경찰청의 허가를 받아야 한다.
② 경비업자는 불공정한 계약으로 경비원의 권익을 침해하는 행위를 하여서는 아니 된다.
③ 특수경비업자가 할 수 있는 경비관련업에는 전기 및 정밀기기 수리업이 포함된다.
④ 경비업자는 경비대상 시설주의 관리권의 범위 안에서 경비업무를 수행하여야 한다.

[해설]
① (×) 특수경비업자는 국가중요시설에 대한 특수경비업무의 수행이 중단되는 경우 시설주의 동의를 얻어 다른 특수경비업자 중에서 경비업무를 대행할 자를 지정하여 허가관청(시·도 경찰청장)에 신고하여야 한다(경비업법 제7조 제7항). ★
② (○) 경비업법 제7조 제3항 전단
③ (○) 경비업법 시행령 [별표 1의2]
④ (○) 경비업법 제7조 제1항 전단

56

경비업법령상 경비업자의 의무에 관한 설명으로 옳지 않은 것은? 기출 09

☑ ① 특수경비업무를 수행하는 경비업자는 특수경비업무의 개시신고를 하는 때에는 국가중요시설에 대한 특수경비업무의 수행이 중단되는 경우 시설주 동의 없이 다른 특수경비업자 중에서 경비업무를 대행할 자를 지정하여 허가관청에 신고할 수 있다.
② 경비업자는 경비업무를 성실하게 수행하여야 하고, 도급을 의뢰받은 경비업무가 위법 또는 부당한 것일 때에는 이를 거부하여야 한다.
③ 경비업자는 불공정한 계약으로 경비업의 건전한 육성과 발전을 해치는 행위를 하여서는 아니 된다.
④ 특수경비업무를 수행하는 경비업자는 첫 업무개시의 신고를 하기 전에 시·도 경찰청장의 비밀취급인가를 받아야 한다.

[해설]
① (×) 특수경비업무를 수행하는 경비업자는 특수경비업무의 개시신고를 하는 때에는 국가중요시설에 대한 특수경비업무의 수행이 중단되는 경우 시설주의 동의를 얻어 다른 특수경비업자 중에서 경비업무를 대행할 자를 지정하여 허가관청에 신고하여야 한다(경비업법 제7조 제7항).
② (○) 경비업법 제7조 제2항
③ (○) 경비업법 제7조 제3항
④ (○) 경비업법 시행령 제6조 제1항

57

다음 괄호 안의 ㉠과 ㉡에 들어갈 말은?

> 특수경비업자는 국가중요시설에 대한 특수경비업무를 중단하게 되는 경우에는 미리 경비대행업자에게 통보하여야 하며, 통보를 받은 경비대행업자는 (㉠) 그 경비업무를 (㉡)

① ㉠ : 통보를 받은 후 일주일 내에, ㉡ : 인수할 수 있다.
② ㉠ : 허가관청에 신고한 후, ㉡ : 인수하여야 한다.
❸ ㉠ : **통보받은 즉시**, ㉡ : **인수하여야 한다.**
④ ㉠ : 검토한 후에, ㉡ : 거절할 수 있다.

[해설]
특수경비업자는 국가중요시설에 대한 특수경비업무를 중단하게 되는 경우에는 미리 이를 제7항의 규정에 의한 경비대행업자에게 통보하여야 하며, 경비대행업자는 통보받은 즉시 그 경비업무를 인수하여야 한다(경비업법 제7조 제8항).

58

다음 중 경비업자의 의무에 관한 설명으로 옳지 않은 것은?

❶ **경비업자는 경비대상시설 점유자의 관리권의 범위 안에서 경비업무를 수행하여야 한다.**
② 경비업자는 경비업무를 성실하게 수행하여야 하고, 도급을 의뢰받은 경비업무가 위법 또는 부당한 것일 때에는 이를 거부하여야 한다.
③ 경비업자는 불공정한 계약으로 경비원의 권익을 침해하거나 경비업의 건전한 육성과 발전을 해치는 행위를 하여서는 아니 된다.
④ 경비업자의 임·직원이거나 임·직원이었던 자는 다른 법률에 특별한 규정이 있는 경우를 제외하고는 그 직무상 알게 된 비밀을 누설하거나 다른 사람에게 제공하여 이용하도록 하는 등 부당한 목적을 위하여 사용하여서는 아니 된다.

[해설]
① (×) 경비업자는 경비대상시설의 소유자 또는 관리자(이하 "시설주"라 한다)의 관리권의 범위 안에서 경비업무를 수행하여야 하며, 다른 사람의 자유와 권리를 침해하거나 그의 정당한 활동에 간섭하여서는 아니 된다(경비업법 제7조 제1항).
② (○) 경비업법 제7조 제2항
③ (○) 경비업법 제7조 제3항
④ (○) 경비업법 제7조 제4항

59

경비업법령상 경비업자의 의무에 관한 설명으로 옳지 않은 것은?

☑ 경비업자의 임·직원이거나 임·직원이었던 자는 어떠한 경우라도 그 직무상 알게 된 비밀을 누설하거나 다른 사람에게 제공하여 이용하도록 하는 등 부당한 목적을 위하여 사용하여서는 아니 된다.
② 경비업자는 경비업무를 성실하게 수행하여야 하고, 도급을 의뢰받은 경비업무가 위법 또는 부당한 것일 때에는 이를 거부하여야 한다.
③ 경비업자는 불공정한 계약으로 경비원의 권익을 침해하거나 경비업의 건전한 육성과 발전을 해치는 행위를 하여서는 아니 된다.
④ 경비업자는 집단민원현장에 경비원을 배치하는 때에는 경비지도사를 선임하고 그 장소에 배치하여 경비원을 지도·감독하게 하여야 한다.

해설

① (×) 경비업자의 임·직원이거나 임·직원이었던 자는 <u>다른 법률에 특별한 규정이 있는 경우를 제외하고는</u> 그 직무상 알게 된 비밀을 누설하거나 다른 사람에게 제공하여 이용하도록 하는 등 부당한 목적을 위하여 사용하여서는 아니 된다(경비업법 제7조 제4항).
② (○) 경비업법 제7조 제2항
③ (○) 경비업법 제7조 제3항
④ (○) 경비업법 제7조 제6항

60

경비업법령상 경비업무 도급인 등의 의무에 관한 내용이다. ( ) 안에 들어갈 내용을 순서대로 나열한 것은?

> 누구든지 집단민원현장에 경비인력을 ( )명 이상 배치하려고 할 때에는 그 경비인력을 직접 고용하여서는 아니 되고, 경비업자에게 경비업무를 도급하여야 한다. 다만, ( ) 등이 집단민원현장 발생 ( ) 전까지 직접 고용하여 경비업무를 수행하는 피고용인의 경우에는 그러하지 아니하다.

① 10,   경비업자,   1개월
② 20,   경비업자,   1개월
☑ 20,   시설주,   3개월
④ 30,   시설주,   3개월

해설

( ) 안에는 순서대로 20, 시설주, 3개월이 들어간다.

> **관계법령** 경비업무 도급인 등의 의무(경비업법 제7조의2)
>
> ① 누구든지 제4조 제1항에 따른 허가를 받지 아니한 자에게 경비업무를 도급하여서는 아니 된다.
> ② 누구든지 집단민원현장에 경비인력을 20명 이상 배치하려고 할 때에는 그 경비인력을 직접 고용하여서는 아니 되고, 경비업자에게 경비업무를 도급하여야 한다. 다만, 시설주 등이 집단민원현장 발생 3개월 전까지 직접 고용하여 경비업무를 수행하는 피고용인의 경우에는 그러하지 아니하다.
> ③ 제1항 및 제2항에 따라 경비업무를 도급하는 자는 그 경비업무를 수급한 경비업자의 경비원 채용 시 무자격자나 부적격자 등을 채용하도록 관여하거나 영향력을 행사해서는 아니 된다.
> ④ 제3항에 따른 무자격자 및 부적격자의 구체적인 범위 등은 대통령령으로 정한다.

61

경비업법령상 특수경비업자가 할 수 있는 전문직별 공사업 분야의 경비관련업에 해당되지 않는 것은?

기출 12

① 소방시설 공사업
② 배관 및 냉·난방 공사업
③ 내부 전기배선 공사업
❹ 방재 관련 공사 외의 공사업

해설
특수경비업자가 할 수 있는 전문직별 공사업 분야 경비관련업은, 소방시설 공사업, 배관 및 냉·난방 공사업(소방시설 공사 등 방재 관련 공사에 한정), 내부 전기배선 공사업, 내부 통신배선 공사업이다(경비업법 시행령 [별표 1의2]).

62

경비업법령상 특수경비업자가 할 수 있는 영업 분야와 해당 영업을 잘못 연결한 것은?

① 사업지원 서비스업 - 탐정업
② 창고 및 운송 관련 서비스업 - 주차장 운영업
❸ 사업시설 관리 및 조경 서비스업 - 인력공급 및 고용알선업
④ 부동산업 - 부동산 관리업

해설
인력공급 및 고용알선업은 사업지원 서비스업에 해당한다. 사업시설 관리 및 조경 서비스업에 해당하는 영업에는 사업시설 유지관리 서비스업과 건물 산업설비 청소 및 방제 서비스업이 있다(경비업법 시행령 [별표 1의2]).

63

경비업법령상 특수경비업자가 할 수 있는 전자부품 컴퓨터 · 영상 · 음향 및 통신장비 제조업 분야의 경비관련업에 해당하지 않는 것은? 기출 08

① 전자카드 제조업
✓ ② 컴퓨터시설 관리업
③ 통신 및 방송장비 제조업
④ 영상 및 음향기기 제조업

해설

컴퓨터시설 관리업은 전자부품, 컴퓨터, 영상, 음향 및 통신장비 제조업 분야 경비관련업에 해당되지 않는다(경비업법 시행령 [별표 1의2]).

관계법령 특수경비업자가 할 수 있는 영업(경비업법 시행령 [별표 1의2])

분야	해당 영업
전자부품, 컴퓨터, 영상, 음향 및 통신장비 제조업	• 전자카드 제조업 • 통신 및 방송 장비 제조업 • 영상 및 음향기기 제조업
컴퓨터 프로그래밍, 시스템 통합 및 관리업	• 컴퓨터 프로그래밍 서비스업 • 컴퓨터시스템 통합 자문, 구축 및 관리업

64

경비업법령상 특수경비업자가 할 수 있는 전자부품, 컴퓨터, 영상, 음향 및 통신장비 제조업 분야의 경비관련업에 해당하는 것은?

✓ ① 전자카드 제조업
② 컴퓨터 프로그래밍 서비스업
③ 전기통신업
④ 전기경보 및 신호장치 제조업

해설

전자카드 제조업이 특수경비업자가 할 수 있는 전자부품, 컴퓨터, 영상, 음향 및 통신장비 제조업 분야의 경비관련업에 해당한다.

경비업법 제8조~제9조

01 기계경비업자의 의무

02 기계경비지도사의 임무

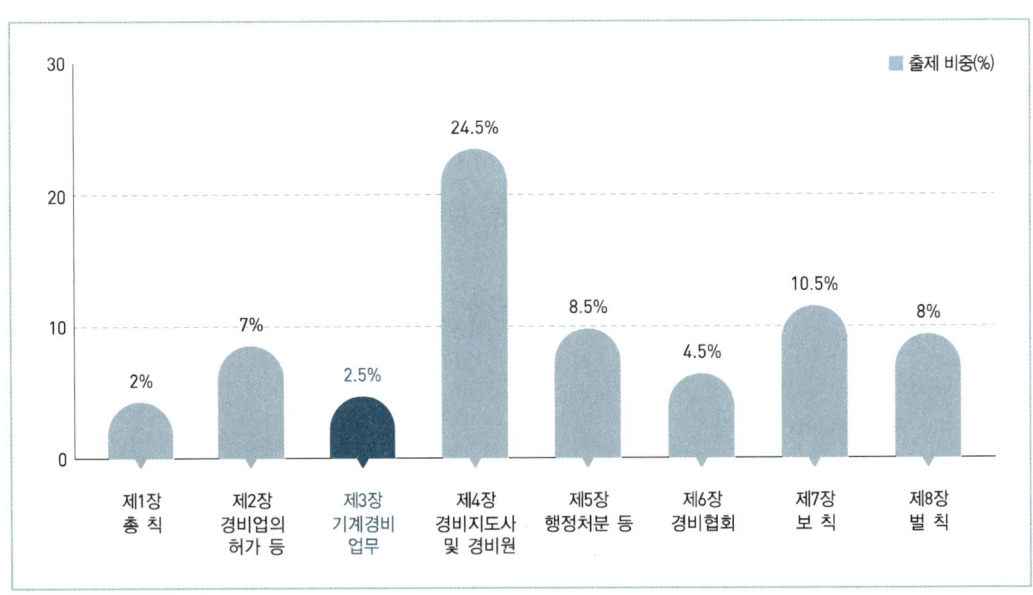

CHAPTER 03

기계경비업무

CHAPTER 03 기계경비업무

01
경비업법령상 기계경비업자의 직무에 해당하지 않는 것은? 기출 17

① 경비대상시설에 관한 경보를 수신한 때에는 신속하게 그 사실을 확인하는 등 필요한 대응조치를 취하여야 한다.
❷ 경비업과 경비장비의 제조·설비·판매업 등 대통령령이 정하는 경비관련업 외의 영업을 하여서는 안 된다.
③ 기계경비업무를 위한 기계장치의 운용·감독을 하여야 한다.
④ 대응조치 등 업무의 원활한 운영과 개선을 위하여 대통령령이 정하는 바에 따라 관련 서류를 작성·비치하여야 한다.

해설
② (×) 특수경비업자는 이 법에 의한 경비업과 경비장비의 제조·설비·판매업, 네트워크를 활용한 정보산업, 시설물 유지관리업 및 경비원 교육업 등 대통령령이 정하는 경비관련업 외의 영업을 하여서는 아니 된다(경비업법 제7조 제9항).★
① (○) 경비업법 제8조
③ (○) 경비업법 시행령 제17조 제1항 제1호
④ (○) 경비업법 제9조 제2항★

02
경비업법령상 기계경비업자의 기계경비업무에 관한 설명으로 옳지 않은 것은? 기출 18

① 경비계약을 체결하는 때에는 오경보를 막기 위하여 계약상대방에게 기기사용요령 및 기계경비운영체계 등에 관하여 설명하여야 한다.
② 관제시설 등에서 경보를 수신한 때에는 경보를 수신한 때부터 늦어도 25분 이내에는 도착시킬 수 있는 대응체제를 갖추어야 한다.
❸ 기계경비업무의 수행을 위한 관제시설의 이전에 관해서는 시·도 경찰청장의 허가를 받아야 한다.
④ 출장소별로 경보의 수신 및 현장 도착 일시와 조치의 결과를 기재한 서류를 당해 경보를 수신한 날로부터 1년간 이를 보관하여야 한다.

해설

③ (×) 기계경비업무의 수행을 위한 관제시설의 이전에 관해서는 <u>시·도 경찰청장에게 신고하여야 한다</u>(경비업법 제4조 제3항 제4호).
① (○) 경비업법 제9조 제1항
② (○) 경비업법 시행령 제7조
④ (○) 경비업법 시행령 제9조 제2항

> **관계법령**
>
> **경비업의 허가(경비업법 제4조)★★**
> ③ 제1항의 규정에 의하여 경비업의 허가를 받은 법인은 다음 각호의 어느 하나에 해당하는 때에는 시·도 경찰청장에게 신고하여야 한다. 〈개정 2024.2.13.〉
>   1. 영업을 폐업하거나 휴업한 때
>   2. 법인의 명칭이나 대표자·임원을 변경한 때
>   3. 법인의 주사무소나 출장소를 신설·이전 또는 폐지한 때
>   4. 기계경비업무의 수행을 위한 관제시설을 신설·이전 또는 폐지한 때
>   5. 특수경비업무를 개시하거나 종료한 때
>   6. 그 밖에 대통령령이 정하는 중요사항을 변경한 때 : 정관의 목적을 변경한 때(경비업법 시행령 제5조 제4항)
>
> **기계경비업자의 관리 서류(경비업법 시행령 제9조)★**
> ① 기계경비업자는 출장소별로 다음 각호의 사항을 기재한 서류를 갖추어 두어야 한다.
>   1. 경비대상시설의 명칭·소재지 및 경비계약기간
>   2. 기계경비지도사의 명단·배치일자·배치장소와 출동차량의 대수
>   3. 경보의 수신 및 현장도착 일시와 조치의 결과
>   4. 오경보인 경우 오경보가 발생한 경비대상시설 및 그 오경보에 대한 조치의 결과
> ② 제1항 제3호 및 제4호의 규정에 의한 사항을 기재한 서류는 당해 경보를 수신한 날부터 1년간 이를 보관하여야 한다.

03   CHECK ○△×

경비업법령상 기계경비업자의 의무가 아닌 것은? 기출 09

① 오경보의 방지의무
② 관리서류 비치의무
③ 대응체제 구축의무
④ **비밀취급인가 의무** ✔

해설

기계경비업자의 의무에는 대응체제 구축의무(경비업법 제8조), 오경보의 방지의무(경비업법 제9조 제1항), 관련서류 비치의무(경비업법 제9조 제2항) 등이 있다. 비밀취급인가는 특수경비업자의 업무개시 전의 조치사항(경비업법 시행령 제6조)이다.

04

경비업법령상 기계경비업자에 관한 설명으로 틀린 것은? 기출 08

① 기계경비업자는 관제시설 등에서 경보를 수신한 때에는 늦어도 25분 이내에 도착시킬 수 있는 대응체제를 갖추어야 한다.
❷ 기계경비업자는 오경보가 발생한 경비대상시설 및 그 오경보에 대한 조치의 결과를 기재한 서류를 조치 후 계약기간 종료 시까지 보관하여야 한다.
③ 기계경비업자는 경비원의 업무수행 중 고의 또는 과실로 경비대상에 발생한 손해에 대한 손해배상의 범위와 손해배상액에 관한 사항을 기재한 서면등을 계약상대방에게 교부하여야 한다.
④ 기계경비업자는 오경보의 발생원인과 송신기기의 유지·관리방법을 설명한 서면 또는 전자문서(전자문서는 계약상대방이 원하는 경우에 한한다)를 계약상대방에게 교부하여야 한다.

[해설]

② (×) 경보의 수신 및 현장도착 일시와 조치의 결과, 오경보인 경우 오경보가 발생한 경비대상시설 및 그 오경보에 대한 조치결과에 대한 사항을 기재한 서류는 당해 경보를 수신한 날로부터 1년간 보관하여야 한다(경비업법 시행령 제9조).
① (○) 경비업법 시행령 제7조
③ (○) 경비업법 시행령 제8조 제2항
④ (○) 경비업법 시행령 제8조 제1항 제4호

05

경비업법령상 기계경비업자가 오경보의 방지를 위하여 계약상대방에게 하여야 하는 설명은 서면등을 교부하는 방법에 의한다. 이때 서면등에 기재하는 사항을 모두 고른 것은? 기출 20

> ㄱ. 기계경비업무용 기기의 설치장소 및 종류
> ㄴ. 오경보의 발생원인과 송신기기의 유지·관리방법
> ㄷ. 당해 기계경비업무와 관련된 관제시설 및 출장소의 명칭·소재지

① ㄱ, ㄴ
② ㄱ, ㄷ
③ ㄴ, ㄷ
❹ ㄱ, ㄴ, ㄷ

[해설]

제시된 내용은 모두 기계경비업자가 오경보의 방지를 위하여 계약상대방에게 서면등을 교부하는 방법에 의한 설명 시 서면등에 기재하는 사항에 해당한다(경비업법 시행령 제8조 제1항).

06

CHECK ○ △ ×

경비업법령상 기계경비업자가 오경보의 방지를 위해 계약상대방에게 설명하여야 하는 사항이 아닌 것은? 기출 23

① 당해 기계경비업무와 관련된 관제시설 및 출장소의 명칭·소재지
② 기계경비업무용 기기의 설치장소 및 종류와 그 밖의 기계장치의 개요
❸ 기계경비지도사의 명단·배치일자·배치장소와 출동차량의 대수
④ 기계경비업자가 경비대상시설에서 발생한 경보를 수신한 경우에 취하는 조치

해설

③ (×) 기계경비업자가 출장소별로 갖추어 두어야 하는 서류의 기재사항에 해당한다(경비업법 시행령 제9조 제1항 제2호).
① (○) 경비업법 시행령 제8조 제1항 제1호
② (○) 경비업법 시행령 제8조 제1항 제3호
④ (○) 경비업법 시행령 제8조 제1항 제2호

관계법령

오경보의 방지를 위한 설명 등(경비업법 시행령 제8조)
① 법 제9조 제1항의 규정에 의하여 기계경비업자가 계약상대방에게 하여야 하는 설명은 다음 각호의 사항을 기재한 서면 또는 전자문서(이하 "서면등"이라 하며, 이 조에서 전자문서는 계약상대방이 원하는 경우에 한한다)를 교부하는 방법에 의한다.
   1. 당해 기계경비업무와 관련된 관제시설 및 출장소(제5조 제3항의 규정에 의한 출장소를 말한다. 이하 같다)의 명칭·소재지
   2. 기계경비업자가 경비대상시설에서 발생한 경보를 수신한 경우에 취하는 조치
   3. 기계경비업무용 기기의 설치장소 및 종류와 그 밖의 기계장치의 개요
   4. 오경보의 발생원인과 송신기기의 유지·관리방법
② 기계경비업자는 제1항 각호의 사항을 기재한 서면등과 함께 법 제26조의 규정에 의한 손해배상의 범위와 손해배상액에 관한 사항을 기재한 서면등을 계약상대방에게 교부하여야 한다.

기계경비업자의 관리 서류(경비업법 시행령 제9조)
① 기계경비업자는 법 제9조 제2항의 규정에 의하여 출장소별로 다음 각호의 사항을 기재한 서류를 갖추어 두어야 한다.
   1. 경비대상시설의 명칭·소재지 및 경비계약기간
   2. 기계경비지도사의 명단·배치일자·배치장소와 출동차량의 대수
   3. 경보의 수신 및 현장도착 일시와 조치의 결과
   4. 오경보인 경우 오경보가 발생한 경비대상시설 및 그 오경보에 대한 조치의 결과
② 제1항 제3호 및 제4호의 규정에 의한 사항을 기재한 서류는 당해 경보를 수신한 날부터 1년간 이를 보관하여야 한다.

07

경비업법령상 기계경비업무에 관한 설명으로 옳은 것은? 기출 19

① 기계경비업자는 기계경비지도사의 명단·배치일자·배치장소와 출동차량의 대수를 기재한 서류를 1년간 보관하여야 한다.
❷ **기계경비업자는 오경보가 발생한 경비대상시설 및 그 오경보에 대한 조치의 결과를 기재한 서류를 당해 경보를 수신한 날부터 1년간 보관하여야 한다.**
③ 기계경비업자는 관제시설 등에서 경보를 수신한 때에는 경보를 수신한 때부터 늦어도 30분 이내에는 도착시킬 수 있는 대응체제를 갖추어야 한다.
④ 기계경비업자는 경비대상시설의 명칭·소재지 및 경비계약기간을 기재한 서류를 주사무소에 갖추어 두어야 한다.

해설

② (○) 경비업법 시행령 제9조 제2항·제1항 제4호
① (×) 경비업법 시행령 제9조 제1항 제2호는 제2항의 당해 경보를 수신한 날부터 1년간 보관하여야 하는 사항을 기재한 서류에 해당하지 않는다(경비업법 시행령 제9조 제2항 반대해석).
③ (×) 기계경비업무를 수행하는 경비업자는 관제시설 등에서 경보를 수신한 때에는 경보를 수신한 때부터 늦어도 25분 이내에는 도착시킬 수 있는 대응체제를 갖추어야 한다(경비업법 시행령 제7조).
④ (×) 기계경비업자는 출장소별로 경비대상시설의 명칭·소재지 및 경비계약기간을 기재한 서류를 갖추어 두어야 한다(경비업법 시행령 제9조 제1항 제1호).

08

경비업법령상 기계경비업자의 기계경비업무에 관한 설명으로 옳은 것은? 기출 14

① 경비계약을 체결하는 때에는 계약상대방의 요청이 없는 한 손해배상에 관한 사항을 기재한 서면을 교부할 의무는 없다.
② 경비계약을 체결하는 때에는 오경보를 막기 위하여 계약상대방에게 기기사용요령 및 기계경비운영체계 등에 관하여 구두 또는 서면에 의하여 설명해야 한다.
③ 업무의 원활한 운영과 개선을 위하여 경비대상시설의 명칭·소재지 및 경비계약 기간에 관한 서류를 주사무소에 비치한 경우, 이를 출장소에 비치할 필요는 없다.
❹ **경보의 수신 및 현장도착 일시와 조치의 결과 사항을 기재한 서류는 당해 경보를 수신한 날부터 1년간 이를 보관해야 한다.**

해설

④ (○) 경보의 수신 및 현장도착 일시와 조치의 결과를 기재한 서류와 오경보인 경우 오경보가 발생한 경비대상시설 및 그 오경보에 대한 조치의 결과를 기재한 서류는 당해 경보를 수신한 날부터 1년간 이를 보관하여야 한다(경비업법 시행령 제9조 제2항).
① (×) 상대방의 요청이 없더라도 교부의무가 있다(경비업법 시행령 제8조 제2항). 상대방이 원하는 경우(상대방이 요청하는 경우)에만 하는 것은 전자문서를 교부하는 경우이다(경비업법 시행령 제8조 제1항).
② (×) 경비업법 제9조 제1항, 동법 시행령 제8조 제1항
③ (×) 기계경비업자의 관리 서류는 출장소별로 비치하여야 한다(경비업법 시행령 제9조 제1항).

09

경비업법령상 기계경비업무에 관한 설명으로 옳지 않은 것은? 기출 12

① 기계경비업자는 경비대상시설에 관한 정보를 수신한 때에는 신속하게 그 사실을 확인하는 등 필요한 대응조치를 취하여야 하며, 이를 위한 대응체제를 갖추어야 한다.
❷ 기계경비업자는 경비계약을 체결하는 때에 계약상대방에게 기기사용요령 및 기계경비운영체계 등에 관하여 서면 또는 구두로 설명하여야 한다.
③ 기계경비업자가 경보의 수신 및 현장도착일시와 조치의 결과에 의한 사항을 기재한 서류는 당해 경보를 수신한 날부터 1년간 이를 보관하여야 한다.
④ 기계경비업자는 경비계약을 체결하는 때에는 오경보를 막기 위하여 각종 기기가 오작동되지 아니하도록 관리하여야 한다.

해설

② (×) 기계경비업자는 경비계약을 체결하는 때에 계약상대방에게 기기사용요령 및 기계경비운영체계 등에 관하여 서면 또는 전자문서(여기서 전자문서는 상대방이 원하는 경우에 한한다)로 설명하여야 한다(경비업법 제9조 제1항, 동법 시행령 제8조 제1항).
① (○) 경비업법 제8조
③ (○) 경비업법 시행령 제9조 제2항
④ (○) 경비업법 제9조 제1항

10

경비업법령상 기계경비업에 관한 설명으로 옳지 않은 것은? 기출 11

① 기계경비업무란 경비대상시설에 설치한 기기에 의하여 감지・송신된 정보를 그 경비대상시설 외의 장소에 설치한 관제시설의 기기로 수신하여 도난・화재 등 위험발생을 방지하는 업무를 말한다.
❷ 기계경비업자는 경비원의 업무수행 중 고의 또는 과실로 경비대상에 손해가 발생하는 것을 방지하지 못한 때에 그 손해에 대한 배상 범위와 손해배상액에 관한 사항을 기재한 서면을 출장소별로 갖추어 두어야 한다.
③ 기계경비업자는 경비계약을 체결하는 때에는 오경보를 막기 위하여 계약상대방에게 기기사용요령 및 기계경비운영체계 등에 관하여 설명하여야 한다.
④ 기계경비업의 허가와 관련된 경비인력의 기준은 전자・통신분야 기술자격증소지자 5명을 포함한 10명 이상 및 경비지도사 1명 이상이어야 한다.

[해설]

② (×) 기계경비업자는 제1항 각호의 사항을 기재한 서면등과 함께 법 제26조의 규정에 의한 손해배상의 범위와 손해배상액에 관한 사항을 기재한 서면등을 계약상대방에게 교부하여야 한다(경비업법 시행령 제8조 제2항).
① (○) 경비업법 제2조 제1호 라목
③ (○) 경비업법 제9조 제1항
④ (○) 경비업법 시행령 [별표 1] 제4호

11

경비업법령상 기계경비업자의 계약상대방에 대한 설명의무에 대한 설명으로 틀린 것은? 기출 07

❶ 기계경비업자가 계약상대방에게 하여야 하는 설명은 구두로 하는 것이 원칙이다.
② 기계경비업자가 경비대상시설에서 발생한 경보를 수신한 경우에 취하는 조치를 설명한다.
③ 기계경비업무용 기기의 설치장소 및 종류와 그 밖의 기계장치의 개요를 설명한다.
④ 오경보의 발생원인과 송신기기의 유지・관리방법을 설명한다.

[해설]

계약상대방에게 하여야 하는 설명은 서면 또는 전자문서(계약상대방이 원하는 경우에 한함)를 교부하는 방법으로 한다(경비업법 시행령 제8조 제1항).

> **관계법령** 오경보의 방지를 위한 설명 등(경비업법 시행령 제8조)
>
> ① 법 제9조 제1항의 규정에 의하여 기계경비업자가 계약상대방에게 하여야 하는 설명은 다음 각호의 사항을 기재한 서면 또는 전자문서(이하 "서면등"이라 하며, 이 조에서 전자문서는 계약상대방이 원하는 경우에 한한다)를 교부하는 방법에 의한다.
>   1. 당해 기계경비업무와 관련된 관제시설 및 출장소(제5조 제3항의 규정에 의한 출장소를 말한다)의 명칭・소재지
>   2. 기계경비업자가 경비대상시설에서 발생한 경보를 수신한 경우에 취하는 조치
>   3. 기계경비업무용 기기의 설치장소 및 종류와 그 밖의 기계장치의 개요
>   4. 오경보의 발생원인과 송신기기의 유지・관리방법

12

경비업법령상 기계경비업자가 계약상대방에게 오경보방지를 위한 설명서를 교부하는 데 포함될 사항으로 옳지 않은 것은? 기출 10

☑ ① 경비대상시설의 명칭·소재지 및 경비계약기간
② 당해 기계경비업무와 관련된 관제시설 및 출장소의 명칭·소재지
③ 오경보의 발생원인과 송신기기의 유지·관리방법
④ 기계경비업무용 기기의 설치장소 및 종류와 그 밖의 기계장치의 개요

해설

경비대상시설의 명칭·소재지 및 경비계약기간은 경비업법 제9조 제1항의 비치서류에 포함되는 내용이다.

13

경비업법령상 기계경비업자의 출장소별 관리 서류에 관한 설명으로 옳지 않은 것은? 기출 24

① 경비대상시설의 명칭·소재지 및 경비계약기간을 기재한 서류를 갖추어 두어야 한다.
② 기계경비지도사의 명단·배치일자·배치장소와 출동차량의 대수를 기재한 서류를 갖추어 두어야 한다.
③ 오경보가 발생한 경비대상시설을 기재한 서류를 갖추어 두어야 한다.
☑ ④ 경보의 수신 및 조치의 결과를 기재한 서류는 당해 경보를 수신한 날부터 3년간 보관하여야 한다.

해설

"경보의 수신 및 현장도착 일시와 조치의 결과"와 "오경보인 경우 오경보가 발생한 경비대상시설 및 그 오경보에 대한 조치의 결과"를 기재한 서류는 당해 정보를 수신한 날부터 1년간 이를 보관하여야 한다(경비업법 시행령 제9조 제2항).

> **관계법령** 기계경비업자의 관리 서류(경비업법 시행령 제9조)
>
> ① 기계경비업자는 법 제9조 제2항의 규정에 의하여 출장소별로 다음 각호의 사항을 기재한 서류를 갖추어 두어야 한다.
>   1. 경비대상시설의 명칭·소재지 및 경비계약기간
>   2. 기계경비지도사의 명단·배치일자·배치장소와 출동차량의 대수
>   3. 경보의 수신 및 현장도착 일시와 조치의 결과
>   4. 오경보인 경우 오경보가 발생한 경비대상시설 및 그 오경보에 대한 조치의 결과
> ② 제1항 제3호 및 제4호의 규정에 의한 사항을 기재한 서류는 당해 경보를 수신한 날부터 1년간 이를 보관하여야 한다.

14

경비업법령상 기계경비업자의 출장소별 관리 서류에 관한 설명으로 옳지 않은 것은? 기출 21

① 기계경비지도사의 명단·배치일자·배치장소와 출동차량의 대수를 기재한 서류를 갖추어 두어야 한다.
② 오경보인 경우 오경보가 발생한 경비대상시설 및 그 오경보에 대한 조치의 결과를 기재한 서류를 갖추어 두어야 한다.
③ 경보의 수신 및 현장도착 일시와 조치의 결과를 기재한 서류를 갖추어 두어야 한다.
❹ 오경보에 대한 조치의 결과를 기재한 서류는 당해 경보를 수신한 날부터 2년간 이를 보관하여야 한다.

해설

④ (×) 제1항 제3호(경보의 수신 및 현장도착 일시와 조치의 결과) 및 제4호(오경보인 경우 오경보가 발생한 경비대상시설 및 그 오경보에 대한 조치의 결과)의 규정에 의한 사항을 기재한 서류는 당해 경보를 수신한 날부터 1년간 이를 보관하여야 한다(경비업법 시행령 제9조 제2항).
① (○) 경비업법 시행령 제9조 제1항 제2호
② (○) 경비업법 시행령 제9조 제1항 제4호
③ (○) 경비업법 시행령 제9조 제1항 제3호

15

경비업법령상 기계경비업자가 출장소별로 갖추어 두어야 하는 서류가 아닌 것은? 기출 16

① 경비대상시설의 명칭·소재지 및 경비계약기간을 기재한 서류
② 기계경비지도사의 명단·배치일자·배치장소와 출동차량의 대수를 기재한 서류
❸ 가입고객의 주민등록번호 등 개인정보를 기재한 서류
④ 경보의 수신 및 현장도착 일시와 조치의 결과를 기재한 서류

해설

가입고객의 주민등록번호 등 개인정보를 기재한 서류는 경비업법령상 명문화되지는 않았다. 따라서 기계경비업자가 출장소별로 갖추어 두어야 하는 서류가 아니다(경비업법 시행령 제9조 제1항 참고).

16

경비업법령상 기계경비업무에 관한 설명으로 옳지 않은 것은? 기출 15

① 기계경비업무를 수행하는 경비원은 일반경비원에 해당한다.
② 기계경비업자는 관제시설 등에서 경보를 수신한 때에는 경보를 수신한 때부터 늦어도 25분 이내에는 도착시킬 수 있는 대응체제를 갖추어야 한다.
❸ 기계경비업자는 경보의 수신 및 현장도착 일시와 조치의 결과를 기재한 서류를 당해 경보를 수신한 날부터 최소 2년간 이를 보관하여야 한다.
④ 기계경비지도사의 직무에는 기계경비업무를 위한 기계장치의 운용ㆍ감독 및 오경보 방지 등을 위한 기기관리의 감독이 포함된다.

해설
③ (×) 기계경비업자는 경보의 수신 및 현장도착 일시와 조치의 결과를 기재한 서류를 당해 경보를 수신한 날부터 1년간 이를 보관하여야 한다(경비업법 시행령 제9조 제2항).
① (○) 경비업법 제2조 제3호 가목
② (○) 경비업법 시행령 제7조
④ (○) 경비업법 시행령 제17조 제1항

17

경비업법령상 기계경비업자가 출장소별로 갖추어 두어야 할 관리 서류의 기재사항으로 옳지 않은 것은? 기출 11·09·07

① 경비대상시설의 명칭ㆍ소재지 및 경비계약기간
❷ 경보의 수신 및 현장 도착 일시와 가해자에 대한 심문기록
③ 기계경비지도사의 명단ㆍ배치일자ㆍ배치장소와 출동차량의 대수
④ 오경보인 경우 오경보가 발생한 경비대상시설 및 그 오경보에 대한 조치의 결과

해설
가해자에 대한 심문기록은 기재사항이 아니다.

경비업법 제10조~제18조

01 경비지도사 및 경비원의 결격사유
02 특수경비원의 당연 퇴직
03 경비지도사의 시험 등
04 경비지도사의 보수교육
05 경비지도사 교육기관의 지정 및 교육의 위탁 등
06 경비지도사 교육기관의 지정취소 등
07 경비지도사의 선임·배치
08 경비지도사의 직무
09 경비지도사의 선임·해임 신고의 의무
10 경비원의 교육 등
11 경비원 교육기관의 지정 및 지정취소 등
12 특수경비원의 직무 및 무기사용 등
13 경비원의 복장·장비·출동차량 등
14 경비원의 명부와 배치허가 등

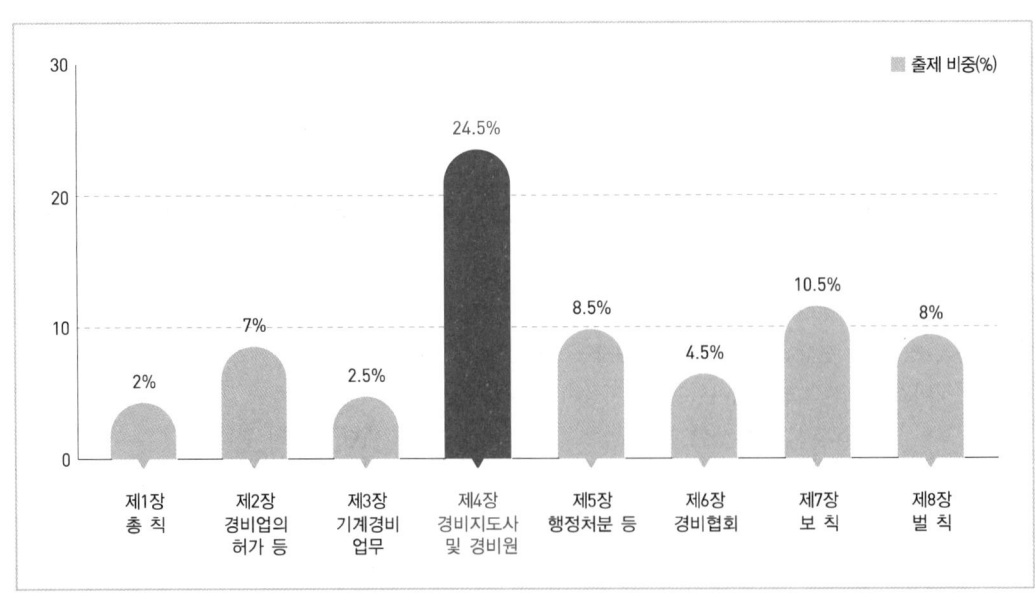

CHAPTER 04

경비지도사 및 경비원

CHAPTER 04 경비지도사 및 경비원

01

경비업법령상 경비지도사 및 경비원의 결격사유에 해당하지 않는 것은? 기출 21

☑ ① 벌금형의 선고유예를 받고 그 유예기간이 끝난 날부터 5년이 지나지 아니한 자
② 징역 3년의 실형의 선고를 받고 그 집행이 면제된 날부터 5년이 지나지 아니한 자
③ 「형법」제114조(범죄단체 등의 조직)의 죄를 범하여 벌금형을 선고받은 날부터 5년이 지나지 아니한 자
④ 「형법」제297조(강간)의 죄를 범하여 치료감호를 선고받고 그 집행이 종료된 날 또는 집행이 면제된 날부터 5년이 지나지 아니한 자

해설

① (×) 금고 이상의 형의 선고유예를 받고 그 유예기간 중에 있는 자가 특수경비원의 결격사유에 해당한다(경비업법 제10조 제2항 제4호).
② (○) 금고 이상의 실형의 선고를 받고 그 집행이 면제된 날부터 5년이 지나지 아니한 자는 경비지도사 또는 경비원이 될 수 없다(경비업법 제10조 제1항 제3호·제2항 제3호).
③ (○) 「형법」제114조의 죄를 범하여 벌금형을 선고받은 날부터 10년이 지나지 아니한 자는 경비지도사 또는 경비원이 될 수 없다(경비업법 제10조 제1항 제5호 가목·제2항 제3호).
④ (○) 「형법」제297조의 죄를 범하여 치료감호를 선고받고 그 집행이 종료된 날 또는 집행이 면제된 날부터 10년이 지나지 아니한 자는 경비지도사 또는 경비원이 될 수 없다(경비업법 제10조 제1항 제7호·제2항 제3호).

02

경비업법령상 특수경비원의 결격사유로 옳지 않은 것은? 기출 23

☑ ① 심신미약자
② 마약·대마·향정신성의약품 또는 알코올 중독자
③ 경비업법에 따른 명령을 위반하여 벌금형을 선고받은 날부터 5년이 지나지 아니한 자
④ 인질강도죄(「형법」제336조)를 범하여 벌금형을 선고받은 날부터 5년이 지나지 아니한 자

해설

① (×) 심신미약자가 아닌 심신상실자가 특수경비원의 결격사유에 해당한다(경비업법 제10조 제2항 제2호, 동법 시행령 제10조의2 제1호).
② (○) 경비업법 시행령 제10조의2 제2호
③ (○) 경비업법 제10조 제2항 제3호 - 제1항 제8호
④ (○) 경비업법 제10조 제2항 제3호 - 제1항 제6호 가목

관계법령 경비지도사 및 경비원의 결격사유(경비업법 제10조)★★

② 다음 각호의 어느 하나에 해당하는 자는 특수경비원이 될 수 없다.
  1. 18세 미만이거나 60세 이상인 사람 또는 피성년후견인
  2. 심신상실자, 알코올 중독자 등 대통령령으로 정하는 정신적 제약이 있는 자

> **특수경비원의 결격사유(경비업법 시행령 제10조의2)**
> 법 제10조 제2항 제2호에서 "심신상실자, 알코올 중독자 등 대통령령으로 정하는 정신적 제약이 있는 자"란 다음 각호의 사람을 말한다.
>   1. 심신상실자
>   2. 마약·대마·향정신성의약품 또는 알코올 중독자
>   3. 「치매관리법」제2조 제1호에 따른 치매, 조현병·조현정동장애·양극성정동장애(조울병)·재발성우울장애 등의 정신질환이나 정신 발육지연, 뇌전증 등이 있는 사람. 다만, 해당 분야 전문의가 특수경비원으로서 적합하다고 인정하는 사람은 제외한다.

  3. 제1항 제2호부터 제8호까지의 어느 하나에 해당하는 자
  4. 금고 이상의 형의 선고유예를 받고 그 유예기간 중에 있는 자
  5. 행정안전부령으로 정하는 신체조건에 미달되는 자

> **특수경비원의 신체조건(경비업법 시행규칙 제7조)**
> 법 제10조 제2항 제5호에서 "행정안전부령이 정하는 신체조건"이라 함은 팔과 다리가 완전하고 두 눈의 맨눈시력 각각 0.2 이상 또는 교정시력 각각 0.8 이상을 말한다.

03

경비업법령상 경비지도사 및 경비원의 결격사유로 옳지 않은 것은? 기출 22

① 「형법」제114조(범죄단체 등의 조직)의 죄를 범하여 벌금형을 선고받은 날부터 10년이 지나지 아니하거나 금고 이상의 형을 선고받고 그 집행이 종료된(종료된 것으로 보는 경우를 포함한다) 날 또는 집행이 유예·면제된 날부터 10년이 지나지 아니한 자

② 「형법」제330조(야간주거침입절도)의 죄를 범하여 벌금형을 선고받은 날부터 5년이 지나지 아니하거나 금고 이상의 형을 선고받고 그 집행이 유예된 날부터 5년이 지나지 아니한 자

③ 「아동·청소년의 성보호에 관한 법률」제7조(아동·청소년에 대한 강간·강제추행 등)의 죄를 범하여 치료감호를 선고받고 그 집행이 종료된 날 또는 집행이 면제된 날부터 10년이 지나지 아니한 자

❹ 「성폭력범죄의 처벌 등에 관한 특례법」제3조(특수강도강간 등)의 죄를 범하여 벌금형을 선고받은 날부터 5년이 지나지 아니하거나 금고 이상의 형을 선고받고 그 집행이 유예된 날부터 5년이 지나지 아니한 자

해설

④ (×) 「성폭력범죄의 처벌 등에 관한 특례법」 제3조(특수강도강간 등)의 죄를 범하여 벌금형을 선고받은 날부터 10년이 지나지 아니하거나 금고 이상의 형을 선고받고 그 집행이 유예된 날부터 10년이 지나지 아니한 자가 경비업법 제10조 제1항 제5호 라목의 결격사유에 해당한다.
① (○) 경비업법 제10조 제1항 제5호 가목의 결격사유에 해당한다.
② (○) 경비업법 제10조 제1항 제6호 가목의 결격사유에 해당한다.
③ (○) 경비업법 제10조 제1항 제7호 전단의 결격사유에 해당한다.

관계법령 　경비지도사 및 경비원의 결격사유(경비업법 제10조) ★★

① 다음 각호의 어느 하나에 해당하는 자는 경비지도사 또는 일반경비원이 될 수 없다.
　1. 18세 미만인 사람, 피성년후견인
　2. 파산선고를 받고 복권되지 아니한 자
　3. 금고 이상의 실형의 선고를 받고 그 집행이 종료(집행이 종료된 것으로 보는 경우를 포함)되거나 집행이 면제된 날부터 5년이 지나지 아니한 자
　4. 금고 이상의 형의 집행유예선고를 받고 그 유예기간 중에 있는 자
　5. 다음 각목의 어느 하나에 해당하는 죄를 범하여 벌금형을 선고받은 날부터 10년이 지나지 아니하거나 금고 이상의 형을 선고받고 그 집행이 종료된(종료된 것으로 보는 경우를 포함) 날 또는 집행이 유예·면제된 날부터 10년이 지나지 아니한 자
　　가. 「형법」 제114조의 죄
　　나. 「폭력행위 등 처벌에 관한 법률」 제4조의 죄
　　다. 「형법」 제297조, 제297조의2, 제298조부터 제301조까지, 제301조의2, 제302조, 제303조, 제305조, 제305조의2의 죄
　　라. 「성폭력범죄의 처벌 등에 관한 특례법」 제3조부터 제11조까지 및 제15조(제3조부터 제9조까지의 미수범만 해당)의 죄
　　마. 「아동·청소년의 성보호에 관한 법률」 제7조 및 제8조의 죄
　　바. 다목부터 마목까지의 죄로서 다른 법률에 따라 가중처벌되는 죄
　6. 다음 각목의 어느 하나에 해당하는 죄를 범하여 벌금형을 선고받은 날부터 5년이 지나지 아니하거나 금고 이상의 형을 선고받고 그 집행이 유예된 날부터 5년이 지나지 아니한 자
　　가. 「형법」 제329조부터 제331조까지, 제331조의2 및 제332조부터 제343조까지의 죄
　　나. 가목의 죄로서 다른 법률에 따라 가중처벌되는 죄
　　다. 삭제〈2014.12.30.〉
　　라. 삭제〈2014.12.30.〉
　7. 제5호 다목부터 바목까지의 어느 하나에 해당하는 죄를 범하여 치료감호를 선고받고 그 집행이 종료된 날 또는 집행이 면제된 날부터 10년이 지나지 아니한 자 또는 제6호 각목의 어느 하나에 해당하는 죄를 범하여 치료감호를 선고받고 그 집행이 면제된 날부터 5년이 지나지 아니한 자
　8. 이 법이나 이 법에 따른 명령을 위반하여 벌금형을 선고받은 날부터 5년이 지나지 아니하거나 금고 이상의 형을 선고받고 그 집행이 유예된 날부터 5년이 지나지 아니한 자

04

경비업법상 경비원의 결격사유에 관한 설명으로 옳지 않은 것은? 기출수정 19

① 18세 미만 또는 60세 이상인 사람은 일반경비원이 될 수 없다.
② 금고 이상의 형의 선고유예를 받고 그 유예기간 중에 있는 자는 특수경비원이 될 수 없다.
③ 금고 이상의 형의 집행유예선고를 받고 그 유예기간 중에 있는 자는 일반경비원이 될 수 없다.
④ 형법 제297조(강간)의 죄로 금고 이상의 형을 선고받고 그 집행이 유예된 날부터 10년이 지나지 아니한 자는 일반경비원 및 특수경비원이 될 수 없다.

해설

① (×) 18세 미만인 사람은 일반경비원·특수경비원의 공통된 결격사유이나(경비업법 제10조 제1항 제1호·동조 제2항 제1호), 60세 이상인 사람은 특수경비원의 특유한 결격사유이다(경비업법 제10조 제2항 제1호).
② (○) 금고 이상의 형이 선고유예를 받고 그 유예기간 중에 있는 자는 특수경비원의 특유한 결격사유이다(경비업법 제10조 제2항 제4호).
③ (○) 금고 이상의 형의 집행유예선고를 받고 그 유예기간 중에 있는 자는 일반경비원·특수경비원의 공통된 결격사유에 해당한다(경비업법 제10조 제1항 제4호·동조 제2항 제3호).
④ (○) 형법 제297조(강간)죄는 경비업법 제10조 제1항 제5호 다목의 형사범죄로 금고 이상의 형을 선고받고 그 집행이 유예된 날부터 10년이 지나지 아니한 자는 일반경비원·특수경비원의 공통된 결격사유이다(경비업법 제10조 제1항 제5호 다목·동조 제2항 제3호).

05

경비업법령상 경비지도사 및 경비원의 결격사유에 관한 설명으로 옳은 것은? 기출수정 18

① 경비지도사의 결격사유는 일반경비원의 결격사유와 구별된다.
② 19세인 사람은 특수경비원이 될 수 없다.
③ 금고 이상의 형의 선고유예를 받고 그 유예기간 중에 있는 자는 경비지도사가 될 수 있다.
④ 일반경비원이 되기 위해서는 팔과 다리가 완전하고 두 눈의 맨눈시력 각각 0.2 이상 또는 교정시력 각각 0.8 이상이어야 한다.

해설

③ (○) 금고 이상의 형의 선고유예를 받고 그 유예기간 중에 있는 자는 특수경비원 결격사유일 뿐이고 일반경비원이나 경비지도사의 결격사유는 아니다(경비업법 제10조 제2항 제4호). ★
① (×) 경비지도사의 결격사유와 일반경비원의 결격사유는 동일하다(경비업법 제10조 제1항).
② (×) 18세 미만인 사람이 특수경비원 결격사유에 해당한다(경비업법 제10조 제2항 제1호).
④ (×) 특수경비원이 되기 위해서는 팔과 다리가 완전하고 두 눈의 맨눈시력이 각각 0.2 이상 또는 교정시력이 각각 0.8 이상이어야 한다(경비업법 시행규칙 제7조).

06

경비업법상 일반경비원의 결격사유에 해당하지 않는 경우는? 기출수정 15

☑ ① 18세인 사람
② 피성년후견인
③ 금고 이상의 형의 집행유예선고를 받고 그 유예기간 중에 있는 자
④ 파산선고를 받고 복권되지 아니한 자

[해설]

18세 미만인 사람, 피성년후견인, 금고 이상의 형의 집행유예선고를 받고 그 유예기간 중에 있는 자, 파산선고를 받고 복권되지 아니한 자는 경비원이 될 수 없다(경비업법 제10조 제1항). 따라서 18세인 사람은 경비원이 될 수 있다.

07

경비업법령상 특수경비원은 될 수가 없으나 경비지도사가 될 수 있는 자는?(단, 다른 결격사유는 고려하지 않음) 기출 15

① 팔과 다리가 완전하고 두 눈의 교정시력이 각각 0.8인 자
☑ ② 금고 이상의 형의 선고유예를 받고 그 유예기간 중에 있는 자
③ 금고 이상의 형의 집행유예선고를 받고 그 유예기간 중에 있는 자
④ 「형법」 제114조(범죄단체 등의 조직)의 죄를 범하여 벌금형을 선고받은 날부터 10년이 지나지 아니한 자

[해설]

② (○) 금고 이상의 형의 선고유예를 받고 그 유예기간 중에 있는 자는 특수경비원에만 해당되는 결격사유이므로 경비지도사는 될 수 있다.
① (×) 두 눈의 교정시력이 각각 0.8인 자는 특수경비원이 될 수 있다.
③ (×) 금고 이상의 형의 집행유예선고를 받고 그 유예기간 중에 있는 자는 특수경비원과 경비지도사의 공통되는 결격사유이다.
④ (×) 경비지도사의 결격사유로 경비업법 제10조 제1항 제5호 가목에서 형법 제114조(범죄단체 등의 조직)의 죄를 범하여 벌금형을 선고받은 날로부터 10년이 지나지 아니한 자를 규정하고 있다. 또한 이는 특수경비원의 결격사유이기도 하다(경비업법 제10조 제2항 제3호).

08

경비업법령상 경비지도사의 결격사유에 해당되는 자는? 기출수정 12

① 18세인 사람
☑ 징역 3년형의 선고를 받아 형의 집행이 종료된 날부터 5년이 지나지 아니한 자
③ 파산선고를 받고 복권된 자
④ 징역 1년에 집행유예 3년의 선고를 받고 그 유예기간이 지난 자

[해설]
금고 이상의 실형의 선고를 받고 그 집행이 종료되거나 집행이 면제된 날부터 5년이 지나지 아니한 자는 결격사유에 해당된다(경비업법 제10조 제1항 제3호).

09

경비업법령상 경비지도사가 될 수 있는 자는? 기출수정 11

☑ 60세 이상인 사람
② 피성년후견인
③ 파산선고를 받고 복권되지 아니한 자
④ 금고 이상의 실형을 선고받고 그 집행이 면제된 날로부터 3년이 지나지 아니한 자

[해설]
60세 이상인 사람은 특수경비원은 될 수 없지만 경비지도사는 될 수 있다.

10

경비업법령상 특수경비원이 될 수 있는 자는? 기출수정 11

☑ 금고 이상의 형의 선고유예를 받고 그 유예기간이 종료된 날로부터 6개월이 경과한 자
② 금고 이상의 실형의 선고를 받고 집행이 면제된 날부터 3년이 경과한 자
③ 17세인 사람
④ 팔과 다리가 완전하고 두 눈의 교정시력이 각각 0.2인 자

[해설]
① (○) 금고 이상의 형의 선고유예를 받고 그 유예기간 중에 있는 자가 결격사유에 해당하므로, 그 유예기간이 종료된 날로부터 6개월이 경과한 자는 결격사유에 해당하지 않는다(경비업법 제10조 제2항 제4호).
② (×) 집행이 면제된 날부터 5년이 지나지 아니한 자는 모두 결격사유에 해당하므로, 3년이 경과한 자도 결격사유에 해당한다.
③ (×) 18세 미만인 사람이 결격사유에 해당하므로, 17세인 사람은 결격사유에 해당한다.
④ (×) 두 눈의 교정시력이 각각 0.8 이상이어야 결격사유가 아니므로, 각각 0.2인 자는 결격사유에 해당한다.

11

경비업법령상 경비지도사 및 경비원에 관한 설명으로 옳은 것은? 기출 10

① 파산선고를 받고 복권되지 아니한 자는 경비지도사는 될 수 없으나 일반경비원은 될 수 있다.
❷ 금고 이상의 형의 집행유예선고를 받고 그 유예기간 중에 있는 자는 특수경비원이 될 수 없다.
③ 금고 이상의 형의 선고유예를 받고 그 유예기간 중에 있는 자는 일반경비원이 될 수 없다.
④ 60세 이상인 사람은 일반경비원은 될 수 없으나 특수경비원은 될 수 있다.

해설

② (○) 경비지도사 및 일반경비원, 특수경비원 모두에게 공통적으로 적용되는 결격사유라는 점을 혼동하지 않도록 하여야 한다.
① (×) 파산선고를 받고 복권되지 아니한 자는 경비지도사와 일반경비원 모두 될 수 없다.
③ (×) 금고 이상의 형의 선고유예를 받고 그 유예기간 중에 있는 자는 특수경비원이 될 수 없다.
④ (×) 60세 이상인 사람은 일반경비원은 될 수 있으나 특수경비원은 될 수 없다.

12

경비업법상 특수경비원이 될 수 없는 경우에 대한 설명 중 틀린 것은? 기출수정 04

① 파산선고를 받고 복권되지 아니한 자
② 행정안전부령이 정하는 신체조건에 미달되는 자
③ 금고 이상의 형의 선고유예를 받고 그 유예기간 중에 있는 자
❹ 20세 미만 또는 55세 이상인 사람, 피성년후견인, 피한정후견인

해설

18세 미만 또는 60세 이상인 사람, 피성년후견인이 특수경비원의 결격사유에 해당한다(경비업법 제10조 제2항 제1호).

13

경비업법령상 일반경비원과 특수경비원 사이에 차이점이 없는 것은? 기출 08

① 직무교육시간
② 경비원이 될 수 있는 신체조건
③ 파업 또는 태업을 할 수 있는 점
❹ **피성년후견인이 경비원이 될 수 없는 점**

해설

법 제10조 제1항 각호의 규정은 일반경비원과 특수경비원 모두를 제한하는 결격사유에 해당하는 것이므로 ④는 둘을 구분하는 차이가 아닌 공통점에 해당한다.

핵심만콕 일반경비원과 특수경비원의 비교 ★★

구 분	일반경비원	특수경비원
	18세 미만인 사람	18세 미만 또는 60세 이상인 사람

공통 사유	• 피성년후견인 • 파산선고를 받고 복권되지 아니한 자 • 금고 이상의 실형의 선고를 받고 그 집행이 종료(집행이 종료된 것으로 보는 경우를 포함)되거나 집행이 면제된 날부터 5년이 지나지 아니한 자 • 금고 이상의 형의 집행유예선고를 받고 그 유예기간 중에 있는 자 • 범죄와 관련한 결격사유(경비업법 제10조 제1항 제3호~제8호)

구 분		일반범죄 (제3호~제4호)	재산범죄 (제6호)*	성범죄 등의 중한 범죄 (제5호)*	명령 위반 (제8호)
-		-	자동차 등 불법사용 죄, 강도강간죄 포함	범죄단체 등의 조직의 죄, 단체 등의 구성활동의 죄 포함	-
벌금형		×	5년	10년	5년
금고 이상	집행유예	유예 중	5년	10년	5년
	집행종료	5년	×	10년	×
	집행면제	5년	×	10년	×
치료감호 (제7호)		×	종료 : × 면제 : 5년	종료 : 10년 면제 : 10년	×

※ 비고 : 경비업법 제10조 제1항 제3호부터 제8호까지의 규정을 위와 같이 표로 정리하였다. 규정되어 있는 죄를 일반, 재산, 성범죄 등의 중한 범죄 등으로 구분하였고, 각 범죄에 따르는 제한 년수를 표기하였다.

신체 조건 등	-	• 금고 이상의 형의 선고유예를 받고 그 유예기간 중에 있는 자 • 행정안전부령이 정하는 신체조건(팔과 다리가 완전하고 두 눈의 맨눈 시력 각각 0.2 이상 또는 교정시력 각각 0.8 이상)에 미달되는 자
파업·태업	-	특수경비원은 파업·태업 그 밖에 경비업무의 정상적인 운영을 저해하는 일체의 쟁의행위를 하여서는 아니 된다.
직무교육	2시간 이상	3시간 이상

14

경비업법령상 특수경비원의 결격사유에 관한 규정이다. ( ) 안의 ㄱ~ㄹ에 들어갈 숫자의 합은?

- 18세 미만 또는 (ㄱ)세 이상인 사람, 피성년후견인
- 파산선고를 받고 복권되지 아니한 자
- 금고 이상의 실형의 선고를 받고 그 집행이 종료(집행이 종료된 것으로 보는 경우를 포함한다)되거나 집행이 면제된 날부터 (ㄴ)년이 지나지 아니한 자
- 금고 이상의 형의 집행유예선고를 받고 그 유예기간 중에 있는 자
- 금고 이상의 형의 선고유예를 받고 그 유예기간 중에 있는 자
- 행정안전부령이 정하는 신체조건에 미달되는 자. 여기서 "행정안전부령이 정하는 신체조건"이란 팔과 다리가 완전하고, 두 눈의 맨눈시력이 각각 (ㄷ) 이상 또는 교정시력이 각각 (ㄹ) 이상을 말한다.

① 64
② 64.8
③ 66 ✓
④ 66.8

해설

( ) 안에 들어갈 숫자는 ㄱ은 60, ㄴ은 5, ㄷ은 0.2, ㄹ은 0.8이다.
∴ ㄱ + ㄴ + ㄷ + ㄹ = 60 + 5 + 0.2 + 0.8 = 66이다.

15

경비업법령상 특수경비원의 결격사유가 아닌 것은?

① 60세 이상인 사람
② 금고 이상의 형의 선고유예를 받고 그 유예기간 중에 있는 자
③ 피성년후견인
④ 대통령령으로 정하는 신체조건에 미달되는 자 ✓

해설

대통령령으로 정하는 신체조건이 아니라, 행정안전부령으로 정하는 신체조건에 미달되는 자가 특수경비원 결격사유에 해당한다(경비업법 제10조 제2항 제5호).

16

경비업법령상 경비지도사 및 경비원의 결격사유로 옳지 않은 것은?

① 경비지도사 : 금고 이상의 실형의 선고를 받고 그 집행이 종료(집행이 종료된 것으로 보는 경우를 포함한다)되거나 집행이 면제된 날부터 5년이 지나지 아니한 자
② 경비지도사 : 금고 이상의 형의 집행유예선고를 받고 그 유예기간 중에 있는 자
③ 특수경비원 : 금고 이상의 형의 선고유예를 받고 그 유예기간 중에 있는 자
❹ 일반경비원 : 한정후견개시의 원인이 소멸되어 법원에 의해 한정후견종료의 심판을 받은 자

해설

④ (×) 피한정후견인은 경비지도사 및 경비원의 결격사유에 해당하지 않는다(경비업법 제10조 제1항 제1호·제2항 제1호 참고).
① (○) 경비업법 제10조 제1항 제3호
② (○) 경비업법 제10조 제1항 제4호
③ (○) 경비업법 제10조 제2항 제4호

17

경비업법령상 경비지도사 및 경비원에 관한 설명으로 옳지 않은 것은?

❶ 파산선고를 받고 복권되지 아니한 자는 경비지도사는 될 수 없으나 일반경비원은 될 수 있다.
② 특수경비원이 경비업법 제10조 제2항에 따른 결격사유에 해당하게 될 때에는 원칙적으로 당연 퇴직된다.
③ 금고 이상의 형의 선고유예를 받고 그 유예기간 중에 있는 자는 일반경비원이 될 수 있다.
④ 60세 이상인 사람은 일반경비원이 될 수 있다.

해설

① (×) 파산선고를 받고 복권되지 아니한 자는 경비지도사 및 (일반·특수)경비원이 될 수 없다(경비업법 제10조 제1항 제2호, 제2항 제3호).
② (○) 경비업법 제10조의2 본문
③ (○) 일반경비원이 아닌 특수경비원의 결격사유이다.
④ (○) 일반경비원은 특수경비원과 달리 연령 상한제(60세 이상)를 규정하고 있지 않다.

18

경비업법령상 특수경비원에 관한 설명으로 옳지 않은 것은?

① 특수경비원이 경비업법 제10조 제2항에 따른 결격사유에 해당하게 될 때에는 원칙적으로 당연 퇴직된다.
❷ **특수경비원이 60세가 되어 퇴직하는 경우 60세가 된 날이 7월부터 12월 사이에 있으면 다음 해 1월 1일에 당연 퇴직된다.**
③ 특수경비원이 행정안전부령으로 정하는 신체조건에 미달되는 경우에는 당연 퇴직된다.
④ 특수경비원의 당연 퇴직사유로서 경비업법 제10조 제2항 제4호는 특수경비원이 「성폭력범죄의 처벌 등에 관한 특례법」 제2조, 「아동·청소년의 성보호에 관한 법률」 제2조 제2호 및 직무와 관련하여 「형법」 제355조 또는 제356조에 규정된 죄를 범한 사람으로서 금고 이상의 형의 선고유예를 받은 경우에만 해당한다.

해설

② (×) 1월 1일이 아닌 12월 31일에 당연 퇴직된다(경비업법 제10조의2 단서 전단).
① (○) 경비업법 제10조의2 본문
③ (○) 경비업법 제10조의2 본문, 제10조 제2항 제5호
④ (○) 경비업법 제10조의2 단서 후단

19

경비업법령상 일반경비지도사자격증을 취득하기 위하여 받아야 할 교육의 과목에 해당하지 않는 것은? 기출수정 14

① 직업윤리 및 인권보호
② 호송경비
❸ **인력경비개론**
④ 「경비업법」, 「경찰관직무집행법」, 「도로교통법」 등 관계법령 및 「개인정보보호법」에 따른 개인정보 보호지침 등

해설

인력경비개론은 기계경비지도사 자격의 종류별 교육 과목에 해당한다(경비업법 시행규칙 [별표 1]).

20

경비업법령상 기계경비지도사자격증 취득자가 자격증 취득일부터 3년 이내에 일반경비지도사 시험에 합격하여 교육을 받은 경우, 받아야 하는 교육과목에 해당하지 않는 것은? 기출수정 15

☑ ① 체포·호신술
② 신변보호
③ 특수경비
④ 교통안전 관리

해설

기계경비지도사자격증 취득자가 자격증 취득일부터 3년 이내에 일반경비지도사 시험에 합격하여 교육을 받은 경우에는 공통교육은 면제되는데(경비업법 시행규칙 [별표 1] 비고 제2호), 체포·호신술은 공통교육 과목에 해당한다.

관계법령 경비지도사 기본교육의 과목 및 시간(경비업법 시행규칙 [별표 1]) <개정 2024.8.14.>

구분 (교육시간)	과목 및 시간	
공통교육 (22시간)	「경비업법」,「경찰관직무집행법」,「도로교통법」등 관계법령 및 「개인정보보호법」에 따른 개인정보 보호지침 등(4h), 실무 I (4h), 실무 II (3h), 범죄·테러·재난 대응요령 및 화재대처법(2h), 응급처치법(2h), 직업윤리 및 인권보호(2h), 체포·호신술(2h), 입교식, 평가 및 수료식(3h)	
자격의 종류별 교육 (18시간)	일반경비지도사	시설경비(3h), 호송경비(2h), 신변보호(2h), 특수경비(2h), 혼잡·다중운집 인파 관리(2h), 교통안전 관리(2h), 일반경비 현장실습(5h)
	기계경비지도사	기계경비 운용관리(4h), 기계경비 기획 및 설계(4h), 인력경비개론(5h), 기계경비 현장실습(5h)

※ 비고 : 다음 각호의 사람이 기본교육을 받는 경우 공통교육은 면제한다.
  1. 일반경비지도사 자격을 취득한 후 3년 이내에 기계경비지도사 시험에 합격한 사람
  2. 기계경비지도사 자격을 취득한 후 3년 이내에 일반경비지도사 시험에 합격한 사람

21

경비업법령상 경비지도사 기본교육과 관련하여 공통교육의 과목별 교육시간이 다른 하나는?

☑ ① 실무 II
② 체포·호신술
③ 응급처치법
④ 직업윤리 및 인권보호

해설

경비지도사 기본교육에서 공통교육의 시간은 총 22시간이며, 그중 실무 II 과목의 교육시간은 3시간이고, 체포·호신술, 응급처치법, 직업윤리 및 인권보호 과목의 교육시간은 모두 2시간이다(경비업법 시행규칙 [별표 1]).

22

경비업법령상 경비원과 경비지도사의 교육에 관한 설명으로 옳지 않은 것은?(단, 교육대상 제외자는 해당하지 않는다) 기출수정 17

① 경비지도사의 기본교육에 소요되는 비용은 경비업자의 부담으로 한다.
② 일반경비원의 신임교육에서 이론교육은 4시간이고 실무교육은 19시간이다.
③ 경비업자는 일반경비원을 채용한 경우 해당 일반경비원에게 일반경비원 교육기관에서 실시하는 일반경비원 신임교육을 받도록 해야 한다.
④ 일반경비지도사자격증 취득자가 자격증 취득일부터 3년 이내에 기계경비지도사 시험에 합격하여 교육을 받은 경우에는 공통교육은 면제한다.

해설

① (×) 기본교육에 소요되는 비용은 기본교육을 받는 자의 부담으로 한다(경비업법 시행규칙 제9조 제2항).
② (○) 경비업법 시행규칙 [별표 2]
③ (○) 경비업법 시행령 제18조 제1항
④ (○) 경비업법 시행규칙 [별표 1] 비고 제1호

23

경비업법령상 경비지도사의 기본교육과 경비원의 신임교육에 대한 설명으로 옳은 것은? 기출수정 09

① 일반경비지도사의 교육시간은 88시간이다.
② 경비업자는 경비원을 새로이 채용한 때에는 근무배치 후 15일이 경과하기 전까지 신임교육을 받게 하여야 한다.
③ 경비지도사의 기본교육에 소요되는 비용은 기본교육을 받는 사람의 부담으로 한다.
④ 일반경비원의 신임교육시간은 44시간이다.

해설

③ (○) 경비업법 시행규칙 제9조 제2항
① (×) 일반경비지도사의 교육시간은 40시간이다(경비업법 시행규칙 [별표 1]).
② (×) 경비업자는 경비원 명부에 없는 자를 경비업무에 종사하게 하여서는 아니 되고, 경비원을 배치하는 경우에는 신임교육을 이수한 자를 배치하여야 한다(경비업법 제18조 제7항).
④ (×) 일반경비원의 신임교육시간은 24시간이다(경비업법 시행규칙 [별표 2]).

24

경비업법령상 경비지도사에 관한 설명 중 옳은 내용을 모두 고른 것은?

ㄱ. 경비지도사란 경비원을 지도·감독 및 교육하는 자를 말한다.
ㄴ. 경비지도사 기본교육에 소요되는 비용은 경비지도사 기본교육을 받는 자가 부담한다.
ㄷ. 경찰청장은 시험실시계획에 따라 시험을 실시하고자 하는 때에는 필요한 사항을 시험 시행일 60일 전까지 공고하여야 한다.

① ㄱ, ㄴ
② ㄱ, ㄷ
③ ㄴ, ㄷ
④ ㄱ, ㄴ, ㄷ

해설

옳은 내용은 ㄱ과 ㄴ이다.
ㄷ. (×) 경찰청장은 시험의 실시계획에 따라 시험을 실시하고자 하는 때에는 응시자격·시험과목·시험일시·시험장소 및 선발예정인원 등을 시험 <u>시행일 90일 전까지 공고</u>하여야 한다(경비업법 시행령 제11조 제2항).

25

경비업법령상 경비지도사 시험 등에 관한 설명으로 옳지 않은 것은? 기출 23

① 경비업법에 따른 일반경비업무에 3년 이상 종사하고 행정안전부령으로 정하는 교육과정을 이수한 사람은 경비지도사 1차 시험을 면제한다.
② 경비지도사 시험은 필기시험의 방법에 의하되 제1차 시험과 제2차 시험으로 구분하여 실시한다.
③ 경비지도사 시험의 공고는 관보게재와 각 시·도 경찰청 게시판 및 인터넷 홈페이지에 게시하는 방법에 의한다.
④ 「대통령 등의 경호에 관한 법률」에 따른 경호공무원 또는 별정직공무원으로 7년 이상 재직한 사람은 경비지도사 1차 시험을 면제한다.

해설

① (×) 경비업법에 따른 경비업무에 7년 이상(특수경비업무의 경우에는 3년 이상) 종사하고 행정안전부령으로 정하는 교육과정을 이수한 사람은 경비지도사 제1차 시험을 면제한다(경비업법 시행령 제13조 제4호).
② (○) 경비업법 시행령 제12조 제1항 전문
③ (○) 경비업법 시행령 제11조 제3항
④ (○) 경비업법 시행령 제13조 제1호

26

경비업법령상 경비지도사의 시험 등에 관한 설명으로 옳지 않은 것은? 기출수정 21

① 경비지도사는 경비지도사 결격사유에 해당하지 아니하는 자로서 경찰청장이 시행하는 경비지도사 시험에 합격하고 대통령령으로 정하는 바에 따라 경찰청장이 실시하는 기본교육을 받은 자이어야 한다.
❷ 「군인사법」에 따른 각 군 전투병과 또는 군사경찰병과 부사관 이상 간부로 6년 재직한 사람은 경비지도사 제1차 시험을 면제한다.
③ 일반경비지도사의 자격을 취득한 후 기계경비지도사의 시험에 응시하는 사람은 경비지도사 제1차 시험을 면제한다.
④ 「고등교육법」에 따른 전문대학을 졸업한 사람으로서 재학 중 경비지도사 시험과목을 3과목 이상을 이수하고 졸업한 후 경비업무에 6년 종사한 사람은 경비지도사 제1차 시험을 면제한다.

해설

② (×) 「군인사법」에 따른 각 군 전투병과 또는 군사경찰병과 부사관 이상 간부로 7년 이상 재직한 사람은 경비지도사 제1차 시험을 면제한다(경비업법 시행령 제13조 제3호).
① (○) 경비업법 제11조 제1항
③ (○) 경비업법 시행령 제13조 제7호
④ (○) 경비업법 시행령 제13조 제6호

관계법령 시험의 일부면제(경비업법 시행령 제13조)★

법 제11조(경비지도사의 시험 등) 제3항에 따라 다음 각호의 어느 하나에 해당하는 사람은 경비지도사 제1차 시험을 면제한다.
1. 「경찰공무원법」에 따른 경찰공무원으로 7년 이상 재직한 사람
2. 「대통령 등의 경호에 관한 법률」에 따른 경호공무원 또는 별정직공무원으로 7년 이상 재직한 사람
3. 「군인사법」에 따른 각 군 전투병과 또는 군사경찰병과 부사관 이상 간부로 7년 이상 재직한 사람
4. 「경비업법」에 따른 경비업무에 7년 이상(특수경비업무의 경우에는 3년 이상) 종사하고 행정안전부령으로 정하는 교육과정을 이수한 사람

> **경비지도사 시험의 일부면제(경비업법 시행규칙 제10조)★**
> 영 제13조 제4호에서 "행정안전부령으로 정하는 교육과정을 이수한 사람"이란 다음 각호의 하나에 해당하는 사람을 말한다.
> 1. 고등교육법에 의한 전문대학 이상의 교육기관(경비지도사의 시험과목 3과목 이상이 개설된 교육기관에 한한다)에서 1년 이상의 경비업무관련 과정을 마친 사람
> 2. 경찰청장이 지정하는 기관 또는 단체에서 실시하는 64시간 이상의 경비지도사 양성과정을 마치고 수료시험에 합격한 사람

5. 「고등교육법」에 따른 대학 이상의 학교를 졸업한 사람으로서 재학 중 제12조 제3항에 따른 경비지도사 시험과목을 3과목 이상을 이수하고 졸업한 후 경비업무에 종사한 경력이 3년 이상인 사람
6. 「고등교육법」에 따른 전문대학을 졸업한 사람으로서 재학 중 제12조 제3항에 따른 경비지도사 시험과목을 3과목 이상을 이수하고 졸업한 후 경비업무에 종사한 경력이 5년 이상인 사람
7. 일반경비지도사의 자격을 취득한 후 기계경비지도사의 시험에 응시하는 사람 또는 기계경비지도사의 자격을 취득한 후 일반경비지도사의 시험에 응시하는 사람
8. 「공무원임용령」에 따른 행정직군 교정직렬 공무원으로 7년 이상 재직한 사람

27

경비업법령상 경비지도사 시험 등에 관한 설명으로 옳은 것은? 기출 22

① **경비지도사 시험은 매년 1회 이상 시행한다.**
② 경비지도사 시험에 관하여 필요한 사항은 행정안전부령으로 정한다.
③ 경찰청장은 경비지도사 시험의 실시계획에 따라 시험을 실시하고자 하는 때에는 응시자격・시험과목・시험일시・시험장소 및 선발예정인원 등을 시험 시행일 6개월 전까지 공고하여야 한다.
④ 「경비업법」에 따른 특수경비업무에 2년 이상 종사하고 행정안전부령으로 정하는 교육과정을 이수한 사람은 경비지도사 제1차 시험을 면제한다.

해설

① (○) 경비업법 제11조 제3항 전단
② (×) 경비지도사 시험에 관하여 필요한 사항은 <u>대통령령</u>으로 정한다(경비업법 제11조 제3항 후단).
③ (×) 경찰청장은 경비지도사 시험의 실시계획에 따라 시험을 실시하고자 하는 때에는 응시자격・시험과목・시험일시・시험장소 및 선발예정인원 등을 <u>시험 시행일 90일 전까지</u> 공고하여야 한다(경비업법 시행령 제11조 제2항).
④ (×) 「경비업법」에 따른 <u>특수경비업무에 3년 이상 종사하고</u> 행정안전부령으로 정하는 교육과정을 이수한 사람이 경비지도사 제1차 시험 면제대상이다(경비업법 시행령 제13조 제4호).

28

경비업법령상 경비지도사 시험 등에 관한 설명으로 옳은 것은? 기출 18

① 경찰청장은 시험을 실시하고자 하는 때에는 시험일시 등을 시험 시행일 60일 전까지 공고하여야 한다.
② **경찰청장은 경비지도사 시험의 실시계획을 매년 수립해야 한다.**
③ 「공무원임용령」에 따른 행정직군 소방직렬 공무원으로 7년 이상 재직한 사람은 1차 시험을 면제한다.
④ 경찰청장이 지정하는 기관 또는 단체에서 실시하는 44시간 이상의 경비지도사 양성과정을 마치고 수료시험에 합격하면 1차 시험을 면제한다.

해설

② (○) 경비업법 시행령 제11조 제1항
① (×) 경찰청장은 시험을 실시하고자 하는 때에는 시험일시 등을 시험 시행일 <u>90일 전까지</u> 공고하여야 한다(경비업법 시행령 제11조 제2항). ★
③ (×) 「공무원임용령」에 따른 행정직군 <u>교정직렬</u> 공무원으로 7년 이상 재직한 사람은 1차 시험을 면제한다(경비업법 시행령 제13조 제8호). ★
④ (×) 경찰청장이 지정하는 기관 또는 단체에서 실시하는 <u>64시간 이상</u>의 경비지도사 양성과정을 마치고 수료시험에 합격하면 1차 시험을 면제한다(경비업법 시행규칙 제10조 제2호). ★

29

경비업법령상 경비지도사 시험 등에 관한 설명으로 옳지 않은 것은?

① 경찰청장은 경비지도사 시험의 실시계획을 매년 수립해야 한다.
② 시험은 필기시험의 방법에 의하되, 제1차 시험과 제2차 시험으로 구분하여 실시한다. 이 경우 경찰청장이 필요하다고 인정하는 때에는 제1차 시험과 제2차 시험을 병합하여 실시할 수 있다.
❸ 경찰청장은 시험의 실시계획에 따라 시험을 실시하고자 하는 때에는 응시자격·시험과목·시험일시·시험장소 및 선발예정인원 등을 시험 시행일 60일 전까지 공고하여야 한다.
④ 경비지도사 시험은 매년 1회 이상 시행하며, 시험과목, 시험공고, 시험의 일부가 면제되는 자의 범위 그 밖에 경비지도사 시험에 관하여 필요한 사항은 대통령령으로 정한다.

해설

③ (×) 경찰청장은 시험의 실시계획에 따라 시험을 실시하고자 하는 때에는 응시자격·시험과목·시험일시·시험장소 및 선발예정인원 등을 <u>시험 시행일 90일 전까지 공고하여야</u> 한다(경비업법 시행령 제11조 제2항).
① (○) 경비업법 시행령 제11조 제1항
② (○) 경비업법 시행령 제12조 제1항
④ (○) 경비업법 제11조 제3항

30

경비업법령상의 내용에 관한 설명으로 옳지 않은 것은? 기출 10

① 경비지도사 시험을 실시하고자 하는 때에는 응시자격·시험과목·시험일시·시험장소 및 선발예정인원 등을 시험 시행일 90일 전까지 공고하여야 한다.
② 특수경비원은 국가중요시설의 경비를 위하여 무기를 사용하지 아니하고는 다른 수단이 없다고 인정되는 때에는 무기를 사용할 수 있지만, 이 경우에도 필요한 한도 안에서만 무기를 사용할 수 있다.
❸ 관할 경찰관서장은 시설주의 신청에 의하여 특수경비원이 배치된 국가중요시설 등에 경비전화를 가설할 수 있는데 이 경우 소요경비는 경비업자의 부담으로 하여야 한다.
④ 경비업의 허가사항의 변경신고로 인하여 허가증을 재교부받고자 하는 경우에는 2천원의 수수료를 납부하여야 한다.

해설

③ (×) 관할 경찰관서장은 시설주의 신청에 의하여 특수경비원이 배치된 국가중요시설 등에 경비전화를 가설할 수 있다. <u>경비전화를 가설하는 경우의 소요경비는 시설주의 부담으로 한다</u>(경비업법 시행규칙 제25조). ★★
① (○) 경비업법 시행령 제11조 제2항
② (○) 경비업법 제14조 제8항
④ (○) 경비업법 시행령 제28조 제1항 제2호

31

경비업법령상 경비지도사 시험의 일부를 면제하는 사람에 해당하지 않는 것은? 기출 20

① 「대통령 등의 경호에 관한 법률」에 따른 경호공무원으로 7년 이상 재직한 사람
☑ 경비업무에 7년 이상 종사하고 경찰청장이 지정하는 기관에서 실시하는 44시간의 경비지도사 양성과정을 마치고 수료시험에 합격한 사람
③ 「공무원임용령」에 따른 행정직군 교정직렬 공무원으로 7년 이상 재직한 사람
④ 특수경비업무에 3년 이상 종사하고 「고등교육법」에 의한 전문대학 이상의 교육기관(경비지도사의 시험과목 3과목 이상이 개설된 교육기관)에서 1년 이상의 경비업무관련 과정을 마친 사람

해설

② (×) 경비업무에 7년 이상 종사하고 경찰청장이 지정하는 기관에서 실시하는 64시간 이상의 경비지도사 양성과정을 마치고 수료시험에 합격한 사람이 경비지도사 시험의 제1차 시험 면제자에 해당한다(경비업법 시행령 제13조 제4호, 동법 시행규칙 제10조 제2호).
① (○) 경비업법 시행령 제13조 제2호
③ (○) 경비업법 시행령 제13조 제8호
④ (○) 경비업법 시행령 제13조 제4호, 동법 시행규칙 제10조 제1호

32

경비업법령상 경비지도사의 1차 시험 면제에 관한 내용이다. ( ) 안에 알맞은 것은? 기출 17

- 고등교육법에 의한 전문대학 이상의 교육기관에서 (ㄱ)년 이상의 경비업무 관련 과정을 마친 사람
- 경찰청장이 지정하는 기관 또는 단체에서 실시하는 (ㄴ)시간 이상의 경비지도사 양성과정을 마치고 수료시험에 합격한 사람

☑ ㄱ : 1, ㄴ : 64
② ㄱ : 2, ㄴ : 68
③ ㄱ : 1, ㄴ : 72
④ ㄱ : 2, ㄴ : 78

해설

( ) 안에 들어갈 내용은 ㄱ : 1, ㄴ : 64이다.

33

경비업법령상 경비지도사 제1차 시험의 면제대상으로 옳은 것은? 기출 16

① 경찰공무원법에 따른 경찰공무원으로 5년 이상 재직한 사람
☑ **경비업법에 따른 특수경비업무에 3년 이상 종사하고 행정안전부령으로 정하는 교육과정을 이수한 사람**
③ 고등교육법에 따른 전문대학을 졸업한 사람으로서 재학 중 경비지도사 시험과목을 3과목 이상을 이수하고 졸업한 후 경비업무에 종사한 경력이 3년 이상인 사람
④ 공무원임용령에 따른 행정직군 교정 직렬 공무원으로 3년 이상 재직한 사람

해설

② (○) 경비업법 시행령 제13조 제4호
① (×) 경찰공무원법에 따른 경찰공무원으로 <u>7년 이상</u> 재직한 사람이 1차 시험 면제대상이다(경비업법 시행령 제13조 제1호).
③ (×) 고등교육법에 따른 전문대학을 졸업한 사람으로서 재학 중 경비지도사 시험과목을 3과목 이상을 이수하고 졸업한 후 경비업무에 종사한 경력이 <u>5년 이상</u>인 사람이 1차 시험 면제대상이다(경비업법 시행령 제13조 제6호).
④ (×) 공무원임용령에 따른 행정직군 교정직렬 공무원으로 <u>7년 이상</u> 재직한 사람이 1차 시험 면제대상이다(경비업법 시행령 제13조 제8호).

34

경비업법령상 경비지도사 제1차 시험 면제대상에 해당되지 않는 사람은? 기출 12

①「경찰공무원법」에 따른 경찰공무원으로 7년 재직한 사람
☑ **「군인사법」에 따른 각 군 전투병과 또는 군사경찰병과 부사관 이상 간부로 5년 재직한 사람**
③「공무원임용령」에 따른 행정직군 교정직렬 공무원으로 9년 재직한 사람
④「대통령 등의 경호에 관한 법률」에 따른 경호공무원 또는 별정직공무원으로 8년 재직한 사람

해설

「군인사법」에 따른 각 군 전투병과 또는 군사경찰병과 부사관 이상 간부로 7년 이상 재직한 사람이어야 한다(경비업법 시행령 제13조 제3호).

35

경비업법령상 "7년 이상 재직한 사람"이면 경비지도사 제1차 시험이 면제되는 경우에 해당하는 것은?

> ㄱ. 경비업법에 따른 경비업무에 종사한 경비원
> ㄴ. 청원경찰법에 따른 청원경찰업무에 종사한 청원경찰
> ㄷ. 경찰공무원법에 따른 경찰공무원
> ㄹ. 공무원임용령에 따른 행정직군 보호직렬 공무원
> ㅁ. 공무원임용령에 따른 행정직군 교정직렬 공무원
> ㅂ. 공무원임용령에 따른 행정직군 검찰사무직렬 공무원
> ㅅ. 군인사법에 따른 각 군 전투병과 또는 군사경찰병과 부사관 이상 간부
> ㅇ. 「대통령 등의 경호에 관한 법률」에 따른 경호공무원 또는 별정직공무원
> ㅈ. 국가정보원법에 따른 국가정보원 직원

① ㄷ, ㅁ, ㅅ, ㅇ ✓
② ㄴ, ㄷ, ㅁ, ㅅ, ㅇ
③ ㄷ, ㄹ, ㅁ, ㅂ, ㅅ, ㅇ
④ ㄱ, ㄴ, ㄷ, ㅁ, ㅅ, ㅇ, ㅈ

해설

"7년 이상 재직 경력"만으로 제1차 시험 면제가 되는 것은 경찰공무원, 교정직렬 공무원, 각 군 전투병과 또는 군사경찰병과 부사관 이상 간부, 「대통령 등의 경호에 관한 법률」에 따른 경호공무원 또는 별정직공무원이 있다(경비업법 시행령 제13조).

36

경비업법령상 경비지도사 시험의 시험출제위원의 임명·위촉 등에 관하여 옳지 않은 것은?

① 범죄예방·경비 업무를 담당한 경력이 3년 이상인 경감 이상의 경찰공무원은 시험출제위원으로 임명 또는 위촉될 수 있다.
② **학사 이상의 학위소지자로 경찰청장이 정하는 바에 의하여 경비업무에 관한 연구실적이나 전문경력이 인정되는 사람을 시험출제위원으로 임명 또는 위촉할 수 있다.** ✓
③ 시험출제위원의 수는 시험과목별로 2인 이상으로 한다.
④ 시험출제위원과 시험관리업무에 종사하는 자에 대하여는 예산의 범위 안에서 수당과 여비를 지급할 수 있다.

해설

학사 이상의 학위소지자 부분이 틀렸다. 경비업법령상 석사 이상의 학위소지자로 경찰청장이 정하는 바에 의하여 경비업무에 관한 연구실적이나 전문경력이 인정되는 사람(경비업법 시행령 제15조 제1항 제2호)은 시험출제위원으로 임명 또는 위촉될 수 있다.

37

경비업법령상 경비지도사 자격시험의 시험출제위원으로 임명 또는 위촉될 수 있는 사람이 아닌 것은?

ㄱ. 고등교육법에 따른 전문대학에서 경찰행정학과 등 경비업무 관련학과 및 법학과의 조교수로 재직하고 있는 사람
ㄴ. 학사 이상의 학위소지자로 졸업한 후 경비업무에 종사한 경력이 3년 이상인 사람
ㄷ. 범죄예방·경비업무를 담당한 경력이 4년이 된 경찰공무원(경감)
ㄹ. 석사 이상의 학위소지자로 경찰청장이 정하는 바에 의하여 경비업무에 관한 연구실적이나 전문경력이 인정되는 사람

① ㄱ
② ㄴ ✓
③ ㄷ
④ ㄹ

해설

ㄴ은 경비업법 시행령 제15조 제1항 각호의 규정에 해당하지 않는다.

관계법령 시험출제위원의 임명·위촉 등(경비업법 시행령 제15조 제1항)

경찰청장은 시험문제의 출제를 위하여 다음 각호의 어느 하나에 해당하는 사람 중에서 시험출제위원을 임명 또는 위촉한다. 〈개정 2024.8.13.〉
1. 「고등교육법」에 따른 전문대학 이상의 교육기관에서 경찰행정학과 등 경비업무 관련학과 및 법학과의 조교수 이상으로 재직하고 있는 사람
2. 석사 이상의 학위소지자로 경찰청장이 정하는 바에 의하여 경비업무에 관한 연구실적이나 전문경력이 인정되는 사람
3. 경감 이상의 경찰공무원(범죄예방·경비 업무를 담당한 경력이 3년 이상인 사람으로 하되, 경감이 되기 전의 경력을 포함한다)

38

경비업법령상 경비지도사의 선임 등에 관한 내용이다. ( )에 들어갈 숫자로 옳은 것은? 기출 24

- 경비업자는 경비업법령에 의하여 선임·배치된 경비지도사에 결원이 있거나 자격정지 등의 사유로 그 직무를 수행할 수 없는 때에는 (ㄱ)일 이내에 경비지도사를 새로이 충원하여야 한다.
- 경비지도사는 경비업법에 따라 경비원에 대한 교육을 실시하고, 행정안전부령으로 정하는 경비원 직무교육 실시대장에 그 내용을 기록하여 (ㄴ)년간 보존하여야 한다.

① ㄱ : 15, ㄴ : 1
② ㄱ : 15, ㄴ : 2
③ ㄱ : 30, ㄴ : 1
④ ㄱ : 30, ㄴ : 2

해설

제시된 내용의 ( )에 들어갈 숫자는 ㄱ : 15, ㄴ : 2이다.
- 경비업자는 경비업법령에 의하여 선임·배치된 경비지도사에 결원이 있거나 자격정지 등의 사유로 그 직무를 수행할 수 없는 때에는 15일 이내에 경비지도사를 새로이 충원하여야 한다(경비업법 시행령 제16조 제2항).
- 경비지도사는 경비업법에 따라 경비원에 대한 교육을 실시하고, 행정안전부령으로 정하는 경비원 직무교육 실시대장에 그 내용을 기록하여 2년간 보존하여야 한다(경비업법 시행령 제17조 제3항).

39

경비업법령상 경비지도사에 관한 설명으로 옳지 않은 것은? 기출 23

① 경비지도사는 경비원의 지도·감독·교육에 관한 계획의 수립·실시 및 그 기록의 유지를 월 1회 이상 수행하여야 한다.
② 경비업자는 선임·배치된 경비지도사에 결원이 있는 경우에는 15일 이내에 경비지도사를 새로이 충원하여야 한다.
③ 경비지도사는 경비원에 대한 교육을 실시하고, 행정안전부령으로 정하는 경비원 직무교육 실시대장에 그 내용을 기록하여 1년간 보존하여야 한다.
④ 경비지도사가 선임·배치된 시·도 경찰청의 관할구역과 경계를 맞닿아 인접한 시·도 경찰청의 관할구역에 배치된 경비원이 30명 이하인 경우에는 경비지도사를 따로 선임·배치하지 않을 수 있다.

해설

③ (×) 경비지도사는 법 제12조 제2항 제1호에 따라 경비원에 대한 교육을 실시하고, 행정안전부령으로 정하는 경비원 직무교육 실시대장에 그 내용을 기록하여 2년간 보존하여야 한다(경비업법 시행령 제17조 제3항).
① (○) 경비업법 시행령 제17조 제2항
② (○) 경비업법 시행령 제16조 제2항
④ (○) 경비업법 시행령 [별표 3] 제2호 전문

40

CHECK ○ △ ✕

A회사는 다음과 같이 경비원을 배치하였다. 경비업법령상 선임·배치하여야 할 일반경비지도사의 인원은? 기출 18

- 시설경비업무 : 서울 250명, 인천 35명, 대전 44명, 부산 150명
- 기계경비업무 : 제주 30명

① 3명
② 4명
❸ 5명
④ 6명

해설

선임·배치하여야 할 일반경비지도사의 인원을 묻고 있으므로 우선 기계경비업무를 제외한 시설경비업무만을 기준으로 필요한 일반경비지도사의 인원을 산정하여야 한다. 다음으로 관할 시·도 경찰청의 관할구역별로 200명까지는 일반경비지도사 1명을 선임·배치하고, 경비원이 200명을 초과하는 경우 200명을 초과하는 경비원 100명 단위로 일반경비지도사 1명씩을 추가로 선임·배치해야 하므로 서울의 경우 최소 2명, 대전의 경우 최소 1명, 부산의 경우 최소 1명을 선임하고 인천은 서울의 인접 관할구역이나 30명을 초과하고 있으므로 인천은 최소 1명의 경비지도사를 선임해야 한다. 따라서 A회사가 선임·배치해야 하는 일반경비지도사 인원은 최소 5명 이상이어야 한다.

관계법령 경비지도사의 선임·배치기준(경비업법 시행령 [별표 3]) ★★ <개정 2024.8.13.>

1. 경비업자는 경비원을 배치하여 영업활동을 하고 있는 지역을 관할하는 시·도 경찰청의 관할구역별로 경비원 200명까지는 경비지도사 1명을 선임·배치하고, 경비원이 200명을 초과하는 경우 200명을 초과하는 경비원 100명 단위로 경비지도사 1명씩을 추가로 선임·배치해야 한다.
2. 제1호에 따라 경비지도사가 선임·배치된 시·도 경찰청의 관할구역과 경계를 맞닿아 인접한 시·도 경찰청의 관할구역에 배치된 경비원이 30명 이하인 경우에는 제1호에도 불구하고 경비지도사를 따로 선임·배치하지 않을 수 있다. 이 경우 제주특별자치도경찰청과 전라남도경찰청은 경계를 맞닿아 인접한 것으로 본다.
3. 제2호에 따라 경비지도사를 따로 선임·배치하지 않는 경우 경비지도사 1명이 지도·감독 및 교육할 수 있는 경비원의 총수(경계를 맞닿아 인접한 시·도 경찰청의 관할구역에 배치된 경비원의 수를 합산한다)는 200명을 초과할 수 없다.

[비고]
1. 시설경비업무·호송경비업무·신변보호업무·특수경비업무 또는 혼잡·교통유도경비업무를 하는 경비업자는 일반경비지도사를 선임·배치하고, 시설경비업무·호송경비업무·신변보호업무·특수경비업무 또는 혼잡·교통유도경비업무 중 둘 이상의 경비업무를 하는 경우에는 각 경비업무에 종사하는 경비원의 수를 합산한 인원을 기준으로 경비지도사를 선임·배치해야 한다. 다만, 특수경비업무를 수행하는 경비업자는 제19조 제1항에 따른 특수경비원 신임교육을 이수한 일반경비지도사를 선임·배치해야 한다.
2. 기계경비업무를 하는 경비업자는 기계경비지도사를 선임·배치해야 한다.

41

경비업법령상 경비지도사의 선임 등에 관한 설명으로 옳지 않은 것은? 기출수정 21

① 경비현장에 배치된 경비원에 대한 순회점검 및 감독의 직무는 선임된 경비지도사의 직무에 해당한다.
☑ **경비업자는 선임·배치된 경비지도사가 자격정지의 사유로 그 직무를 수행할 수 없는 때에는 7일 이내에 경비지도사를 새로이 충원하여야 한다.**
③ 경비지도사는 경비원에 대한 교육을 실시하고, 행정안전부령으로 정하는 경비원 직무교육 실시대장에 그 내용을 기록하여 2년간 보존하여야 한다.
④ 경비지도사가 선임·배치된 시·도 경찰청의 관할구역과 경계를 맞닿아 인접한 시·도 경찰청의 관할구역에 배치된 경비원이 30명 이하인 경우에는 경비지도사를 따로 선임·배치하지 않을 수 있다.

[해설]
② (×) 경비업자는 선임·배치된 경비지도사에 결원이 있거나 자격정지 등의 사유로 그 직무를 수행할 수 없는 때에는 15일 이내에 경비지도사를 새로이 충원하여야 한다(경비업법 시행령 제16조 제2항).
① (○) 경비업법 제12조 제2항 제2호
③ (○) 경비업법 시행령 제17조 제3항
④ (○) 경비업법 시행령 [별표 3] 제2호 전문

42

경비업법령상 A회사에서 선임·배치하여야 할 일반경비지도사의 인원으로 옳은 것은? 기출 17

> A회사는 부산지역에 소재하는 시설경비를 전문으로 하는 경비업체이다. 현재 A회사는 부산지역에만 경비원 400명을 배치하여 경비업무를 수행하고 있다.

① 1명
② 2명
☑ 3명
④ 4명

[해설]
제시문에서 A경비업체의 경비원 수는 총 400명이다. 현행법령상 A경비업체는 경비원 200명까지는 일반경비지도사 1명, 그 이상 100명마다 1명씩을 추가 선임·배치해야 한다. 따라서 계산을 해보면 총 3명의 일반경비지도사가 선임·배치되어야 함을 알 수 있다.

[핵심만콕]
경비지도사의 선임·배치 인원을 구할 때는 다음 순서에 따라 구하면 된다.
1. 일반경비지도사와 기계경비지도사를 구별하여 인원을 구해야 한다.
2. 시·도 경찰청 단위로 별산한다. 여기서 인접지역을 감안하여야 한다.
3. 각 시·도 경찰청 내에서 복수의 경비업무를 합산한다.
4. 경비원 200명까지는 1명, 그 이상 100명마다 1명씩 추가한다.

43

경비업법령상 경비지도사에 관한 설명으로 옳지 않은 것은? 기출수정 16

① 경비지도사는 경비원에 대한 직무교육을 실시하고, 행정안전부령으로 정하는 경비원 직무교육 실시대장에 그 내용을 기록하여 2년간 보존하여야 한다.
② 일반경비지도사자격증 취득자가 자격증 취득일부터 3년 이내에 기계경비지도사 시험에 합격하여 교육을 받은 경우에는 공통교육은 면제한다.
③ 일반경비지도사란 시설경비업무, 호송경비업무, 신변보호업무, 특수경비업무 또는 혼잡·교통유도경비업무에 종사하는 경비원을 지도·감독 및 교육하는 경비지도사를 말한다.
❹ 경비업자는 선임·배치된 경비지도사에 결원이 있거나 자격정지 등의 사유로 그 직무를 수행할 수 없는 때에는 90일 이내에 경비지도사를 새로이 충원하여야 한다.

해설

④ (×) 경비업자는 선임·배치된 경비지도사에 결원이 있거나 자격정지 등의 사유로 그 직무를 수행할 수 없는 때에는 15일 이내에 경비지도사를 새로이 충원하여야 한다(경비업법 시행령 제16조 제2항).
① (○) 경비업법 시행령 제17조 제3항
② (○) 경비업법 시행규칙 [별표 1] 비고 제1호
③ (○) 경비업법 시행령 제10조 제1호

44

경비업법령상 경비지도사의 선임·배치기준에 관한 설명으로 옳지 않은 것은? 기출수정 14

① 특수경비업의 경우 특수경비원 신임교육을 이수한 일반경비지도사를 선임·배치해야 한다.
❷ 기계경비지도사의 경우 기계경비업과 특수경비업에 한하여 선임·배치해야 한다.
③ 관할하는 시·도 경찰청의 관할구역별로 경비원 200명까지는 경비지도사 1명을 선임·배치해야 한다.
④ 관할하는 시·도 경찰청의 관할구역별로 배치된 경비원이 200명을 초과하는 경우 200명을 초과하는 경비원 100명 단위로 경비지도사 1명씩을 추가로 선임·배치해야 한다.

해설

② (×) 기계경비업자는 기계경비지도사를 선임·배치해야 한다(경비업법 시행령 [별표 3] 비고 제2호).
① (○) 경비업법 시행령 [별표 3] 비고 제1호 단서
③ (○) 경비업법 시행령 [별표 3] 제1호 전단
④ (○) 경비업법 시행령 [별표 3] 제1호 후단

45

경비업법령상 일반경비지도사를 선임·배치할 수 없는 경비업무는? 기출 12

① 시설경비업
② 신변보호업
❸ **기계경비업**
④ 특수경비업

해설
일반경비지도사는 시설경비업, 호송경비업, 신변보호업, 특수경비업 또는 혼잡·교통유도경비업에 한하여 선임·배치할 수 있다(경비업법 시행령 [별표 3] 비고 제1호 본문 전단).

46

경비업법령상 ( ) 안에 들어갈 숫자로 알맞은 것은? 기출 12

- 경비업자는 선임·배치된 경비지도사에 결원이 있거나 자격정지 등의 사유로 그 직무를 수행할 수 없는 때에는 (ㄱ)일 이내에 경비지도사를 새로이 충원하여야 한다.
- 기계경비업자는 관제시설 등에서 경보를 수신한 때에는 경보를 수신한 때부터 늦어도 (ㄴ)분 이내에는 도착시킬 수 있는 대응체제를 갖추어야 한다.

① ㄱ : 15, ㄴ : 20
❷ **ㄱ : 15, ㄴ : 25**
③ ㄱ : 20, ㄴ : 20
④ ㄱ : 20, ㄴ : 25

해설
( ) 안에 들어갈 숫자는 ㄱ : 15, ㄴ : 25이다.
- 경비업자는 선임·배치된 경비지도사에 결원이 있거나 자격정지 등의 사유로 그 직무를 수행할 수 없는 때에는 15일 이내에 경비지도사를 새로이 충원하여야 한다(경비업법 시행령 제16조 제2항).
- 기계경비업무를 수행하는 경비업자는 관제시설 등에서 경보를 수신한 때에는 경보를 수신한 때부터 늦어도 25분 이내에는 도착시킬 수 있는 대응체제를 갖추어야 한다(경비업법 시행령 제7조).

47

경비업법령상 경비지도사의 선임·배치에 관한 설명으로 옳은 것은? 기출수정 11

① 경비원을 배치하여 영업활동을 하고 있는 지역을 관할하는 시·도 경찰청의 관할구역별로 경비원 100명까지는 경비지도사를 1명을 선임·배치하고, 100명을 초과하는 200명 단위로 경비지도사 1명씩을 추가로 선임·배치해야 한다.
❷ 시설경비업무·호송경비업무·신변보호업무·특수경비업무 또는 혼잡·교통유도경비업무 중 둘 이상의 경비업무를 하는 경비업자는 각 경비업무에 종사하는 경비원의 수를 합산한 인원을 기준으로 경비지도사를 선임·배치해야 한다.
③ 경비업자는 선임·배치된 경비지도사에 결원이 있거나 자격정지 등의 사유로 그 직무를 수행할 수 없는 때에는 20일 이내에 경비지도사를 새로이 충원하여야 한다.
④ 경비지도사가 선임·배치된 시·도 경찰청의 관할구역과 경계를 맞닿아 인접한 시·도 경찰청의 관할구역에 배치된 경비원이 100인 이하인 경우에는 경비지도사를 따로 선임·배치하지 않을 수 있다.

해설

② (○) 경비업법 시행령 [별표 3] 비고 제1호 본문 후단
① (×) 경비원을 배치하여 영업활동을 하고 있는 지역을 관할하는 시·도 경찰청의 관할구역별로 경비원 200명까지는 경비지도사 1명을 선임·배치하고, 경비원 200명을 초과하는 경우 200명을 초과하는 경비원 100명 단위로 경비지도사 1명씩을 추가로 선임·배치하여야 한다(경비업법 시행령 [별표 3] 제1호).
③ (×) 경비업자는 선임·배치된 경비지도사에 결원이 있거나 자격정지 등의 사유로 그 직무를 수행할 수 없는 때에는 15일 이내에 경비지도사를 새로이 충원하여야 한다(경비업법 시행령 제16조 제2항).
④ (×) 경비지도사가 선임·배치된 시·도 경찰청의 관할구역과 경계를 맞닿아 인접한 시·도 경찰청의 관할구역에 배치된 경비원이 30명 이하인 경우에는 제1호에도 불구하고 경비지도사를 따로 선임·배치하지 않을 수 있다(경비업법 시행령 [별표 3] 제2호 전문).

48

경비업자가 경기도북부경찰청 관할의 시설경비업무 경비원 200명, 호송경비업무 경비원 100명, 신변보호업무 경비원 150명을 배치하고자 할 경우에 선임·배치에 필요한 최소 일반경비지도사는 몇 명인가? 기출 09

① 2명
② 3명
❸ 4명
④ 5명

해설

시설경비업무·호송경비업무·신변보호업무·특수경비업무 또는 혼잡·교통유도경비업무 중 둘 이상의 경비업무를 하는 경우에는 각 경비업무에 종사하는 경비원의 수를 합산한 인원을 기준으로 경비지도사를 선임·배치해야 한다(경비업법 시행령 [별표 3] 비고 제1호 본문 후단). 따라서 시설경비업무 경비원 200명, 호송경비업무 경비원 100명, 신변보호업무 경비원 150명을 합산한 450명을 기준으로 일반경비지도사 4명을 선임·배치해야 한다.

49

경비업법령상 경비지도사에 관한 설명이다. ( )에 들어갈 말로 옳게 짝지어진 것은?

- 경비지도사가 선임·배치된 시·도 경찰청의 관할구역과 경계를 맞닿아 인접한 시·도 경찰청의 관할구역에 배치된 경비원이 (ㄱ) 이하인 경우에는 경비지도사를 따로 선임·배치하지 않을 수 있다.
- 경비업자는 선임·배치된 경비지도사에 결원이 있거나 자격정지 등의 사유로 그 직무를 수행할 수 없는 때에는 (ㄴ) 이내에 경비지도사를 새로이 충원해야 한다.

① ㄱ - 50명, ㄴ - 1월
② ㄱ - 50명, ㄴ - 15일
③ ㄱ - 30명, ㄴ - 1월
④ ㄱ - 30명, ㄴ - 15일 ✓

해설

( ) 안에 들어갈 내용은 순서대로 ㄱ - 30명, ㄴ - 15일이다.

50

○○광역시에서 시설경비업, 호송경비업 및 신변보호업을 하는 A경비업체는 그 각각의 업무에 종사하는 경비원으로 120명, 80명, 130명을 고용하고 있다. 이 경비업체가 선임, 배치하여야 하는 일반경비지도사의 숫자는?

① 1명
② 2명
③ 3명 ✓
④ 4명

해설

A경비업체의 경비원 수는 120명 + 80명 + 130명 = 총 330명으로 200명당 1명 채용하고 나머지는 100명당 1명씩 추가로 채용하며, 나머지 30명은 100명이 안 되더라도 100명까지 1명을 채용해야 한다. 따라서 최소 총 3명의 경비지도사를 선임해야 한다.

51

경비업법령상 경비업자에 대한 설명으로 옳은 것은? 기출 08

① 경비업자는 소속 경비지도사가 퇴직한 때에는 25일 이내에 경비지도사를 새로이 충원하여야 한다.
② 일반경비원에 대한 신임교육은 소속 경비업자가 실시한다.
③ 경비업자는 경비원을 새로이 채용한 때에는 근무배치 후 10일이 경과하기 전까지 신임교육을 받게 하여야 한다.
❹ 경비업자는 폐업을 한 경우에는 폐업을 한 날부터 7일 이내에 폐업신고서에 허가증을 첨부하여 시·도 경찰청장 또는 해당 시·도 경찰청 소속의 경찰서장에게 제출하여야 한다.

해설

④ (○) 경비업법 시행령 제5조 제1항 제1문
① (×) 경비업자는 선임·배치된 경비지도사에 결원이 있거나 자격정지 등의 사유로 그 직무를 수행할 수 없는 때에는 15일 이내에 경비지도사를 새로이 충원하여야 한다(경비업법 시행령 제16조 제2항).
② (×) 일반경비원에 대한 신임교육은 일반경비원 교육기관에서 실시하나(경비업법 시행령 제18조 제1항), 직무교육은 소속 경비업자가 실시한다(경비업법 시행령 제18조 제3항).
③ (×) 경비업자는 경비원 명부에 없는 자를 경비업무에 종사하게 하여서는 아니 되고, 경비원을 배치하는 경우에는 신임교육을 이수한 자를 배치하여야 한다(경비업법 제18조 제7항).

52

경비업법령상 경비지도사의 직무에 관한 설명으로 옳지 않은 것은? 기출 19

① 경비지도사는 집단민원현장에 배치된 경비원에 대한 지도·감독을 성실하게 수행하여야 한다.
❷ 경비지도사는 소방기관과의 연락방법에 대한 지도를 월 1회 이상 수행하여야 한다.
③ 경비지도사는 경비원 직무교육 실시대장에 경비원 교육 내용을 기록하여 2년간 보존하여야 한다.
④ 기계경비지도사는 오경보방지 등을 위한 기기관리의 감독을 월 1회 이상 수행하여야 한다.

해설

② (×) 소방기관과의 연락방법에 대한 지도는 법령상 횟수 제한이 없다.
① (○) 경비업법 제12조 제3항·동조 제2항 제4호
③ (○) 경비업법 시행령 제17조 제3항
④ (○) 경비업법 시행령 제17조 제2항·동조 제1항 제2호

53

경비업법령상 경비지도사의 직무로 규정되지 않은 것은? 기출 22

☑ ① 경비업체와의 연락방법에 대한 지도
② 경비현장에 배치된 경비원에 대한 순회점검 및 감독
③ 경비원의 지도・감독・교육에 관한 계획의 수립・실시 및 그 기록의 유지
④ 집단민원현장에 배치된 경비원에 대한 지도・감독

해설

① (×) 경비업체와의 연락방법에 대한 지도가 아닌 <u>경찰기관 및 소방기관과의 연락방법에 대한 지도가 경비업법령상 경비지도사의 직무이다</u>(경비업법 제12조 제2항 제3호).
② (○) 경비업법 제12조 제2항 제2호
③ (○) 경비업법 제12조 제2항 제1호
④ (○) 경비업법 제12조 제2항 제4호

관계법령 **경비지도사의 선임 등(경비업법 제12조)**

① 경비업자는 대통령령이 정하는 바에 따라 경비지도사를 선임하여야 한다.
② 제1항의 규정에 의하여 선임된 경비지도사의 직무는 다음과 같다.
  1. 경비원의 지도・감독・교육에 관한 계획의 수립・실시 및 그 기록의 유지
  2. 경비현장에 배치된 경비원에 대한 순회점검 및 감독
  3. 경찰기관 및 소방기관과의 연락방법에 대한 지도
  4. 집단민원현장에 배치된 경비원에 대한 지도・감독
  5. 그 밖에 대통령령이 정하는 직무

> **경비지도사의 직무 및 준수사항(경비업법 시행령 제17조)**
> ① 법 제12조 제2항 제5호에서 "대통령령이 정하는 직무"란 다음 각호의 직무를 말한다.
>   1. 기계경비업무를 위한 기계장치의 운용・감독(기계경비지도사의 경우에 한한다)
>   2. 오경보방지 등을 위한 기기관리의 감독(기계경비지도사의 경우에 한한다)

③ 선임된 경비지도사는 제2항 각호의 규정에 의한 직무를 대통령령이 정하는 바에 따라 성실하게 수행하여야 한다.

54

경비업법령상 일반경비지도사의 직무에 관한 설명으로 옳은 것을 모두 고른 것은? 기출 17

> ㄱ. 경비원의 지도·감독·교육에 관한 계획의 수립
> ㄴ. 경비현장에 배치된 경비원에 대한 순회점검 및 감독
> ㄷ. 오경보방지 등을 위한 기기관리의 감독
> ㄹ. 집단민원현장에 배치된 경비원에 대한 지도·감독

① ㄱ, ㄴ, ㄷ
☑ ㄱ, ㄴ, ㄹ
③ ㄱ, ㄷ, ㄹ
④ ㄴ, ㄷ, ㄹ

[해설]
ㄷ의 오경보 방지 등을 위한 기기관리의 감독 등은 일반경비지도사가 아닌 기계경비지도사가 할 수 있는 고유 직무로 월 1회 이상 수행하여야 한다(경비업법 시행령 제17조 제1항 제2호·제2항).

55

경비업법에 관한 설명으로 옳지 않은 것은? 기출 16

① 시·도 경찰청장이 경비업 허가의 취소를 하고자 하는 경우에는 청문을 실시하여야 한다.
☑ 경비업자가 선임한 경비지도사가 경비업법상 규정된 직무를 성실하게 수행하여야 할 의무는 명문으로 규정되어 있지는 않지만 당연히 인정된다.
③ 경찰청장이 경비지도사의 자격을 취소한 때에는 그 경비지도사자격증을 회수하여야 한다.
④ 경비지도사의 자격을 정지한 때에는 그 정지기간 동안 경비지도사자격증을 회수하여 보관하여야 한다.

[해설]
선임된 경비지도사는 법 제12조 제2항 각호의 규정에 의한 직무를 대통령령이 정하는 바에 따라 성실하게 수행하여야 한다(경비업법 제12조 제3항).★

56

경비업법령상 경비지도사의 직무가 아닌 것은? 기출 12·02·99

① 경찰기관 및 의료기관과의 연락방법에 대한 지도 ✓
② 경비현장에 배치된 경비원에 대한 순회점검 및 감독
③ 기계경비지도사의 경우 오경보방지 등을 위한 기기관리의 감독
④ 경비원의 지도·감독·교육에 관한 계획의 수립·실시 및 그 기록의 유지

해설

경찰기관 및 소방기관과의 연락방법에 대한 지도(경비업법 제12조 제2항 제3호)가 경비지도사의 직무에 해당한다.

관계법령 **경비지도사의 선임 등(경비업법 제12조)**

① 경비업자는 대통령령이 정하는 바에 따라 경비지도사를 선임하여야 한다.
② 제1항의 규정에 의하여 선임된 경비지도사의 직무는 다음과 같다.
  1. 경비원의 지도·감독·교육에 관한 계획의 수립·실시 및 그 기록의 유지 → 월 1회 이상
  2. 경비현장에 배치된 경비원에 대한 순회점검 및 감독 → 월 1회 이상
  3. 경찰기관 및 소방기관과의 연락방법에 대한 지도
  4. 집단민원현장에 배치된 경비원에 대한 지도·감독
  5. 그 밖에 대통령령이 정하는 직무

경비지도사의 직무 및 준수사항(경비업법 시행령 제17조)

① 법 제12조 제2항 제5호에서 "대통령령이 정하는 직무"란 다음 각호의 직무를 말한다.
  1. 기계경비업무를 위한 기계장치의 운용·감독(기계경비지도사의 경우에 한한다) → 월 1회 이상
  2. 오경보방지 등을 위한 기기관리의 감독(기계경비지도사의 경우에 한한다) → 월 1회 이상

57

경비업법령상 경비업자에 선임된 경비지도사의 직무 중 월 1회 이상 수행하여야 하는 직무에 해당하지 않는 것은? 기출 11

① 경비현장에 배치된 경비원에 대한 순회점검 및 감독
② 경찰기관 및 소방기관과의 연락방법에 대한 지도 ✓
③ 기계경비지도사의 기계경비업무를 위한 기계장치의 운용·감독
④ 기계경비지도사의 오경보방지 등을 위한 기기관리의 감독

해설

①·③·④는 월 1회 이상이고, ②는 특별한 규정이 없다.

58

경비업법령상 경비업자와 경비지도사에 관한 설명으로 옳은 것은? 기출 09

① 경비지도사는 일반경비지도사, 특수경비지도사, 기계경비지도사로 구분한다.
② 경비지도사는 경비원의 지도·감독·교육에 관한 계획의 수립·실시 및 그 기록의 유지의 직무를 주 1회 이상 하여야 한다.
③ ✔ 경비업자는 불공정한 계약으로 경비원의 권익을 침해하여서는 아니 된다.
④ 경비업자는 채용한 경비원에 대한 일정한 신임교육과 직무교육을 자신의 부담으로 직접 실시하고 시·도경찰청장에게 신고하여야 한다.

해설

③ (○) 경비업자는 불공정한 계약으로 경비원의 권익을 침해하거나 경비업의 건전한 육성과 발전을 해치는 행위를 하여서는 아니 된다(경비업법 제7조 제3항).
① (×) 경비지도사는 일반경비지도사와 기계경비지도사로 구분한다(경비업법 시행령 제10조).
② (×) 경비지도사는 경비원의 지도·감독·교육에 관한 계획의 수립·실시 및 그 기록의 유지의 직무를 월 1회 이상 하여야 한다(경비업법 시행령 제17조).
④ (×) 일반경비원에 대한 신임교육은 일반경비원 교육기관에서 실시하나(경비업법 시행령 제18조 제1항), 직무교육은 소속 경비업자가 실시한다(경비업법 시행령 제18조 제3항).

59

경비업법령상 일반경비지도사와 기계경비지도사의 공통적인 직무에 해당하는 것을 모두 고른 것은? 기출 09

ㄱ. 경비원의 지도·감독·교육에 관한 계획의 수립·실시 및 그 기록의 유지
ㄴ. 기계경비업무를 위한 기계장치의 운용·감독
ㄷ. 오경보방지 등을 위한 기기관리의 감독
ㄹ. 경찰기관 및 소방기관과의 연락방법에 대한 지도
ㅁ. 경비현장에 배치된 경비원에 대한 순회점검 및 감독

① ㄱ, ㄴ, ㄷ
② ✔ ㄱ, ㄹ, ㅁ
③ ㄴ, ㄷ, ㄹ
④ ㄷ, ㄹ, ㅁ

해설

기계경비업무를 위한 기계장치의 운용·감독과 오경보방지 등을 위한 기기관리의 감독은 일반경비지도사가 할 수 있는 직무가 아니고, 기계경비지도사만의 고유 직무이다(경비업법 시행령 제17조 제1항).

60

다음 경비지도사의 직무사항과 관련이 없는 것은 어느 것인가? 기출 02·01·99

☑ **경비원의 채용 및 교육에 관한 경비업자의 조언**
② 경찰기관 및 소방기관과의 연락방법에 대한 지도
③ 경비원의 지도·감독·교육에 관한 계획의 수립 및 기록유지
④ 경비현장에 배치된 경비원에 대한 순회점검 및 감독

해설
①은 경비업법 제12조 제2항에서 규정하고 있는 경비지도사의 직무사항과 거리가 먼 내용이다.

61

경비업법령상 경비원의 교육 등에 관한 설명으로 옳지 않은 것은? 기출 24

① 경비업자는 「군인사법」에 따른 부사관 이상으로 근무한 경력이 있는 사람을 일반경비원으로 채용한 경우에는 해당 일반경비원을 일반경비원 신임교육 대상에서 제외할 수 있다.
② 경비업자는 소속 일반경비원에게 경비지도사가 수립한 교육계획에 따라 매월 2시간 이상의 직무교육을 받도록 하여야 한다.
③ 특수경비업자는 채용 전 3년 이내에 특수경비업무에 종사하였던 경력이 있는 사람을 특수경비원으로 채용한 경우에는 해당 특수경비원을 특수경비원 신임교육 대상에서 제외할 수 있다.
☑ **특수경비업자는 소속 특수경비원에게 경비지도사가 수립한 교육계획에 따라 매월 2시간의 직무교육을 받도록 하여야 한다.**

해설
④ (×) 특수경비업자는 소속 특수경비원에게 경비지도사가 수립한 교육계획에 따라 매월 <u>3시간</u>의 직무교육을 받도록 하여야 한다(경비업법 시행령 제19조 제3항, 동법 시행규칙 제16조 제1항).
① (○) 경비업법 시행령 제18조 제2항 제4호
② (○) 경비업법 시행령 제18조 제3항, 동법 시행규칙 제13조 제1항
③ (○) 경비업법 시행령 제19조 제2항

62

경비업법령상 경비원의 교육 등에 관한 설명으로 옳지 않은 것은?

① 경비업자는 일반경비원을 채용한 경우 해당 일반경비원에게 경비업자의 부담으로 일반경비원 교육기관에서 실시하는 일반경비원 신임교육을 받도록 해야 한다.
② 「군인사법」에 따른 부사관 이상으로 근무한 경력이 있는 사람은 일반경비원 신임교육대상에서 제외할 수 있다.
③ 특수경비업자는 채용 전 5년 이내에 특수경비업무에 종사하였던 경력이 있는 사람을 특수경비원으로 채용한 경우에는 해당 특수경비원을 특수경비원 신임교육대상에서 제외할 수 있다.
④ 경비업자는 특수경비원이 신임교육을 받은 때에는 경비원의 명부에 그 사실을 기재하여야 한다.

해설
③ (×) 특수경비업자는 채용 전 3년 이내에 특수경비업무에 종사하였던 경력이 있는 사람을 특수경비원으로 채용한 경우에는 해당 특수경비원을 특수경비원 신임교육대상에서 제외할 수 있다(경비업법 시행령 제19조 제2항).
① (○) 경비업법 시행령 제18조 제1항
② (○) 경비업법 시행령 제18조 제2항 제4호
④ (○) 경비업법 시행규칙 제15조 제3항

63

경비업법령상 경비원의 교육 등에 관한 설명으로 옳은 것은?

① 경비업자는 일반경비원 신임교육을 받은 사람으로서 채용 전 3년 이내에 경비업무에 종사한 경력이 있는 사람을 일반경비원 신임교육대상에서 제외할 수 있다.
② 경비원이 되려는 사람은 미리 일반경비원 신임교육을 받을 수 없다.
③ 특수경비업자는 특수경비원으로 하여금 특수경비원 신임교육을 받게 하여서는 아니 된다.
④ 특수경비원의 교육 시 경비업자가 교육기관에 입회하여 행정안전부령이 정하는 바에 따라 지도·감독하여야 한다.

해설
① (○) 경비업법 시행령 제18조 제2항 제1호
② (×) 경비원이 되려는 사람은 대통령령으로 정하는 교육기관(일반경비원 교육기관)에서 미리 일반경비원 신임교육을 받을 수 있다(경비업법 제13조 제2항, 동법 시행령 제18조 제4항).
③ (×) 특수경비업자는 특수경비원을 채용한 경우 법 제13조 제3항에 따라 해당 특수경비원에게 특수경비업자의 부담으로 특수경비원 교육기관에서 실시하는 특수경비원 신임교육을 받도록 해야 한다(경비업법 시행령 제19조 제1항).
④ (×) 특수경비원의 교육 시 관할 경찰서 소속 경찰공무원이 교육기관에 입회하여 대통령령이 정하는 바에 따라 지도·감독하여야 한다(경비업법 제13조 제4항).

64

경비업법령상 일반경비원 신임교육의 제외대상이 아닌 사람은? 기출 22

① 「경찰공무원법」에 따른 경찰공무원으로 근무한 경력이 있는 사람
② 「대통령 등의 경호에 관한 법률」에 따른 경호공무원 또는 별정직공무원으로 근무한 경력이 있는 사람
❸ 「소방공무원법」에 따른 소방공무원으로 근무한 경력이 있는 사람
④ 「군인사법」에 따른 부사관 이상으로 근무한 경력이 있는 사람

해설

③ (×) 경비업법령상 일반경비원 신임교육의 제외대상에 해당하지 않는다(경비업법 시행령 제18조 제2항 참조).
① (○) 경비업법 시행령 제18조 제2항 제2호
② (○) 경비업법 시행령 제18조 제2항 제3호
④ (○) 경비업법 시행령 제18조 제2항 제4호

> **관계법령** 일반경비원에 대한 교육(경비업법 시행령 제18조)
>
> ② 경비업자는 법 제13조 제1항 단서에 따라 다음 각호의 어느 하나에 해당하는 사람을 일반경비원으로 채용한 경우에는 해당 일반경비원을 일반경비원 신임교육 대상에서 제외할 수 있다.
> 1. 법 제13조 제1항 본문 및 같은 조 제3항에 따른 일반경비원 또는 특수경비원 신임교육을 받은 사람으로서 채용 전 3년 이내에 경비업무에 종사한 경력이 있는 사람
> 2. 「경찰공무원법」에 따른 경찰공무원으로 근무한 경력이 있는 사람
> 3. 「대통령 등의 경호에 관한 법률」에 따른 경호공무원 또는 별정직공무원으로 근무한 경력이 있는 사람
> 4. 「군인사법」에 따른 부사관 이상으로 근무한 경력이 있는 사람
> 5. 경비지도사자격이 있는 사람
> 6. 채용 당시 법 제13조 제2항에 따른 일반경비원 신임교육을 받은 지 3년이 지나지 아니한 사람

65

경비업법령상 일반경비원의 교육에 관한 설명으로 옳지 않은 것은? 기출수정 20

① 경비원이 되려는 사람은 대통령령으로 정하는 교육기관에서 미리 일반경비원 신임교육을 받을 수 있다.
② 경비업자는 소속 일반경비원에게 매월 2시간 이상의 직무교육을 받도록 하여야 한다.
❸ 일반경비원의 교육 실시에 필요한 사항은 대통령령으로 정한다.
④ 일반경비원에 대한 직무교육의 과목은 일반경비원의 직무수행에 필요한 이론·실무과목 및 직업윤리 등으로 한다.

해설

③ (×) 신임교육의 과목 및 시간, 직무교육의 과목 등 일반경비원의 교육 실시에 필요한 사항은 행정안전부령으로 정한다(경비업법 시행령 제18조 제5항).
① (○) 경비업법 제13조 제2항
② (○) 경비업법 시행령 제18조 제3항, 동법 시행규칙 제13조 제1항
④ (○) 경비업법 시행규칙 제13조 제2항

66

경비업법령상 경비지도사 기본교육과 특수경비원 신임교육의 공통적인 교육과목에 해당하는 것을 모두 고른 것은? 기출수정 20

> ㄱ. 범죄예방론
> ㄴ. 응급처치법
> ㄷ. 화재대처법
> ㄹ. 체포·호신술
> ㅁ. 사격

① ㄱ, ㄴ, ㄷ
② ㄱ, ㄴ, ㅁ
③ ㄴ, ㄷ, ㄹ ✓
④ ㄷ, ㄹ, ㅁ

해설

제시된 내용 중 경비지도사 기본교육과 특수경비원 신임교육의 공통적인 교육과목에 해당하는 것은 ㄴ, ㄷ, ㄹ이다. 범죄예방론(ㄱ)과 사격(ㅁ)은 특수경비원 신임교육 과목에만 해당한다(경비업법 시행규칙 [별표 1]·[별표 4] 참조).

핵심만콕 경비지도사 기본교육의 과목 및 시간과 특수경비원 신임교육의 과목 및 시간의 비교★★ <개정 2024.8.14.>

구분 (교육시간)	경비지도사 기본교육의 과목 및 시간 (경비업법 시행규칙 [별표 1])		구분 (교육시간)	특수경비원 신임교육의 과목 및 시간 (경비업법 시행규칙 [별표 4])
공통교육 (22h)	「경비업법」, 「경찰관직무집행법」, 「도로교통법」 등 관계법령 및 「개인정보보호법」에 따른 개인정보 보호지침 등(4h), 실무Ⅰ(4h), 실무Ⅱ(3h), 범죄·테러·재난 대응요령 및 화재대처법(2h), 응급처치법(2h), 직업윤리 및 인권보호(2h), 체포·호신술(2h), 입교식, 평가 및 수료식(3h)		이론교육 (15h)	「경비업법」 및 「경찰관직무집행법」 등 관계법령(8h), 「헌법」 및 형사법(4h), 범죄예방론(3h)
자격의 종류별 교육 (18h)	일반경비 지도사	시설경비(3h), 호송경비(2h), 신변보호(2h), 특수경비(2h), 혼잡·다중운집 인파 관리(2h), 교통안전 관리(2h), 일반경비 현장실습(5h)	실무교육 (61h)	테러 및 재난대응요령(4h), 폭발물 처리요령(6h), 화재대처법(3h), 응급처치법(3h), 장비사용법(3h), 출입통제 요령(3h), 직업윤리 및 인권보호(2h), 기계경비실무(3h), 혼잡·교통유도경비실무(4h), 정보보호 및 보안업무(6h), 시설경비 요령(4h), 민방공(4h), 총기조작(3h), 사격(6h), 체포·호신술(4h), 관찰·기록기법(3h)
	기계경비 지도사	기계경비 운용관리(4h), 기계경비 기획 및 설계(4h), 인력경비개론(5h), 기계경비 현장실습(5h)	기타(4h)	입교식, 평가 및 수료식(4h)
계	40h		계	80h

67

경비업법령상 경비원의 교육 등에 관한 설명으로 옳지 않은 것은?

① 특수경비업자는 특수경비원을 채용한 경우 특수경비원에게 특수경비업자의 부담으로 특수경비원 교육기관에서 실시하는 특수경비원 신임교육을 받도록 하여야 한다.
② 경비업자는 소속 일반경비원에게 경비업법에 따라 선임한 경비지도사가 수립한 교육계획에 따라 매월 2시간 이상의 직무교육을 받도록 하여야 한다.
③ **특수경비원이 되려는 사람은 대통령령으로 정하는 교육기관에서 미리 경비원 신임교육을 받을 수 있다.**
④ 일반경비원과 특수경비원에 대한 직무교육은 집합교육, 온라인교육 등 다양한 방법으로 실시할 수 있다.

해설

③ (×) 경비업법상 대통령령으로 정하는 교육기관에서 미리 신임교육을 받을 수 있는 사람은 일반경비원이다(경비업법 제13조 제2항).
① (○) 경비업법 시행령 제19조 제1항
② (○) 경비업법 시행령 제18조 제3항, 동법 시행규칙 제13조 제1항
④ (○) 경비업법 시행규칙 제13조 제3항・제16조 제4항

68

경비업법령상 경비원 교육에 관한 설명으로 옳은 것은? 기출수정 16

① 일반경비원의 신임교육에서 이론교육은 8시간이고 과목은 경비업법, 범죄예방론, 형사법이다.
② 특수경비업자는 채용 전 5년 이내에 특수경비업무에 종사하였던 경력이 있는 사람을 특수경비원으로 채용한 경우에는 신임교육을 면제할 수 있다.
③ **경비업자는 소속 일반경비원에게 매월 2시간 이상의 직무교육을 받도록 하여야 한다.**
④ 특수경비업자는 소속 특수경비원에게 매월 4시간 이상의 직무교육을 받도록 하여야 한다.

해설

③ (○) 경비업자는 소속 일반경비원에게 선임한 경비지도사가 수립한 교육계획에 따라 매월 행정안전부령으로 정하는 시간(2시간) 이상의 직무교육을 받도록 하여야 한다(경비업법 시행령 제18조 제3항).
① (×) 일반경비원의 신임교육에서 이론교육은 4시간이고 과목은 「경비업법」 등 관계법령, 범죄예방론이다(경비업법 시행규칙 [별표 2]). ★
② (×) 특수경비업자는 채용 전 3년 이내에 특수경비업무에 종사하였던 경력이 있는 사람을 특수경비원으로 채용한 경우에는 해당 특수경비원을 특수경비원 신임교육대상에서 제외할 수 있다(경비업법 시행령 제19조 제2항).
④ (×) 특수경비업자는 소속 특수경비원에게 선임한 경비지도사가 수립한 교육계획에 따라 매월 3시간 이상의 직무교육을 받도록 하여야 한다(경비업법 시행령 제19조 제4항).

69

경비업법령상 경비원의 교육에 관한 설명으로 옳은 것을 모두 고른 것은? 기출 19

> ㄱ. 경비업자는 일반경비원을 채용한 경우 해당 일반경비원에게 경비업자의 부담으로 일반경비원 신임교육을 받도록 하여야 한다.
> ㄴ. 경비업자는 경비지도사자격이 있는 사람을 일반경비원으로 채용한 경우에는 해당 일반경비원을 일반경비원 신임교육대상에서 제외할 수 있다.
> ㄷ. 특수경비업자는 소속 특수경비원에게 관할 경찰관서장이 수립한 교육계획에 따라 매월 6시간 이상의 직무교육을 받도록 하여야 한다.
> ㄹ. 경비업자는 특수경비원 신임교육을 받은 사람이 요청하는 경우에는 신임교육 이수 확인증을 발급할 수 있다.

① ㄱ, ㄴ
② ㄱ, ㄷ
③ ㄴ, ㄹ
④ ㄷ, ㄹ

해설

제시된 내용 중 옳은 설명은 ㄱ과 ㄴ이다.
ㄱ. (O) 경비업법 시행령 제18조 제1항
ㄴ. (O) 경비업법 시행령 제18조 제2항 제5호
ㄷ. (×) 특수경비업자는 소속 특수경비원에게 경비지도사가 수립한 교육계획에 따라 매월 행정안전부령으로 정하는 시간(3시간) 이상의 직무교육을 받도록 하여야 한다(경비업법 시행령 제19조 제3항).
ㄹ. (×) 시·도 경찰청장 또는 경찰서장은 특수경비원 신임교육을 받은 사람이 요청하는 경우에는 신임교육 이수 확인증을 발급할 수 있다(경비업법 시행규칙 제15조 제4항).

70

경비업법령상 경비업자가 일반경비원 신임교육대상에서 제외할 수 있는 사람에 해당하지 않는 자는? 기출 14

① 경비원 신임교육을 받은 사람으로서 채용 5년 전에 경비업무에 종사한 경력이 있는 사람
② 「경찰공무원법」에 따른 경찰공무원으로 근무한 경력이 있는 사람
③ 「군인사법」에 따른 부사관 이상으로 근무한 경력이 있는 사람
④ 「대통령 등의 경호에 관한 법률」에 따른 경호공무원으로 근무한 경력이 있는 사람

해설

경비원(일반경비원 및 특수경비원) 신임교육을 받은 사람으로서 채용 전 3년 이내에 경비업무에 종사한 경력이 있는 사람은 일반경비원 신임교육대상에서 제외될 수 있다(경비업법 시행령 제18조 제2항 제1호).

71

A 특수경비업체에서 5개월 동안 근무한 甲이 경비업법령상 특수경비원으로서 받았어야 할 신임교육과 직무교육의 시간을 합하면 최소 몇 시간인가?(단, 甲은 신임교육대상 제외자에 해당하지 않음)

① 69
② 88
③ 94
✅ 95

해설

경비업법 시행규칙 [별표 4]에서 신임교육(이론교육 15시간, 실무교육 61시간, 기타 4시간) 80시간을 규정하고 있으며, 동 규칙 제16조 제1항에서 매월 3시간 이상의 직무교육을 규정하고 있다. 따라서 甲은 신임교육 80시간과 5개월의 직무교육 15시간(5月×3시간)을 합해 총 95시간 이상의 교육을 받아야 한다.

72

경비업법령상 특수경비원에 대한 교육에 관한 설명으로 옳은 것은?

① 특수경비업자는 특수경비원의 경력이 없는 사람으로서 특수경비원으로 채용된 사람에 대하여는 특수경비원의 부담으로 특수경비원 신임교육을 받게 하여야 한다.
② 특수경비원의 교육 시에는 관할 경찰서 소속 경찰공무원의 입회 및 지도·감독을 요하지 아니한다.
③ 특수경비업자는 소속 특수경비원에 대하여 매년 6시간의 직무교육을 실시하여야 한다.
✅ 관할 경찰관서장은 필요하다고 인정하는 경우에는 특수경비원이 배치된 경비대상시설에 소속 공무원을 파견하여 직무집행에 필요한 교육을 실시할 수 있다.

해설

④ (○) 경비업법 시행규칙 제16조 제2항
① (×) 특수경비업자는 특수경비원의 경력이 없는 사람으로서 특수경비원으로 채용된 사람에 대하여는 특수경비업자의 부담으로 특수경비원 신임교육을 받게 하여야 한다(경비업법 시행령 제19조 제1항).
② (×) 특수경비원의 교육 시 관할 경찰서 소속 경찰공무원이 교육기관에 입회하여 지도·감독하여야 한다(경비업법 제13조 제4항).★
③ (×) 특수경비업자는 소속 특수경비원에 대하여 매월 3시간 이상의 직무교육을 받도록 하여야 한다(경비업법 시행령 제19조 제3항).

73

경비업법령상 일반경비원으로 채용된 사람 중 신임교육의 대상에서 제외될 수 있는 자가 아닌 사람은?

① ✔ 「소방공무원법」에 따른 소방공무원 경력을 가진 사람
② 「군인사법」에 따른 부사관 이상의 경력을 가진 사람
③ 「경찰공무원법」에 따른 경찰공무원 경력을 가진 사람
④ 「대통령 등의 경호에 관한 법률」에 따른 경호공무원 경력을 가진 사람

해설

소방공무원 경력은 일반경비원 신임교육 제외 대상도 아니고, 경비지도사 제1차 시험 면제 대상도 아니다. ★

74

경비업법령상 일반경비원과 특수경비원의 신임교육과목으로 공통된 과목이 아닌 것은?

① 경비업법
② ✔ 헌법 및 형사법
③ 범죄예방론
④ 체포・호신술

해설

헌법 및 형사법은 특수경비원의 신임교육과목에만 해당한다(경비업법 시행규칙 [별표 2]・[별표 4] 참조).

핵심만콕 일반경비원과 특수경비원의 신임교육의 과목 및 시간★★ <개정 2024.8.14.>

구분 (교육시간)	일반경비원(경비업법 시행규칙 [별표 2])	구분 (교육시간)	특수경비원(경비업법 시행규칙 [별표 4])
이론교육 (4h)	「경비업법」 등 관계법령(2h), 범죄예방론(2h)	이론교육 (15h)	「경비업법」 및 「경찰관직무집행법」 등 관계법령(8h), 「헌법」 및 형사법(4h), 범죄예방론(3h)
실무교육 (19h)	시설경비실무(3h), 호송경비실무(2h), 신변보호실무(2h), 기계경비실무(2h), 혼잡・교통유도경비실무(2h), 사고예방대책(2h), 체포・호신술(2h), 장비사용법(2h), 직업윤리 및 인권보호(2h)	실무교육 (61h)	테러 및 재난대응요령(4h), 폭발물 처리요령(6h), 화재대처법(3h), 응급처치법(3h), 장비사용법(3h), 출입통제 요령(3h), 직업윤리 및 인권보호(2h), 기계경비실무(3h), 혼잡・교통유도경비업무(4h), 정보보호 및 보안업무(6h), 시설경비 요령(4h), 민방공(4h), 총기조작(3h), 사격(6h), 체포・호신술(4h), 관찰・기록기법(3h)
기타(1h)	입교식, 평가 및 수료식(1h)	기타(4h)	입교식, 평가 및 수료식(4h)
계	24h	계	80h

75

경비업법령상 경비원의 교육에 관한 설명으로 옳은 것은? 기출수정 11

① 갑(甲)이 경비원의 경력 없이 일반경비원으로 채용되었다면 자신의 부담으로 신임교육을 받아야 한다.
② 을(乙)은 특수경비원으로 채용되기 4년 전에 특수경비업무에 종사한 경력이 있어 다시 특수경비원으로 채용되었다면 신임교육을 받지 않아도 된다.
③ ✓ 특수경비원인 병(丙)은 매월 3시간 이상의 직무교육을 받아야 한다.
④ 경비업자는 경비원을 새로이 채용한 때에는 근무배치 후 3개월이 경과하기 전까지 신임교육을 받게 하여야 한다.

해설

③ (○) 직무교육은 일반경비원은 매월 2시간 이상, 특수경비원은 매월 3시간 이상이다.
① (×) 갑(甲)이 경비원의 경력 없이 일반경비원으로 채용되었다면 경비업자의 부담으로 신임교육을 받아야 한다.
② (×) 특수경비업자는 채용 전 3년 이내에 특수경비업무에 종사하였던 경력이 있는 사람을 특수경비원으로 채용한 경우에는 해당 특수경비원을 특수경비원 신임교육대상에서 제외할 수 있다(경비업법 시행령 제19조 제2항). 따라서 을(乙)은 신임교육을 받아야 한다.
④ (×) 경비업자가 경비원을 새로이 채용한 때에는 원칙적으로 근무배치 전에 신임교육을 받게 하여야 한다.

76

경비업법령상 일반경비원 신임교육의 이론교육과목에 해당하는 것은? 기출수정 10

① ✓ 「경비업법」 등 관계법령
② 「헌법」 및 형사법
③ 개인정보보호법
④ 재난 및 안전관리기본법

해설

「경비업법」 등 관계법령과 범죄예방론이 일반경비원 신임교육의 이론교육과목에 해당한다(경비업법 시행규칙 [별표 2]).

77

경비업법령상 경비원의 교육에 관한 설명으로 옳은 것은? 기출 10

① 일반경비원에 대한 교육 시 관할 경찰서 소속 경찰공무원이 교육기관에 입회하여 지도·감독하여야 한다.
② 군인사법에 따른 부사관의 경력을 가진 자가 특수경비원으로 채용된 경우 신임교육의 대상에서 제외할 수 있다.
③ 특수경비업자를 제외한 일반경비업자만이 소속 경비원에 대하여 매월 행정안전부령이 정하는 시간 이상의 직무교육을 실시하여야 한다.
❹ 일반경비업자가 경비원의 경력이 없는 사람을 일반경비원으로 채용한 경우 일반경비업자의 부담으로 신임교육을 받게 하여야 한다.

해설

④ (○) 경비업법 시행령 제18조 제1항
① (×) 특수경비원의 교육 시 관할 경찰서 소속 경찰공무원이 교육기관에 입회하여 대통령령이 정하는 바에 따라 지도·감독하여야 한다(경비업법 제13조 제4항). ★★
② (×) 군인사법에 따른 부사관의 경력을 가진 자가 신임교육의 대상에서 제외될 수 있는 경우는 일반경비원으로 채용된 경우이다(경비업법 시행령 제18조 제2항).
③ (×) 일반경비업자와 특수경비업자 둘 다 소속 경비원에 대하여 매월 행정안전부령이 정하는 시간 이상의 직무교육을 실시하여야 한다.

78

경비업법령상 경비원의 교육에 관한 설명으로 옳은 것은? 기출 09

① 일반경비원에 대한 신임교육은 일반경비업자가, 직무교육은 경비협회가 실시한다.
② 특수경비원에 대한 신임교육은 특수경비업자가 자신의 부담으로 직접 실시한다.
③ 일반경비원에 대하여 매월 6시간 이상의 직무교육이 실시되어야 한다.
❹ 경비업자는 일반경비원이 신임교육을 받은 때에는 경비원의 명부에 그 사실을 기재하여야 한다.

해설

④ (○) 경비업법 시행규칙 제12조 제5항
① (×) 일반경비원에 대한 신임교육은 일반경비원 교육기관에서 실시하나(경비업법 시행령 제18조 제1항), 직무교육은 소속 경비업자가 실시한다(경비업법 시행령 제18조 제3항).
② (×) 특수경비원에 대한 신임교육은 특수경비업자의 부담으로 특수경비원 교육기관에서 실시한다(경비업법 시행령 제19조 제1항).
③ (×) 일반경비원에 대하여 매월 2시간 이상의 직무교육이 실시되어야 한다(경비업법 시행령 제18조 제3항, 동법 시행규칙 제13조 제1항).

79

경비업법령상 특수경비원의 교육에 관한 설명으로 옳은 것은?

① ✔ 특수경비업자는 소속 특수경비원에 대하여 매월 3시간 이상의 직무교육을 실시하여야 한다.
② 특수경비업자는 특수경비원 교육을 받지 아니한 자를 채용하여서는 아니 된다.
③ 특수경비원 교육에 경찰법 및 국가배상법이 포함되어야 한다.
④ 시·도 경찰청장은 특수경비원 신임교육을 받은 사람이 요청하지 않아도 신임교육 이수 확인증을 발급할 수 있다.

해설

① (○) 경비업법 시행령 제19조 제3항, 동법 시행규칙 제16조 제1항
② (×) 특수경비업자는 특수경비원 교육을 받지 아니한 자를 특수경비업무에 종사하게 하여서는 아니 된다(경비업법 제13조 제3항 후단).
③ (×) 특수경비원 교육에 경찰법 및 국가배상법은 포함되지 않고, 경비업법, 경찰관직무집행법, 헌법과 형사법이 포함된다(경비업법 시행규칙 [별표 4]).
④ (×) 시·도 경찰청장 또는 경찰서장은 특수경비원 신임교육을 받은 사람이 요청하는 경우에는 신임교육 이수 확인증을 발급할 수 있다(경비업법 시행규칙 제15조 제4항).

80

甲은 특수경비원으로서 신임교육을 받고 2008년 5월 1일부터 2008년 7월 31일까지 3개월간 A경비업체에서 근무하였다. 경비업법령상 甲이 3개월간 받았을 직무교육시간은 모두 몇 시간이어야 하는가?(단, 신임교육시간은 제외한다)

① 6시간
② ✔ 9시간
③ 12시간
④ 18시간

해설

특수경비원의 직무교육시간은 매월 3시간 이상이다. 따라서 3개월 동안의 직무교육시간은 9시간 이상이다.

81

경비업법령상 (　) 안의 ㄱ~ㅁ 중 "대통령령"이 들어가는 것을 모두 고른 것은?

- 경비업자는 경비업무를 적정하게 실시하기 위하여 경비원으로 하여금 (ㄱ)이 정하는 바에 따라 경비원 신임교육 및 직무교육을 받게 하여야 한다.
- 특수경비업자는 (ㄴ)으로 정하는 바에 따라 특수경비원으로 하여금 특수경비원 신임교육과 정기적인 직무교육을 받게 하여야 하고, 특수경비원 신임교육을 받지 아니한 자를 특수경비업무에 종사하게 하여서는 아니 된다.
- 일반경비원에 대한 교육의 과목·시간 그 밖에 교육의 실시에 관하여 필요한 사항은 (ㄷ)으로 정한다.
- 특수경비업자는 소속 특수경비원에 대하여 매월 (ㄹ)이 정하는 시간 이상의 직무교육을 받도록 하여야 한다.
- 특수경비원의 무기휴대, 무기종류, 그 사용기준 및 안전검사의 기준 등에 관하여 필요한 사항은 (ㅁ)으로 정한다.

① ㄱ
② ㄱ, ㄴ
③ ㄱ, ㄴ, ㅁ
④ ㄴ, ㄷ, ㄹ

[해설]

ㄱ, ㄴ, ㅁ은 대통령령이고 ㄷ, ㄹ은 행정안전부령이다.

- 경비업자는 경비업무를 적정하게 실시하기 위하여 경비원으로 하여금 <u>대통령령</u>이 정하는 바에 따라 경비원 신임교육 및 직무교육을 받게 하여야 한다(경비업법 제13조 제1항).★★
- 특수경비업자는 <u>대통령령</u>으로 정하는 바에 따라 특수경비원으로 하여금 특수경비원 신임교육과 정기적인 직무교육을 받게 하여야 하고, 특수경비원 신임교육을 받지 아니한 자를 특수경비업무에 종사하게 하여서는 아니 된다(경비업법 제13조 제3항).★★
- 일반경비원에 대한 신임교육의 과목 및 시간, 직무교육의 과목 등 일반경비원의 교육 실시에 필요한 사항은 <u>행정안전부령</u>으로 정한다(경비업법 시행령 제18조 제5항).
- 특수경비업자는 소속 특수경비원에게 매월 <u>행정안전부령</u>이 정하는 시간 이상의 직무교육을 받도록 하여야 한다(경비업법 시행령 제19조 제3항).
- 특수경비원의 무기휴대, 무기종류, 그 사용기준 및 안전검사의 기준 등에 관하여 필요한 사항은 <u>대통령령</u>으로 정한다(경비업법 제14조 제9항).★

82

경비업법령상 특수경비원 신임교육의 실무교육 내용이 아닌 것은?

① 민방공
② 출입통제 요령
✓ ③ 경범죄처벌법
④ 관찰·기록기법

[해설]
경범죄처벌법은 청원경찰의 실무교육 과목에 해당하고(청원경찰법 시행규칙 [별표 1]), 특수경비원의 신임교육의 실무교육 과목에 해당하지 않는다(경비업법 시행규칙 [별표 4] 참고).

83

경비업법령상 일반경비원 사전 신임교육에 대한 설명으로 옳지 않은 것은?

① 경비원이 되려는 사람은 미리 일반경비원 신임교육을 받을 수 있다.
✓ ② 일반경비원 사전 신임교육의 유효기간은 2년으로 한다.
③ 일반경비원 신임교육의 과목 및 시간은 행정안전부령으로 정한다.
④ 일반경비원 사전 신임교육은 교육을 받는 사람의 부담이다.

[해설]
일반경비원 사전 신임교육의 유효기간은 3년으로 한다(경비업법 시행령 제18조 제2항 제6호 해석상).

84

경비업법령상 청문을 실시하여야 하는 업무정지처분의 대상을 모두 고른 것은? 기출 24

> ㄱ. 경비지도사 교육기관이 교육지침을 위반하여 시정명령을 받고도 정당한 사유 없이 정하여진 기간 이내에 시정하지 아니한 경우
> ㄴ. 경비지도사 교육기관이 거짓으로 경비지도사 교육기관의 지정을 받은 경우
> ㄷ. 경비원 교육기관이 지정 기준에 적합하지 아니하게 된 경우
> ㄹ. 경비원 교육기관이 지정받은 사항을 위반하여 업무를 행한 경우

① ㄱ, ㄴ
✓ ② ㄱ, ㄷ, ㄹ
③ ㄴ, ㄷ, ㄹ
④ ㄱ, ㄴ, ㄷ, ㄹ

> 해설

제시된 내용 중 청문을 실시하여야 하는 업무정지처분의 대상은 ㄱ, ㄷ, ㄹ이다.
ㄱ. (○) 경비업법 제11조의4 제1항 제3호, 제21조 제1호
ㄷ. (○) 경비업법 제13조의3 제1항 제4호, 제21조 제2호
ㄹ. (○) 경비업법 제13조의3 제1항 제2호, 제21조 제2호
ㄴ. (×) 경찰청장은 경비지도사 교육기관이 거짓이나 그 밖의 부정한 방법으로 경비지도사 교육기관의 지정을 받은 경우에는 그 지정을 취소하여야 한다(경비업법 제11조의4 제1항 제1호). 경비업법 제11조의4 제1항 제1호는 절대적 지정취소 사유이므로 청문을 실시하여야 하는 업무정지처분의 대상에 해당하지 아니한다.

> 관계법령　청문(경비업법 제21조)

경찰청장 또는 시·도 경찰청장은 다음 각호의 어느 하나에 해당하는 처분을 하고자 하는 경우에는 청문을 실시하여야 한다. 〈개정 2024.2.13.〉
  1. 제11조의4에 따른 경비지도사 교육기관의 지정취소 또는 업무의 정지

> **경비지도사 교육기관의 지정취소 등(경비업법 제11조의4)**
> ① 경찰청장은 경비지도사 교육기관이 다음 각호의 어느 하나에 해당하는 경우에는 그 지정을 취소하거나 1년의 범위에서 기간을 정하여 업무의 전부 또는 일부를 정지할 수 있다. 다만, 제1호의 경우에는 그 지정을 취소하여야 한다.
>   1. 거짓이나 그 밖의 부정한 방법으로 경비지도사 교육기관의 지정을 받은 경우
>   2. 지정받은 사항을 위반하여 업무를 행한 경우
>   3. 제11조의3 제3항에 따른 시정명령을 받고도 정당한 사유 없이 정하여진 기간 이내에 시정하지 아니한 경우
>   4. 제11조의3 제4항에 따른 지정 기준에 적합하지 아니하게 된 경우
> [본조신설 2024.2.13.]

  2. 제13조의3에 따른 경비원 교육기관의 지정취소 또는 업무의 정지

> **경비원 교육기관의 지정취소 등(경비업법 제13조의3)**
> ① 경찰청장은 경비원 교육기관이 다음 각호의 어느 하나에 해당하는 경우에는 그 지정을 취소하거나 1년 이내의 기간을 정하여 업무의 전부 또는 일부를 정지할 수 있다. 다만, 제1호의 경우에는 그 지정을 취소하여야 한다.
>   1. 거짓이나 그 밖의 부정한 방법으로 경비원 교육기관의 지정을 받은 경우
>   2. 지정받은 사항을 위반하여 업무를 행한 경우
>   3. 제13조의2 제3항에 따른 시정명령을 받고도 정당한 사유 없이 정하여진 기간 이내에 시정하지 아니한 경우
>   4. 제13조의2 제4항에 따른 지정 기준에 적합하지 아니하게 된 경우
> [본조신설 2024.2.13.]

  3. 제19조의 규정에 의한 경비업 허가의 취소 또는 영업정지
  4. 제20조 제1항 또는 제2항의 규정에 의한 경비지도사자격의 취소 또는 정지

85

경비업법령상 경비원 교육기관의 지정 등에 관한 설명으로 옳지 않은 것은?

① 경찰청장은 경비원에 대한 신임교육의 효율성을 제고하기 위하여 전문인력 및 시설 등을 갖춘 기관 또는 단체를 경비원 교육기관으로 지정할 수 있다.
② 경찰청장은 경비원에 대한 신임교육의 전국적 균형을 유지하기 위하여 교육수준 및 교육방법 등에 필요한 지침을 마련하여 시행할 수 있다.
❸ 경찰청장은 경비원 교육기관이 ②의 교육지침을 위반한 경우에는 기간을 정하여 시정을 명해야 한다.
④ 경비원 교육기관의 지정 기준 및 절차 등에 필요한 사항은 대통령령으로 정한다.

해설
③ (×) 경찰청장은 경비원 교육기관이 제2항에 따른 교육지침을 위반한 경우에는 기간을 정하여 시정을 명할 수 있다(경비업법 제13조의2 제3항).
① (○) 경비업법 제13조의2 제1항
② (○) 경비업법 제13조의2 제2항
④ (○) 경비업법 제13조의2 제4항

86

다음 중 경비업법령상 일반경비원 교육기관의 지정 기준에 관한 설명으로 옳지 않은 것은 모두 몇 개인가?

〈인력(강사) 지정 기준〉
일반경비원 교육기관은 다음의 어느 하나에 해당하는 강사를 1명 이상 갖추어야 한다.
ㄱ. 교육과목 관련 석사 이상의 학위를 취득한 후 관련 분야에 1년 이상 근무한 경력이 있는 사람
ㄴ. 교육과목 관련 분야에서 공무원으로 3년 이상 근무한 경력이 있는 사람
ㄷ. 체포·호신술 과목의 경우 무도 사범 자격을 취득한 후 관련 분야에 2년 이상 근무한 경력이 있는 사람
ㄹ. 폭발물 처리요령 과목의 경우 관련 분야에 2년 이상 근무한 경력이 있는 사람

〈시설·장비 지정 기준〉
ㅁ. 지정기간 동안 교육 수행에 필요한 강의실과 사무실을 소유 또는 임차 등의 방법으로 확보하여야 한다.
ㅂ. 교육 수행에 필요한 컴퓨터, 시청각 장비 등 교육훈련 기자재를 확보하여야 한다.
ㅅ. 체포·호신술 과목의 경우에는 실습을 위한 별도의 공간 또는 매트 등 안전장비를 확보하여야 한다.
ㅇ. 소총에 의한 실탄사격이 가능하고 10개 사로(射路) 이상을 갖춘 사격장을 사용할 수 있어야 한다.

① 1개
② 2개
❸ 3개
④ 4개

> 해설

제시된 내용 중 일반경비원 교육기관의 지정 기준에 관한 옳지 않은 설명은 ㄴ, ㄹ, ㅇ이다.

ㄴ. (×) 교육과목 관련 분야에서 공무원으로 5년 이상 근무한 경력이 있는 사람[경비업법 시행령 제19조의2 · [별표 3의2] 제1호 가목 2)]

ㄹ. (×) 폭발물 처리요령 과목 강사 기준은 특수경비원 교육기관의 지정 기준에만 해당한다[경비업법 시행령 제19조의2 · [별표 3의2] 제2호 가목 5) 나)].

ㅇ. (×) 사격장 기준은 특수경비원 교육기관의 지정 기준에만 해당한다[경비업법 시행령 제19조의2 · [별표 3의2] 제2호 나목 4)].

관계법령 경비원 교육기관의 지정 기준(경비업법 시행령 [별표 3의2]) <신설 2024.8.13.>

구 분		지정 기준
1. 일반경비원 교육기관	가. 인력	다음의 어느 하나에 해당하는 강사를 1명 이상 갖출 것 1) 교육과목 관련 석사 이상의 학위를 취득한 후 관련 분야에 1년 이상 근무한 경력이 있는 사람 2) 교육과목 관련 분야에서 공무원으로 5년 이상 근무한 경력이 있는 사람 3) 교육과목 관련 분야에 5년 이상 근무한 경력이 있는 사람. 다만, 체포 · 호신술 과목의 경우에는 무도 사범 자격을 취득한 후 관련 분야에 2년 이상 근무한 경력이 있는 사람을 말한다.
	나. 시설 · 장비	1) 지정기간 동안 교육 수행에 필요한 강의실과 사무실을 소유 또는 임차 등의 방법으로 확보할 것 2) 교육 수행에 필요한 컴퓨터, 시청각 장비 등 교육훈련 기자재를 확보할 것 3) 체포 · 호신술 과목의 경우에는 실습을 위한 별도의 공간 또는 매트 등 안전장비를 확보할 것

2. 특수경비원 교육기관	가. 인력	다음의 어느 하나에 해당하는 강사를 1명 이상 갖출 것
		1) 「고등교육법」 제2조 각호에 따른 학교 또는 이에 준하는 학교에서 교육과목 관련 학과의 조교수 이상의 직에 1년 이상 근무한 경력이 있는 사람
		2) 교육과목 관련 박사학위를 취득한 후 관련 분야의 연구실적이 있는 사람
		3) 교육과목 관련 석사 이상의 학위를 취득한 후 관련 분야에 3년 이상 근무한 경력이 있는 사람
		4) 교육과목 관련 분야에서 공무원으로 7년 이상 근무한 경력이 있는 사람
		5) 교육과목 관련 분야에 10년 이상 근무한 경력이 있는 사람. 다만, 체포 · 호신술 과목 및 폭발물 처리요령 과목에 대해서는 다음의 구분에 따른다.
		   가) 체포 · 호신술 과목 : 무도 사범 자격을 취득한 후 관련 분야에 2년 이상 근무한 경력이 있는 사람
		   나) 폭발물 처리요령 과목 : 관련 분야에 2년 이상 근무한 경력이 있는 사람

	나. 시설 · 장비	1) 지정기간 동안 교육 수행에 필요한 강의실과 사무실을 소유 또는 임차 등의 방법으로 확보할 것 2) 교육 수행에 필요한 컴퓨터, 시청각 장비 등 교육훈련 기자재를 확보할 것 3) 체포 · 호신술 과목의 경우에는 실습을 위한 별도의 공간 또는 매트 등 안전장비를 확보할 것 4) 소총에 의한 실탄사격이 가능하고 10개 사로(射路) 이상을 갖춘 사격장을 사용할 수 있을 것. 다만, 사용계획서를 제출한 경우에는 교육기관 지정을 받은 날부터 2개월 이내에 시 · 도 경찰청장에게 사격장 사용이 가능하다는 사실의 확인을 받아야 한다.

※ 비고 : 위 표에서 규정한 사항 외에 일반경비원 교육기관 또는 특수경비원 교육기관의 지정에 필요한 인력 및 시설 · 장비의 세부기준 등은 경찰청장이 정한다.

87

경비업법령상 특수경비원의 직무 및 무기사용 등에 관한 내용이다. ( )에 들어갈 숫자로 옳은 것은? 기출 24

- 관할 경찰관서장은 시설주 및 특수경비원의 무기관리상황을 매월 (ㄱ)회 이상 점검하여야 한다.
- 무기를 대여받은 국가중요시설의 시설주 또는 관리책임자는 관할 경찰관서장이 정하는 바에 의하여 무기의 관리실태를 매월 파악하여 다음 달 (ㄴ)일까지 관할 경찰관서장에게 통보하여야 한다.

☑ ① ㄱ : 1, ㄴ : 3
② ㄱ : 1, ㄴ : 5
③ ㄱ : 2, ㄴ : 3
④ ㄱ : 2, ㄴ : 5

해설

제시된 내용의 ( )에 들어갈 숫자는 ㄱ : 1, ㄴ : 3이다.
- 관할 경찰관서장은 시설주 및 특수경비원의 무기관리상황을 매월 <u>1회</u> 이상 점검하여야 한다(경비업법 시행령 제21조).
- 무기를 대여받은 국가중요시설의 시설주 또는 관리책임자는 관할 경찰관서장이 정하는 바에 의하여 무기의 관리실태를 매월 파악하여 다음 달 <u>3일</u>까지 관할 경찰관서장에게 통보하여야 한다(경비업법 시행규칙 제18조 제1항 제5호).

88

경비업법령상 특수경비원의 직무 및 무기사용 등에 관한 설명으로 옳은 것을 모두 고른 것은? 기출 23

ㄱ. 시·도 경찰청장이 시설주의 신청에 의하여 무기를 구입한 경우, 시설주는 그 무기의 구입대금을 지불하고, 구입한 무기를 국가에 기부채납하여야 한다.
ㄴ. 시설주는 관할 경찰관서장으로부터 대여받은 무기를 특수경비원에게 휴대하게 하는 경우에는 관할 경찰관서장의 사전승인을 얻어야 한다.
ㄷ. 무기를 대여받은 시설주는 관할 경찰관서장이 정하는 바에 의하여 무기의 관리실태를 매월 파악하여 다음 달 5일까지 관할 경찰관서장에게 통보하여야 한다.
ㄹ. 무기를 대여받은 시설주는 수리가 필요한 무기가 있는 때에는 그 목록과 무기장비운영카드를 첨부하여 특수경비업자에게 수리를 요청하여야 한다.

☑ ① ㄱ, ㄴ
② ㄱ, ㄷ
③ ㄴ, ㄹ
④ ㄷ, ㄹ

해설

제시된 내용 중 옳은 것은 ㄱ과 ㄴ이다.
ㄱ. (O) 경비업법 제14조 제3항
ㄴ. (O) 경비업법 시행령 제20조 제2항
ㄷ. (×) 무기를 대여받은 국가중요시설의 시설주 또는 관리책임자는 관할 경찰관서장이 정하는 바에 의하여 무기의 관리실태를 매월 파악하여 다음 달 3일까지 관할 경찰관서장에게 통보하여야 한다(경비업법 시행규칙 제18조 제1항 제5호).
ㄹ. (×) 무기를 대여받은 국가중요시설의 시설주 또는 관리책임자는 수리가 필요한 무기가 있는 때에는 그 목록과 무기장비운영카드를 첨부하여 관할 경찰관서장에게 수리를 요청하여야 한다(경비업법 시행규칙 제18조 제3항 제4호).

89

CHECK ○ △ ×

경비업법령상 특수경비원의 무기관리수칙 등에 관한 설명으로 옳은 것은? 기출 22

① 무기를 대여받은 국가중요시설의 시설주는 무기를 지급받은 특수경비원으로 하여금 무기를 매주 1회 이상 손질하게 하여야 한다.
② 무기를 대여받은 국가중요시설의 시설주는 특수경비원에게 무기를 출납하고자 하는 때에는 탄약의 출납은 권총에 있어서는 1정당 15발 이내, 소총에 있어서는 1정당 7발 이내로 하여야 한다.
③ 무기를 대여받은 국가중요시설의 시설주는 고의 또는 과실로 무기(부속품을 포함한다)를 빼앗기거나 무기가 분실·도난 또는 훼손되도록 한 특수경비원에 대하여 특수경비업자에게 교체 또는 징계 등의 조치를 요청하여야 한다.
④ 무기를 대여받은 국가중요시설의 시설주는 무기를 수송하는 때에는 출발하기 전에 관할 경찰서장에게 그 사실을 통보하여야 하며, 통보를 받은 관할 경찰서장은 2인 이상의 무장경찰관을 무기를 수송하는 자동차 등에 함께 타도록 하여야 한다.

해설

① (O) 경비업법 시행규칙 제18조 제3항 제3호
② (×) 무기를 대여받은 국가중요시설의 시설주가 특수경비원에게 무기를 출납하고자 하는 때에는 탄약의 출납은 소총에 있어서는 1정당 15발 이내, 권총에 있어서는 1정당 7발 이내로 하여야 한다(경비업법 시행규칙 제18조 제3항 제2호 전단).
③ (×) 무기를 대여받은 국가중요시설의 시설주는 고의 또는 과실로 무기(부속품을 포함한다)를 빼앗기거나 무기가 분실·도난 또는 훼손되도록 한 특수경비원에 대하여 특수경비업자에게 교체 또는 징계 등의 조치를 요청할 수 있다(경비업법 시행규칙 제18조 제2항 전문).
④ (×) 무기를 대여받은 국가중요시설의 시설주는 무기를 수송하는 때에는 출발하기 전에 관할 경찰서장에게 그 사실을 통보하여야 하며, 통보를 받은 관할 경찰서장은 1인 이상의 무장경찰관을 무기를 수송하는 자동차 등에 함께 타도록 하여야 한다(경비업법 시행규칙 제18조 제6항).

90

경비업법령상 특수경비원의 직무 및 무기사용 등에 관한 설명으로 옳은 것은? 기출 21

① 시·도 경찰청장은 국가중요시설에 대한 경비업무의 수행을 위하여 필요하다고 인정하는 때에는 경비업자의 신청에 의하여 무기를 구입한다.
❷ 시설주가 대여받은 무기에 대하여 시설주 및 관할 경찰관서장은 무기의 관리책임을 지고, 관할 경찰관서장은 시설주 및 특수경비원의 무기관리상황을 대통령령이 정하는 바에 따라 지도·감독하여야 한다.
③ 시설주는 무기지급의 필요성이 해소되었다고 인정되는 때에는 특수경비원으로부터 24시간 이내에 무기를 회수하여야 한다.
④ 관할 경찰관서장은 시설주 및 특수경비원의 무기관리상황을 매주 1회 이상 점검하여야 한다.

해설

② (○) 경비업법 제14조 제5항
① (×) 시·도 경찰청장은 국가중요시설에 대한 경비업무의 수행을 위하여 필요하다고 인정하는 때에는 <u>시설주의 신청</u>에 의하여 무기를 구입한다(경비업법 제14조 제3항 전문).
③ (×) <u>시설주</u>는 제3항의 규정에 의한 무기지급의 필요성이 해소되었다고 인정되는 때에는 특수경비원으로부터 <u>즉시</u> 무기를 회수하여야 한다(경비업법 시행령 제20조 제4항).
④ (×) 관할 경찰관서장은 법 제14조 제5항의 규정에 의하여 시설주 및 특수경비원의 무기관리상황을 <u>매월 1회 이상</u> 점검하여야 한다(경비업법 시행령 제21조).

91

경비업법령상 특수경비원의 무기휴대 및 관리에 관한 설명으로 옳은 것은? 기출 20

① 시설주는 특수경비원이 휴대할 무기를 대여받고자 하는 때에는 무기대여 신청서를 관할 경찰관서장을 거쳐 경찰청장에게 제출하여야 한다.
❷ 시설주는 무기의 관리를 위한 책임자를 지정하고 관할 경찰관서장에게 이를 통보하여야 한다.
③ 특수경비원이 휴대할 수 있는 무기종류는 권총에 한한다.
④ 시설주는 자체계획을 수립하여 보관하고 있는 무기를 매월 1회 이상 손질할 수 있게 하여야 한다.

해설

② (○) 경비업법 시행규칙 제18조 제1항 제1호
① (×) <u>시설주</u>는 특수경비원이 휴대할 무기를 대여받고자 하는 때에는 <u>무기대여 신청서를 관할 경찰서장 및 공항경찰대장 등 국가중요시설의 경비책임자</u>(이하 "관할 경찰관서장"이라 한다)를 거쳐 시·도 경찰청장에게 제출하여야 한다(경비업법 시행령 제20조 제1항).
③ (×) 특수경비원이 휴대할 수 있는 무기종류는 <u>권총 및 소총</u>으로 한다(경비업법 시행령 제20조 제5항).
④ (×) 시설주는 자체계획을 수립하여 보관하고 있는 무기를 <u>매주 1회 이상</u> 손질할 수 있게 하여야 한다(경비업법 시행규칙 제18조 제1항 제8호).

92

경비업법령상 특수경비원의 무기사용 및 무기관리수칙에 관한 설명으로 옳지 않은 것은? 기출 19

① 관할 경찰관서장은 시설주 및 특수경비원의 무기관리상황을 매월 1회 이상 점검하여야 한다.
② 국가중요시설의 시설주는 자체계획을 수립하여 보관하고 있는 무기를 매주 1회 이상 손질할 수 있게 하여야 한다.
③ 국가중요시설에 침입한 무장간첩이 특수경비원으로부터 투항을 요구받고도 이에 불응한 때에는 무기를 사용하여 위해를 끼칠 수 있다.
❹ 국가중요시설의 시설주는 수리가 필요한 무기가 있는 때에는 그 목록과 무기장비운영카드를 첨부하여 시·도경찰청장에게 수리를 요청하여야 한다.

해설

④ (×) 국가중요시설의 시설주는 수리가 필요한 무기가 있는 때에는 그 목록과 무기장비운영카드를 첨부하여 관할 경찰관서장에게 수리를 요청하여야 한다(경비업법 시행규칙 제18조 제3항 제4호).
① (O) 경비업법 시행령 제21조
② (O) 경비업법 시행규칙 제18조 제1항 제8호
③ (O) 경비업법 제14조 제8항 단서 제2호

93

경비업법령상 특수경비원의 권리와 의무에 관한 설명으로 옳은 것은? 기출 18

① 특수경비원은 총기 또는 폭발물을 가지고 대항하는 경우를 제외하고는 18세 미만의 자에 대하여는 권총을 발사하여서는 아니 된다.
② 특수경비원은 단결권을 행사할 수 없다.
❸ 시설주는 고의 또는 과실로 무기를 분실한 특수경비원에 대하여 특수경비업자에게 징계 등의 조치를 요청할 수 있다.
④ 테러사건에 있어서 은밀히 작전을 수행하는 경우에는 부득이한 때에도 미리 상대방에게 경고한 후 권총을 사용하여야 한다.

해설

③ (O) 경비업법 시행규칙 제18조 제2항 전문
① (×) 특수경비원은 총기 또는 폭발물을 가지고 대항하는 경우를 제외하고는 14세 미만의 자 또는 임산부에 대해서는 권총 또는 소총을 발사하여서는 아니 된다(경비업법 제15조 제4항 제3호).
② (×) 특수경비원은 파업·태업 그 밖에 경비업무의 정상적인 운영을 저해하는 일체의 쟁의행위를 하여서는 아니 된다(경비업법 제15조 제3항)는 조문에 대하여, 헌법재판소는 "청원경찰과 같이 무기를 휴대하고 국가중요시설의 경비 업무를 수행하는 특수경비원의 경우에도, 쟁의행위가 금지될 뿐 단결권과 단체교섭권은 제한되지 않는다"라고 판단하였다(2015헌마653 결정). 특별한 사정이 없는 한 단결권이라는 의미는 노동3권(단결권, 단체교섭권, 단체행동권) 중 단결권을 의미한다.
④ (×) 특수경비원은 사람을 향하여 권총 또는 소총을 발사하고자 하는 때에는 미리 구두 또는 공포탄에 의한 사격으로 상대방에게 경고하여야 한다. 다만 부득이한 경우에는 경고하지 아니할 수 있는데, 테러사건에 있어서 은밀히 작전을 수행하는 등의 경우가 이에 해당한다(경비업법 제15조 제4항 제1호 나목).

94

경비업법령상 특수경비원의 직무 및 무기사용 등에 관한 설명으로 옳은 것은? 기출 18

① 무기는 관리책임자가 직접 지급·회수하여야 한다.
② 시·도 경찰청장은 필요한 경우에 관할 경찰관서장의 신청에 의하여 시설주로부터 국가에 기부채납된 무기를 대여하게 할 수 있다.
③ 관할 경찰관서장은 무기지급의 필요성이 해소되었다고 인정되는 때에는 특수경비원으로부터 즉시 무기를 회수하여야 한다.
④ 국가중요시설에 대한 경비업무의 수행을 위하여 필요한 경우에 시설주는 경찰청장의 승인에 의하여 무기를 구입한다.

해설
① (○) 경비업법 제14조 제7항 제2호
② (×) 시·도 경찰청장은 국가중요시설에 대한 경비업무의 수행을 위하여 필요하다고 인정하는 때에는 관할 경찰관서장으로 하여금 시설주의 신청에 의하여 시설주로부터 국가에 기부채납된 무기를 대여하게 하고, 시설주는 이를 특수경비원으로 하여금 휴대하게 할 수 있다(경비업법 제14조 제4항).★
③ (×) 시설주는 무기지급의 필요성이 해소되었다고 인정되는 때에는 특수경비원으로부터 즉시 무기를 회수하여야 한다(경비업법 시행령 제20조 제4항).★
④ (×) 시·도 경찰청장은 국가중요시설에 대한 경비업무의 수행을 위하여 필요하다고 인정하는 때에는 시설주의 신청에 의하여 무기를 구입한다. 이 경우 시설주는 그 무기의 구입대금을 지불하고, 구입한 무기를 국가에 기부채납하여야 한다(경비업법 제14조 제3항).★

95

경비업법상 특수경비원의 무기사용 등에 관한 설명으로 옳지 않은 것은? 기출 17

① 특수경비원은 경비업무 수행 중 국가중요시설의 정상적인 운영을 해치는 장해를 일으켜서는 아니 된다.
② 특수경비원의 무기휴대, 무기종류, 그 사용기준 등에 관하여 필요한 사항은 대통령령으로 정한다.
③ 시·도 경찰청장은 무기의 적정한 관리를 위하여 무기를 대여받은 시설주에 대하여 필요한 명령을 발할 수 있다.
④ 시·도 경찰청장은 국가중요시설에 대한 경비업무의 수행을 위하여 필요하다고 인정하는 때에는 시설주의 신청에 의하여 무기를 구입한다.

해설
③ (×) 법 규정상 명령의 주체는 관할 경찰관서장이다. 관할 경찰관서장은 무기의 적정한 관리를 위하여 제4항의 규정에 의하여 무기를 대여받은 시설주에 대하여 필요한 명령을 발할 수 있다(경비업법 제14조 제6항).★
① (○) 경비업법 제14조 제2항
② (○) 경비업법 제14조 제9항
④ (○) 경비업법 제14조 제3항 전문

96

경비업법령상 시설주 또는 관리책임자가 준수하여야 할 무기관리수칙에 관한 설명으로 옳지 않은 것은? 기출 18

① 무기의 관리를 위한 책임자를 지정하고 관할 경찰관서장에게 이를 통보하여야 한다.
② 무기고 및 탄약고의 열쇠는 관리책임자가 보관하되, 근무시간 이후에는 당직책임자에게 인계하여 보관시킨다.
③ 무기의 관리실태를 매월 파악하여 다음 달 3일까지 관할 경찰관서장에게 통보하여야 한다.
❹ 대여받은 무기를 빼앗긴 때에는 시·도 경찰청장이 정하는 바에 의하여 그 전액을 배상하여야 한다.

[해설]
④ (×) 시·도 경찰청장이 아니라 경찰청장이다(경비업법 시행규칙 제18조 제1항 제7호).
① (○) 경비업법 시행규칙 제18조 제1항 제1호
② (○) 경비업법 시행규칙 제18조 제1항 제4호
③ (○) 경비업법 시행규칙 제18조 제1항 제5호

> **관계법령** 무기의 관리수칙 등(경비업법 시행규칙 제18조)
> ① 법 제14조 제4항에 따라 무기를 대여받은 국가중요시설의 시설주(이하 "시설주"라 한다) 또는 같은 조 제7항에 따른 관리책임자(이하 "관리책임자"라 한다)는 다음 각호의 관리수칙에 따라 무기(탄약을 포함한다. 이하 같다)를 관리해야 한다.
> 7. 대여받은 무기를 빼앗기거나 대여받은 무기가 분실·도난 또는 훼손된 때에는 경찰청장이 정하는 바에 의하여 그 전액을 배상할 것. 다만, 전시·사변, 천재·지변 그 밖의 불가항력의 사유가 있다고 시·도 경찰청장이 인정한 때에는 그러하지 아니하다.

97

경비업법령상 시설주가 무기를 지급할 수 있는 특수경비원은? 기출수정 16

❶ 민사재판에 증인으로 출석 예정인 특수경비원
② 형사사건으로 인하여 조사를 받고 있는 특수경비원
③ 사직 의사를 표명한 특수경비원
④ 정신질환자인 특수경비원

[해설]
①은 특수경비원에 대한 무기지급 불가사유에 해당하지 않는다.

98

경비업법령상 특수경비원의 직무 및 무기사용에 관한 설명으로 옳지 않은 것은? 기출 15

① **관할 경찰서장은 경비업자 및 특수경비원의 무기관리상황을 수시로 점검하여야 한다.**
② 관할 경찰관서장은 무기의 적정한 관리를 위하여 무기를 대여받은 시설주에 대하여 필요한 명령을 발할 수 있다.
③ 특수경비원은 국가중요시설의 경비를 위하여 무기를 사용하지 아니하고는 다른 수단이 없다고 인정되는 때에는 필요한 한도 안에서 무기를 사용할 수 있다.
④ 시·도 경찰청장은 국가중요시설에 대한 경비업무의 수행을 위하여 필요하다고 인정하는 때에는 관할 경찰관서장으로 하여금 시설주의 신청에 의하여 시설주로부터 국가에 기부채납된 무기를 대여하게 할 수 있다.

해설

① (×) 관할 경찰관서장은 법 제14조 제5항의 규정에 의하여 시설주 및 특수경비원의 무기관리상황을 매월 1회 이상 점검하여야 한다(경비업법 시행령 제21조). ★★
② (○) 경비업법 제14조 제6항
③ (○) 경비업법 제14조 제8항 본문
④ (○) 경비업법 제14조 제4항 전문

99

경비업법령상 무기의 휴대 및 사용에 관한 설명으로 옳은 것은? 기출 12

① 일반경비원과 특수경비원은 권총을 휴대할 수 있다.
② 관할 경찰관서장으로부터 대여받은 무기를 특수경비원에게 휴대하게 하는 경우 시설주는 관할 경찰관서장의 사후승인을 얻어야 한다.
③ **시·도 경찰청장은 국가중요시설에 대한 경비업무의 수행을 위하여 필요하다고 인정하는 때에는 시설주의 신청에 의하여 무기를 구입하고, 그 구입대금은 시설주가 지불한다.**
④ 관할 경찰관서장은 무기지급의 필요성이 해소되었다고 인정되는 때에는 특수경비원으로부터 즉시 무기를 회수하여야 한다.

해설

③ (○) 경비업법 제14조 제3항
① (×) 일반경비원은 권총을 휴대할 수 없다.
② (×) 시설주는 관할 경찰관서장으로부터 대여받은 무기를 특수경비원에게 휴대하게 하는 경우에는 관할 경찰관서장의 사전승인을 얻어야 한다(경비업법 시행령 제20조 제2항).
④ (×) 시설주는 무기지급의 필요성이 해소되었다고 인정되는 때에는 특수경비원으로부터 즉시 무기를 회수하여야 한다(경비업법 시행령 제20조 제4항).

100

경비업법령상 특수경비원의 직무 및 무기사용에 관한 설명으로 옳지 않은 것은?

① 특수경비업자는 특수경비원으로 하여금 배치된 경비구역 안에서 관할 경찰관서장과 국가중요시설의 시설주의 감독을 받아 시설을 경비한다.
② 경비업자의 신청에 의하여 시·도 경찰청장이 무기를 구입한 경우, 경비업자는 그 무기의 구입대금을 지불하고, 구입한 무기를 국가에 기부채납하여야 한다.
③ 특수경비원이 휴대할 수 있는 무기종류는 권총 및 소총으로 한다.
④ 관할 경찰관서장은 시설주 및 특수경비원의 무기관리상황을 매월 1회 이상 점검하여야 한다.

해설
시·도 경찰청장은 국가중요시설에 대한 경비업무의 수행을 위하여 필요하다고 인정하는 때에는 시설주의 신청에 의하여 무기를 구입한다. 이 경우 시설주는 그 무기의 구입대금을 지불하고, 구입한 무기를 국가에 기부채납하여야 한다(경비업법 제14조 제3항).

101

경비업법령상 특수경비원의 무기사용 및 무기관리수칙에 관한 설명으로 옳은 것은?

① 시·도 경찰청장은 시설주 및 특수경비원의 무기관리상황을 매분기 1회 이상 점검하여야 한다.
② 무기를 대여받은 국가중요시설의 시설주는 무기를 수송하는 경우 출발 전 시·도 경찰청장에게 그 사실을 통보하여야 한다.
③ 무기를 대여받은 국가중요시설의 시설주는 자체계획을 수립하여 보관하고 있는 무기를 매주 1회 이상 손질할 수 있게 하여야 한다.
④ 무기를 대여받은 국가중요시설의 시설주는 무기의 관리를 위한 책임자를 지정하고 시·도 경찰청장에게 이를 통보하여야 한다.

해설
③ (O) 경비업법 시행규칙 제18조 제3항 제3호 참고
① (×) 관할 경찰관서장은 시설주 및 특수경비원의 무기관리상황을 매월 1회 이상 점검하여야 한다(경비업법 시행령 제21조). 시·도 경찰청장이 아니라 관할 경찰관서장이 되어야 하고, 매분기 1회 이상이 아니라 매월 1회 이상이어야 한다.
② (×) 시설주는 무기를 수송하는 때에는 출발하기 전에 관할 경찰서장에게 그 사실을 통보하여야 하며, 통보를 받은 관할 경찰서장은 1인 이상의 무장경찰관을 무기를 수송하는 자동차 등에 함께 타도록 하여야 한다(경비업법 시행규칙 제18조 제6항).★
④ (×) 무기를 대여받은 국가중요시설의 시설주는 무기의 관리를 위한 책임자를 지정하고 관할 경찰관서장에게 이를 통보하여야 한다(경비업법 시행규칙 제18조 제1항 제1호).★

102

경비업법령상의 내용으로 옳은 것을 모두 고른 것은? 기출수정 11

> ㄱ. 군인사법에 따른 각 군 전투병과 또는 군사경찰병과 부사관 이상 간부로 7년 이상 재직한 사람은 경비지도사 제1차 시험을 면제한다.
> ㄴ. 경비업자는 도급을 의뢰받은 경비업무가 위법 또는 부당한 것일 때에는 거부하여야 한다.
> ㄷ. 특수경비업자는 특수경비원으로 하여금 배치된 경비구역 안에서 시·도 경찰청장 및 공항경찰대장 등 국가중요시설의 경비책임자의 감독을 받아 경비하는 것이며, 국가중요시설 시설주의 감독은 받지 않는다.
> ㄹ. 국가중요시설의 시설주는 형사사건으로 인하여 조사를 받고 있는 특수경비원에 대해서는 무기를 지급할 수 있으나, 형사사건으로 기소된 특수경비원에 대하여는 무기를 지급해서는 안 된다.

① ㄱ, ㄴ
② ㄱ, ㄷ
③ ㄴ, ㄹ
④ ㄷ, ㄹ

해설

제시된 내용 중 옳은 것은 ㄱ과 ㄴ이다.
ㄱ. (○) 경비업법 시행령 제13조 제3호
ㄴ. (○) 경비업법 제7조 제2항
ㄷ. (×) 특수경비업자는 특수경비원으로 하여금 배치된 경비구역 안에서 관할 경찰서장 및 공항경찰대장 등 국가중요시설의 경비책임자와 국가중요시설의 시설주의 감독을 받아 시설을 경비하고 도난·화재 그 밖의 위험의 발생을 방지하는 업무를 수행하게 하여야 한다(경비업법 제14조 제1항).
ㄹ. (×) 국가중요시설의 시설주는 형사사건으로 인하여 조사를 받고 있는 특수경비원에 대해서도 무기를 지급해서는 안 된다(경비업법 시행규칙 제18조 제5항 제1호).

103

경비업법령상 무기를 대여받은 국가중요시설의 시설주의 무기관리 등에 관한 설명으로 옳은 것은?

① 특수경비원이 고의로 무기를 빼앗긴 경우 특수경비업자에게 당해 특수경비원에 대한 징계를 요청하여야 한다.
② 무기고 및 탄약고는 복층에 설치하고 환기·방습·방화 및 총받침대 등의 시설을 해야 한다.
③ 무기의 관리실태를 매월 파악하여 다음 달 7일까지 관할 경찰관서장에게 통보하여야 한다.
④ ✔ 대여받은 무기를 분실한 경우 원칙적으로 경찰청장이 정하는 바에 의하여 그 전액을 배상하여야 한다.

해설

④ (○) 경비업법 시행규칙 제18조 제1항 제7호
① (×) 시설주 또는 관리책임자는 고의 또는 과실로 무기(부속품을 포함한다)를 빼앗기거나 무기가 분실·도난 또는 훼손되도록 한 특수경비원에 대하여 특수경비업자에게 교체 또는 징계 등의 조치를 요청할 수 있다. 이 경우 특수경비업자는 특별한 사유가 없는 한 이에 응하여야 한다(경비업법 시행규칙 제18조 제2항).
② (×) 무기고 및 탄약고는 단층에 설치하고 환기·방습·방화 및 총받침대 등의 시설을 해야 한다(경비업법 시행규칙 제18조 제1항 제2호).
③ (×) 무기를 대여받은 국가중요시설의 시설주 또는 관리책임자는 관할 경찰관서장이 정하는 바에 의하여 무기의 관리실태를 매월 파악하여 다음 달 3일까지 관할 경찰관서장에게 통보하여야 한다(경비업법 시행규칙 제18조 제1항 제5호).

104

경비업법령상 특수경비원의 무기안전사용수칙에 대한 설명으로 옳지 않은 것은?

① 특수경비원은 사람을 향하여 권총 또는 소총을 발사하고자 하는 때에는 원칙적으로 미리 구두 또는 공포탄에 의한 사격으로 상대방에게 경고하여야 한다.
② 특수경비원은 무기를 사용하는 경우에 있어서 원칙적으로 범죄와 무관한 다중의 생명·신체에 위해를 가할 우려가 있는 때에는 사용하여서는 아니 된다.
③ 인질·간첩 또는 테러사건에 있어서 은밀히 작전을 수행하는 경우에는 미리 구두 또는 공포탄에 의한 사격 없이 권총 또는 소총을 발사할 수 있다.
④ ✔ 타인 또는 특수경비원의 생명·신체에 대한 중대한 위협이 발생한 경우에는 언제든지 권총 또는 소총을 발사할 수 있다.

해설

예외적으로 무기를 사용하지 아니하고는 타인 또는 특수경비원의 생명·신체에 대한 중대한 위협을 방지할 수 없다고 인정되는 때에는 필요한 최소한의 범위 안에서 이를 사용할 수 있다(경비업법 제15조 제4항 제2호 단서).

105

경비업법령상 괄호 안에 공통으로 들어갈 용어는? 기출 08

> 시·도 경찰청장은 국가중요시설에 대한 경비업무의 수행을 위하여 필요하다고 인정하는 때에는 (   )의 신청에 의하여 무기를 구입한다. 이 경우 (   )은(는) 그 무기의 구입대금을 지불하고, 구입한 무기를 국가에 기부채납하여야 한다.

☑ 시설주
② 경비업자
③ 관할 경찰관서장
④ 특수경비원

[해설]
시·도 경찰청장은 국가중요시설에 대한 경비업무의 수행을 위하여 필요하다고 인정하는 때에는 시설주의 신청에 의하여 무기를 구입한다. 이 경우 시설주는 그 무기의 구입대금을 지불하고, 구입한 무기를 국가에 기부채납하여야 한다(경비업법 제14조 제3항).

106

경비업법령상 무기를 대여받은 국가중요시설의 시설주 또는 시설주로부터 무기관리를 위하여 지정받은 책임자(관리책임자)의 무기관리수칙으로 틀린 것은? 기출수정 08

① 무기고 및 탄약고는 단층에 설치하고 환기·방습·방화 및 총받침대 등의 시설을 할 것
☑ 대여받은 무기가 분실·도난 또는 훼손된 때에는 관할 시·도 경찰청장에게 그 사유를 지체 없이 통보할 것
③ 무기 및 탄약고는 이중잠금장치를 하여야 하며, 근무시간 중에 열쇠는 관리책임자가 보관할 것
④ 탄약고는 무기고와 사무실 등 많은 사람이 오가는 시설과 떨어진 곳에 설치할 것

[해설]
② (×) 대여받은 무기를 빼앗기거나 대여받은 무기가 분실·도난 또는 훼손되는 등의 사고가 발생한 때에는 '관할 경찰관서장'에게 그 사유를 지체 없이 통보하여야 한다(경비업법 시행규칙 제18조 제1항 제6호). 여기서 관할 경찰관서장은 '관할 경찰서장 및 공항경찰대장 등 국가중요시설의 경비책임자'를 말한다.
① (○) 경비업법 시행규칙 제18조 제1항 제2호
③ (○) 경비업법 시행규칙 제18조 제1항 제4호
④ (○) 경비업법 시행규칙 제18조 제1항 제3호

107

경비업법령상 무기를 대여받은 국가중요시설의 시설주의 무기관리수칙에 대한 설명으로 틀린 것은?

기출 08

① 시설주가 특수경비원에게 탄약을 출납하는 경우 소총과 권총에 있어서 공히 1정당 15발 이내로 한다.
② 시설주는 자체계획을 수립하여 보관하고 있는 무기를 매주 1회 이상 손질할 수 있게 하여야 한다.
③ 시설주는 특수경비원이 형사사건으로 인하여 조사를 받고 있는 경우에는 무기를 지급해서는 아니 된다.
④ 시설주로부터 무기를 지급받은 특수경비원은 무기를 인계인수하는 때에는 반드시 "앞에 총"의 자세에서 "검사 총"을 하여야 한다.

[해설]
① (×) 탄약의 출납은 소총에 있어서는 1정당 15발 이내, 권총에 있어서는 1정당 7발 이내로 하여야 한다. 이 경우에 생산된 후 오래된 탄약을 우선적으로 출납하여야 한다(경비업법 시행규칙 제18조 제3항 제2호).
② (○) 경비업법 시행규칙 제18조 제3항 제3호
③ (○) 경비업법 시행규칙 제18조 제5항 제1호
④ (○) 경비업법 시행규칙 제18조 제4항 제1호

108

경비업법령상 특수경비원의 직무 및 무기사용에 대한 설명 중 틀린 것은? 기출 07

① 시설주가 대여받은 무기에 대하여 시설주 및 관할 경찰관서장은 무기의 관리책임을 지고, 관할 경찰관서장은 시설주 및 특수경비원의 무기관리상황을 대통령령이 정하는 바에 따라 지도·감독하여야 한다.
② 관할 경찰관서장은 무기의 적정한 관리를 위하여 규정에 의하여 무기를 대여받은 시설주에 대하여 필요한 명령을 발할 수 있다.
③ 시설주로부터 무기의 관리를 위하여 지정받은 책임자는 무기출납부 및 무기장비운영카드를 비치·기록하여야 한다.
④ 시설주로부터 무기의 관리를 위하여 지정받은 관리책임자가 무기를 직접 지급·회수하여서는 안 된다.

[해설]
④ (×) 무기는 관리책임자가 직접 지급·회수하여야 한다(경비업법 제14조 제7항 제2호).★
① (○) 경비업법 제14조 제5항
② (○) 경비업법 제14조 제6항★
③ (○) 경비업법 제14조 제7항 제1호

109

다음 괄호 안의 ㉠과 ㉡에 들어갈 말은? 기출 05

시설주가 관할 경찰서장으로부터 대여받은 무기에 대하여 (㉠)은(는) 무기의 관리책임을 지고, (㉡)은 시설주 및 특수경비원의 무기관리상황을 대통령령이 정하는 바에 따라 지도·감독하여야 한다.

① ㉠ : 시설주 및 관할 경찰관서장, ㉡ : 관할 경찰관서장 ✓
② ㉠ : 시·도 경찰청장, ㉡ : 관할 경찰관서장
③ ㉠ : 관할 경찰관서장, ㉡ : 시·도 경찰청장
④ ㉠ : 시설주, ㉡ : 관할 경찰관서장

[해설]
시설주가 대여받은 무기에 대하여 시설주 및 관할 경찰관서장은 무기의 관리책임을 지고, 관할 경찰관서장은 시설주 및 특수경비원의 무기관리상황을 대통령령이 정하는 바에 따라 지도·감독하여야 한다(경비업법 제14조 제5항). ★★

110

경비업법령상 특수경비원의 무기사용과 관련된 설명으로 옳지 않은 것은?

① 무기 또는 폭발물을 소지하고 국가중요시설에 침입한 자가 특수경비원으로부터 3회 이상 투기(投棄) 또는 투항(投降)을 요구받고도 이에 불응하면서 계속 항거하는 경우 이를 억제하기 위하여 무기를 사용하지 아니하고는 다른 수단이 없다고 인정되는 때에는 사람에게 위해를 끼치는 것을 허용한다.
② 특수경비원은 국가중요시설의 경비를 위하여 무기를 사용하지 아니하고는 다른 수단이 없다고 인정되는 때에는 필요한 한도 안에서 무기를 사용할 수 있다.
③ 시설주는 관할 경찰관서장으로부터 대여받은 무기를 특수경비원에게 휴대하게 하는 경우에는 관할 경찰관서장의 허가를 받아야 한다. ✓
④ 시설주는 무기지급의 필요성이 해소되었다고 인정되는 때에는 특수경비원으로부터 즉시 무기를 회수하여야 한다.

[해설]
③ (×) 시설주는 관할 경찰관서장으로부터 대여받은 무기를 특수경비원에게 휴대하게 하는 경우에는 <u>관할 경찰관서장의 사전 승인을 얻어야 한다</u>(경비업법 시행령 제20조 제2항).
① (○) 경비업법 제14조 제8항 단서 제1호
② (○) 경비업법 제14조 제8항 본문
④ (○) 경비업법 시행령 제20조 제4항

111

경비업법령상 특수경비원의 무기휴대의 절차에 관한 설명으로 옳은 것을 모두 고른 것은?

ㄱ. 시설주는 특수경비원이 휴대할 무기를 대여받고자 하는 때에는 무기대여 신청서를 관할 경찰관서장을 거쳐 경찰청장에게 제출하여야 한다.
ㄴ. 시설주는 관할 경찰관서장으로부터 대여받은 무기를 특수경비원에게 휴대하게 하는 경우에는 관할 경찰관서장의 사후승인을 얻어야 한다.
ㄷ. 승인을 함에 있어서 관할 경찰관서장은 특수경비원에게 무기를 지급하여야 할 필요성이 있는지의 여부에 관하여 판단하여야 한다.
ㄹ. 특수경비원이 휴대할 수 있는 무기종류는 권총 및 소총으로 한다.
ㅁ. 시설주, 무기관리책임자와 특수경비원은 행정안전부령이 정하는 무기관리수칙을 준수하여야 한다.

① ㄱ, ㄴ
② ㄷ, ㄹ
③ ㄴ, ㄷ, ㄹ
④ ㄷ, ㄹ, ㅁ

[해설]

제시된 내용 중 옳은 설명은 ㄷ, ㄹ, ㅁ이다.
ㄷ. (○) 경비업법 시행령 제20조 제3항
ㄹ. (○) 경비업법 시행령 제20조 제5항
ㅁ. (○) 경비업법 시행령 제20조 제7항
ㄱ. (×) 시설주는 특수경비원이 휴대할 무기를 대여받고자 하는 때에는 무기대여 신청서를 관할 경찰관서장을 거쳐 시·도경찰청장에게 제출하여야 한다(경비업법 시행령 제20조 제1항).
ㄴ. (×) 시설주는 관할 경찰관서장으로부터 대여받은 무기를 특수경비원에게 휴대하게 하는 경우에는 관할 경찰관서장의 사전승인을 얻어야 한다(경비업법 시행령 제20조 제2항).

112

경비업법령상 무기관리수칙에 관한 설명으로 옳은 것은?

① 무기를 대여받은 국가중요시설의 시설주는 무기의 관리실태를 매월 파악하여 다음 달 5일까지 관할 경찰관서장에게 통보해야 한다.
② 시설주로부터 무기를 지급받은 특수경비원은 근무시간 이후에는 무기를 시설주에게 반납하거나 교대근무자에게 인계해야 한다.
③ 무기를 대여받은 시설주가 특수경비원에게 무기를 출납하고자 하는 때에는 탄약의 출납은 소총에 있어서는 1정당 20발 이내로 해야 한다.
④ 경비원으로부터 무기 수송의 통보를 받은 관할 경찰관서장은 2인 이상의 무장경찰관을 무기를 수송하는 자동차 등에 함께 타도록 해야 한다.

해설

② (○) 경비업법 시행규칙 제18조 제4항 제6호
① (×) 관할 경찰관서장이 정하는 바에 의하여 무기의 관리실태를 매월 파악하여 다음 달 3일까지 관할 경찰관서장에게 통보하여야 한다(경비업법 시행규칙 제18조 제1항 제5호).
③ (×) 탄약의 출납은 소총에 있어서는 1정당 15발 이내, 권총에 있어서는 1정당 7발 이내로 해야 한다(경비업법 시행규칙 제18조 제3항 제2호).
④ (×) 시설주는 무기를 수송하는 때에는 출발하기 전에 관할 경찰서장에게 그 사실을 통보하여야 하며, 통보를 받은 관할 경찰서장은 1인 이상의 무장경찰관을 무기를 수송하는 자동차 등에 함께 타도록 하여야 한다(경비업법 시행규칙 제18조 제6항).

113

CHECK ○ △ ×

경비업법령상 특수경비원의 의무에 관한 설명으로 옳지 않은 것은? 기출 24

① 파업·태업을 하여서는 아니 된다.
② 소속상사의 허가 또는 정당한 사유 없이 경비구역을 벗어나서는 아니 된다.
❸ 어떠한 경우에도 14세 미만의 자에 대하여는 권총 또는 소총을 발사하여서는 아니 된다.
④ 직무를 수행함에 있어 시설주의 직무상 명령에 복종하여야 한다.

해설

③ (×) 특수경비원은 총기 또는 폭발물을 가지고 대항하는 경우를 제외하고는 14세 미만의 자 또는 임산부에 대하여는 권총 또는 소총을 발사하여서는 아니 된다(경비업법 제15조 제4항 제3호).
① (○) 특수경비원은 파업·태업 그 밖에 경비업무의 정상적인 운영을 저해하는 일체의 쟁의행위를 하여서는 아니 된다(경비업법 제15조 제3항).
② (○) 경비업법 제15조 제2항
④ (○) 특수경비원은 직무를 수행함에 있어 시설주·관할 경찰관서장 및 소속상사의 직무상 명령에 복종하여야 한다(경비업법 제15조 제1항).

114

경비업법령상 특수경비원의 의무에 관한 설명으로 옳지 않은 것은? 기출 23

① 특수경비원은 소속 상사의 허가 또는 정당한 사유 없이 경비구역을 벗어나서는 아니 된다.
② **특수경비원은 쟁의행위 유형 중 태업은 할 수 있지만, 파업은 할 수 없다.**
③ 특수경비원은 총기 또는 폭발물을 가지고 대항하는 경우를 제외하고는 14세 미만의 자 또는 임산부에 대하여는 권총 또는 소총을 발사하여서는 아니 된다.
④ 특수경비원은 사람을 향하여 권총 또는 소총을 발사하고자 하는 때에는 미리 구두 또는 공포탄에 의한 사격으로 상대방에게 경고하는 것이 원칙이다.

해설

② (×) 특수경비원은 파업·태업 그 밖에 경비업무의 정상적인 운영을 저해하는 일체의 쟁의행위를 하여서는 아니 된다(경비업법 제15조 제3항).
① (○) 경비업법 제15조 제2항
③ (○) 경비업법 제15조 제4항 제3호
④ (○) 경비업법 제15조 제4항 제1호 본문

115

경비업법령상 특수경비원의 의무에 관한 설명으로 옳은 것은? 기출 22

① **특수경비원은 직무를 수행함에 있어 시설주·관할 경찰관서장 및 소속 상사의 직무상 명령에 복종하여야 한다.**
② 특수경비원은 시설주의 허가 또는 정당한 사유 없이 경비구역을 벗어나서는 아니 된다.
③ 특수경비원은 경비업무의 정상적인 운영을 저해한다 하더라도 파업·태업이 아닌 다른 방법에 의한 쟁의행위는 가능하다.
④ 특수경비원은 14세 미만의 자 또는 임산부에 대하여는 어떠한 경우라도 소총을 발사하여서는 아니 된다.

해설

① (○) 경비업법 제15조 제1항
② (×) 특수경비원은 소속 상사의 허가 또는 정당한 사유 없이 경비구역을 벗어나서는 아니 된다(경비업법 제15조 제2항).
③ (×) 특수경비원은 파업·태업 그 밖에 경비업무의 정상적인 운영을 저해하는 일체의 쟁의행위를 하여서는 아니 된다(경비업법 제15조 제3항).
④ (×) 특수경비원은 총기 또는 폭발물을 가지고 대항하는 경우를 제외하고는 14세 미만의 자 또는 임산부에 대하여는 권총 또는 소총을 발사하여서는 아니 된다(경비업법 제15조 제4항 제3호).

116

경비업법령상 특수경비원의 의무에 관한 설명으로 옳은 것은? 기출 21

① ✓ 소속상사의 허가 또는 정당한 사유 없이 경비구역을 벗어나서는 아니 된다.
② 사람을 향하여 권총 또는 소총을 발사하고자 하는 때에는 인질사건에 있어서 은밀히 작전을 수행하는 경우로서 부득이한 때에도 공포탄에 의한 사격으로 상대방에게 경고하여야 한다.
③ 무기를 사용하지 아니하고는 타인의 생명・신체에 대한 중대한 위협을 방지할 수 없다고 인정되는 때에는 필요한 최대한의 범위 안에서 이를 사용하여야 한다.
④ 임산부가 총기 또는 폭발물을 가지고 대항하는 경우에도 임산부에 대하여 소총을 발사하여서는 아니 된다.

해설

① (○) 경비업법 제15조 제2항
② (×) 특수경비원은 사람을 향하여 권총 또는 소총을 발사하고자 하는 때에는 미리 구두 또는 공포탄에 의한 사격으로 상대방에게 경고하여야 한다. 다만, 특수경비원을 급습하거나 타인의 생명・신체에 대한 중대한 위험을 야기하는 범행이 목전에 실행되고 있는 등 상황이 급박하여 경고할 시간적 여유가 없는 경우, 인질・간첩 또는 테러사건에 있어서 은밀히 작전을 수행하는 경우로서 부득이한 경우에는 경고하지 아니할 수 있다(경비업법 제15조 제4항 제1호).
③ (×) 특수경비원은 무기를 사용하는 경우에 있어서 범죄와 무관한 다중의 생명・신체에 위해를 가할 우려가 있는 때에는 이를 사용하여서는 아니 된다. 다만, 무기를 사용하지 아니하고는 타인 또는 특수경비원의 생명・신체에 대한 중대한 위협을 방지할 수 없다고 인정되는 때에는 필요한 최소한의 범위 안에서 이를 사용할 수 있다(경비업법 제15조 제4항 제2호).
④ (×) 특수경비원은 임산부가 총기 또는 폭발물을 가지고 대항하는 경우에는 임산부에 대하여 권총 또는 소총을 발사할 수 있다(경비업법 제15조 제4항 제3호 반대해석).

117

경비업법령상 특수경비원이 직무상 복종하여야 하는 명령권자로 명시되지 않은 자는? 기출 20

① ✓ 시・도 경찰청장
② 관할 경찰관서장
③ 시설주
④ 소속상사

해설

특수경비원은 직무를 수행함에 있어 시설주・관할 경찰관서장 및 소속상사의 직무상 명령에 복종하여야 한다(경비업법 제15조 제1항). 따라서 시・도 경찰청장은 경비업법 제15조 제1항의 명시적인 명령권자에 해당하지 않는다.

118

경비업법령상 특수경비원이 경고하지 아니하고 사람을 향하여 권총을 발사할 수 있는 부득이한 때가 아닌 것은? 기출 19

① 특수경비원이 급습을 받아 상황이 급박하여 경고할 시간적 여유가 없는 경우
② 타인의 생명·신체에 대한 중대한 위험을 야기하는 범행이 목전에 실행되고 있는 등 상황이 급박하여 경고할 시간적 여유가 없는 경우
❸ 경비업무 수행 중 절도범과 마주친 경우
④ 테러사건에 있어서 은밀히 작전을 수행하는 경우

해설

③ (×) 특수경비원이 절도범에게 미리 구두 또는 공포탄에 의한 사격으로 경고하여야 한다(경비업법 제15조 제4항 제1호 본문).
① (O) 경비업법 제15조 제4항 제1호 단서 가목 전단
② (O) 경비업법 제15조 제4항 제1호 단서 가목 후단
④ (O) 경비업법 제15조 제4항 제1호 단서 나목

119

경비업법령상 경비원 등의 의무에 관한 내용이다. (　)에 들어갈 내용이 옳은 것은? 기출 19

> 경비원은 직무를 수행함에 있어 타인에게 (　)을 과시하거나 물리력을 행사하는 등 경비업무의 범위를 벗어난 행위를 하여서는 아니 된다.

❶ 위 력
② 권 력
③ 사술(詐術)
④ 공권력

해설

제시된 내용은 경비업법 제15조의2 제1항의 내용으로 (　) 안에는 위력이 들어간다.

관계법령 | **경비원 등의 의무(경비업법 제15조의2)**
① 경비원은 직무를 수행함에 있어 타인에게 위력을 과시하거나 물리력을 행사하는 등 경비업무의 범위를 벗어난 행위를 하여서는 아니 된다.
② 누구든지 경비원으로 하여금 경비업무의 범위를 벗어난 행위를 하게 하여서는 아니 된다.

120

경비업법령상 특수경비원에 관한 내용으로 옳지 않은 것은? 기출 16

① 특수경비원은 소속 상사의 허가 또는 정당한 사유 없이 경비구역을 벗어나서는 아니 된다.
② 특수경비원의 교육 시 관할 경찰서 소속 경찰공무원이 교육기관에 입회하여 대통령령이 정하는 바에 따라 지도·감독하여야 한다.
③ 특수경비원은 국가중요시설에 대한 경비업무 수행 중 국가중요시설의 정상적인 운영을 해치는 장해를 일으켜서는 아니 된다.
❹ 특수경비원은 총기 또는 폭발물을 가지고 대항하는 경우를 제외하고는 만 18세 미만의 자에 대하여는 권총을 발사하여서는 아니 된다.

[해설]
특수경비원은 총기 또는 폭발물을 가지고 대항하는 경우를 제외하고는 14세 미만의 자 또는 임산부에 대하여는 권총 또는 소총을 발사하여서는 아니 된다(경비업법 제15조 제4항 제3호).

관계법령 | 특수경비원의 의무(경비업법 제15조) ★★

① 특수경비원은 직무를 수행함에 있어 시설주·관할 경찰관서장 및 소속상사의 직무상 명령에 복종하여야 한다.
② 특수경비원은 소속상사의 허가 또는 정당한 사유 없이 경비구역을 벗어나서는 아니 된다.
③ 특수경비원은 파업·태업 그 밖에 경비업무의 정상적인 운영을 저해하는 일체의 쟁의행위를 하여서는 아니 된다.
④ 특수경비원이 무기를 휴대하고 경비업무를 수행하는 때에는 다음 각호의 어느 하나에 정하는 무기의 안전사용수칙을 지켜야 한다. 〈개정 2024.2.13.〉
  1. 특수경비원은 사람을 향하여 권총 또는 소총을 발사하고자 하는 때에는 미리 구두 또는 공포탄에 의한 사격으로 상대방에게 경고하여야 한다. 다만, 다음 각목의 1에 해당하는 경우로서 부득이한 때에는 경고하지 아니할 수 있다.
    가. 특수경비원을 급습하거나 타인의 생명·신체에 대한 중대한 위험을 야기하는 범행이 목전에 실행되고 있는 등 상황이 급박하여 경고할 시간적 여유가 없는 경우
    나. 인질·간첩 또는 테러사건에 있어서 은밀히 작전을 수행하는 경우
  2. 특수경비원은 무기를 사용하는 경우에 있어서 범죄와 무관한 다중의 생명·신체에 위해를 가할 우려가 있는 때에는 이를 사용하여서는 아니 된다. 다만, 무기를 사용하지 아니하고는 타인 또는 특수경비원의 생명·신체에 대한 중대한 위협을 방지할 수 없다고 인정되는 때에는 필요한 최소한의 범위 안에서 이를 사용할 수 있다.
  3. 특수경비원은 총기 또는 폭발물을 가지고 대항하는 경우를 제외하고는 14세 미만의 자 또는 임산부에 대하여는 권총 또는 소총을 발사하여서는 아니 된다.

121

경비업법령상 특수경비원의 의무에 관한 설명으로 옳은 것은? 기출 15

① 특수경비원은 시설주의 허가 또는 정당한 사유 없이 경비구역을 벗어나서는 아니 된다.
② 인질사건에 있어서 작전을 수행하는 경우라도 권총 또는 소총을 발사하고자 하는 때에는 반드시 미리 구두로 경고를 하여야 한다.
③ 특수경비원은 총기 또는 폭발물을 가지고 대항하는 경우에도 14세 미만의 자 또는 임산부에 대하여는 권총 또는 소총을 발사하여서는 아니 된다.
❹ 특수경비원은 파업·태업 그 밖에 경비업무의 정상적인 운영을 저해하는 일체의 쟁의행위를 하여서는 아니 된다.

해설

④ (○) 경비업법 제15조 제3항
① (×) 특수경비원은 소속상사의 허가 또는 정당한 사유 없이 경비구역을 벗어나서는 아니 된다(경비업법 제15조 제2항). ★
② (×) 권총 또는 소총을 발사하고자 하는 때에 부득이한 경우에는 구두 등의 경고를 생략할 수 있는데, 인질사건에 있어서 은밀히 작전을 수행하는 경우는 부득이한 경우에 해당한다(경비업법 제15조 제4항 제1호).
③ (×) 특수경비원은 총기 또는 폭발물을 가지고 대항하는 경우를 제외하고는 14세 미만의 자 또는 임산부에 대하여는 권총 또는 소총을 발사하여서는 아니 된다(경비업법 제15조 제4항 제3호).

122

경비업법령상 특수경비원의 의무에 관한 설명으로 옳은 것은? 기출 14

① 쟁의행위 유형 중 태업은 할 수 있지만, 파업은 할 수 없다.
② 관할 경찰관서장의 허가 없이 경비구역을 벗어나서는 아니 된다.
❸ 직무를 수행함에 있어 시설주·관할 경찰관서장 및 소속상사의 직무상 명령에 복종해야 한다.
④ 사람을 향하여 권총을 발사하고자 하는 때에는 구두에 의한 경고가 아닌 공포탄 사격에 의한 경고가 선행되어야 한다.

해설

③ (○) 경비업법 제15조 제1항
① (×) 특수경비원은 파업·태업 그 밖에 경비업무의 정상적인 운영을 저해하는 일체의 쟁의행위를 하여서는 아니 된다(경비업법 제15조 제3항).
② (×) 관할 경찰관서장이 아닌 소속상사의 허가 또는 정당한 사유 없이 경비구역을 벗어나서는 아니 된다(경비업법 제15조 제2항).
④ (×) 특수경비원은 사람을 향하여 권총 또는 소총을 발사하고자 하는 때에는 미리 구두 또는 공포탄에 의한 사격으로 상대방에게 경고하여야 한다(경비업법 제15조 제4항 제1호).

123

경비업법령상 특수경비원의 의무에 관한 설명으로 옳지 않은 것은? 기출 12

① 특수경비원은 소속상사의 허가 또는 정당한 사유 없이 경비구역을 벗어나서는 아니 된다.
② 특수경비원은 직무를 수행함에 있어 시설주·관할 경찰관서장 및 소속 상사의 직무상 명령에 복종하여야 한다.
❸ 특수경비원이 무기를 휴대하고 경비업무를 수행하는 때에는 14세 미만의 자가 총기를 가지고 대항하는 경우에도 그에 대하여 권총을 발사하여서는 아니 된다.
④ 특수경비원은 파업·태업 그 밖에 경비업무의 정상적인 운영을 저해하는 일체의 쟁의행위를 하여서는 아니 된다.

해설

특수경비원은 총기 또는 폭발물을 가지고 대항하는 경우를 제외하고는 14세 미만의 자 또는 임산부에 대하여는 권총 또는 소총을 발사하여서는 아니 된다(경비업법 제15조 제4항 제3호).

124

경비업법령상 경비원의 의무에 관한 설명으로 옳지 않은 것은? 기출 09

① 특수경비원은 직무를 수행함에 있어 시설주·관할 경찰관서장 및 소속상사의 직무상 명령에 복종하여야 한다.
② 특수경비원은 파업·태업 그 밖에 경비업무의 정상적인 운영을 저해하는 일체의 쟁의행위를 하여서는 아니 된다.
❸ 특수경비원은 업무의 특성상 어떠한 경우라도 지정된 경비구역을 벗어나서는 아니 된다.
④ 경비원은 직무를 수행함에 있어 경비업무의 범위를 벗어난 행위를 하여서는 아니 된다.

해설

③ (×) 특수경비원은 소속상사의 허가 또는 정당한 사유 없이 경비구역을 벗어나서는 아니 된다(경비업법 제15조 제2항).
① (○) 경비업법 제15조 제1항
② (○) 경비업법 제15조 제3항
④ (○) 경비업법 제15조의2 제1항

125

경비업법령에 관한 설명으로 틀린 것은? 기출수정 08

① 경비업의 허가를 받으려는 법인은 대통령령이 정하는 경비인력·자본금·시설 및 장비를 갖추어야 한다.
② **특수경비원은 어떠한 경우라도 14세 미만의 자나 임산부에 대하여 무기를 사용할 수 없다.**
③ 경찰청장의 권한 중 시·도 경찰청장에게 위임할 수 있는 권한에 경비지도사의 시험의 관리에 관한 권한은 해당하지 않는다.
④ 경비업자는 집단민원현장이 아닌 곳에서 신변보호업무를 수행하는 일반경비원을 배치하기 전까지 관할 경찰관서장에게 신고하여야 한다.

[해설]
② (×) 특수경비원은 총기 또는 폭발물을 가지고 대항하는 경우를 제외하고는 14세 미만의 자 또는 임산부에 대하여는 권총 또는 소총을 발사하여서는 아니 된다(경비업법 제15조 제4항 제3호).★
① (○) 경비업법 제4조 제2항은 "경비업의 허가를 받으려는 법인은 다음 각호의 요건을 갖추어야 한다"고 하고, 제1호부터 제4호까지 자본금, 경비인력, 시설과 장비 등을 규정하거나 대통령령으로 위임하고 있다.★
③ (○) 경찰청장의 권한 중 경비지도사의 시험의 관리에 관한 권한은 관계전문기관 또는 단체에 위탁하는 사항에 해당한다(경비업법 제27조 제2항, 동법 시행령 제31조 제2항).★
④ (○) 집단민원현장에 배치된 경우는 배치 48시간 전까지 배치허가를 신청하여야 하고, 집단민원현장이 아닌 곳에 배치된 경우는 배치 전까지 신고하면 된다(경비업법 제18조 제2항).★

126

경비업법령상 경비원에 대한 설명으로 틀린 것은? 기출 08

① 경비원은 직무를 수행함에 있어 타인에게 위력을 과시하거나 물리력을 행사하는 등 경비업무의 범위를 벗어난 행위를 하여서는 아니 된다.
② 누구든지 경비원으로 하여금 경비업무의 범위를 벗어난 행위를 하게 하여서는 아니 된다.
③ **경비업자가 소속 경비원에게 복장을 착용하게 하기 전에 경비원 복장 등 신고서를 시설주에게 제출하여야 한다.**
④ 시·도 경찰청장 또는 관할 경찰관서장은 경비원이 법령상 결격사유에 해당하게 된 사실을 경비업자에게 그 사실을 통보하여야 한다.

[해설]
③ (×) 경비업자는 소속 경비원에게 복장을 착용하도록 하기 전에 경비원 복장 등 신고서(전자문서로 된 신고서를 포함)를 경비업자의 주된 사무소를 관할하는 시·도 경찰청장에게 제출하여야 한다(경비업법 시행규칙 제19조 제1항).
① (○) 경비업법 제15조의2 제1항
② (○) 경비업법 제15조의2 제2항
④ (○) 경비업법 제17조 제4항

127

경비업법령상 특수경비원이 사람을 향하여 권총을 발사하고자 하는 때에 미리 구두 또는 공포탄에 의한 사격으로 상대방에게 경고해야 하나, 부득이하게 경고하지 아니할 수 있는 경우에 해당하지 않는 것은? 기출 07

① 특수경비원을 급습하는 경우
② **민간시설에 침입하는 경우**
③ 인질·간첩 또는 테러사건에 있어서 은밀히 작전을 수행하는 경우
④ 타인의 생명·신체에 대한 중요한 위험을 야기하는 범행이 목전에서 실행되고 있는 경우

해설
부득이하게 경고하지 아니할 수 있는 경우는 ①·③·④이다(경비업법 제15조 제4항 제1호 단서 각호).

128

특수경비원에 대한 다음 설명 중 틀린 것은? 기출 05

① 특수경비원은 시설주, 관할 경찰서장 및 소속상사의 직무상 명령에 복종하여야 한다.
② **국가중요시설에 대한 정상적인 운영을 해치는 장해를 일으킨 특수경비원은 5년 이하의 징역 또는 3천만원 이하의 벌금에 처한다.**
③ 특수경비원은 총기 또는 폭발물을 가지고 대항하는 경우를 제외하고는 임산부에 대하여 권총을 발사해서는 안 된다.
④ 특수경비원이 휴대할 수 있는 무기는 권총 및 소총이다.

해설
②의 경우에 특수경비원은 5년 이하의 징역 또는 5천만원 이하의 벌금에 처한다(경비업법 제28조 제1항).

129

경비업법령상 경비원의 복장 등에 관한 설명으로 옳지 않은 것은? 기출 24

① 경비업자는 경찰공무원 또는 군인의 제복과 색상 및 디자인 등이 명확히 구별되는 소속 경비원의 복장을 정하고 이를 확인할 수 있는 사진을 첨부하여 주된 사무소를 관할하는 경찰서장을 거쳐 경찰청장에게 신고하여야 한다.
② 경비원은 경비업무 수행 시 이름표를 경비원 복장의 상의 가슴 부위에 부착하여 경비원의 이름을 외부에서 알아볼 수 있도록 하여야 한다.
③ 경비업자는 집단민원현장이 아닌 곳에서 신변보호업무를 수행하는 경우에는 신고된 복장과 다른 복장을 경비원에게 착용하게 할 수 있다.
④ 복장 변경 등에 대한 시정명령을 받은 경비업자는 이를 이행하여야 한다.

해설

① (×) 경비업자는 경찰공무원 또는 군인의 제복과 색상 및 디자인 등이 명확히 구별되는 소속 경비원의 복장을 정하고 이를 확인할 수 있는 사진을 첨부하여 <u>주된 사무소를 관할하는 시·도 경찰청장에게 행정안전부령으로 정하는 바에 따라 신고</u>하여야 한다(경비업법 제16조 제1항).
② (○) 경비업법 시행규칙 제19조 제4항
③ (○) 경비업법 제16조 제2항 단서
④ (○) 경비업법 제16조 제4항

130

경비업법령상 경비원의 장비 및 출동차량 등에 관한 설명으로 옳지 않은 것은? 기출 24

① 경비업자가 경비원으로 하여금 분사기를 휴대하여 직무를 수행하게 하는 경우에는 「총포·도검·화약류 등 단속법」에 따라 미리 분사기의 소지허가를 받아야 한다.
② 경비원은 근무 중 경적, 단봉, 분사기, 안전방패, 무전기 및 그 밖에 경비 업무 수행에 필요한 것으로서 공격적인 용도로 제작되지 아니하는 장비를 휴대할 수 있다.
③ 경비업자는 출동차량 등의 도색 및 표지를 경찰차량 및 군차량과 명확히 구별될 수 있게 하여야 한다.
④ 경비원이 휴대할 수 있는 장비의 종류는 경적·단봉·분사기 등 행정안전부령으로 정하되, 근무 중에는 물론 근무 후에도 이를 휴대할 수 있다.

해설

④ (×) 경비원이 휴대할 수 있는 장비의 종류는 경적·단봉·분사기 등 행정안전부령으로 정하되, <u>근무 중에만 이를 휴대할 수 있다</u>(경비업법 제16조의2 제1항).
① (○) 경비업법 제16조의2 제2항
② (○) 경비업법 시행규칙 제20조 제1항
③ (○) 경비업법 제16조의3 제1항

131

경비업법령상 경비원의 복장·장비 등에 관한 설명으로 옳지 않은 것은? 기출 23

① 경비원은 근무 중 경비업무 수행에 필요한 것으로서 공격적인 용도로 제작된 장비를 휴대할 수 있다.
② 경비업자는 출동차량 등의 도색 및 표지를 정하고 이를 확인할 수 있는 사진을 첨부하여 주된 사무소를 관할하는 시·도 경찰청장에게 행정안전부령으로 정하는 바에 따라 신고하여야 한다.
③ 경비원이 휴대할 수 있는 장비의 종류는 경적·단봉·분사기 등 행정안전부령으로 정하되, 근무 중에만 이를 휴대할 수 있다.
④ 누구든지 장비를 임의로 개조하여 통상의 용법과 달리 사용함으로써 다른 사람의 생명·신체에 위해를 가하여서는 아니 된다.

[해설]
① (×) 경비원은 근무 중 경적, 단봉, 분사기, 안전방패, 무전기 및 그 밖에 경비업무 수행에 필요한 것으로서 공격적인 용도로 제작되지 아니하는 장비를 휴대할 수 있으며, 안전모 및 방검복 등 안전장비를 착용할 수 있다(경비업법 시행규칙 제20조 제1항).
② (○) 경비업법 제16조의3 제2항
③ (○) 경비업법 제16조의2 제1항
④ (○) 경비업법 제16조의2 제3항

132

경비업법령상 경비원의 복장과 장비에 관한 설명으로 옳지 않은 것은? 기출 22

① 경비업자는 경찰공무원 또는 군인의 제복과 색상 및 디자인 등이 명확히 구별되는 소속 경비원의 복장을 정하여야 한다.
② 경비업자는 집단민원현장이 아닌 곳에서 신변보호업무를 수행하는 경비원에게도 소속 경비업체를 표시한 이름표를 부착하도록 해야 한다.
③ 누구든지 경비원이 휴대할 수 있는 장비를 임의로 개조하여 통상의 용법과 달리 사용함으로써 다른 사람의 생명·신체에 위해를 가하여서는 아니 된다.
④ 경비원은 경비업무를 위하여 필요하다고 인정되는 상당한 이유가 있을 때에는 필요한 최소한도에서 경비업법령에서 정한 장비를 사용할 수 있다.

[해설]
② (×) 집단민원현장이 아닌 곳에서 신변보호업무를 수행하는 경우 또는 경비업무의 성격상 부득이한 사유가 있어 관할 경찰관서장이 허용하는 경우에는 소속 경비업체를 표시한 이름표를 부착하지 아니할 수 있다(경비업법 제16조 제2항 단서).
① (○) 경비업법 제16조 제1항
③ (○) 경비업법 제16조의2 제3항
④ (○) 경비업법 제16조의2 제4항

133

경비업법령상 출동차량에 관한 내용이다. ( )에 들어갈 내용으로 옳은 것은? 기출 22

> 경비업자는 출동차량 등의 도색 및 표지를 (ㄱ)차량 및 (ㄴ)차량과 명확히 구별될 수 있게 하여야 한다.

① ㄱ : 소방, ㄴ : 군
② ㄱ : 소방, ㄴ : 구급
❸ ㄱ : 경찰, ㄴ : 군
④ ㄱ : 경찰, ㄴ : 구급

해설

제시문의 ( )에 들어갈 내용은 ㄱ : 경찰, ㄴ : 군이다(경비업법 제16조의3 제1항).

134

경비업법령상 경비원의 휴대장비의 구체적 기준으로 옳지 않은 것은? 기출 20

① 경적 : 금속이나 플라스틱 재질의 호루라기
② 단봉 : 금속(합금 포함)이나 플라스틱 재질의 전장 700mm 이하의 호신용 봉
❸ 분사기 : 「경찰관직무집행법」에 따른 분사기
④ 안전방패 : 플라스틱 재질의 폭 500mm 이하, 길이 1,000mm 이하의 방패로 경찰공무원이 사용하는 안전방패와 색상 및 디자인이 명확히 구분되어야 함

해설

분사기는 「총포·도검·화약류 등의 안전관리에 관한 법률」에 따른 분사기를 기준으로 한다(경비업법 시행규칙 [별표 5]).

관계법령 경비원 휴대장비의 구체적인 기준(경비업법 시행규칙 [별표 5])

장비	장비기준
1. 경적	금속이나 플라스틱 재질의 호루라기
2. 단봉	금속(합금 포함)이나 플라스틱 재질의 전장 700mm 이하의 호신용 봉
3. 분사기	「총포·도검·화약류 등의 안전관리에 관한 법률」에 따른 분사기
4. 안전방패	플라스틱 재질의 폭 500mm 이하, 길이 1,000mm 이하의 방패로 경찰공무원이 사용하는 안전방패와 색상 및 디자인이 명확히 구분되어야 함
5. 무전기	무전기 송신 시 실시간으로 수신이 가능한 것
6. 안전모	얼굴을 가리지 아니하면서, 머리를 보호하는 장비로 경찰공무원이 사용하는 방석모와 색상 및 디자인이 명확히 구분되어야 함
7. 방검복	경찰공무원이 사용하는 방검복과 색상 및 디자인이 명확히 구분되어야 함

135

경비업법령상 경비원의 복장, 장비, 출동차량 등에 관한 설명으로 옳지 않은 것은? 기출 21

① 경비원은 근무 중 경적, 단봉, 분사기 등 장비를 휴대할 수 있다.
② 경비업자는 경비업무 수행 시 경비원에게 소속 경비업체를 표시한 이름표를 부착하도록 하여야 한다.
❸ 집단민원현장에서 신변보호업무를 수행하는 경우에는 동일한 복장을 착용하지 아니할 수 있다.
④ 경비업자는 출동차량 등의 도색 및 표지를 경찰차량 및 군차량과 명확히 구별될 수 있게 하여야 한다.

해설

③ (×) 경비업법 제16조 제2항 단서(집단민원현장이 아닌 곳에서 신변보호업무를 수행하는 경우 또는 경비업무의 성격상 부득이한 사유가 있어 관할 경찰관서장이 허용하는 경우에는 그러하지 아니하다)의 반대해석상 경비업자는 경비원이 집단민원현장에서 신변보호업무를 수행하는 경우에는 동일한 복장을 착용하게 하여야 한다.
① (O) 경비원이 휴대할 수 있는 장비의 종류는 경적·단봉·분사기 등 행정안전부령으로 정하되, 근무 중에만 이를 휴대할 수 있다(경비업법 제16조의2 제1항).
② (O) 경비업자는 경비업무 수행 시 경비원에게 소속 경비업체를 표시한 이름표를 부착하도록 하고, 제1항에 따라 신고된 동일한 복장을 착용하게 하여야 하며, 복장에 소속 회사를 오인할 수 있는 표시를 하거나 다른 회사의 복장을 착용하게 하여서는 아니 된다(경비업법 제16조 제2항 본문).
④ (O) 경비업법 제16조의3 제1항

136

경비업법령상 경비업자가 경비원으로 하여금 직무를 수행하게 하는 경우, 총포·도검·화약류 등의 안전관리에 관한 법률(총포·도검·화약류 등 단속법)에 따라 미리 소지허가를 받아야 하는 것은? 기출 19

① 경 적
② 단 봉
❸ 분사기
④ 안전방패

해설

경비업법 제16조의2 제2항에 의하면 경비업자가 미리 소지허가를 받아야 하는 것은 분사기이다.

관계법령

경비원의 장비 등(경비업법 제16조의2)
② 경비업자가 경비원으로 하여금 분사기를 휴대하여 직무를 수행하게 하는 경우에는 「총포·도검·화약류 등 단속법」에 따라 미리 분사기의 소지허가를 받아야 한다.

다른 법률과의 관계(총포·도검·화약류 등의 안전관리에 관한 법률 부칙 제6조) <법률 제12960호, 2015.1.6.>
이 법 시행 당시 다른 법률에서 종전의 「총포·도검·화약류 등 단속법」 또는 그 규정을 인용한 경우 이 법 또는 이 법의 해당 규정을 각각 인용한 것으로 본다.

137

경비업법령상 경비원의 복장에 관한 내용이다. ( )에 들어갈 내용이 바르게 연결된 것은? 기출 19

경비업자는 경찰공무원 또는 군인의 제복과 색상 및 디자인 등이 명확히 구별되는 소속 경비원의 복장을 정하고 이를 확인할 수 있는 사진을 첨부하여 주된 사무소를 관할하는 (ㄱ)에게 행정안전부령으로 정하는 바에 따라 신고하여야 한다. (ㄱ)은 제출받은 사진을 검토한 후 경비업자에게 복장 변경 등에 대한 (ㄴ)을 할 수 있다.

① ㄱ : 경찰서장,   ㄴ : 시정명령
② ㄱ : 경찰서장,   ㄴ : 이행명령
③ ㄱ : 시·도 경찰청장, ㄴ : 이행명령
④ **ㄱ : 시·도 경찰청장, ㄴ : 시정명령**

[해설]
( ) 안에 들어갈 내용은 순서대로 ㄱ : 시·도 경찰청장, ㄴ : 시정명령이다.

관계법령 경비원의 복장 등(경비업법 제16조)

① 경비업자는 경찰공무원 또는 군인의 제복과 색상 및 디자인 등이 명확히 구별되는 소속 경비원의 복장을 정하고 이를 확인할 수 있는 사진을 첨부하여 주된 사무소를 관할하는 시·도 경찰청장에게 행정안전부령으로 정하는 바에 따라 신고하여야 한다.
③ 시·도 경찰청장은 제1항에 따라 제출받은 사진을 검토한 후 경비업자에게 복장 변경 등에 대한 시정명령을 할 수 있다.

138

경비업법령상 경비원의 복장 및 장비 등에 관한 설명으로 옳은 것은? 기출 18

☑ ① 경비원은 근무 중 경비업무 수행에 필요한 것으로서 공격적인 용도로 제작되지 아니하는 장비를 휴대할 수 있다.
② 경비업자는 경비업무 수행상 필요한 경우 경비원에게 소속 경비업체를 표시한 이름표를 부착하도록 할 수 있다.
③ 집단민원현장에서 신변보호업무를 수행하는 경우에 경비업자는 신고된 동일한 복장과 다른 복장을 경비원에게 착용하게 할 수 있다.
④ 경비업무 수행 시 경비원의 이름표는 경비업자가 지정한 부위에 부착하여야 한다.

해설

① (○) 경비업법 시행규칙 제20조 제1항
② (×) 경비업자는 경비업무 수행상 필요한 경우 경비원에게 소속 경비업체를 표시한 이름표를 부착하도록 하여야 한다(경비업법 제16조 제2항 본문).
③ (×) 경비업법 제16조 제2항 단서(다만, 집단민원현장이 아닌 곳에서 신변보호업무를 수행하는 경우 또는 경비업무의 성격상 부득이한 사유가 있어 관할 경찰관서장이 허용하는 경우에는 그러하지 아니하다)의 반대해석상 경비업자는 집단민원현장에서 신변보호업무를 수행하는 경우에 신고된 복장과 다른 복장을 경비원에게 착용하게 할 수 없다.
④ (×) 경비원은 경비업무 수행 시 이름표를 경비원 복장의 상의 가슴 부위에 부착하여 경비원의 이름을 외부에서 알아볼 수 있도록 하여야 한다(경비업법 시행규칙 제19조 제4항). 경비업자가 지정한 부위에 이름표를 부착하여야 한다는 규정은 없다.

139

경비업법령상 경비원의 장비 등에 관한 설명으로 옳지 않은 것은? 기출 16

☑ ① 경비원이 휴대할 수 있는 장비의 종류는 경적·단봉·분사기 등 대통령령으로 정하되, 근무시간 이외에도 이를 휴대할 수 있다.
② 경비업자가 경비원으로 하여금 분사기를 휴대하여 직무를 수행하게 하는 경우에는 총포·도검·화약류 등 단속법에 따라 미리 분사기의 소지허가를 받아야 한다.
③ 누구든지 경비원의 장비를 임의로 개조하여 통상의 용법과 달리 사용함으로써 다른 사람의 생명·신체에 위해를 가하여서는 아니 된다.
④ 경비원은 경비업무를 위하여 필요하다고 인정되는 상당한 이유가 있을 때에는 필요한 최소한도에서 경비원의 장비를 사용할 수 있다.

해설

① (×) 경비원이 휴대할 수 있는 장비의 종류는 경적·단봉·분사기 등 행정안전부령으로 정하되, 근무 중에만 이를 휴대할 수 있다(경비업법 제16조의2 제1항).
② (○) 경비업법 제16조의2 제2항
③ (○) 경비업법 제16조의2 제3항
④ (○) 경비업법 제16조의2 제4항

140

경비업법령상 경비원의 복장·장비 등에 관한 설명으로 옳지 않은 것은? 기출 15

① 경비업자는 경찰공무원 또는 군인의 제복과 색상 및 디자인 등이 명확히 구별되는 소속 경비원의 복장을 정하여 주된 사무소를 관할하는 경찰서장에게 신고하여야 한다.
② 경비원은 근무 중 경적, 단봉, 분사기, 안전방패, 무전기 및 그 밖에 경비 업무 수행에 필요한 것으로서 공격적인 용도로 제작되지 아니한 장비를 휴대할 수 있다.
③ 경비업자가 경비원으로 하여금 분사기를 휴대하여 직무를 수행하게 하는 경우에는 「총포·도검·화약류 등의 단속법」에 따라 미리 분사기의 소지허가를 받아야 한다.
④ 장비를 임의로 개조하여 통상의 용법과 달리 사용함으로써 다른 사람의 생명·신체에 위해를 가하여서는 아니 된다.

해설

① (×) 경비업자는 경찰공무원 또는 군인의 제복과 색상 및 디자인 등이 명확히 구별되는 소속 경비원의 복장을 정하고 이를 확인할 수 있는 사진을 첨부하여 <u>주된 사무소를 관할하는 시·도 경찰청장에게 행정안전부령으로 정하는 바에 따라 신고하여야 한다</u>(경비업법 제16조 제1항).
② (○) 경비업법 시행규칙 제20조 제1항
③ (○) 경비업법 제16조의2 제2항
④ (○) 경비업법 제16조의2 제3항

141

경비업법령상 경비원의 복장·장비 등에 관한 설명으로 옳지 않은 것은? 기출 14

① 경비원은 근무 중 경비업무 수행에 필요한 것으로서 공격적인 용도로 제작된 장비를 휴대할 수 있다.
② 경비업자가 경비원으로 하여금 분사기를 휴대하여 직무를 수행하게 하는 경우에는 「총포·도검·화약류 등의 단속법」에 따라 미리 분사기의 소지허가를 받아야 한다.
③ 경비원은 경비업무 수행 시 이름표를 경비원복장의 상의 가슴 부위에 부착하여 경비원의 이름을 외부에서 알아볼 수 있도록 해야 한다.
④ 경비업자는 출동차량 등의 도색 및 표지를 정하고 이를 확인할 수 있는 사진을 첨부하여 운행하기 전에 주된 사무소를 관할하는 시·도 경찰청장에게 신고해야 한다.

해설

① (×) 경비원은 근무 중 경적, 단봉, 분사기, 안전방패, 무전기 및 그 밖에 경비 업무 수행에 필요한 것으로서 공격적인 용도로 제작되지 아니하는 장비를 휴대할 수 있으며, 안전모 및 방검복 등 안전장비를 착용할 수 있다(경비업법 시행규칙 제20조 제1항).
② (○) 경비업법 제16조의2 제2항
③ (○) 경비업법 시행규칙 제19조 제4항
④ (○) 경비업법 제16조의3 제2항

142

경비업법령상 경비원의 장비 및 출동차량 등에 관한 설명으로 옳은 것은? 기출 14

① 경비원이 휴대할 수 있는 장비는 근무 외에도 휴대할 수 있다.
② 경비원은 시·도 경찰청장의 허가를 받아 장비를 임의로 개조하여 통상의 용법과 달리 사용할 수 있다.
③ 경비원이 사용하는 방검복의 경우는 경찰공무원이 사용하는 방검복과 그 디자인이 구분될 필요가 없다.
❹ 시·도 경찰청장은 경비업자로부터 제출받은 출동차량 등의 사진을 검토한 후 경비업자에게 그 도색 및 표지 변경 등에 대한 시정명령을 할 수 있다.

해설

④ (○) 경비업법 제16조의3 제3항
① (×) 경비원이 휴대할 수 있는 장비의 종류는 경적·단봉·분사기 등 행정안전부령으로 정하되, 근무 중에만 이를 휴대할 수 있다(경비업법 제16조의2 제1항).
② (×) 누구든지 장비를 임의로 개조하여 통상의 용법과 달리 사용함으로써 다른 사람의 생명·신체에 위해를 가하여서는 아니 된다(경비업법 제16조의2 제3항).
③ (×) 경찰공무원이 사용하는 방검복과 색상 및 디자인이 명확히 구분되어야 한다(경비업법 시행규칙 [별표 5] 제7호).

143

경비업법령상 경비원의 복장 및 장비에 관한 설명으로 옳지 않은 것은? 기출 11

① 경비업자는 경찰공무원 또는 군인의 제복과 색상 및 디자인 등이 명확히 구별되는 소속 경비원의 복장을 정해야 한다.
② 경비원 복장의 신고는 경비원 복장 결정 신고서 또는 경비원 복장 변경 신고서에 의한다.
❸ 경비업자는 집단민원현장이 아닌 곳에서 신변보호업무를 수행하는 경우 또는 경비업무의 성격상 부득이한 사유가 있어 관할 시·도 경찰청장이 허용하는 경우에는 신고된 동일한 복장을 착용하게 아니할 수 있다.
④ 경비원이 휴대할 수 있는 장비의 종류는 경적·단봉·분사기 등 행정안전부령으로 정하되, 근무 중에만 이를 휴대할 수 있다.

해설

③ (×) 경비업자는 경비업무 수행 시 경비원에게 소속 경비업체를 표시한 이름표를 부착하도록 하고, 신고된 동일한 복장을 착용하게 하여야 하며, 복장에 소속 회사를 오인할 수 있는 표시를 하거나 다른 회사의 복장을 착용하게 하여서는 아니 된다. 다만, 집단민원현장이 아닌 곳에서 신변보호업무를 수행하는 경우 또는 경비업무의 성격상 부득이한 사유가 있어 관할 경찰관서장이 허용하는 경우에는 그러하지 아니하다(경비업법 제16조 제2항).★★
① (○) 경비업법 제16조 제1항
② (○) 경비업법 시행규칙 제19조 제1항
④ (○) 경비업법 제16조의2 제1항★

144

경비업법령상 경비원의 복장 및 장비 등에 관한 설명으로 옳지 않은 것은? 기출 10

① 경비원 복장의 신고는 경비원 복장 결정 신고서 또는 경비원 복장 변경 신고서에 의한다.
② 경비업자는 소속 경비원에게 복장을 착용하게 하기 전에 경비원 복장 신고서를 시·도 경찰청장 또는 해당 시·도 경찰청 소속의 경찰서장에게 제출하여야 한다.
③ 경비원의 이름표는 경비원 복장 상의 가슴 부위에 부착하되, 반드시 외부로 드러낼 필요는 없다.
④ 경비원이 근무 중 휴대할 수 있는 장비의 종류는 경적, 단봉, 분사기, 안전모, 안전방패 등이 있다.

해설

③ (×) 경비원은 경비업무 수행 시 이름표를 경비원 복장의 상의 가슴 부위에 부착하여 <u>경비원의 이름을 외부에서 알아볼 수 있도록 하여야 한다</u>(경비업법 시행규칙 제19조 제4항).
① (○) 경비업법 시행규칙 제19조 제1항
② (○) 경비업법 시행규칙 제19조 제1항·제3항
④ (○) 경비업법 시행규칙 제20조 제1항

145

경비업법령상의 설명으로 옳은 것은? 기출 08

① 경비업자는 경비업무 수행 시 경비원에게 소속 경비업체를 표시한 이름표를 부착하도록 하고, 신고된 동일한 복장을 착용하게 하여야 하며, 복장에 소속 회사를 오인할 수 있는 표시를 하거나 다른 회사의 복장을 착용하게 하여서는 아니 된다.
② 경비업법령상 일반경비원이 소지할 수 있는 장구에는 수갑, 포승, 경찰봉, 경봉이 있다.
③ 경비원을 지도·감독 및 교육하는 경비지도사의 유형은 일반경비지도사와 특수경비지도사로 구분한다.
④ 특수경비업무는 경비대상시설에 설치한 기기에 의하여 감지·송신된 정보를 그 경비대상시설 외의 장소에 설치한 관제시설의 기기로 수신하여 도난·화재 등 위험발생을 방지하는 업무를 의미한다.

해설

① (○) 경비업법 제16조 제2항 본문
② (×) <u>경비원이 휴대할 수 있는 장비의 종류는 경적·단봉·분사기 등으로 하되</u>, 근무 중에만 이를 휴대할 수 있다(경비업법 제16조의2 제1항). <u>장구는 청원경찰의 복제와 관련된 논의이다.</u>
③ (×) "경비지도사"라 함은 경비원을 지도·감독 및 교육하는 자를 말하며 <u>일반경비지도사와 기계경비지도사로 구분한다</u>(경비업법 제2조 제2호).
④ (×) <u>기계경비업무에 관한 설명이다.</u> 특수경비업무는 공항(항공기를 포함한다) 등 대통령령이 정하는 국가중요시설의 경비 및 도난·화재 그 밖의 위험발생을 방지하는 업무를 말한다(경비업법 제2조 제1호 마목).

146

경비업법령상 경비원의 복장 및 출동차량 등에 관한 설명으로 올바른 것은? 기출 07

① 경비업자는 어떠한 경우에도 경비원에게 신고된 동일한 복장을 착용하게 하여야 한다.
② 경비원의 복장은 군인과는 명확히 구분되어야 하나 경찰공무원과는 유사한 복장으로 할 수 있다.
❸ 경비업자는 출동차량의 도색 및 표지를 경찰 및 군차량과 명확히 구별될 수 있게 해야 한다.
④ 경비업자는 출동차량 등의 도색 및 표지를 정하고 이를 확인할 수 있는 사진을 첨부하여 주된 사무소를 관할하는 시·도 경찰청장에게 신고할 수 있다.

해설

③ (○) 경비업법 제16조의3 제1항
① (×) 경비업자는 경비업무 수행 시 경비원에게 소속 경비업체를 표시한 이름표를 부착하도록 하고, 신고된 동일한 복장을 착용하게 하여야 하며, 복장에 소속 회사를 오인할 수 있는 표시를 하거나 다른 회사의 복장을 착용하게 하여서는 아니 된다. 다만, 집단민원현장이 아닌 곳에서 신변보호업무를 수행하는 경우 또는 경비업무의 성격상 부득이한 사유가 있어 관할 경찰관서장이 허용하는 경우에는 그러하지 아니하다(경비업법 제16조 제2항).
② (×) 경비업자는 경찰공무원 또는 군인의 제복과 색상 및 디자인 등이 명확히 구별되는 소속 경비원의 복장을 정하고 사진을 첨부하여 주된 사무소를 관할하는 시·도 경찰청장에게 신고하여야 한다(경비업법 제16조 제1항).
④ (×) 경비업자는 출동차량 등의 도색 및 표지를 정하고 이를 확인할 수 있는 사진을 첨부하여 주된 사무소를 관할하는 시·도 경찰청장에게 신고하여야 한다(경비업법 제16조의3 제2항).

147

경비업법령상 경비원의 출동차량에 관한 설명으로 옳지 않은 것은?

① 경비업자는 출동차량 등의 도색 및 표지를 경찰차량 및 군차량과 명확히 구별될 수 있게 하여야 한다.
② 경비업자는 출동차량 등의 도색 및 표지를 정하고 이를 확인할 수 있는 사진을 첨부하여 주된 사무소를 관할하는 시·도 경찰청장에게 행정안전부령으로 정하는 바에 따라 신고하여야 한다.
❸ 경찰청장은 제출받은 사진을 검토한 후 경비원에게 도색 및 표지 변경 등에 대한 시정명령을 할 수 있다.
④ 출동차량 등에 대한 신고(변경신고를 포함한다)를 하려는 경비업자는 출동차량 등을 운행하기 전에 출동차량등 신고서(전자문서로 된 신고서를 포함한다)를 경비업자의 주된 사무소를 관할하는 시·도 경찰청장에게 제출하여야 한다.

해설

③ (×) 시·도 경찰청장은 제출받은 사진을 검토한 후 경비업자에게 도색 및 표지 변경 등에 대한 시정명령을 할 수 있다(경비업법 제16조의3 제3항).
① (○) 경비업법 제16조의3 제1항
② (○) 경비업법 제16조의3 제2항
④ (○) 경비업법 시행규칙 제21조 제1항

148

경비업법상 경비원 휴대장비의 구체적인 기준에 관한 설명으로 틀린 것은?

① 경적 – 금속이나 플라스틱 재질의 호루라기
② 단봉 – 금속(합금 포함)이나 플라스틱 재질의 전장 700mm 이하의 호신용 봉
③ 분사기 – 「총포·도검·화약류 등의 안전관리에 관한 법률」에 따른 분사기
✓ 안전방패 – 플라스틱 재질의 폭 700mm 이하, 길이 1,000mm 이하의 방패로 경찰공무원이 사용하는 안전방패와 색상 및 디자인이 명확히 구분되어야 함

해설
경비원의 휴대장비 중 안전방패는 플라스틱 재질의 폭 500mm 이하, 길이 1,000mm 이하의 방패로 경찰공무원이 사용하는 안전방패와 색상 및 디자인이 명확히 구분되어야 한다.

149

경비업법령상 경비원의 결격사유 확인을 위해 경비업자가 범죄경력조회를 요청하는 경우 첨부하여야 하는 서류로만 옳게 나열된 것은? 기출 24

> ㄱ. 경비업 허가증 사본
> ㄴ. 주민등록초본
> ㄷ. 취업자 또는 취업예정자 범죄경력조회 동의서
> ㄹ. 신분증 사본

① ㄱ, ㄴ
✓ ㄱ, ㄷ
③ ㄱ, ㄴ, ㄷ
④ ㄴ, ㄷ, ㄹ

해설
제시된 내용 중 ㄱ과 ㄷ이 경비업법령상 경비원의 결격사유 확인을 위해 경비업자가 범죄경력조회를 요청하는 경우 첨부하여야 하는 서류에 해당한다.
ㄱ. (O) 경비업법 시행규칙 제22조 제2항 제1호
ㄷ. (O) 경비업법 시행규칙 제22조 제2항 제2호

관계법령 결격사유 확인을 위한 범죄경력조회 요청(경비업법 시행규칙 제22조)

① 법 제17조 제2항에 따른 범죄경력조회 요청은 별지 제13호의5 서식의 범죄경력조회 신청서(전자문서로 된 신청서를 포함한다)에 따른다.
② 경비업자는 제1항에 따라 범죄경력조회를 요청하는 경우 다음 각호의 서류를 첨부하여야 한다.
  1. 경비업 허가증 사본
  2. 별지 제13호의6 서식의 취업자 또는 취업예정자 범죄경력조회 동의서

150

경비업법령상 결격사유 확인을 위한 범죄경력조회 등에 관한 설명으로 옳지 않은 것은? 기출 23

① 시·도 경찰청장 또는 관할 경찰관서장은 경비업자의 임원, 경비지도사 또는 경비원이 결격사유에 해당하는 사실을 알게 된 때에는 경비업자에게 그 사실을 통보하여야 한다.
② 범죄경력조회 요청을 받은 관할 경찰관서장은 경비업자에게 그 결과를 통보할 때에는 경비업자의 임원, 경비지도사 또는 경비원이 결격사유에 해당하는지 여부만을 통보하여야 한다.
③ 경비업자는 선출하려는 임원, 경비지도사 또는 경비원이 결격사유에 해당하는지를 확인하기 위하여 주된 사무소, 출장소 또는 배치장소를 관할하는 시·도 경찰청장 또는 경찰관서장에게 「형의 실효 등에 관한 법률」 제6조에 따른 범죄경력조회를 요청할 수 있다.
❹ 경비업자는 범죄경력조회를 요청하는 경우 취업자 또는 취업예정자 범죄경력조회 동의서와 주민등록초본을 첨부하여야 한다.

해설

④ (×) 경비업자가 법 제17조 제2항에 따른 범죄경력조회 요청 시 범죄경력조회 신청서에 첨부하여야 할 서류는 경비업 허가증 사본과 취업자 또는 취업예정자 범죄경력조회 동의서이다(경비업법 시행규칙 제22조).
① (○) 경비업법 제17조 제4항
② (○) 경비업법 제17조 제3항
③ (○) 경비업법 제17조 제2항

관계법령 결격사유 확인을 위한 범죄경력조회 등(경비업법 제17조)

① 경찰청장, 시·도 경찰청장 또는 관할 경찰관서장은 직권으로 또는 제2항에 따른 범죄경력조회 요청이 있는 경우에는 경비업자의 임원, 경비지도사 또는 경비원이 제5조 제3호·제4호, 제10조 제1항 제3호부터 제8호까지 또는 같은 조 제2항 제3호·제4호에 따른 결격사유에 해당하는지를 확인하기 위하여 「형의 실효 등에 관한 법률」 제6조에 따른 범죄경력조회를 할 수 있다.
② 경비업자는 선출·선임·채용 또는 배치하려는 임원, 경비지도사 또는 경비원이 제5조 제3호·제4호, 제10조 제1항 제3호부터 제8호까지 또는 같은 조 제2항 제3호·제4호에 따른 결격사유에 해당하는지를 확인하기 위하여 주된 사무소, 출장소 또는 배치장소를 관할하는 시·도 경찰청장 또는 경찰관서장에게 「형의 실효 등에 관한 법률」 제6조에 따른 범죄경력조회를 요청할 수 있다.
③ 제2항에 따른 범죄경력조회 요청을 받은 시·도 경찰청장 또는 관할 경찰관서장은 경비업자에게 그 결과를 통보할 때에는 경비업자의 임원, 경비지도사 또는 경비원이 제5조 제3호·제4호, 제10조 제1항 제3호부터 제8호까지 또는 같은 조 제2항 제3호·제4호에 따른 결격사유에 해당하는지 여부만을 통보하여야 한다.
④ 시·도 경찰청장 또는 관할 경찰관서장은 경비업자의 임원, 경비지도사 또는 경비원이 제5조 각호, 제10조 제1항 각호 또는 제2항 각호의 결격사유에 해당하는 사실을 알게 되거나 이 법 또는 이 법에 따른 명령을 위반한 때에는 경비업자에게 그 사실을 통보하여야 한다.

151

CHECK O △ ×

경비업법령상 결격사유 확인을 위한 범죄경력조회 등에 관한 설명으로 옳지 않은 것은? 기출 22

❶ 관할 경찰관서장은 범죄경력조회 요청이 있는 경우에만 범죄경력조회를 할 수 있다.
② 경비업자는 선출하려는 임원이 결격사유에 해당하는지를 확인하기 위하여 범죄경력조회를 요청할 수 있다.
③ 범죄경력조회 요청을 받은 시·도 경찰청장 또는 관할 경찰관서장은 경비업자에게 그 결과를 통보할 때에는 결격사유에 해당하는지 여부만을 통보하여야 한다.
④ 시·도 경찰청장 또는 관할 경찰관서장은 경비업자의 임원, 경비지도사 또는 경비원이 결격사유에 해당하는 사실을 알게 된 때에는 경비업자에게 그 사실을 통보하여야 한다.

해설

① (×) 경찰청장, 시·도 경찰청장 또는 관할 경찰관서장은 직권으로 또는 제2항에 따른 범죄경력조회 요청이 있는 경우에는 경비업자의 임원, 경비지도사 또는 경비원이 제5조 제3호·제4호, 제10조 제1항 제3호부터 제8호까지 또는 같은 조 제2항 제3호·제4호에 따른 결격사유에 해당하는지를 확인하기 위하여 「형의 실효 등에 관한 법률」 제6조에 따른 범죄경력조회를 할 수 있다(경비업법 제17조 제1항).
② (O) 경비업법 제17조 제2항
③ (O) 경비업법 제17조 제3항
④ (O) 경비업법 제17조 제4항

152

CHECK O △ ×

경비업법령상 경비원 등의 결격사유 확인을 위한 범죄경력조회 등에 관한 설명으로 옳지 않은 것은? 기출 20

① 관할 경찰관서장은 직권으로 경비업자의 임원, 경비지도사 또는 경비원이 결격사유에 해당하는지를 확인하기 위하여 「형의 실효 등에 관한 법률」에 따른 범죄경력조회를 할 수 있다.
❷ 관할 경찰관서장은 경비업자의 임원, 경비지도사 또는 경비원이 결격사유에 해당하는 사실을 알게 된 때에는 경비업자의 요청이 있는 경우에만 그 사실을 통보하여야 한다.
③ 경비업자는 범죄경력조회를 요청하는 경우 경비업 허가증 사본과 취업자 또는 취업예정자 범죄경력조회 동의서를 첨부하여야 한다.
④ 범죄경력조회 요청을 받은 관할 경찰관서장은 경비업자에게 그 결과를 통보할 때에는 경비업자의 임원, 경비지도사 또는 경비원이 결격사유에 해당하는지 여부만을 통보하여야 한다.

해설

② (×) 시·도 경찰청장 또는 관할 경찰관서장은 경비업자의 임원, 경비지도사 또는 경비원이 제5조 각호, 제10조 제1항 각호 또는 제2항 각호의 결격사유에 해당하는 사실을 알게 되거나 이 법 또는 이 법에 따른 명령을 위반한 때에는 경비업자에게 그 사실을 통보하여야 한다(경비업법 제17조 제4항).
① (O) 경비업법 제17조 제1항
③ (O) 경비업법 시행규칙 제22조 제2항
④ (O) 경비업법 제17조 제3항

153

경비업법령상 범죄경력조회 등에 관한 설명으로 옳은 것은? 기출 18

① 경찰청장은 범죄경력조회 요청이 있는 경우에만 경비업자의 임원에 대한 범죄경력조회를 할 수 있다.
② 시·도 경찰청장은 직권으로 경비지도사에 대한 범죄경력조회를 할 수 없다.
❸ 경비업자는 선출하려는 임원이 결격사유에 해당하는지를 확인하기 위하여 범죄경력조회를 요청할 수 있다.
④ 관할 경찰관서장이 경비업자에게 범죄경력조회 결과를 통보할 때에는 결격사유에 해당하는 일정한 범죄사실을 통보하여야 한다.

해설

③ (○) 경비업법 제17조 제2항
① (×), ② (×) 경찰청장, 시·도 경찰청장 또는 관할 경찰관서장은 직권으로 또는 제2항에 따른 범죄경력조회 요청이 있는 경우에는 경비업자의 임원, 경비지도사 또는 경비원이 결격사유에 해당하는지를 확인하기 위하여 「형의 실효 등에 관한 법률」제6조에 따른 범죄경력조회를 할 수 있다(경비업법 제17조 제1항).
④ (×) 범죄경력조회 요청을 받은 시·도 경찰청장 또는 관할 경찰관서장은 경비업자에게 그 결과를 통보할 때에는 경비업자의 임원, 경비지도사 또는 경비원이 결격사유에 해당하는지 여부만을 통보하여야 한다(경비업법 제17조 제3항).

154

경비업법령상 경비원 등의 결격사유 확인을 위한 범죄경력조회 등에 관한 설명으로 옳지 않은 것은? 기출 16

① 경찰청장, 시·도 경찰청장, 또는 관할 경찰관서장은 직권으로 또는 경비업자의 범죄경력조회 요청이 있는 경우 경비업자의 임원, 경비지도사 또는 경비원이 경비업법상 결격사유에 해당하는지를 확인하기 위하여 범죄경력조회를 할 수 있다.
② 범죄경력조회 요청을 받은 시·도 경찰청장 또는 관할 경찰관서장은 경비업자에게 그 결과를 통보할 때에는 경비업자의 임원, 경비지도사 또는 경비원이 경비업법상의 결격사유에 해당하는지 여부만을 통보하여야 한다.
③ 시·도 경찰청장 또는 관할 경찰관서장은 경비업자의 임원, 경비지도사 또는 경비원이 경비업법 상의 결격사유에 해당하는 사실을 알게 된 때에는 경비업자에게 그 사실을 통보하여야 한다.
❹ 범죄경력조회 요청은 범죄경력조회 신청서(전자문서 포함) 또는 구두로 한다.

해설

④ (×) 법적근거가 있어야 하기에 범죄경력조회 요청은 구두로 하지 않는다. 범죄경력조회 요청은 범죄경력조회 신청서(전자문서로 된 신청서를 포함한다)에 따른다(경비업법 시행규칙 제22조 제1항).
① (○) 경비업법 제17조 제1항
② (○) 경비업법 제17조 제3항
③ (○) 경비업법 제17조 제4항

155

경비업법령상 결격사유의 조회에 관한 설명으로 옳은 것은? 기출 14

✓ 시·도 경찰청장은 직권으로 경비업자의 임원이 결격사유에 해당하는지를 확인하기 위하여 형의 실효 등에 관한 법률에 따른 범죄경력조회를 할 수 있다.
② 경비업자는 선임하려는 경비지도사가 결격사유에 해당하는지를 확인하기 위하여 시·도 경찰청장에게 채무자 회생 및 파산에 관한 법률에 따른 채무내역을 요청할 수 있다.
③ 관할 경찰관서장은 경비업자로부터 요청받은 선임하려는 경비지도사의 범죄경력조회 결과를 경비업자에게 통보할 때에는, 결격사유에 관한 한 제한 없이 통보해야 한다.
④ 시·도 경찰청장은 경비업자의 임원이 결격사유에 해당하는 사실을 알게 된 때에는 경비업법에 따른 경비업자의 요청이 없는 한 그 사실을 통보해서는 아니 된다.

해설

① (O) 경찰청장, 시·도 경찰청장 또는 관할 경찰관서장은 직권으로 또는 범죄경력조회 요청이 있는 경우에는 경비업자의 임원, 경비지도사 또는 경비원이 결격사유에 해당하는지를 확인하기 위하여 형의 실효 등에 관한 법률 제6조에 따른 범죄경력조회를 할 수 있다(경비업법 제17조 제1항).
② (×) 경비업자는 선출·선임·채용 또는 배치하려는 임원, 경비지도사 또는 경비원이 결격사유에 해당하는지를 확인하기 위하여 주된 사무소, 출장소 또는 배치장소를 관할하는 시·도 경찰청장 또는 경찰관서장에게 형의 실효 등에 관한 법률에 따른 범죄경력조회를 요청할 수 있다(경비업법 제17조 제2항).
③ (×) 범죄경력조회 요청을 받은 시·도 경찰청장 또는 관할 경찰관서장은 경비업자에게 그 결과를 통보할 때에는 경비업자의 임원, 경비지도사 또는 경비원이 결격사유에 해당하는지 여부만을 통보하여야 한다(경비업법 제17조 제3항).
④ (×) 시·도 경찰청장 또는 관할 경찰관서장은 경비업자의 임원, 경비지도사 또는 경비원이 결격사유에 해당하는 사실을 알게 되거나 경비업법 또는 경비업법에 따른 명령을 위반한 때에는 경비업자에게 그 사실을 통보하여야 한다(경비업법 제17조 제4항).

156

경비업법령상 관할 경찰관서장이 집단민원현장에 일반경비원 배치허가 신청을 받은 경우에 배치허가를 하여서는 아니 되는 경우로 옳지 않은 것은? 기출 24

✓ 경비원 중 신임교육을 받지 아니한 사람이 100분의 15 포함되어 있는 경우
② 경비업무의 범위를 벗어난 행위를 할 우려가 있는 경우
③ 경비원 중 결격자가 대통령령으로 정하는 기준 이상으로 포함되어 있는 경우
④ 경비원의 복장·장비 등에 대하여 내려진 필요한 명령을 이행하지 아니하는 경우

해설

① (×), ③ (O) 경비원 중 결격자나 신임교육을 받지 아니한 사람이 대통령령으로 정하는 기준(100분의 21) 이상으로 포함되어 있는 경우 관할 경찰관서장은 배치허가를 하여서는 아니 된다(경비업법 제18조 제3항 제2호, 동법 시행령 제22조). 따라서 관할 경찰관서장은 경비원 중 신임교육을 받지 아니한 사람이 100분의 15 포함되어 있는 경우에는 배치허가를 하여야 한다.
② (O) 경비업법 제18조 제3항 제1호
④ (O) 경비업법 제18조 제3항 제3호

157

경비업법령상 경비원의 명부와 배치허가 등에 관한 설명으로 옳지 않은 것은? 기출 22

☑ ① 경비업자는 시설경비업무 또는 신변보호업무 중 집단민원현장에 일반경비원을 배치하는 경우에는 경비원을 배치하기 24시간 전까지 행정안전부령으로 정하는 바에 따라 배치허가를 신청하여야 한다.
② 경비업자가 집단민원현장이 아닌 곳에서 신변보호업무를 수행하는 일반경비원을 배치하는 경우에는 경비원을 배치하기 전까지 관할 경찰관서장에게 신고하여야 한다.
③ 경비업자가 특수경비원을 배치하는 경우에는 경비원을 배치하기 전까지 관할 경찰관서장에게 신고하여야 한다.
④ 경비업자는 경비원을 배치하여 경비업무를 수행하게 하는 때에는 배치된 경비원의 인적 사항과 배치일시·배치장소 등 근무상황을 기록하여 보관하여야 한다.

해설

① (×) 경비업자가 시설경비업무, 신변보호업무 또는 혼잡·교통유도경비업무 중 집단민원현장에 일반경비원을 배치하는 경우에는 경비원을 배치하기 48시간 전까지 행정안전부령으로 정하는 바에 따라 배치허가를 신청하고, 관할 경찰관서장의 배치허가를 받은 후에 경비원을 배치하여야 한다(경비업법 제18조 제2항 단서 제1호).
② (○) 경비업법 제18조 제2항 단서 제2호
③ (○) 경비업법 제18조 제2항 단서 제3호
④ (○) 경비업법 제18조 제5항

관계법령 **경비원 명부와 배치허가 등(경비업법 제18조)**

② 경비업자가 경비원을 배치하거나 배치를 폐지한 경우에는 행정안전부령으로 정하는 바에 따라 관할 경찰관서장에게 신고하여야 한다. 다만, 다음 제1호의 경우에는 경비원을 배치하기 48시간 전까지 행정안전부령으로 정하는 바에 따라 배치허가를 신청하고, 관할 경찰관서장의 배치허가를 받은 후에 경비원을 배치하여야 하며(제2호 및 제3호의 경우에는 경비원을 배치하기 전까지 신고하여야 한다), 이 경우 관할 경찰관서장은 배치허가를 함에 있어 필요한 조건을 붙일 수 있다. 〈개정 2025.1.7.〉
1. 제2조 제1호에 따른 시설경비업무, 신변보호업무 또는 혼잡·교통유도경비업무 중 집단민원현장에 배치된 일반경비원
2. 집단민원현장이 아닌 곳에서 제2조 제1호 다목의 규정에 의한 신변보호업무를 수행하는 일반경비원
3. 특수경비원

> **경비원의 배치 및 배치폐지의 신고(경비업법 시행규칙 제24조)** ★
> ① 경비업자는 법 제18조 제2항에 따라 경비업무를 수행하기 위하여 20일 이상 경비원을 배치하거나 그 기간을 연장하려는 때에는 경비원을 배치한 후 7일 이내에 별지 제15호 서식의 경비원 배치신고서(전자문서로 된 신고서를 포함하며, 이하 "배치신고서"라 한다)를 배치지를 관할하는 경찰관서장에게 제출해야 한다. 다만, 법 제18조 제2항 제2호 및 제3호에 해당하는 경비원을 배치하는 경우에는 경비원을 배치하는 기간과 관계없이 경비원을 배치하기 전까지 제출해야 한다.

158

경비업법령상 경비원의 명부와 배치허가 등에 관한 설명으로 옳지 않은 것은? 기출 24

① 경비업자가 경비원의 배치를 폐지한 경우에는 행정안전부령으로 정하는 바에 따라 관할 경찰관서장에게 신고하여야 한다.
② ✔ 집단민원현장에 배치되는 **특수경비원**의 명부는 그 경비원이 배치되는 장소에도 작성·비치하여야 한다.
③ 경비업자는 특수경비원을 배치하는 경우에는 경비원을 배치하는 기간과 관계없이 경비원을 배치하기 전까지 경비원 배치신고서를 배치지를 관할하는 경찰관서장에게 제출해야 한다.
④ 일반경비원 배치허가를 받은 경비업자가 집단민원현장에 새로운 경비원을 배치하려는 경우에는 새로운 경비원을 배치하기 48시간 전까지 배치허가 신청서를 관할 경찰관서장에게 제출하여 허가를 받아야 한다.

해설

② (×) 집단민원현장에 배치되는 <u>일반경비원</u>의 명부는 그 경비원이 배치되는 장소에도 작성·비치하여야 한다(경비업법 제18조 제1항 단서).
① (○) 경비업법 제18조 제2항 본문
③ (○) 경비업법 시행규칙 제24조 제1항 단서
④ (○) 경비업법 제18조 제2항 단서 제1호

159

경비업법령상 경비원의 배치신고에 관한 내용이다. ( )에 들어갈 숫자로 옳은 것은? 기출 22

> 경비업자는 경비업무를 수행하기 위하여 (ㄱ)일 이상 경비원을 배치하거나 그 기간을 연장하려는 때에는 경비원을 배치한 후 (ㄴ)일 이내에 경비원 배치신고서를 배치지를 관할하는 경찰관서장에게 제출해야 한다.

① ㄱ : 10, ㄴ : 7
② ㄱ : 15, ㄴ : 10
③ ✔ ㄱ : 20, ㄴ : 7
④ ㄱ : 30, ㄴ : 10

해설

제시문의 ( )에 들어갈 숫자는 ㄱ : 20, ㄴ : 7이다(경비업법 시행규칙 제24조 제1항 본문).

160

경비업법령상 경비원의 배치에 관한 설명으로 옳지 않은 것은? 기출 21

① 시설경비업무 중 집단민원현장에 일반경비원을 배치하는 경우에는 배치하기 48시간 전까지 배치허가를 신청하여야 한다.
② 신변보호업무 중 집단민원현장에 일반경비원을 배치하는 경우에는 배치하기 전까지 배치허가를 신청하여야 한다.
③ 집단민원현장이 아닌 곳에서 신변보호업무를 수행하는 일반경비원을 배치하는 경우에는 경비원을 배치하기 전까지 신고하여야 한다.
④ 특수경비원을 배치하는 경우에는 경비원을 배치하기 전까지 신고하여야 한다.

해설

② (×), ① (○) 시설경비업무, 신변보호업무 또는 혼잡·교통유도경비업무 중 집단민원현장에 일반경비원을 배치하는 경우에는 배치하기 48시간 전까지 행정안전부령으로 정하는 바에 따라 배치허가를 신청하여야 한다(경비업법 제18조 제2항 단서 제1호).
③ (○) 경비업법 제18조 제2항 단서 제2호
④ (○) 경비업법 제18조 제2항 단서 제3호

161

경비업법령상 경비원 배치 등에 관한 설명으로 옳지 않은 것은? 기출 20

① 시설경비업무에 배치되는 일반경비원은 경비원을 배치하기 48시간 전까지 관할 경찰관서장에게 배치허가를 받아야 한다.
② 경비업자는 시설경비업무를 수행하기 위하여 20일 이상 경비원을 배치하거나 그 기간을 연장하려는 때에는 경비원을 배치한 후 7일 이내에 배치지를 관할하는 경찰관서장에게 배치신고서를 제출하여야 한다.
③ 특수경비원을 배치하는 경우에는 경비원을 배치하는 기간과 관계없이 경비원을 배치하기 전까지 배치지를 관할하는 경찰관서장에게 배치신고서를 제출해야 한다.
④ 경비업무범위 위반 및 신임교육 유무 등을 확인하기 위해 관할 경찰관서장은 그 배치장소를 방문하여 조사하여야 한다.

해설

① (×) 경비원을 배치하기 48시간 전까지 관할 경찰관서장에게 배치허가를 신청해야 하는 경우는 시설경비업무, 신변보호업무 또는 혼잡·교통유도경비업무 중 집단민원현장에 일반경비원을 배치하는 경우이다(경비업법 제18조 제2항 단서 제1호). 따라서 해당 지문은 옳지 않다.
④ (×) 경비업무범위 위반 및 신임교육 유무 등을 확인하기 위하여 관할 경찰관서장은 소속 경찰관으로 하여금 그 배치장소를 방문하여 조사하게 할 수 있다(경비업법 제18조 제3항 후문 제1호·제2호).
② (○) 경비업법 제18조 제2항 및 동법 시행규칙 제24조 제1항 본문의 해석상 해당 지문은 옳다고 해석된다. 참고로 해당 내용은 2015년 기출문제로 출제된 바 있다.
③ (○) 경비업법 시행규칙 제24조 제1항 단서

162

경비업법령상 관할 경찰관서장이 집단민원현장에 일반경비원 배치허가 신청을 받은 경우에 배치허가를 하여서는 아니 되는 경우로 옳지 않은 것은? 기출 21

① 경비업무의 범위를 벗어난 행위를 할 우려가 있는 경우
② 결격자가 100분의 21 이상 포함되어 있는 경우
③ 경비원의 복장·장비 등에 대하여 내려진 필요한 명령을 이행하지 아니하는 경우
④ **직무교육을 받지 아니한 사람이 대통령령으로 정하는 기준 이상으로 포함되어 있는 경우**

해설

④ (×) 직무교육이 아닌 신임교육을 받지 아니한 사람이 대통령령으로 정하는 기준 이상으로 포함되어 있는 경우가 배치 불허가 기준에 해당한다(경비업법 제18조 제3항 제2호).
① (○) 경비업법 제18조 제3항 제1호
② (○) 경비업법 제18조 제3항 제2호, 동법 시행령 제22조
③ (○) 경비업법 제18조 제3항 제3호

관계법령 경비원의 명부와 배치허가 등(경비업법 제18조)★

③ 관할 경찰관서장은 제2항 각호 외의 부분 단서에 따른 배치허가 신청을 받은 경우 다음 각호의 사유에 해당하는 때에는 배치허가를 하여서는 아니 된다. 이 경우 관할 경찰관서장은 다음 각호의 사유를 확인하기 위하여 소속 경찰관으로 하여금 그 배치장소를 방문하여 조사하게 할 수 있다.
1. 제15조의2 제1항 및 제2항을 위반하여 경비업무의 범위를 벗어난 행위를 할 우려가 있는 경우
2. 경비원 중 제10조 제1항 또는 제2항에 해당하는 결격자나 제13조에 따른 신임교육을 받지 아니한 사람이 대통령령으로 정하는 기준 이상으로 포함되어 있는 경우

> 집단민원현장 배치 불허가 기준(경비업법 시행령 제22조)
> 법 제18조 제3항 제2호에서 "대통령령으로 정하는 기준"이란 100분의 21을 말한다.

3. 제24조에 따라 경비원의 복장·장비 등에 대하여 내려진 필요한 명령을 이행하지 아니하는 경우

163

경비업법령상 경비업자가 경비원 배치 48시간 전까지 행정안전부령에 따라 배치허가를 신청하고 관할 경찰관서장의 배치허가를 받은 후에 경비원을 배치하여야 하는 경우는? 기출 19

① **시설경비업무 중 집단민원현장에 일반경비원을 배치하는 경우**
② 특수경비업무 중 집단민원현장에 특수경비원을 배치하는 경우
③ 기계경비업무 중 집단민원현장에 일반경비원을 배치하는 경우
④ 호송경비업무 중 집단민원현장에 일반경비원을 배치하는 경우

해설

경비원을 배치하기 48시간 전까지 관할 경찰관서장에게 배치허가를 신청해야 하는 경비업무는 시설경비업무, 신변보호업무 또는 혼잡·교통유도경비업무 중 집단민원현장에 일반경비원을 배치하는 경우이다(경비업법 제18조 제2항 단서 제1호).

164

경비업법령상 경비원의 명부를 작성·비치하여 두어야 하는 장소가 아닌 것은? 기출 20

① 집단민원현장
❷ 관할 경찰관서
③ 주된 사무소
④ 신설 출장소

해설

관할 경찰관서는 경비업법령상 경비원 명부를 작성·비치하여 두어야 하는 장소에 해당하지 않는다(경비업법 시행규칙 제23조).

관계법령 경비원의 명부(경비업법 시행규칙 제23조)

경비업자는 법 제18조 제1항에 따라 다음 각호의 장소에 별지 제14호 서식의 경비원 명부(제2호 및 제3호의 경우에는 해당 장소에 배치된 경비원의 명부를 말한다)를 작성·비치하여 두고, 이를 항상 정리하여야 한다.
1. 주된 사무소
2. 영 제5조 제3항에 따른 출장소

   폐업 또는 휴업 등의 신고(경비업법 시행령 제5조)
   ③ 법 제4조 제3항 제3호의 규정에 의하여 신설·이전 또는 폐지한 때에 신고를 하여야 하는 출장소는 주사무소 외의 장소로서 일상적으로 일정 지역 안의 경비업무를 지휘·총괄하는 영업거점인 지점·지사 또는 사업소 등의 장소로 한다.

3. 집단민원현장

165

경비업법령상 경비원 명부 등에 관한 설명으로 옳지 않은 것은? 기출 18

❶ 경비업자는 배치되는 일반경비원의 명부를 그 경비원이 배치되는 모든 장소에 작성·비치하여야 한다.
② 경비업자는 경비원의 근무상황기록부를 1년 동안 보관하여야 한다.
③ 관할 경찰관서장은 시설주의 신청에 의하여 특수경비원이 배치된 국가중요시설 등에 경비전화를 가설할 수 있다.
④ 경비전화를 가설하는 경우의 소요경비는 시설주의 부담으로 한다.

해설

① (×) 경비업자는 행정안전부령으로 정하는 바에 따라 주된 사무소, 출장소, 집단민원현장에 경비원의 명부를 작성·비치하여야 한다(경비업법 제18조 제1항 본문, 동법 시행규칙 제23조).
② (○) 경비업법 시행규칙 제24조의3 제2항
③ (○) 경비업법 시행규칙 제25조 제1항
④ (○) 경비업법 시행규칙 제25조 제2항

166

경비업법상 경비원의 명부와 배치허가 등에 관한 설명으로 옳지 않은 것은? 기출 17

① 경비업자는 행정안전부령으로 정하는 바에 따라 경비원의 명부를 작성·비치하여야 한다.
② 경비업자가 경비원의 배치를 폐지한 경우에는 관할 경찰관서장에게 신고하여야 한다.
③ 경비업자는 경비원을 배치하여 경비업무를 수행하게 하는 때에는 행정안전부령으로 정하는 바에 따라 배치된 경비원의 인적사항과 배치일시·배치장소 등 근무상황을 기록하여 보관하여야 한다.
❹ 경비업자는 금고 이상의 형을 선고받고 그 집행이 유예된 날로부터 5년이 지나지 아니한 자를 집단민원현장에 일반경비원으로 배치할 수 있다.

해설

④ (×) 경비업자는 금고 이상의 형을 선고받고 그 집행이 유예된 날로부터 5년이 지나지 아니한 자를 집단민원현장에 일반경비원으로 배치하여서는 아니 된다(경비업법 제18조 제6항).
① (○) 경비업법 제18조 제1항
② (○) 경비업법 제18조 제2항
③ (○) 경비업법 제18조 제5항

167

경비업법령상 경비원의 명부와 배치허가 등에 관한 설명으로 옳지 않은 것은? 기출 16

① 관할 경찰관서장은 신임교육을 받지 아니한 경비원이 100분의 21 이상인 경우 배치허가를 하여서는 아니 된다.
❷ 경비업자가 특수경비원을 배치한 경우에는 대통령령이 정하는 바에 따라 경비원을 배치하기 48시간 전까지 관할 경찰관서장에게 신고하여야 한다.
③ 경비업자 또는 경비원이 위력이나 흉기 또는 그 밖의 위험한 물건을 사용하여 집단적 폭력사태를 일으킨 때에는 관할 경찰관서장은 배치폐지를 명할 수 있다.
④ 경비업자는 상해죄를 범하여 벌금형을 선고받고 5년이 지나지 아니한 자를 집단민원현장에 일반경비원으로 배치하여서는 아니 된다.

해설

② (×) 경비업자가 시설경비업무, 신변보호업무 또는 혼잡·교통유도경비업무 중 집단민원현장에 일반경비원을 배치하거나 배치를 폐지한 경우에는 행정안전부령이 정하는 바에 따라 관할 경찰관서장에게 48시간 전까지 배치허가를 신청하여야 한다. 다만, 집단민원현장이 아닌 곳에서 신변보호업무를 수행하는 일반경비원 및 특수경비원의 경우에는 경비원을 배치하기 전까지 신고하여야 한다(경비업법 제18조 제2항).
① (○) 경비업법 제18조 제3항 제2호, 동법 시행령 제22조
③ (○) 경비업법 제18조 제8항 제4호
④ (○) 경비업법 제18조 제6항 제1호

168

경비업법령상 경비원의 배치에 관한 설명이다. (   ) 안에 들어갈 내용을 순서대로 옳게 나열한 것은?

기출 15·12

> 경비업자는 시설경비업무를 수행하기 위하여 (   )일 이상 경비원을 배치하거나 그 기간을 연장하려는 때에는 경비원을 배치한 후 (   )일 이내에 경비원 배치신고서를 배치지를 관할하는 경찰관서장에게 제출해야 한다.

① 10, 5
② 10, 7
③ 20, 5
✔ ④ 20, 7

해설

경비업자는 경비업무를 수행하기 위하여 20일 이상 경비원을 배치하거나 그 기간을 연장하려는 때에는 경비원을 배치한 후 7일 이내에 경비원 배치신고서를 배치지를 관할하는 경찰관서장에게 제출해야 한다(경비업법 시행규칙 제24조 제1항 본문).

169

경비업법령상 경비원의 명부와 배치 등에 관한 설명으로 옳은 것은? 기출 14

✔ ① 경비업자는 주된 사무소, 출장소, 집단민원현장에 경비원의 명부를 작성·비치하여 두고 이를 항상 정리해야 한다.
② 경비업자는 경비원을 배치하여 경비업무를 수행하게 하는 때에는 근무상황기록부를 작성하여 2년 동안 보관해야 한다.
③ 경비업자는 형법상 상해죄 또는 폭행죄를 범하여 벌금형을 선고받고 7년이 지나지 아니한 자를 집단민원현장에 일반경비원으로 배치하여서는 아니 된다.
④ 관할 경찰관서장은 경비원이 위력이나 흉기 또는 그 밖의 위험한 물건을 사용하여 집단적 폭력사태를 일으킨 때에는 경비업의 허가를 취소해야 한다.

해설

① (○) 경비업법 시행규칙 제23조
② (×) 경비업자는 경비원을 배치하여 경비업무를 수행하게 하는 때에는 근무상황기록부를 작성하여 1년 동안 보관해야 한다(경비업법 시행규칙 제24조의3 제2항).
③ (×) 경비업자는 형법상 상해죄 또는 폭행죄를 범하여 벌금형을 선고받고 5년이 지나지 아니한 자를 집단민원현장에 일반경비원으로 배치하여서는 아니 된다(경비업법 제18조 제6항 제1호).
④ (×) 허가의 취소가 아닌 배치폐지를 명할 수 있다(경비업법 제18조 제8항).

170

경비업법령상 집단민원현장에 배치된 일반경비원에 관한 설명으로 옳지 않은 것은? 기출 14

① 경비업자는 경비원을 배치하기 48시간 전까지 배치허가를 신청하고, 관할 경찰관서장의 배치허가를 받은 후에 경비원을 배치해야 한다.
② 집단민원현장에 배치되는 일반경비원의 명부는 그 경비원이 배치되는 장소에도 작성·비치해야 한다.
❸ 관할 경찰관서장은 배치허가를 함에 있어 필요한 조건을 붙일 수 없다.
④ 관할 경찰관서장은 배치허가를 신청을 받은 경우, 불허가사유에 해당하는 때에는 이를 확인하기 위하여 소속 경찰관으로 하여금 그 배치장소를 방문하여 조사하게 할 수 있다.

해설

③ (×) 집단민원현장에 경비원을 배치하려는 경우에는 경비원을 배치하기 48시간 전까지 행정안전부령으로 정하는 바에 따라 배치허가를 신청하고, 관할 경찰관서장의 배치허가를 받은 후에 경비원을 배치하여야 하며, 이 경우 <u>관할 경찰관서장은 배치허가를 함에 있어 필요한 조건을 붙일 수 있다</u>(경비업법 제18조 제2항 단서).
① (○) 경비업법 제18조 제2항 단서
② (○) 경비업법 제18조 제1항 단서
④ (○) 경비업법 제18조 제3항

171

경비업법령상 경비원의 명부 및 배치에 관한 설명으로 옳지 않은 것은? 기출 99

① 경비업자는 집단민원현장에 배치되는 일반경비원의 명부는 그 경비원이 배치되는 장소에도 작성·비치하여야 한다.
② 경비업자가 경비원을 배치하거나 배치를 폐지한 경우에는 관할 경찰관서장에게 신고하여야 한다.
❸ 시설경비업무 중 집단민원현장에 배치된 일반경비원의 경우에는 경비원을 배치하기 24시간 전까지 행정안전부령으로 정하는 바에 따라 배치허가를 신청하고, 관할 경찰관서장의 배치허가를 받은 후에 경비원을 배치하여야 한다.
④ 경비업자는 경비원을 배치하여 경비업무를 수행하게 하는 때에는 배치된 경비원의 인적사항과 배치일시·배치장소 등 근무상황을 작성하여 주된 사무소 및 출장소에 갖추어 두어야 한다.

해설

③ (×) 시설경비업무 중 집단민원현장에 배치된 일반경비원의 경우에는 경비원을 배치하기 <u>48시간 전까지</u> 행정안전부령으로 정하는 바에 따라 배치허가를 신청하고, 관할 경찰관서장의 배치허가를 받은 후에 경비원을 배치하여야 한다(경비업법 제18조 제2항 제1호).
① (○) 경비업법 제18조 제1항 단서
② (○) 경비업법 제18조 제2항 본문
④ (○) 경비업법 시행규칙 제24조의3 제1항

172

경비업법령상 집단민원현장이 아닌 곳에서 신변보호업무를 수행하는 일반경비원의 배치신고서 제출 시기는?

① 배치하기 전까지 경비원 배치신고서를 제출해야 한다. ✓
② 배치하기 24시간 전까지 배치신고서를 제출해야 한다.
③ 배치한 후 7일 이내에 배치신고서를 제출해야 한다.
④ 규정이 없으므로 신고의무가 없다.

[해설]
집단민원현장이 아닌 곳에서 신변보호업무를 수행하는 일반경비원과 특수경비원을 배치하는 경우에는 경비원을 배치하는 기간과 관계없이 경비원을 배치하기 전까지 제출해야 한다(경비업법 시행규칙 제24조 제1항 단서).

173

경비업법령상 집단민원현장에의 일반경비원 배치허가 신청 등에 대한 규정이다. (　) 안에 들어갈 내용으로 알맞은 것은?

> 일반경비원 배치허가를 받은 경비업자가 집단민원현장에 새로운 경비원을 배치하려는 경우에는 새로운 경비원을 배치하기 (　) 전까지 배치허가 신청서를 관할 경찰관서장에게 제출하여 허가를 받아야 한다.

① 없음
② 12시간
③ 24시간
④ 48시간 ✓

[해설]
일반경비원 배치허가를 받은 경비업자가 집단민원현장에 새로운 경비원을 배치하려는 경우에는 새로운 경비원을 배치하기 48시간 전까지 배치허가 신청서를 관할 경찰관서장에게 제출하여 허가를 받아야 한다(경비업법 시행규칙 제24조의2 제4항).

174

경비업법령상 관할 경찰관서장이 배치폐지를 명할 수 있는 경우가 아닌 것은? 기출 23

① 경비원 명단 및 배치일시·배치장소 등 배치허가 신청의 내용을 거짓으로 한 때
☑ **70세인 일반경비원을 경비업무에 종사하게 한 때**
③ 상해죄(「형법」 제257조 제1항)로 벌금형을 선고받고 5년이 지나지 아니한 자를 집단민원현장에 일반경비원으로 배치한 때
④ 경비업자 또는 경비원이 위력이나 흉기 또는 그 밖의 위험한 물건을 사용하여 집단적 폭력사태를 일으킨 때

해설

② (×) 관할 경찰관서장이 배치폐지를 명할 수 있는 사유에 해당하지 않는다. 참고로 경비업법령상 일반경비원은 특수경비원과 달리 '60세 이상'이라는 나이 상한의 결격사유가 존재하지 않는다(경비업법 제10조 제1항 제1호·제2항 제1호 참조).
① (○) 경비업법 제18조 제8항 제1호
③ (○) 경비업법 제18조 제8항 제2호
④ (○) 경비업법 제18조 제8항 제4호

관계법령 | **경비원의 명부와 배치허가 등(경비업법 제18조)** ★★

⑥ 경비업자는 다음 각호의 어느 하나에 해당하는 죄를 범하여 벌금형을 선고받고 5년이 지나지 아니하거나 금고 이상의 형을 선고받고 그 집행이 유예된 날부터 5년이 지나지 아니한 자를 집단민원현장에 일반경비원으로 배치하여서는 아니 된다.
  1. 「형법」 제257조부터 제262조까지, 제264조, 제276조부터 제281조까지의 죄, 제284조의 죄, 제285조의 죄, 제320조의 죄, 제324조 제2항의 죄, 제350조의2의 죄, 제351조의 죄(제350조, 제350조의2의 상습범으로 한정한다), 제369조 제1항의 죄
  2. 「폭력행위 등 처벌에 관한 법률」 제2조 또는 제3조의 죄
⑧ 관할 경찰관서장은 경비업자가 다음 각호의 어느 하나에 해당하는 때에는 배치폐지를 명할 수 있다.
  1. 제2항 각호 외의 부분 단서를 위반하여 배치허가를 받지 아니하고 경비원을 배치하거나 경비원 명단 및 배치일시·배치장소 등 배치허가 신청의 내용을 거짓으로 한 때
  2. 제6항의 결격사유에 해당하는 자를 집단민원현장에 일반경비원으로 배치한 때
  3. 제7항을 위반하여 신임교육을 이수하지 아니한 자를 제2항 각호의 경비원으로 배치한 때
  4. 경비업자 또는 경비원이 위력이나 흉기 또는 그 밖의 위험한 물건을 사용하여 집단적 폭력사태를 일으킨 때
  5. 경비업자가 제2항 각호 외의 부분 본문을 위반하여 신고하지 아니하고 일반경비원을 배치한 때

175

경비업법령상 관할 경찰관서장이 경비원의 배치폐지를 명할 수 있는 경우가 아닌 것은? 기출 14

① 경비업법상 배치허가를 필요로 하는 경우 배치허가 신청의 내용을 거짓으로 한 경우
② 경비업자가 경비업법을 위반하여 신고를 하지 아니하고 일반경비원을 배치한 경우
③ 경비원 신임교육을 이수하지 아니한 자를 경비원으로 배치한 경우
☑ **형법상 사기죄로 기소된 자를 경비원으로 배치한 경우**

해설

④는 배치폐지 사유에 해당하지 않는다(경비업법 제18조 제8항).

176

경비업법령상 관할 경찰관서장이 경비업자에 대하여 경비원 배치폐지를 명할 수 있는 경우로서 명시되지 않은 것은? 기출 20

① ✓ 경비원의 복장·장비 등에 대하여 내려진 필요한 명령을 이행하지 아니한 때
② 경비원 명단 및 배치일시·배치장소 등 배치허가 신청의 내용을 거짓으로 한 때
③ 결격사유에 해당하는 자를 집단민원현장에 일반경비원으로 배치한 때
④ 경비업자 또는 경비원이 위력이나 흉기 또는 그 밖의 위험한 물건을 사용하여 집단적 폭력사태를 일으킨 때

해설

'경비원의 복장·장비 등에 대하여 내려진 필요한 명령을 이행하지 아니한 때'는 경비업법 제18조 제8항의 배치폐지 사유에 해당하지 않는다.

177

경비원 배치 및 폐지의 신고에 관한 설명으로 옳은 것은? 기출 99

① ✓ 경비원 배치신고 시에 기재한 배치폐지 예정일에 폐지한 경우에는 별도로 신고할 필요가 없다.
② 24시간 이내에 경비원 배치폐지 신고서를 배치장소를 관할하는 경찰관서장에게 제출한다.
③ 3일 이내에 시·도 경찰청장에게 신고서를 제출한다.
④ 12시간 이내에 경비협회에 신청하여야 한다.

해설

경비원의 배치신고를 한 경비업자가 경비원의 배치를 폐지한 때에는 배치폐지를 한 날부터 7일 이내에 경비원 배치폐지신고서를 배치지의 관할 경찰관서장에게 제출하여야 한다. 다만, 경비원 배치신고 시에 기재한 배치폐지 예정일에 경비원의 배치를 폐지한 경우에는 별도로 신고할 필요가 없다(경비업법 시행규칙 제24조 제5항).

178

다음에서 밑줄 친 사유에 해당하지 않는 것은?

> 관할 경찰관서장은 경비업자가 <u>다음의 어느 하나</u>에 해당하는 때에는 배치폐지를 명할 수 있다.

☑ 허가받은 경비업무 외의 업무에 경비원을 종사하게 한 때
② 결격사유에 해당하는 자를 집단민원현장에 일반경비원으로 배치한 때
③ 신임교육을 이수하지 아니한 자를 경비원으로 배치한 때
④ 경비업자 또는 경비원이 위력이나 흉기 또는 그 밖의 위험한 물건을 사용하여 집단적 폭력사태를 일으킨 때

[해설]
① (×) 경비업자가 허가받은 경비업무 외의 업무에 경비원을 종사하게 하는 경우 경비업법 제19조 제1항 제2호의 경비업 허가의 필요적 취소사유였으나, 헌법재판소는 2023.3.23. 해당 법률조항에 대하여 적용중지 헌법불합치 결정을 선고하였다. 이에 따라 국회는 2025.1.7. 개정을 통해 헌법불합치 결정된 제7조 제5항을 개정하고, 제19조 제1항 제2호를 삭제하였다. 헌법불합치 결정된 조항들과 관련된 2025.1.7. 개정규정들은 2026.1.8.부터 시행된다.
② (○) 경비업법 제18조 제8항 제2호
③ (○) 경비업법 제18조 제8항 제3호
④ (○) 경비업법 제18조 제8항 제4호

179

다음은 경비원의 근무상황 기록부에 대한 규정이다. (　) 안에 들어갈 숫자가 바르게 연결된 것은?

> 경비업자는 경비업무를 수행하는 경비원의 인적사항, 배치일시, 배치장소, 배치폐지일시 및 근무여부 등 근무상황을 기록한 근무상황기록부를 작성하여 주된 사무소 및 출장소에 갖추어 두어야 하며, 경비업자는 근무상황기록부를 (　) 동안 보관하여야 한다.

① 1개월
② 6개월
☑ 1년
④ 2년

[해설]
근무상황기록부의 보관기한은 1년으로 한다(경비업법 시행규칙 제24조의3 제2항).

180

경비업법령상 특수경비원을 배치한 시설주가 갖추어 두어야 할 장부 및 서류로 옳지 않은 것은?

☑ ① 감독순시부
② 순찰표철
③ 근무상황카드
④ 무기장비운영카드

[해설]

감독순시부는 특수경비원을 배치한 국가중요시설의 관할 경찰관서장이 갖추어 두어야 하는 장부 및 서류에 해당한다(경비업법 시행규칙 제26조 제2항).

핵심만콕 갖추어 두어야 하는 장부 또는 서류(경비업법 시행규칙 제26조) ★★★

시설주	관할 경찰관서장
특수경비원을 배치한 시설주는 다음의 장부 및 서류를 갖추어 두어야 한다(제1항). 1. 근무일지 2. 근무상황카드 3. 경비구역배치도 4. 순찰표철 5. 무기탄약출납부★ 6. 무기장비운영카드	특수경비원을 배치한 국가중요시설의 관할 경찰관서장은 다음의 장부 및 서류를 갖추어 두어야 한다(제2항). 1. 감독순시부★★ 2. 특수경비원 전출입관계철★ 3. 특수경비원 교육훈련실시부★★ 4. 무기・탄약대여대장★ 5. 그 밖에 특수경비원의 관리 등을 위하여 필요한 장부 또는 서류
갖추어 두어야 하는 장부 또는 서류의 서식은 경찰관서에서 사용하는 서식을 준용한다(제3항).	

181

경비업법령상 특수경비원을 배치한 시설주가 갖추어 두어야 할 장부 및 서류가 아닌 것은?

① 경비구역배치도
☑ ② 특수경비원 전출입관계철
③ 무기탄약출납부
④ 근무상황카드

[해설]

②는 국가중요시설의 관할 경찰관서장이 갖추어 두어야 하는 장부 및 서류에 해당한다(경비업법 시행규칙 제26조).

경비업법 제19조~제21조

01 경비업 허가의 취소 등
02 경비지도사자격의 취소 등
03 청 문

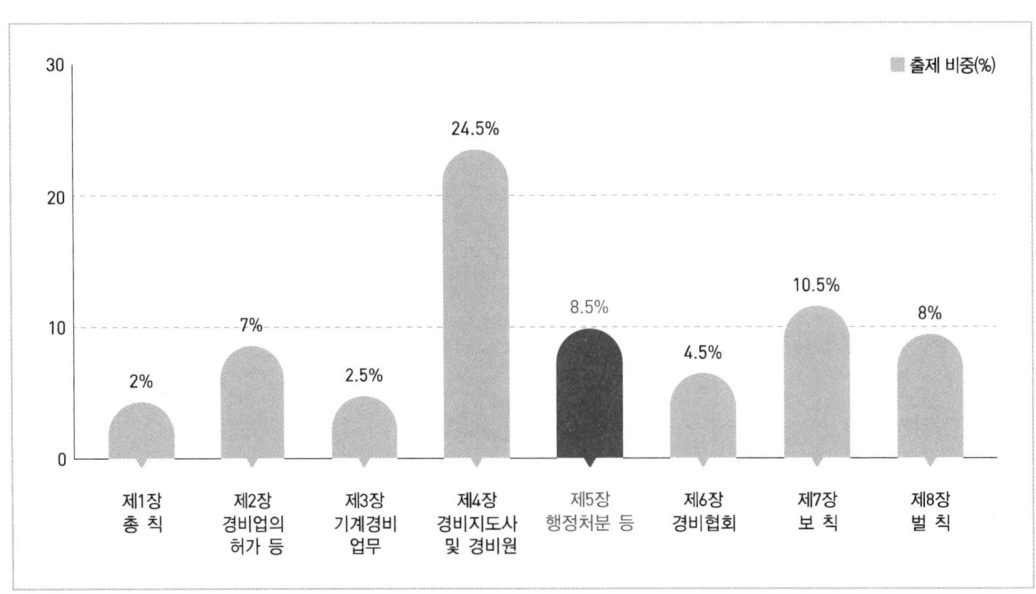

CHAPTER 05
행정처분 등

CHAPTER 05 행정처분 등

01
CHECK ○△×

경비업법령상 경비업 허가취소 사유에 해당하지 않는 것은? 기출 24

① 경비업 및 경비관련업 외의 영업을 한 때
② 영업정지처분을 받고 계속하여 영업을 한 때
❸ 정당한 사유 없이 허가를 받은 날부터 1년 이내에 경비 도급실적이 없을 때
④ 관할 경찰관서장의 배치폐지 명령에 따르지 아니한 때

[해설]
③ (×) 허가관청은 정당한 사유 없이 허가를 받은 날부터 2년 이내에 경비 도급실적이 없거나 계속하여 1년 이상 휴업한 때에는 그 허가를 취소하여야 한다(경비업법 제19조 제1항 제4호).
① (○) 경비업법 제19조 제1항 제3호
② (○) 경비업법 제19조 제1항 제6호
④ (○) 경비업법 제19조 제1항 제8호

02
CHECK ○△×

경비업법령상 경비업 허가를 취소하여야 하는 경우가 아닌 것은? 기출 23

❶ 정당한 사유 없이 최종 도급계약 종료일의 다음 날부터 1년 이내에 경비 도급실적이 없을 때
② 정당한 사유 없이 허가를 받은 날부터 2년 이내에 경비 도급실적이 없거나 계속하여 1년 이상 휴업한 때
③ 영업정지처분을 받고 계속하여 영업을 한 때
④ 관할 경찰관서장의 배치폐지명령에 따르지 아니한 때

[해설]
① (×) 허가관청은 경비업자가 정당한 사유 없이 최종 도급계약 종료일의 다음 날부터 2년 이내에 경비 도급실적이 없을 때 그 허가를 취소하여야 한다(경비업법 제19조 제1항 제5호).
② (○) 경비업법 제19조 제1항 제4호
③ (○) 경비업법 제19조 제1항 제6호
④ (○) 경비업법 제19조 제1항 제8호

핵심만콕 경비업 허가의 취소 등(경비업법 제19조) ★★★

절대적(필요적) 허가취소사유 (제1항)	허가관청은 경비업자가 다음의 어느 하나에 해당하는 때에는 그 허가를 취소하여야 한다. 1. 허위 그 밖의 부정한 방법으로 허가를 받은 때 2. 경비업자가 허가받은 경비업무 외의 업무에 경비원을 종사하게 한 때 - 적용중지 헌법불합치 결정 (2020헌가19) 3. 특수경비업자가 경비업 및 경비관련업 외의 영업을 한 때 4. 정당한 사유 없이 허가를 받은 날부터 2년 이내에 경비 도급실적이 없거나 계속하여 1년 이상 휴업한 때 5. 정당한 사유 없이 최종 도급계약 종료일의 다음 날부터 2년 이내에 경비 도급실적이 없을 때 6. 영업정지처분을 받고 계속하여 영업을 한 때 7. 소속 경비원으로 하여금 경비업무의 범위를 벗어난 행위를 하게 한 때 8. 관할 경찰관서장의 배치폐지명령에 따르지 아니한 때
상대적(임의적) 허가취소·영업정지 사유(제2항)	허가관청은 경비업자가 다음의 어느 하나에 해당하는 때에는 대통령령으로 정하는 행정처분의 기준에 따라 그 허가를 취소하거나 6개월 이내의 기간을 정하여 영업의 전부 또는 일부에 대하여 영업정지를 명할 수 있다. 1. 시·도 경찰청장의 허가 없이 경비업무를 변경한 때 2. 도급을 의뢰받은 경비업무가 위법한 것임에도 이를 거부하지 아니한 때 3. 경비지도사를 집단민원현장에 선임·배치하지 아니한 때 4. 경비대상시설에 관한 경보 대응체제를 갖추지 아니한 때 5. 관련 서류를 작성·비치하지 아니한 때 6. 결격사유에 해당하는 경비원을 배치하거나 결격사유에 해당하는 경비지도사를 선임·배치한 때 7. 대통령령이 정하는 바에 따르지 아니하고 이를 위반하여 경비지도사를 선임한 때 8. 경비원으로 하여금 교육을 받게 하지 아니한 때 9. 경비원의 복장 등에 관한 규정을 위반한 때 10. 경비원의 장비 등에 관한 규정을 위반한 때 11. 경비원의 출동차량 등에 관한 규정을 위반한 때 12. 집단민원현장에 일반경비원 명부를 작성·비치하지 아니한 때 13. 배치허가를 받지 아니하고 경비원을 배치하거나 경비원 명단 및 배치일시·배치장소 등 배치허가 신청의 내용을 거짓으로 한 때 14. 결격사유에 해당하는 일반경비원을 집단민원현장에 배치한 때 15. 경찰청장, 시·도 경찰청장, 관할 경찰관서장의 감독상 명령에 따르지 아니한 때 16. 업무수행 중 고의 또는 과실로 발생한 경비대상 및 제3자의 손해를 배상하지 아니한 때

※ 국회는 2025.1.7. 법률 제20645호에 의하여 경비업자가 허가받은 경비업무 외의 업무에 경비원을 종사시키는 것을 금지하고 이를 위반하는 경우 경비업 허가를 필요적으로 취소하는 것은 과잉금지원칙에 위반하여 경비업자의 직업의 자유를 침해한다는 헌법재판소의 헌법불합치 결정(헌재결[전] 2023.3.23. 2020헌가19) 취지를 반영하여, 경비업자가 경비업무 외의 업무에 경비원을 종사시키는 것을 원칙적으로 금지하되, 경비업무의 목적 달성을 침해하지 않는 범위에서 대통령령으로 정하는 업무는 예외적으로 허용하도록 하였다. 이에 따라 경비업법 제19조도 제1항 제2호를 삭제하면서 제19조 제2항 제2호의2(제7조 제5항을 위반하여 경비업무 또는 경비업무의 목적 달성을 침해하지 아니하는 범위에서 대통령령으로 정하는 업무 외의 업무에 경비원을 종사하게 한 때)를 상대적 허가취소·영업정지사유로 신설하고, 제19조 제3항을 "허가관청은 제1항 및 제2항에 의하여 허가취소 또는 영업정지처분을 하는 때에는 경비업자가 허가받은 경비업무 중 허가취소 또는 영업정지사유에 해당되는 경비업무에 한하여 처분을 하여야 한다. 다만, 제1항 제7호에 해당하여 허가취소를 하는 때에는 그러하지 아니하다"로 개정하였다. 이러한 개정 규정은 2026.1.8.부터 시행된다.

03

경비업법령상 경비업 허가의 취소사유로 옳지 않은 것은? 기출수정 22

① 허위 그 밖의 부정한 방법으로 허가를 받은 때
② 특수경비업자가 경비업 및 경비관련업 외의 영업을 한 때
③ 경비업자가 소속 경비원으로 하여금 경비업무의 범위를 벗어난 행위를 하게 한 때
❹ 경비업자가 정당한 사유 없이 최종 도급계약 종료일의 다음 날부터 1년 이내에 경비 도급실적이 없을 때

해설

④ (×) 허가관청은 경비업자가 정당한 사유 없이 <u>최종 도급계약 종료일의 다음 날부터 2년 이내에 경비 도급실적이 없을 때</u> 그 허가를 취소하여야 한다(경비업법 제19조 제1항 제5호).
① (○) 경비업법 제19조 제1항 제1호
② (○) 경비업법 제19조 제1항 제3호
③ (○) 경비업법 제19조 제1항 제7호

04

경비업법령상 허가관청이 의무적으로 경비업 허가를 취소해야 하는 사유가 아닌 것은? 기출 21

❶ 도급을 의뢰받은 경비업무가 위법한 것임에도 이를 거부하지 아니한 때
② 정당한 사유 없이 허가를 받은 날부터 2년 이내에 경비 도급실적이 없거나 계속하여 1년 이상 휴업한 때
③ 소속 경비원으로 하여금 경비업무의 범위를 벗어난 행위를 하게 한 때
④ 관할 경찰관서장의 배치폐지명령에 따르지 아니한 때

해설

①은 상대적 허가취소・영업정지사유이나(경비업법 제19조 제2항 제2호), ②・③・④는 각각 절대적 허가취소사유이다(경비업법 제19조 제1항 제4호・제7호・제8호).

05

경비업법령상 경비업 허가의 취소사유에 해당하지 않는 것은? 기출수정 20

① 허위 그 밖의 부정한 방법으로 허가를 받은 때
② 정당한 사유 없이 계속하여 15개월 동안 휴업한 때
❸ 정당한 사유 없이 최종 도급계약 체결일부터 2년 이내에 경비 도급실적이 없을 때
④ 영업정지처분을 받고 계속하여 영업한 때

[해설]
정당한 사유 없이 최종 도급계약 종료일의 다음 날부터 2년 이내에 경비 도급실적이 없을 때가 경비업 허가의 절대적 취소사유에 해당한다(경비업법 제19조 제1항 제5호).

06

경비업법령상 6개월 이내의 기간을 정하여 영업의 전부 또는 일부에 대하여 경비업자에게 영업정지를 명할 수 있는 사유로 명시되지 않은 것은? 기출 20

① 경비원의 출동차량 등에 관한 규정을 위반한 때
❷ 배치경비원 인원 및 배치시간 등 배치허가 신청의 내용을 과실로 누락한 때
③ 경비원으로 하여금 교육을 받게 하지 아니한 때
④ 경비원의 복장·장비에 관한 규정을 위반한 때

[해설]
경비원 명단 및 배치일시·배치장소 등 배치허가 신청의 내용을 거짓으로 한 때가 상대적 허가취소·영업정지사유에 해당한다(경비업법 제19조 제2항 제13호).

07

경비업법령상 경비업 허가의 취소사유가 아닌 것은? 기출수정 19

① 허위 그 밖의 부정한 방법으로 허가를 받은 때
❷ 경비업자가 정당한 사유 없이 최종 도급계약 종료일의 다음 날부터 1년 이내에 경비 도급실적이 없을 때
③ 경비업자가 소속 경비원으로 하여금 경비업무의 범위를 벗어난 행위를 하게 한 때
④ 경비업자가 관할 경찰관서장의 배치폐지명령에 따르지 아니한 때

해설

② (×) 정당한 사유 없이 최종 도급계약 종료일의 다음 날부터 <u>2년 이내에 경비 도급실적이 없을 때</u>가 경비업 허가의 취소사유에 해당한다(경비업법 제19조 제1항 제5호).
① (○) 경비업법 제19조 제1항 제1호
③ (○) 경비업법 제19조 제1항 제7호
④ (○) 경비업법 제19조 제1항 제8호

08

경비업법령상 경비업 허가의 필요적 취소사유에 해당하는 경우는? 기출 18

① 정당한 사유 없이 허가를 받은 날부터 1년 이내에 경비 도급실적이 없거나 계속하여 1년간 휴업한 때
② 정당한 사유 없이 최종 도급계약 종료일의 다음 날부터 1년 이내에 경비 도급실적이 없을 때
③ 경비원 명단 및 배치 일시・장소 등 배치허가 신청의 내용을 거짓으로 한 때
❹ 소속 경비원으로 하여금 경비업무의 범위를 벗어난 행위를 하게 한 때

해설

④ (○) 경비업법 제19조 제1항 제7호의 필요적 취소사유에 해당한다.
① (×) 정당한 사유 없이 허가를 받은 날부터 <u>2년 이내에 경비 도급실적이 없거나 계속하여 1년간 휴업한 때</u>가 경비업법 제19조 제1항 제4호의 필요적 취소사유에 해당한다.
② (×) 정당한 사유 없이 최종 도급계약 종료일의 다음 날부터 <u>2년 이내에 경비 도급실적이 없을 때</u>가 경비업법 제19조 제1항 제5호의 필요적 취소사유에 해당한다.
③ (×) 경비업법 제19조 제2항 제13호의 <u>상대적 취소・영업정지사유</u>에 해당한다.

09

경비업법상 경비업의 영업정지를 명할 수 있는 사유가 아닌 것은? 기출 16

① 특수경비업자가 시·도 경찰청장의 감독상 명령에 따르지 아니한 경우
❷ **특수경비업자가 경비관련업 외의 영업을 한 경우**
③ 특수경비업자가 도급을 의뢰받은 경비업무가 위법한 것임에도 이를 거부하지 아니한 경우
④ 특수경비업자가 신임교육을 받지 않은 사람을 경비원으로 배치한 경우

[해설]
②의 경우 경비업의 절대적(필요적) 허가 취소사유에 해당한다.

10

경비업법상 경비업 허가 취소대상에 해당하는 것을 〈보기〉에서 모두 고른 것은? 기출수정 15

> ㄱ. 허위 그 밖의 부정한 방법으로 허가를 받은 때
> ㄴ. 정당한 사유 없이 허가를 받은 날부터 2년 이내에 경비 도급실적이 없거나 계속하여 1년 이상 휴업한 때
> ㄷ. 정당한 사유 없이 최종 도급계약 종료일의 다음 날부터 2년 이내에 도급실적이 없을 때
> ㄹ. 영업정지처분을 받고 계속하여 영업을 한 때

① ㄱ, ㄴ
② ㄷ, ㄹ
③ ㄱ, ㄴ, ㄹ
❹ ㄱ, ㄴ, ㄷ, ㄹ

[해설]
제시된 내용 모두 경비업 허가 취소대상에 해당된다.
ㄱ. (○) 경비업법 제19조 제1항 제1호
ㄴ. (○) 경비업법 제19조 제1항 제4호
ㄷ. (○) 경비업법 제19조 제1항 제5호
ㄹ. (○) 경비업법 제19조 제1항 제6호

11

경비업법령상 경비업의 허가 취소 등에 관한 설명으로 옳지 않은 것은? 기출 10

① 허위 그 밖의 부정한 방법으로 허가받은 경우 허가관청은 허가를 취소하여야 한다.
② 영업정지처분을 받고 계속하여 영업을 한 경우도 허가취소의 사유에 해당된다.
❸ 허가관청은 경비업자가 허가받은 경비업무 외의 업무에 경비원을 종사하게 하여 허가취소를 하는 때에는 경비업자가 허가받은 경비업무 중 허가취소에 해당되는 경비업무에 한하여 처분을 하여야 한다.
④ 정당한 사유 없이 허가를 받은 날부터 계속하여 1년 이상 휴업한 경우 허가를 취소하여야 한다.

해설

③ (×) 허가관청은 허가취소 또는 영업정지처분을 하는 때에는 경비업자가 허가받은 경비업무 중 허가취소 또는 영업정지사유에 해당되는 경비업무에 한하여 처분을 하여야 한다. 다만, 허가받은 경비업무 외의 업무에 경비원을 종사하게 한 때 및 소속 경비원으로 하여금 경비업무의 범위를 벗어난 행위를 하게 한 때에 해당하여 허가취소를 하는 때에는 그러하지 아니하다(경비업법 제19조 제3항). 즉, 전부 취소가 가능하다.
① (○) 경비업법 제19조 제1항 제1호
② (○) 경비업법 제19조 제1항 제6호
④ (○) 경비업법 제19조 제1항 제4호

12

경비업법령상 경비업자에 대한 허가관청의 행정처분으로 옳지 않은 것은? 기출 09

❶ 경비업자가 영업정지처분을 받고도 계속 영업을 한 때에는 1년 이내의 기간을 정하여 영업의 전부에 대하여 영업정지를 명하여야 한다.
② 정당한 사유 없이 허가를 받은 날부터 2년 이내에 경비 도급실적이 없거나 계속하여 1년 이상 휴업한 때에는 허가를 취소하여야 한다.
③ 이 법에 의한 명령을 위반한 때에는 6개월 이내의 기간을 정하여 영업의 전부 또는 일부에 대하여 영업정지를 명할 수 있다.
④ 경비업자가 허위 그 밖의 부정한 방법으로 허가를 받은 때에는 허가를 취소하여야 한다.

해설

① (×) 경비업자가 영업정지처분을 받고도 계속 영업을 한 때에는 그 허가를 취소하여야 한다(경비업법 제19조 제1항 제6호).
② (○) 경비업법 제19조 제1항 제4호
③ (○) 경비업법 제19조 제2항 제15호
④ (○) 경비업법 제19조 제1항 제1호

13

다음 중 시·도 경찰청장이 경비업자에 대하여 6개월 이내의 기간을 정하여 영업의 전부 또는 일부에 대하여 영업정지를 명할 수 있는 경우는? 기출 06

① 허위 그 밖의 부정한 방법으로 허가를 받은 때
② 경비업 및 경비관련업 외의 영업을 할 때
❸ 경비지도사를 집단민원현장에 선임·배치하지 아니한 때
④ 정당한 사유 없이 허가를 받은 날로부터 2년 이내에 경비 도급실적이 없거나 계속하여 1년 이상 휴업한 때

[해설]
③은 상대적 허가취소·영업정지사유(경비업법 제19조 제2항 제3호)이고, ①·②·④는 절대적 허가취소사유이다(경비업법 제19조 제1항 제1호·제3호·제4호).

14

경비업법령상 경비업 허가의 취소 등에 관한 내용이다. 다음의 밑줄 친 사유로 알맞지 않은 것은?

> 허가관청은 경비업자가 <u>다음의 어느 하나에 해당하는</u> 때에는 대통령령으로 정하는 행정처분의 기준에 따라 그 허가를 취소하거나 6개월 이내의 기간을 정하여 영업의 전부 또는 일부에 대하여 영업정지를 명할 수 있다.

① 경비대상시설에 관한 경보 대응체제를 갖추지 아니한 때
❷ 경비업 및 경비관련업 외의 영업을 한 때
③ 집단민원현장에 일반경비원 명부를 작성·비치하지 아니한 때
④ 배치허가를 받지 아니하고 경비원을 배치하거나 경비원 명단 및 배치일시·배치장소 등 배치허가 신청의 내용을 거짓으로 한 때

[해설]
제시문은 경비업법 제19조 제2항의 상대적 허가취소 또는 영업정지사유와 관련된 내용이다. 경비업 및 경비관련업 외의 영업을 한 경우에는 허가관청이 그 허가를 취소하여야 하는 경우에 해당한다(경비업법 제19조 제1항 제3호).

15

경비업법령상 행정처분의 일반기준에 관한 설명으로 옳은 것은? 기출 21

① 행정처분이 영업정지인 경우에는 가중하거나 감경할 수 없다.
② 위반행위가 2 이상인 경우로서 그에 해당하는 각각의 처분기준이 다른 경우에는 그중 경한 처분기준에 따른다.
❸ 위반행위의 횟수에 따른 행정처분 기준 적용일은 위반행위에 대한 행정처분일과 그 처분 후의 위반행위가 다시 적발된 날을 기준으로 한다.
④ 영업정지처분에 해당하는 위반행위가 적발된 날 이전 최근 2년간 같은 위반행위로 3회 이상 영업정지처분을 받은 경우에는 그 위반행위에 대한 행정처분 기준은 허가취소로 한다.

해설

③ (○) 경비업법 시행령 [별표 4] 제1호 다목 후문
① (×) 제2호(개별기준)에 따른 행정처분이 영업정지인 경우에는 위반행위의 동기, 내용 및 위반의 정도 등을 고려하여 가중하거나 감경할 수 있다(경비업법 시행령 [별표 4] 제1호 가목).
② (×) 위반행위가 2 이상인 경우로서 그에 해당하는 각각의 처분기준이 다른 경우에는 그중 중한 처분기준에 따른다(경비업법 시행령 [별표 4] 제1호 나목 본문 전단).
④ (×) 영업정지처분에 해당하는 위반행위가 적발된 날 이전 최근 2년간 같은 위반행위로 2회 영업정지처분을 받은 경우에는 제2호(개별기준)의 기준에도 불구하고 그 위반행위에 대한 행정처분 기준은 허가취소로 한다(경비업법 시행령 [별표 4] 제1호 라목).

관계법령 행정처분 기준(경비업법 시행령 [별표 4]) ★

1. 일반기준
   가. 제2호(개별기준)에 따른 행정처분이 영업정지인 경우에는 위반행위의 동기, 내용 및 위반의 정도 등을 고려하여 가중하거나 감경할 수 있다.
   나. 위반행위가 2 이상인 경우로서 그에 해당하는 각각의 처분기준이 다른 경우에는 그중 중한 처분기준에 따르며, 2 이상의 처분기준이 동일한 영업정지인 경우에는 중한 처분기준의 2분의 1까지 가중할 수 있다. 다만, 가중하는 경우에도 각 처분기준을 합산한 기간을 초과할 수 없다.
   다. 위반행위의 횟수에 따른 행정처분 기준은 최근 2년간 같은 위반행위로 행정처분을 받은 경우에 적용한다. 이 경우 기준 적용일은 위반행위에 대한 행정처분일과 그 처분 후의 위반행위가 다시 적발된 날을 기준으로 한다.
   라. 영업정지처분에 해당하는 위반행위가 적발된 날 이전 최근 2년간 같은 위반행위로 2회 영업정지처분을 받은 경우에는 제2호(개별기준)의 기준에도 불구하고 그 위반행위에 대한 행정처분 기준은 허가취소로 한다.

16

경비업법령상 행정처분의 일반기준에 관한 설명으로 옳지 않은 것은? 기출 16

① 행정처분이 영업정지인 경우에는 위반행위의 동기, 내용 및 위반의 정도 등을 고려하여 가중하거나 감경할 수 있다.
② 위반행위가 2 이상인 경우로서 그에 해당하는 각각의 처분기준이 다른 경우에는 그중 중한 처분기준에 따른다.
❸ 위반행위가 2 이상인 경우로서 2 이상의 처분기준이 동일한 영업정지인 경우에는 각 처분기준을 합산한 기간으로 한다.
④ 영업정지처분에 해당하는 위반행위가 적발된 날 이전 최근 2년간 같은 위반행위로 2회 영업정지처분을 받은 경우에는 개별기준에도 불구하고 그 위반행위에 대한 행정처분 기준은 허가취소로 한다.

해설
③ (×) 위반행위가 2 이상인 경우로서 2 이상의 처분기준이 동일한 영업정지인 경우에는 중한 처분기준의 2분의 1까지 가중할 수 있다. 다만, 가중하는 경우에도 각 처분기준을 합산한 기간을 초과할 수 없다(경비업법 시행령 [별표 4] 제1호 일반기준 나목).
① (○) 경비업법 시행령 [별표 4] 제1호 일반기준 가목
② (○) 경비업법 시행령 [별표 4] 제1호 일반기준 나목
④ (○) 경비업법 시행령 [별표 4] 제1호 일반기준 라목

17

경비업법령상 행정처분의 일반기준에 관한 설명으로 옳은 것은? 기출 14

① 위반행위가 2 이상인 경우로서 그에 해당하는 각각의 처분기준이 다른 경우에는 그중 경한 처분기준에 따른다.
② 2 이상의 처분기준이 동일한 영업정지인 경우에는 중한 처분기준의 3분의 1까지 가중할 수 있다.
③ 위반행위의 횟수에 따른 행정처분 기준은 최근 1년간 같은 위반행위로 행정처분을 받은 경우에 적용한다.
❹ 영업정지처분에 해당하는 위반행위가 적발된 날 이전 최근 2년간 같은 위반행위로 2회 영업정지처분을 받은 경우에는 그 위반행위에 대한 행정처분 기준은 허가취소로 한다.

해설
④ (○) 경비업법 시행령 [별표 4] 제1호 일반기준 라목
① (×) 위반행위가 2 이상인 경우로서 그에 해당하는 각각의 처분기준이 다른 경우에는 그중 중한 처분기준에 따른다(경비업법 시행령 [별표 4] 제1호 일반기준 나목).
② (×) 2 이상의 처분기준이 동일한 영업정지인 경우에는 중한 처분기준의 2분의 1까지 가중할 수 있다(경비업법 시행령 [별표 4] 제1호 일반기준 나목).
③ (×) 위반행위의 횟수에 따른 행정처분 기준은 최근 2년간 같은 위반행위로 행정처분을 받은 경우에 적용한다(경비업법 시행령 [별표 4] 제1호 일반기준 다목).

18

경비업법령상 경비업자가 경비업법 또는 동법에 의한 명령에 위반한 때 행해지는 행정처분 기준에 관한 설명으로 옳지 않은 것은? 기출 10

① 행정처분이 영업정지인 경우에는 위반행위의 동기, 내용 및 위반의 정도 등을 고려하여 가중하거나 감경할 수 있다.
② 위반행위가 2 이상인 경우로서 그에 해당하는 각각의 처분기준이 다른 경우에는 그중 중(重)한 처분기준에 의한다.
③ 위반행위가 2 이상인 경우로서 2 이상의 처분기준이 동일한 영업정지인 경우에는 중(重)한 처분기준의 2분의 1까지 가중할 수 있되, 각 처분기준을 합산한 기간을 초과할 수 없다.
④ 영업정지처분에 해당하는 위반행위가 있은 날 이전 최근 3년간 같은 위반행위로 3회 영업정지처분을 받은 경우에는 위반행위에 대한 행정처분 기준은 허가취소로 한다.

해설

영업정지처분에 해당하는 위반행위가 적발된 날 이전 최근 2년간 같은 위반행위로 2회 영업정지처분을 받은 경우에는 개별기준에도 불구하고 그 위반행위에 대한 행정처분 기준은 허가취소로 한다(경비업법 시행령 [별표 4] 제1호 라목).

19

경비업법령상 2차 위반 시 행정처분의 기준이 가장 중한 행위는? 기출 23

① 경비업자가 경비원의 복장 등에 관한 규정을 위반한 때
② 경비업자가 결격사유에 해당하는 일반경비원을 집단민원현장에 배치한 때
③ 경비업자가 경비원의 출동차량 등에 관한 규정을 위반한 때
④ 기계경비업자가 관련서류를 작성·비치하지 않은 때

해설

② (○) 2차 위반 시 행정처분은 '3개월 영업정지'이다(경비업법 시행령 [별표 4] 제2호 하목). 두 1·3·취
① (×) 2차 위반 시 행정처분은 '1개월 영업정지'이다(경비업법 시행령 [별표 4] 제2호 자목). 두 경·1·3
③ (×) 2차 위반 시 행정처분은 '1개월 영업정지'이다(경비업법 시행령 [별표 4] 제2호 카목). 두 경·1·3
④ (×) 2차 위반 시 행정처분은 '경고'이다(경비업법 시행령 [별표 4] 제2호 마목). 두 경·경·1

관계법령 행정처분 기준(경비업법 시행령 [별표 4]) ★

2. 개별기준

위반행위	해당 법조문	행정처분 기준 1차 위반	행정처분 기준 2차 위반	행정처분 기준 3차 이상 위반
가. 법 제4조 제1항 후단을 위반하여 시·도 경찰청장의 허가 없이 경비업무를 변경한 때	법 제19조 제2항 제1호	경고	영업정지 6개월	허가취소
나. 법 제7조 제2항을 위반하여 도급을 의뢰받은 경비업무가 위법한 것임에도 이를 거부하지 않은 때	법 제19조 제2항 제2호	영업정지 1개월	영업정지 3개월	허가취소
다. 법 제7조 제6항을 위반하여 경비지도사를 집단민원현장에 선임·배치하지 않은 때	법 제19조 제2항 제3호	영업정지 1개월	영업정지 3개월	허가취소
라. 법 제8조를 위반하여 경비대상시설에 관한 경보 대응체제를 갖추지 않은 때	법 제19조 제2항 제4호	경고	경고	영업정지 1개월
마. 법 제9조 제2항을 위반하여 관련 서류를 작성·비치하지 않은 때	법 제19조 제2항 제5호	경고	경고	영업정지 1개월
바. 법 제10조 제3항을 위반하여 결격사유에 해당하는 경비원을 배치하거나 결격사유에 해당하는 경비지도사를 선임·배치한 때	법 제19조 제2항 제6호	영업정지 1개월	영업정지 3개월	허가취소
사. 법 제12조 제1항(선임규정)을 위반하여 경비지도사를 선임한 때	법 제19조 제2항 제7호	영업정지 1개월	영업정지 3개월	허가취소
아. 법 제13조를 위반하여 경비원으로 하여금 교육을 받게 하지 않은 때	법 제19조 제2항 제8호	경고	경고	영업정지 1개월
자. 법 제16조에 따른 경비원의 복장 등에 관한 규정을 위반한 때	법 제19조 제2항 제9호	경고	영업정지 1개월	영업정지 3개월
차. 법 제16조의2에 따른 경비원의 장비 등에 관한 규정을 위반한 때	법 제19조 제2항 제10호	경고	영업정지 1개월	영업정지 3개월
카. 법 제16조의3에 따른 경비원의 출동차량 등에 관한 규정을 위반한 때	법 제19조 제2항 제11호	경고	영업정지 1개월	영업정지 3개월
타. 법 제18조 제1항 단서를 위반하여 집단민원현장에 일반경비원 명부를 작성·비치하지 않은 때	법 제19조 제2항 제12호	영업정지 1개월	영업정지 3개월	허가취소
파. 법 제18조 제2항 각호 외의 부분 단서를 위반하여 배치허가를 받지 아니하고 경비원을 배치하거나 경비원 명단 및 배치 일시·배치장소 등 배치허가 신청의 내용을 거짓으로 한 때	법 제19조 제2항 제13호	영업정지 1개월	영업정지 3개월	허가취소
하. 법 제18조 제6항을 위반하여 결격사유에 해당하는 일반경비원을 집단민원현장에 배치한 때	법 제19조 제2항 제14호	영업정지 1개월	영업정지 3개월	허가취소
거. 법 제24조에 따른 감독상 명령에 따르지 않은 때	법 제19조 제2항 제15호	경고	영업정지 3개월	허가취소
너. 법 제26조를 위반하여 손해를 배상하지 않은 때	법 제19조 제2항 제16호	경고	영업정지 3개월	영업정지 6개월

20

경비업법령상 행정처분의 기준이 3차 위반 시 영업정지 3개월인 위반행위에 해당하는 것은?

① 집단민원현장에 일반경비원 명부를 작성·비치하지 않은 때
❷ 경비원의 복장 등에 관한 규정을 위반한 때
③ 손해를 배상하지 않은 때
④ 경비대상시설에 관한 경보 대응체제를 갖추지 않은 때

해설

3차 위반 시 행정처분이 영업정지 3개월인 것은 ②이다(경비업법 시행령 [별표 4] 제2호 자목).

21

경비업법령상 경비업 허가취소처분 사유에 해당하지 않는 것은?

① 경비업자가 집단민원현장에 경비지도사를 선임·배치하여야 함에도 불구하고 이를 3차례 위반한 때
❷ 경비업자가 특수폭행죄를 범하여 벌금형을 선고받고 5년이 지나지 아니한 자를 일반경비원으로 집단민원현장에 배치해서는 아니 됨에도 불구하고 이를 2차례 위반한 때
③ 경비업자가 영업정지처분을 받고 계속하여 영업을 한 때
④ 경비업자가 관할 경찰관서장의 배치폐지명령에 따르지 아니한 때

해설

② (×) 해당 사유에 따른 경비업법령상 행정처분 기준은 1차 위반 시 영업정지 1개월, 2차 위반 시 영업정지 3개월, 3차 이상 위반 시 허가취소이다(경비업법 시행령 [별표 4] 제2호 하목).
① (○) 경비업법 시행령 [별표 4] 제2호 다목
③ (○) 경비업법 제19조 제1항 제6호
④ (○) 경비업법 제19조 제1항 제8호

22

다음은 경비업법 시행령 별표에서 정한 행정처분의 개별기준이다. ( ) 안에 들어갈 내용으로 옳은 것은? 기출 15

위반행위	1차 위반	2차 위반	3차 이상 위반
경비업법 제4조 제1항 후단을 위반하여 시·도 경찰청장의 허가 없이 경비업무를 변경한 때	(ㄱ)	(ㄴ)	(ㄷ)

① ㄱ : 경 고, ㄴ : 영업정지 1개월, ㄷ : 영업정지 3개월
❷ ㄱ : 경 고, ㄴ : 영업정지 6개월, ㄷ : 허가취소
③ ㄱ : 영업정지 1개월, ㄴ : 영업정지 3개월, ㄷ : 영업정지 6개월
④ ㄱ : 영업정지 1개월, ㄴ : 영업정지 3개월, ㄷ : 허가취소

해설

경비업법 시행령 [별표 4]의 행정처분 개별기준 규정에 따라 각각에는 경고, 영업정지 6개월, 허가취소가 순서대로 들어가야 한다(경비업법 시행령 [별표 4] 제2호 가목).

23

경비업법령상 행정처분 기준 중 개별기준에 관한 다음 표의 ( ) 안의 내용으로 알맞은 것은? 기출 12

위반행위	1차 위반	2차 위반	3차 이상 위반
경비업법 제24조에 따른 감독상 명령에 따르지 아니한 경우	(ㄱ)	영업정지 3개월	(ㄴ)
경비업법 제26조를 위반하여 손해를 배상하지 아니한 경우			(ㄷ)

① ㄱ : 영업정지 1개월, ㄴ : 영업정지 6개월, ㄷ : 영업정지 6개월
② ㄱ : 영업정지 1개월, ㄴ : 영업정지 6개월, ㄷ : 허가취소
③ ㄱ : 경 고, ㄴ : 허가취소, ㄷ : 허가취소
❹ ㄱ : 경 고, ㄴ : 허가취소, ㄷ : 영업정지 6개월

해설

ㄱ에는 경고가, ㄴ에는 허가취소가, ㄷ에는 영업정지 6개월이 들어가야 한다(경비업법 시행령 [별표 4] 제2호 개별기준 거목·너목).

24

경비업법령상 경비지도사자격의 취소사유를 모두 고른 것은? 기출 23

> ㄱ. 경비지도사자격증을 다른 사람에게 양도한 때
> ㄴ. 자격정지 기간 중에 경비지도사로 선임되어 활동한 때
> ㄷ. 파산선고를 받고 복권되지 아니한 자
> ㄹ. 금고 이상의 형의 집행유예선고를 받고 그 유예기간 중에 있는 자

① ㄱ, ㄴ
② ㄱ, ㄷ, ㄹ
③ ㄴ, ㄷ, ㄹ
❹ ㄱ, ㄴ, ㄷ, ㄹ

[해설]

제시된 내용은 모두 경비업법령상 경비지도사자격의 취소사유에 해당한다(경비업법 제20조 제1항). 참고로 ㄷ은 경비업법 제10조 제1항 제2호, ㄹ은 경비업법 제10조 제1항 제4호 사유에 해당한다.

[관계법령] 경비지도사자격의 취소 등(경비업법 제20조)

① 경찰청장은 경비지도사가 다음 각호의 어느 하나에 해당하는 때에는 그 자격을 취소하여야 한다. 〈개정 2024.2.13.〉
  1. 제10조 제1항 각호의 결격사유에 해당하게 된 때
  2. 허위 그 밖의 부정한 방법으로 경비지도사자격증을 교부받은 때
  3. 경비지도사자격증을 다른 사람에게 빌려주거나 양도한 때
  4. 자격정지 기간 중에 경비지도사로 선임되어 활동한 때
② 경찰청장은 경비지도사가 다음 각호의 어느 하나에 해당하는 때에는 대통령령이 정하는 바에 따라 1년의 범위 내에서 그 자격을 정지시킬 수 있다. 〈개정 2024.2.13.〉
  1. 제12조 제3항의 규정에 위반하여 직무를 성실하게 수행하지 아니한 때
  2. 제24조의 규정에 의한 경찰청장 또는 시·도 경찰청장의 명령을 위반한 때
③ 경찰청장은 제1항의 규정에 의하여 경비지도사의 자격을 취소한 때에는 경비지도사자격증을 회수하여야 하고, 제2항의 규정에 의하여 경비지도사의 자격을 정지한 때에는 그 정지기간 동안 경비지도사자격증을 회수하여 보관하여야 한다.

25

경비업법령상 경비지도사자격의 취소사유에 해당하지 않는 것은? 기출 21

① 허위 그 밖의 부정한 방법으로 경비지도사자격증을 교부받은 때
② 경비지도사자격증을 다른 사람에게 빌려주거나 양도한 때
❸ 경찰청장 또는 시·도 경찰청장의 명령을 위반한 때
④ 자격정지 기간 중에 경비지도사로 선임되어 활동한 때

[해설]

경찰청장 또는 시·도 경찰청장의 명령을 위반한 때는 경비지도사자격의 정지사유에 해당한다(경비업법 제20조 제2항 제2호).

26

경비업법령상 경비지도사자격의 취소 등에 관한 설명으로 옳지 않은 것은? 기출 22

① 경찰청장은 기계경비지도사가 오경보방지 등을 위한 기기관리 감독의 직무를 위반하여 직무를 성실하게 수행하지 아니한 때에는 1년의 범위 내에서 그 자격을 정지시킬 수 있다.
② 경찰청장은 경비지도사의 자격을 정지한 때에는 그 정지기간 동안 경비지도사자격증을 회수하여 보관하여야 한다.
③ 경찰청장은 경비지도사가 경찰청장 또는 시·도 경찰청장의 명령을 위반한 때에는 1년의 범위 내에서 그 자격을 정지시킬 수 있다.
❹ 경찰청장은 경비지도사가 자격정지 기간 중에 경비지도사로 선임되어 활동한 때에는 1년의 범위 내에서 그 자격을 정지시킬 수 있다.

해설

④ (×) 경찰청장은 경비지도사가 자격정지 기간 중에 경비지도사로 선임되어 활동한 때에는 <u>그 자격을 취소하여야 한다</u>(경비업법 제20조 제1항 제4호).
① (○) 경비업법 제20조 제2항 제1호
② (○) 경비업법 제20조 제3항 후단
③ (○) 경비업법 제20조 제2항 제2호

27

경비업법령상 경비지도사자격의 취소와 정지에 관한 설명으로 옳지 않은 것은? 기출 20

❶ 경찰청장은 경비지도사가 자격정지 기간 중에 경비지도사로 선임되어 활동한 때에는 1년의 범위 내에서 정지기간을 연장시킬 수 있다.
② 경찰청장은 경비지도사가 허위로 경비지도사자격증을 교부받은 때에는 그 자격을 취소하여야 한다.
③ 경찰청장은 경비지도사가 시·도 경찰청장의 명령을 위반한 때에는 1년의 범위 내에서 그 자격을 정지시킬 수 있다.
④ 경찰청장은 경비지도사의 자격을 정지한 때에는 그 정지기간 동안 경비지도사자격증을 회수하여 보관하여야 한다.

해설

① (×) 경찰청장은 경비지도사가 자격정지 기간 중에 경비지도사로 선임되어 활동한 때에는 <u>그 자격을 취소하여야 한다</u>(경비업법 제20조 제1항 제4호).
② (○) 경비업법 제20조 제1항 제2호
③ (○) 경비업법 제20조 제2항 제2호
④ (○) 경비업법 제20조 제3항 후단

28

경비업법령상 경비지도사에 관한 자격정지처분의 사유에 해당하는 것은?

① 경비지도사 갑(甲)은 자격정지 기간 중에 경비지도사로 선임되어 활동하였다.
② 경비지도사 을(乙)은 허위 그 밖의 부정한 방법으로 경비지도사자격증을 교부받았다.
❸ 경비지도사 병(丙)은 시·도 경찰청장의 적정한 경비업무수행을 위하여 필요한 지도·감독상 명령을 위반하였다.
④ 경비지도사 정(丁)은 경비지도사자격증을 무(戊)에게 빌려주거나 양도하였다.

해설

경찰청장은 경비지도사가 직무를 성실하게 수행하지 아니한 때, 경찰청장 또는 시·도 경찰청장의 명령을 위반한 때에는 대통령령이 정하는 바에 따라 1년의 범위 내에서 그 자격을 정지시킬 수 있다(경비업법 제20조 제2항). ①·②·④는 경비업법 제20조 제1항 규정에 의해 자격취소처분의 사유에 해당한다.

핵심만콕 경비지도사의 자격취소·정지사유(경비업법 제20조)

자격취소사유(제1항)	자격정지사유(제2항)
경찰청장은 경비지도사가 다음의 어느 하나에 해당하는 때에는 그 자격을 취소하여야 한다. 1. 제10조(경비지도사 및 경비원의 결격사유) 제1항 각호의 결격사유에 해당하게 된 때 2. 허위 그 밖의 부정한 방법으로 경비지도사자격증을 교부받은 때 3. 경비지도사자격증을 다른 사람에게 빌려주거나 양도한 때 4. 자격정지 기간 중에 경비지도사로 선임되어 활동한 때	경찰청장은 경비지도사가 다음의 어느 하나에 해당하는 때에는 대통령령이 정하는 바에 따라 1년의 범위 내에서 그 자격을 정지시킬 수 있다. 1. 선임된 경비지도사가 법 규정을 위반하여 직무를 성실하게 수행하지 아니한 때 **선임된 경비지도사의 직무** 선임된 경비지도사의 직무(경비업법 제12조 제2항) 1. 경비원의 지도·감독·교육에 관한 계획의 수립·실시 및 그 기록의 유지 2. 경비현장에 배치된 경비원에 대한 순회점검 및 감독 3. 경찰기관 및 소방기관과의 연락방법에 대한 지도 4. 집단민원현장에 배치된 경비원에 대한 지도·감독 5. 그 밖에 대통령령(경비업법 시행령 제17조)이 정하는 직무 2. 선임된 경비지도사가 법 제24조(감독)의 규정에 의한 경찰청장 또는 시·도 경찰청장의 명령을 위반한 때

29

경비업법령상 경비지도사자격의 취소사유에 해당하는 것을 모두 고른 것은? 기출 12

> ㄱ. 성년후견개시의 심판을 받은 경우
> ㄴ. 경비지도사자격증을 다른 사람에게 빌려주거나 양도한 경우
> ㄷ. 허위 그 밖의 부정한 방법으로 경비지도사자격증을 교부받은 경우
> ㄹ. 경비업무의 적절한 수행을 위한 경찰청장 또는 시·도 경찰청장의 감독상의 명령을 위반한 경우

① ㄱ, ㄴ
② ㄴ, ㄷ
❸ ㄱ, ㄴ, ㄷ
④ ㄴ, ㄷ, ㄹ

해설

제시된 내용 중 ㄱ, ㄴ, ㄷ이 경비업법령상 경비지도사자격의 취소사유에 해당된다. ㄹ은 경비지도사자격의 정지사유이다.

30

경비업법령상 경비지도사자격의 취소 및 정지에 관한 설명으로 옳은 것은? 기출 11

❶ 경찰청장은 경비지도사가 경비지도사자격증을 다른 사람에게 빌려주거나 양도한 때에는 그 자격을 취소하여야 한다.
② 경찰기관 및 소방기관과의 연락방법에 대한 지도 등의 직무를 성실하게 수행하지 아니한 때에는 2년의 범위 내에서 그 자격을 정지시킬 수 있다.
③ 경찰청장은 경비지도사가 벌금형을 선고받은 때에는 그 자격을 취소하여야 한다.
④ 경찰청장은 경비지도사의 자격을 취소한 때에는 경비지도사자격증을 회수하여야 하고, 자격을 정지한 때에는 자격증을 회수하지 않는다.

해설

① (○) 경비업법 제20조 제1항 제3호
② (×) 1년의 범위 내에서 그 자격을 정지시킬 수 있다(경비업법 제20조 제2항).
③ (×) 벌금형이 법 제10조 제1항의 결격사유에 해당하는 경우에만 자격을 취소하므로 틀린 설명이다.
④ (×) 자격을 정지한 때에는 그 정지기간 동안 경비지도사자격증을 회수하여 보관하여야 한다(경비업법 제20조 제3항).

31

경비업법령상 경비지도사자격의 취소사유에 해당하지 않는 것은? 기출 10

① 금고 이상의 형의 집행유예선고를 받고 그 유예기간 중에 있는 경우
❷ **금고 이상의 형의 선고유예를 받고 그 유예기간 중에 있는 경우**
③ 금고 이상의 실형의 선고를 받고 그 집행이 종료되거나 집행이 면제된 날부터 5년이 지나지 아니한 경우
④ 자격정지 기간 중에 경비지도사로 선임되어 활동한 때

[해설]

② (×) 금고 이상의 형의 선고유예를 받고 그 유예기간 중에 있는 경우는 <u>특수경비원의 결격사유에 해당</u>한다.
① (○) 경비업법 제20조 제1항 제1호·경비업법 제10조 제1항 제4호
③ (○) 경비업법 제20조 제1항 제1호·경비업법 제10조 제1항 제3호
④ (○) 경비업법 제20조 제1항 제4호

32

경비업법령상 경비지도사자격의 취소 또는 정지사유에 해당하지 않는 것은? 기출 08

❶ **경비업자와의 업무계약사항을 성실하게 수행하지 아니한 경우**
② 경비지도사자격증을 다른 사람에게 빌려주거나 양도한 경우
③ 경찰청장 또는 시·도 경찰청장이 지도·감독을 위하여 발령한 명령을 위반한 경우
④ 경비원의 지도·감독·교육에 관한 계획의 수립·실시 및 그 기록의 유지를 성실하게 수행하지 아니한 경우

[해설]

경비지도사자격의 취소 또는 정지와 같은 행정처분은 행정청이 부과하는 것이므로 사적인 계약관계에는 해당되지 않는다. 따라서 ①이 정답이다.

33

경비지도사의 자격을 취소한 때는 경비지도사자격증을 회수하여야 하는데, 누가 자격증 회수를 하는가? 기출 97

☑ ① 경찰청장
② 경찰서장
③ 관할 경찰서장
④ 시·도 경찰관서장

해설

경찰청장은 경비지도사의 자격을 취소한 때에는 경비지도사자격증을 회수하여야 한다(경비업법 제20조 제3항).

34

경비업법령상 경비지도사 자격정지처분 기준으로 옳은 것은? 기출 24

① 경비업법 제12조 제3항의 규정을 1차 위반하여 직무를 성실하게 수행하지 아니한 때 : 자격정지 1월
② 경비업법 제12조 제3항의 규정을 2차 위반하여 직무를 성실하게 수행하지 아니한 때 : 자격정지 3월
③ 경비업법 제24조의 규정에 의한 시·도 경찰청장의 명령을 2차 위반한 때 : 자격정지 3월
☑ ④ 경비업법 제24조의 규정에 의한 시·도 경찰청장의 명령을 3차 위반한 때 : 자격정지 9월

해설

④ (○) 경비업법 시행령 [별표 5] 제2호
① (×) 자격정지 3월(경비업법 시행령 [별표 5] 제1호)
② (×) 자격정지 6월(경비업법 시행령 [별표 5] 제1호)
③ (×) 자격정지 6월(경비업법 시행령 [별표 5] 제2호)

관계법령 경비지도사 자격정지처분 기준(경비업법 시행령 [별표 5])

위반행위	해당 법조문	행정처분 기준		
		1차	2차	3차 이상
1. 법 제12조 제3항의 규정에 위반하여 **직무를 성실하게 수행하지 아니한 때**	법 제20조 제2항 제1호	자격정지 3월	자격정지 6월	자격정지 12월
2. 법 제24조의 규정에 의한 **경찰청장, 시·도 경찰청장의 명령을 위반한 때**	법 제20조 제2항 제2호	자격정지 1월	자격정지 6월	자격정지 9월

※ 비고 : 위반행위의 횟수에 따른 행정처분의 기준은 당해 위반행위가 있은 이전 최근 2년간 같은 위반행위로 행정처분을 받은 경우에 적용한다.

35

경비업법령상 경비지도사 자격정지처분 기준에 관한 설명으로 옳은 것은? 기출 20

① 위반행위의 횟수에 따른 행정처분의 기준은 당해 위반행위가 있은 이전 최근 1년간 같은 위반행위로 행정처분을 받은 경우에 적용된다.
② 위반행위의 횟수에 따른 행정처분의 기준은 당해 위반행위가 있은 이전 최근 2년간 동일성 여부와 관계없이 위반행위로 행정처분을 받은 누적 횟수에 적용한다.
③ 경찰청장의 명령을 1차 위반한 때 행정처분 기준은 자격정지 6월이다.
☑ **시·도 경찰청장의 명령을 2차 위반한 때 행정처분 기준은 자격정지 6월이다.**

해설

④ (○) 경비업법 시행령 [별표 5] 제2호
①(×), ②(×) 위반행위의 횟수에 따른 행정처분의 기준은 당해 위반행위가 있은 이전 <u>최근 2년간 같은 위반행위로 행정처분을 받은 경우</u>에 적용한다(경비업법 시행령 [별표 5] 비고).
③(×) 자격정지 1월(경비업법 시행령 [별표 5] 제2호)

관계법령 경비지도사의 자격정지처분 기준(경비업법 시행령 [별표 5])★★

위반행위	해당 법조문	행정처분 기준		
		1차	2차	3차 이상 위반
1. 법 제12조 제3항의 규정에 위반하여 직무를 성실하게 수행하지 아니한 때	법 제20조 제2항 제1호	자격정지 3월	자격정지 6월	자격정지 12월
2. 법 제24조의 규정에 의한 **경찰청장, 시·도 경찰청장의 명령을 위반한 때**	법 제20조 제2항 제2호	자격정지 1월	**자격정지 6월**	자격정지 9월

※ 비고 : 위반행위의 횟수에 따른 행정처분의 기준은 당해 위반행위가 있은 이전 최근 2년간 같은 위반행위로 행정처분을 받은 경우에 적용한다.

36

경비업법령상 경비지도사가 직무를 성실하게 수행하지 아니한 경우, 1차 위반 시 행정처분 기준으로 옳은 것은? 기출 19

① 경비지도사 자격정지 1월
☑ **경비지도사 자격정지 3월**
③ 경비지도사 자격정지 6월
④ 경비지도사 자격정지 9월

해설

설문의 경비지도사는 경비업법 시행령 [별표 5] 제1호 사유로 자격정지 3월의 행정처분 부과대상이다.

37

경비업법령상 경비지도사가 경찰청장의 명령을 위반한 때 부과되는 자격정지처분 기준으로 옳은 것은? 기출 18

① 1차 위반 : 1월, 2차 위반 : 3월
☑ ② 1차 위반 : 1월, 2차 위반 : 6월
③ 1차 위반 : 3월, 2차 위반 : 6월
④ 1차 위반 : 3월, 2차 위반 : 9월

해설

경비업법 시행령 [별표 5] 제2호에 의할 때 경비지도사가 경찰청장의 명령을 위반한 경우 1차 위반 시에는 자격정지 1월, 2차 위반은 자격정지 6월의 행정처분을 받게 된다.

38

다음 표는 경비업법 시행령 별표에서 정한 경비지도사 자격정지처분 기준이다. (   ) 안에 들어갈 내용으로 옳은 것은? 기출 14

위반행위	1차 위반	2차 위반	3차 이상 위반
경비업법 제12조 제3항의 규정에 위반하여 직무를 성실하게 수행하지 아니한 때	자격정지 3월	자격정지 (ㄱ)월	자격정지 (ㄴ)월
경비업법 제24조의 규정에 의한 경찰청장, 시·도 경찰청장의 명령을 위반한 때	자격정지 (ㄷ)월	자격정지 6월	자격정지 9월

① ㄱ : 6, ㄴ : 9, ㄷ : 1
② ㄱ : 6, ㄴ : 9, ㄷ : 3
☑ ③ ㄱ : 6, ㄴ : 12, ㄷ : 1
④ ㄱ : 9, ㄴ : 12, ㄷ : 3

해설

(   ) 안에는 순서대로 ㄱ : 6, ㄴ : 12, ㄷ : 1이 들어간다.

관계법령 경비지도사의 자격정지처분 기준(경비업법 시행령 [별표 5]) ★★

위반행위	해당 법조문	행정처분 기준		
		1차	2차	3차 이상 위반
1. 법 제12조 제3항의 규정에 위반하여 직무를 성실하게 수행하지 아니한 때	법 제20조 제2항 제1호	자격정지 3월	자격정지 6월	자격정지 12월
2. 법 제24조의 규정에 의한 경찰청장, 시·도 경찰청장의 명령을 위반한 때	법 제20조 제2항 제2호	자격정지 1월	자격정지 6월	자격정지 9월

※ 비고 : 위반행위의 횟수에 따른 행정처분의 기준은 당해 위반행위가 있은 이전 최근 2년간 같은 위반행위로 행정처분을 받은 경우에 적용한다.

39

경비업법상 경비지도사가 경찰청장, 시·도 경찰청장의 명령을 1차 위반할 때의 행정처분 기준으로 옳은 것은? 기출 16

☑ ① 자격정지 1월
② 자격정지 3월
③ 자격정지 6월
④ 자격취소

해설

경비지도사가 경찰청장, 시·도 경찰청장의 명령을 1차 위반한 때 자격정지 1월의 행정처분이 내려진다(경비업법 시행령 [별표 5] 제2호).

40

경비업법령상 경찰청장 또는 시·도 경찰청장이 행정처분을 하기 위하여 청문을 실시하여야 하는 경우를 모두 고른 것은? 기출 23

> ㄱ. 경비업자가 허위 그 밖의 부정한 방법으로 허가를 받아 그 허가를 취소하는 경우
> ㄴ. 허위 그 밖의 부정한 방법으로 경비지도사자격증을 교부받아 그 자격을 취소하는 경우
> ㄷ. 경비지도사가 경찰청장 또는 시·도 경찰청장의 명령을 위반하여 그 자격을 정지하는 경우

① ㄱ, ㄴ
② ㄱ, ㄷ
③ ㄴ, ㄷ
☑ ④ ㄱ, ㄴ, ㄷ

해설

제시된 내용은 모두 청문을 실시하여야 하는 경우에 해당한다. 경찰청장 또는 시·도 경찰청장은 경비업 허가의 취소(ㄱ), 경비지도사자격의 취소(ㄴ) 및 정지(ㄷ) 처분을 하려는 경우 반드시 청문을 실시하여야 한다(경비업법 제21조 제3호·제4호).

관계법령 청문(경비업법 제21조)★★

경찰청장 또는 시·도 경찰청장은 다음 각호의 어느 하나에 해당하는 처분을 하고자 하는 경우에는 청문을 실시하여야 한다. 〈개정 2024.2.13.〉
1. 제11조의4에 따른 경비지도사 교육기관의 지정취소 또는 업무의 정지
2. 제13조의3에 따른 경비원 교육기관의 지정취소 또는 업무의 정지
3. 제19조의 규정에 의한 경비업 허가의 취소 또는 영업정지
4. 제20조 제1항 또는 제2항의 규정에 의한 경비지도사자격의 취소 또는 정지

41

경비업법령상 경찰청장 또는 시·도 경찰청장이 청문을 실시해야 하는 행정처분에 해당하는 것을 모두 고른 것은? 기출 22

> ㄱ. 경비업 허가의 취소
> ㄴ. 경비업 영업정지
> ㄷ. 경비지도사자격의 취소
> ㄹ. 경비지도사자격의 정지

① ㄱ, ㄷ
② ㄴ, ㄹ
③ ㄱ, ㄴ, ㄷ
✓④ ㄱ, ㄴ, ㄷ, ㄹ

해설

제시된 내용은 모두 경비업법령상 경찰청장 또는 시·도 경찰청장이 청문을 실시해야 하는 행정처분에 해당한다(경비업법 제21조).

42

경비업법령상 청문을 실시하여야 하는 경우로 옳지 않은 것은? 기출 18

① 관할 경찰관서장의 배치폐지명령에 따르지 아니하여 경비업 허가의 취소처분을 하고자 하는 경우
✓② 경비업자가 집단민원현장에 특수경비원 명부를 작성·비치하지 않아 9개월 영업정지처분을 하고자 하는 경우
③ 경비지도사가 자격정지 기간 중에 경비지도사로 선임되어 활동하다가 적발되어 경비지도사 자격취소처분을 하고자 하는 경우
④ 경비현장에 배치된 경비원에 대한 순회점검 및 감독을 수행하지 않아 경비지도사 자격정지처분을 하고자 하는 경우

해설

② (×) 경비업법 제21조 제3호가 적용되는 경비업법 제19조 제2항 제12호 사유는 집단민원현장에 일반경비원 명부를 작성·비치하지 않는 경우를 전제하는 규정이다. 또한 영업정지처분의 기간은 6개월을 한도로 한다(경비업법 제19조 제2항). 따라서 본 지문은 2가지 내용이 잘못된 경우이다.
① (○) 경비업법 제21조 제3호(경비업법 제19조 제1항 제8호 사유)
③ (○) 경비업법 제21조 제4호(경비업법 제20조 제1항 제4호 사유)
④ (○) 경비업법 제21조 제4호(경비업법 제20조 제2항 제1호 사유)

43

경비업법령상 청문을 실시하여야 하는 행정처분에 해당하지 않는 것은? 기출 17

① 경비업 허가취소처분
② 경비업 영업정지처분
③ 경비지도사 자격정지처분
④ **경비업자에 대한 과태료 부과처분** ✓

해설
경비업에 대한 허가취소 및 영업정지, 경비지도사에 대한 자격취소 및 자격정지가 청문사유에 해당한다. 벌칙에 있는 징역, 벌금, 과태료는 청문을 실시하지 않더라도 그 과벌 절차가 법정되어 있기 때문에 굳이 청문규정을 둘 필요가 없다.

44

경비업법에 관한 설명으로 옳지 않은 것은? 기출 16

① 시·도 경찰청장이 경비업 허가의 취소 또는 영업정지를 하고자 하는 경우에는 청문을 실시하여야 한다.
② **시·도 경찰청장은 경비지도사의 자격을 정지하는 때에는 청문을 실시하지 않는다.** ✓
③ 경찰청장이 경비지도사의 자격을 정지한 때에는 그 정지기간 동안 경비지도사자격증을 회수하여 보관하여야 한다.
④ 허가관청은 경비업자가 영업정지처분을 받고 계속하여 영업을 한 때에는 그 허가를 취소하여야 한다.

해설
경찰청장 또는 시·도 경찰청장은 경비지도사자격의 취소 또는 정지의 처분을 하고자 하는 경우에는 청문을 실시하여야 한다(경비업법 제21조 제4호).

45

경비업법령상 경찰청장 또는 시·도 경찰청장이 해당 처분을 하기 위해 청문을 실시하여야 하는 경우가 아닌 것은? 기출 15

① **특수경비원의 징계** ✓
② 경비지도사자격의 취소
③ 경비지도사자격의 정지
④ 경비업 허가의 취소 또는 영업정지

해설
특수경비원의 징계는 경비업법 제21조가 규정하는 청문을 실시해야 하는 사유에 해당하지 않는다.

46

경비업법령상 경찰청장 또는 시·도 경찰청장이 청문을 실시해야 하는 경우에 해당하지 않는 것은?

기출 14

① **경비업 법인의 임원선임 취소**
② 경비지도사자격의 정지
③ 경비업 영업정지
④ 경비업 허가의 취소

해설
①은 경비업법 제21조에서 규정하고 있는 청문 실시대상에 포함되지 아니한다.

47

경비업법령상 경찰청장 또는 시·도 경찰청장이 처분을 하고자 하는 경우에 청문을 실시하여야만 하는 경우가 아닌 것은? 기출 12

① 허위의 방법으로 받은 경비업 허가의 취소
② 경비업법에 위반하여 받은 경비업의 영업정지
③ 경비지도사자격증의 양도로 인한 경비지도사자격의 취소
④ **경비업의 영업허가**

해설
경비업의 영업허가 시에는 따로 경찰청장 또는 시·도 경찰청장의 청문을 실시하지 않는다.

경비업법 제22조~제23조

01 경비협회

02 공제사업

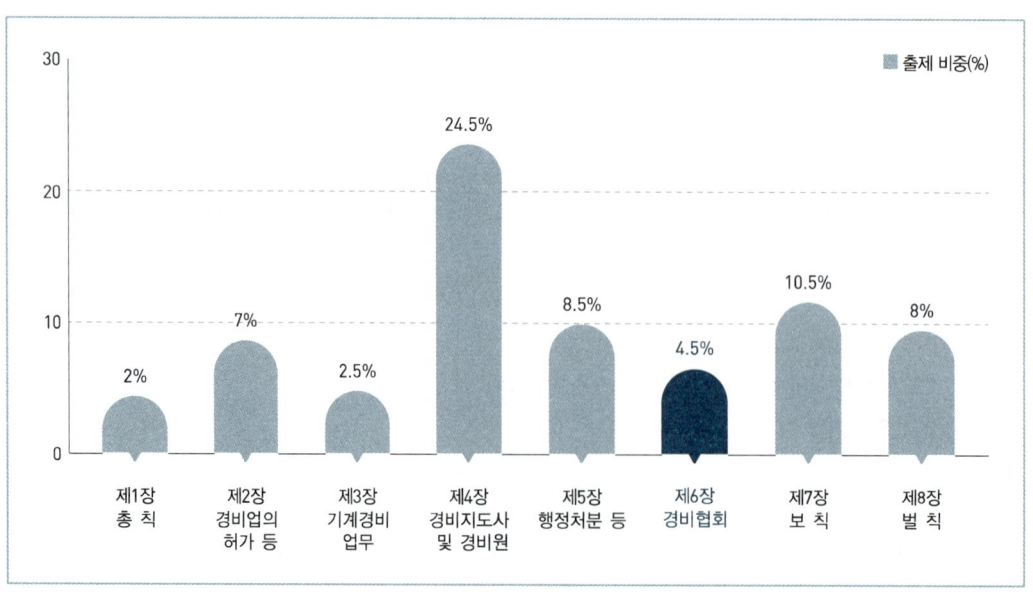

CHAPTER 06

경비협회

CHAPTER 06 경비협회

01

경비업법령상 경비협회에 관한 설명으로 옳은 것은? 기출 23

① 경비업자는 행정안전부령이 정하는 바에 따라 경비협회를 설립할 수 있다.
☑ 경비협회는 경비업법에 특별한 규정이 있는 경우를 제외하고는 「민법」 중 사단법인에 관한 규정을 준용한다.
③ 경비협회는 회원으로부터 회비를 징수할 수 없다.
④ 경비진단에 관한 사항은 경비협회의 업무가 아니다.

해설

② (○) 경비업법 제22조 제4항
① (×) 경비업자는 경비업무의 건전한 발전과 경비원의 자질향상 및 교육훈련 등을 위하여 대통령령이 정하는 바에 따라 경비협회를 설립할 수 있다(경비업법 제22조 제1항).
③ (×) 협회는 정관이 정하는 바에 의하여 회원으로부터 회비를 징수할 수 있다(경비업법 시행령 제26조 제2항).
④ (×) 경비진단에 관한 사항도 경비협회의 업무에 해당한다(경비업법 제22조 제3항 제4호).

관계법령 **경비협회(경비업법 제22조)**

① 경비업자는 경비업무의 건전한 발전과 경비원의 자질향상 및 교육훈련 등을 위하여 대통령령이 정하는 바에 따라 경비협회를 설립할 수 있다.

> **경비협회(경비업법 시행령 제26조)**
> ① 경비업자가 법 제22조 제1항에 따라 경비협회(이하 "협회"라 한다)를 설립하려는 경우에는 정관을 작성하여야 한다.
> ② 협회는 정관이 정하는 바에 의하여 회원으로부터 회비를 징수할 수 있다.

② 경비협회는 법인으로 한다.
③ 경비협회의 업무는 다음과 같다.
  1. 경비업무의 연구
  2. 경비원 교육·훈련 및 그 연구
  3. 경비원의 후생·복지에 관한 사항
  4. 경비진단에 관한 사항
  5. 그 밖에 경비업무의 건전한 운영과 육성에 관하여 필요한 사항
④ 경비협회에 관하여 이 법에 특별한 규정이 있는 것을 제외하고는 민법 중 사단법인에 관한 규정을 준용한다.

02

경비업법령상 경비협회에 관한 설명으로 옳은 것은? 기출 24

① 경비지도사는 경비업무의 건전한 발전 등을 위하여 경비협회를 설립할 수 있다.
❷ 경비협회를 설립하려는 경우에는 정관을 작성하여야 한다.
③ 경비업법에 특별한 규정이 있는 것을 제외하고는 「민법」중 재단법인에 관한 규정을 준용한다.
④ 경비협회는 관할 경찰관서장의 허가를 받아 회원으로부터 회비를 징수할 수 있다.

해설

② (○) 경비업법 시행령 제26조 제1항
① (×) 경비업자는 경비업무의 건전한 발전과 경비원의 자질향상 및 교육훈련 등을 위하여 대통령령이 정하는 바에 따라 경비협회를 설립할 수 있다(경비업법 제22조 제1항).
③ (×) 경비협회에 관하여 경비업법에 특별한 규정이 있는 것을 제외하고는 「민법」중 사단법인에 관한 규정을 준용한다(경비업법 제22조 제4항).
④ (×) 협회는 정관이 정하는 바에 의하여 회원으로부터 회비를 징수할 수 있다(경비업법 시행령 제26조 제2항).

03

경비업법령상 경비협회에 관한 설명으로 옳지 않은 것은? 기출 22

① 경비업자는 경비업무의 건전한 발전과 경비원의 자질향상 및 교육훈련 등을 위하여 대통령령이 정하는 바에 따라 경비협회를 설립할 수 있다.
❷ 경비협회에 관하여 경비업법에 특별한 규정이 있는 것을 제외하고는 민법 중 조합에 관한 규정을 준용한다.
③ 경비협회의 업무로는 경비원의 후생·복지에 관한 사항도 포함된다.
④ 경비협회는 법인으로 한다.

해설

② (×) 경비협회에 관하여 경비업법에 특별한 규정이 있는 것을 제외하고는 민법 중 사단법인에 관한 규정을 준용한다(경비업법 제22조 제4항).
① (○) 경비업법 제22조 제1항
③ (○) 경비업법 제22조 제3항 제3호
④ (○) 경비업법 제22조 제2항

04

경비업법령상 경비협회에 관한 설명으로 옳지 않은 것은? 기출 19

① 경비업자는 경비업무의 건전한 발전과 경비원의 자질향상 및 교육훈련 등을 위하여 대통령령이 정하는 바에 따라 경비협회를 설립할 수 있다.
② 경비협회는 정관이 정하는 바에 의하여 회원으로부터 회비를 징수할 수 있다.
③ 경비협회의 업무에는 경비업무의 연구도 포함된다.
❹ 경비협회에 관하여 「경비업법」에 특별한 규정이 있는 것을 제외하고는 「민법」 중 재단법인에 관한 규정을 준용한다.

[해설]
④ (×) 경비협회에 관하여 경비업법에 특별한 규정이 있는 것을 제외하고는 민법 중 사단법인에 관한 규정을 준용한다(경비업법 제22조 제4항).
① (○) 경비업법 제22조 제1항
② (○) 경비업법 시행령 제26조 제2항
③ (○) 경비업법 제22조 제3항 제1호

05

경비업법령상 경비협회에 관한 설명으로 옳지 않은 것은? 기출 18

❶ 경비업자가 경비협회를 설립하려는 경우에는 정관을 작성하여야 하며, 협회는 행정안전부령에 따라 회비를 징수할 수 있다.
② 경비업자는 경비업무의 건전한 발전과 경비원의 자질 향상 및 교육훈련 등을 위하여 대통령령이 정하는 바에 따라 경비협회를 설립할 수 있다.
③ 경비협회의 업무에는 경비원의 후생·복지·경비 진단에 관한 사항 등도 포함된다.
④ 경비업법에 특별한 규정이 있는 것을 제외하고는 「민법」 중 사단법인에 관한 규정을 준용한다.

[해설]
① (×) 경비업자가 경비협회를 설립하려는 경우에는 정관을 작성하여야 하며(경비업법 시행령 제26조 제1항), 협회는 정관이 정하는 바에 따라 회원으로부터 회비를 징수할 수 있다(동법 시행령 제26조 제2항).
② (○) 경비업법 제22조 제1항
③ (○) 경비업법 제22조 제3항
④ (○) 경비업법 제22조 제4항

06

경비업법령상 경비협회에 관한 설명으로 옳지 않은 것은? 기출수정 17

☑ 경비협회는 행정안전부령이 정하는 바에 의하여 회원으로부터 회비를 징수할 수 있다.
② 경비협회는 경비업자의 손해배상책임을 보장하기 위한 사업의 공제사업을 할 수 있다.
③ 경비협회에 관하여 경비업법에 특별한 규정이 있는 것을 제외하고는 민법상 사단법인에 관한 규정을 준용한다.
④ 경비협회가 공제사업을 하고자 하는 때는 공제규정을 제정하여야 하고, 경찰청장이 이 공제규정을 승인하는 경우는 미리 금융위원회와 협의를 하여야 한다.

해설
① (×) 경비협회는 정관이 정하는 바에 의하여 회원으로부터 회비를 징수할 수 있다(경비업법 시행령 제26조 제2항).★
② (○) 경비업법 제23조 제1항 제1호
③ (○) 경비업법 제22조 제4항
④ (○) 경비업법 제23조 제2항·제5항★

07

경비업법상 경비협회의 업무에 해당하지 않는 것은? 기출 17

① 경비원의 후생·복지에 관한 사항
② 경비진단에 관한 사항
☑ 경비지도사 지도·감독
④ 경비원 교육·훈련 및 그 연구

해설
③ (×) 경찰청장 또는 시·도 경찰청장은 경비업무의 적정한 수행을 위하여 경비업자 및 경비지도사를 지도·감독하며 필요한 명령을 할 수 있다(경비업법 제24조 제1항). 즉, 경비지도사 지도·감독은 경비협회의 업무가 아닌 경찰청장 또는 시·도 경찰청장의 권한에 해당한다.
① (○) 경비업법 제22조 제3항 제3호
② (○) 경비업법 제22조 제3항 제4호
④ (○) 경비업법 제22조 제3항 제2호

08

경비업법령상 경비협회의 업무 등에 관한 내용으로 옳지 않은 것은? 기출 16

① 경비협회의 업무에는 경비원의 후생·복지에 관한 사항이 포함된다.
② 경비협회는 경비업자가 경비업을 운영할 때 필요한 이행보증을 포함한 계약보증을 위한 공제사업을 할 수 있다.
❸ 경비업자는 경비업무의 건전한 발전과 경비원의 자질향상 및 교육훈련 등을 위하여 행정안전부령이 정하는 바에 따라 경비협회를 설립할 수 있다.
④ 경찰청장은 경비업법에 따른 공제사업의 건전한 육성과 가입자의 보호를 위하여 공제사업의 감독에 관한 기준을 정할 수 있다.

해설

③ (×) 경비업자는 경비업무의 건전한 발전과 경비원의 자질향상 및 교육훈련 등을 위하여 대통령령이 정하는 바에 따라 경비협회를 설립할 수 있다(경비업법 제22조 제1항).★
① (○) 경비업법 제22조 제3항 제3호
② (○) 경비업법 제23조 제1항 제2호
④ (○) 경비업법 제23조 제4항

09

경비업법령상 경비협회에 관한 설명으로 옳은 것은? 기출 15

① 경비협회를 설립하려면 경비업자 10인 이상으로 구성된 발기인을 필요로 한다.
❷ 경비협회의 업무에는 경비진단에 관한 사항도 포함된다.
③ 경비협회는 공익법인이므로 회원으로부터 회비를 징수하여서는 아니 된다.
④ 경비협회에 관하여 경비업법에 특별한 규정이 있는 것을 제외하고는 「민법」 중 재단법인에 관한 규정을 준용한다.

해설

② (○) 경비업법 제22조 제3항 제4호
① (×) 2014년 12월 30일 경비업법 시행령 제26조의 개정으로 경비협회 설립에서 발기인을 요건으로 하지 않게 되었다.
③ (×) 경비협회는 정관이 정하는 바에 의하여 회원으로부터 회비를 징수할 수 있다(경비업법 시행령 제26조 제2항).
④ (×) 경비협회에 관하여 경비업법에 특별한 규정이 있는 것을 제외하고는 「민법」 중 사단법인에 관한 규정을 준용한다(경비업법 제22조 제4항).

10

경비업법령상 경비협회에 관한 설명으로 옳은 것은? 기출 14

① 경비업자가 경비협회를 설립하려는 경우에는 정관을 작성하지 않아도 된다.
② 경비협회에 관하여 경비업법에 특별한 규정이 있는 것을 제외하고는 민법 중 재단법인에 관한 규정을 준용한다.
③ 경비협회는 경비업자의 손해배상책임을 보장하기 위한 공제사업과 소속 경비원의 고용안정 보장을 위한 공제사업을 운영할 수 있다.
❹ 경비협회의 업무에는 경비원의 후생·복지에 관한 사항 외에도 경비진단에 관한 사항도 포함된다.

[해설]
④ (○) 경비업법 제22조 제3항 제3호·제4호의 내용으로 옳다.
① (×) 경비업자가 경비협회를 설립하려는 경우에는 정관을 작성하여야 한다(경비업법 시행령 제26조 제1항).
② (×) 민법 중 사단법인에 관한 규정을 준용한다(경비업법 제22조 제4항).
③ (×) 소속 경비원의 고용안정 보장을 위한 공제사업은 명문의 규정이 없다(경비업법 제23조 제1항 참고).

11

경비업법령상 경비협회의 업무에 해당되지 않는 것은? 기출 12·02·01·99

① 경비업무의 연구
② 경비진단에 관한 사항
③ 경비원의 후생·복지에 관한 사항
❹ 경비지도사 및 경비원의 신분증명서의 발급

[해설]
경비지도사 및 경비원의 신분증명서의 발급은 현행 법령에는 규정이 없지만, 경비업자가 발급한다.★

12

경비업법령상 경비협회의 공제사업에 관한 설명으로 옳지 않은 것은? 기출 24

① 경비협회는 공제사업을 하고자 하는 때에는 공제사업의 운영에 관하여 필요한 사항에 대하여 공제규정을 제정하여야 한다.
② 경비협회는 공제사업의 회계를 다른 사업의 회계와 구분하여 경리하여야 한다.
③ **경찰청장은 공제사업에 대하여 금융위원회에게 검사를 요청할 수 있다.**
④ 경찰청장은 공제사업의 건전한 육성과 가입자의 보호를 위하여 공제사업의 감독에 관한 기준을 정할 수 있다.

해설

③ (×) 경찰청장은 공제사업에 대하여 「금융위원회의 설치 등에 관한 법률」에 따른 금융감독원의 원장에게 검사를 요청할 수 있다(경비업법 제23조 제6항).
① (○) 경비업법 제23조 제2항
② (○) 경비업법 시행령 제27조 제1항
④ (○) 경비업법 제23조 제4항

13

경비업법령상 경비협회의 공제사업에 관한 내용으로 옳지 않은 것은? 기출 22

① 경비협회는 경비업자의 손해배상책임을 보장하기 위한 공제사업을 할 수 있다.
② **경비협회는 경비원의 복지향상을 위한 공제사업을 할 수 없다.**
③ 경비협회는 공제사업을 하고자 하는 때에는 공제규정을 제정하여야 한다.
④ 경비협회는 경비업자가 경비업을 운영할 때 필요한 입찰보증, 계약보증(이행보증을 포함한다), 하도급보증을 위한 공제사업을 할 수 있다.

해설

② (×) 경비협회는 경비원의 복지향상을 위한 공제사업을 할 수 있다(경비업법 제23조 제1항 제3호).
① (○) 경비업법 제23조 제1항 제1호
③ (○) 경비업법 제23조 제2항
④ (○) 경비업법 제23조 제1항 제2호

14

경비업법령상 경비협회의 공제사업에 관한 설명으로 옳지 않은 것은? 기출 23

① 경비협회는 공제사업을 하는 경우 공제사업의 회계는 다른 사업의 회계와 통합하여 경리하여야 한다.
② 경비협회는 경비원의 복지향상과 업무상 재해로 인한 손실을 보상하는 공제사업을 할 수 있다.
③ 경비협회는 경비업자의 손해배상책임을 보장하기 위한 공제사업을 할 수 있다.
④ 경비협회는 경비업을 운영할 때 필요한 입찰보증, 계약보증(이행보증 포함), 하도급 보증을 위한 공제사업을 할 수 있다.

해설

① (×) 협회는 법 제23조 제1항의 규정에 의하여 공제사업을 하는 경우 공제사업의 회계는 다른 사업의 회계와 구분하여 경리하여야 한다(경비업법 시행령 제27조 제1항).
② (○) 경비업법 제23조 제1항 제3호
③ (○) 경비업법 제23조 제1항 제1호
④ (○) 경비업법 제23조 제1항 제2호

관계법령 공제사업(경비업법 제23조)★

① 경비협회는 다음 각호의 공제사업을 할 수 있다.
　1. 제26조에 따른 경비업자의 손해배상책임을 보장하기 위한 사업
　2. 경비업자가 경비업을 운영할 때 필요한 입찰보증, 계약보증(이행보증을 포함), 하도급보증을 위한 사업
　3. 경비원의 복지향상과 업무상 재해로 인한 손실을 보상하는 사업
　4. 경비업무와 관련한 연구 및 경비원 교육·훈련에 관한 사업
② 경비협회는 제1항의 규정에 의한 공제사업을 하고자 하는 때에는 공제규정을 제정하여야 한다.
③ 제2항의 공제규정에는 공제사업의 범위, 공제계약의 내용, 공제금, 공제료 및 공제금에 충당하기 위한 책임준비금 등 공제사업의 운영에 관하여 필요한 사항을 정하여야 한다.
④ 경찰청장은 제1항에 따른 공제사업의 건전한 육성과 가입자의 보호를 위하여 공제사업의 감독에 관한 기준을 정할 수 있다.
⑤ 경찰청장은 제2항에 따른 공제규정을 승인하거나 제4항에 따라 공제사업의 감독에 관한 기준을 정하는 경우에는 미리 금융위원회와 협의하여야 한다.
⑥ 경찰청장은 제1항에 따른 공제사업에 대하여「금융위원회의 설치 등에 관한 법률」에 따른 금융감독원의 원장에게 검사를 요청할 수 있다.

15

경비업법령상 경비협회의 공제사업에 관한 설명으로 옳지 않은 것은? 기출 21

① 경비협회는 경비업자가 경비업을 운영할 때 필요한 입찰보증을 위한 공제사업을 할 수 있다.
② 공제규정에는 공제사업의 범위, 공제계약의 내용 등 공제사업의 운영에 관하여 필요한 사항을 정하여야 한다.
❸ 경찰청장은 공제규정을 승인하는 경우에는 미리 금융감독원과 협의하여야 한다.
④ 공제사업을 하는 경우 공제사업의 회계는 다른 사업의 회계와 구분하여 경리하여야 한다.

해설

③ (×) 경찰청장은 공제규정을 승인하거나 공제사업의 감독에 관한 기준을 정하는 경우에는 미리 금융위원회와 협의하여야 한다(경비업법 제23조 제5항).
① (○) 경비업법 제23조 제1항 제2호
② (○) 경비업법 제23조 제3항
④ (○) 경비업법 시행령 제27조 제1항

16

경비업법령상 경비협회가 할 수 있는 공제사업에 해당하지 않는 것은? 기출 20

❶ 경비원의 손해배상책임을 보장하기 위한 사업
② 경비원의 복지향상과 업무상 재해로 인한 손실을 보상하는 사업
③ 경비원 교육·훈련에 관한 사업
④ 경비업자가 경비업을 운영할 때 필요한 하도급보증을 위한 사업

해설

경비원이 아닌 경비업자의 손해배상책임을 보장하기 위한 사업이 경비협회가 할 수 있는 공제사업에 해당한다(경비업법 제23조 제1항 제1호).

17

경비업법령상 경비협회의 공제사업 등에 관한 설명으로 옳지 않은 것은? 기출 20

① 경비협회는 공제사업을 하고자 하는 때에는 공제계약의 내용 등 필요한 사항을 정한 공제규정을 제정하여야 한다.
❷ 행정안전부장관은 가입자의 보호를 위하여 공제사업의 감독에 관한 기준을 정할 수 있다.
③ 경찰청장은 공제규정을 승인하는 경우에는 미리 금융위원회와 협의하여야 한다.
④ 경찰청장은 공제사업에 대하여 금융감독원의 원장에게 검사를 요청할 수 있다.

해설
② (×) 경찰청장은 가입자의 보호를 위하여 공제사업의 감독에 관한 기준을 정할 수 있다(경비업법 제23조 제4항).
① (○) 경비업법 제23조 제2항
③ (○) 경비업법 제23조 제5항
④ (○) 경비업법 제23조 제6항

18

경비업법령상 공제사업을 하려는 경비협회가 공제규정의 내용으로 정할 수 없는 것은? 기출 19

① 공제사업의 범위
② 공제계약의 내용
❸ 공제사업의 감독에 관한 기준
④ 공제금에 충당하기 위한 책임준비금

해설
공제사업의 감독에 관한 기준은 경찰청장이 공제사업의 건전한 육성과 가입자 보호를 위하여 정할 수 있다(경비업법 제23조 제4항).

19

경비업법령상 경비협회의 공제사업에 관한 설명으로 옳은 것은? 기출 18

☑ 경비협회는 경비원의 복지 향상과 업무상 재해로 인한 손실을 보상하기 위한 공제사업을 할 수 있다.
② 경찰청장은 공제사업의 건전한 육성을 위하여 공제사업의 감독에 관한 기준을 경비협회와 협의하여 정한다.
③ 경찰청장은 공제규정을 승인하거나 공제사업의 감독에 관한 기준을 정하는 경우에는 미리 경찰공제회와 협의하여야 한다.
④ 경찰청장은 공제사업에 대하여 금융감독위원회 위원장에게 감사를 요청할 수 있다.

해설

① (○) 경비업법 제23조 제1항 제3호
② (×) 경찰청장은 공제사업의 건전한 육성과 가입자 보호를 위하여 공제사업의 감독에 관한 기준을 정할 수 있다(경비업법 제23조 제4항). 경비협회와 협의하여야 한다는 규정은 경비업법상 존재하지 않는다.
③ (×) 경찰청장은 공제규정을 승인하거나 공제사업의 감독에 관한 기준을 정하는 경우에는 미리 금융위원회와 협의하여야 한다(경비업법 제23조 제5항).★
④ (×) 경찰청장은 공제사업에 대하여「금융위원회의 설치 등에 관한 법률」에 따른 금융감독원의 원장에게 검사를 요청할 수 있다(경비업법 제23조 제6항).★

20

경비업법상 경비협회가 할 수 있는 공제사업에 해당하지 않는 것은? 기출 15

☑ 경비지도사의 손해배상책임과 형사책임을 보장하기 위한 사업
② 경비원의 복지향상과 업무상 재해로 인한 손실을 보상하는 사업
③ 경비업무와 관련한 연구 및 경비원 교육·훈련에 관한 사업
④ 경비업자가 경비업을 운영할 때 필요한 입찰보증, 계약보증, 하도급보증을 위한 사업

해설

형사책임까지 보장하는 것은 아니며, 이에 관한 법 규정 또한 없다(경비업법 제23조 제1항 참고).★

21

경비업법령상 경비협회에 관한 내용으로 옳지 않은 것은? 기출 11

① 경비협회에 관하여 경비업법에 특별한 규정이 있는 것을 제외하고는 민법 중 사단법인에 관한 규정을 준용한다.
② **경비협회는 경비업자의 손해배상책임보장과 소속 경비원의 고용안정을 보장하기 위하여 별도의 법인을 설립하여 공제사업을 할 수 있다.**
③ 경비협회가 공제사업을 하는 경우 공제사업의 회계는 다른 사업의 회계와 구분하여 경리하여야 한다.
④ 경비업자가 경비협회를 설립하려는 경우에는 정관을 작성하여야 한다.

해설

② (×) 경비협회의 공제사업의 범위에 손해배상책임을 보장하기 위한 사업은 있지만(경비업법 제23조 제1항 제1항 제1호), 소속 경비원의 고용안정을 보장하기 위하여 별도의 법인을 설립하여 공제사업을 할 수 있다는 규정은 없다.
① (○) 경비업법 제22조 제4항
③ (○) 경비업법 시행령 제27조
④ (○) 경비업법 시행령 제26조

22

경비업법령상 경비협회가 공제사업을 하기 위한 목적으로 적절하지 않은 것은? 기출 08

① 경비원이 업무수행 중 과실로 경비대상에 입힌 손해에 대한 경비업자의 배상책임을 보장하기 위하여
② 경비원이 업무수행 중 과실로 제3자에게 입힌 손해에 대한 경비업자의 배상책임을 보장하기 위하여
③ **경비원이 업무수행 중 고의로 경비업체에 입힌 손해에 대한 경비업자의 배상책임을 보장하기 위하여**
④ 경비원이 업무수행 중 고의로 경비대상에 입힌 손해에 대한 경비업자의 배상책임을 보장하기 위하여

해설

경비협회는 경비업자의 손해배상책임을 보장하기 위한 공제사업을 할 수 있다. 여기서 손해배상책임은 경비원이 업무수행 중 고의 또는 과실로 경비대상에 손해가 발생하는 것을 방지하지 못하거나 제3자에게 손해를 입힌 경우에 경비업자가 손해배상책임을 지는 경우를 말한다(경비업법 제26조). 따라서 ③과 같이 경비원이 경비업체에 입힌 손해는 보장 범위로 볼 수 없다.

경비업법 제24조~제27조의3

01 감독 및 보안지도·점검 등
02 그 밖의 보칙

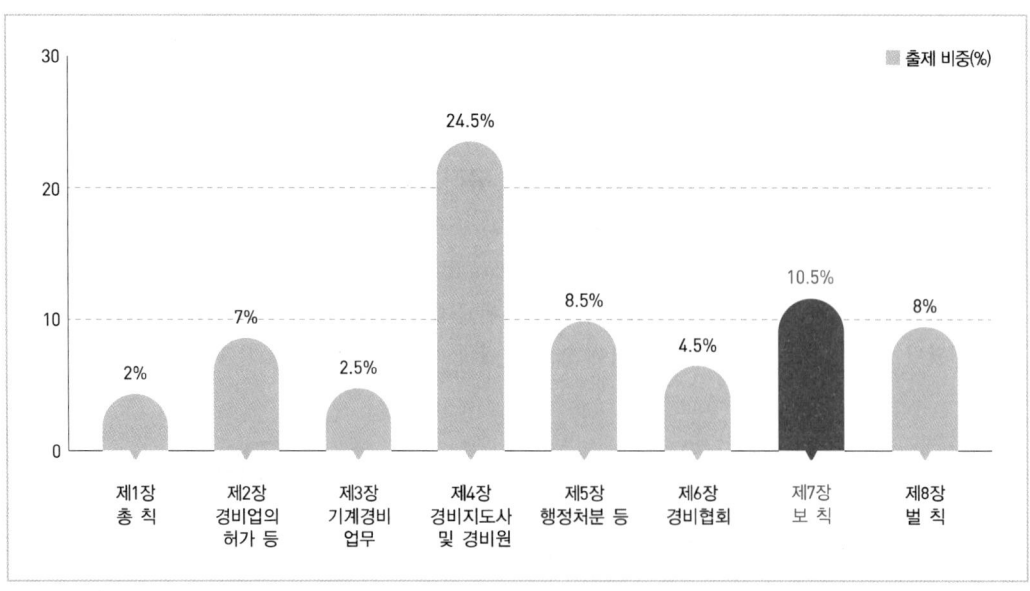

CHAPTER **07**

보칙

CHAPTER 07 보칙

01　　　　　　　　　　　　　　　　　　　　　　　　　　　　　　　　CHECK ○△×

경비업법령상 감독 및 보안지도·점검에 관한 설명으로 옳지 않은 것은? 기출 24

① 시·도 경찰청장은 경비업무의 적정한 수행을 위하여 경비지도사를 지도·감독하며 필요한 명령을 할 수 있다.
② 관할 경찰관서장은 소속 경찰공무원으로 하여금 관할구역 안에 있는 경비업자의 주사무소에 출입하여 근무상황을 감독하며 필요한 명령을 하게 할 수 있다.
③ 시·도 경찰청장은 배치된 경비원이 경비업법에 따른 명령을 위반하는 행위를 하는 경우 그 위반행위의 중지를 명할 수 있다.
❹ 관할 경찰관서장은 경비업무 장소가 집단민원현장으로 판단되는 경우에는 그때부터 48시간 이내에 경비지도사에게 경비원 배치 허가를 받을 것을 고지하여야 한다.

해설

④ (×) 시·도 경찰청장 또는 관할 경찰관서장은 경비업무 장소가 집단민원현장으로 판단되는 경우에는 그때부터 48시간 이내에 <u>경비업자</u>에게 경비원 배치 허가를 받을 것을 고지하여야 한다(경비업법 제24조 제4항).
① (○) 경찰청장 또는 시·도 경찰청장은 경비업무의 적정한 수행을 위하여 경비업자 및 경비지도사를 지도·감독하며 필요한 명령을 할 수 있다(경비업법 제24조 제1항).
② (○) 시·도 경찰청장 또는 관할 경찰관서장은 소속 경찰공무원으로 하여금 관할구역 안에 있는 경비업자의 주사무소 및 출장소와 경비원 배치장소에 출입하여 근무상황 및 교육훈련상황 등을 감독하며 필요한 명령을 하게 할 수 있다(경비업법 제24조 제2항 전문).
③ (○) 시·도 경찰청장 또는 관할 경찰관서장은 경비업자 또는 배치된 경비원이 이 법이나 이 법에 따른 명령,「폭력행위 등 처벌에 관한 법률」을 위반하는 행위를 하는 경우 그 위반행위의 중지를 명할 수 있다(경비업법 제24조 제3항).

02

경비업법령상 감독 및 보안지도·점검에 관한 설명으로 옳지 않은 것은? 기출 22

① 시·도 경찰청장 또는 관할 경찰관서장은 소속 경찰공무원으로 하여금 관할구역 안에 있는 경비업자의 주사무소 및 출장소와 경비원 배치장소에 출입하여 근무상황 및 교육훈련상황 등을 감독하며 필요한 명령을 하게 할 수 있다.
② 시·도 경찰청장 또는 관할 경찰관서장은 경비업자 또는 배치된 경비원이「폭력행위 등 처벌에 관한 법률」을 위반하는 행위를 하는 경우 그 위반행위의 중지를 명할 수 있다.
❸ 관할 경찰서장은 특수경비업자에 대하여 연 2회 이상의 보안지도·점검을 실시하여야 한다.
④ 경찰청장 또는 시·도 경찰청장은 경비업무의 적정한 수행을 위하여 경비업자 및 경비지도사를 지도·감독하며 필요한 명령을 할 수 있다.

해설

③ (×) 시·도 경찰청장은 법 제25조의 규정에 의하여 특수경비업자에 대하여 연 2회 이상의 보안지도·점검을 실시하여야 한다(경비업법 시행령 제29조).
① (○) 경비업법 제24조 제2항 전문
② (○) 경비업법 제24조 제3항
④ (○) 경비업법 제24조 제1항

관계법령

감독(경비업법 제24조) ★
① 경찰청장 또는 시·도 경찰청장은 경비업무의 적정한 수행을 위하여 경비업자 및 경비지도사를 지도·감독하며 필요한 명령을 할 수 있다.
② 시·도 경찰청장 또는 관할 경찰관서장은 소속 경찰공무원으로 하여금 관할구역 안에 있는 경비업자의 주사무소 및 출장소와 경비원 배치장소에 출입하여 근무상황 및 교육훈련상황 등을 감독하며 필요한 명령을 하게 할 수 있다. 이 경우 출입하는 경찰공무원은 그 권한을 표시하는 증표를 관계인에게 내보여야 한다.
③ 시·도 경찰청장 또는 관할 경찰관서장은 경비업자 또는 배치된 경비원이 이 법이나 이 법에 따른 명령,「폭력행위 등 처벌에 관한 법률」을 위반하는 행위를 하는 경우 그 위반행위의 중지를 명할 수 있다.
④ 시·도 경찰청장 또는 관할 경찰관서장은 경비업무 장소가 집단민원현장으로 판단되는 경우에는 그때부터 48시간 이내에 경비업자에게 경비원 배치허가를 받을 것을 고지하여야 한다.

보안지도·점검 등(경비업법 제25조)
시·도 경찰청장은 대통령령이 정하는 바에 따라 특수경비업자에 대하여 보안지도·점검을 실시하여야 하고, 필요한 경우 관계기관에 보안측정을 요청하여야 한다.

> **보안지도·점검(경비업법 시행령 제29조)**
> 시·도 경찰청장은 법 제25조의 규정에 의하여 특수경비업자에 대하여 연 2회 이상의 보안지도·점검을 실시하여야 한다.

03

경비업법령상 감독 및 보안지도·점검 등에 관한 설명으로 옳지 않은 것은? 기출 21

① 시·도 경찰청장은 경비업무의 적정한 수행을 위하여 경비업자 및 경비지도사를 지도·감독하며 필요한 명령을 할 수 있다.
② ✓ 시·도 경찰청장은 경비업무 장소가 집단민원현장으로 판단되는 경우에는 그때부터 24시간 이내에 경비업자에게 경비원 배치허가를 받을 것을 고지하여야 한다.
③ 시·도 경찰청장은 특수경비업자에 대하여 연 2회 이상의 보안지도·점검을 실시하여야 한다.
④ 시·도 경찰청장은 배치된 경비원이 「폭력행위 등 처벌에 관한 법률」을 위반하는 행위를 하는 경우 그 위반행위의 중지를 명할 수 있다.

해설
② (×) 시·도 경찰청장 또는 관할 경찰관서장은 경비업무 장소가 집단민원현장으로 판단되는 경우에는 그때부터 48시간 이내에 경비업자에게 경비원 배치허가를 받을 것을 고지하여야 한다(경비업법 제24조 제4항).
① (○) 경비업법 제24조 제1항
③ (○) 경비업법 제25조, 동법 시행령 제29조
④ (○) 경비업법 제24조 제3항

04

경비업법령상 시·도 경찰청장 등의 감독과 보안지도·점검에 관한 내용이다. ( )에 들어갈 숫자가 순서대로 옳은 것은? 기출 20

> • 시·도 경찰청장 또는 관할 경찰관서장은 경비업무 장소가 집단민원현장으로 판단되는 경우에는 그때부터 ( )시간 이내에 경비업자에게 경비원 배치허가를 받을 것을 고지하여야 한다.
> • 시·도 경찰청장은 특수경비업자에 대하여 연 ( )회 이상의 보안지도·점검을 실시하여야 한다.

① 24, 2
② 24, 4
③ ✓ 48, 2
④ 48, 4

해설
( ) 안에 들어갈 숫자는 순서대로 48, 2이다(경비업법 제24조 제4항, 제25조).

05

경비업법령상 감독, 보안지도·점검 등에 관한 설명으로 옳지 않은 것은? 기출 18

① 시·도 경찰청장은 경비업무의 적정한 수행을 위하여 경비지도사를 지도·감독하며 필요한 명령을 할 수 있다.
❷ **시·도 경찰청장은 특수경비업자에 대하여 보안지도·점검을 연 1회 이상 실시하여야 한다.**
③ 시·도 경찰청장은 경비업무 장소가 집단민원현장으로 판단되는 경우에 그때부터 48시간 이내에 경비업자에게 경비원 배치허가를 받을 것을 고지하여야 한다.
④ 시·도 경찰청장은 배치된 경비원이 「폭력행위 등 처벌에 관한 법률」을 위반하는 행위를 하는 경우 그 위반행위의 중지를 명할 수 있다.

해설

② (×) 시·도 경찰청장은 특수경비업자에 대하여 <u>연 2회 이상</u>의 보안지도·점검을 실시하여야 한다(경비업법 시행령 제29조).
① (○) 경비업법 제24조 제1항
③ (○) 경비업법 제24조 제4항
④ (○) 경비업법 제24조 제3항

06

경비업법령상 경찰청장 등의 지도·감독·점검에 관한 사항으로 옳지 않은 것은? 기출 17

① 시·도 경찰청장은 특수경비업자에 대하여 보안지도·점검을 연 2회 이상 실시하여야 한다.
② 관할 경찰관서장은 경비업자가 경비업법을 위반하는 행위를 하는 경우 그 위반 행위의 중지를 명할 수 있다.
❸ **시·도 경찰청장은 경비업무 장소가 집단민원현장으로 판단되는 경우에는 그때부터 7일 이내에 경비업자에게 경비원 배치허가를 받을 것을 고지하여야 한다.**
④ 관할 경찰관서장은 소속 경찰공무원으로 하여금 관할구역 안에 있는 경비업자의 주사무소 및 출장소와 경비원 배치장소에 출입하여 근무상황 및 교육훈련상황 등을 감독하며 필요한 명령을 하게 할 수 있다.

해설

③ (×) 시·도 경찰청장 또는 관할 경찰관서장은 경비업무 장소가 집단민원현장으로 판단되는 경우에는 <u>그때부터 48시간 이내</u>에 경비업자에게 경비원 배치허가를 받을 것을 고지하여야 한다(경비업법 제24조 제4항).
① (○) 경비업법 시행령 제29조
② (○) 경비업법 제24조 제3항
④ (○) 경비업법 제24조 제2항

07

경비업법령상 보안지도·점검의 내용이다. ( )에 들어갈 내용이 바르게 연결된 것은? 기출 19

(ㄱ)은 특수경비업자에게 비밀취급인가를 하고자 하는 때에는 특수경비업자로 하여금 (ㄴ)을 거쳐 국가정보원장에게 보안측정을 요청하도록 하여야 한다.

① ㄱ : 관할 경찰서장, ㄴ : 시·도 경찰청장
② ㄱ : 관할 경찰서장, ㄴ : 경찰청장
❸ ㄱ : 시·도 경찰청장, ㄴ : 경찰청장
④ ㄱ : 경찰청장, ㄴ : 시·도 경찰청장

해설

제시문은 경비업법 제25조, 동법 시행령 제6조와 관련된 내용으로 ( ) 안에는 순서대로 ㄱ : 시·도 경찰청장, ㄴ : 경찰청장이 들어간다.

관계법령 **특수경비업자의 업무개시 전의 조치(경비업법 시행령 제6조)**

① 법 제2조 제1호 마목의 규정에 의한 특수경비업무를 수행하는 경비업자(이하 "특수경비업자"라 한다)는 법 제4조 제3항 제5호의 규정에 의하여 첫 업무개시의 신고를 하기 전에 시·도 경찰청장의 비밀취급인가를 받아야 한다.
② 시·도 경찰청장은 제1항의 규정에 의하여 특수경비업자에게 비밀취급인가를 하고자 하는 때에는 법 제25조의 규정에 의하여 특수경비업자로 하여금 경찰청장을 거쳐 국가정보원장에게 보안측정을 요청하도록 하여야 한다.

보안지도·점검 등(경비업법 제25조)

시·도 경찰청장은 대통령령이 정하는 바에 따라 특수경비업자에 대하여 보안지도·점검을 실시하여야 하고, 필요한 경우 관계기관에 보안측정을 요청하여야 한다.

08

경비업법상 시·도 경찰청장은 경비업무 장소가 집단민원현장으로 판단되는 경우에는 그때부터 몇 시간 이내에 경비업자에게 경비원 배치허가를 받을 것을 고지하여야 하는가? 기출 16

❶ 48시간
② 60시간
③ 72시간
④ 84시간

해설

시·도 경찰청장 또는 관할 경찰관서장은 경비업무 장소가 집단민원현장으로 판단되는 경우에는 그때부터 48시간 이내에 경비업자에게 경비원 배치허가를 받을 것을 고지하여야 한다(경비업법 제24조 제4항).

09

경비업법령상 경비업자에 대한 보안지도·점검에 관한 내용이다. ( ) 안에 들어갈 내용을 순서대로 옳게 나열한 것은? 기출 15·05

> 시·도 경찰청장은 ( )에 대하여 연 ( )회 이상의 보안지도·점검을 실시하여야 한다.

① 특수경비업자, 1
② 기계경비업자, 1
❸ **특수경비업자, 2**
④ 기계경비업자, 2

해설

시·도 경찰청장은 특수경비업자에 대하여 연 2회 이상의 보안지도·점검을 실시하여야 한다(경비업법 시행령 제29조).

10

경비업법상 경비업자 및 경비지도사에 대한 감독에 관한 설명으로 옳지 않은 것은? 기출 15

① 경찰청장 또는 시·도 경찰청장은 경비업무의 적정한 수행을 위하여 경비업자 및 경비지도사를 지도·감독하며 필요한 명령을 할 수 있다.
❷ **관할 경찰관서장은 배치된 경비원이 경비업법을 위반하는 행위를 하는 경우 그를 지도·감독하는 경비지도사의 자격을 취소하여야 한다.**
③ 시·도 경찰청장 또는 관할 경찰관서장은 경비업무 장소가 집단민원현장으로 판단되는 경우에는 그때부터 48시간 이내에 경비업자에게 경비원 배치허가를 받을 것을 고지하여야 한다.
④ 시·도 경찰청장 또는 관할 경찰관서장은 소속 경찰공무원으로 하여금 관할구역 안에 있는 경비업자의 주사무소 및 출장소와 경비원 배치장소에 출입하여 근무상황 및 교육훈련 상황 등을 감독하며 필요한 명령을 하게 할 수 있다.

해설

② (×) 경비업법 제20조의 경비지도사의 자격취소사유와 자격정지사유에 비춰볼 때 자격취소사유에는 해당될 수 없다. 다만, 경비업법 제12조 제3항을 위반하여 경비지도사가 직무를 성실하게 수행하지 아니한 때에 해당될 경우에는 1년의 범위 내에서 자격을 정지시킬 수 있다. 또한 시·도 경찰청장 또는 관할 경찰관서장은 경비업자 또는 배치된 경비원이 이 법이나 이 법에 따른 명령, 「폭력행위 등 처벌에 관한 법률」을 위반하는 행위를 하는 경우 그 위반행위의 중지를 명할 수 있다(경비업법 제24조 제3항).
① (○) 경비업법 제24조 제1항
③ (○) 경비업법 제24조 제4항
④ (○) 경비업법 제24조 제2항

11

경비업법령상 경찰관서장의 지도·감독·점검에 관한 설명으로 옳은 것은? 기출 14

① 시·도 경찰청장 또는 관할 경찰관서장은 경비업무의 적정한 수행을 위하여 경비업자 및 경비지도사를 지도·감독하며 필요한 명령을 할 수 있다.
② 시·도 경찰청장은 특수경비업자에 대하여 연 1회 이상의 보안지도·점검을 실시하고, 필요한 경우 관계기관에 보안측정을 요청해야 한다.
❸ **시·도 경찰청장 또는 관할 경찰관서장은 소속 경찰공무원으로 하여금 관할구역 안에 있는 경비업자의 주사무소 및 출장소와 경비원 배치장소에 출입하여 감독하며 필요한 명령을 하게 할 수 있다.**
④ 시·도 경찰청장 또는 관할 경찰관서장은 경비업자 또는 배치된 경비원이 경비업법을 위반하는 행위를 하는 경우 그 위반행위의 중지를 명해야 한다.

해설

③ (○) 시·도 경찰청장 또는 관할 경찰관서장은 소속 경찰공무원으로 하여금 관할구역 안에 있는 경비업자의 주사무소 및 출장소와 경비원 배치장소에 출입하여 근무상황 및 교육훈련상황 등을 감독하며 필요한 명령을 하게 할 수 있다(경비업법 제24조 제2항 전문).
① (×) 경찰청장 또는 시·도 경찰청장은 경비업무의 적정한 수행을 위하여 경비업자 및 경비지도사를 지도·감독하며 필요한 명령을 할 수 있다(경비업법 제24조 제1항).
② (×) 시·도 경찰청장은 특수경비업자에 대하여 연 2회 이상의 보안지도·점검을 실시하여야 하고, 필요한 경우 관계기관에 보안측정을 요청하여야 한다(경비업법 제25조 및 동법 시행령 제29조).
④ (×) 시·도 경찰청장 또는 관할 경찰관서장은 경비업자 또는 배치된 경비원이 경비업법이나 경비업법에 따른 명령, 「폭력행위 등 처벌에 관한 법률」을 위반하는 행위를 하는 경우 그 위반행위의 중지를 명할 수 있다(경비업법 제24조 제3항).

12

경비업법령상 경비업자 및 경비지도사에 대한 감독과 보안지도·점검에 관한 설명으로 옳지 않은 것은? 기출 11

① 경찰청장 또는 시·도 경찰청장은 경비업무의 적정한 수행을 위하여 경비업자 및 경비지도사를 지도·감독하며 필요한 명령을 할 수 있다.
❷ **시·도 경찰청장은 특수경비업자에 대하여 연 1회 이상의 보안지도·점검을 실시하여야 한다.**
③ 시·도 경찰청장 또는 관할 경찰관서장은 소속 경찰공무원으로 하여금 관할구역 안에 있는 경비업자의 주사무소 및 출장소에 출입하여 근무상황 등을 감독하며 필요한 명령을 하게 할 수 있다.
④ 시·도 경찰청장은 특수경비업자에 대하여 필요한 경우 관계기관에 보안측정을 요청하여야 한다.

해설

② (×) 시·도 경찰청장은 특수경비업자에 대하여 연 2회 이상의 보안지도·점검을 실시하여야 한다(경비업법 시행령 제29조).
① (○) 경비업법 제24조 제1항
③ (○) 경비업법 제24조 제2항
④ (○) 경비업법 제25조

13

경비업법령상 지도·감독에 관한 설명으로 옳은 것은? 기출수정 09

☑ ① 경찰청장 또는 시·도 경찰청장은 경비업무의 적정한 수행을 위하여 경비업자 및 경비지도사를 지도·감독하며 필요한 명령을 할 수 있다.
② 경찰청장은 경비지도사의 시험에 관한 업무를 다른 기관 또는 단체에 위탁할 수 없다.
③ 관할 경찰관서장은 일반경비업자에 대하여 보안지도·점검을 실시하여야 하고 필요한 경우 관계기관에 보안측정을 요청하여야 한다.
④ 경찰청장 또는 시·도 경찰청장은 소속 경찰공무원으로 하여금 경비업자의 주사무소 및 출장소와 경비원 배치장소에 출입하여 감독에 필요한 명령을 하게 할 수 없다.

해설
① (○) 경비업법 제24조 제1항
② (×) 경찰청장 또는 경찰관서장은 경비지도사 시험의 관리에 관한 업무를 경비업무에 관한 인력과 전문성을 갖춘 기관 또는 단체로서 경찰청장이 지정하여 고시하는 기관 또는 단체에 위탁한다(경비업법 시행령 제31조 제2항).
③ (×) 시·도 경찰청장은 특수경비업자에 대하여 보안지도·점검을 실시하여야 하고, 필요한 경우 관계기관에 보안측정을 요청하여야 한다(경비업법 제25조).★
④ (×) 시·도 경찰청장 또는 관할 경찰관서장은 소속 경찰공무원으로 하여금 관할구역 안에 있는 경비업자의 주사무소 및 출장소와 경비원 배치장소에 출입하여 근무상황 및 교육훈련상황 등을 감독하며 필요한 명령을 하게 할 수 있다(경비업법 제24조 제2항).★

14

경비업법령상 지도·감독 등에 관한 설명으로 틀린 것은? 기출 08

① 경찰청장 또는 시·도 경찰청장은 경비업무의 적정한 수행을 위하여 경비업자 및 경비지도사를 지도·감독하며, 필요한 명령을 할 수 있다.
② 시·도 경찰청장은 대통령령이 정하는 바에 따라 특수경비업자에 대하여 보안지도·점검을 실시하여야 한다.
③ 시·도 경찰청장은 특수경비업자에 대하여 연 2회 이상의 보안지도·점검을 실시하여야 한다.
☑ ④ 이 법에 의한 경찰청장의 권한은 경찰청장 재량으로 그 일부를 시·도 경찰청장에게 위임한다.

해설
④ (×) 경비업법에 의한 경찰청장의 권한은 대통령령이 정하는 바에 따라 그 일부를 시·도 경찰청장에게 위임할 수 있다(경비업법 제27조 제1항).★
① (○) 경비업법 제24조 제1항
② (○) 경비업법 제25조★
③ (○) 경비업법 시행령 제29조

15

경비업법령상 경비업자의 책임에 관한 설명으로 옳은 것은? 기출 24

① 경비업자는 경비원이 업무수행 중 경비대상에 손해가 발생하는 것을 방지하여도 손해를 배상하여야 한다.
② 경비업자는 경비원이 업무수행 중 고의로 제3자에게 손해를 입힌 경우에는 그 손해가 발생하는 것을 방지하지 못한 때에만 배상할 책임이 있다.
❸ 경비업자는 경비원이 업무수행 중 과실로 제3자에게 손해를 입힌 경우에도 이를 배상하여야 한다.
④ 경비업자는 경비원이 업무수행 중 과실로 경비대상에 손해가 발생하는 것을 방지하지 못한 때에는 그 손해를 배상할 책임이 없다.

해설

③ (○) 경비업법 제26조 제2항
① (×) 경비업자는 경비원이 업무수행 중 고의 또는 과실로 경비대상에 손해가 발생하는 것을 방지하지 못한 때에는 그 손해를 배상하여야 한다(경비업법 제26조 제1항).
② (×) 경비업자는 경비원이 업무수행 중 고의 또는 과실로 제3자에게 손해를 입힌 경우에는 이를 배상하여야 한다(경비업법 제26조 제2항). 경비업법 제26조 제1항의 경비대상에 대한 손해배상과 달리 제3자에 대한 손해배상의 경우 "손해가 발생하는 것을 방지하지 못한 때에는 손해를 배상하여야 한다"고 규정하고 있지 않다.
④ (×) 경비업자는 경비원이 업무수행 중 고의 또는 과실로 경비대상에 손해가 발생하는 것을 방지하지 못한 때에는 그 손해를 배상하여야 한다(경비업법 제26조 제1항).

16

경비업법령상 경비업자의 손해배상책임이 발생하는 것은? 기출 22

① 경비원이 업무수행 중이 아닌 때에 고의로 경비대상에 손해가 발생하는 것을 방지하지 못한 경우
② 경비원이 업무수행 중 무과실로 경비대상에 손해가 발생하는 것을 방지하지 못한 경우
❸ 경비원이 업무수행 중 고의로 제3자에게 손해를 입힌 경우
④ 경비원이 업무수행 중이 아닌 때에 과실로 제3자에게 손해를 입힌 경우

해설

③ (○) 경비업자는 경비원이 업무수행 중 고의 또는 과실로 제3자에게 손해를 입힌 경우에는 이를 배상하여야 한다(경비업법 제26조 제2항).
① (×) 경비업자의 손해배상책임은 경비원이 업무수행 중 고의 또는 과실로 경비대상에 손해가 발생하는 것을 방지하지 못한 때 발생한다(경비업법 제26조 제1항).
② (×) 경비업자의 손해배상책임은 경비원이 업무수행 중 고의 또는 과실로 경비대상에 손해가 발생하는 것을 방지하지 못한 때 발생하며(경비업법 제26조 제1항), 무과실책임이 아니다.
④ (×) 경비업자의 손해배상책임은 경비원이 업무수행 중 고의 또는 과실로 제3자에게 손해를 입힌 경우에 발생한다(경비업법 제26조 제2항).

17

경비업법령상 경비업자의 책임에 관한 설명으로 옳지 않은 것은? 기출 20

① 경비업자는 경비원이 업무수행 중 고의로 경비대상에 손해가 발생하는 것을 방지하지 못한 때에는 그 손해를 배상하여야 한다.
② 경비업자는 경비원이 업무수행 중 고의로 제3자에게 손해를 입힌 경우에는 이를 배상하여야 한다.
❸ 경비업자는 경비원이 업무수행 중 과실로 제3자에게 손해를 입힌 경우에는 이를 배상할 책임이 없다.
④ 경비업자는 경비원이 업무수행 중 과실로 경비대상에 손해가 발생하는 것을 방지하지 못한 때에는 그 손해를 배상하여야 한다.

해설

경비업자는 경비원이 업무수행 중 과실로 제3자에게 손해를 입힌 경우에도 이를 배상하여야 한다(경비업법 제26조 제2항).

> **관계법령** 손해배상 등(경비업법 제26조)
> ① 경비업자는 경비원이 업무수행 중 고의 또는 과실로 경비대상에 손해가 발생하는 것을 방지하지 못한 때에는 그 손해를 배상하여야 한다.
> ② 경비업자는 경비원이 업무수행 중 고의 또는 과실로 제3자에게 손해를 입힌 경우에는 이를 배상하여야 한다.

18

경비업법령상 경비업자의 손해배상책임이 발생하는 것을 모두 고른 것은? 기출 18

> ㄱ. 경비원이 업무수행 중 고의로 경비대상에 손해가 발생하는 것을 방지하지 못한 경우
> ㄴ. 경비원이 업무수행 중 고의로 제3자에게 손해를 입힌 경우
> ㄷ. 경비원이 업무수행 중 과실로 경비대상에 손해가 발생하는 것을 방지하지 못한 경우
> ㄹ. 경비원이 업무수행 중 과실로 제3자에게 손해를 입힌 경우

① ㄱ, ㄴ
② ㄱ, ㄷ, ㄹ
③ ㄴ, ㄷ, ㄹ
❹ ㄱ, ㄴ, ㄷ, ㄹ

해설

ㄱ과 ㄷ은 경비업법 제26조 제1항의 사유에 해당하고, ㄴ과 ㄹ은 경비업법 제26조 제2항의 사유에 해당한다.

19

경비업법상 경비업자의 손해배상책임이 발생하지 않은 것은? 기출 17

① **경비원 갑(甲)이 업무수행 중 무과실로 경비대상에 손해가 발생하는 것을 방지하지 못한 경우**
② 경비원 을(乙)이 업무수행 중 고의로 제3자에게 손해를 입힌 경우
③ 경비원 병(丙)이 업무수행 중 과실로 제3자에게 손해를 입힌 경우
④ 경비원 정(丁)이 업무수행 중 고의로 경비대상에 손해가 발생하는 것을 방지하지 못한 경우

해설
① (×) 경비업법 제26조는 일종의 민법상 사용자책임이 규정된 것으로, 사용자가 선임·감독상의 주의의무를 다한 경우 사용자책임이 면책된다고 규정하고 있다(민법 제756조 제1항). 따라서 경비업법 제26조는 경비업자의 무과실책임이 규정된 것은 아니라고 해석된다.
② (○), ③ (○) 경비업법 제26조 제2항에 의해 경비업자가 발생한 손해에 대한 배상책임을 부담한다.
④ (○) 경비업법 제26조 제1항에 의해 경비업자가 발생한 손해에 대한 배상책임을 부담한다.

20

경비업법에 관한 설명으로 옳지 않은 것은? 기출 16

① 경비업자는 경비원이 업무수행 중 고의로 제3자에게 손해를 입힌 경우에는 이를 배상하여야 한다.
② **경비업자는 경비원이 업무수행 중 과실로 제3자에게 손해를 입힌 경우에는 배상책임이 면제된다.**
③ 경비업자는 경비원이 업무수행 중 고의 또는 과실로 경비대상에 손해가 발생하는 것을 방지하지 못한 때에는 그 손해를 배상하여야 한다.
④ 기계경비업자는 대응조치 등 업무의 원활한 운영과 개선을 위하여 대통령령이 정하는 바에 따라 관련 서류를 작성·비치하여야 한다.

해설
② (×), ① (○) 경비업자는 경비원이 업무수행 중 고의 또는 과실로 제3자에게 손해를 입힌 경우에는 이를 배상하여야 한다(경비업법 제26조 제2항).
③ (○) 경비업법 제26조 제1항
④ (○) 경비업법 제9조 제2항

21

A경비법인에 소속된 경비원 B는 근무가 없는 일요일 자신이 파견되어 있는 ○○은행 앞에서 우연히 지나가던 행인과 말다툼을 하다가 행인을 폭행하였다. 행인은 전치 3주의 상해를 입었다. 이에 관한 설명으로 맞는 것은? 기출 06

① 경비업자 A는 소속경비원이 타인에게 가한 손해이므로 배상책임을 진다.
② ✓ 업무수행 중의 손해가 아니기 때문에 경비원 B가 개인적으로 손해배상책임을 진다.
③ 관할 경찰서장이 손해배상책임을 진다.
④ 만약 경비원이 업무수행 중에 제3자에게 과실로 손해를 가한 경우라면 이에 대한 배상책임은 경비원이 진다.

[해설]
경비업자는 경비원이 업무수행 중 고의 또는 과실로 경비대상에 손해가 발생하는 것을 방지하지 못한 때에는 그 손해를 배상하여야 한다(경비업법 제26조 제1항). 여기서는 업무수행 중이라고 할 수 없으므로 경비원 B가 개인적으로 손해배상책임을 지는 것이 맞다.

22

경비업법령상 경찰청장의 권한이 시·도 경찰청장에게 위임되어 있는 것을 모두 고른 것은? 기출 24

ㄱ. 경비지도사자격의 취소권한
ㄴ. 경비지도사자격증의 교부권한
ㄷ. 경비지도사 시험의 관리에 관한 권한
ㄹ. 경비지도사자격의 정지에 관한 청문권한

① ㄱ, ㄴ
② ✓ ㄱ, ㄹ
③ ㄴ, ㄷ
④ ㄷ, ㄹ

[해설]
제시된 내용 중 경찰청장의 권한이 시·도 경찰청장에게 위임되어 있는 것은 ㄱ과 ㄹ이다.
ㄱ. (O) 경비지도사자격의 취소 및 정지에 관한 권한(경비업법 시행령 제31조 제1항 제1호)
ㄹ. (O) 경비지도사자격의 취소 및 정지에 관한 청문의 권한(경비업법 시행령 제31조 제1항 제2호)
ㄴ. (×) 경찰청장은 경비지도사 결격사유에 해당하지 아니하는 자로서 경찰청장이 시행하는 경비지도사 시험에 합격하고 경찰청장이 실시하는 기본교육을 받은 자에게 행정안전부령으로 정하는 바에 따라 경비지도사자격증을 교부하여야 한다(경비업법 제11조 제2항). 경비업법령상 경비지도사자격증의 교부권한의 위임에 관한 규정은 존재하지 않는다.
ㄷ. (×) 경찰청장 또는 경찰관서장은 법 제27조 제2항에 따라 법 제11조 제1항에 따른 경비지도사 시험의 관리에 관한 업무를 경비업무에 관한 인력과 전문성을 갖춘 기관 또는 단체로서 경찰청장이 지정하여 고시하는 기관 또는 단체에 위탁한다(경비업법 시행령 제31조 제2항). 경비지도사 시험의 관리에 관한 업무는 위임사항이 아닌 위탁사항에 해당한다.

23

경비업법령상 경찰청장이 시·도 경찰청장에게 위임하는 권한은? 기출 23

① 경비협회의 공제사업에 대한 금융감독원장의 검사요청권한
② 경비지도사자격증의 교부권한
③ **경비지도사자격의 취소에 관한 권한** ✓
④ 경비지도사 시험의 관리에 관한 권한

해설

경비업법령상 경찰청장이 시·도 경찰청장에게 위임하는 권한은 ③이다(경비업법 제27조 제1항, 동법 시행령 제31조 제1항 제2호). ①과 ②는 위임사항이 아니며(경비업법 제23조 제6항, 동법 시행규칙 제11조), ④는 위탁사항에 해당한다(경비업법 제27조 제2항, 동법 시행령 제31조 제2항).

관계법령 위임 및 위탁(경비업법 제27조)

① 이 법에 의한 경찰청장의 권한은 대통령령이 정하는 바에 따라 그 일부를 시·도 경찰청장에게 위임할 수 있다.

권한의 위임 및 위탁(경비업법 시행령 제31조)★

① 경찰청장은 법 제27조 제1항의 규정에 의하여 다음 각호의 권한을 시·도 경찰청장에게 위임한다.
  1. 법 제20조의 규정에 의한 경비지도사자격의 취소 및 정지에 관한 권한
  2. 법 제21조 제2호의 규정에 의한 경비지도사자격의 취소 및 정지에 관한 청문의 권한

② 경찰청장은 제11조의 규정에 의한 경비지도사의 시험에 관한 업무를 대통령령이 정하는 바에 따라 관계전문기관 또는 단체에 위탁할 수 있다. 〈개정 2024.2.13.〉

권한의 위임 및 위탁(경비업법 시행령 제31조)★

② 경찰청장 또는 경찰관서장은 법 제27조 제2항에 따라 법 제11조 제1항에 따른 경비지도사 시험의 관리에 관한 업무를 경비업무에 관한 인력과 전문성을 갖춘 기관 또는 단체로서 경찰청장이 지정하여 고시하는 기관 또는 단체에 위탁한다. 〈개정 2024.8.13.〉

24

경비업법령상 경찰청장이 시·도 경찰청장에게 위임할 수 있는 사항에 해당하지 않는 것은? 기출수정 22

① 경비지도사의 자격의 취소 및 정지에 관한 청문
② **경비지도사의 시험에 관한 업무** ✓
③ 경비지도사의 자격의 취소
④ 경비지도사의 자격의 정지

해설

경비지도사의 시험에 관한 업무는 경찰청장이 위임할 수 있는 사항이 아닌 대통령령이 정하는 바에 따라 관계전문기관 또는 단체에 위탁할 수 있는 사항이다(경비업법 제27조 제2항).

25

경비업법령상 경찰청장의 권한이 시·도 경찰청장에게 위임되어 있는 것을 모두 고른 것은? 기출 21

ㄱ. 경비지도사자격의 정지
ㄴ. 경비지도사자격의 취소
ㄷ. 경비지도사자격의 취소 및 정지에 관한 청문

① ㄱ
② ㄱ, ㄴ
③ ㄴ, ㄷ
④ ㄱ, ㄴ, ㄷ ✓

[해설]
제시된 내용은 모두 경비업법령상 시·도 경찰청장에게 위임되어 있는 경찰청장의 권한에 해당한다.

26

경비업법령상 위임에 관한 내용이다. (   )에 들어갈 내용이 바르게 연결된 것은? 기출 19

경비업법에 의한 경찰청장의 권한은 대통령령이 정하는 바에 따라 그 일부를 (ㄱ)에게 위임할 수 있다고 하는데, 위임되는 권한에는 (ㄴ)에 관한 권한이 포함된다.

① ㄱ : 시·도 경찰청장, ㄴ : 경비지도사 시험 관리 및 경비지도사 교육업무
② ㄱ : 관할 경찰서장,   ㄴ : 경비지도사 시험 관리 및 경비지도사 교육업무
③ ㄱ : **시·도 경찰청장**, ㄴ : **경비지도사자격의 취소 및 정지** ✓
④ ㄱ : 관할 경찰서장,   ㄴ : 경비지도사자격의 취소 및 정지

[해설]
제시문은 경비업법 제27조의 내용으로 (   ) 안에는 순서대로 ㄱ : 시·도 경찰청장, ㄴ : 경비지도사자격의 취소 및 정지가 들어간다.

27

경비업법령상 경찰청장이 시·도 경찰청장에게 위임하는 권한에 해당하지 않는 것은?

① 경비지도사자격의 정지에 관한 권한
② 경비지도사자격의 취소에 관한 권한
❸ 경비지도사자격증의 교부에 관한 권한
④ 경비지도사자격의 취소에 관한 청문의 권한

해설

경비지도사자격증의 교부는 위임사항이 아니다. 경찰청장은 경비지도사 시험에 합격하고 기본교육을 받은 사람에게는 경비지도사자격증 교부대장에 정해진 사항을 기재한 후, 경비지도사자격증을 교부해야 한다(경비업법 시행규칙 제11조).

28

경비업법령상 경찰청장이 시·도 경찰청장에게 위임한 권한에 해당하는 것은?

① 경비업의 허가권한
② 경비지도사자격증의 교부권한
❸ 경비지도사자격의 취소·정지에 관한 청문의 권한
④ 경비협회의 공제사업에 대한 금융감독원장의 검사요청권한

해설

③ (○) 경찰청장은 경비지도사자격의 취소 및 정지에 관한 권한, 경비지도사자격의 취소 및 정지에 관한 청문의 권한을 시·도 경찰청장에게 위임한다(경비업법 시행령 제31조 제1항).★
① (×) 경비업의 허가권한은 법령상 시·도 경찰청장의 고유 권한이다(경비업법 제4조 제1항 전문).★
② (×) 경찰청장은 경비지도사시험에 합격하고 기본교육을 받은 사람에게는 경비지도사자격증 교부대장에 정해진 사항을 기재한 후, 경비지도사자격증을 교부해야 한다(경비업법 시행규칙 제11조). 경비업법령상 경비지도사자격증의 교부권한에 대한 위임규정은 존재하지 않는다.
④ (×) 경찰청장은 제1항에 따른 공제사업에 대하여 「금융위원회의 설치 등에 관한 법률」에 따른 금융감독원의 원장에게 검사를 요청할 수 있다(경비업법 제23조 제6항). 경비업법령상 금융감독원장의 검사요청권한에 대한 위임규정은 존재하지 않는다.

29

경비업법에 관한 규정이다. ( ) 안에 들어갈 내용으로 올바르게 짝지어진 것은?

- 경찰청장은 경비지도사의 시험에 관한 업무를 대통령령이 정하는 바에 따라 관계전문기관 또는 단체에 (ㄱ)할 수 있다.
- 경비업법에 의한 경찰청장의 권한은 대통령령이 정하는 바에 따라 그 일부를 시·도 경찰청장에게 (ㄴ)할 수 있다.

① ㄱ : 위 탁, ㄴ : 위 임
② ㄱ : 위 임, ㄴ : 위 임
③ ㄱ : 위 임, ㄴ : 위 탁
④ ㄱ : 위 탁, ㄴ : 위 탁

해설

- 경찰청장은 경비지도사의 시험에 관한 업무를 대통령령이 정하는 바에 따라 관계전문기관 또는 단체에 위탁할 수 있다(경비업법 제27조 제2항).
- 경비업법에 의한 경찰청장의 권한은 대통령령이 정하는 바에 따라 그 일부를 시·도 경찰청장에게 위임할 수 있다(경비업법 제27조 제1항).

30

경비업법령상 경찰청장이 시·도 경찰청장에게 위임할 수 있는 권한에 해당하지 않는 것은?

① 경비지도사자격의 취소에 관한 권한
② 경비지도사자격의 정지에 관한 권한
③ 경비지도사자격의 정지에 관한 청문의 권한
④ 경비지도사 시험의 관리 및 자격증의 교부에 관한 권한

해설

④는 경찰청장이 시·도 경찰청장에게 위임할 수 있는 권한에 해당하지 않는다. ①·②·③은 경비업법 시행령 제31조 제1항의 위임사항에 해당한다.

관계법령 권한의 위임 및 위탁(경비업법 시행령 제31조)

① 경찰청장은 법 제27조 제1항의 규정에 의하여 다음 각호의 권한을 시·도 경찰청장에게 위임한다.
  1. 법 제20조의 규정에 의한 경비지도사의 자격의 취소 및 정지에 관한 권한
  2. 법 제21조 제2호의 규정에 의한 경비지도사자격의 취소 및 정지에 관한 청문의 권한
② 경찰청장 또는 경찰관서장은 법 제27조 제2항에 따라 법 제11조 제1항에 따른 경비지도사시험의 관리에 관한 업무를 경비업무에 관한 인력과 전문성을 갖춘 기관 또는 단체로서 경찰청장이 지정하여 고시하는 기관 또는 단체에 위탁한다. 〈개정 2024.8.13.〉

31

경비업법령상 경찰청장이 시·도 경찰청장에게 위임할 수 있는 권한에 해당하는 것은? 기출 14

① ✔ 경비지도사자격의 취소 및 정지
② 경비지도사 시험의 관리
③ 경비지도사의 교육
④ 경비업 허가의 취소 및 영업정지

해설

① (○) 경비업법 시행령 제31조 제1항 제1호
② (×) 경찰청장이 경비업무에 관한 인력과 전문성을 갖춘 기관 또는 단체에 <u>위탁하는 사항</u>에 해당한다(경비업법 제27조 제2항, 동법 시행령 제31조 제2항).
③ (×) 경찰청장이 전문인력 및 시설 등을 갖춘 법인으로서 경찰청장이 지정하는 기관 또는 단체에 <u>위탁할 수 있는 사항</u>에 해당한다(경비업법 제11조의3 제1항).
④ (×) <u>시·도 경찰청장의 고유권한</u>에 해당한다.

32

경비업법령상 시험에 응시하고자 하는 자가 납부한 응시수수료의 전부 또는 일부를 반환하는 기준으로 옳지 않은 것은? 기출 24

① 응시수수료를 과오납한 경우 : 과오납한 금액 전액
② 시험시행기관의 귀책사유로 시험에 응시하지 못한 경우 : 응시수수료 전액
③ ✔ 시험시행일 20일 전까지 접수를 취소하는 경우 : 응시수수료의 100분의 80
④ 시험시행일 10일 전까지 접수를 취소하는 경우 : 응시수수료의 100분의 50

해설

③ (×) 응시수수료 <u>전액</u>(경비업법 시행령 제28조 제4항 제3호)
① (○) 경비업법 시행령 제28조 제4항 제1호
② (○) 경비업법 시행령 제28조 제4항 제2호
④ (○) 경비업법 시행령 제28조 제4항 제4호

33

경비업법령상 허가증 등의 수수료에 관한 설명으로 옳지 않은 것은?

① **경비업 허가사항의 변경신고로 인한 허가증 재교부의 경우에는 1만원의 수수료를 납부하여야 한다.**
② 경찰청장은 시험 시행기관의 귀책사유로 시험에 응시하지 못한 경우 납부한 응시수수료 전액을 반환하여야 한다.
③ 경찰청장 및 시·도 경찰청장은 정보통신망을 이용하여 전자화폐·전자결제 등의 방법으로 수수료를 납부하게 할 수 있다.
④ 경비지도사 시험에 응시하고자 하는 자는 경찰청장이 정하여 고시하는 수수료를 납부하여야 한다.

해설

① (×) 경비업 허가사항의 변경신고로 인한 허가증 재교부의 경우에는 <u>2천원의 수수료를 납부하여야 한다</u>(경비업법 시행령 제28조 제1항 제2호).
② (○) 경비업법 시행령 제28조 제4항 제2호
③ (○) 경비업법 시행령 제28조 제5항
④ (○) 경비업법 시행령 제28조 제3항

관계법령 수수료(경비업법 제27조의2)

이 법에 따른 <u>경비업의 허가를 받거나 허가증을 재교부받고자 하는</u> 자는 대통령령이 정하는 바에 따라 <u>수수료를 납부하여야 한다</u>.

허가증 등의 수수료(경비업법 시행령 제28조)
① 법에 의한 경비업의 허가를 받거나 허가증을 재교부받고자 하는 자는 다음 각호의 수수료를 납부하여야 한다.
  1. 법 제4조 제1항 및 법 제6조 제2항의 규정에 의한 <u>경비업의 허가(추가·변경·갱신허가를 포함한다)의 경우에는 1만원</u>
  2. <u>허가사항의 변경신고로 인한 허가증 재교부의 경우에는 2천원</u>
② 제1항의 규정에 의한 수수료는 허가 등의 신청서에 수입인지를 첨부하여 납부한다.
③ <u>시험에 응시하고자 하는 자는 경찰청장이 정하여 고시하는 수수료를 납부하여야 한다.</u>
④ <u>경찰청장은</u> 다음 각호의 어느 하나에 해당하는 <u>경우에는</u> 제3항에 따라 받은 응시수수료의 전부 또는 일부를 다음 각호의 구분에 따라 <u>반환하여야 한다</u>.
  1. 응시수수료를 <u>과오납한 경우</u> : <u>과오납한 금액 전액</u>
  2. 시험 시행기관의 귀책사유로 시험에 응시하지 못한 경우 : <u>응시수수료 전액</u>
  3. 시험 시행일 20일 전까지 접수를 <u>취소하는 경우</u> : <u>응시수수료 전액</u>
  4. 시험 시행일 10일 전까지 접수를 <u>취소하는 경우</u> : <u>응시수수료의 100분의 50</u>
⑤ 경찰청장 및 시·도 경찰청장은 제2항 및 제3항의 규정에 불구하고 <u>정보통신망을 이용하여 전자화폐·전자결제 등의 방법으로 수수료를 납부하게 할 수 있다</u>.

34

경비업법령상 허가증 등의 수수료에 관한 설명으로 옳은 것은? 기출 22

① 경비업 허가사항의 변경신고로 인한 허가증 재교부의 경우에는 1만원의 수수료를 납부하여야 한다.
② 경비지도사 시험 응시수수료를 과오납한 경우에는 경찰청장은 과오납한 금액의 100분의 50을 반환하여야 한다.
③ 경비업의 갱신허가를 받고자 하는 경우에는 2천원의 수수료를 납부하여야 한다.
④ 경비지도사 시험 시행일 20일 전까지 접수를 취소하는 경우에는 경찰청장은 응시수수료 전액을 반환하여야 한다.

해설

④ (○) 경비업법 시행령 제28조 제4항 제3호
① (×) 경비업 허가사항의 변경신고로 인한 허가증 재교부의 경우에는 2천원의 수수료를 납부하여야 한다(경비업법 시행령 제28조 제1항 제2호).
② (×) 응시수수료를 과오납한 경우에는 경찰청장은 과오납한 금액 전부를 반환하여야 한다(경비업법 시행령 제28조 제4항 제1호).
③ (×) 경비업의 갱신허가를 받고자 하는 경우에는 1만원의 수수료를 납부하여야 한다(경비업법 시행령 제28조 제1항 제1호).

35

경비업법령상 허가증 등의 수수료에 관한 설명으로 옳지 않은 것은? 기출 20

① 경비업의 허가사항의 변경신고로 인한 허가증을 재교부받고자 하는 자는 2천원의 수수료를 납부하여야 한다.
② 경찰청장 및 시·도 경찰청장은 정보통신망을 이용하여 전자화폐·전자결제 등의 방법으로 수수료를 납부하게 할 수 있다.
③ 경비지도사 시험에 응시하고자 하는 자는 경찰청장이 정하여 고시하는 수수료를 납부하여야 한다.
④ 시·도 경찰청장은 경비지도사 시험 시행일 20일 전까지 접수를 취소하는 경우 응시수수료 전액을 반환하여야 한다.

해설

④ (×) 경찰청장은 경비지도사 시험 시행일 20일 전까지 접수를 취소하는 경우 응시수수료 전액을 반환하여야 한다(경비업법 시행령 제28조 제4항 제3호).
① (○) 경비업법 시행령 제28조 제1항 제2호
② (○) 경비업법 시행령 제28조 제5항
③ (○) 경비업법 시행령 제28조 제3항

36

경비업법령상 허가증 등의 수수료에 관한 설명으로 옳지 않은 것은? 기출 17

① 경비지도사 시험에 응시하고자 하는 자는 경찰청장이 정하여 고시하는 수수료를 납부하여야 한다.
② 경비업의 변경·추가허가의 경우에는 1만원의 수수료를 납부하여야 한다.
③ **경찰서장은 정보통신망을 이용하여 전자화폐·전자결제 등의 방법으로 수수료를 납부하게 할 수 있다.**
④ 경비업의 허가를 받거나 허가증을 재교부받고자 하는 자는 대통령령이 정하는 바에 따라 수수료를 납부하여야 한다.

해설

③ (×) <u>경찰청장 및 시·도 경찰청장</u>은 정보통신망을 이용하여 전자화폐·전자결제 등의 방법으로 수수료를 납부하게 할 수 있다(경비업법 시행령 제28조 제5항). ★
① (○) 경비업법 시행령 제28조 제3항
② (○) 경비업법 시행령 제28조 제1항 제1호
④ (○) 경비업법 시행령 제28조 제1항

37

경비업법령상 수수료 납부에 관한 설명으로 옳은 것은? 기출 15

① 경비업의 갱신허가를 받으려는 자는 2만원의 수수료를 납부하여야 한다.
② **허가사항의 변경신고로 인한 허가증 재교부의 경우에는 2천원의 수수료를 납부하여야 한다.**
③ 시험에 응시하고자 하는 자의 귀책사유로 시험에 응시하지 못한 경우 납부한 응시수수료 전액을 반환받는다.
④ 경찰청장은 시험응시자가 시험 시행일 20일 전까지 접수를 취소하는 경우, 응시수수료의 100분의 50을 반환하여야 한다.

해설

② (○) 허가사항의 변경신고로 인한 허가증 재교부의 경우에는 2천원의 수수료를 납부하여야 한다(경비업법 시행령 제28조 제1항 제2호).
① (×) 경비업의 <u>갱신허가</u>를 받고자 하는 경우에는 <u>1만원의 수수료</u>를 납부하여야 한다(경비업법 시행령 제28조 제1항 제1호).
③ (×) 경찰청장은 <u>시험 시행기관의 귀책사유</u>로 시험에 응시하지 못한 경우에 응시수수료 전액을 반환하여야 한다(경비업법 시행령 제28조 제4항 제2호). 시험에 응시하고자 하는 자의 귀책사유로 시험에 응시하지 못한 경우는 응시수수료 반환사유에 해당하지 않는다.
④ (×) <u>응시수수료 전액</u>을 반환하여야 한다(경비업법 시행령 제28조 제4항 제3호).

38

경비업법령상 경찰청장으로부터 경비지도사의 시험에 관한 업무를 위탁받은 단체의 임직원이 공무원으로 의제되어 적용받는 「형법」상의 규정에 해당하는 것은? 기출 24

① 제122조(직무유기)
② 제126조(피의사실공표)
③ 제127조(공무상 비밀의 누설)
✅ **제129조(수뢰, 사전수뢰)**

해설

경찰청장으로부터 경비지도사의 시험에 관한 업무를 위탁받은 관계전문기관 또는 단체의 임직원은 「형법」 제129조부터 제132조까지의 규정을 적용할 때에는 공무원으로 본다(경비업법 제27조의3).

39

경비업법령상 경찰청장으로부터 경비지도사의 시험에 관한 업무를 위탁받은 단체의 임직원이 공무원으로 의제되어 적용받는 형법상의 규정에 해당하지 않는 것은? 기출수정 21

✅ **형법 제127조(공무상 비밀의 누설)**
② 형법 제129조(수뢰, 사전수뢰)
③ 형법 제130조(제3자뇌물제공)
④ 형법 제132조(알선수뢰)

해설

형법 제127조는 벌칙 적용에서 공무원으로 의제되는 형법상 대상범죄에 해당하지 않는다(경비업법 제27조의3).

관계법령	벌칙 적용에서 공무원 의제(경비업법 제27조의3) ★
	제27조 제2항에 따라 위탁받은 업무에 종사하는 관계전문기관 또는 단체의 임직원은 「형법」 제129조부터 제132조(수뢰·사전수뢰, 제3자뇌물제공, 수뢰후부정처사·사후수뢰, 알선수뢰)까지의 규정을 적용할 때에는 공무원으로 본다.

40

경비업법령상 경찰청장으로부터 경비지도사의 시험에 관한 업무를 위탁받은 단체의 임직원이 공무원으로 의제되어 적용받는 형법상의 규정은? 기출수정 19

① 형법 제123조(직권남용)
② 형법 제127조(공무상 비밀의 누설)
③ **형법 제129조(수뢰, 사전수뢰)** ✓
④ 형법 제227조(허위공문서작성 등)

해설
경비업법 제27조 제2항에 따라 위탁받은 업무에 종사하는 관계전문기관 또는 단체의 임직원은 형법 제129조부터 제132조까지의 규정(뇌물범죄)을 적용할 때에는 공무원으로 본다(경비업법 제27조의3).

41

경비업법령상 벌칙 적용과 관련된 설명 중 빈칸에 들어갈 범죄에 해당하지 않는 것은?

> 경찰청장은 경비지도사의 시험에 관한 업무를 대통령령이 정하는 바에 따라 관계전문기관 또는 단체에 위탁할 수 있다. 이에 따라 위탁받은 업무에 종사하는 관계전문기관 또는 단체의 임직원은「형법」( )의 규정을 적용할 때에는 공무원으로 본다.

① 사전수뢰죄
② 알선수뢰죄
③ **뇌물공여죄** ✓
④ 사후수뢰죄

해설
경비업법령상 벌칙 적용에서 공무원으로 의제되는 형법상 범죄는 수뢰죄, 사전수뢰죄(형법 제129조), 제3자뇌물제공죄(형법 제130조), 수뢰후부정처사죄, 사후수뢰죄(형법 제131조), 알선수뢰죄(형법 제132조)에 한한다. 뇌물공여죄는 형법 제133조의 범죄에 해당한다.

42

경비업법령상 경찰청장 등이 불가피한 경우 민감정보 및 고유식별정보를 처리할 수 있는 사무가 아닌 것은? 기출 23

① 경비지도사 시험 등에 관한 사무
② 특수경비원의 직무 및 무기사용 등에 관한 사무
③ 경비업자 및 경비지도사의 지도·감독에 관한 사무
④ **경비업자의 손해배상책임에 관한 사무**

해설

④ (×) 경비업자의 손해배상책임에 관한 사무는 경찰청장 등이 불가피하게 민감정보 및 고유식별정보를 처리할 수 있는 사무에 해당하지 않는다(경비업법 시행령 제31조의2).
① (○) 경비업법 시행령 제31조의2 제2호
② (○) 경비업법 시행령 제31조의2 제4호
③ (○) 경비업법 시행령 제31조의2 제8호

관계법령 민감정보 및 고유식별정보의 처리(경비업법 시행령 제31조의2)

경찰청장, 시·도 경찰청장, 경찰서장 및 경찰관서장(제31조에 따라 경찰청장 및 경찰관서장의 권한을 위임·위탁받은 자를 포함한다)은 다음 각호의 사무를 수행하기 위하여 불가피한 경우 「개인정보보호법」 제23조에 따른 건강에 관한 정보(제1호의2 및 제4호의 사무로 한정한다), 같은 법 시행령 제18조 제2호에 따른 범죄경력자료에 해당하는 정보(제1호의2 및 제9호의 사무로 한정한다), 같은 영 제19조 제1호 또는 제4호에 따른 주민등록번호 또는 외국인등록번호가 포함된 자료를 처리할 수 있다. 〈개정 2024.8.13.〉

1. 법 제4조 및 제6조에 따른 경비업의 허가 및 갱신허가 등에 관한 사무
1의2. 법 제5조 및 제10조에 따른 임원, 경비지도사 및 경비원의 결격사유 확인에 관한 사무
2. 법 제11조에 따른 경비지도사 시험 등에 관한 사무
2의2. 법 제12조의2에 따른 경비지도사의 선임·해임 신고에 관한 사무
3. 법 제13조에 따른 경비원의 교육 등에 관한 사무
4. 법 제14조에 따른 특수경비원의 직무 및 무기사용 등에 관한 사무
5. 삭제 〈2021.7.13.〉
6. 법 제18조에 따른 경비원 배치허가 등에 관한 사무
7. 법 제19조 및 제20조에 따른 행정처분에 관한 사무
8. 법 제24조에 따른 경비업자 및 경비지도사의 지도·감독에 관한 사무
9. 법 제25조에 따른 보안지도·점검 및 보안측정에 관한 사무
10. 삭제 〈2022.12.20.〉

43

경비업법령상 경찰청장 등이 처리할 수 있는 민감정보 및 고유식별정보가 아닌 것은? 기출 21

① 건강에 관한 정보
② 범죄경력자료에 해당하는 정보
③ 주민등록번호 또는 외국인등록번호가 포함된 자료
❹ 신용카드사용내역이 포함된 자료

해설
신용카드사용내역이 포함된 자료는 경비업법령상 경찰청장 등이 처리할 수 있는 민간정보 및 고유식별정보에 해당하지 않는다(경비업법 시행령 제31조의2).

44

경비업법령상 민감정보 및 고유식별정보를 처리할 수 있는 사무가 아닌 것은? 기출수정 15

❶ 기계경비운영체계의 오작동 여부 확인에 관한 사무
② 경비업 허가의 취소에 따른 행정처분에 관한 사무
③ 임원, 경비지도사 및 경비원의 결격사유 확인에 관한 사무
④ 특수경비업자에 대한 보안지도·점검 및 보안측정에 관한 사무

해설
① (×) 경비업법 시행령 제31조의2(민감정보 및 고유식별정보의 처리)에 의하면 기계경비운영체계의 오작동 여부 확인에 관한 사무는 포함되지 않는다.
② (○) 경비업법 시행령 제31조의2 제7호
③ (○) 경비업법 시행령 제31조의2 제1호의2
④ (○) 경비업법 시행령 제31조의2 제9호

45

경비업법령상 민감정보 및 고유식별정보의 처리에 관한 내용이다. ( ) 안에 들어갈 사무에 해당하지 않는 것은?

> 경찰청장, 시·도 경찰청장, 경찰서장 및 경찰관서장은 ( )를 수행하기 위하여 불가피한 경우 「개인정보보호법」 제23조에 따른 건강에 관한 정보(제1호의2 및 제4호의 사무로 한정한다), 같은 법 시행령 제18조 제2호에 따른 범죄경력자료에 해당하는 정보(제1호의2 및 제9호의 사무로 한정한다), 같은 영 제19조 제1호 또는 제4호에 따른 주민등록번호 또는 외국인등록번호가 포함된 자료를 처리할 수 있다.

① 특수경비원의 직무 및 무기사용 등에 관한 사무
② 임원, 경비지도사 및 경비원의 결격사유 확인에 관한 사무
❸ 기계경비업자에 대한 보안지도·점검 및 보안측정에 관한 사무
④ 경비업자 및 경비지도사의 지도·감독에 관한 사무

해설

특수경비업자에 대한 보안지도·점검 및 보안측정에 관한 사무(경비업법 시행령 제31조의2 제9호)가 민감정보 및 고유식별정보를 처리할 수 있는 사무에 해당된다.

46

경비업법령에 관한 설명으로 옳지 않은 것은? 기출 16

① 시·도 경찰청장은 특수경비업자에 대하여 연 2회 이상의 보안지도·점검을 실시하여야 한다.
② 경찰청장은 경비업무의 적정한 수행을 위하여 경비업자를 지도·감독하며 필요한 명령을 할 수 있다.
❸ 경찰청장은 집단민원현장 배치 불허가 기준에 대하여 5년마다 그 타당성을 검토하여 개선 등의 조치를 하여야 한다.
④ 관할 경찰관서장은 시설주의 신청에 의하여 특수경비원이 배치된 국가중요시설 등에 경비전화를 가설할 수 있다.

해설

③ (×) 경찰청장은 집단민원현장 배치 불허가 기준에 대하여 3년마다 그 타당성을 검토하여 개선 등의 조치를 하여야 한다(경비업법 시행령 제31조의3).
① (○) 경비업법 시행령 제29조
② (○) 경비업법 제24조 제1항
④ (○) 경비업법 시행규칙 제25조 제1항

47

경비업법령상 경찰청장이 3년마다 타당성을 검토하여 개선 등의 조치를 해야 하는 것을 모두 고른 것은? 기출 23

> ㄱ. 경비업의 시설 등의 기준
> ㄴ. 집단민원현장 배치 불허가 기준
> ㄷ. 행정처분 기준
> ㄹ. 과태료 부과기준

① ㄱ, ㄴ
② ㄱ, ㄷ, ㄹ
③ ㄴ, ㄷ, ㄹ
④ ㄱ, ㄴ, ㄷ, ㄹ

해설

제시된 내용 중 경비업법령상 경찰청장이 3년마다 타당성을 검토하여 개선 등의 조치를 해야 하는 것은 ㄱ과 ㄴ이다(경비업법 시행령 제31조의3). ㄷ과 ㄹ은 2021.3.2. 동 시행령 개정 시 규제의 재검토 사항에서 삭제되었다.

관계법령 규제의 재검토(경비업법 시행령 제31조의3)

경찰청장은 다음 각호의 사항에 대하여 다음 각호의 기준일을 기준으로 3년마다(매 3년이 되는 해의 기준일과 같은 날 전까지를 말한다) 그 타당성을 검토하여 개선 등의 조치를 해야 한다. 〈개정 2024.8.13.〉
1. 제3조 제2항 및 [별표 1]에 따른 경비업의 시설 등의 기준 : 2014년 6월 8일
1의2. 제15조의2 제1항 및 제15조의3 제1항에 따른 경비지도사의 기본교육 및 보수교육의 시간 : 2025년 1월 1일
2. 제22조에 따른 집단민원현장 배치 불허가 기준 : 2014년 6월 8일
3. 제24조 및 [별표 4]에 따른 행정처분 기준 : 2014년 6월 8일 → 삭제 〈2021.3.2.〉
4. 제32조 제1항 및 [별표 6]에 따른 과태료의 부과기준 : 2014년 6월 8일 → 삭제 〈2021.3.2.〉

48

경비업법령상 경찰청장이 3년마다 타당성을 검토하여 개선 등의 조치를 해야 하는 규제사항인 것은?

기출수정 19

① 벌금형 부과기준
② 행정처분 기준
③ 과태료 부과기준
④ 경비원이 휴대하는 장비

해설

경찰청장은 제20조에 따른 경비원이 휴대하는 장비 등에 대하여 2014년 6월 8일을 기준으로 3년마다(매 3년이 되는 해의 6월 8일 전까지를 말한다) 그 타당성을 검토하여 개선 등의 조치를 하여야 한다(경비업법 시행규칙 제27조의2).

경비업법 제28조~제31조

01 벌 칙

02 형의 가중처벌 및 양벌규정

03 과태료

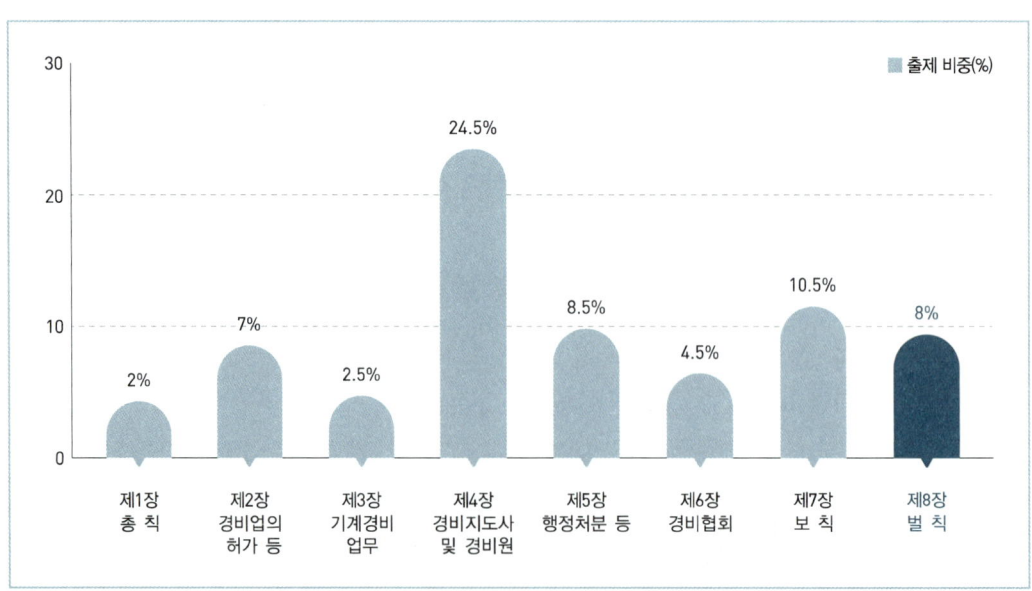

CHAPTER **08**

벌칙

CHAPTER 08 벌칙

01
CHECK ⃝ △ ✕

경비업법령상 법정형이 "경비업의 허가를 받지 아니하고 경비업을 영위한 자"에 대한 법정형과 같은 것은? 기출 24

☑ 다른 법률에 특별한 규정이 있는 경우가 아님에도 그 직무상 알게 된 비밀을 누설한 경비업자의 임·직원
② 국가중요시설에 대한 경비업무 수행 중 국가중요시설의 정상적인 운영을 해치는 장해를 일으킨 특수경비원
③ 쟁의행위를 한 특수경비원
④ 경비업법에서 정한 장비 외에 흉기 또는 그 밖의 위험한 물건을 휴대하고 경비업무를 수행한 경비원

해설

① (○) 경비업의 허가를 받지 아니하고 경비업을 영위한 자에 대한 법정형은 3년 이하의 징역 또는 3천만원 이하의 벌금(경비업법 제28조 제2항 제1호)이고, 다른 법률에 특별한 규정이 있는 경우가 아님에도 그 직무상 알게 된 비밀을 누설한 경비업자의 임·직원에 대한 법정형도 3년 이하의 징역 또는 3천만원 이하의 벌금이다(경비업법 제28조 제2항 제2호).
② (✕) 5년 이하의 징역 또는 5천만원 이하의 벌금(경비업법 제28조 제1항)
③ (✕) 1년 이하의 징역 또는 1천만원 이하의 벌금(경비업법 제28조 제4항 제2호)
④ (✕) 1년 이하의 징역 또는 1천만원 이하의 벌금(경비업법 제28조 제4항 제4호)

02

경비업법령상 위반행위를 한 행위자에 대한 법정형이 다른 것은? 기출 22

☑ ① 경비업무 도급인이 그 경비업무를 수급한 경비업자의 경비원 채용 시 무자격자나 부적격자 등을 채용하도록 관여하거나 영향력을 행사한 경우
② 경비원이 경비업법령에서 정한 장비 외에 흉기 또는 그 밖의 위험한 물건을 휴대하고 경비업무를 수행한 경우
③ 경비원이 직무를 수행함에 있어 타인에게 위력을 과시하는 등 경비업무의 범위를 벗어난 행위를 한 경우
④ 경비업자가 배치허가신청의 내용을 거짓으로 한 것이 발각되어 경찰관서장이 배치폐지명령을 하였으나 이에 따르지 아니한 경우

[해설]
①은 3년 이하의 징역 또는 3천만원 이하의 벌금에 처하나(경비업법 제28조 제2항 제6호), ②·③·④는 1년 이하의 징역 또는 1천만원 이하의 벌금에 처한다(경비업법 제28조 제4항 제4호·제3호·제5호).

핵심만콕 벌칙(경비업법 제28조) ★★

구분	내용
5년 이하의 징역 또는 5천만원 이하의 벌금(제1항)	국가중요시설의 정상적인 운영을 해치는 장해를 일으킨 특수경비원
3년 이하의 징역 또는 3천만원 이하의 벌금(제2항)	1. 허가를 받지 아니하고 경비업을 영위한 자 2. 직무상 알게 된 비밀을 누설하거나 부당한 목적을 위하여 사용한 자 3. 경비업무의 중단을 통보하지 아니하거나 경비업무를 즉시 인수하지 아니한 특수경비업자 또는 경비대행업자 4. 집단민원현장에 경비원을 배치하면서 허가를 받지 아니한 자에게 경비업무를 도급한 자 5. 집단민원현장에 20명 이상의 경비인력을 배치하면서 그 경비인력을 직접 고용한 자 6. **경비업자의 경비원 채용 시 무자격자나 부적격자 등을 채용하도록 관여하거나 영향력을 행사한 도급인** 7. 과실로 인하여 국가중요시설의 정상적인 운영을 해치는 장해를 일으킨 특수경비원 8. 특수경비원으로서 경비구역 안에서 시설물의 절도, 손괴, 위험물의 폭발 등의 사유로 인한 위급사태가 발생한 때에 명령에 불복종한 자 또는 경비구역을 벗어난 자 9. 경비원에게 경비업무의 범위를 벗어난 행위를 하게 한 자
2년 이하의 징역 또는 2천만원 이하의 벌금(제3항)	정당한 사유 없이 무기를 소지하고 배치된 경비구역을 벗어난 특수경비원
1년 이하의 징역 또는 1천만원 이하의 벌금(제4항)	1. 시설주로부터 무기의 관리를 위하여 지정받은 관리책임자가 법이 정한 의무를 위반한 경우 2. 파업·태업 그 밖에 경비업무의 정상적인 운영을 저해하는 일체의 쟁의행위를 한 특수경비원 3. 직무를 수행함에 있어 타인에게 위력을 과시하거나 물리력을 행사하는 등 경비업무의 범위를 벗어난 행위를 한 경비원 4. 제16조의2 제1항에서 정한 장비 외에 흉기 또는 그 밖의 위험한 물건을 휴대하고 경비업무를 수행한 경비원 또는 경비원에게 이를 휴대하고 경비업무를 수행하게 한 자 5. 경찰관서장의 배치폐지명령을 따르지 아니한 자 6. 시·도 경찰청장 또는 관할 경찰관서장의 중지명령에 따르지 아니한 자

03

경비업법령상 법정형의 최고한도가 높은 것부터 순서대로 나열된 것은?(단, 가중처벌 등은 고려하지 않음) 기출 21

> ㄱ. 경찰관서장의 배치폐지명령을 따르지 아니한 자
> ㄴ. 경비원에게 경비업무의 범위를 벗어난 행위를 하게 한 자
> ㄷ. 국가중요시설의 정상적인 운영을 해치는 장해를 일으킨 특수경비원

① ㄴ - ㄱ - ㄷ
② ㄴ - ㄷ - ㄱ
③ ㄷ - ㄱ - ㄴ
✔ ㄷ - ㄴ - ㄱ

[해설]
경비업법령상 법정형의 최고한도가 높은 것부터 순서대로 나열하면 ㄷ(5년 이하의 징역 또는 5천만원 이하의 벌금) - ㄴ(3년 이하의 징역 또는 3천만원 이하의 벌금) - ㄱ(1년 이하의 징역 또는 1천만원 이하의 벌금) 순이다.

04

경비업법령상 벌칙에 관한 설명으로 옳은 것을 모두 고른 것은? 기출 20

> ㄱ. 과실로 인하여 국가중요시설의 정상적인 운영을 해치는 장해를 일으킨 특수경비원은 3년 이하의 징역 또는 3천만원 이하의 벌금에 처한다.
> ㄴ. 정당한 사유 없이 무기를 소지하고 배치된 경비구역을 벗어난 특수경비원은 2년 이하의 징역 또는 2천만원 이하의 벌금에 처한다.
> ㄷ. 허가를 받지 아니하고 경비업을 영위한 자는 2년 이하의 징역 또는 2천만원 이하의 벌금에 처한다.

 ㄱ, ㄴ
② ㄱ, ㄷ
③ ㄴ, ㄷ
④ ㄱ, ㄴ, ㄷ

[해설]
ㄱ은 경비업법 제28조 제2항 제7호, ㄷ은 경비업법 제28조 제2항 제1호 사유에 각각 해당하여 3년 이하의 징역 또는 3천만원 이하의 벌금에 처한다. 반면 ㄴ은 경비업법 제28조 제3항에 해당하여 2년 이하의 징역 또는 2천만원 이하의 벌금에 처한다.

05

특수경비원 갑(甲)이 국가중요시설에 대한 경비업무 수행 중 국가중요시설의 정상적인 운영을 해치는 장해를 발생시킨 경우, 경비업법령상 벌칙규정에 관한 설명으로 옳은 것을 모두 고른 것은? 기출 19

ㄱ. 갑(甲)이 고의로 위와 같은 행위를 했다면, 그 처벌기준은 5년 이하의 징역 또는 5천만원 이하의 벌금이다.
ㄴ. 갑(甲)이 과실로 위와 같은 행위를 했다면, 그 처벌기준은 1년 이하의 징역 또는 1천만원 이하의 벌금이다.
ㄷ. 양벌규정에 의하면 갑(甲)이 소속된 법인의 처벌기준은 1천만원 이하의 벌금이다.
ㄹ. 갑(甲)을 고용한 법인의 대표자에게는 3천만원 이하의 과태료가 부과된다.

① ㄱ
② ㄱ, ㄴ
③ ㄱ, ㄷ
④ ㄴ, ㄹ

해설

제시된 내용 중 옳은 것은 ㄱ이다.
ㄱ. (○) 특수경비원 갑(甲)이 고의로 국가중요시설에 대한 경비업무 수행 중 국가중요시설의 정상적인 운영을 해치는 장해를 발생시킨 경우에는 5년 이하의 징역 또는 5천만원 이하의 벌금에 처한다(경비업법 제28조 제1항).
ㄴ. (×) 과실로 동일한 행위를 한 경우에는 3년 이하의 징역 또는 3천만원 이하의 벌금에 처한다(경비업법 제28조 제2항 제7호).
ㄷ. (×) 양벌규정에 의하면 갑(甲)이 소속된 법인에게는 해당 조문의 벌금형이 부과된다(경비업법 제30조 본문). 따라서 갑이 고의인 경우 5천만원 이하의 벌금이, 갑이 과실인 경우에는 3천만원 이하의 벌금이 부과된다.
ㄹ. (×) 양벌규정에 의하여 행위자를 벌하는 외에 그 법인 또는 개인에게도 벌금이 부과되는 것이지 과태료가 부과되는 것은 아니다.

06

경비업법령상 국가중요시설에 대한 경비업무 중 정당한 사유 없이 무기를 소지하고 배치된 경비구역을 벗어난 특수경비원의 처벌기준은? 기출 18

① 1년 이하의 징역 또는 1천만원 이하의 벌금
② 2년 이하의 징역 또는 2천만원 이하의 벌금
③ 3년 이하의 징역 또는 3천만원 이하의 벌금
④ 5년 이하의 징역 또는 5천만원 이하의 벌금

해설

정당한 사유 없이 무기를 소지하고 배치된 경비구역을 벗어난 특수경비원은 2년 이하의 징역 또는 2천만원 이하의 벌금에 처한다(경비업법 제28조 제3항).

07

경비업법령상 1년 이하의 징역이나 1천만원 이하의 벌금형에 해당하는 행위를 한 사람을 모두 고른 것은? 기출 19

> ㄱ. 직무수행 중 경비업무의 범위를 벗어나 타인에게 물리력을 행사한 경비원
> ㄴ. 정당한 사유 없이 무기를 소지하고 배치된 경비구역을 벗어난 특수경비원
> ㄷ. 법률에 근거 없이 직무상 알게 된 비밀을 누설한 경비업체의 임원
> ㄹ. 「경비업법」에서 정한 장비 외에 흉기를 휴대하고 경비업무를 수행한 경비원

① ㄱ, ㄴ
② ㄱ, ㄹ ✔
③ ㄴ, ㄷ
④ ㄷ, ㄹ

해설

제시된 내용 중 옳은 것은 ㄱ과 ㄹ이다.
ㄱ. (○) 경비업법 제28조 제4항 제3호
ㄹ. (○) 경비업법 제28조 제4항 제4호
ㄴ. (×) 경비업법 제28조 제3항의 사유로 2년 이하의 징역 또는 2천만원 이하의 벌금에 처해진다.
ㄷ. (×) 경비업법 제28조 제2항 제2호 사유로 3년 이하의 징역 또는 3천만원 이하의 벌금에 처해진다.

08

경비업법상 법정형 3년 이하의 징역 또는 3천만원 이하의 벌금에 처해지지 않는 자는? 기출 16

① 경비업 허가를 받지 않고 경비업을 영위하는 자
② 집단민원현장에 경비원을 배치하면서 경비업 허가를 받지 아니한 자에게 경비업무를 도급한 자
③ 경비원으로 하여금 직무를 수행함에 있어 타인에게 위력을 과시하거나 물리력을 행사하는 등 경비업무의 범위를 벗어난 행위를 하게 한 자
④ 파업·태업 그 밖에 경비업무의 정상적인 운영을 저해하는 쟁의행위를 한 특수경비원 ✔

해설

④ (×) 파업·태업 그 밖에 경비업무의 정상적인 운영을 저해하는 쟁의행위를 한 특수경비원은 1년 이하의 징역 또는 1천만원 이하의 벌금에 처한다(경비업법 제28조 제4항 제2호).
① (○) 경비업법 제28조 제2항 제1호
② (○) 경비업법 제28조 제2항 제4호
③ (○) 경비업법 제28조 제2항 제9호

09

경비업법상 위반행위를 한 행위자에 대한 법정형이 같은 것으로 묶인 것은? 기출 15

> ㄱ. 허가를 받지 아니하고 경비업을 영위한 자
> ㄴ. 경비업법에서 정한 장비 외에 흉기를 휴대하고 경비업무를 수행한 경비원
> ㄷ. 경비업무 수행 중 과실로 인하여 국가중요시설의 정상적인 운영을 해치는 장해를 일으킨 특수경비원
> ㄹ. 국가중요시설에 대한 경비업무 중 정당한 사유 없이 무기를 소지하고 배치된 경비구역을 벗어난 특수경비원

① ㄱ, ㄷ ✓
② ㄱ, ㄹ
③ ㄴ, ㄷ
④ ㄴ, ㄹ

해설

제시된 내용 중 ㄱ과 ㄷ의 법정형이 같다.
ㄱ. 3년 이하의 징역 또는 3천만원 이하의 벌금(경비업법 제28조 제2항 제1호)
ㄴ. 1년 이하의 징역 또는 1천만원 이하의 벌금(경비업법 제28조 제4항 제4호)
ㄷ. 3년 이하의 징역 또는 3천만원 이하의 벌금(경비업법 제28조 제2항 제7호)
ㄹ. 2년 이하의 징역 또는 2천만원 이하의 벌금(경비업법 제28조 제3항)

10

경비업법령상 벌칙에 관한 설명으로 옳은 것은? 기출 14

① ✓ 국가중요시설에 대한 경비업무 수행 중 국가중요시설의 정상적인 운영을 해치는 장해를 일으킨 특수경비원은 5년 이하의 징역 또는 5천만원 이하의 벌금에 처한다.
② 허가를 받지 아니하고 경비업을 영위한 자는 2년 이하의 징역 또는 2천만원 이하의 벌금에 처한다.
③ 국가중요시설에 대한 경비업무의 수행 중 정당한 사유 없이 무기를 소지하고 배치된 경비구역을 벗어난 특수경비원은 3년 이하의 징역 또는 3천만원 이하의 벌금에 처한다.
④ 경비업법 규정에 위반하여 쟁의행위를 한 특수경비원은 2년 이하의 징역 또는 2천만원 이하의 벌금에 처한다.

해설

① (○) 경비업법 제28조 제1항
② (×) 허가를 받지 아니하고 경비업을 영위한 자는 3년 이하의 징역 또는 3천만원 이하의 벌금에 처한다(경비업법 제28조 제2항 제1호).
③ (×) 국가중요시설에 대한 경비업무의 수행 중 정당한 사유 없이 무기를 소지하고 배치된 경비구역을 벗어난 특수경비원은 2년 이하의 징역 또는 2천만원 이하의 벌금에 처한다(경비업법 제28조 제3항).
④ (×) 경비업법 규정에 위반하여 쟁의행위를 한 특수경비원은 1년 이하의 징역 또는 1천만원 이하의 벌금에 처한다(경비업법 제28조 제4항 제2호).

11

경비업법령상 벌칙의 형량이 다른 것은? 기출 11

① 허가를 받지 아니하고 경비업을 영위한 자
☑ 파업·태업 그 밖에 경비업무의 정상적인 운영을 저해하는 쟁의행위를 한 특수경비원
③ 경비원에게 경비업무의 범위를 벗어난 행위를 하게 한 자
④ 국가중요시설에 대한 경비업무 수행 중 과실로 인하여 국가중요시설의 정상적인 운영을 해치는 장해를 일으킨 특수경비원

해설

② (×) 1년 이하의 징역 또는 1천만원 이하의 벌금(경비업법 제28조 제4항 제2호)
① (○) 3년 이하의 징역 또는 3천만원 이하의 벌금(경비업법 제28조 제2항 제1호)
③ (○) 3년 이하의 징역 또는 3천만원 이하의 벌금(경비업법 제28조 제2항 제9호)
④ (○) 3년 이하의 징역 또는 3천만원 이하의 벌금(경비업법 제28조 제2항 제7호)

12

경비업법령상 3년 이하의 징역 또는 3천만원 이하의 벌금에 처해지는 경우로 옳지 않은 것은?
기출 10

① 허가를 받지 않고 경비업을 영위한 경우
② 특수경비원이 과실로 인하여 국가중요시설에 대한 경비업무수행 중 국가중요시설의 정상적인 운영을 해치는 장해를 일으킨 경우
☑ 시설주로부터 무기의 관리를 위하여 지정받은 책임자가 특수경비원에게 무기를 직접 지급 또는 회수하지 아니한 경우
④ 특수경비원이 경비구역 안에서 위험물의 폭발 등의 사유로 위급사태가 발생했음에도 정당한 사유 없이 경비구역을 벗어난 경우

해설

시설주로부터 무기의 관리를 위하여 지정받은 책임자가 특수경비원에게 무기를 직접 지급 또는 회수하지 아니한 경우는 1년 이하의 징역 또는 1천만원 이하의 벌금에 처한다(경비업법 제28조 제4항 제1호).★

13

경비업법령상 가장 무거운 벌칙사유에 해당하는 것은? 기출 10

① 경비업자가 법령상의 신고의무를 위반하여 일반경비원을 배치한 경우 관할 경찰관서장의 배치폐지명령을 이행하지 아니한 경우
❷ **특수경비원이 직무수행 중 경비구역 안에서 위험물의 폭발로 인한 위급사태가 발생한 때에 소속 상사의 직무상 명령에 복종하지 아니한 경우**
③ 법령에 의하여 무기를 대여받은 시설주가 관할 경찰관서장의 무기의 적정한 관리를 위한 감독상 필요한 명령을 정당한 이유 없이 이행하지 아니한 경우
④ 특수경비원이 경비업무의 정상적인 운영을 저해하는 쟁의행위를 한 경우

[해설]
② (○) 특수경비원으로서 경비구역 안에서 시설물의 절도, 손괴, 위험물의 폭발 등의 사유로 인한 위급사태가 발생한 때에 시설주·관할 경찰관서장 및 소속 상사의 직무상 명령에 복종하지 않거나 소속 상사의 허가 또는 정당한 사유 없이 경비구역을 벗어나는 경우 <u>3년 이하의 징역 또는 3천만원 이하의 벌금</u>에 처한다(경비업법 제28조 제2항 제8호).
① (×) 경찰관서장의 배치폐지 명령을 따르지 아니한 자는 <u>1년 이하의 징역 또는 1천만원 이하의 벌금</u>에 처한다(경비업법 제28조 제4항 제5호).
③ (×) 법령에 의하여 무기를 대여받은 시설주가 관할 경찰관서장의 무기의 적정한 관리를 위한 감독상 필요한 명령을 정당한 이유 없이 이행하지 아니한 경우에는 <u>500만원 이하의 과태료</u>에 처한다(경비업법 제31조 제2항 제5호).
④ (×) 쟁의행위를 한 특수경비원은 <u>1년 이하의 징역 또는 1천만원 이하의 벌금</u>에 처한다(경비업법 제28조 제4항 제2호).

14

다음 중 경비업법령상 처벌기준이 다른 것은? 기출 07

① 설명의무를 이행하지 아니한 자
② 경비대행업자 지정신고를 하지 아니한 자
③ 경비지도사를 선임하지 아니한 자
❹ **경찰관서장의 배치폐지명령을 따르지 아니한 자**

[해설]
④는 1년 이하의 징역 또는 1천만원 이하의 벌금(경비업법 제28조 제4항 제5호)에 처하고, ①·②·③은 500만원 이하의 과태료(경비업법 제31조 제2항 제3호·제2호·제4호)를 부과한다.

15

경비업법에 의하여 형사처벌을 받게 되는 자는? 기출 06

① 경비대행업자 지정신고를 아니한 자
② 무기대여를 받은 시설주가 경찰서장의 감독상 명령을 정당한 이유 없이 이행하지 아니한 시설주
❸ 시설주로부터 무기관리책임자로 지정받고 무기장비운영카드를 비치하지 않은 관리책임자
④ 경비지도사를 선임하지 않은 경비업자

해설

③의 관리책임자는 1년 이하의 징역 또는 1천만원 이하의 벌금에 처한다(경비업법 제28조 제4항 제1호). ①·②·④에 해당하는 경비업자, 경비지도사 또는 시설주는 500만원 이하의 과태료에 처한다(경비업법 제31조 제2항 제2호·제5호·제4호).

16

다음 중 올바른 설명은? 기출 04

① 무허가로 경비업을 영위한 자는 4년 이하의 징역 또는 3천만원 이하의 벌금에 처해진다.
② 무기를 소지한 자가 2회 이상 투기요구를 받고도 불응하여 계속 항거 시에는 특수경비원은 무기를 사용할 수 있다.
❸ 경비업을 폐업하고자 할 때에는 시·도 경찰청장에게 신고하여야 한다.
④ 경비업을 영위하고자 하는 자는 경찰서장의 허가를 받아야 한다.

해설

③ (○) 경비업의 허가를 받은 법인은 영업을 폐업하거나 휴업한 때에는 시·도 경찰청장에게 신고하여야 한다(경비업법 제4조 제3항 제1호).
① (×) 3년 이하의 징역 또는 3천만원 이하의 벌금에 처한다(경비업법 제28조 제2항 제1호).
② (×) 3회 이상 투기·투항을 요구받고도 이에 불응하면서 계속 항거하는 경우 이를 억제하기 위하여 무기를 사용하지 아니하고는 다른 수단이 없다고 인정되는 때 무기를 사용할 수 있다(경비업법 제14조 제8항 제1호). ★
④ (×) 경비업을 영위하고자 하는 법인은 도급받아 행하고자 하는 경비업무를 특정하여 그 법인의 주사무소의 소재지를 관할하는 시·도 경찰청장의 허가를 받아야 한다(경비업법 제4조 제1항).

17

경비업법상 특수경비원이 정당한 사유 없이 무기를 소지하고 배치된 경비구역을 벗어났을 때 처벌은?

① 6개월 이하의 징역 또는 500만원 이하의 벌금
② 1년 이하의 징역 또는 1,000만원 이하의 벌금
✓ 2년 이하의 징역 또는 2,000만원 이하의 벌금
④ 3년 이하의 징역 또는 3,000만원 이하의 벌금

해설

특수경비원이 정당한 사유 없이 무기를 소지하고 배치된 경비구역을 벗어났을 때는 2년 이하의 징역 또는 2천만원 이하의 벌금에 처한다(경비업법 제28조 제3항). 이것과 비교하여, 특수경비원이 경비구역 안에서 시설물의 절도, 손괴, 위험물의 폭발 등의 사유로 인한 위급사태가 발생한 때에 정당한 사유 없이 경비구역을 벗어났을 때는 3년 이하의 징역 또는 3천만원 이하의 벌금에 처한다(경비업법 제28조 제2항 제8호).

18

경비업법령상 일반경비원이 경비업무 수행 중에 경비업법령에서 정한 장비 외에 흉기 또는 그 밖의 위험한 물건을 휴대하고 죄를 범한 경우, 그 죄에 정한 형의 2분의 1까지 가중처벌되는 「형법」상의 범죄가 아닌 것은?

✓ 폭행죄(「형법」 제260조 제1항)
② 특수폭행죄(「형법」 제261조)
③ 폭행치사상죄(「형법」 제262조)
④ 업무상과실·중과실치사상죄(「형법」 제268조)

해설

폭행죄(「형법」 제260조 제1항)는 특수경비원이 무기를 휴대하고 경비업무를 수행 중에 무기의 안전수칙을 위반하여 죄를 범한 경우, 그 죄에 정한 형의 2분의 1까지 가중처벌되는 「형법」상의 범죄에 해당한다.

관계법령 형의 가중처벌(경비업법 제29조) ★★

① 특수경비원이 무기를 휴대하고 경비업무를 수행 중에 제14조 제8항의 규정 및 제15조 제4항의 규정에 의한 무기의 안전수칙을 위반하여 형법 제258조의2(특수상해죄) 제1항(제257조 제1항의 상해죄로 한정, 존속상해죄는 제외)·제2항(제258조 제1항·제2항의 중상해죄로 한정, 존속중상해죄는 제외), 제259조 제1항(상해치사죄), 제260조 제1항(폭행죄), 제262조(폭행치사상죄), 제268조(업무상과실·중과실치사상죄), 제276조 제1항(체포 또는 감금죄), 제277조 제1항(중체포 또는 중감금죄), 제281조 제1항(체포·감금등의 치사상죄), 제283조 제1항(협박죄), 제324조 제2항(특수강요죄), 제350조의2(특수공갈죄) 및 제366조(재물손괴등죄)의 죄를 범한 때에는 그 죄에 정한 형의 2분의 1까지 가중처벌한다.
② 경비원이 경비업무 수행 중에 제16조의2 제1항에서 정한 장비 외에 흉기 또는 그 밖의 위험한 물건을 휴대하고 형법 제258조의2(특수상해죄) 제1항(제257조 제1항의 상해죄로 한정, 존속상해죄는 제외)·제2항(제258조 제1항·제2항의 중상해죄로 한정, 존속중상해죄는 제외), 제259조 제1항(상해치사죄), 제261조(특수폭행죄), 제262조(폭행치사상죄), 제268조(업무상과실·중과실치사상죄), 제276조 제1항(체포 또는 감금죄), 제277조 제1항(중체포 또는 중감금죄), 제281조 제1항(체포·감금등의 치사상죄), 제283조 제1항(협박죄), 제324조 제2항(특수강요죄), 제350조의2(특수공갈죄) 및 제366조(재물손괴등죄)의 죄를 범한 때에는 그 죄에 정한 형의 2분의 1까지 가중처벌한다.

19

경비업법령상 특수경비원이 무기를 휴대하고 경비업무 수행 중에 경비업법령의 규정에 의한 무기의 안전수칙을 위반하여 형법에 규정된 범죄를 범한 경우, 그 법정형의 2분의 1까지 가중처벌하는 범죄가 아닌 것은? 기출 23

① 특수상해죄(「형법」 제258조의2 제1항)
②✓ **특수폭행죄(「형법」 제261조)**
③ 특수강요죄(「형법」 324조 제2항)
④ 특수공갈죄(「형법」 제350조의2)

해설
특수폭행죄(「형법」 제261조)는 경비업법 제29조 제1항이 아닌 제2항에 의하여 가중처벌되는 형법상 대상범죄에 해당한다(경비업법 제29조 제2항).

20

경비업법령상 경비원이 경비업무 수행 중에 경비업법령에서 정한 장비 외에 흉기 또는 그 밖의 위험한 물건을 휴대하고 죄를 범한 경우, 그 죄에 정한 형의 2분의 1까지 가중처벌되는 형법상의 범죄가 아닌 것은? 기출 22

① 특수폭행죄(형법 제261조)
② 폭행치사상죄(형법 제262조)
③✓ **특수협박죄(형법 제284조)**
④ 특수공갈죄(형법 제350조의2)

해설
특수협박죄(형법 제284조)가 아닌 협박죄(형법 제283조 제1항)가 경비업법 제29조 제2항의 가중처벌되는 형법상 대상범죄에 해당한다(경비업법 제29조 제2항).

21

경비업법령상 경비원이 경비업무 수행 중에 경비업법령에서 정한 장비 외에 흉기 또는 그 밖의 위험한 물건을 휴대하고 죄를 범한 경우, 그 죄에 정한 형의 2분의 1까지 가중처벌하는 형법상 범죄에 해당하지 않는 것은? 기출 20

① 형법 제268조(업무상과실치사상죄)
② 형법 제276조 제1항(체포·감금죄)
③ 형법 제283조 제1항(협박죄)
✔ 형법 제314조(업무방해죄)

해설
형법 제314조(업무방해죄)는 경비업법 제29조 제2항의 가중처벌 대상범죄에 해당하지 않는다.

22

경비업법령상 경비원이 경비업무 수행 중에 경비업법에서 정한 장비 외에 흉기 등을 휴대하고 범죄를 범한 경우 그 법정형의 2분의 1까지 가중 처벌되는 형법상의 범죄가 아닌 것은? 기출 18

✔ 폭행죄
② 재물손괴죄
③ 중체포 또는 중감금죄
④ 협박죄

해설
폭행죄(형법 제260조 제1항)는 특수경비원이 무기를 휴대하고 경비업무 수행 중에 무기의 안전수칙을 위반하여 죄를 범한 경우 그 법정형의 2분의 1까지 가중처벌되는 경비업법 제29조 제1항의 형법상 대상범죄이다. 참고로 재물손괴죄(형법 제366조), 중체포 또는 중감금죄(형법 제277조 제1항), 협박죄(형법 제283조 제1항)는 모두 경비업법 제29조 제1항 또는 제2항에 의해 가중처벌되는 형법상 대상범죄에 해당된다.

23

경비업법상 경비원이 경비업무 수행 중에 경비업법에 규정된 장비 외에 흉기 또는 그 밖의 위험한 물건을 휴대하고 범죄를 범한 경우 그 법정형의 2분의 1까지 가중처벌되는 형법상의 범죄가 아닌 것은? 기출 15

① 형법 제262조(폭행치사상죄)
② 형법 제268조(업무상과실치사상죄)
✅ 형법 제319조(주거침입죄)
④ 형법 제324조 제2항(특수강요죄)

해설

경비업법 제29조 제2항의 형이 가중처벌되는 형법상 죄는 특수상해죄, 상해치사죄, 특수폭행죄, 폭행치사상죄, 업무상과실·중과실치사상죄, 체포·감금죄, 중체포·중감금죄, 체포·감금 등의 치사상죄, 협박죄, 특수강요죄, 특수공갈죄, 재물손괴등죄이다. 따라서 주거침입죄는 해당되지 않는다.

24

경비업법령상 경비원이 경비업무 수행 중에 경비업법에 규정된 장비 외에 흉기 그 밖의 위험한 물건을 휴대하고 일정한 형법상의 범죄를 범한 경우 그 법정형의 2분의 1까지 가중처벌된다. 다음 중 이에 해당되는 형법상 범죄는? 기출 14

① 형법 제324조의2(인질강요죄)
✅ 형법 제261조(특수폭행죄)
③ 형법 제136조(공무집행방해죄)
④ 형법 제333조(강도죄)

해설

경비업법 제29조 제2항이 적용되어 가중처벌되는 형법상 대상범죄는 형법 제261조(특수폭행죄)이다. 인질강요죄, 공무집행방해죄, 강도죄는 경비업법령상 가중처벌되는 형법상 대상범죄가 아니다.

25

특수경비원이 무기를 휴대하고 경비업법령상 무기의 안전수칙을 위반하여 범죄를 범한 경우 그 범죄의 법정형의 2분의 1까지 가중처벌한다는 규정에 해당하는 형법상 범죄가 아닌 것은? 기출 13·12

① 형법 제259조 제1항(상해치사죄)
② 형법 제262조(폭행치사상죄)
③ 형법 제324조 제2항(특수강요죄)
✅ 형법 제267조(과실치사죄)

해설
형법 제268조(업무상과실·중과실치사상죄)는 가중처벌 대상이나, 제266조(과실치상죄) 또는 제267조(과실치사죄)는 가중처벌 대상이 아니다.

26

경비업법령상 특수경비원이 무기를 휴대하고 경비업무를 수행 중에 법령에 규정된 무기의 안전수칙을 위반하여 범죄를 범한 경우 법정형의 2분의 1까지 가중처벌되는 형법상 범죄인 것은? 기출 10

① 살인죄
② 강간죄
☑ 특수공갈죄
④ 강도죄

해설
특수경비원의 경우 특수공갈죄를 범한 경우 가중처벌이 가능하다. ①·②·④는 형의 가중처벌의 대상 범죄가 아니다.

27

경비업법령상 양벌규정이 적용될 수 없는 자는? 기출 23

① 법인의 대표자
② 법인의 대리인
③ 사용인
☑ 사용인의 배우자

해설
사용인의 배우자는 경비업법령상 양벌규정이 적용될 수 없다(경비업법 제30조).

관계법령 양벌규정(경비업법 제30조)★

법인의 대표자나 법인 또는 개인의 대리인, 사용인, 그 밖의 종업원이 그 법인 또는 개인의 업무에 관하여 법 제28조(벌칙)의 위반행위를 하면 그 행위자를 벌하는 외에 그 법인 또는 개인에게도 해당 조문의 벌금형을 과(科)한다. 다만, 법인 또는 개인이 그 위반행위를 방지하기 위하여 해당 업무에 관하여 상당한 주의와 감독을 게을리하지 아니한 경우에는 그러하지 아니하다.

28

경비업법령상 양벌규정이 적용되는 경우에 해당하지 않는 것은?(단, 법인 또는 개인이 그 위반행위를 방지하기 위하여 해당 업무에 관하여 상당한 주의와 감독을 게을리하지 아니한 경우는 고려하지 않음)

기출 21

① 경비업자의 경비원 채용 시 부적격자 등을 채용하도록 관여한 도급인
② ✓ 배치허가를 받지 아니하고 경비원을 배치한 자
③ 허가를 받지 아니하고 경비업을 영위한 자
④ 경비업무의 범위를 벗어난 행위를 한 경비원

해설

② (✕) 배치허가를 받지 아니하고 경비원을 배치한 자는 과태료 부과대상(경비업법 제31조 제1항 제4호)이므로, 경비업법령상 양벌규정이 적용되는 경우에 해당하지 않는다. 양벌규정은 경비업법 제28조(벌칙) 위반행위를 전제로 적용한다.
① (○) 경비업법 제28조 제2항 제6호 위반
③ (○) 경비업법 제28조 제2항 제1호 위반
④ (○) 경비업법 제28조 제4항 제3호 위반

29

경비업법령상 양벌규정이 적용되는 행위자가 될 수 없는 자는? 기출 18

① 법인의 대표자
② 개인의 대리인
③ 사용인
④ ✓ 직계비속

해설

직계비속은 경비업법 제30조 양벌규정의 적용대상이 아니다.

30

경비업법령상 벌칙 및 양벌규정에 관한 설명으로 옳지 않은 것은? 기출 17

① 특수경비원이 국가중요시설의 정상적인 운영을 해치는 장해를 일으킨 경우에는 행위자뿐만 아니라 법인과 개인에게도 동일한 법정형을 과한다.
② 법인 또는 개인이 특수경비원의 위 ①과 같은 행위를 방지하기 위하여 해당 업무에 관한 상당한 주의와 감독을 게을리하지 아니하였다면 벌금형이 면책된다.
③ 경비업자의 경비원 채용 시 무자격자나 부적격자 등을 채용하도록 관여하거나 영향력을 행사한 도급인에게는 3년 이하의 징역 또는 3천만원 이하의 벌금에 처한다.
④ 경비업무의 정상적인 운영을 저해하는 쟁의행위를 한 특수경비원은 1년 이하의 징역 또는 1천만원 이하의 벌금에 처한다.

해설

① (×) 양벌규정은 직접적인 위반 행위를 한 행위자를 벌하는 외의 해당 업무에 관하여 주의·감독의 책임이 있는 법인 또는 개인에게도 벌을 과하도록 하는 규정으로 이때, 법인 또는 개인에게는 과해질 수 있는 법정형은 해당 조문의 벌금형만을 의미하고, 징역형까지 과할 수 있게 돼 있는 것은 아니다(경비업법 제30조). ★
② (○) 경비업법 제30조 단서
③ (○) 경비업법 제28조 제2항 제6호
④ (○) 경비업법 제28조 제4항 제2호

31

경비업법령에 위반한 다음의 경비업자 중 부과될 수 있는 과태료 최고액이 다른 사람은?(단, 가중·감경은 고려하지 않음) 기출 24

① 경비업법의 규정에 위반하여 경비대행업자 지정신고를 하지 아니한 자
② 경비업법의 규정에 위반하여 경비원의 복장에 관한 신고를 하지 아니하고 집단민원현장에 경비원을 배치한 자
③ 경비업법의 규정에 위반하여 이름표를 부착하게 하지 아니하고 집단민원현장에 경비원을 배치한 자
④ 경비업법의 규정에 위반하여 집단민원현장에 일반경비원을 배치하면서 경비원의 명부를 배치장소에 작성·비치하지 아니한 자

해설

① (×) 500만원 이하의 과태료 부과(경비업법 제31조 제2항 제2호)
② (○) 3천만원 이하의 과태료 부과(경비업법 제31조 제1항 제1호)
③ (○) 3천만원 이하의 과태료 부과(경비업법 제31조 제1항 제2호)
④ (○) 3천만원 이하의 과태료 부과(경비업법 제31조 제1항 제3호)

32

경비업법령상 2회 위반 시 과태료 부과기준의 금액이 다른 경우는? 기출 23

① 기계경비업자가 계약상대방에게 설명의무를 이행하지 않은 경우
② 경비업자가 결격사유에 해당하는 경비지도사를 선임·배치한 경우
③ **경비업자가 경비원의 근무상황을 기록하여 보관하지 않은 경우**
④ 경비업자가 경비원의 복장 등에 관한 신고규정을 위반하여 신고를 하지 않은 경우

해설

③ (×) 2회 위반 시 부과되는 과태료 금액은 100만원이다(경비업법 시행령 [별표 6] 제14호).
① (○) 2회 위반 시 부과되는 과태료는 200만원이다(경비업법 시행령 [별표 6] 제3호).
② (○) 2회 위반 시 부과되는 과태료는 200만원이다(경비업법 시행령 [별표 6] 제4호).
④ (○) 2회 위반 시 부과되는 과태료는 200만원이다(경비업법 시행령 [별표 6] 제7호).

관계법령 과태료 부과기준(경비업법 시행령 [별표 6])★★

위반행위	해당 법조문	과태료 금액(단위 : 만원)		
		1차	2차	3차 이상 위반
3. 법 제9조 제1항을 위반하여 설명의무를 이행하지 않은 경우	법 제31조 제2항 제3호	100	200	400
4. 법 제10조 제3항을 위반하여 결격사유에 해당하는 경비원을 배치하거나 결격사유에 해당하는 경비지도사를 선임·배치한 경우	법 제31조 제2항 제6호	100	200	400
7. 법 제16조 제항을 위반하여 복장 등에 관한 신고규정을 위반하여 신고를 하지 않은 경우	법 제31조 제2항 제7호	100	200	400
14. 법 제18조 제5항을 위반하여 경비원의 근무상황을 기록하여 보관하지 않은 경우	법 제31조 제2항 제10호	50	100	200

33

경비업법령상 과태료의 부과기준에 관한 설명으로 옳은 것은? 기출 22

① 경비원의 복장에 관한 신고를 하지 않고 집단민원현장에 경비원을 배치한 경우에는 위반 횟수가 2회이면 부과되는 과태료 금액은 600만원이다.
② **관할 경찰관서장이 무기의 적정 관리를 위하여 무기를 대여받은 시설주에 대하여 감독상 필요한 명령을 하였으나 정당한 이유 없이 이행하지 않은 경우에는 위반 횟수에 관계없이 부과되는 과태료 금액은 500만원이다.**
③ 이름표를 부착하게 하지 않거나, 신고된 동일 복장을 착용하게 하지 않고 집단민원현장에 경비원을 배치한 경우에는 위반 횟수가 1회이면 부과되는 과태료 금액은 300만원이다.
④ 집단민원현장에 배치되는 일반경비원의 명부를 그 배치 장소에 비치하지 않은 경우에는 위반 횟수가 3회 이상이면 부과되는 과태료 금액은 1,200만원이다.

해설

② (○) 경비업법 시행령 [별표 6] 제6호
① (×) 1,200만원의 과태료가 부과된다(경비업법 시행령 [별표 6] 제8호).
③ (×) 600만원의 과태료가 부과된다(경비업법 시행령 [별표 6] 제10호).
④ (×) 2,400만원의 과태료가 부과된다(경비업법 시행령 [별표 6] 제12호 가목).

관계법령 과태료 부과기준(경비업법 시행령 [별표 6]) ★★

위반행위	해당 법조문	과태료 금액(단위 : 만원)		
		1차	2차	3차 이상 위반
6. 법 제14조 제6항에 따른 감독상 필요한 명령을 정당한 이유 없이 이행하지 않은 경우	법 제31조 제2항 제5호	500		
8. 법 제16조 제1항을 위반하여 경비원의 복장에 관한 신고를 하지 않고 집단민원현장에 경비원을 배치한 경우	법 제31조 제1항 제1호	600	1,200	2,400
10. 법 제16조 제2항을 위반하여 이름표를 부착하게 하지 않거나, 신고된 동일 복장을 착용하게 하지 않고 집단민원현장에 경비원을 배치한 경우	법 제31조 제1항 제2호	600	1,200	2,400
12. 법 제18조 제1항 단서를 위반하여 집단민원현장에 배치되는 일반경비원의 명부를 그 배치 장소에 작성·비치하지 않은 경우 가. 경비원 명부를 비치하지 않은 경우 나. 경비원 명부를 작성하지 않은 경우	법 제31조 제1항 제3호	600 300	1,200 600	2,400 1,200

34

경비업법령상 과태료 부과기준이 다른 하나는? 기출 20

① 경비업자가 기계경비업자의 계약자에 대한 오경보를 막기 위한 기기설명의무를 위반하여 설명의무를 이행하지 않은 경우
② 경비업자가 신고된 동일 복장을 착용하게 하지 아니하고 집단민원현장에 경비원을 배치한 경우
③ 경비업자가 행정안전부령에 따라 경비원 명부를 비치하지 않은 경우
④ 경비업자가 대통령령이 정하는 바에 따라 경비지도사를 선임하지 않은 경우

해설

①·③·④와는 달리 ②는 경비업법 제31조 제1항 제2호 사유로 경비업자에게는 3천만원 이하의 과태료가 부과된다.

35

경비업법령상 과태료의 부과기준이 다른 것은? 기출 21

① 경비업자가 경비원의 복장에 관한 신고를 하지 않고 집단민원현장에 경비원을 배치한 경우
② 경비업자가 집단민원현장에 배치되는 일반경비원의 명부를 그 배치장소에 비치하지 않은 경우
③ 경비업자가 신임교육을 이수하지 않은 자를 특수경비원으로 배치한 경우
❹ 경비업자가 결격사유에 해당하는 경비지도사를 선임·배치한 경우

해설

경비업자가 결격사유에 해당하는 경비지도사를 선임·배치한 경우는 500만원 이하의 과태료 부과대상(경비업법 제31조 제2항 제6호), 나머지는 모두 3천만원 이하의 과태료 부과대상에 해당한다(경비업법 제31조 제1항 제1호·제3호·제5호).

관계법령 과태료(경비업법 제31조)★★★

① 다음 각호의 어느 하나에 해당하는 경비업자에게는 3천만원 이하의 과태료를 부과한다.
  1. 제16조 제1항을 위반하여 경비원의 복장에 관한 신고를 하지 아니하고 집단민원현장에 경비원을 배치한 자
  2. 제16조 제2항을 위반하여 이름표를 부착하게 하지 아니하거나, 신고된 동일 복장을 착용하게 하지 아니하고 집단민원현장에 경비원을 배치한 자
  3. 제18조 제1항 단서를 위반하여 집단민원현장에 일반경비원을 배치하면서 경비원의 명부를 배치장소에 작성·비치하지 아니한 자
  4. 제18조 제2항 각호 외의 부분 단서를 위반하여 배치허가를 받지 아니하고 경비원을 배치하거나 경비원 명단 및 배치일시·배치장소 등 배치허가 신청의 내용을 거짓으로 한 자
  5. 제18조 제7항을 위반하여 제13조에 따른 신임교육을 이수하지 아니한 자를 제18조 제2항 각호의 경비원으로 배치한 자

② 다음 각호의 어느 하나에 해당하는 경비업자, 경비지도사 또는 시설주에게는 500만원 이하의 과태료를 부과한다. 〈개정 2024.2.13.〉
  1. 법 제4조 제3항(시·도 경찰청장에게 신고의무) 또는 제18조 제2항(관할 경찰관서장에게 배치신고의무)을 위반하여 신고를 하지 아니한 자
  2. 법 제7조 제7항(특수경비업자의 경비대행업자 지정신고의무)의 규정을 위반하여 경비대행업자 지정신고를 하지 아니한 자
  3. 법 제9조 제1항(기계경비업자의 계약자에 대한 오경보를 막기 위한 기기설명의무)의 규정을 위반하여 설명의무를 이행하지 아니한 자
  3의2. 제11조의2를 위반하여 정당한 사유 없이 보수교육을 받지 아니한 경비지도사
  4. 법 제12조 제1항(경비지도사의 선임 등)의 규정에 위반하여 경비지도사를 선임하지 아니한 자
  4의2. 제12조의2를 위반하여 경비지도사의 선임 또는 해임의 신고를 하지 아니한 자
  5. 법 제14조 제6항(관할 경찰관서장이 무기의 적정한 관리를 위하여 무기를 대여받은 시설주에 대하여 필요한 명령을 발할 수 있다)의 규정에 의한 감독상 필요한 명령을 정당한 이유 없이 이행하지 아니한 자
  6. 법 제10조 제3항을 위반하여 결격사유에 해당하는 경비원을 배치하거나 결격사유에 해당하는 경비지도사를 선임·배치한 자
  7. 법 제16조 제1항의 복장 등에 관한 신고규정을 위반하여 신고를 하지 아니한 자
  8. 법 제16조 제2항을 위반하여 이름표를 부착하게 하지 아니하거나, 신고된 동일 복장을 착용하게 하지 아니하고 경비원을 경비업무에 배치한 자
  9. 법 제18조 제1항 본문을 위반하여 명부를 작성·비치하지 아니한 자
  10. 법 제18조 제5항을 위반하여 경비원의 근무상황을 기록하여 보관하지 아니한 자

③ 제1항 및 제2항의 규정에 의한 과태료는 대통령령이 정하는 바에 의하여 시·도 경찰청장 또는 경찰관서장이 부과·징수한다.

36

경비업법령상 2회 위반의 경우 과태료 부과기준이 다른 것은? 기출 19

① 경비업자가 결격사유에 해당하는 경비원을 배치한 경우
② 경비업자가 경비지도사를 선임하지 않은 경우
③ **특수경비업무를 수행하는 경비업자가 경비대행업자 지정신고를 허위로 한 경우**
④ 경비업자가 복장 등에 관한 신고규정을 위반하여 신고를 하지 않은 경우

해설

③ (×) 경비업법 시행령 [별표 6] 제2호 가목 − 400
① (○) 경비업법 시행령 [별표 6] 제4호 − 100/200/400
② (○) 경비업법 시행령 [별표 6] 제5호 − 100/200/400
④ (○) 경비업법 시행령 [별표 6] 제7호 − 100/200/400

관계법령 과태료의 부과기준(경비업법 시행령 [별표 6]) ★

위반행위	해당 법조문	과태료 금액(단위 : 만원)		
		1차	2차	3차 이상 위반
2. 법 제7조 제7항을 위반하여 경비대행업자 지정신고를 하지 않은 경우 　가. 허위로 신고한 경우 　나. 그 밖의 사유로 신고하지 않은 경우	법 제31조 제2항 제2호		400 300	
4. 법 제10조 제3항을 위반하여 결격사유에 해당하는 경비원을 배치하거나 결격사유에 해당하는 경비지도사를 선임·배치한 경우	법 제31조 제2항 제6호	100	200	400
5. 법 제12조 제1항(선임규정)을 위반하여 경비지도사를 선임하지 않은 경우	법 제31조 제2항 제4호	100	200	400
7. 법 제16조 제1항을 위반하여 복장 등에 관한 신고규정을 위반하여 신고를 하지 않은 경우	법 제31조 제2항 제7호	100	200	400

37

경비업법령상 과태료 부과기준이다. ( )에 들어갈 숫자의 연결이 옳은 것은? 기출 18

위반행위	과태료 금액(단위 : 만원)		
	1차 위반	2차 위반	3차 이상 위반
경비업자가 경비원의 복장 등에 관한 신고규정을 위반하여 신고를 하지 않은 경우	100	200	(ㄱ)
경비업자가 경비원의 복장에 관한 신고를 하지 않고 집단민원현장에 경비원을 배치한 경우	(ㄴ)	1,200	2,400

① ㄱ : 300, ㄴ : 300
❷ ㄱ : 400, ㄴ : 600
③ ㄱ : 500, ㄴ : 800
④ ㄱ : 600, ㄴ : 1,000

해설

ㄱ. 3회 이상 위반 시 과태료 400만원 부과대상이다(경비업법 시행령 [별표 6] 제7호).
ㄴ. 1회 위반 시 과태료 600만원 부과대상이다(경비업법 시행령 [별표 6] 제8호).

관계법령 과태료의 부과기준(경비업법 시행령 [별표 6])★

위반행위	해당 법조문	과태료 금액(단위 : 만원)		
		1차	2차	3차 이상 위반
7. 법 제16조 제1항을 위반하여 복장 등에 관한 신고규정을 위반하여 신고를 하지 않은 경우	법 제31조 제2항 제7호	100	200	400
8. 법 제16조 제1항을 위반하여 경비원의 복장에 관한 신고를 하지 않고 집단민원현장에 경비원을 배치한 경우	법 제31조 제1항 제1호	600	1,200	2,400

38

경비업법령상 과태료의 부과기준에서 1회 위반 시 부과되는 과태료 금액이 다른 것은? 기출 16

① 경비지도사를 선임하지 않은 경우
② 경비원 명부를 비치하지 않은 경우
③ 결격사유에 해당하는 경비지도사를 선임·배치한 경우
❹ 경비원 명단 및 배치일시·배치장소 등 배치허가 신청의 내용을 거짓으로 한 경우

해설

경비원 명단 및 배치일시·배치장소 등 배치허가 신청의 내용을 거짓으로 한 경우 1회 위반 시 1천만원의 과태료가 부과된다(경비업법 시행령 [별표 6] 제13호). 나머지 경우에는 각각 100만원씩의 과태료가 부과된다.

39

경비업법령상 과태료의 부과기준으로서 과태료 금액이 가장 많은 것은?(단, 최초 1회 위반을 기준으로 함) 기출 15

① 집단민원현장에 일반경비원을 배치하면서 일반경비원 명부를 그 배치장소에 비치하지 아니한 경우
② 경비업법상 복장 등에 관한 신고규정을 위반하여 신고를 하지 않은 경우
❸ 경비원 명단 및 배치일시·배치장소 등 배치허가 신청의 내용을 거짓으로 한 경우
④ 기계경비업자가 경비계약을 체결하면서, 오경보를 막기 위하여 계약상대방에게 기기사용요령 및 기계경비운영체계 등에 관한 설명의무를 이행하지 아니한 경우

해설

이 문제는 과태료와 관련하여 경비업법 제31조를 적용하면 안 되고, 경비업법 시행령 [별표 6]의 과태료 부과기준을 적용하여야 한다. 질문에서 "최초 1회 위반을 기준으로 함"에서 힌트를 얻어야 한다. 경비업법 시행령 [별표 6]을 적용하면 다음과 같다.

	위반행위	해당 법조문	과태료 금액(단위 : 만원)		
			1차	2차	3차 이상 위반
①	법 제18조 제1항 단서를 위반하여 집단민원현장에 배치되는 일반경비원의 명부를 그 배치장소에 작성·비치하지 않은 경우 가. 경비원 명부를 비치하지 않은 경우 나. 경비원 명부를 작성하지 않은 경우	법 제31조 제1항 제3호	600 300	1,200 600	2,400 1,200
②	법 제16조 제1항을 위반하여 복장 등에 관한 신고규정을 위반하여 신고를 하지 않은 경우	법 제31조 제2항 제7호	100	200	400
③	법 제18조 제2항 각호 외의 부분 단서를 위반하여 배치허가를 받지 않고 경비원을 배치하거나, 경비원 명단 및 배치일시·배치장소 등 배치허가 신청의 내용을 거짓으로 한 경우	법 제31조 제1항 제4호	1,000	2,000	3,000
④	법 제9조 제1항을 위반하여 설명의무를 이행하지 않은 경우	법 제31조 제2항 제3호	100	200	400

최초 1회 위반을 기준으로 할 경우에 ①은 600만원, ②는 100만원, ③은 1,000만원, ④는 100만원이 되므로 정답은 ③이 된다.

40

경비업법령상 과태료 부과금액이 다른 것은? 기출 17

① 기계경비업자가 경비계약을 체결하면서 계약상대방에게 기기사용요령 및 기계경비운영체계 등에 관한 설명의무를 이행하지 않은 경우
❷ 경비업자가 신임교육을 이수하지 않은 자를 집단민원현장이 아닌 곳에서 신변보호업무를 수행하는 일반경비원으로 배치한 경우
③ 경비업자가 결격사유에 해당하는 경비원을 배치하거나 결격사유에 해당하는 경비지도사를 선임·배치한 경우
④ 경비업자가 행정안전부령에 따라 경비원명부를 작성·비치하지 않고 경비원을 경비업무에 배치한 경우

해설

② (×) 3천만원 이하의 과태료 부과대상(경비업법 제31조 제1항 제5호)
① (○) 500만원 이하의 과태료 부과대상(경비업법 제31조 제2항 제3호)
③ (○) 500만원 이하의 과태료 부과대상(경비업법 제31조 제2항 제6호)
④ (○) 500만원 이하의 과태료 부과대상(경비업법 제31조 제2항 제9호)

41

경비업법령상 경비업법 위반 횟수에 관계없이 과태료 금액이 동일한 것은? 기출 14

① 기계경비업자가 경비계약을 체결하면서 계약상대방에게 설명의무를 이행하지 않은 경우
❷ 무기의 적정관리를 위해 관할 경찰관서장이 감독상 필요한 명령을 발하였으나 무기를 대여받은 시설주가 정당한 이유 없이 이를 이행하지 않은 경우
③ 경비업자가 경비업법을 위반하여 경비원의 복장에 관한 신고를 하지 않고 집단민원현장에 경비원을 배치한 경우
④ 경비업자가 경비업법을 위반하여 경비원의 근무상황을 기록하여 보관하지 않은 경우

해설

② (○) 위반 횟수에 관계없이 과태료 금액이 500만원으로 동일하다(경비업법 시행령 [별표 6] 제6호).
① (×) 1회 위반 100만원, 2회 위반 200만원, 3회 이상 400만원이다(경비업법 시행령 [별표 6] 제3호).
③ (×) 1회 위반 600만원, 2회 위반 1,200만원, 3회 이상 2,400만원이다(경비업법 시행령 [별표 6] 제8호).
④ (×) 1회 위반 50만원, 2회 위반 100만원, 3회 이상 200만원이다(경비업법 시행령 [별표 6] 제14호).

42

경비업법령상 경비업자 또는 시설주에 대하여 500만원 이하의 과태료에 처하는 경우가 아닌 것은?

기출 12

① 기계경비업자가 경비계약을 체결하는 때에 오경보를 막기 위하여 계약상대방에게 기기사용요령 및 기계경비 운영체계 등에 관하여 설명하지 않은 경우
② 경비업의 허가를 받은 법인이 영업을 폐업하거나 휴업한 때 시·도 경찰청장에게 신고하지 않은 경우
③ 경비업의 허가를 받은 법인이 기계경비업무의 수행을 위한 관제시설을 신설한 때 시·도 경찰청장에게 신고하지 않은 경우
❹ **특수경비업자가 국가중요시설에 대한 특수경비업무를 중단하게 되는 때에 미리 이를 경비대행업자에게 통보하지 아니하는 경우**

해설

④ (×) 경비업법 제7조 제8항의 규정을 위반하여 특수경비업자가 국가중요시설에 대한 특수경비업무를 중단하게 되는 때에 미리 이를 경비대행업자에게 통보하지 아니하는 경우에 해당하여 3년 이하의 징역 또는 3천만원 이하의 벌금에 처한다(경비업법 제28조 제2항 제3호).
① (○) 경비업법 제31조 제2항 제3호
② (○) 경비업법 제31조 제2항 제1호
③ (○) 경비업법 제31조 제2항 제1호

43

다음은 경비업법령상 경비지도사의 선임규정을 위반한 경우이다. ㄱ, ㄴ에 대한 행정처분이나 과태료의 연결이 옳은 것은?

> ㄱ. A경비업자는 甲이 결격사유에 해당하는 자임을 알면서도 경비지도사로 선임하여 근무하게 하고 있다.
> ㄴ. B경비업자는 경비지도사를 집단민원현장에 선임·배치하지 아니하고 경비업을 영위하고 있다.

❶ ㄱ : 1차 위반 시 영업정지 1월, ㄴ : 1차 위반 시 영업정지 1월
② ㄱ : 1차 위반 시 과태료 300만원, ㄴ : 1차 위반 시 영업정지 1월
③ ㄱ : 1차 위반 시 영업정지 1월, ㄴ : 1차 위반 시 영업정지 3월
④ ㄱ : 1차 위반 시 과태료 100만원, ㄴ : 1차 위반 시 과태료 300만원

해설

ㄱ. 경비업자가 결격사유에 해당하는 경비지도사를 선임·배치한 경우(경비업법 제19조 제2항 제6호, 제10조 제3항) 행정처분은 1회 위반 시 영업정지 1개월, 2회 위반 시 영업정지 3개월, 3회 이상 위반 시 허가취소이다(경비업법 시행령 [별표 4] 제2호 바목). 또한 부과되는 과태료는 1회 위반 시 100만원, 2회 위반 시 200만원, 3회 위반 시 400만원이다(경비업법 시행령 [별표 6] 제4호).
ㄴ. 경비지도사를 집단민원현장에 선임하지 않은 경우(경비업법 제19조 제2항 제3호, 제7조 제6항) 행정처분은 1회 위반 시 영업정지 1개월, 2회 위반 시 영업정지 3개월, 3회 이상 위반 시 허가취소이나(경비업법 시행령 [별표 4] 제2호 다목), 제7조 제6항을 위반한 사유로는 과태료가 부과되지 않는다는 점에 주의를 요한다.

44

경비업법령상 과태료의 부과기준으로서 과태료 금액이 가장 많은 것은? 기출 11

① 결격사유에 해당하는 경비지도사를 선임·배치한 경우
② 기계경비업자가 계약상대방에게 설명의무를 이행하지 아니한 경우
❸ 무기를 대여받은 시설주가 관할 경찰관서장의 감독상 필요한 명령을 정당한 이유 없이 이행하지 아니한 경우
④ 경비지도사를 선임하지 아니한 경우

[해설]

이 문제는 ①·②·③·④ 모두 500만원 이하의 과태료에 해당하므로 경비업법 시행령 [별표 6]으로 풀어야만 정답이 나온다. ①은 1회 100만원, 2회 200만원, 3회 이상 400만원이다. ②는 1회 100만원, 2회 200만원, 3회 이상 400만원이다. ③은 500만원, ④는 1회 100만원, 2회 200만원, 3회 이상 400만원의 과태료처분에 해당한다. 따라서 정답은 ③이 된다.

45

경비업법령상 경비업자의 의무와 이를 위반한 때의 벌칙 및 과태료를 연결한 것으로 옳은 것은?

ㄱ. 누구든지 경비원으로 하여금 경비업무의 범위를 벗어난 행위를 하게 하여서는 아니 된다.
ㄴ. 특수경비업자는 특수경비업무의 개시신고를 하는 때에는 국가중요시설에 대한 특수경비업무의 수행이 중단되는 경우 시설주의 동의를 얻어 다른 특수경비업자 중에서 경비대행업자를 지정하여 허가관청에 신고하여야 한다.
ㄷ. 특수경비업자는 국가중요시설에 대한 특수경비업무를 중단하게 되는 경우에는 미리 이를 경비대행업자에게 통보하여야 한다.
ㄹ. 경비대행업자는 특수경비업자로부터 국가중요시설에 대한 특수경비업무의 중단을 통보받은 즉시 그 경비업무를 인수하여야 한다.

a. 3년 이하 징역 또는 3천만원 이하 벌금
b. 2년 이하의 징역 또는 2천만원 이하의 벌금
c. 1년 이하의 징역 또는 1천만원 이하의 벌금
d. 500만원 이하의 과태료

❶ ㄱ - a
② ㄴ - b
③ ㄷ - c
④ ㄹ - d

해설

① (O) ㄱ - a(3년 이하 징역 또는 3천만원 이하 벌금, 경비업법 제28조 제2항 제9호)
② (×) ㄴ - d(500만원 이하의 과태료, 경비업법 제31조 제2항 제2호)
③ (×) ㄷ - a(3년 이하 징역 또는 3천만원 이하 벌금, 경비업법 제28조 제2항 제3호)
④ (×) ㄹ - a(3년 이하 징역 또는 3천만원 이하 벌금, 경비업법 제28조 제2항 제3호)

46

다음은 경비업법령상 과태료 금액의 경감 또는 가중에 관한 내용이다. ㄱ~ㄷ에 들어갈 알맞은 말을 바르게 연결한 것은?

(ㄱ)은 (ㄴ)을 고려하여 과태료 부과기준에 따른 금액의 (ㄷ)의 범위에서 경감하거나 가중할 수 있다.

① ㄱ : 경찰청장 또는 시·도 경찰청장,   ㄴ : 형 법,   ㄷ : 30%
② ㄱ : 경찰청장 또는 시·도 경찰청장,   ㄴ : 형 법,   ㄷ : 50%
③ ㄱ : 시·도 경찰청장 또는 경찰관서장,   ㄴ : 질서위반행위규제법, ㄷ : 30%
❹ ㄱ : 시·도 경찰청장 또는 경찰관서장,   ㄴ : 질서위반행위규제법, ㄷ : 50%

해설

시·도 경찰청장 또는 경찰관서장은 질서위반행위규제법 제14조 각호의 사항을 고려하여 [별표 6]에 따른 금액의 100분의 50의 범위에서 경감하거나 가중할 수 있다. 다만, 가중하는 때에는 법 제31조 제1항 및 제2항에 따른 과태료 금액의 상한을 초과할 수 없다(경비업법 시행령 제32조 제2항).

47

다음 중 경비업법령상 과태료 부과기준에 관한 설명으로 옳지 않은 것은?
❶ 경비원의 근무상황을 기록하여 보관하지 않은 경우 1회 위반 시 100만원의 과태료가 부과된다.
② 이름표를 부착하게 하지 않거나, 신고된 동일 복장을 착용하게 하지 않고 경비원을 경비업무에 배치한 경우 1회 위반 시 100만원의 과태료가 부과된다.
③ 배치허가를 받지 않고 경비원을 배치하거나, 경비원 명단 및 배치일시·배치장소 등 배치허가 신청의 내용을 거짓으로 한 경우 1차 위반 시 과태료는 1000만원이다.
④ 위반행위의 횟수에 따른 과태료의 부과기준은 최근 2년간 같은 위반행위로 과태료 부과처분을 받은 경우에 적용한다. 이 경우 기준 적용일은 위반행위에 대한 과태료 부과처분일과 그 처분 후의 위반행위가 다시 적발된 날을 기준으로 한다.

해설

경비원의 근무상황을 기록하여 보관하지 않은 경우 1회 위반 시 50만원의 과태료가 부과된다(경비업법 시행령 [별표 6] 제14호).

48

경비업법령상 (　) 안의 ㄱ~ㅁ에 들어갈 과태료 금액의 합은?

- 경비법인의 출장소를 신설하였음에도 이를 신고하지 아니한 경우, 신고기한을 지나 10개월이 경과되었다면, (ㄱ)만원의 과태료에 처한다.
- 특수경비업자가 경비대행업자 지정신고를 허위로 신고한 경우에는 (ㄴ)만원의 과태료에 처한다.
- 기계경비업자가 계약상대방에게 오경보방지를 위한 설명의무를 3회 이상 이행하지 아니한 경우에는 (ㄷ)만원의 과태료에 처한다.
- 집단민원현장에 일반경비원을 배치하면서, 경비원의 명부를 배치장소에 비치하지 아니한 경우 1회 위반 시 (ㄹ)만원의 과태료에 처한다.
- 이름표를 부착하게 하지 아니하거나, 신고된 동일 복장을 착용하게 하지 아니하고 경비원을 경비업무에 배치한 경우, 2회 위반 시 (ㅁ)만원의 과태료에 처한다.

① 1,000
② 1,200
③ 1,400
④ 1,800

해설

(　) 안에 들어갈 과태료의 합은 ㄱ + ㄴ + ㄷ + ㄹ + ㅁ = 200 + 400 + 400 + 600 + 200 = 1,800이다.

- 경비법인의 출장소를 신설하였음에도 이를 신고하지 아니한 경우, 신고기한을 지나 10개월이 경과되었다면, 200만원의 과태료에 처한다(경비업법 시행령 [별표 6] 제1호).
- 특수경비업자가 경비대행업자 지정신고를 허위로 신고한 경우에는 400만원의 과태료에 처한다(경비업법 시행령 [별표 6] 제2호).
- 기계경비업자가 계약상대방에게 오경보 방지를 위한 설명의무를 3회 이상 이행하지 아니한 경우에는 400만원의 과태료에 처한다(1회 위반 시 100만원, 2회 위반 시 200만원)(경비업법 시행령 [별표 6] 제3호).
- 집단민원현장에 일반경비원을 배치하면서, 경비원의 명부를 배치장소에 비치하지 아니한 경우 1회 위반 시 600만원의 과태료에 처한다(2회 위반 시 1,200만원, 3회 이상 위반 시 2,400만원)(경비업법 시행령 [별표 6] 제12호).
- 이름표를 부착하게 하지 아니하거나, 신고된 동일 복장을 착용하게 하지 아니하고 경비원을 경비업무에 배치한 경우, 2회 위반 시 200만원의 과태료에 처한다(1회 위반 시 100만원, 3회 이상 위반 시 400만원)(경비업법 시행령 [별표 6] 제9호).

청원경찰법

심화문제

CHAPTER 01 청원경찰의 배치장소와 직무
CHAPTER 02 청원경찰의 배치·임용·교육·징계
CHAPTER 03 청원경찰의 경비와 보상금 및 퇴직금
CHAPTER 04 청원경찰의 제복착용과 무기휴대·비치부책
CHAPTER 05 보칙(감독·권한위임·면직 및 퇴직 등)
CHAPTER 06 벌칙과 과태료

청원경찰법 제1조~제3조

01 청원경찰의 개념 및 배치장소

02 청원경찰의 직무

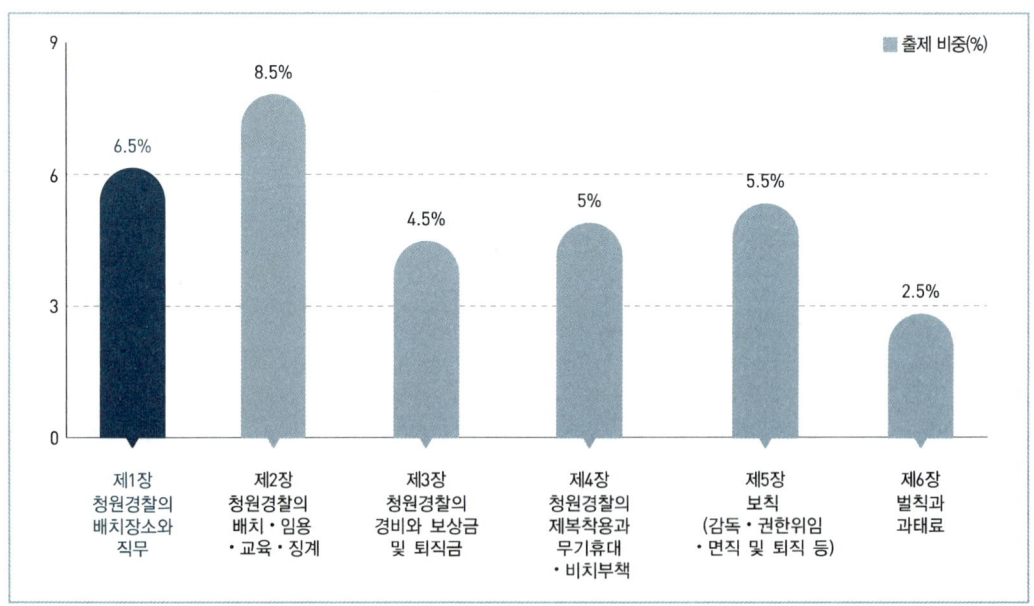

CHAPTER 01

청원경찰의 배치장소와 직무

CHAPTER 01 청원경찰의 배치장소와 직무

01 CHECK ☐△✕

청원경찰의 원활한 운영을 목적으로 청원경찰법에서 규정하고 있는 것은 모두 몇 개인가? 기출 24

> ㄱ. 청원경찰의 보수
> ㄴ. 청원경찰의 임용
> ㄷ. 청원경찰의 직무
> ㄹ. 청원경찰의 사회보장

① 1개
② 2개
③ 3개
✓ ④ 4개

해설
제시된 내용은 모두 청원경찰법에서 규정하고 있는 것이다. 이 법은 청원경찰의 직무·임용·배치·보수·사회보장 및 그 밖에 필요한 사항을 규정함으로써 청원경찰의 원활한 운영을 목적으로 한다(청원경찰법 제1조).

02 CHECK ☐△✕

청원경찰법 제1조의 내용이다. (   ) 안에 들어갈 용어로 옳은 것은? 기출 14

> 청원경찰법은 청원경찰의 직무·임용·배치·보수·(   ) 및 그 밖에 필요한 사항을 규정함으로써 청원경찰의 원활한 운영을 목적으로 한다.

① 무기휴대
② 신분보장
✓ ③ 사회보장
④ 징 계

해설
이 법은 청원경찰의 직무·임용·배치·보수·사회보장 및 그 밖에 필요한 사항을 규정함으로써 청원경찰의 원활한 운영을 목적으로 한다(청원경찰법 제1조).

03

청원경찰법령상 청원경찰에 관한 설명으로 옳은 것은? 기출 24

① 청원경찰은 청원주 등의 경비(經費)의 부담을 면제할 것을 조건으로 사업장 등의 경비(警備)를 담당하게 하기 위하여 배치하는 경찰이다.
② 선박, 항공기 등 수송시설에는 청원경찰이 배치될 수 없다.
❸ 청원경찰은 청원경찰의 배치 결정을 받은 자의 감독을 받는다.
④ 청원경찰은 배치된 기관·시설 또는 사업장 등의 구역을 관할하는 시·도지사의 감독을 받는다.

해설

③ (O) 청원경찰은 청원경찰의 배치 결정을 받은 자(청원주)와 배치된 기관·시설 또는 사업장 등의 구역을 관할하는 경찰서장의 감독을 받는다(청원경찰법 제3조). 청원주는 항상 소속 청원경찰의 근무 상황을 감독하고, 근무 수행에 필요한 교육을 하여야 한다(청원경찰법 제9조의3 제1항).
① (×) 청원경찰은 청원주 등이 경비(經費)를 부담할 것을 조건으로 사업 등의 경비(警備)를 담당하게 하기 위하여 배치하는 경찰이다(청원경찰법 제2조).
② (×) 선박, 항공기 등 수송시설은 청원경찰 배치장소에 해당한다(청원경찰법 제2조 제3호, 동법 시행규칙 제2조 제1호).
④ (×) 청원경찰은 청원경찰의 배치 결정을 받은 자(청원주)와 배치된 기관·시설 또는 사업장 등의 구역을 관할하는 경찰서장의 감독을 받는다(청원경찰법 제3조).

04

청원경찰법상 청원경찰 등에 관한 설명으로 옳지 않은 것은? 기출 17

① 청원경찰법은 청원경찰의 원활한 운영을 목적으로 제정되었다.
② 청원경찰은 국내 주재 외국기관에도 배치될 수 있다.
③ 청원경찰은 청원주 등이 경비(經費)를 부담할 것을 조건으로 사업장 등의 경비(警備)를 담당하게 하기 위하여 배치하는 경찰을 말한다.
❹ 청원경찰은 청원주와 관할 시·도 경찰청장의 감독을 받아 그 경비구역만의 경비를 목적으로 필요한 범위에서 경찰공무원법에 따른 경찰관의 직무를 수행한다.

해설

④ (×) 청원경찰은 청원주와 배치된 기관·시설 또는 사업장 등의 구역을 관할하는 경찰서장의 감독을 받아 그 경비구역만의 경비를 목적으로 필요한 범위에서 「경찰관직무집행법」에 따른 경찰관의 직무를 수행한다(청원경찰법 제3조 제1항). ★★
① (O) 청원경찰법 제1조
② (O) 청원경찰법 제2조 제2호
③ (O) 청원경찰법 제2조

05

청원경찰법령상 청원경찰의 배치대상 기관·시설·사업장 등에 해당하는 것은 모두 몇 개인가?

기출 23

- 학교 등 육영시설
- 언론, 통신, 방송 또는 인쇄를 업으로 하는 시설 또는 사업장
- 「의료법」에 따른 의료기관
- 선박, 항공기 등 수송시설
- 금융 또는 보험을 업(業)으로 하는 시설 또는 사업장

① 2개
② 3개
③ 4개
④ 5개

해설

제시된 내용은 모두 청원경찰법령상 청원경찰이 배치되는 기관·시설·사업장 등에 해당한다(청원경찰법 시행규칙 제2조).

관계법령 **정의(청원경찰법 제2조)**

이 법에서 "청원경찰"이란 다음 각호의 어느 하나에 해당하는 기관의 장 또는 시설·사업장 등의 경영자가 청원경찰경비를 부담할 것을 조건으로 경찰의 배치를 신청하는 경우 그 기관·시설 또는 사업장 등의 경비(警備)를 담당하게 하기 위하여 배치하는 경찰을 말한다.
1. 국가기관 또는 공공단체와 그 관리하에 있는 중요시설 또는 사업장
2. 국내 주재(駐在) 외국기관
3. 그 밖에 행정안전부령으로 정하는 중요시설, 사업장 또는 장소

배치대상(청원경찰법 시행규칙 제2조) ★

청원경찰법 제2조 제3호에서 "그 밖에 행정안전부령으로 정하는 중요시설, 사업장 또는 장소"란 다음 각호의 시설, 사업장 또는 장소를 말한다.
1. 선박, 항공기 등 수송시설
2. 금융 또는 보험을 업(業)으로 하는 시설 또는 사업장
3. 언론, 통신, 방송 또는 인쇄를 업으로 하는 시설 또는 사업장
4. 학교 등 육영시설
5. 의료법에 따른 의료기관(의원급 의료기관, 조산원, 병원급 의료기관)
6. 그 밖에 공공의 안녕질서 유지와 국민경제를 위하여 고도의 경비(警備)가 필요한 중요시설, 사업체 또는 장소

06

청원경찰법령상 청원경찰의 배치대상 기관·시설·사업장에 해당하는 것을 모두 고른 것은? 기출 22

ㄱ. 금융을 업으로 하는 시설 또는 사업장
ㄴ. 국내 주재(駐在) 외국기관
ㄷ. 인쇄를 업으로 하는 시설 또는 사업장
ㄹ. 대통령령으로 정하는 중요시설, 사업장 또는 장소

① ㄱ, ㄴ
② ㄴ, ㄷ
❸ ㄱ, ㄴ, ㄷ
④ ㄱ, ㄴ, ㄹ

해설

대통령령이 아닌 행정안전부령으로 정하는 중요시설, 사업장 또는 장소가 청원경찰의 배치대상에 해당한다(청원경찰법 제2조 제3호).

07

청원경찰법령상 청원경찰의 배치대상이 아닌 것은? 기출 21

① 「의료법」에 따른 의료기관
② 인쇄를 업으로 하는 사업장
❸ 「사회복지사업법」에 따른 사회복지시설
④ 학교 등 육영시설

해설

「사회복지사업법」에 따른 사회복지시설은 청원경찰법령상 청원경찰의 배치대상에 해당하지 않는다(청원경찰법 제2조, 동법 시행규칙 제2조).

08

청원경찰법령상 청원경찰의 배치대상으로 명시되지 않은 것은? 기출 20

① 국가기관
② 공공단체
③ 국내 주재(駐在) 외국기관
✔ 대통령령으로 정하는 중요시설

해설
행정안전부령으로 정하는 중요시설, 사업장 또는 장소가 청원경찰의 배치대상에 해당한다(청원경찰법 제2조 제3호).

09

청원경찰법령상 청원경찰 배치대상 기관·시설·사업장에 해당하는 것을 모두 고른 것은? 기출 14·11

ㄱ. 국내 주재(駐在) 외국기관
ㄴ. 선박, 항공기 등 수송시설
ㄷ. 언론, 통신, 방송을 업으로 하는 시설
ㄹ. 공공의 안녕질서 유지와 국민경제를 위하여 고도의 경비가 필요한 장소

① ㄱ, ㄴ
② ㄱ, ㄷ, ㄹ
③ ㄴ, ㄷ, ㄹ
✔ ㄱ, ㄴ, ㄷ, ㄹ

해설
모두 옳다. 국내 주재 외국기관을 국외 주재 국내기관으로 바꿔 오답으로 자주 출제하니 확실하게 알아두어야 한다.

10

다음 중 청원경찰이 배치될 수 없는 곳을 고르면? 기출 99

☑ ① 국외 주재 국내기관
② 국내 주재 외국기관
③ 그 밖에 행정안전부령으로 정하는 중요시설, 사업장 또는 장소
④ 국가기관 또는 공공단체와 그 관리하에 있는 중요시설 또는 사업장

해설

①의 국외 주재 국내기관은 청원경찰법령상 청원경찰이 배치될 수 있는 시설에 해당하지 않는다. ②·③·④는 청원경찰법 제2조에 규정된 청원경찰의 배치장소에 해당한다.

11

청원경찰법령상 청원경찰의 신분 및 직무수행에 관한 설명으로 옳지 않은 것은? 기출 24

① 청원경찰은 파업, 태업 또는 그 밖에 업무의 정상적인 운영을 방해하는 일체의 쟁의행위를 하여서는 아니된다.
☑ ② 청원경찰이 직무를 수행할 때 직권을 남용하여 국민에게 해를 끼친 경우에는 1년 이하의 징역이나 금고에 처한다.
③ 청원경찰 업무에 종사하는 사람은 「형법」이나 그 밖의 법령에 따른 벌칙을 적용할 때에는 공무원으로 본다.
④ 청원경찰(국가기관이나 지방자치단체에 근무하는 청원경찰은 제외)의 직무상 불법행위에 대한 배상책임에 관하여는 「민법」의 규정을 따른다.

해설

② (×) 청원경찰이 직무를 수행할 때 직권을 남용하여 국민에게 해를 끼친 경우에는 6개월 이하의 징역이나 금고에 처한다(청원경찰법 제10조 제1항).
① (○) 청원경찰법 제9조의4
③ (○) 청원경찰법 제10조 제2항
④ (○) 청원경찰법 제10조의2

12

청원경찰법령상 청원경찰의 직무에 관한 설명으로 옳지 않은 것은? 기출 23

① 청원경찰은 청원주와 관할 경찰서장의 감독을 받아 그 경비구역만의 경비를 목적으로 필요한 범위에서 「경찰관직무집행법」에 따른 경찰관의 직무를 수행한다.
② 청원경찰이 직무를 수행할 때에 「경찰관직무집행법」 및 같은 법 시행령에 따라 하여야 할 모든 보고는 관할 경찰서장에게 서면으로 보고하기 전에 지체 없이 구두로 보고하고 그 지시에 따라야 한다.
❸ 청원경찰은 「형법」이나 그 밖의 법령에 따른 벌칙을 적용하는 경우와 청원경찰법 및 같은 법 시행령에서 특별히 규정한 경우를 제외하고는 공무원으로 본다.
④ 청원경찰은 「경찰관직무집행법」에 따른 직무 외의 수사활동 등 사법경찰관리의 직무를 수행해서는 아니 된다.

해설

③ (×) 청원경찰은 「형법」이나 그 밖의 법령에 따른 벌칙을 적용하는 경우와 법 및 이 영에서 특별히 규정한 경우를 제외하고는 공무원으로 보지 아니한다(청원경찰법 시행령 제18조).
① (○) 청원경찰법 제3조
② (○) 청원경찰법 시행규칙 제22조
④ (○) 청원경찰법 시행규칙 제21조 제2항

13

청원경찰법령상 청원경찰의 직무에 관한 설명으로 옳지 않은 것은? 기출 22

❶ 청원경찰은 청원경찰의 배치결정을 받은 자와 배치된 기관·시설 또는 사업장 등의 구역을 관할하는 시·도 경찰청장의 감독을 받는다.
② 청원경찰은 「경찰관직무집행법」에 따른 직무 외의 수사활동 등 사법경찰관리의 직무를 수행해서는 아니 된다.
③ 청원경찰은 그 경비구역만의 경비를 목적으로 필요한 범위에서 「경찰관직무집행법」에 따른 경찰관의 직무를 수행한다.
④ 청원경찰이 직무를 수행할 때에는 경비 목적을 위하여 필요한 최소한의 범위에서 하여야 한다.

해설

① (×), ③ (○) 청원경찰은 청원경찰의 배치결정을 받은 자(청원주)와 배치된 기관·시설 또는 사업장 등의 구역을 관할하는 경찰서장의 감독을 받아 그 경비구역만의 경비를 목적으로 필요한 범위에서 「경찰관직무집행법」에 따른 경찰관의 직무를 수행한다(청원경찰법 제3조).
② (○) 청원경찰법 시행규칙 제21조 제2항
④ (○) 청원경찰법 시행규칙 제21조 제1항

14

청원경찰법령상 청원경찰에 관한 설명으로 옳지 않은 것은? 기출 21

① 청원주 등이 경비(經費)를 부담할 것을 조건으로 사업장 등의 경비(警備)를 담당하게 하기 위하여 배치하는 경찰이다.
❷ 청원주와 배치된 사업장 등의 구역을 관할하는 시·도지사 및 시·도 경찰청장의 감독을 받는다.
③ 선박, 항공기 등 수송시설에도 배치될 수 있다.
④ 배치된 경비구역만의 경비를 목적으로 필요한 범위에서「경찰관직무집행법」에 따른 경찰관의 직무를 수행한다.

해설

② (×) 청원경찰은 제4조 제2항에 따라 청원경찰의 배치결정을 받은 자[청원주(請願主)]와 배치된 기관·시설 또는 사업장 등의 구역을 관할하는 경찰서장의 감독을 받아 그 경비구역만의 경비를 목적으로 필요한 범위에서「경찰관직무집행법」에 따른 경찰관의 직무를 수행한다(청원경찰법 제3조).
① (○) 청원경찰법 제2조
③ (○) 청원경찰법 시행규칙 제2조 제1호
④ (○) 청원경찰법 제3조

15

청원경찰법령상 청원경찰의 직무 등에 관한 설명으로 옳지 않은 것은? 기출 18

①「경찰관직무집행법」에 따른 직무 외의 수사활동 등 사법경찰관리의 직무를 수행해서는 아니 된다.
② 청원경찰 업무에 종사하는 사람은「형법」이나 그 밖의 법령에 따른 벌칙을 적용할 때에는 공무원으로 본다.
③ 청원경찰이 직무를 수행할 때 직권을 남용하여 국민에게 해를 끼친 경우에는 6개월 이하의 징역이나 금고에 처한다.
❹ 관할 경찰서장은 매달 2회 이상 청원경찰의 복무규율과 근무상황을 감독하여야 한다.

해설

④ (×) 관할 경찰서장은 매달 1회 이상 청원경찰을 배치한 경비구역에 대하여 복무규율과 근무상황을 감독하여야 한다(청원경찰법 시행령 제17조 제1호).
① (○) 청원경찰법 시행규칙 제21조 제2항
② (○) 청원경찰법 제10조 제2항
③ (○) 청원경찰법 제10조 제1항

16

청원경찰법령상 청원경찰에 관한 설명으로 옳지 않은 것은? 기출 15

① 청원경찰은 「경찰관직무집행법」에 따른 직무 외의 수사활동 등 사법경찰관리의 직무를 수행해서는 아니 된다.
❷ 청원경찰은 「형법」이나 그 밖의 법령에 따른 벌칙을 적용하는 경우를 제외하고는 공무원으로 본다.
③ 청원경찰이 직무를 수행할 때에는 경비 목적을 위하여 필요한 최소한의 범위에서 하여야 한다.
④ 청원경찰이 직무를 수행할 때에 「경찰관직무집행법」 및 같은 법 시행령에 따라 하여야 할 모든 보고는 관할 경찰서장에게 서면으로 보고하기 전에 지체 없이 구두로 보고하고 그 지시에 따라야 한다.

해설

② (×) 청원경찰은 형법이나 그 밖의 법령에 따른 벌칙을 적용하는 경우와 청원경찰법 및 청원경찰법 시행령에서 특별히 정한 경우를 제외하고는 공무원으로 보지 아니한다(청원경찰법 시행령 제18조).★
① (○) 청원경찰은 「경찰관직무집행법」에 따른 직무 외의 수사활동 등 사법경찰관리의 직무를 수행해서는 아니 된다(청원경찰법 시행규칙 제21조 제2항).★
③ (○) 청원경찰이 직무를 수행할 때에는 경비 목적을 위하여 필요한 최소한의 범위에서 하여야 한다(청원경찰법 시행규칙 제21조 제1항).
④ (○) 청원경찰이 직무를 수행할 때에 「경찰관직무집행법」 및 같은 법 시행령에 따라 하여야 할 모든 보고는 관할 경찰서장에게 서면으로 보고하기 전에 지체 없이 구두로 보고하고 그 지시에 따라야 한다(청원경찰법 시행규칙 제22조).★★

관계법령

직권남용금지 등(청원경찰법 제10조)
① 청원경찰이 직무를 수행할 때 직권을 남용하여 국민에게 해를 끼친 경우에는 6개월 이하의 징역이나 금고에 처한다.★
② 청원경찰 업무에 종사하는 사람은 형법이나 그 밖의 법령에 따른 벌칙을 적용할 때에는 공무원으로 본다.

청원경찰의 신분(청원경찰법 시행령 제18조)
청원경찰은 형법이나 그 밖의 법령에 따른 벌칙을 적용하는 경우와 청원경찰법 및 청원경찰법 시행령에서 특별히 정한 경우를 제외하고는 공무원으로 보지 아니한다.

17

청원경찰법령상 청원경찰의 직무에 관한 설명으로 옳지 않은 것은? 기출 14

① 경비구역 내에서의 입초근무, 소내근무, 순찰근무, 대기근무를 수행한다.
② **청원경찰의 배치결정을 받은 자의 지시와 감독에 의해서만 직무를 수행해야 한다.**
③ 직무를 수행할 때에는 경비 목적을 위하여 필요한 최소한의 범위에서 해야 한다.
④ 경찰관직무집행법에 따른 직무 외의 수사활동 등의 직무를 수행해서는 아니 된다.

해설

② (×) 청원경찰은 청원경찰의 배치결정을 받은 자와 배치된 기관·시설 또는 사업장 등의 구역을 관할하는 경찰서장의 감독을 받아 그 경비구역만의 경비를 목적으로 필요한 범위에서 경찰관직무집행법에 따른 경찰관의 직무를 수행한다(청원경찰법 제3조).
① (○) 청원경찰법 시행규칙 제14조 해석상
③ (○) 청원경찰법 시행규칙 제21조 제1항
④ (○) 청원경찰법 시행규칙 제21조 제2항

관계법령 **주의사항(청원경찰법 시행규칙 제21조)**

① 청원경찰이 법 제3조에 따른 직무를 수행할 때에는 경비 목적을 위하여 필요한 최소한의 범위에서 하여야 한다.
② 청원경찰은 「경찰관직무집행법」에 따른 직무 외의 수사활동 등 사법경찰관리의 직무를 수행해서는 아니 된다.

18

청원경찰법령상 청원경찰의 직무에 관한 설명으로 옳지 않은 것은? 기출 12

① 청원경찰은 청원주와 배치된 기관·시설 또는 사업장 등의 구역을 관할하는 경찰서장의 감독을 받는다.
② 청원경찰은 재직 중은 물론 퇴직 후에도 직무상 알게 된 비밀을 엄수하여야 한다.
③ **순찰은 요점순찰을 하되, 청원주가 필요하다고 인정할 때에는 정선순찰 또는 난선순찰을 할 수 있다.**
④ 자체경비를 하는 입초근무자는 경비구역의 정문이나 그 밖의 지정된 장소에서 경비구역의 내부, 외부 및 출입자의 움직임을 감시한다.

해설

③ (×) 순찰은 단독 또는 복수로 정선순찰을 하되, 청원주가 필요하다고 인정할 때에는 요점순찰 또는 난선순찰을 할 수 있다(청원경찰법 시행규칙 제14조 제3항 후문).
① (○) 청원경찰법 제3조
② (○) 청원경찰법 제5조 제4항이 준용하는 국가공무원법 제60조의 내용이다.
④ (○) 청원경찰법 시행규칙 제14조 제1항

19

청원경찰법령상 청원경찰의 직무에 관한 설명으로 옳은 것은? 기출 10

☑ ① 청원경찰은 청원주와 관할 경찰서장의 감독을 받아 그 경비구역만의 경비를 목적으로 필요한 범위에서 경찰관직무집행법에 따른 경찰관의 직무를 수행한다.
② 청원경찰은 자신이 배치된 기관의 경비뿐만 아니라 그 구역을 관할하는 경찰서장의 명에 따라 관할 경찰서의 경비업무를 보조하여야 한다.
③ 복무에 관하여 청원경찰은 해당 사업장의 취업규칙에 따르지 않는다.
④ 청원경찰은 청원주의 신청에 따라 배치되며, 청원주의 감독을 받는 것이 아니라 배치된 기관·시설 또는 사업장 등의 구역을 관할하는 경찰서장의 감독을 받는다.

해설

① (○) 청원경찰은 청원경찰의 배치결정을 받은 자(청원주)와 배치된 기관·시설 또는 사업장 등의 구역을 관할하는 경찰서장의 감독을 받아 그 경비구역만의 청원경찰은 청원경찰의 배치결정을 받은 자(청원주)와 배치된 기관·시설 또는 사업장 등의 구역을 관할하는 경찰서장의 감독을 받아 그 경비구역만의 경비를 목적으로 필요한 범위에서 경찰관직무집행법에 따른 경찰관의 직무를 수행한다(청원경찰법 제3조).
② (×) 청원경찰은 자신이 배치된 기관의 경비 목적을 위하여 필요한 최소한의 범위에서 직무를 수행하여야 하므로, 관할 경찰서의 경비업무를 보조하는 업무를 수행해서는 안 된다(청원경찰법 제3조, 청원경찰법 시행규칙 제21조).
③ (×) 법 제5조 제4항에서 규정한 사항 외에 청원경찰의 복무에 관하여는 해당 사업장의 취업규칙에 따른다(청원경찰법 시행령 제7조).
④ (×) 청원경찰은 청원주와 배치된 기관·시설 또는 사업장 등의 구역을 관할하는 경찰서장의 감독을 받는다(청원경찰법 제3조).

20

청원경찰법령상 청원경찰의 직무에 관한 설명으로 옳지 않은 것은? 기출 09

① 청원경찰은 경비구역만의 경비를 목적으로 필요한 범위에서 경찰관직무집행법에 따른 경찰관의 직무를 수행한다.
☑ ② 청원경찰은 경비구역에서 수사활동 등 사법경찰관리의 직무를 수행할 수 있다.
③ 청원경찰의 무기휴대에 필요한 사항은 대통령령으로 정한다.
④ 청원경찰은 청원주와 배치된 기관·시설 또는 사업장 등의 구역을 관할하는 경찰서장의 감독을 받는다.

해설

② (×) 청원경찰은 경찰관직무집행법에 따른 직무 외의 수사활동 등 사법경찰관리의 직무를 수행해서는 아니 된다(청원경찰법 시행규칙 제21조 제2항).
① (○), ④ (○) 청원경찰법 제3조
③ (○) 청원경찰법 제8조 제3항

21

다음 중 청원경찰이 행사할 수 있는 권한이라고 보기 어려운 것은? 기출 05

① 경비구역 내에서의 불심검문
② 경비구역 내에서의 무기사용
③ 경비구역 내에서의 현행범인 체포
☑ **경비구역 내에서의 수사활동**

해설

청원경찰은 경찰관직무집행법에 따른 직무 외의 수사활동 등 사법경찰관리의 직무를 수행해서는 아니 된다(청원경찰법 시행규칙 제21조 제2항). 여기서 경찰관직무집행법에 따른 직무에는 불심검문, 무기사용, 현행범인 체포, 보호조치 등이 있다.

22

청원경찰법령상 청원경찰의 근무요령에 관한 설명으로 옳은 것은 모두 몇 개인가? 기출 23

- 대기근무자는 소내근무에 협조하거나 휴식하면서 불의의 사고에 대비한다.
- 순찰근무자는 청원주가 지정한 일정한 구역을 순회하면서 경비 임무를 수행한다. 이 경우 순찰은 단독 또는 복수로 정선순찰을 하되, 청원주가 필요하다고 인정할 때에는 요점순찰 또는 난선순찰을 할 수 있다.
- 소내근무자는 근무 중 특이한 사항이 발생하였을 때에는 지체 없이 청원주 또는 관할 경찰서장에게 보고하고 그 지시에 따라야 한다.
- 입초근무자는 경비구역의 정문이나 그 밖의 지정된 장소에서 경비구역의 내부, 외부 및 출입자의 움직임을 감시한다.

① 1개
② 2개
③ 3개
☑ **4개**

해설

제시된 내용은 모두 청원경찰법령상 청원경찰의 근무요령에 관한 설명으로 옳다.

관계법령 근무요령(청원경찰법 시행규칙 제14조)

① 자체경비를 하는 입초근무자는 경비구역의 정문이나 그 밖의 지정된 장소에서 경비구역의 내부, 외부 및 출입자의 움직임을 감시한다.
② 업무처리 및 자체경비를 하는 소내근무자는 근무 중 특이한 사항이 발생하였을 때에는 지체 없이 청원주 또는 관할 경찰서장에게 보고하고 그 지시에 따라야 한다.
③ 순찰근무자는 청원주가 지정한 일정한 구역을 순회하면서 경비 임무를 수행한다. 이 경우 순찰은 단독 또는 복수로 정선순찰(정해진 노선을 규칙적으로 순찰하는 것)을 하되, 청원주가 필요하다고 인정할 때에는 요점순찰(순찰구역 내 지정된 중요지점을 순찰하는 것) 또는 난선순찰(임의로 순찰지역이나 노선을 선정하여 불규칙적으로 순찰하는 것)을 할 수 있다.
④ 대기근무자는 소내근무에 협조하거나 휴식하면서 불의의 사고에 대비한다.

23

청원경찰법령상 청원경찰의 근무요령에 관한 설명으로 옳은 것은? 기출 22

① 소내근무자는 근무 중 특이한 사항이 발생하였을 때에는 지체 없이 청원주 또는 시·도 경찰청장에게 보고하고 그 지시에 따라야 한다.
② 대기근무자는 입초근무에 협조하거나 휴식하면서 불의의 사고에 대비한다.
③ 순찰근무자는 청원주가 지정한 일정한 구역을 단독 또는 복수로 난선순찰을 하되, 청원주가 필요하다고 인정할 때에는 정선순찰 또는 요점순찰을 할 수 있다.
❹ 입초근무자는 경비구역의 정문이나 그 밖의 지정된 장소에서 경비구역의 내부, 외부 및 출입자의 움직임을 감시한다.

해설
④ (○) 청원경찰법 시행규칙 제14조 제1항
① (×) 업무처리 및 자체경비를 하는 소내근무자는 근무 중 특이한 사항이 발생하였을 때에는 지체 없이 청원주 또는 관할 경찰서장에게 보고하고 그 지시에 따라야 한다(청원경찰법 시행규칙 제14조 제2항).
② (×) 대기근무자는 소내근무에 협조하거나 휴식하면서 불의의 사고에 대비한다(청원경찰법 시행규칙 제14조 제4항).
③ (×) 순찰근무자는 청원주가 지정한 일정한 구역을 단독 또는 복수로 정선순찰을 하되, 청원주가 필요하다고 인정할 때에는 요점순찰 또는 난선순찰을 할 수 있다(청원경찰법 시행규칙 제14조 제3항).

24

청원경찰법령상 청원경찰의 근무요령으로 옳지 않은 것은? 기출 21

① 자체경비를 하는 입초근무자는 경비구역의 정문이나 그 밖의 지정된 장소에서 경비구역의 내부, 외부 및 출입자의 움직임을 감시한다.
② 업무처리 및 자체경비를 하는 소내근무자는 근무 중 특이한 사항이 발생하였을 때에는 지체 없이 청원주 또는 관할 경찰서장에게 보고하고 그 지시에 따라야 한다.
③ 대기근무자는 소내근무에 협조하거나 휴식하면서 불의의 사고에 대비한다.
❹ 순찰근무자는 단독 또는 복수로 요점순찰을 하되, 청원주가 필요하다고 인정할 때에는 정선순찰 또는 난선순찰을 할 수 있다.

해설
④ (×) 순찰근무자는 단독 또는 복수로 정선순찰을 하되, 청원주가 필요하다고 인정할 때에는 요점순찰 또는 난선순찰을 할 수 있다(청원경찰법 시행규칙 제14조 제3항 후문).
① (○) 청원경찰법 시행규칙 제14조 제1항
② (○) 청원경찰법 시행규칙 제14조 제2항
③ (○) 청원경찰법 시행규칙 제14조 제4항

25

청원경찰법령상 청원경찰의 근무요령에 관한 설명으로 옳지 않은 것은? 기출 19

① 대기근무자는 소내근무에 협조하거나 휴식하면서 불의의 사고에 대비한다.
② 자체경비를 하는 입초근무자는 경비구역의 정문이나 그 밖의 지정된 장소에서 경비구역의 내부, 외부 및 출입자의 움직임을 감시한다.
③ 업무처리 및 자체경비를 하는 소내근무자는 근무 중 특이한 사항이 발생하였을 때에는 지체 없이 청원주 또는 관할 경찰서장에게 보고하고 그 지시에 따라야 한다.
❹ 순찰근무자는 청원주가 지정한 일정한 구역을 요점순찰을 하되, 청원주가 필요하다고 인정할 때에는 정선순찰을 할 수 있다.

해설

④ (×) 순찰근무자는 단독 또는 복수로 정선순찰을 하되, 청원주가 필요하다고 인정할 때에는 요점순찰 또는 난선순찰을 할 수 있다(청원경찰법 시행규칙 제14조 제3항).
① (○) 청원경찰법 시행규칙 제14조 제4항
② (○) 청원경찰법 시행규칙 제14조 제1항
③ (○) 청원경찰법 시행규칙 제14조 제2항

26

청원경찰법령상 청원경찰의 근무요령에 관한 설명으로 옳은 것은? 기출 14

❶ 대기근무자는 소내근무에 협조하거나 휴식하면서 불의의 사고에 대비한다.
② 소내근무자는 근무 중 특이한 사항이 발생하였을 때에는 지체 없이 관할 시·도 경찰청장에게 보고하고 그 지시에 따라야 한다.
③ 순찰근무자는 요점순찰 또는 난선순찰을 하되, 청원주가 필요하다고 인정할 때에는 정선순찰을 할 수 있다.
④ 소내근무자는 경비구역의 정문이나 그 밖의 지정된 장소에서 경비구역의 내부, 외부 및 출입자의 움직임을 감시한다.

해설

① (○) 청원경찰법 시행규칙 제14조 제4항
② (×) 업무처리 및 자체경비를 하는 소내 근무자는 근무 중 특이한 사항이 발생하였을 때에는 지체 없이 청원주 또는 관할 경찰서장에게 보고하고 그 지시에 따라야 한다(청원경찰법 시행규칙 제14조 제2항).★★
③ (×) 순찰근무자는 청원주가 지정한 일정한 구역을 순회하면서 경비 임무를 수행한다. 이 경우 순찰은 단독 또는 복수로 정선순찰(정해진 노선을 규칙적으로 순찰하는 것)을 하되, 청원주가 필요하다고 인정할 때에는 요점순찰(순찰구역 내 지정된 중요지점을 순찰하는 것) 또는 난선순찰(임의로 순찰지역이나 노선을 선정하여 불규칙적으로 순찰하는 것)을 할 수 있다(청원경찰법 시행규칙 제14조 제3항).★★
④ (×) 자체경비를 하는 입초근무자는 경비구역의 정문이나 그 밖의 지정된 장소에서 경비구역의 내부, 외부 및 출입자의 움직임을 감시한다(청원경찰법 시행규칙 제14조 제1항).★

청원경찰법 제4조~제5조의2

01 청원경찰의 배치

02 청원경찰의 임용

03 청원경찰의 교육

04 청원경찰의 복무 및 징계

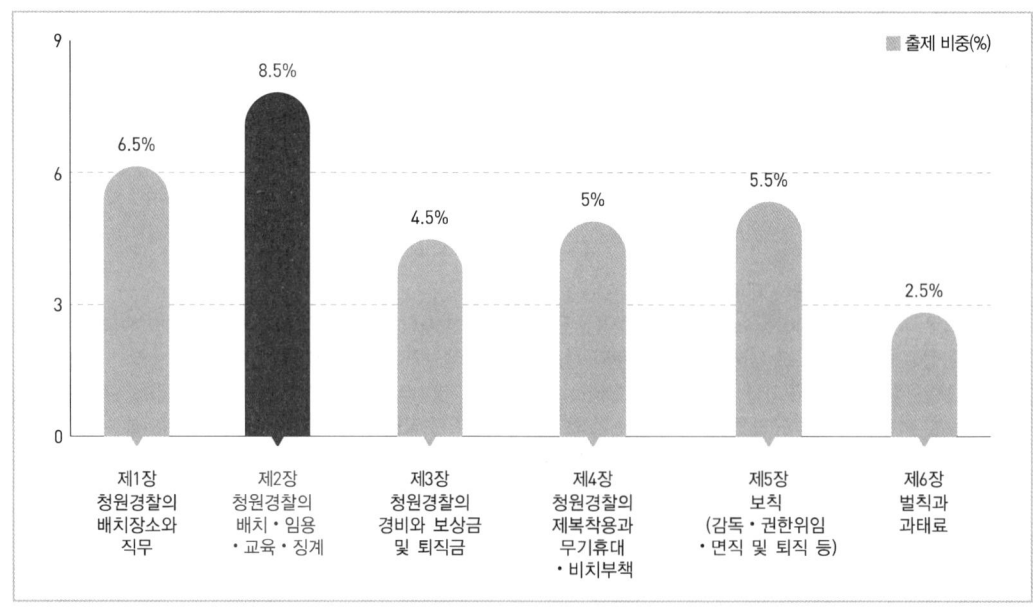

CHAPTER 02

청원경찰의
배치·임용·교육·징계

CHAPTER 02 청원경찰의 배치 · 임용 · 교육 · 징계

01
CHECK ○△✕

청원경찰법령상 청원경찰의 배치에 관한 설명으로 옳지 않은 것은? 기출 24

① 청원경찰을 배치받으려는 자는 대통령령으로 정하는 바에 따라 관할 시·도 경찰청장에게 청원경찰 배치를 신청하여야 한다.

☑ **시·도 경찰청장은 청원경찰 배치 신청을 받으면 7일 이내에 그 배치 여부를 결정하여 신청인에게 알려야 한다.**

③ 청원경찰의 배치를 받으려는 자는 청원경찰 배치신청서에 경비구역 평면도 1부와 배치계획서 1부를 첨부하여야 한다.

④ 청원경찰 배치신청서 제출 시 배치 장소가 둘 이상의 도(특별시, 광역시, 특별자치시 및 특별자치도를 포함)일 때에는 주된 사업장의 관할 경찰서장을 거쳐 시·도 경찰청장에게 한꺼번에 신청할 수 있다.

해설

② (✕) 시·도 경찰청장은 청원경찰 배치 신청을 받으면 <u>지체 없이</u> 그 배치 여부를 결정하여 신청인에게 알려야 한다(청원경찰법 제4조 제2항).
① (○) 청원경찰법 제4조 제1항
③ (○) 청원경찰법 시행령 제2조 전문
④ (○) 청원경찰법 시행령 제2조 후문

02
CHECK ○△✕

청원경찰법령상 청원경찰의 배치 및 이동에 관한 설명으로 옳은 것은? 기출 23

① 청원경찰 배치신청서 제출 시, 배치 장소가 둘 이상의 도(道)일 때에는 경찰청장에게 한꺼번에 신청할 수 있다.

② 청원경찰의 배치를 받으려는 자는 청원경찰 배치신청서에 경비구역 평면도 1부와 청원경찰 명부 1부를 첨부하여야 한다.

③ 청원경찰을 배치받으려는 자는 대통령령으로 정하는 바에 따라 경찰청장에게 청원경찰 배치를 신청하여야 한다.

☑ **청원주는 청원경찰을 신규로 배치하거나 이동배치하였을 때에는 배치지(이동배치의 경우에는 종전의 배치지)를 관할하는 경찰서장에게 그 사실을 통보하여야 한다.**

해설

④ (O) 청원경찰법 시행령 제6조 제1항
① (×) 청원경찰 배치신청서 제출 시, 배치 장소가 둘 이상의 도(道)일 때에는 주된 사업장의 관할 경찰서장을 거쳐 시·도 경찰청장에게 한꺼번에 신청할 수 있다(청원경찰법 시행령 제2조 후문).
② (×) 청원경찰의 배치를 받으려는 자는 청원경찰 배치신청서에 경비구역 평면도 1부와 배치계획서 1부를 첨부하여야 한다(청원경찰법 시행령 제2조 전문).
③ (×) 청원경찰을 배치받으려는 자는 대통령령으로 정하는 바에 따라 관할 시·도 경찰청장에게 청원경찰 배치를 신청하여야 한다(청원경찰법 제4조 제1항).

관계법령   청원경찰의 배치(청원경찰법 제4조)

① 청원경찰을 배치받으려는 자는 대통령령으로 정하는 바에 따라 관할 시·도 경찰청장에게 청원경찰 배치를 신청하여야 한다.

청원경찰의 배치신청 등(청원경찰법 시행령 제2조)
「청원경찰법」 제4조 제1항에 따라 청원경찰의 배치를 받으려는 자는 청원경찰 배치신청서에 다음 각호의 서류를 첨부하여 법 제2조 각호의 기관·시설·사업장 또는 장소(이하 "사업장"이라 한다)의 소재지를 관할하는 경찰서장(이하 "관할 경찰서장"이라 한다)을 거쳐 시·도 경찰청장에게 제출하여야 한다. 이 경우 배치장소가 둘 이상의 도(특별시, 광역시, 특별자치시 및 특별자치도를 포함한다. 이하 같다)일 때에는 주된 사업장의 관할 경찰서장을 거쳐 시·도 경찰청장에게 한꺼번에 신청할 수 있다.
1. 경비구역 평면도 1부
2. 배치계획서 1부

② 시·도 경찰청장은 제1항의 청원경찰 배치신청을 받으면 지체 없이 그 배치 여부를 결정하여 신청인에게 알려야 한다.
③ 시·도 경찰청장은 청원경찰 배치가 필요하다고 인정하는 기관의 장 또는 시설·사업장의 경영자에게 청원경찰을 배치할 것을 요청할 수 있다.

03

청원경찰법령상 청원경찰의 배치에 관한 설명으로 옳지 않은 것은? 기출 22

① 청원경찰을 배치받으려는 자는 대통령령으로 정하는 바에 따라 관할 시·도 경찰청장에게 청원경찰 배치를 신청하여야 한다.
② 시·도 경찰청장은 청원경찰 배치신청을 받으면 지체 없이 그 배치 여부를 결정하여 신청인에게 알려야 한다.
③ 시·도 경찰청장은 청원경찰 배치가 필요하다고 인정하는 기관의 장 또는 시설·사업장의 경영자에게 청원경찰을 배치할 것을 요청할 수 있다.
❹ 청원경찰의 배치를 받으려는 자는 청원경찰 배치신청서에 경비구역 평면도 1부 또는 배치계획서 1부를 첨부해야 한다.

해설

④ (×) 청원경찰의 배치를 받으려는 자는 청원경찰 배치신청서에 경비구역 평면도 1부와 배치계획서 1부를 첨부하여 사업장의 소재지를 관할하는 경찰서장을 거쳐 시·도 경찰청장에게 제출하여야 한다(청원경찰법 시행령 제2조 전문).
① (O) 청원경찰법 제4조 제1항
② (O) 청원경찰법 제4조 제2항
③ (O) 청원경찰법 제4조 제3항

04

청원경찰법령상 청원경찰의 배치와 이동에 관한 설명으로 옳지 않은 것은? 기출 21

① 청원경찰을 배치받으려는 자는 대통령령으로 정하는 바에 따라 관할 시·도 경찰청장에게 청원경찰 배치를 신청하여야 한다.
② 시·도 경찰청장은 청원경찰 배치가 필요하다고 인정하는 기관의 장 또는 시설·사업장의 경영자에게 청원경찰을 배치할 것을 요청할 수 있다.
❸ 청원주는 청원경찰을 이동배치하였을 때에는 전입지를 관할하는 경찰서장에게 그 사실을 통보하여야 한다.
④ 청원주는 청원경찰이 배치된 기관·시설 또는 사업장 등이 배치인원의 변동사유 없이 다른 곳으로 이전하는 경우에는 청원경찰의 배치인원을 감축할 수 없다.

해설

③ (×) 청원주는 청원경찰을 이동배치하였을 때에는 종전의 배치지를 관할하는 경찰서장에게 그 사실을 통보하여야 한다(청원경찰법 시행령 제6조 제1항).
① (○) 청원경찰법 제4조 제1항
② (○) 청원경찰법 제4조 제3항
④ (○) 청원경찰법 제10조의5 제1항 단서 제2호

관계법령

청원경찰의 배치(청원경찰법 제4조)
① 청원경찰을 배치받으려는 자는 대통령령으로 정하는 바에 따라 관할 시·도 경찰청장에게 청원경찰 배치를 신청하여야 한다.
② 시·도 경찰청장은 제1항의 청원경찰 배치신청을 받으면 지체 없이 그 배치 여부를 결정하여 신청인에게 알려야 한다.
③ 시·도 경찰청장은 청원경찰 배치가 필요하다고 인정하는 기관의 장 또는 시설·사업장의 경영자에게 청원경찰을 배치할 것을 요청할 수 있다.

배치 및 이동(청원경찰법 시행령 제6조)
① 청원주는 청원경찰을 신규로 배치하거나 이동배치하였을 때에는 배치지(이동배치의 경우에는 종전의 배치지)를 관할하는 경찰서장에게 그 사실을 통보하여야 한다.
② 제1항의 통보를 받은 경찰서장은 이동배치지가 다른 관할구역에 속할 때에는 전입지를 관할하는 경찰서장에게 이동배치한 사실을 통보하여야 한다.

배치의 폐지 등(청원경찰법 제10조의5)
① 청원주는 청원경찰이 배치된 시설이 폐쇄되거나 축소되어 청원경찰의 배치를 폐지하거나 배치인원을 감축할 필요가 있다고 인정하면 청원경찰의 배치를 폐지하거나 배치인원을 감축할 수 있다. 다만, 청원주는 다음 각호의 어느 하나에 해당하는 경우에는 청원경찰의 배치를 폐지하거나 배치인원을 감축할 수 없다.
1. 원경찰을 대체할 목적으로 「경비업법」에 따른 특수경비원을 배치하는 경우
2. 원경찰이 배치된 기관·시설 또는 사업장 등이 배치인원의 변동사유 없이 다른 곳으로 이전하는 경우

05

청원경찰법령상 청원경찰의 배치에 관한 설명으로 옳지 않은 것은? 기출 20

① 청원경찰 배치신청서 제출 시 배치장소가 둘 이상의 도(道)일 때에는 주된 사업장의 관할 경찰서장을 거쳐 시·도 경찰청장에게 한꺼번에 신청할 수 있다.
② 청원경찰을 배치받으려는 자는 대통령령으로 정하는 바에 따라 관할 시·도 경찰청장에게 청원경찰 배치를 신청하여야 한다.
③ 청원경찰 배치신청서에 첨부하여야 할 서류는 경비구역 평면도와 청원경찰 직무교육계획서이다.
④ 시·도 경찰청장은 청원경찰 배치가 필요하다고 인정하는 기관의 장 또는 시설·사업장의 경영자에게 청원경찰을 배치할 것을 요청할 수 있다.

해설

③ (×) 청원경찰 배치신청서에 첨부할 서류는 경비구역 평면도 1부와 배치계획서 1부이다(청원경찰법 시행령 제2조 전문 각호).
① (○) 청원경찰법 시행령 제2조 후문
② (○) 청원경찰법 제4조 제1항
④ (○) 청원경찰법 제4조 제3항

06

청원경찰법령상 청원경찰의 배치에 관한 설명으로 옳은 것은? 기출 19

① 청원경찰 배치신청서에 첨부할 서류는 경비구역 평면도와 청원경찰 명부이다.
② 시·도 경찰청장은 청원경찰 배치신청을 받으면 30일 이내에 그 배치 여부를 결정하여 신청인에게 알려야 한다.
③ 경찰청장은 청원경찰 배치가 필요하다고 인정하는 기관의 장에게 청원경찰을 배치할 것을 요청하여야 한다.
④ 청원경찰 배치신청서상 배치장소가 둘 이상의 도(道)일 때에는 주된 사업장의 관할 경찰서장을 거쳐 시·도 경찰청장에게 한꺼번에 신청할 수 있다.

해설

④ (○) 청원경찰법 시행령 제2조 후문
① (×) 청원경찰 배치신청서에 첨부할 서류는 경비구역 평면도 1부와 배치계획서 1부이다(청원경찰법 시행령 제2조 전문 제1호·제2호).
② (×) 시·도 경찰청장은 청원경찰 배치신청을 받으면 지체 없이 그 배치 여부를 결정하여 신청인에게 알려야 한다(청원경찰법 제4조 제2항).
③ (×) 시·도 경찰청장은 청원경찰 배치가 필요하다고 인정하는 기관의 장 또는 시설·사업장의 경영자에게 청원경찰을 배치할 것을 요청할 수 있다(청원경찰법 제4조 제3항).

07

청원경찰법령상 청원경찰의 배치와 이동 등에 관한 설명으로 옳지 않은 것은? 기출 19

① 청원경찰이 배치된 사업장이 배치인원의 변동사유 없이 다른 곳으로 이전하는 경우 청원주는 청원경찰의 배치를 폐지하거나 배치인원을 감축할 수 없다.
② 청원주는 배치폐지나 배치인원 감축으로 과원(過員)이 되는 청원경찰의 고용이 보장될 수 있도록 노력하여야 한다.
③ 청원주는 청원경찰을 신규로 배치하였을 때에는 배치지를 관할하는 경찰서장에게 그 사실을 통보하여야 한다.
❹ 청원경찰의 이동배치의 통보를 받은 경찰서장은 이동배치지가 다른 관할구역에 속할 때에는 전입지를 관할하는 시·도 경찰청장에게 이동배치한 사실을 통보하여야 한다.

해설

④ (×) 청원경찰의 이동배치의 통보를 받은 경찰서장은 이동배치지가 다른 관할구역에 속할 때에는 <u>전입지를 관할하는 경찰서장</u>에게 이동배치한 사실을 통보하여야 한다(청원경찰법 시행령 제6조 제2항).
① (○) 청원경찰법 제10조의5 제1항 단서 제2호
② (○) 청원경찰법 제10조의5 제3항
③ (○) 청원경찰법 시행령 제6조 제1항

08

청원경찰법령상 청원경찰의 배치에 관한 설명으로 옳은 것은? 기출 18

① 시·도 경찰청장은 청원경찰 배치신청을 받으면 15일 이내에 그 배치 여부를 결정하여 신청인에게 알려야 한다.
❷ 청원경찰 배치신청서 제출 시, 배치장소가 둘 이상의 도(道)일 때에는 주된 사업장의 관할 경찰서장을 거쳐 시·도 경찰청장에게 한꺼번에 신청할 수 있다.
③ 청원경찰의 배치를 받으려는 자는 청원경찰 배치신청서에 경비구역 배치도 1부를 첨부하여 사업장의 소재지를 관할하는 시·도 경찰청장에게 제출하여야 한다.
④ 관할 경찰서장은 청원경찰이 배치된 시설이 축소될 경우 배치인원을 감축할 수 있다.

해설

② (○) 청원경찰법 시행령 제2조 후문
① (×) 시·도 경찰청장은 청원경찰 배치신청을 받으면 <u>지체 없이</u> 그 배치 여부를 결정하여 신청인에게 알려야 한다(청원경찰법 제4조 제2항).
③ (×) 청원경찰의 배치를 받으려는 자는 청원경찰 배치신청서에 <u>경비구역 평면도 1부, 배치계획서 1부</u>를 첨부하여 <u>사업장의 소재지를 관할하는 경찰서장</u>을 거쳐 시·도 경찰청장에게 제출하여야 한다(청원경찰법 시행령 제2조 전문).★
④ (×) <u>청원주</u>는 청원경찰이 배치된 시설이 폐쇄되거나 축소되어 청원경찰의 배치를 폐지하거나 배치인원을 감축할 필요가 있다고 인정하면 청원경찰의 배치를 폐지하거나 배치인원을 감축할 수 있다(청원경찰법 제10조의5 제1항 본문).★

09

청원경찰법령상 청원경찰 배치에 관한 설명으로 옳은 것은? 기출 16

① 청원경찰을 배치받으려는 자는 행정안전부령으로 정하는 바에 따라 경찰청장에게 청원경찰 배치를 신청하여야 한다.
☑ 청원경찰의 배치를 받으려는 자는 청원경찰 배치신청서에 경비구역 평면도 1부와 배치계획서 1부를 첨부하여야 한다.
③ 사회복지법에 따른 사회복지시설은 청원경찰 배치대상이다.
④ 금융 또는 보험을 업(業)으로 하는 시설 또는 사업장은 청원경찰 배치대상이 아니다.

해설

② (○) 청원경찰법 시행령 제2조
① (×) 청원경찰을 배치받으려는 자는 대통령령으로 정하는 바에 따라 관할 시·도 경찰청장에게 청원경찰 배치를 신청하여야 한다(청원경찰법 제4조 제1항).★★
③ (×) 사회복지법에 따른 사회복지시설은 청원경찰 배치대상이 아니다.
④ (×) 금융 또는 보험을 업(業)으로 하는 시설 또는 사업장은 청원경찰 배치대상이다(청원경찰법 시행규칙 제2조 제2호).

10

청원경찰법령상 청원경찰의 배치 등에 관한 설명으로 옳은 것은? 기출 10

① 청원경찰을 배치받으려는 자는 법령이 정하는 청원경찰 배치신청서를 경찰청장에게 직접 제출하여야 한다.
② 청원경찰 배치신청서에는 경비구역 평면도와 배치계획서 및 청원경찰경비에 관한 사항이 첨부되어야 한다.
③ 시·도 경찰청장은 청원경찰 배치신청을 받으면 1개월 이내에 그 배치 여부를 결정하여 신청인에게 알려야 한다.
☑ 시·도 경찰청장은 청원경찰의 배치가 필요하다고 인정되는 기관의 장에게 청원경찰을 배치할 것을 요청할 수 있다.

해설

④ (○) 청원경찰법 제4조 제3항
① (×), ② (×) 청원경찰의 배치를 받으려는 자는 청원경찰 배치신청서에 경비구역 평면도 1부, 배치계획서 1부를 첨부하여 소재지를 관할하는 경찰서장을 거쳐 시·도 경찰청장에게 제출하여야 한다(청원경찰법 시행령 제2조).★
③ (×) 시·도 경찰청장은 청원경찰 배치신청을 받으면 지체 없이 그 배치 여부를 결정하여 신청인에게 알려야 한다(청원경찰법 제4조 제2항).

11

청원경찰법령상의 내용에 관한 설명으로 옳지 않은 것은? 기출 10

① 법령에 의한 청원경찰 임용의 신체조건 중 시력(교정시력을 포함)은 양쪽 눈이 각각 0.8 이상이어야 한다.
② 청원경찰의 배치를 받으려는 자는 대통령령으로 정하는 바에 따라 관할 시·도 경찰청장에게 청원경찰 배치신청을 하여야 한다.
③ ✅ 청원주가 청원경찰을 신규로 배치한 때에는 배치지를 관할하는 시·도 경찰청장에게 그 사실을 통보하여야 한다.
④ 청원경찰이 직무수행으로 인하여 사망한 경우 청원주는 사망한 청원경찰의 유족에게 보상금을 지급하여야 한다.

해설

③ (×) 청원주는 청원경찰을 신규로 배치하거나 이동배치하였을 때에는 배치지(이동배치의 경우에는 종전의 배치지)를 관할하는 경찰서장에게 그 사실을 통보하여야 한다(청원경찰법 시행령 제6조 제1항).★
① (○) 청원경찰법 시행규칙 제4조
② (○) 청원경찰법 제4조 제1항
④ (○) 청원경찰법 제7조 제1호

12

청원경찰법령상 청원경찰에 대한 설명으로 틀린 것은? 기출 08

① 청원경찰은 청원주가 청원경찰경비를 부담할 것을 조건으로 경찰의 배치를 신청하는 경우 그 경비를 담당하게 하기 위하여 배치하는 경찰이다.
② ✅ 청원경찰을 배치받으려는 자는 경찰청장령으로 정하는 바에 따라 관할 시·도 경찰청장에게 청원경찰 배치를 신청하여야 한다.
③ 청원경찰은 청원주와 배치된 기관·시설 또는 사업장 등의 구역을 관할하는 경찰서장의 감독을 받아 그 경비구역만의 경비를 목적으로 필요한 범위에서 경찰관직무집행법에 따른 경찰관의 직무를 수행한다.
④ 청원경찰은 공공의 안녕질서 유지와 국민경제를 위하여 고도의 경비가 필요한 중요시설, 사업체 또는 장소에도 배치될 수 있다.

해설

② (×) 청원경찰을 배치받으려는 자는 대통령령으로 정하는 바에 따라 관할 시·도 경찰청장에게 청원경찰 배치를 신청하여야 한다(청원경찰법 제4조 제1항).
① (○) 청원경찰법 제2조
③ (○) 청원경찰법 제3조
④ (○) 청원경찰법 시행규칙 제2조 제6호

13

청원경찰법령상 청원경찰의 배치에 관한 설명으로 옳은 것은? 기출 09

① 청원경찰법령상 청원경찰이 배치될 수 있는 곳은 국가기관 또는 공공단체와 그 관리하에 있는 중요시설 또는 사업장, 국내 주재 외국기관으로 한정된다.

☑ **시·도 경찰청장은 청원경찰 배치가 필요하다고 인정하는 기관의 장 또는 시설·사업장의 경영자에게 청원경찰을 배치할 것을 요청할 수 있다.**

③ 시·도 경찰청장은 배치신청을 받으면 20일 이내에 그 배치 여부를 결정하여 신청인에게 알려야 한다.

④ 청원경찰의 배치를 받으려는 배치장소가 둘 이상의 도(특별시, 광역시, 특별자치시 및 특별자치도를 포함)일 때에는 각 사업장의 관할 경찰서장 간의 협의를 통해 배치신청을 할 시·도 경찰청장을 결정한다.

해설

② (○) 청원경찰법 제4조 제3항

① (×) 청원경찰법령상 청원경찰이 배치될 수 있는 곳은 국가기관 또는 공공단체와 그 관리하에 있는 중요시설 또는 사업장, 국내 주재 외국기관뿐만 아니라 그 밖에 행정안전부령으로 정하는 중요시설, 사업장 또는 장소도 포함된다(청원경찰법 제2조).

③ (×) 시·도 경찰청장은 청원경찰 배치신청을 받으면 지체 없이 그 배치 여부를 결정하여 신청인에게 알려야 한다(청원경찰법 제4조 제2항).

④ (×) 청원경찰의 배치를 받으려는 배치장소가 둘 이상의 도(특별시, 광역시, 특별자치시 및 특별자치도를 포함한다)일 때에는 주된 사업장의 관할 경찰서장을 거쳐 시·도 경찰청장에게 한꺼번에 신청할 수 있다(청원경찰법 시행령 제2조).

관계법령 **청원경찰의 배치(청원경찰법 제4조)**

① 청원경찰을 배치받으려는 자는 대통령령으로 정하는 바에 따라 관할 시·도 경찰청장에게 청원경찰 배치를 신청하여야 한다.
② 시·도 경찰청장은 제1항의 청원경찰 배치신청을 받으면 지체 없이 그 배치 여부를 결정하여 신청인에게 알려야 한다.
③ 시·도 경찰청장은 청원경찰 배치가 필요하다고 인정하는 기관의 장 또는 시설·사업장의 경영자에게 청원경찰을 배치할 것을 요청할 수 있다.

14

청원경찰법령상 청원경찰의 배치에 관한 설명으로 틀린 것은? 기출 08

① KBS와 같은 언론사는 청원경찰의 배치대상이 되는 시설에 해당한다.
② 청원경찰의 배치를 받으려는 자는 청원경찰 배치신청서를 사업장의 소재지를 관할하는 경찰서장을 거쳐 시·도 경찰청장에게 제출하여야 한다.
③ 청원경찰의 배치를 받으려는 배치장소가 둘 이상의 도(道)일 때에는 주된 사업장의 관할 경찰서장을 거쳐 시·도 경찰청장에게 한꺼번에 신청할 수 있다.
④ ✔ 청원경찰의 배치를 받으려는 자는 청원경찰 배치신청서에 경비구역 평면도 1부 또는 배치계획서 1부를 첨부하여야 한다.

해설

④ (×) 경비구역 평면도 1부 또는 배치계획서 1부를 첨부하는 것이 아니라 두 가지 모두를 첨부하여야 한다(청원경찰법 시행령 제2조).
① (○) 청원경찰법 시행규칙 제2조 제3호
② (○) 청원경찰법 시행령 제2조 전문
③ (○) 청원경찰법 시행령 제2조 후문

15

청원경찰의 배치 및 임용에 관한 다음의 설명 중 옳은 것은? 기출 04

① ✔ 시·도 경찰청장은 청원경찰의 배치가 필요하다고 인정하는 기관의 장 또는 시설·사업장의 경영자에게 청원경찰을 배치할 것을 요청할 수 있다.
② 청원경찰의 배치를 받으려는 자는 관할 경찰서장에게 문서 또는 구두로 신청하여야 한다.
③ 청원경찰은 청원주가 관할 경찰서장과 협의하여 임용하되, 임용을 할 때에는 미리 경찰청장의 승인을 받아야 한다.
④ 청원주는 청원경찰경비와 청원경찰 또는 그 유족에 대한 보상금 및 청원경찰의 퇴직금의 일부를 부담하여야 한다.

해설

① (○) 청원경찰법 제4조 제3항
② (×) 청원경찰의 배치를 받으려는 자는 청원경찰 배치신청서에 경비구역 평면도 1부, 배치계획서 1부를 첨부하여 소재지를 관할하는 경찰서장을 거쳐 시·도 경찰청장에게 제출하여야 한다(청원경찰법 시행령 제2조).★★
③ (×) 청원경찰은 청원주가 임용하되, 임용을 할 때에는 미리 시·도 경찰청장의 승인을 받아야 한다(청원경찰법 제5조 제1항).
④ (×) 청원주는 청원경찰경비와 청원경찰 또는 그 유족에 대한 보상금 및 청원경찰의 퇴직금의 전부를 부담하여야 한다.★

퇴직금 (청원경찰법 제7조의2)	청원주는 청원경찰이 퇴직할 때에는 근로자퇴직급여보장법에 따른 퇴직금을 지급하여야 한다. 다만, 국가기관이나 지방자치단체에 근무하는 청원경찰의 퇴직금에 관하여는 따로 대통령령으로 정한다.
보상금 (청원경찰법 제7조)	청원주는 청원경찰이 직무수행으로 인하여 부상을 입거나, 질병에 걸리거나 또는 사망한 경우, 직무상의 부상·질병으로 인하여 퇴직하거나, 퇴직 후 2년 이내에 사망한 경우에는 대통령령으로 정하는 바에 따라 청원경찰 본인 또는 그 유족에게 보상금을 지급하여야 한다.

16

다음 중 청원경찰에 대한 시·도 경찰청장의 권한이 아닌 것은? 기출 04

① 청원경찰 배치결정
☑ **청원경찰의 배치변경 통보접수**
③ 청원경찰의 무기휴대 여부 결정
④ 청원경찰 임용승인

해설

② (×) 청원주는 청원경찰을 신규로 배치하거나 이동배치하였을 때에는 배치지(이동배치의 경우에는 종전의 배치지)를 관할하는 경찰서장에게 그 사실을 통보하여야 한다(청원경찰법 시행령 제6조 제1항). 청원경찰의 신규배치 및 이동배치(변경배치)의 통보접수는 관할 경찰서장이 한다.★
① (○) 시·도 경찰청장은 청원경찰 배치신청을 받으면 지체 없이 그 배치 여부를 결정하여 신청인에게 알려야 한다(청원경찰법 제4조 제2항).
③ (○) 시·도 경찰청장은 청원경찰이 직무를 수행하기 위하여 필요하다고 인정하면 청원주의 신청을 받아 관할 경찰서장으로 하여금 청원경찰에게 무기를 대여하여 지니게 할 수 있다(청원경찰법 제8조 제2항). 즉, 시·도 경찰청장이 무기휴대 여부 결정 권한을 가진다.★★
④ (○) 청원경찰은 청원주가 임용하되, 임용을 할 때에는 미리 시·도 경찰청장의 승인을 받아야 한다(청원경찰법 제5조 제1항).

17

다음 중 청원주가 청원경찰을 신규로 배치한 때에는 누구에게 통보해야 하는가? 기출 02·01

☑ **배치지 관할 경찰서장**
② 배치지 관할 파출소장
③ 배치지 관할 시·도 경찰청장
④ 경찰청장

해설

청원주는 청원경찰을 신규로 배치하거나 이동배치하였을 때에는 배치지(이동배치의 경우에는 종전의 배치지)를 관할하는 경찰서장에게 그 사실을 통보하여야 한다(청원경찰법 시행령 제6조 제1항).★

18

청원경찰법령상 청원경찰의 배치폐지 등에 관한 설명으로 옳지 않은 것은? 기출 17

① 청원주는 청원경찰을 대체할 목적으로 특수경비원을 배치하는 경우에 청원경찰의 배치를 폐지하거나 배치인원을 감축할 수 없다.
② 청원주가 청원경찰을 배치폐지하였을 때에는 청원경찰 배치결정을 한 경찰관서장에게 알려야 한다.
❸ 청원주가 청원경찰을 배치폐지하는 경우에는 배치폐지로 과원(過員)이 되는 그 사업장 내의 유사업무에 종사하게 하는 등 청원경찰의 고용을 보장하여야 한다.
④ 청원주는 청원경찰이 배치된 사업장이 배치인원의 변동사유 없이 다른 곳으로 이전하는 경우에 배치인원을 감축할 수 없다.

해설

③ (×) 청원경찰의 배치를 폐지하거나 배치인원을 감축하는 경우 해당 청원주는 배치폐지나 배치인원 감축으로 과원(過員)이 되는 청원경찰 인원을 그 기관·시설 또는 사업장 내 유사업무에 종사하게 하거나 다른 시설·사업장 등에 재배치하는 등 청원경찰의 고용이 보장될 수 있도록 노력하여야 한다(청원경찰법 제10조의5 제3항).★
① (○) 청원경찰법 제10조의5 제1항 단서 제1호
② (○) 청원경찰법 제10조의5 제2항
④ (○) 청원경찰법 제10조의5 제1항 단서 제2호

19

청원경찰법령상 청원경찰에 관한 설명으로 옳은 것은? 기출 10

① 청원경찰은 청원주 사업장 소재지의 관할 경찰서장이 임용하며 그 임용을 할 때에는 시·도 경찰청장의 승인을 얻어야 한다.
② 징계에 의하여 파면처분을 받고 3년이 지난 자는 청원경찰로 임용될 수 있다.
❸ 청원주는 청원경찰을 대체할 목적으로 경비업법에 따른 특수경비원을 배치하는 경우 청원경찰의 배치를 폐지하거나 배치인원을 감축할 수 없다.
④ 청원주는 청원경찰의 자녀교육비를 부담하여야 한다.

해설

③ (○) 청원주는 청원경찰이 배치된 시설이 폐쇄되거나 축소되어 청원경찰의 배치를 폐지하거나 배치인원을 감축할 필요가 있다고 인정하면 청원경찰의 배치를 폐지하거나 배치인원을 감축할 수 있다. 다만, 청원주는 청원경찰을 대체할 목적으로 경비업법에 따른 특수경비원을 배치하는 경우와 청원경찰이 배치된 기관·시설 또는 사업장 등이 배치인원의 변동사유 없이 다른 곳으로 이전하는 경우에는 청원경찰의 배치를 폐지하거나 배치인원을 감축할 수 없다(청원경찰법 제10조의5).
① (×) 청원경찰은 청원주가 임용하되, 임용을 할 때에는 미리 시·도 경찰청장의 승인을 받아야 한다(청원경찰법 제5조 제1항).
② (×) 징계로 파면처분을 받은 때부터 5년이 지나지 아니한 자는 청원경찰로 임용될 수 없다(청원경찰법 제5조 제2항, 국가공무원법 제33조 제7호). 3년 기준은 징계로 해임처분을 받은 때이다.
④ (×) 청원주가 청원경찰의 교육비를 부담해야 하는 것이지 청원경찰의 자녀교육비까지 부담하는 것은 아니다(청원경찰법 제6조 제1항 제3호).★

20

청원경찰법령상 청원경찰의 신분보장 및 배치폐지 등에 관한 설명으로 옳은 것은?

① 청원주는 청원경찰을 대체할 목적으로 경비업법에 따른 특수경비원을 배치하는 경우에 청원경찰 배치를 폐지하거나 배치인원을 감축할 수 있다.
② 청원주가 청원경찰의 배치를 폐지하는 경우에는 배치폐지로 과원(課員)이 되는 인원을 그 사업장 내의 유사업무에 종사하게 하는 등 청원경찰의 고용을 보장하여야 한다.
③ 청원주가 청원경찰의 배치를 폐지하였을 때에는 청원경찰 배치결정을 한 시·도 경찰청장에게 알려야 한다.
❹ **국가기관이나 지방자치단체에 근무하는 청원경찰의 휴직 및 명예퇴직에 관하여는 국가공무원법의 관련규정을 준용한다.**

해설

④ (○) 국가기관이나 지방자치단체에 근무하는 청원경찰의 휴직 및 명예퇴직에 관하여는 국가공무원법 제71조부터 제73조까지 및 제74조의2를 준용한다(청원경찰법 제10조의7).
① (×) 청원주는 청원경찰이 배치된 시설이 폐쇄되거나 축소되어 청원경찰의 배치를 폐지하거나 배치인원을 감축할 필요가 있다고 인정하면 청원경찰의 배치를 폐지하거나 배치인원을 감축할 수 있다. 다만, 청원주는 청원경찰을 대체할 목적으로 경비업법에 따른 특수경비원을 배치하는 경우와 청원경찰이 배치된 기관·시설 또는 사업장 등이 배치인원의 변동사유 없이 다른 곳으로 이전하는 경우에는 청원경찰의 배치를 폐지하거나 배치인원을 감축할 수 없다(청원경찰법 제10조의5 제1항).
② (×) 청원경찰의 배치를 폐지하거나 배치인원을 감축하는 경우 해당 청원주는 배치폐지나 배치인원 감축으로 과원(課員)이 되는 청원경찰 인원을 그 기관·시설 또는 사업장 내 유사업무에 종사하게 하거나 다른 시설·사업장 등에 재배치하는 등 청원경찰의 고용이 보장될 수 있도록 노력하여야 한다(청원경찰법 제10조의5 제3항). 즉, 강제의무조항이 아님에 주의한다.
③ (×) 청원주가 청원경찰을 폐지하거나 감축하였을 때에는 청원경찰 배치결정을 한 경찰관서의 장에게 알려야 하며, 그 사업장이 시·도 경찰청장이 청원경찰의 배치를 요청한 사업장일 때에는 그 폐지 또는 감축 사유를 구체적으로 밝혀야 한다(청원경찰법 제10조의5 제2항).

21

청원경찰의 임용·배치·경비에 대한 설명으로 틀린 것은? 기출수정 05

① 청원경찰의 임용자격은 18세 이상인 사람이다.
❷ 청원주가 청원경찰을 임용하였을 때에는 임용한 날부터 15일 이내에 그 임용사항을 관할 시·도 경찰청장에게 보고하여야 한다.
③ 청원주는 청원경찰을 신규로 배치한 때에는 배치지 관할 경찰서장에게 그 사실을 통보하여야 한다.
④ 원칙적으로 청원경찰경비의 최저부담기준액 및 부담기준액은 경찰공무원 중 순경의 것을 고려하여 다음 연도 분을 매년 12월에 고시하여야 한다.

해설
② (×) 청원주가 청원경찰을 임용하였을 때에는 임용한 날부터 10일 이내에 그 임용사항을 관할 경찰서장을 거쳐 시·도 경찰청장에게 보고하여야 한다(청원경찰법 시행령 제4조 제2항).
① (○) 청원경찰법 시행령 제3조 제1호
③ (○) 청원경찰법 시행령 제6조 제1항
④ (○) 청원경찰법 시행령 제12조 제2항 본문

22

청원경찰법령상 청원경찰의 임용에 관한 설명으로 옳은 것은? 기출 24

❶ 청원경찰의 임용자격에 관하여는 대통령령으로 정한다.
② 청원경찰은 관할 경찰서장이 임용한다.
③ 청원주가 청원경찰을 임용하였을 때에는 임용한 날부터 30일 이내에 그 사항을 관할 경찰서장을 거쳐 시·도 경찰청장에게 보고하여야 한다.
④ 청원주는 청원경찰이 퇴직하였을 때에는 퇴직한 날부터 60일 이내에 그 사항을 관할 경찰서장을 거쳐 시·도 경찰청장에게 보고하여야 한다.

해설
① (○) 청원경찰의 임용자격·임용방법·교육 및 보수에 관하여는 대통령령으로 정한다(청원경찰법 제5조 제3항).
② (×) 청원경찰은 청원주가 임용하되, 임용을 할 때에는 미리 시·도 경찰청장의 승인을 받아야 한다(청원경찰법 제5조 제1항).
③ (×) 청원주가 청원경찰을 임용하였을 때에는 임용한 날부터 10일 이내에 그 사항을 관할 경찰서장을 거쳐 시·도 경찰청장에게 보고하여야 한다(청원경찰법 시행령 제4조 제2항 전문).
④ (×) 청원주는 청원경찰이 퇴직하였을 때에는 퇴직한 날부터 10일 이내에 그 사항을 관할 경찰서장을 거쳐 시·도 경찰청장에게 보고하여야 한다(청원경찰법 시행령 제4조 제2항 후문).

23

청원경찰법령상 청원경찰 임용승인신청서의 첨부서류에 해당하지 않는 것은? 기출 23

① 이력서 1부
☑ **주민등록등본 1부**
③ 가족관계등록부 중 기본증명서 1부
④ 최근 3개월 이내에 발행한 채용신체검사서 1부

해설

주민등록증 사본이 청원경찰법령상 청원경찰 임용승인신청서에 첨부할 서류에 해당한다(청원경찰법 시행규칙 제5조 제1항 제2호).

관계법령 **임용승인신청서 등(청원경찰법 시행규칙 제5조)**

① 법 제4조 제2항에 따라 청원경찰의 배치결정을 받은 자[이하 "청원주(請願主)라 한다]가 영 제4조 제1항에 따라 시·도 경찰청장에게 청원경찰 임용승인을 신청할 때에는 별지 제3호 서식의 청원경찰 임용승인신청서에 그 해당자에 관한 다음 각호의 서류를 첨부해야 한다.
1. 이력서 1부
2. 주민등록증 사본 1부
3. 민간인 신원진술서(「보안업무규정」 제36조에 따른 신원조사가 필요한 경우만 해당한다) 1부
4. 최근 3개월 이내에 발행한 채용신체검사서 또는 취업용 건강진단서 1부
5. 가족관계등록부 중 기본증명서 1부

24

청원경찰법령상 청원경찰의 임용 등에 관한 설명으로 옳은 것은? 기출 20

① 청원주는 청원경찰 배치결정의 통지를 받은 날로부터 10일 이내에 배치결정된 인원수의 임용예정자에 대하여 청원경찰 임용승인을 시·도 경찰청장에게 신청하여야 한다.
☑ **청원주가 청원경찰을 임용하였을 때에는 임용한 날부터 10일 이내에 그 임용사항을 관할 경찰서장을 거쳐 시·도 경찰청장에게 보고하여야 한다.**
③ 청원경찰의 임용자격·임용방법·교육 및 보수에 관하여는 행정안전부령으로 정한다.
④ 청원경찰의 복무에 관하여는 「국가공무원법」 및 「경찰법」을 준용한다.

해설

② (○) 청원경찰법 시행령 제4조 제2항 전문
① (×) 청원주는 배치결정의 통지를 받은 날부터 30일 이내에 배치결정된 인원수의 임용예정자에 대하여 청원경찰 임용승인을 시·도 경찰청장에게 신청하여야 한다(청원경찰법 시행령 제4조 제1항).
③ (×) 청원경찰의 임용자격·임용방법·교육 및 보수에 관하여는 대통령령으로 정한다(청원경찰법 제5조 제3항).
④ (×) 청원경찰의 복무에 관하여는 「국가공무원법」 제57조(복종의 의무), 제58조 제1항(직장이탈금지), 제60조(비밀엄수의 의무) 및 「경찰공무원법」 제24조(거짓보고 등의 금지)를 준용한다(청원경찰법 제5조 제4항).

25

청원경찰법령상 청원경찰의 임용권자로 옳은 것은? 기출 22

☑ ① 청원주
② 경찰서장
③ 경찰청장
④ 시·도 경찰청장

해설

청원경찰법령상 청원경찰의 임용권자는 청원주이다. 다만, 임용할 때 미리 시·도 경찰청장의 승인을 받아야 한다는 제한이 있을 뿐이다(청원경찰법 제5조 제1항 참고).

26

청원경찰법령상 청원경찰의 임용자격에 관한 내용이다. (   )에 들어갈 숫자가 순서대로 옳은 것은? 기출 21

> 청원경찰의 임용자격은 (   )세 이상으로 신체가 건강하고 팔다리가 완전하며 시력(교정시력을 포함한다)은 양쪽 눈이 각각 (   ) 이상인 사람이다.

① 18, 0.5
☑ ② 18, 0.8
③ 19, 0.8
④ 19, 1.0

해설

(   )에 들어갈 숫자는 순서대로 18, 0.8이다(청원경찰법 시행령 제3조, 동법 시행규칙 제4조).

관계법령 임용자격(청원경찰법 시행령 제3조)★

법 제5조 제3항에 따른 청원경찰의 임용자격은 다음 각호와 같다.
1. 18세 이상인 사람
2. 행정안전부령으로 정하는 신체조건에 해당하는 사람

> **임용의 신체조건(청원경찰법 시행규칙 제4조)**
> 영 제3조 제2호에 따른 신체조건은 다음 각호와 같다.
> 1. 신체가 건강하고 팔다리가 완전할 것
> 2. 시력(교정시력을 포함)은 양쪽 눈이 각각 0.8 이상일 것

27

청원경찰법령상 청원경찰의 임용 등에 관한 설명으로 옳은 것은? 기출 18

① 청원경찰은 나이가 58세가 되었을 때 당연 퇴직된다.
② 청원경찰의 복무에 관하여는 「경찰관직무집행법」을 준용한다.
③ 청원경찰은 청원주가 임용하되, 임용을 할 때에는 「경찰공무원법」이 정하는 특별한 경우를 제외하고는 미리 경찰청장의 승인을 받아야 한다.
❹ 청원주가 청원경찰을 임용하였을 때에는 임용한 날부터 10일 이내에 그 임용사항을 관할 경찰서장을 거쳐 시·도 경찰청장에게 보고하여야 한다.

해설

④ (○) 청원경찰법 시행령 제4조 제2항 전문
① (×) 청원경찰은 나이가 60세가 되었을 때 당연 퇴직된다. 다만, 그날이 1월부터 6월 사이에 있으면 6월 30일에, 7월부터 12월 사이에 있으면 12월 31일에 각각 당연 퇴직된다(청원경찰법 제10조의6 제3호).
② (×) 청원경찰의 복무에 관하여는 「국가공무원법」 제57조, 제58조 제1항, 제60조 및 「경찰공무원법」 제24조를 준용한다(청원경찰법 제5조 제4항).★
③ (×) 청원경찰은 청원주가 임용하되, 임용을 할 때에는 미리 시·도 경찰청장의 승인을 받아야 한다(청원경찰법 제5조 제1항).

핵심만콕 청원경찰의 복무에 관한 준용 규정(청원경찰법 제5조 제4항)과 비준용 규정★

준용 규정	비준용 규정
두 복·직·비/거 • 국가공무원법 제57조(복종의무) • 국가공무원법 제58조 제1항(직장이탈금지) • 국가공무원법 제60조(비밀엄수의무) • 경찰공무원법 제24조(거짓보고 등의 금지)	• 국가공무원법 제56조(성실의무) • 국가공무원법 제59조(친절·공정의 의무) • 국가공무원법 제59조의2(종교중립의 의무) • 국가공무원법 제61조(청렴의무) • 국가공무원법 제62조(외국정부의 영예 등을 받을 경우 허가의무) • 국가공무원법 제63조(품위유지의무) • 국가공무원법 제64조(영리업무 및 겸직금지) • 국가공무원법 제65조(정치운동금지) • 국가공무원법 제66조 제1항(집단행위금지)

28

청원경찰법령에 관한 설명으로 옳지 않은 것은? 기출 16

① 청원경찰은 청원주가 임용하되, 임용을 할 때에는 미리 시·도 경찰청장의 승인을 받아야 한다.
☑ 청원경찰의 배치결정을 받은 자는 그 배치결정의 통지를 받은 날부터 30일 이내에 임용 예정자에 대한 임용승인을 관할 경찰서장에게 신청하여야 한다.
③ 청원주가 청원경찰을 임용하였을 때에는 임용한 날부터 10일 이내에 그 임용사항을 관할 경찰서장을 거쳐 시·도 경찰청장에게 보고하여야 한다.
④ 청원주가 청원경찰을 면직시켰을 때에는 그 사실을 관할 경찰서장을 거쳐 시·도 경찰청장에게 보고하여야 한다.

해설

② (×) 청원경찰의 배치결정을 받은 자는 그 배치결정의 통지를 받은 날부터 30일 이내에 배치결정된 인원수의 임용예정자에 대하여 청원경찰 임용승인을 시·도 경찰청장에게 신청하여야 한다(청원경찰법 시행령 제4조 제1항).★★
① (○) 청원경찰법 제5조 제1항
③ (○) 청원경찰법 시행령 제4조 제2항
④ (○) 청원경찰법 제10조의4 제2항

29

청원경찰법령상 임용방법 등에 관한 내용이다. ( ) 안에 들어갈 내용을 순서대로 옳게 나열한 것은? 기출 15

- 청원주는 청원경찰의 배치결정의 통지를 받은 날부터 (　)일 이내에 배치결정된 인원수의 임용예정자에 대하여 청원경찰 임용승인을 시·도 경찰청장에게 신청하여야 한다.
- 청원주가 청원경찰을 임용하였을 때에는 임용한 날부터 (　)일 이내에 그 임용사항을 관할 경찰서장을 거쳐 시·도 경찰청장에게 보고하여야 한다.

① 10, 30
② 15, 30
☑ 30, 10
④ 30, 15

해설

( ) 안에는 순서대로 30(일)과 10(일)이 들어가야 한다.
- 청원경찰의 배치결정을 받은 자(이하 "청원주"라 한다)는 법 제5조 제1항에 따라 그 배치결정의 통지를 받은 날부터 30일 이내에 배치결정된 인원수의 임용예정자에 대하여 청원경찰 임용승인을 시·도 경찰청장에게 신청하여야 한다(청원경찰법 시행령 제4조 제1항).★
- 청원주가 청원경찰을 임용하였을 때에는 임용한 날부터 10일 이내에 그 임용사항을 관할 경찰서장을 거쳐 시·도 경찰청장에게 보고하여야 한다. 청원경찰이 퇴직하였을 때에도 또한 같다(청원경찰법 시행령 제4조 제2항).★

30

청원경찰법령상 청원주가 시·도 경찰청장에게 청원경찰 임용승인을 신청할 때 청원경찰 임용승인신청서에 첨부해야 하는 서류가 아닌 것은? 기출수정 14

① 주민등록증 사본 1부
❷ 가족관계등록부 중 가족관계증명서 1부
③ 민간인 신원진술서(「보안업무규정」에 따른 신원조사가 필요한 경우만 해당) 1부
④ 최근 3개월 이내에 발행한 채용신체검사서 또는 취업용 건강진단서 1부

해설

가족관계등록부 중 가족관계증명서가 아니라 기본증명서를 첨부하여 임용승인을 신청해야 한다(청원경찰법 시행규칙 제5조 제1항).

31

청원경찰법령상의 내용으로 옳은 것은? 기출 12

① 청원경찰의 경비는 시·도 경찰청에서 부담한다.
② 청원경찰은 시·도 경찰청장이 임용하며 미리 시설·사업장의 경영자의 승인을 받아야 한다.
❸ 법원의 판결 또는 다른 법률에 따라 자격이 정지된 자는 청원경찰로 임용될 수 없다.
④ 경찰청장은 청원경찰 배치가 필요하다고 인정하는 기관의 장 또는 시설·사업장의 경영자에게 청원경찰을 배치할 것을 요청할 수 있다.

해설

③ (○) 청원경찰법 제5조(청원경찰의 임용) 제2항에 따라 청원경찰의 결격사유는 국가공무원법 제33조를 준용한다. 따라서 법원의 판결 또는 다른 법률에 따라 자격이 상실되거나 정지된 자(국가공무원법 제33조 제6호)는 청원경찰로 임용될 수 없다.
① (×) 청원경찰경비는 국가기관 또는 공공단체와 그 관리하에 있는 중요시설 또는 사업장, 국내 주재 외국기관, 그 밖에 행정안전부령으로 정하는 중요시설, 사업장 또는 장소의 장 또는 시설·사업장 등의 경영자가 부담한다(청원경찰법 제2조).★
② (×) 청원경찰은 청원주가 임용하되, 임용을 할 때에는 미리 시·도 경찰청장의 승인을 받아야 한다(청원경찰법 제5조 제1항).
④ (×) 시·도 경찰청장은 청원경찰 배치가 필요하다고 인정하는 기관의 장 또는 시설·사업장의 경영자에게 청원경찰을 배치할 것을 요청할 수 있다(청원경찰법 제4조 제3항).★

32

청원경찰법령상 청원경찰에 관한 설명으로 옳은 것은? 기출수정 11

① 군복무를 마친 55세의 남자는 청원경찰이 될 수 없다.
② 청원경찰의 신체조건으로서 두 눈의 교정시력이 각각 0.2 이상이어야 한다.
③ **금고 이상의 형의 집행유예를 선고받고 그 유예기간이 끝난 날부터 2년이 지나지 아니한 자는 청원경찰로 임용될 수 없다.**
④ 청원경찰의 복무와 관련하여 경찰공무원법상의 교육훈련에 관한 규정이 준용된다.

해설

③ (○) 청원경찰법 제5조(청원경찰의 임용) 제2항에 따라 청원경찰의 결격사유는 국가공무원법 제33조를 준용한다. 따라서 금고 이상의 형의 집행유예를 선고받고 그 유예기간이 끝난 날부터 2년이 지나지 아니한 자(국가공무원법 제33조 제4호)는 청원경찰로 임용될 수 없다.
① (×) 청원경찰법령상 청원경찰 임용자격에 있어 연령 조건은 청원경찰법 시행령 제3조 제1호의 "18세 이상인 사람"이라는 규정만이 있으나, 청원경찰법 제10조의6 제3호의 "나이가 60세 되었을 때 당연 퇴직된다"는 규정의 해석상 60세인 사람은 청원경찰로 임용될 수 없다고 할 것이다. 따라서 군복무를 마친 55세의 남자는 청원경찰이 될 수 있다.
② (×) 청원경찰의 임용자격으로 시력(교정시력을 포함한다)은 양쪽 눈이 각각 0.8 이상이어야 한다(청원경찰법 시행규칙 제4조 제2호).
④ (×) 청원경찰의 복무에 관하여는 국가공무원법 제57조(복종의무), 제58조 제1항(직장이탈금지), 제60조(비밀엄수의무) 및 경찰공무원법 제24조(거짓보고 등 금지)를 준용한다(청원경찰법 제5조 제4항). 청원경찰법령에 준용 규정 중 경찰공무원법 준용 규정은 경찰공무원법 제24조뿐이다. ★

관계법령 | 청원경찰의 임용 등(청원경찰법 제5조)

② 「국가공무원법」 제33조 각호의 어느 하나의 결격사유에 해당하는 사람은 청원경찰로 임용될 수 없다.

결격사유(국가공무원법 제33조)

다음 각호의 어느 하나에 해당하는 자는 공무원으로 임용될 수 없다. 〈개정 2024.12.31.〉
1. 피성년후견인
2. 파산선고를 받고 복권되지 아니한 자
3. 금고 이상의 실형을 선고받고 그 집행이 끝나거나(집행이 끝난 것으로 보는 경우를 포함한다) 집행이 면제된 날부터 5년이 지나지 아니한 자
4. 금고 이상의 형의 집행유예를 선고받고 그 유예기간이 끝난 날부터 2년이 지나지 아니한 자
5. 금고 이상의 형의 선고유예를 받은 경우에 그 선고유예 기간 중에 있는 자
6. 법원의 판결 또는 다른 법률에 따라 자격이 상실되거나 정지된 자
6의2. 공무원으로 재직기간 중 직무와 관련하여 「형법」 제355조 및 제356조에 규정된 죄를 범한 자로서 300만원 이상의 벌금형을 선고받고 그 형이 확정된 후 2년이 지나지 아니한 자
6의3. 다음 각목의 어느 하나에 해당하는 죄를 범한 사람으로서 100만원 이상의 벌금형을 선고받고 그 형이 확정된 후 3년이 지나지 아니한 사람
 가. 「성폭력범죄의 처벌 등에 관한 특례법」 제2조에 따른 성폭력범죄
 나. 「정보통신망 이용촉진 및 정보보호 등에 관한 법률」 제74조 제1항 제2호 및 제3호에 규정된 죄
 다. 「스토킹범죄의 처벌 등에 관한 법률」 제2조 제2호에 따른 스토킹범죄

6의4. 미성년자에 대하여 「성폭력범죄의 처벌 등에 관한 특례법」 제2조에 따른 성폭력범죄 또는 「아동·청소년의 성보호에 관한 법률」 제2조 제2호에 따른 아동·청소년대상 성범죄를 범한 사람으로서 다음 각목의 어느 하나에 해당하는 날부터 20년이 지나지 아니한 사람

  가. 금고 이상의 실형을 선고받고 그 집행이 끝나거나(집행이 끝난 것으로 보는 경우를 포함한다) 집행이 면제된 날
  나. 금고 이상의 형의 집행유예를 선고받고 그 집행유예가 확정된 날
  다. 벌금 이하의 형을 선고받고 그 형이 확정된 날
  라. 치료감호를 선고받고 그 집행이 끝나거나 집행이 면제된 날
  마. 징계로 파면처분 또는 해임처분을 받은 날

7. 징계로 파면처분을 받은 때부터 5년이 지나지 아니한 자
8. 징계로 해임처분을 받은 때부터 3년이 지나지 아니한 자

[헌법불합치, 2020헌마1181, 2022.11.24., 국가공무원법(2018.10.16. 법률 제15857호로 개정된 것) 제33조 제6호의4 나목 중 아동복지법(2017.10.24. 법률 제14925호로 개정된 것) 제17조 제2호 가운데 '아동에게 성적 수치심을 주는 성희롱 등의 성적 학대행위로 형을 선고받아 그 형이 확정된 사람은 국가공무원법 제2조 제2항 제1호의 일반직공무원으로 임용될 수 없도록 한 것'에 관한 부분은 헌법에 합치되지 아니한다. 위 법률조항들은 2024.5.31.을 시한으로 입법자가 개정할 때까지 계속 적용된다.]

[헌법불합치, 2020헌마1605, 2022헌마1276(병합), 2023.6.29., 국가공무원법(2018.10.16. 법률 제15857호로 개정된 것) 제33조 제6호의4 나목 중 구 아동·청소년의 성보호에 관한 법률(2014.1.21. 법률 제12329호로 개정되고, 2020.6.2. 법률 제17338호로 개정되기 전의 것) 제11조 제5항 가운데 '아동·청소년이용음란물임을 알면서 이를 소지한 죄로 형을 선고받아 그 형이 확정된 사람은 국가공무원법 제2조 제2항 제1호의 일반직공무원으로 임용될 수 없도록 한 것'에 관한 부분 및 지방공무원법(2018.10.16. 법률 제15801호로 개정된 것) 제31조 제6호의4 나목 중 구 아동·청소년의 성보호에 관한 법률(2014.1.21. 법률 제12329호로 개정되고, 2020.6.2. 법률 제17338호로 개정되기 전의 것) 제11조 제5항 가운데 '아동·청소년이용음란물임을 알면서 이를 소지한 죄로 형을 선고받아 그 형이 확정된 사람은 지방공무원법 제2조 제2항 제1호의 일반직공무원으로 임용될 수 없도록 한 것'에 관한 부분은 모두 헌법에 합치되지 아니한다. 위 법률조항들은 2024.5.31.을 시한으로 입법자가 개정할 때까지 계속 적용된다.]

※ 공무원의 결격사유에 대한 규정인 국가공무원법 제33조와 같은 내용을 규정한 지방공무원법 제31조는 2024.12.31. 개정 시 "[2024.12.31. 법률 제20621호에 의하여 2023.6.29. 헌법재판소에서 헌법불합치 결정된 이 조 제6호의4를 개정함.]"이라고 기재하고 2023년 헌법불합치 결정 관련 내용을 삭제하였음

33

청원경찰법령상 청원경찰의 임용 등에 관한 설명으로 옳지 않은 것은? 기출 09

① 20세의 여자의 경우로서 행정안전부령으로 정하는 신체조건에 해당하는 사람은 임용자격이 있다.
② 청원주가 청원경찰을 임용하였을 때에는 임용한 날부터 10일 이내에 그 임용사항을 관할 경찰서장을 거쳐 시·도 경찰청장에게 보고하여야 한다.
③ 청원주는 청원경찰이 직무수행으로 인하여 부상을 입거나, 질병에 걸리거나 또는 사망한 때에는 대통령령으로 정하는 바에 따라 보상금을 지급하여야 한다.
❹ 지방자치단체에 근무하는 청원경찰이 퇴직할 때는 행정안전부령으로 정하는 바에 따라 근로자퇴직급여보장법에 따른 퇴직금을 청원주가 지급하여야 한다.

해설

④ (×) 청원주는 청원경찰이 퇴직할 때에는 근로자퇴직급여보장법에 따른 퇴직금을 지급하여야 한다. 다만, 국가기관이나 지방자치단체에 근무하는 청원경찰의 퇴직금에 관하여는 따로 대통령령으로 정한다(청원경찰법 제7조의2). 청원경찰법 시행령에는 이에 관한 규정이 없고, 공무원연금법 시행령에 규정되어 있다. 즉, 공무원연금법 시행령 제2조 제1호에 "청원경찰법에 따라 국가 또는 지방자치단체에 근무하는 청원경찰"을 공무원연금법의 적용을 받는 대상으로 규정하고 있다.
① (○) 청원경찰법 시행령 제3조
② (○) 청원경찰법 시행령 제4조 제2항
③ (○) 청원경찰법 제7조 제1호

34

청원경찰법령상 청원경찰에 관한 설명으로 옳은 것은? 기출 09

① 청원경찰의 복무에 관하여는 지방공무원법에 관한 규정을 준용한다.
② 지방자치단체에 근무하는 청원경찰의 직무상 불법행위에 대한 배상책임에 관하여는 민법의 규정을 따른다.
❸ 청원주는 형사사건으로 조사대상이 된 청원경찰에게는 무기와 탄약을 지급해서는 아니 된다.
④ 경찰서장은 관할 청원경찰에게 그 직무집행에 필요한 교육을 매월 4시간 이상 하여야 한다.

해설

③ (○) 청원경찰법 시행규칙 제16조 제4항 제2호
① (×) 청원경찰의 복무에 관하여는 국가공무원법 제57조(복종의무), 제58조 제1항(직장이탈금지), 제60조(비밀엄수의무) 및 경찰공무원법 제24조(거짓보고 등 금지)를 준용한다(청원경찰법 제5조 제4항).★
② (×) 청원경찰(국가기관이나 지방자치단체에 근무하는 청원경찰은 제외한다)의 직무상 불법행위에 대한 배상책임에 관하여는 민법의 규정을 따른다(청원경찰법 제10조의2). 국가기관이나 지방자치단체에 근무하는 청원경찰의 직무상 불법행위에 대한 배상책임에 관하여는 국가배상법의 규정을 따른다.
④ (×) 청원주는 소속 청원경찰에게 그 직무집행에 필요한 교육을 매월 4시간 이상하여야 한다(청원경찰법 시행규칙 제13조 제1항).

35

청원경찰법령상 청원경찰에 관한 설명으로 옳은 것은? 기출수정 08

① 청원경찰의 복무에 관하여는 국가공무원법상 공무원의 복종의무, 직장이탈금지의무, 비밀엄수의무, 집단행위의 금지의무가 준용되며, 경찰공무원법상의 준용 규정은 존재하지 않는다.
② 청원주가 관할 시·도 경찰청장에게 청원경찰 임용승인을 신청할 때 첨부해야 할 서류는 이력서 1부, 주민등록증 사본 1부, 민간인 신원진술서(「보안업무규정」에 따른 신원조사가 필요한 경우만 해당) 1부, 사진 4장의 네 가지 종류이다.
③ **청원주는 청원경찰을 신규로 배치하거나 이동배치하였을 때에는 배치지(이동배치의 경우에는 종전의 배치지)를 관할하는 경찰서장에게 그 사실을 통보하여야 한다.**
④ 청원경찰의 임용자격은 20세 이상 50세 미만의 사람으로 한정한다.

해설

③ (○) 청원경찰법 시행령 제6조 제1항
① (×) 청원경찰의 복무에 관하여는 국가공무원법 제57조(복종의무), 제58조 제1항(직장이탈금지), 제60조(비밀엄수의무) 및 경찰공무원법 제24조(거짓보고 등 금지)를 준용한다(청원경찰법 제5조 제4항). 경찰공무원법상의 준용 규정도 존재한다.
② (×) 이력서 1부, 주민등록증 사본 1부, 민간인 신원진술서(「보안업무규정」 제36조에 따른 신원조사가 필요한 경우만 해당한다) 1부, 최근 3개월 이내에 발행한 채용신체검사서 또는 취업용 건강진단서 1부, 가족관계등록부 중 기본증명서 1부 총 5가지 종류이다(청원경찰법 시행규칙 제5조 제1항).★
④ (×) 청원경찰의 임용자격으로 연령 조건은 18세 이상인 사람이다(청원경찰법 시행령 제3조 제1호).

36

청원경찰법령상 청원경찰의 임용권자와 임용승인권자가 순서대로 바르게 연결된 것은? 기출 07

① **청원주 - 시·도 경찰청장**
② 청원주 - 경찰서장
③ 시·도 경찰청장 - 청원주
④ 경찰서장 - 청원주

해설

청원경찰은 청원주가 임용하되, 임용을 할 때에는 미리 시·도 경찰청장의 승인을 받아야 한다(청원경찰법 제5조 제1항).

37

청원경찰의 임용에 관한 설명으로 맞는 것은? 기출 06

☑ ① 청원경찰의 배치를 받으려는 자는 청원경찰 배치신청서에 경비구역 평면도, 배치계획서를 첨부하여 관할 경찰서장을 거쳐 시·도 경찰청장에게 제출하여야 한다.
② 청원경찰의 임용권자는 청원경찰의 배치결정을 한 시·도 경찰청장이 된다.
③ 청원주는 배치결정의 통지를 받은 날부터 30일 이내에 청원경찰의 임용을 하여야 한다.
④ 청원경찰로 임용된 사람은 경찰청으로부터 승인된 특수경비원 교육기관에서 30시간 이상의 교육을 이수하여야 한다.

해설

① (○) 청원경찰법 시행령 제2조
② (×) 청원경찰은 청원주가 임용하되, 임용을 할 때에는 미리 시·도 경찰청장의 승인을 받아야 한다(청원경찰법 제5조 제1항).
③ (×) 청원경찰의 배치결정을 받은 자(청원주)는 그 배치결정의 통지를 받은 날부터 30일 이내에 배치결정된 인원수의 임용예정자에 대하여 청원경찰 임용승인을 시·도 경찰청장에게 신청하여야 한다(청원경찰법 시행령 제4조 제1항).
④ (×) 청원경찰로 임용된 사람은 경찰교육기관에서 76시간의 교육을 이수하여야 한다(청원경찰법 시행령 제5조 제3항, 동법 시행규칙 제6조 - [별표 1]).

38

청원경찰법령상 청원경찰의 교육 등에 관한 설명으로 옳지 않은 것은? 기출 20

① 청원주는 청원경찰로 임용된 사람으로 하여금 경비구역에 배치하기 전에 경찰교육기관에서 직무수행에 필요한 교육을 받게 하여야 한다. 다만, 경찰교육기관의 교육계획상 부득이하다고 인정할 때에는 우선 배치하고 임용 후 1년 이내에 교육을 받게 할 수 있다.
☑ ② 경비지도사자격증을 취득한 사람이 청원경찰로 임용되었을 때에는 경찰교육기관에서 직무수행에 필요한 교육을 면제할 수 있다.
③ 청원경찰의 직무수행에 필요한 교육과목 및 수업시간표는 행정안전부령으로 정한다.
④ 청원경찰의 직무수행에 필요한 교육의 교육과목 중 정신교육의 수업시간은 8시간이다.

해설

② (×) 청원경찰법령은 직무수행에 필요한 교육을 면제할 수 있는 경우로 '경찰공무원(의무경찰을 포함한다) 또는 청원경찰에서 퇴직한 사람이 퇴직한 날부터 3년 이내에 청원경찰로 임용되었을 때'만을 규정하고 있다(청원경찰법 시행령 제5조 제2항).
① (○) 청원경찰법 시행령 제5조 제1항
③ (○) 청원경찰법 시행령 제5조 제3항, 동법 시행규칙 [별표 1]
④ (○) 청원경찰법 시행규칙 [별표 1]

39

청원경찰법령상 청원경찰을 배치하기 전에 직무수행에 필요한 교육의 내용으로 옳지 않은 것은?(단, 교육대상 제외자는 해당하지 않는다) 기출수정 17

① 학술교육은 형사법 10시간, 청원경찰법 5시간을 이수하여야 한다.
② 정신교육은 정신교육 과목을 8시간 이수하여야 한다.
③ 실무교육은 경범죄처벌법 및 사격 과목 등을 포함하여 40시간을 이수하여야 한다.
④ 술과는 체포술 및 호신술 과목 6시간을 이수하여야 한다.

해설

실무교육시간은 경범죄처벌법 및 사격 과목 등을 포함하여 총 44시간이다(청원경찰법 시행규칙 [별표 1]).

관계법령 청원경찰의 교육과목 및 수업시간표(청원경찰법 시행규칙 [별표 1])

학과별	과목		시간
정신교육	정신교육		8
학술교육	형사법		10
	청원경찰법		5
실무교육	경무	경찰관직무집행법	5
	방범	방범업무	3
		경범죄 처벌법	2
	경비	시설경비	6
		소방	4
	정보	대공이론	2
		불심검문	2
	민방위	민방공	3
		화생방	2
	기본훈련		5
	총기조작		2
	총검술		2
	사격		6
술과	체포술 및 호신술		6
기타	입교·수료 및 평가		3
교육시간 합계	–		76시간

40

청원경찰법령상 청원경찰의 임용과 교육에 관한 설명으로 옳은 것은? 기출 19

① 청원경찰의 임용자격으로는 19세 이상인 사람으로 남자의 경우에는 군복무를 마친 사람으로 한다.
❷ 경찰공무원에서 퇴직한 사람이 퇴직한 날부터 3년 이내에 청원경찰로 임용되었을 때에는 직무수행에 필요한 교육을 면제할 수 있다.
③ 청원주가 청원경찰을 임용하였을 때에는 임용한 날부터 15일 이내에 그 임용사항을 관할 경찰서장을 거쳐 시·도 경찰청장에게 보고하여야 한다.
④ 경찰교육기관의 교육계획상 부득이하다고 인정할 때에는 청원주는 청원경찰로 임용된 사람을 경비구역에 우선 배치하고 임용 후 2년 이내에 교육을 받게 할 수 있다.

해설

② (○) 청원경찰법 시행령 제5조 제2항
① (×) 청원경찰의 임용자격으로 연령 조건은 18세 이상인 사람이다(청원경찰법 시행령 제3조 제1호).
③ (×) 청원주가 청원경찰을 임용하였을 때에는 임용한 날부터 10일 이내에 그 임용사항을 관할 경찰서장을 거쳐 시·도 경찰청장에게 보고하여야 한다(청원경찰법 시행령 제4조 제2항).
④ (×) 경찰교육기관의 교육계획상 부득이하다고 인정할 때에는 우선 배치하고 임용 후 1년 이내에 교육을 받게 할 수 있다(청원경찰법 시행령 제5조 제1항 단서).

41

청원경찰법령상 청원경찰의 교육에 관한 설명으로 옳지 않은 것은? 기출 16

① 경찰공무원(의무경찰을 포함한다)에서 퇴직한 사람이 퇴직한 날부터 3년 이내에 청원경찰로 임용되었을 때에는 직무수행에 필요한 교육을 면제할 수 있다.
② 청원주는 청원경찰로 임용된 사람으로 하여금 경비구역에 배치하기 전에 경찰교육기관에서 직무수행에 필요한 교육을 받게 하여야 한다. 다만, 경찰교육기관의 교육 계획상 부득이하다고 인정할 때에는 우선 배치하고 임용 후 1년 이내에 교육을 받게 할 수 있다.
❸ 청원경찰의 교육과목에는 법학개론, 민사소송법, 민간경비론이 있다.
④ 청원주는 소속 청원경찰에게 그 직무집행에 필요한 교육을 매월 4시간 이상 하여야 한다.

해설

③ (×) 청원경찰의 교육과목에는 법학개론, 민사소송법, 민간경비론이 들어가지 않는다.
① (○) 청원경찰법 시행령 제5조 제2항
② (○) 청원경찰법 시행령 제5조 제1항
④ (○) 청원경찰법 시행규칙 제13조 제1항

42

청원경찰법령상 청원경찰로 임용이 된 경우에 이수하여야 할 교육과목과 수업시간으로 옳지 않은 것은?(단, 교육면제자는 고려하지 않는다) 기출 16

☑ ① 형사법 - 5시간
② 청원경찰법 - 5시간
③ 경찰관직무집행법 - 5시간
④ 시설경비 - 6시간

해설
청원경찰로 임용이 된 경우에는 형사법 10시간을 이수하여야 한다(청원경찰법 시행규칙 [별표 1]).

43

청원경찰법령상 청원경찰의 교육에 관한 설명으로 옳지 않은 것은? 기출 15

☑ ① 청원경찰의 교육과목에는 대공이론, 국가보안법, 통합방위법이 포함된다.
② 청원주는 소속 청원경찰에게 그 직무집행에 필요한 교육을 매월 4시간 이상 하여야 한다.
③ 의무경찰을 포함한 경찰공무원 또는 청원경찰에서 퇴직한 사람이 퇴직한 날부터 3년 이내에 청원경찰로 임용되었을 때에는 신임교육을 면제할 수 있다.
④ 청원경찰의 신임교육기간은 2주로 한다.

해설
청원경찰의 교육과목에 대공이론은 포함되지만, 국가보안법, 통합방위법은 포함되지 않는다(청원경찰법 시행규칙 [별표 1]).

44

다음 중 청원경찰의 복무에 관하여 준용되는 국가공무원법상의 규정이 아닌 것은? 기출 14

☑ ① 국가공무원법 제56조(성실의무)
② 국가공무원법 제58조 제1항(직장이탈금지)
③ 국가공무원법 제60조(비밀엄수의무)
④ 국가공무원법 제57조(복종의무)

해설
청원경찰의 복무에 관하여는 국가공무원법 제57조(복종의무), 제58조 제1항(직장이탈금지), 제60조(비밀엄수의무) 및 경찰공무원법 제24조(거짓보고 등 금지)를 준용한다(청원경찰법 제5조 제4항). 국가공무원법 제56조(성실의무)는 준용되지 않는다.

45

청원경찰법령상 청원경찰의 교육에 관한 설명으로 옳지 않은 것은? 기출 14

☑ ① 청원경찰은 배치하기 전에 직무수행에 필요한 교육을 받게 해야 한다. 다만 부득이한 경우에는 임용 후 2년 이내에 교육을 받게 할 수 있다.
② 청원경찰의 신임교육기간은 2주이다.
③ 청원주는 소속 청원경찰에게 매월 4시간 이상의 직무교육을 실시해야 한다.
④ 청원경찰의 신임교육과목에는 형사법, 경찰관직무집행법, 화생방 등이 있다.

해설

① (×) 청원주는 청원경찰로 임용된 사람으로 하여금 경비구역에 배치하기 전에 경찰교육기관에서 직무수행에 필요한 교육을 받게 하여야 한다. 다만, 경찰교육기관의 교육계획상 부득이하다고 인정할 때에는 우선 배치하고 임용 후 1년 이내에 교육을 받게 할 수 있다(청원경찰법 제5조 제1항).
② (○) 청원경찰법 시행규칙 제6조
③ (○) 청원경찰법 시행규칙 제13조 제1항
④ (○) 청원경찰법 시행규칙 [별표 1]

46

청원경찰법령상 청원경찰의 교육에 관한 내용으로 옳은 것을 모두 고른 것은? 기출 12

> ㄱ. 청원경찰에서 퇴직한 자가 퇴직한 날부터 3년 이내에 청원경찰로 임용되었을 때에는 경비구역에 배치하기 전에 경찰교육기관에서 시행하는 직무수행에 필요한 교육을 면제할 수 있다.
> ㄴ. 청원경찰로 임용된 자가 받는 교육과목 중 학술교육과목으로 형사법, 청원경찰법이 있다.
> ㄷ. 청원경찰로 임용된 자가 경찰교육기관에서 받는 직무수행에 필요한 교육의 기간은 4주로 한다.
> ㄹ. 청원주는 소속 청원경찰에게 그 직무집행에 필요한 교육을 매년 4시간 이상 하여야 한다.

☑ ① ㄱ, ㄴ
② ㄱ, ㄷ
③ ㄴ, ㄷ
④ ㄷ, ㄹ

해설

제시된 내용 중 옳은 것은 ㄱ과 ㄴ이다.
ㄱ. (○) 청원경찰법 시행령 제5조 제2항
ㄴ. (○) 청원경찰법 시행규칙 [별표 1]
ㄷ. (×) 교육기간은 2주로 한다(청원경찰법 시행규칙 제6조).
ㄹ. (×) 청원주는 소속 청원경찰에게 그 직무집행에 필요한 교육을 매월 4시간 이상 하여야 한다(청원경찰법 시행규칙 제13조 제1항).

47

청원경찰법령상 직무교육에 관한 내용이다. ( ) 안에 들어갈 말로 옳은 것은?

> 청원주는 소속 청원경찰에게 그 직무집행에 필요한 교육을 매월 ( ) 이상 하여야 한다.

① 2시간
☑ ② 4시간
③ 6시간
④ 8시간

[해설]
청원주는 소속 청원경찰에게 그 직무집행에 필요한 교육을 매월 4시간 이상 하여야 한다(청원경찰법 시행규칙 제13조 제1항).

48

청원경찰법령상 청원경찰의 교육에 대한 설명으로 틀린 것은?

☑ ① 청원주는 소속 청원경찰에게 그 직무집행에 필요한 교육을 매월 2시간 이상 하여야 한다.
② 청원경찰에서 퇴직한 사람이 퇴직한 날부터 3년 이내에 청원경찰로 임용되었을 때에는 교육을 면제할 수 있다.
③ 청원경찰의 교육비는 청원주가 부담한다.
④ 청원주는 청원경찰로 임용된 사람으로 하여금 경비구역에 배치하기 전에 경찰교육기관에서 직무수행에 필요한 교육을 받게 하여야 한다.

[해설]
① (×) 청원주는 소속 청원경찰에게 그 직무집행에 필요한 교육을 매월 4시간 이상 하여야 한다(청원경찰법 시행규칙 제13조 제1항).
② (○) 청원경찰법 시행령 제5조 제2항
③ (○) 청원경찰법 시행규칙 제8조 제3호
④ (○) 청원경찰법 시행령 제5조 제1항

49

괄호 안에 들어갈 내용이 올바르게 나열된 것은? 기출 04

> 청원주는 청원경찰로 임용된 사람으로 하여금 경비구역에 배치하기 전에 경찰교육기관에서 직무수행에 필요한 교육을 (　) 받게 하여야 한다. 다만, 경찰교육기관의 교육계획상 부득이하다고 인정할 때에는 우선 배치하고 임용 후 (　) 이내에 교육을 받게 할 수 있다.

① 1주 40시간 - 6개월
② 1주 40시간 - 1년
③ 2주 76시간 - 6개월
☑ 2주 76시간 - 1년

해설

(　) 안에 들어갈 내용은 순서대로 2주 76시간, 1년이다. 즉, 청원주는 청원경찰로 임용된 사람으로 하여금 경비구역에 배치하기 전에 경찰교육기관에서 직무수행에 필요한 교육을 (2주 76시간) 받게 하여야 한다. 다만, 경찰교육기관의 교육계획상 부득이하다고 인정할 때에는 우선 배치하고 임용 후 1년 이내에 교육을 받게 할 수 있다(청원경찰법 시행령 제5조 제1항, 시행규칙 제6조).

50

청원경찰법상 청원경찰의 복무에 관하여 경찰공무원법 규정이 준용되는 것은? 기출 15

☑ 거짓보고 등의 금지
② 비밀엄수의 의무
③ 직장이탈의 금지
④ 복종의 의무

해설

②·③·④는 국가공무원법 규정이 준용되고, ①만 경찰공무원법 규정이 준용된다(청원경찰법 제5조 제4항).

핵심만콕 청원경찰의 복무에 관한 준용 규정(청원경찰법 제5조 제4항)과 비준용 규정★

준용 규정	비준용 규정
두 복·직·비/거 • 국가공무원법 제57조(복종의무) • 국가공무원법 제58조 제1항(직장이탈금지) • 국가공무원법 제60조(비밀엄수의무) • 경찰공무원법 제24조(거짓보고 등의 금지)	• 국가공무원법 제56조(성실의무) • 국가공무원법 제59조(친절·공정의 의무) • 국가공무원법 제59조의2(종교중립의무) • 국가공무원법 제61조(청렴의무) • 국가공무원법 제62조(외국정부의 영예 등을 받을 경우 허가의무) • 국가공무원법 제63조(품위유지의무) • 국가공무원법 제64조(영리업무 및 겸직금지) • 국가공무원법 제65조(정치운동금지) • 국가공무원법 제66조 제1항(집단행위금지)

51

청원경찰에 대한 설명으로 틀린 것은? 기출 05

① 형법을 적용할 때에는 공무원으로 본다.
❷ 청원경찰로 임용된 사람은 누구나 반드시 경비구역에 배치되기 전에 교육을 받아야 한다.
③ 관할 경찰서장은 매월 1회 이상 복무규율과 근무상황을 감독하여야 한다.
④ 청원주는 청원경찰을 이동배치하였을 때에는 종전의 배치지 관할 경찰서장에게 그 사실을 통보하여야 한다.

해설
② (×) 경찰교육기관의 교육계획상 부득이하다고 인정할 때에는 우선 배치하고 임용 후 1년 이내에 교육을 받게 할 수 있다(청원경찰법 시행령 제5조 제1항 단서). 또한 경찰공무원(의무경찰을 포함한다) 또는 청원경찰에서 퇴직한 사람이 퇴직한 날부터 3년 이내에 청원경찰로 임용되었을 때에는 교육을 면제할 수 있다(청원경찰법 시행령 제5조 제2항).
① (○) 청원경찰 업무에 종사하는 사람은 형법이나 그 밖의 법령에 따른 벌칙을 적용할 때에는 공무원으로 본다(청원경찰법 제10조 제2항).
③ (○) 관할 경찰서장은 청원경찰을 배치한 경비구역에 대하여 복무규율과 근무상황, 무기의 관리 및 취급사항을 매월 1회 이상 감독하여야 한다(청원경찰법 시행령 제17조).★★
④ (○) 청원주는 청원경찰을 신규로 배치하거나 이동배치하였을 때에는 배치지(이동배치의 경우에는 종전의 배치지)를 관할하는 경찰서장에게 그 사실을 통보하여야 한다(청원경찰법 시행령 제6조 제1항).★

52

청원경찰법령상 청원경찰의 징계에 관한 설명으로 옳은 것은? 기출 24

① 관할 경찰서장은 청원경찰이 품위를 손상하는 행위를 한 때에는 징계절차를 거쳐 징계처분을 하여야 한다.
② 감봉은 1개월 이상 3개월 이하로 하고, 그 기간에 보수의 3분의 2를 줄인다.
③ 시·도 경찰청장은 징계규정의 보완이 필요하다고 인정할 때에는 관할 경찰서장에게 그 보완을 요구할 수 있다.
❹ 견책(譴責)은 전과(前過)에 대하여 훈계하고 회개하게 한다.

해설
④ (○) 청원경찰법 시행령 제8조 제4항
① (×) 청원주는 청원경찰이 품위를 손상하는 행위를 한 때에는 징계절차를 거쳐 징계처분을 하여야 한다(청원경찰법 제5조의2 제1항 제2호).
② (×) 감봉은 1개월 이상 3개월 이하로 하고, 그 기간에 보수의 3분의 1을 줄인다(청원경찰법 시행령 제8조 제3항).
③ (×) 시·도 경찰청장은 징계규정의 보완이 필요하다고 인정할 때에는 청원주에게 그 보완을 요구할 수 있다(청원경찰법 시행령 제8조 제6항).

53

청원경찰법령상 청원경찰의 징계에 관한 설명으로 옳은 것은? 기출 23

① 청원경찰에 대한 징계의 종류는 파면, 해임, 정직, 감봉 및 경고로 구분한다.
② 청원주는 청원경찰이 품위를 손상하는 행위를 한 때 행정안전부령으로 정하는 징계절차를 거쳐 징계처분을 할 수 있다.
❸ 관할 경찰서장은 청원경찰이 직무를 태만히 한 것으로 인정되면 청원주에게 해당 청원경찰에 대하여 징계처분을 하도록 요청할 수 있다.
④ 청원주는 청원경찰 배치결정의 통지를 받았을 때에는 통지를 받은 날부터 30일 이내에 청원경찰에 대한 징계규정을 제정하여 관할 시·도 경찰청장에게 신고하여야 한다.

해설

③ (○) 청원경찰법 시행령 제8조 제1항
① (×) 청원경찰에 대한 징계의 종류는 파면, 해임, 정직, 감봉 및 견책으로 구분한다(청원경찰법 제5조의2 제2항).
② (×) 청원주는 청원경찰이 품위를 손상하는 행위를 한 때에는 대통령령으로 정하는 징계절차를 거쳐 징계처분을 하여야 한다(청원경찰법 제5조의2 제1항 제2호).
④ (×) 청원주는 청원경찰 배치결정의 통지를 받았을 때에는 통지를 받은 날부터 15일 이내에 청원경찰에 대한 징계규정을 제정하여 관할 시·도 경찰청장에게 신고하여야 한다(청원경찰법 시행령 제8조 제5항 전문).

관계법령 **청원경찰의 징계(청원경찰법 제5조의2)** ★

① 청원주는 청원경찰이 다음 각호의 어느 하나에 해당하는 때에는 대통령령으로 정하는 징계절차를 거쳐 징계처분을 하여야 한다.
  1. 직무상의 의무를 위반하거나 직무를 태만히 한 때
  2. 품위를 손상하는 행위를 한 때
② 청원경찰에 대한 징계의 종류는 파면, 해임, 정직, 감봉 및 견책으로 구분한다.
③ 청원경찰의 징계에 관하여 그 밖에 필요한 사항은 대통령령으로 정한다.

> **징계(청원경찰법 시행령 제8조)**
> ① 관할 경찰서장은 청원경찰이 법 제5조의2 제1항 각호의 어느 하나에 해당한다고 인정되면 청원주에게 해당 청원경찰에 대하여 징계처분을 하도록 요청할 수 있다.
> ② 법 제5조의2 제2항의 정직(停職)은 1개월 이상 3개월 이하로 하고, 그 기간에 청원경찰의 신분은 보유하나 직무에 종사하지 못하며, 보수의 3분의 2를 줄인다.
> ③ 법 제5조의2 제2항의 감봉은 1개월 이상 3개월 이하로 하고, 그 기간에 보수의 3분의 1을 줄인다.
> ④ 법 제5조의2 제2항의 견책(譴責)은 전과(前過)에 대하여 훈계하고 회개하게 한다.
> ⑤ 청원주는 청원경찰 배치결정의 통지를 받았을 때에는 통지를 받은 날부터 15일 이내에 청원경찰에 대한 징계규정을 제정하여 관할 시·도 경찰청장에게 신고하여야 한다. 징계규정을 변경할 때에도 또한 같다.
> ⑥ 시·도 경찰청장은 제5항에 따른 징계규정의 보완이 필요하다고 인정할 때에는 청원주에게 그 보완을 요구할 수 있다.

54

청원경찰법령상 청원경찰에 대한 징계의 종류로 옳은 것은? 기출 22

① 강 등
✅ ② 견 책
③ 면 직
④ 직위해제

해설
청원경찰법령상 청원경찰에 대한 징계의 종류는 파면, 해임, 정직, 감봉 및 견책으로 구분한다(청원경찰법 제5조의2 제2항).

55

청원경찰법령상 청원경찰의 징계에 관한 설명으로 옳은 것은? 기출 21

① 시·도 경찰청장은 청원경찰이 품위를 손상하는 행위를 한 때에는 대통령령으로 정하는 징계절차를 거쳐 징계처분을 할 수 있다.
② 청원경찰에 대한 징계의 종류는 파면, 해임, 강등, 정직, 감봉 및 견책으로 구분한다.
✅ ③ 청원주는 청원경찰 배치결정의 통지를 받았을 때에는 통지를 받은 날부터 15일 이내에 청원경찰에 대한 징계규정을 제정하여 관할 시·도 경찰청장에게 신고하여야 한다.
④ 정직은 1개월 이상 3개월 이하로 하고, 그 기간에 청원경찰의 신분은 보유하나 직무에 종사하지 못하며, 보수는 전액을 감한다.

해설
③ (○) 청원경찰법 시행령 제8조 제5항 전문
① (×) 청원주는 청원경찰이 품위를 손상하는 행위를 한 때에는 대통령령으로 정하는 징계절차를 거쳐 징계처분을 하여야 한다(청원경찰법 제5조의2 제1항 제2호).
② (×) 강등은 청원경찰법상 징계의 종류에 해당하지 않는다(청원경찰법 제5조의2 제2항 참고).
④ (×) 정직의 경우 보수의 3분의 2를 줄인다(청원경찰법 시행령 제8조 제2항).

56

청원경찰법령상 청원경찰의 징계에 관한 설명으로 옳지 않은 것은? 기출 19

① 청원주는 청원경찰이 품위를 손상하는 행위를 한 때에는 징계절차를 거쳐 징계처분을 하여야 한다.
② 관할 경찰서장은 청원경찰이「청원경찰법」상의 징계사유에 해당한다고 인정되면 청원주에게 해당 청원경찰에 대하여 징계처분을 하도록 요청할 수 있다.
③ 감봉은 1개월 이상 3개월 이하로 하고, 그 기간에 보수의 3분의 1을 줄인다.
❹ 청원주는 청원경찰 배치결정의 통지를 받은 날부터 15일 이내에 청원경찰에 대한 징계규정을 제정하여 관할 경찰서장에게 신고하여야 한다.

해설

④ (×) 청원주는 청원경찰 배치결정의 통지를 받았을 때에는 통지를 받은 날부터 15일 이내에 청원경찰에 대한 징계규정을 제정하여 관할 시·도 경찰청장에게 신고하여야 한다(청원경찰법 시행령 제8조 제5항).
① (○) 청원경찰법 제5조의2 제1항 제2호
② (○) 청원경찰법 시행령 제8조 제1항
③ (○) 청원경찰법 시행령 제8조 제3항

57

청원경찰법령상 청원경찰의 징계에 관한 설명으로 옳은 것은? 기출 18

① 징계의 종류는 파면, 해임, 강등, 정직, 감봉 및 견책으로 구분한다.
❷ 시·도 경찰청장은 징계규정의 보완이 필요하다고 인정할 때에는 청원주에게 그 보완을 요구할 수 있다.
③ 정직은 1개월 이상 3개월 이하로 하고, 보수의 3분의 1을 줄인다.
④ 청원주는 청원경찰 배치결정의 통지를 받았을 때에는 통지를 받은 날부터 10일 이내에 청원경찰에 대한 징계규정을 제정하여야 한다.

해설

② (○) 시·도 경찰청장은 징계규정의 보완이 필요하다고 인정할 때에는 청원주에게 그 보완을 요구할 수 있다(청원경찰법 시행령 제8조 제6항).
① (×) 징계의 종류는 파면, 해임, 정직, 감봉 및 견책으로 구분한다(청원경찰법 제5조의2 제2항).
③ (×) 정직(停職)은 1개월 이상 3개월 이하로 하고, 그 기간에 청원경찰의 신분은 보유하나 직무에 종사하지 못하며, 보수의 3분의 2를 줄인다(청원경찰법 시행령 제8조 제2항).★
④ (×) 청원주는 청원경찰 배치결정의 통지를 받았을 때에는 통지를 받은 날부터 15일 이내에 청원경찰에 대한 징계규정을 제정하여 관할 시·도 경찰청장에게 신고하여야 한다. 징계규정을 변경할 때에도 또한 같다(청원경찰법 시행령 제8조 제5항).★

58

청원경찰법상 청원경찰에 대한 징계의 종류가 아닌 것은? 기출 16·12·11

☑ ① 직위해제
② 해 임
③ 정 직
④ 감 봉

해설

청원경찰에 대한 징계의 종류는 파면, 해임, 정직, 감봉 및 견책으로 구분한다(청원경찰법 제5조의2). 직위해제는 청원경찰법령상 징계의 종류에 해당되지 않는다. ★

59

청원경찰법령상 청원경찰의 징계 및 불법행위 책임에 관한 설명으로 옳지 않은 것은? 기출 15

① 청원경찰이 직무를 수행할 때 직권을 남용하여 국민에게 해를 끼친 경우에는 6개월 이하의 징역이나 금고에 처한다.
☑ ② 국가기관이나 지방자치단체에 근무하는 청원경찰의 직무상 불법행위에 대한 배상책임에 관하여는 「민법」의 규정을 따른다.
③ 청원주는 청원경찰이 직무상의 의무를 위반하거나 직무를 태만히 한 때, 품위를 손상하는 행위를 한 때에는 대통령령으로 정하는 징계절차를 거쳐 징계처분을 하여야 한다.
④ 청원경찰에 대한 징계처분 중 정직(停職)은 1개월 이상 3개월 이하로 하고, 그 기간에 청원경찰의 신분은 보유하나 직무에 종사하지 못하며, 보수의 3분의 2를 줄인다.

해설

② (×) 청원경찰(국가기관이나 지방자치단체에 근무하는 청원경찰은 제외한다)의 직무상 불법행위에 대한 배상책임에 관하여는 「민법」의 규정을 따른다(청원경찰법 제10조의2). 청원경찰법 제10조의2 반대해석, 국가배상법 제2조 및 대판 92다47564에 의하면, 국가기관이나 지방자치단체에 근무하는 청원경찰의 직무상 불법행위에 대한 배상책임에 관하여는 「국가배상법」의 규정을 따른다.
① (○) 청원경찰법 제10조 제1항
③ (○) 청원경찰법 제5조의2 제1항
④ (○) 청원경찰법 시행령 제8조 제2항

60

청원경찰법령상 청원경찰의 징계에 관한 설명으로 옳은 것은? 기출 14

① 청원경찰에 대한 징계의 종류는 파면, 해임, 강등, 정직, 감봉 및 견책으로 구분한다.
② 정직은 1개월 이상 6개월 이하로 하고, 그 기간에 직무에 종사하지 못하며, 보수의 2분의 1을 줄인다.
③ 감봉은 1개월 이상 3개월 이하로 하고, 그 기간에 보수의 3분의 2을 줄인다.
④ 국가기관에 근무하는 청원경찰의 보수는 재직기간 15년 이상 23년 미만인 경우, 경장에 해당하는 경찰공무원의 보수를 감안하여 대통령령으로 정한다.

해설

④ (○) 청원경찰법 제6조 제2항 제2호
① (×) 청원경찰에 대한 징계의 종류는 파면, 해임, 정직, 감봉 및 견책으로 구분한다(청원경찰법 제5조의2 제2항).
② (×) 정직은 1개월 이상 3개월 이하로 하고, 그 기간에 직무에 종사하지 못하며, 보수의 3분의 2를 줄인다(청원경찰법 시행령 제8조 제2항).
③ (×) 감봉은 1개월 이상 3개월 이하로 하고, 그 기간에 보수의 3분의 1을 줄인다(청원경찰법 시행령 제8조 제3항).

61

청원경찰법령상 청원경찰의 징계에 관한 설명으로 옳지 않은 것은? 기출 10

① 관할 경찰서장은 청원경찰이 직무상 의무를 위반하거나 직무를 태만히 한 때에는 대통령령으로 정하는 징계절차를 거쳐 징계처분을 할 수 있다.
② 청원경찰에 대한 징계의 종류는 파면, 해임, 정직, 감봉 및 견책으로 구분한다.
③ 정직(停職)은 1개월 이상 3개월 이하로 하고, 그 기간에 청원경찰의 신분은 보유하나 직무에 종사하지 못하며, 보수의 3분의 2를 줄인다.
④ 감봉은 1개월 이상 3개월 이하로 하고, 그 기간에 보수의 3분의 1을 줄인다.

해설

① (×) 청원주는 청원경찰이 직무상의 의무를 위반하거나 직무를 태만히 한 때, 품위를 손상하는 행위를 한 때에는 대통령령으로 정하는 징계절차를 거쳐 징계처분을 하여야 한다(청원경찰법 제5조의2 제1항).
② (○) 청원경찰법 제5조의2 제2항
③ (○) 청원경찰법 시행령 제8조 제2항
④ (○) 청원경찰법 시행령 제8조 제3항

62

청원경찰법령상 청원경찰의 직무와 표창에 관한 설명으로 옳지 않은 것은?

① 청원경찰은 청원경찰법 제3조에 따른 직무를 수행할 때에는 경비 목적을 위하여 필요한 최대한의 범위에서 하여야 한다.
② 청원경찰은 「경찰관직무집행법」에 따른 직무 외의 수사활동 등 사법경찰관리의 직무를 수행해서는 아니 된다.
③ 청원주는 헌신적인 봉사로 특별한 공적을 세운 청원경찰에게 공적상을 수여할 수 있다.
④ 관할 경찰서장은 교육훈련에서 교육성적이 우수한 청원경찰에게 우등상을 수여할 수 있다.

해설

① (×) 청원경찰이 법 제3조에 따른 직무를 수행할 때에는 경비 목적을 위하여 필요한 <u>최소한의 범위</u>에서 하여야 한다(청원경찰법 시행규칙 제21조 제1항).
② (○) 청원경찰법 시행규칙 제21조 제2항
③ (○) 청원경찰법 시행규칙 제18조 제1호
④ (○) 청원경찰법 시행규칙 제18조 제2호

63

청원경찰법령상 표창에 관한 설명으로 옳지 않은 것은?

① 경찰청장은 성실히 직무를 수행하여 근무성적이 탁월하거나 헌신적인 봉사로 특별한 공적을 세운 청원경찰에게 공적상을 수여할 수 있다.
② 청원주는 성실히 직무를 수행하여 근무성적이 탁월한 청원경찰에게 공적상을 수여할 수 있다.
③ 관할 경찰서장은 헌신적인 봉사로 특별한 공적을 세운 청원경찰에게 공적상을 수여할 수 있다.
④ 시·도 경찰청장은 교육훈련에서 교육성적이 우수한 청원경찰에게 우등상을 수여할 수 있다.

해설

청원경찰법령상 청원경찰에게 표창을 수여할 수 있는 자는 시·도 경찰청장, 관할 경찰서장 또는 청원주이다(청원경찰법 시행규칙 제18조).

관계법령 표창(청원경찰법 시행규칙 제18조)

시·도 경찰청장, 관할 경찰서장 또는 청원주는 청원경찰에게 다음 각호의 구분에 따라 표창을 수여할 수 있다.
1. 공적상 : 성실히 직무를 수행하여 근무성적이 탁월하거나 헌신적인 봉사로 특별한 공적을 세운 경우
2. 우등상 : 교육훈련에서 교육성적이 우수한 경우

청원경찰법 제6조~제7조의2

01 청원경찰경비

02 보상금 및 퇴직금

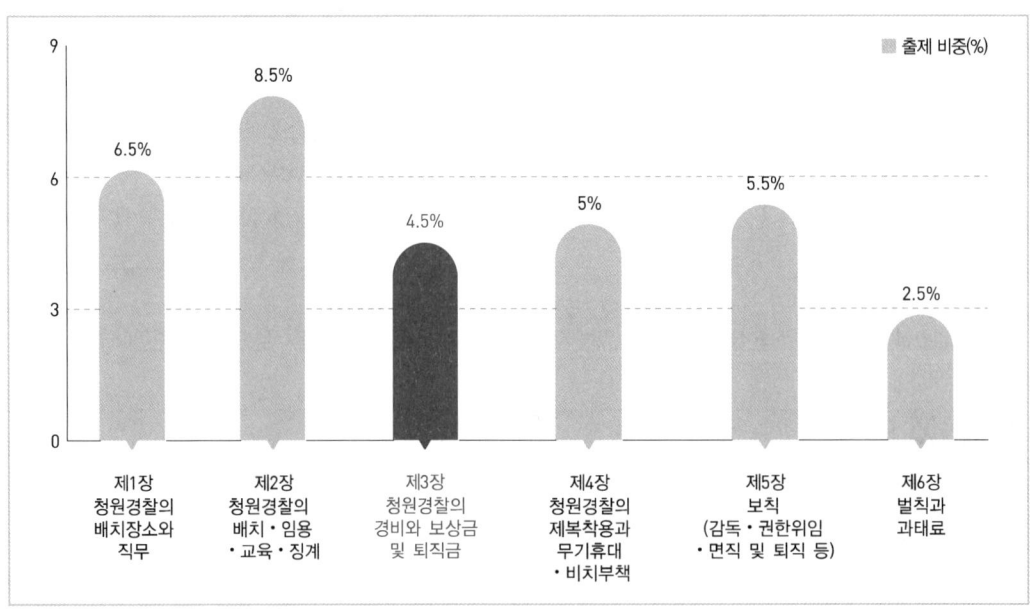

CHAPTER 03

청원경찰의 경비와 보상금 및 퇴직금

CHAPTER 03 청원경찰의 경비와 보상금 및 퇴직금

01
청원경찰법령상 청원주가 부담하여야 하는 청원경찰경비에 해당하지 않는 것은? 기출 22

① 청원경찰에게 지급할 봉급과 각종 수당
② 청원경찰의 피복비
③ 청원경찰의 교육비
④ **청원경찰의 업무추진비**

해설
청원경찰의 업무추진비는 청원경찰법령상 청원주가 부담하여야 하는 청원경찰경비에 해당하지 않는다(청원경찰법 제6조 제1항 참조).

> **관계법령** 청원경찰경비(청원경찰법 제6조) ★
> ① 청원주는 다음 각호의 청원경찰경비를 부담하여야 한다.
>   1. 청원경찰에게 지급할 봉급과 각종 수당
>   2. 청원경찰의 피복비
>   3. 청원경찰의 교육비
>   4. 제7조에 따른 보상금 및 제7조의2에 따른 퇴직금

02
청원경찰법령상 청원경찰의 경비에 관한 설명으로 옳은 것은? 기출 21

① **국가기관 또는 지방자치단체에 근무하는 청원경찰의 보수는 재직기간 15년 이상 23년 미만인 경우 같은 재직기간에 해당하는 경찰공무원 '경장'의 보수를 감안하여 대통령령으로 정한다.**
② 청원경찰의 피복비는 청원주가 부담하여야 하는 청원경찰경비에 해당하지 않는다.
③ 청원경찰이 직무상의 부상·질병으로 인하여 퇴직 후 3년 이내에 사망한 경우 청원주는 대통령령으로 정하는 바에 따라 그 유족에게 보상금을 지급하여야 한다.
④ 교육비는 청원주가 경찰교육기관 입교(入校) 3일 전에 해당 청원경찰에게 지급하여 납부하게 한다.

해설
① (○) 청원경찰법 제6조 제2항 제2호
② (×) 청원경찰의 피복비는 청원주가 부담하여야 하는 청원경찰경비에 해당한다(청원경찰법 제6조 제1항 제2호).
③ (×) 청원경찰이 직무상의 부상·질병으로 인하여 퇴직하거나, 퇴직 후 2년 이내에 사망한 경우 청원주는 대통령령으로 정하는 바에 따라 그 유족에게 보상금을 지급하여야 한다(청원경찰법 제7조 제2호).
④ (×) 교육비는 청원주가 해당 청원경찰의 입교(入校) 3일 전에 해당 경찰교육기관에 낸다(청원경찰법 시행규칙 제8조 제3호).

03

청원경찰법령상 청원주가 부담하여야 하는 청원경찰경비에 해당하지 않는 것은? 기출 20

☑ ① 청원경찰의 경조사비
② 청원경찰의 피복비
③ 청원경찰의 교육비
④ 청원경찰에게 지급할 봉급과 각종 수당

해설
경조사비는 청원경찰법령상 청원주가 부담하여야 할 경비에 해당하지 않는다(청원경찰법 제6조 제1항).

04

청원경찰법령상 경비의 부담과 고시 등에 관한 설명으로 옳지 않은 것은? 기출 19

☑ ① 청원경찰의 피복비 및 교육비의 부담기준액은 시·도 경찰청장이 정하여 고시한다.
② 부득이한 사유가 있는 경우를 제외하고, 청원경찰경비의 최저부담기준액 및 부담기준액은 순경의 것을 고려하여 다음 연도분을 매년 12월에 고시하여야 한다.
③ 청원경찰의 교육비는 청원주가 해당 청원경찰의 입교 3일 전에 해당 경찰교육기관에 낸다.
④ 청원주는 청원경찰이 직무상의 질병으로 인하여 퇴직하게 되면 청원경찰 본인에게 보상금을 지급하여야 한다.

해설
① (×) 청원경찰의 피복비 및 교육비의 부담기준액은 경찰청장이 정하여 고시한다(청원경찰법 제6조 제3항).
② (○) 청원경찰법 시행령 제12조 제2항
③ (○) 청원경찰법 시행규칙 제8조 제3호
④ (○) 청원경찰법 제7조 제2호

05

청원경찰법령상 청원경찰경비 등에 관한 설명으로 옳지 않은 것은? 기출 20

① 국가기관 또는 지방자치단체에 근무하는 청원경찰의 보수는 청원경찰법에서 정한 구분에 따라 같은 재직기간에 해당하는 경찰공무원의 보수를 감안하여 대통령령으로 정한다.
② 청원주의 청원경찰에 대한 봉급·수당의 최저부담기준액(국가기관 또는 지방자치단체에 근무하는 청원경찰의 봉급·수당은 제외한다)은 경찰청장이 정하여 고시(告示)한다.
③ 청원주는 청원경찰이 직무수행으로 인하여 부상을 입거나, 질병에 걸리거나 또는 사망한 경우 대통령령으로 정하는 바에 따라 청원경찰 본인 또는 그 유족에게 보상금을 지급하여야 한다.
❹ 국가기관이나 지방자치단체에 근무하는 청원경찰의 퇴직금에 관하여는 행정안전부령으로 정한다.

해설

④ (✕) 국가기관이나 지방자치단체에 근무하는 청원경찰의 퇴직금에 관하여는 따로 대통령령으로 정한다(청원경찰법 제7조의2).
① (○) 청원경찰법 제6조 제2항
② (○) 청원경찰법 제6조 제3항
③ (○) 청원경찰법 제7조 제1호

관계법령

청원경찰경비(청원경찰법 제6조)★
② 국가기관 또는 지방자치단체에 근무하는 청원경찰의 보수는 다음 각호의 구분에 따라 같은 재직기간에 해당하는 경찰공무원의 보수를 감안하여 대통령령으로 정한다.
  1. 재직기간 15년 미만 : 순경
  2. 재직기간 15년 이상 23년 미만 : 경장
  3. 재직기간 23년 이상 30년 미만 : 경사
  4. 재직기간 30년 이상 : 경위
③ 청원주의 제1항 제1호에 따른 봉급·수당의 최저부담기준액(국가기관 또는 지방자치단체에 근무하는 청원경찰의 봉급·수당은 제외한다)과 같은 항 제2호 및 제3호에 따른 비용의 부담기준액은 경찰청장이 정하여 고시(告示)한다.

보상금(청원경찰법 제7조)★
청원주는 청원경찰이 다음 각호의 어느 하나에 해당하게 되면 대통령령으로 정하는 바에 따라 청원경찰 본인 또는 그 유족에게 보상금을 지급하여야 한다.
  1. 직무수행으로 인하여 부상을 입거나, 질병에 걸리거나 또는 사망한 경우
  2. 직무상의 부상·질병으로 인하여 퇴직하거나, 퇴직 후 2년 이내에 사망한 경우

퇴직금(청원경찰법 제7조의2)
청원주는 청원경찰이 퇴직할 때에는 「근로자퇴직급여보장법」에 따른 퇴직금을 지급하여야 한다. 다만, 국가기관이나 지방자치단체에 근무하는 청원경찰의 퇴직금에 관하여는 따로 대통령령으로 정한다.

06

청원경찰법령상 청원경찰경비(經費)에 관한 설명으로 옳지 않은 것은? 기출 18

① 청원경찰경비는 봉급과 각종 수당, 피복비, 교육비, 보상금 및 퇴직금을 말한다.
② 봉급·수당의 최저부담기준액(국가기관 또는 지방자치단체에 근무하는 청원경찰의 봉급·수당은 제외)은 경찰청장이 정하여 고시한다.
③ 국가기관 또는 지방자치단체에 근무하는 청원경찰의 각종 수당은 「공무원수당 등에 관한 규정」에 따른 수당 중 가계보전수당, 실비변상 등으로 한다.
④ ✔ **교육비는 청원주가 해당 청원경찰의 입교 7일 전에 청원경찰에게 직접 지급한다.**

해설

④ (×) 교육비는 청원주가 해당 청원경찰의 입교(入校) 3일 전에 해당 경찰교육기관에 낸다(청원경찰법 시행규칙 제8조 제3호).
① (○) 청원경찰법 제6조 제1항
② (○) 청원경찰법 제6조 제3항
③ (○) 청원경찰법 시행령 제9조 제2항

07

청원경찰법령상 국가기관에 근무하는 청원경찰의 보수는 재직기간에 해당하는 경찰공무원 보수를 감안하여 정한다. 이에 관한 예시로 옳은 것은? 기출 18

① 16년 : 경 장, 20년 : 경 장, 25년 : 경 사, 32년 : 경 사
② 16년 : 순 경, 20년 : 경 장, 25년 : 경 사, 32년 : 경 사
③ ✔ **16년 : 경 장, 20년 : 경 장, 25년 : 경 사, 32년 : 경 위**
④ 16년 : 순 경, 20년 : 경 장, 25년 : 경 사, 32년 : 경 위

해설

청원경찰법 제6조 제2항에 의하면 16년, 20년 재직한 청원경찰의 보수는 경장, 25년 재직한 경우에는 경사, 32년 재직한 경우에는 경위에 해당하는 경찰공무원의 보수를 감안하여 대통령령으로 정한다.

> **관계법령** **청원경찰경비(청원경찰법 제6조)★**
>
> ② 국가기관 또는 지방자치단체에 근무하는 청원경찰의 보수는 다음 각호의 구분에 따라 같은 재직기간에 해당하는 경찰공무원의 보수를 감안하여 대통령령으로 정한다.
>   1. 재직기간 15년 미만 : 순경
>   2. 재직기간 15년 이상 23년 미만 : 경장
>   3. 재직기간 23년 이상 30년 미만 : 경사
>   4. 재직기간 30년 이상 : 경위

08

청원경찰법령상 청원경찰의 경비(經費)에 관한 설명으로 옳은 것은? 기출 17

① 청원주는 대통령령이 정하는 바에 따라 청원경찰에게 봉급과 각종 수당 등을 지급하여야 한다.
❷ 청원주는 대통령령이 정하는 바에 따라 청원경찰이 직무수행 중 부상을 당한 경우에 본인에게 보상금을 지급하여야 한다.
③ 청원주는 청원경찰이 퇴직할 때에는 행정안전부령이 정하는 바에 따라 근로자퇴직급여보장법에 따른 퇴직금을 지급하여야 한다.
④ 지방자치단체에 근무하는 청원경찰의 각종 수당은 공무원수당 등에 관한 규정에 따른 수당 중 가계보전수당, 실비변상 등으로 하며, 그 세부 항목은 대통령령으로 정하여 고시한다.

해설

② (○) 청원경찰법 제7조 제1호
① (×) 청원주는 청원경찰에게 봉급과 각종 수당을 지급하여야 하며, 그 최저부담기준액(국가기관 또는 지방자치단체에 근무하는 청원경찰의 봉급·수당은 제외한다)은 경찰청장이 정하여 고시(告示)한다(청원경찰법 제6조 제1항 및 제3항). 국가기관 또는 지방자치단체에 근무하는 청원경찰의 보수는 재직기간에 따른 구분에 따라 같은 재직기간에 해당하는 경찰공무원의 보수를 감안하여 대통령령으로 정한다(동법 제6조 제2항).★
③ (×) 청원주는 청원경찰이 퇴직할 때에는 「근로자퇴직급여보장법」에 따른 퇴직금을 지급하여야 한다. 다만, 국가기관이나 지방자치단체에 근무하는 청원경찰의 퇴직금에 관하여는 따로 대통령령으로 정한다(청원경찰법 제7조의2).★
④ (×) 국가기관 또는 지방자치단체에 근무하는 청원경찰의 각종 수당은 「공무원수당 등에 관한 규정」에 따른 수당 중 가계보전수당, 실비변상 등으로 하며, 그 세부항목은 경찰청장이 정하여 고시한다(청원경찰법 시행령 제9조 제2항).★

09

청원경찰법상 청원경찰경비 등에 관한 설명으로 옳지 않은 것은? 기출 16

❶ 지방자치단체에 근무하는 청원경찰의 각종 수당에는 공무원수당 등에 관한 규정에 따른 수당 중 가계보전수당은 포함되지 않는다.
② 지방자치단체에 근무하는 재직기간이 22년인 청원경찰의 보수는 같은 재직기간에 해당하는 경찰공무원 중 경장의 보수를 감안하여 대통령령으로 정한다.
③ 국가기관 또는 지방자치단체에 근무하는 청원경찰 보수의 호봉 간 승급기간은 경찰공무원의 승급 기간에 관한 규정을 준용한다.
④ 청원경찰의 피복비의 지급방법은 행정안전부령으로 정한다.

해설

① (×) 국가기관 또는 지방자치단체에 근무하는 청원경찰의 각종 수당은 「공무원수당 등에 관한 규정」에 따른 수당 중 가계보전수당, 실비변상 등으로 하며, 그 세부 항목은 경찰청장이 정하여 고시한다(청원경찰법 시행령 제9조 제2항).
② (○) 청원경찰법 제6조 제2항 제2호
③ (○) 청원경찰법 시행령 제11조 제2항
④ (○) 청원경찰법 시행령 제12조 제1항

10

청원경찰법령상 청원경찰경비 등에 관한 설명으로 옳지 않은 것은? 기출 15

① 청원경찰의 교육비는 청원주가 해당 청원경찰의 입교 후 3일 이내에 해당 경찰교육기관에 낸다.
② 청원주는 보상금의 지급을 이행하기 위하여 「산업재해보상보험법」에 따른 산업재해보상보험에 가입하거나, 「근로기준법」에 따라 보상금을 지급하기 위한 재원을 따로 마련하여야 한다.
③ 봉급과 각종 수당은 청원주가 그 청원경찰이 배치된 기관·시설·사업장 또는 장소의 직원에 대한 보수 지급일에 청원경찰에게 직접 지급한다.
④ 청원주는 청원경찰이 직무상의 부상·질병으로 인하여 퇴직하거나, 퇴직 후 2년 이내에 사망한 경우 청원경찰 본인 또는 그 유족에게 보상금을 지급하여야 한다.

해설
① (×) 교육비는 청원주가 해당 청원경찰의 입교 3일 전에 해당 경찰교육기관에 낸다(청원경찰법 시행규칙 제8조 제3호).
② (○) 청원경찰법 시행령 제13조
③ (○) 청원경찰법 시행규칙 제8조 제1호
④ (○) 청원경찰법 제7조 제2호

11

청원경찰법령상 청원경찰의 보수에 관한 설명으로 옳지 않은 것은? 기출 15

① 국가기관 또는 지방자치단체에 근무하는 청원경찰 보수의 호봉 간 승급기간은 경찰공무원의 승급기간에 관한 규정을 준용한다.
② 국가기관에 근무하는 청원경찰의 보수는 그 재직기간이 25년인 경우, 경찰공무원 경사의 보수를 감안하여 대통령령으로 정한다.
③ 국가기관 또는 지방자치단체에 근무하는 청원경찰의 봉급·수당에 관한 청원주의 최저부담기준액은 경찰청장이 정하여 고시한다.
④ 국가기관 또는 지방자치단체에 근무하는 청원경찰의 각종 수당은 「공무원수당 등에 관한 규정」에 따른 수당 중 가계보전수당, 실비변상 등으로 하며, 그 세부 항목은 경찰청장이 정하여 고시한다.

해설
국가기관 또는 지방자치단체에 근무하는 청원경찰 외의 청원경찰의 봉급·수당에 관한 청원주의 최저부담기준액은 경찰청장이 정하여 고시한다(청원경찰법 제6조 제3항). 국가기관 또는 지방자치단체에 근무하는 청원경찰의 봉급은 청원경찰법 시행령 [별표 1]로 정하고(청원경찰법 시행령 제9조 제1항), 각종 수당은 「공무원수당 등에 관한 규정」에 따른 수당 중 가계보전수당, 실비변상 등으로 하며, 그 세부 항목은 경찰청장이 정하여 고시한다(청원경찰법 시행령 제9조 제2항). ★★

12

청원경찰법령상 청원주가 부담해야 하는 청원경찰경비를 모두 고른 것은? 기출 14

> ㄱ. 청원경찰의 교통비
> ㄴ. 청원경찰의 피복비
> ㄷ. 청원경찰의 교육비
> ㄹ. 청원경찰 본인 또는 유족 보상금

① ㄱ, ㄴ, ㄷ
② ㄱ, ㄴ, ㄹ
③ ㄱ, ㄷ, ㄹ
④ ㄴ, ㄷ, ㄹ ✓

[해설]
청원경찰 교통비는 청원주가 부담하여야 할 청원경찰경비에 포함되지 않는다(청원경찰법 제6조 제1항 참조).

13

청원경찰법령상 청원경찰경비 등에 관한 설명으로 옳지 않은 것은 몇 개인가? 기출 10

> ㄱ. 청원주는 청원경찰이 퇴직할 때에는 국민연금법에 따른 퇴직금을 지급하여야 한다.
> ㄴ. 법령에 따라 청원주는 청원경찰의 피복비를 부담하여야 한다.
> ㄷ. 국가기관 또는 지방자치단체에 근무하는 청원경찰의 보수산정시의 기준이 되는 재직기간은 청원경찰로서 근무한 기간으로 한다.
> ㄹ. 국가기관 또는 지방자치단체에 근무하는 청원경찰 외의 청원경찰의 봉급과 각종 수당은 시·도 경찰청장이 고시한 최저부담기준액 이상으로 지급하여야 한다.

① 1개
② 2개 ✓
③ 3개
④ 4개

[해설]
제시된 내용 중 옳지 않은 것은 ㄱ과 ㄹ이다.
ㄱ. (×) 청원주는 청원경찰이 퇴직할 때에는 「근로자퇴직급여보장법」에 따른 퇴직금을 지급하여야 한다. 다만, 국가기관이나 지방자치단체에 근무하는 청원경찰의 퇴직금에 관하여는 따로 대통령령으로 정한다(청원경찰법 제7조의2). 국가기관이나 지방자치단체에 근무하는 청원경찰인 경우에는 공무원연금법령에 따른 퇴직금(퇴직급여)을 지급한다(∵공무원, 군인, 사립교사 등은 국민연금법의 적용대상이 아니라 각각 공무원연금법, 군인연금법, 사립학교교직원연금법의 적용대상이다).★
ㄹ. (×) 국가기관 또는 지방자치단체에 근무하는 청원경찰 외의 청원경찰의 봉급과 각종 수당은 경찰청장이 고시한 최저부담기준액 이상으로 지급하여야 한다(청원경찰법 시행령 제10조). 최저부담기준액은 시·도 경찰청장이 고시하는 것이 아니라 경찰청장이 고시한다.★

14

청원경찰법령상 청원경찰경비 등에 관한 설명으로 옳지 않은 것은? 기출 09

① 청원경찰에 대한 봉급과 각종 수당은 청원주가 그 청원경찰이 배치된 사업장의 직원에 대한 보수지급일에 청원경찰에게 직접 지급한다.
② 경비원으로 근무하던 사람이 해당 사업장의 청원주에 의하여 청원경찰로 임용된 경우 경비원으로 종사한 경력은 그 배치된 사업장의 취업규칙에 특별한 규정이 없는 경우에는 청원경찰의 봉급산정의 기준이 되는 경력에 산입하여야 한다.
③ 청원경찰이 직무수행으로 인하여 부상을 입은 경우 보상금의 지급주체는 청원주의 산업재해보상보험 가입여부에 따라 달라지게 된다.
④ **교육비는 청원주가 해당 청원경찰의 입교(入校) 후 해당 청원경찰에게 직접 지급한다.**

해설
④ (×) 교육비는 청원주가 해당 청원경찰의 입교 3일 전에 해당 경찰교육기관에 낸다(청원경찰법 시행규칙 제8조 제3호).
① (○) 청원경찰법 시행규칙 제8조 제1호
② (○) 청원경찰법 시행령 제11조 제1항
③ (○) 청원주가 보상금의 지급을 이행하기 위하여 산업재해보상보험법에 따른 산업재해보상보험에 가입하였다면 지급주체는 고용노동부장관의 위탁을 받은 근로복지공단이 된다. 반면, 청원주가 근로기준법상 보상금의 지급을 위해 자체 재원을 따로 마련하였다면 지급주체는 청원주가 된다.

15

청원경찰법령상 청원경찰경비에 대한 설명으로 틀린 것은? 기출 08

① 청원주가 부담하는 청원경찰경비는 청원경찰에게 지급할 봉급과 각종 수당, 청원경찰의 피복비 및 교육비, 청원경찰법의 규정에 따른 보상금 및 퇴직금이 있다.
② 청원경찰에게 지급할 봉급과 각종 수당의 최저부담기준액과 청원경찰의 피복비 및 교육비의 부담기준액은 경찰청장이 정하여 고시(告示)한다.
③ **청원경찰에게 지급할 봉급과 각종 수당의 최저부담기준액은 순경의 것을 고려하여 다음 연도분을 매년 12월에 고시하여야 하며, 어떠한 경우에도 수시로 고시하는 것은 허용될 수 없다.**
④ 청원경찰에 대한 봉급과 각종 수당은 청원주가 그 청원경찰이 배치된 사업장의 직원에 대한 보수지급일에 청원경찰에게 직접 지급한다.

해설
③ (×) 청원경찰경비의 최저부담기준액 및 부담기준액은 경찰공무원 중 순경의 것을 고려하여 다음 연도분을 매년 12월에 고시하여야 한다. 다만, 부득이한 사유가 있을 때에는 수시로 고시할 수 있다(청원경찰법 시행령 제12조 제2항).
① (○) 청원경찰법 제6조 제1항
② (○) 청원경찰법 제6조 제3항
④ (○) 청원경찰법 시행규칙 제8조 제1호

16

다음 중 청원주가 부담하지 않아도 되는 경비(經費)는? 기출 05

① 청원경찰의 봉급 및 각종 수당
② 청원경찰의 교육비
③ 청원경찰의 피복비
❹ 직무상 부상으로 인하여 퇴직 후 2년 이후에 사망한 자에 대한 보상금

해설
직무상의 부상·질병으로 인한 보상금은 퇴직 후 2년 이내에 사망한 경우에 지급하므로 2년 이후에 사망하면 보상금은 지급할 필요가 없다(청원경찰법 제7조).

17

청원경찰법령상 청원경찰의 보수산정 시의 경력 인정 등에 관한 규정이다. ( )에 들어갈 내용으로 옳은 것은? 기출 24

> 국가기관 또는 지방자치단체에 근무하는 청원경찰 외의 청원경찰 보수의 호봉 간 승급기간 및 승급액은 그 배치된 사업장의 (ㄱ)에 따르며, 이에 관한 (ㄱ)이 없을 때에는 (ㄴ)의 승급에 관한 규정을 준용한다.

① ㄱ : 정관,   ㄴ : 순경
② ㄱ : 정관,   ㄴ : 경장
❸ ㄱ : 취업규칙, ㄴ : 순경
④ ㄱ : 취업규칙, ㄴ : 경장

해설
제시된 내용의 ( )에 들어갈 내용은 ㄱ : 취업규칙, ㄴ : 순경이다.
국가기관 또는 지방자치단체에 근무하는 청원경찰 외의 청원경찰 보수의 호봉 간 승급기간 및 승급액은 그 배치된 사업장의 취업규칙에 따르며, 이에 관한 취업규칙이 없을 때에는 순경의 승급에 관한 규정을 준용한다(청원경찰법 시행령 제11조 제3항).

18

청원경찰법령상 청원경찰의 봉급 산정의 기준이 되는 경력에 산입되지 않는 것은? 기출 22

① 청원경찰로 근무한 경력
② 군 또는 의무경찰에 복무한 경력
③ 수위·경비원·감시원 또는 그 밖에 청원경찰과 비슷한 직무에 종사하던 사람이 해당 사업장의 청원주에 의하여 청원경찰로 임용된 경우에는 그 직무에 종사한 경력
❹ 국가기관 또는 공공단체에서 근무하는 청원경찰에 대해서는 국가기관 또는 공공단체에서 비상근(非常勤)으로 근무한 경력

해설

④ (×) 국가기관 또는 지방자치단체에서 근무하는 청원경찰에 대해서는 국가기관 또는 지방자치단체에서 상근(常勤)으로 근무한 경력이 봉급 산정의 기준이 되는 경력에 산입된다(청원경찰법 시행령 제11조 제1항 제4호).
① (○) 청원경찰법 시행령 제11조 제1항 제1호
② (○) 청원경찰법 시행령 제11조 제1항 제2호
③ (○) 청원경찰법 시행령 제11조 제1항 제3호

관계법령 　**보수 산정 시의 경력 인정 등(청원경찰법 시행령 제11조)**

① 청원경찰의 보수 산정에 관하여 그 배치된 사업장의 취업규칙에 특별한 규정이 없는 경우에는 다음 각호의 경력을 봉급 산정의 기준이 되는 경력에 산입하여야 한다.
　1. 청원경찰로 근무한 경력
　2. 군 또는 의무경찰에 복무한 경력
　3. 수위·경비원·감시원 또는 그 밖에 청원경찰과 비슷한 직무에 종사하던 사람이 해당 사업장의 청원주에 의하여 청원경찰로 임용된 경우에는 그 직무에 종사한 경력★★
　4. 국가기관 또는 지방자치단체에서 근무하는 청원경찰에 대해서는 국가기관 또는 지방자치단체에서 상근(常勤)으로 근무한 경력★
② 국가기관 또는 지방자치단체에 근무하는 청원경찰 보수의 호봉 간 승급기간은 경찰공무원의 승급기간에 관한 규정을 준용한다.
③ 국가기관 또는 지방자치단체에 근무하는 청원경찰 외의 청원경찰 보수의 호봉 간 승급기간 및 승급액은 그 배치된 사업장의 취업규칙에 따르며, 이에 관한 취업규칙이 없을 때에는 순경의 승급에 관한 규정을 준용한다.

19

A는 군 복무를 마치고 청원경찰로 2년간 근무하다가 퇴직하였다. 그 후 다시 청원경찰로 임용되었다면 청원경찰법령상 봉급 산정에 있어서 산입되는 경력은?(단, A가 배치된 사업장의 취업규칙에 특별한 규정이 없는 것을 전제로 한다) 기출 08

① 군 복무경력과 청원경찰로 근무한 경력 중 어느 하나만 산입하여야 한다.
② 군 복무경력은 반드시 산입하여야 하고, 청원경찰경력은 산입하지 않아도 된다.
❸ 군 복무경력과 청원경찰의 경력을 모두 산입하여야 한다.
④ 군 복무경력은 산입하지 않아도 되고, 청원경찰경력은 산입하여야 한다.

해설

군 복무경력과 청원경찰로 근무한 경력은 모두 봉급 산정의 기준이 되는 경력에 산입되어야 한다(청원경찰법 시행령 제11조 제1항 제1호·제2호).

> **관계법령** 보수 산정 시의 경력 인정 등(청원경찰법 제11조)
>
> ① 청원경찰의 보수 산정에 관하여 그 배치된 사업장의 취업규칙에 특별한 규정이 없는 경우에는 다음 각호의 경력을 봉급 산정의 기준이 되는 경력에 산입하여야 한다.
>   1. 청원경찰로 근무한 경력
>   2. 군 또는 의무경찰에 복무한 경력
>   3. 수위·경비원·감시원 또는 그 밖에 청원경찰과 비슷한 직무에 종사하던 사람이 해당 사업장의 청원주에 의하여 청원경찰로 임용된 경우에는 그 직무에 종사한 경력★★
>   4. 국가기관 또는 지방자치단체에서 근무하는 청원경찰에 대해서는 국가기관 또는 지방자치단체에서 상근(常勤)으로 근무한 경력★
> ② 국가기관 또는 지방자치단체에 근무하는 청원경찰 보수의 호봉 간 승급기간은 경찰공무원의 승급기간에 관한 규정을 준용한다.
> ③ 국가기관 또는 지방자치단체에 근무하는 청원경찰 외의 청원경찰 보수의 호봉 간 승급기간 및 승급액은 그 배치된 사업장의 취업규칙에 따르며, 이에 관한 취업규칙이 없을 때에는 순경의 승급에 관한 규정을 준용한다.

20

A기업체 청원경찰의 보수산정과 관련하여 가장 우선시되는 기준은? 기출 06

① 경찰관 순경의 보수에 준해 지급
② 국가기관, 지방자치단체 근무자에 준해 지급
③ 당해 사업체의 유사직종 근로자와 동일하게 지급
❹ 당해 사업장의 취업규칙

해설

국가기관 또는 지방자치단체에 근무하는 청원경찰 외의 청원경찰 보수의 호봉 간 승급기간 및 승급액은 그 배치된 사업장의 취업규칙에 따르며, 이에 관한 취업규칙이 없을 때에는 순경의 승급에 관한 규정을 준용한다(청원경찰법 시행령 제11조 제3항).

21

A광역시에 소재하고 있는 B은행 본점에는 20명의 청원경찰이 배치되어 있다. 이에 관한 설명으로 틀린 것은? 기출 06

① 청원경찰에게 지급할 봉급 및 각종 수당은 B은행에서 지급한다.
② B은행은 B은행직원의 봉급지급일에 청원경찰에 대한 봉급도 지급한다.
③ 청원경찰로 임용된 사람은 원칙적으로 경비구역에 배치되기 전에 경찰교육기관에서 직무수행에 필요한 교육을 받아야 한다.
❹ 청원경찰이 입을 피복은 B은행에서 직접 그 피복대금을 청원경찰에게 지급한다.

해설

④ (×) 피복은 청원주가 제작하거나 구입하여 [별표 2]에 따른 정기지급일 또는 신규 배치 시에 청원경찰에게 현품으로 지급한다(청원경찰법 시행규칙 제8조 제2호).★
① (○) 청원주가 지급하므로 B은행에서 지급하는 것이 맞다.
② (○) 봉급과 각종 수당은 청원주가 그 청원경찰이 배치된 기관·시설·사업장 또는 장소(이하 "사업장"이라 한다)의 직원에 대한 보수 지급일에 청원경찰에게 직접 지급한다(청원경찰법 시행규칙 제8조 제1호).
③ (○) 청원주는 청원경찰로 임용된 사람으로 하여금 경비구역에 배치하기 전에 경찰교육기관에서 직무수행에 필요한 교육을 받게 하여야 한다. 다만, 경찰교육기관의 교육계획상 부득이하다고 인정할 때에는 우선 배치하고 임용 후 1년 이내에 교육을 받게 할 수 있다(청원경찰법 시행령 제5조 제1항).

22

청원경찰법령상 청원경찰의 보상금과 퇴직금에 관한 설명이다. ( )에 들어갈 내용으로 옳은 것은? 기출 24

- 청원주는 보상금 지급의 이행을 위하여 (ㄱ)에 따른 산업재해보상보험에 가입하거나, (ㄴ)에 따라 보상금을 지급하기 위한 재원(財源)을 따로 마련하여야 한다.
- 청원주는 청원경찰이 퇴직할 때에는 (ㄷ)에 따른 퇴직금을 지급하여야 한다. 다만, 국가기관이나 지방자치단체에 근무하는 청원경찰의 퇴직금에 관하여는 따로 (ㄹ)으로 정한다.

① ㄱ : 근로기준법
② ㄴ : 산업재해보상보험법
❸ ㄷ : 근로자퇴직급여 보장법
④ ㄹ : 행정안전부령

해설

제시된 내용의 ( )에 들어갈 내용은 ㄱ : 산업재해보상보험법, ㄴ : 근로기준법, ㄷ : 근로자퇴직급여보장법, ㄹ : 대통령령이다.
- 청원주는 보상금 지급의 이행을 위하여 산업재해보상보험법에 따른 산업재해보상보험에 가입하거나, 근로기준법에 따라 보상금을 지급하기 위한 재원(財源)을 따로 마련하여야 한다(청원경찰법 시행령 제13조).
- 청원주는 청원경찰이 퇴직할 때에는 근로자퇴직급여 보장법에 따른 퇴직금을 지급하여야 한다. 다만, 국가기관이나 지방자치단체에 근무하는 청원경찰의 퇴직금에 관하여는 따로 대통령령으로 정한다(청원경찰법 제7조의2).

23

다음은 청원경찰 "甲"의 경력을 나열한 것이다. 청원경찰 "甲"의 봉급 산정을 할 때 산입하여야 할 경력은 모두 몇 년인가?(단, 청원경찰 "甲"이 배치된 사업장 A의 취업규칙에 특별한 규정이 없으며, 청원경찰 "甲"이 배치된 사업장 A는 국가기관 또는 지방자치단체가 아닌 일반 사업장이다)

> ㄱ. 의무경찰에 복무한 경력 : 2년
> ㄴ. 교도관으로 근무한 경력 : 5년
> ㄷ. 청원주가 다른 사업장 B에서 수위로 근무한 경력 : 3년
> ㄹ. 청원주가 동일한 사업장 A에서 경비원으로 근무한 경력 : 4년
> ㅁ. 사업장 A에서 청원경찰로 근무한 경력 : 10년

① **16년**
② 19년
③ 21년
④ 24년

해설

청원경찰로 근무한 경력 10년은 당연히 포함된다. 의무경찰 경력도 포함되고, 교도관 경력은 사업장 A가 일반 사업장이므로 특별한 사정이 없는 한 원칙적으로 제외된다. 수위·경비원·감시원 등은 동일 사업장인 경우에만 인정되므로, 사업장 B에서 일한 경력은 제외되고, 사업장 A에서 일한 경력만 포함된다. 따라서 청원경찰 "甲"의 봉급 산정 시 산입해야 할 경력의 합은 ㄱ(2년) + ㄹ(4년) + ㅁ(10년) = 16년이다.

24

청원경찰법령상 청원경찰의 보상금 지급사유가 아닌 것은? 기출 23

① 청원경찰이 직무수행으로 인하여 부상을 입은 경우
② 청원경찰이 직무수행으로 인하여 질병에 걸린 경우
③ 청원경찰이 직무수행으로 인하여 사망한 경우
④ **청원경찰이 직무상의 부상으로 인하여 퇴직 후 3년 이내에 사망한 경우**

해설

청원경찰이 직무상의 부상으로 인하여 퇴직 후 2년 이내에 사망한 경우가 청원경찰의 보상금 지급사유에 해당한다(청원경찰법 제7조 제2호).

관계법령 **보상금(청원경찰법 제7조)** ★

청원주는 청원경찰이 다음 각호의 어느 하나에 해당하게 되면 대통령령으로 정하는 바에 따라 청원경찰 본인 또는 그 유족에게 보상금을 지급하여야 한다.
1. 직무수행으로 인하여 부상을 입거나, 질병에 걸리거나 또는 사망한 경우
2. 직무상의 부상·질병으로 인하여 퇴직하거나, 퇴직 후 2년 이내에 사망한 경우

25
CHECK ○△×

청원경찰법상 청원주가 청원경찰 본인 또는 그 유족에게 보상금을 지급해야 하는 경우가 아닌 것은?
기출 16

① 청원경찰이 직무상의 부상·질병으로 인하여 퇴직한 경우
② 청원경찰이 직무수행으로 인하여 부상을 입은 경우
❸ 청원경찰이 고의·과실에 의한 위법행위로 타인에게 손해를 가한 경우
④ 청원경찰이 직무수행으로 인하여 사망한 경우

해설
청원경찰이 직무수행으로 인하여 부상을 입거나, 질병에 걸리거나 또는 사망한 경우, 직무상의 부상·질병으로 인하여 퇴직하거나, 퇴직 후 2년 이내에 사망한 경우에 청원주는 청원경찰 본인 또는 그 유족에게 보상금을 지급하여야 한다(청원경찰법 제7조). 청원경찰이 고의·과실에 의한 위법행위로 타인에게 손해를 가한 경우는 직무수행성이 부정되기에 보상금을 지급하여야 하는 경우에 해당하지 않는다.

26
CHECK ○△×

청원경찰법령상 청원경찰의 경비와 보상 등에 관한 설명으로 옳은 것은? 기출 14

① 지방자치단체에 근무하는 청원경찰의 봉급·수당의 최저부담기준액은 경찰청장이 정하여 고시한다.
② 지방자치단체에 근무하는 청원경찰의 퇴직금에 관하여는 따로 행정안전부령으로 정한다.
③ 청원경찰이 퇴직할 때에는 급여품 및 대여품을 청원주에게 반납해야 한다.
❹ 국가기관에 근무하는 청원경찰의 보수는 재직기간 15년 이상 23년 미만인 경우, 경장에 해당하는 경찰공무원의 보수를 감안하여 대통령령으로 정한다.

해설
④ (○) 청원경찰법 제6조 제2항 제2호
① (×) 지방자치단체에 근무하는 청원경찰의 봉급·수당은 대통령령으로 정한다(청원경찰법 제6조 제2항). ★
② (×) 지방자치단체에 근무하는 청원경찰의 퇴직금에 관하여는 따로 대통령령으로 정한다(청원경찰법 제7조의2). ★
③ (×) 청원경찰이 퇴직할 때에는 대여품을 청원주에게 반납해야 한다(청원경찰법 시행규칙 제12조 제2항).

27

청원경찰법령상 청원경찰에 관한 내용으로 옳지 않은 것은? 기출 11

① 국가기관이나 지방자치단체에 근무하는 청원경찰의 명예퇴직에 관하여는 국가공무원법을 준용한다.
② 청원경찰은 형의 선고, 징계처분 또는 신체상·정신상의 이상으로 직무를 감당하지 못할 때를 제외하고는 그 의사에 반하여 면직되지 아니한다.
③ 청원주가 청원경찰을 면직시켰을 때에는 그 사실을 관할 경찰서장을 거쳐 시·도 경찰청장에게 보고하여야 한다.
❹ 청원주는 청원경찰이 퇴직할 때에는 고용보험법에 따른 퇴직금을 지급하여야 한다.

[해설]

④ (×) 청원주는 청원경찰이 퇴직할 때에는 근로자퇴직급여보장법에 따른 퇴직금을 지급하여야 한다. 다만, 국가기관이나 지방자치단체에 근무하는 청원경찰의 퇴직금에 관하여는 따로 대통령령으로 정한다(청원경찰법 제7조의2).
① (○) 국가기관이나 지방자치단체에 근무하는 청원경찰의 휴직 및 명예퇴직에 관하여는 국가공무원법 제71조부터 제73조까지 및 제74조의2를 준용한다(청원경찰법 제10조의7).
② (○) 청원경찰법 제10조의4 제1항
③ (○) 청원경찰법 제10조의4 제2항

28

청원경찰법령상 국가 또는 지방자치단체의 기관이 아닌 사업장의 청원주가 산업재해보상보험법에 따른 산업재해보상보험에 가입한 경우에 청원경찰이 직무수행 중의 부상으로 인하여 퇴직하였다면 다음 중 옳은 설명은? 기출수정 08

❶ 근로복지공단이 고용노동부장관의 위탁을 받아 보험급여의 결정과 지급을 수행하고, 청원주가 근로자퇴직급여보장법에 따라 퇴직금을 지급하여야 한다.
② 청원주는 근로기준법에 따른 보상금과 국가공무원법에 따른 퇴직금을 지급하여야 한다.
③ 청원주는 근로자퇴직급여보장법에 따른 퇴직금만 지급하면 된다.
④ 청원주는 근로기준법에 따른 보상금과 퇴직금을 모두 지급하여야 한다.

[해설]

청원주는 보상금의 지급을 이행하기 위하여 산업재해보상보험법에 따른 산업재해보상보험에 가입하거나, 근로기준법에 따라 보상금을 지급하기 위한 재원을 따로 마련하여야 한다(청원경찰법 시행령 제13조). 개정법령에서 삭제되기는 했지만, 청원주가 산업재해보상보험법에 따른 산업재해보상보험에 가입한 경우에 보상금은 고용노동부장관이 산업재해보상보험법에 따라 지급했었다. 현행 산업재해보상보험법에 따르면 근로복지공단이 고용노동부장관의 위탁을 받아 보험급여의 결정과 지급을 수행한다(산업재해보상보험법 제10조·제11조 제1항 제3호). 또한 청원주는 청원경찰이 퇴직할 때에는 근로자퇴직급여보장법에 따른 퇴직금을 지급하여야 한다. 다만, 국가기관이나 지방자치단체에서 근무하는 청원경찰의 퇴직금에 관하여는 따로 대통령령으로 정한다(청원경찰법 제7조의2). 즉, 퇴직금의 경우, 국가 또는 지방자치단체의 기관이 아닌 사업장의 청원주가 근로자퇴직급여보장법의 규정에 의한 퇴직금을 지급하고, 국가기관이나 지방자치단체에 근무하는 청원경찰의 퇴직금은 공무원연금법령에 따라 지급한다. 따라서 청원주가 산업재해보상보험법에 따라 산업재해보상보험에 가입한 경우에 근로복지공단이 고용노동부장관의 위탁을 받아 보험급여의 결정과 지급을 수행하고, 청원주는 청원경찰이 퇴직할 때에는 근로자퇴직급여보장법에 따라 퇴직금을 지급하여야 한다.

29

다음은 청원경찰법령상 청원경찰의 보상금에 관한 규정이다. 밑줄 친 경우에 해당하는 것을 〈보기〉에서 모두 고른 것은?

> 청원주는 청원경찰이 <u>다음의 어느 하나</u>에 해당하게 되면 대통령령으로 정하는 바에 따라 청원경찰 본인 또는 그 유족에게 보상금을 지급하여야 한다.

〈보기〉
ㄱ. 직무수행으로 인하여 부상을 입은 경우
ㄴ. 직무수행으로 인하여 질병에 걸리거나 또는 사망한 경우
ㄷ. 직무상의 부상·질병으로 인하여 퇴직 후 1년 이내에 사망한 경우
ㄹ. 직무상의 부상·질병으로 인하여 퇴직한 경우
ㅁ. 직무상 불법행위에 대한 배상책임

① ㄱ, ㄴ, ㄷ
② ㄱ, ㄴ, ㄹ ✓
③ ㄴ, ㄷ, ㄹ
④ ㄷ, ㄹ, ㅁ

해설

제시문 중 옳은 내용은 ㄱ, ㄴ, ㄹ이다.
ㄷ. (×) 퇴직 후 2년 이내에 사망한 경우에 보상금을 지급한다.
ㅁ. (×) 청원경찰(국가기관이나 지방자치단체에 근무하는 청원경찰은 제외한다)의 직무상 불법행위에 대한 배상책임에 관하여는 「민법」의 규정을 따른다고 규정(청원경찰법 제10조의2)되어 있으나 보상금과는 직접적으로 관련 없는 내용이다.

청원경찰법 제8조

01 제복착용과 무기휴대

02 청원경찰의 복제(服制)

03 무기휴대 및 무기관리수칙

04 청원경찰의 비치부책

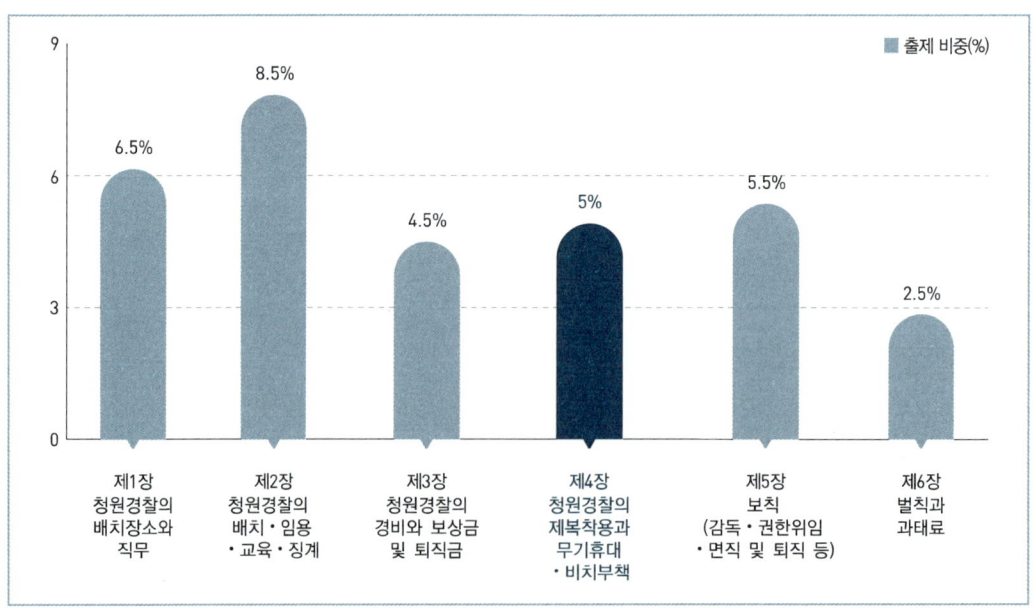

CHAPTER 04

청원경찰의 제복착용과 무기휴대·비치부책

CHAPTER 04 청원경찰의 제복착용과 무기휴대·비치부책

01

청원경찰법령상 청원경찰의 복제에 관한 설명으로 옳은 것은? 기출 21

☑ ① 청원경찰의 기동모와 기동복의 색상은 진한 청색으로 한다.
② 청원경찰은 평상근무 중에는 정모, 근무복, 단화, 호루라기를 착용하거나 휴대하여야 하고, 경찰봉 및 포승은 휴대하지 아니할 수 있다.
③ 청원경찰이 그 배치지의 특수성 등으로 특수복장을 착용할 필요가 있을 때에는 청원주는 관할 경찰서장의 승인을 받아 특수복장을 착용하게 할 수 있다.
④ 청원경찰 장구의 종류는 경찰봉, 호루라기, 수갑 및 포승이다.

해설

① (○) 청원경찰법 시행규칙 제9조 제2항 제1호 단서
② (×) 청원경찰은 평상근무 중에는 정모, 근무복, 단화, 호루라기, 경찰봉 및 포승을 착용하거나 휴대하여야 하고, 총기를 휴대하지 아니할 때에는 분사기를 휴대하여야 하며, 교육훈련이나 그 밖의 특수근무 중에는 기동모, 기동복, 기동화 및 휘장을 착용하거나 부착하되, 허리띠와 경찰봉은 착용하거나 휴대하지 아니할 수 있다(청원경찰법 시행규칙 제9조 제3항).
③ (×) 청원경찰이 그 배치지의 특수성 등으로 특수복장을 착용할 필요가 있을 때에는 청원주는 시·도 경찰청장의 승인을 받아 특수복장을 착용하게 할 수 있다(청원경찰법 시행령 제14조 제3항).
④ (×) 청원경찰 장구의 종류는 허리띠, 경찰봉, 호루라기 및 포승(捕繩)이다(청원경찰법 시행규칙 제9조 제1항 제2호).

02

청원경찰법령상 청원경찰의 복제(服制)와 무기휴대에 관한 설명으로 옳지 않은 것은? 기출 19

① 시·도 경찰청장은 청원경찰이 직무를 수행하기 위하여 필요하다고 인정하면 청원주의 신청을 받아 관할 경찰서장으로 하여금 청원경찰에게 무기를 대여하여 지니게 할 수 있다.
❷ **청원경찰이 특수복장을 착용할 필요가 있을 때에는 청원주는 관할 경찰서장의 승인을 받아 특수복장을 착용하게 할 수 있다.**
③ 청원주에게 무기를 대여하였을 때에는 관할 경찰서장은 청원경찰의 무기관리상황을 수시로 점검하여야 한다.
④ 청원경찰은 평상근무 중에는 정모, 근무복, 단화, 호루라기, 경찰봉 및 포승을 착용하거나 휴대하여야 한다.

해설

② (×) 청원경찰이 특수복장을 착용할 필요가 있을 때에는 청원주는 시·도 경찰청장의 승인을 받아 특수복장을 착용하게 할 수 있다(청원경찰법 시행령 제14조 제3항).
① (○) 청원경찰법 제8조 제2항
③ (○) 청원경찰법 시행령 제16조 제3항
④ (○) 청원경찰법 시행규칙 제9조 제3항

03

청원경찰법령상 청원경찰의 분사기 및 무기휴대에 관한 설명으로 옳은 것은? 기출 18

① 관할 경찰서장은 대여한 청원경찰의 무기관리상황을 월 1회 이상 점검하여야 한다.
❷ **청원경찰은 평상근무 중에 총기를 휴대하지 아니할 때에는 분사기를 휴대하여야 한다.**
③ 청원주는 「위험물안전관리법」에 따른 분사기의 소지허가를 받아 청원경찰로 하여금 그 분사기를 휴대하여 직무를 수행하게 할 수 있다.
④ 관할 경찰서장은 청원경찰이 직무를 수행하기 위하여 필요하다고 인정하면 직권으로 청원경찰에게 무기를 대여하여 지니게 할 수 있다.

해설

② (○) 청원경찰은 평상근무 중에는 정모, 근무복, 단화, 호루라기, 경찰봉 및 포승을 착용하거나 휴대하여야 하고, 총기를 휴대하지 아니할 때에는 분사기를 휴대하여야 하며, 교육훈련이나 그 밖의 특수근무 중에는 기동모, 기동복, 기동화 및 휘장을 착용하거나 부착하되, 허리띠와 경찰봉은 착용하거나 휴대하지 아니할 수 있다(청원경찰법 시행규칙 제9조 제3항). ★
① (×) 관할 경찰서장은 대여한 청원경찰의 무기관리상황을 수시로 점검하여야 한다(청원경찰법 시행령 제16조 제3항). ★★
③ (×) 청원주는 「총포·도검·화약류 등의 안전관리에 관한 법률」에 따른 분사기의 소지허가를 받아 청원경찰로 하여금 그 분사기를 휴대하여 직무를 수행하게 할 수 있다(청원경찰법 시행령 제15조). ★
④ (×) 무기대여 신청을 받은 시·도 경찰청장은 (청원주에게) 무기를 대여하여 (청원경찰에게) 휴대하게 하려는 경우에는 청원주로부터 국가에 기부채납된 무기에 한정하여 관할 경찰서장으로 하여금 무기를 대여하여 휴대하게 할 수 있다(청원경찰법 시행령 제16조 제2항). ★ 따라서 관할 경찰서장이 직권으로 청원경찰에게 무기를 대여하여 지니게 할 수는 없다.

04

청원경찰법령상 청원경찰의 복제(服制)에 관한 설명으로 옳은 것은? 기출 18

☑ ① 청원경찰의 복제는 제복·장구 및 부속물로 구분하며, 이 가운데 모자표장, 계급장, 장갑 등은 부속물에 해당한다.
② 청원주는 청원경찰이 특수복장을 착용할 필요가 있을 때에는 관할 경찰서장에게 보고하고 특수복장을 착용하게 할 수 있다.
③ 청원경찰의 제복의 형태·규격 및 재질은 시·도 경찰청장이 결정하되, 사업장별로 통일해야 한다.
④ 청원경찰은 특수근무 중에는 정모, 근무복, 단화, 호루라기, 경찰봉 및 포승을 착용하거나 휴대하여야 한다.

해설

① (○) 청원경찰의 복제(服制)는 제복·장구(裝具) 및 부속물로 구분한다(청원경찰법 시행령 제14조 제1항). 모자표장, 가슴표장, 휘장, 계급장, 넥타이핀, 단추 및 장갑은 부속물에 해당한다(청원경찰법 시행규칙 제9조 제1항 제3호).★
② (×) 청원경찰이 그 배치지의 특수성 등으로 특수복장을 착용할 필요가 있을 때에는 청원주는 시·도 경찰청장의 승인을 받아 특수복장을 착용하게 할 수 있다(청원경찰법 시행령 제14조 제3항).★
③ (×) 청원경찰의 제복의 형태·규격 및 재질은 청원주가 결정하되, 사업장별로 통일해야 한다(청원경찰법 시행규칙 제9조 제2항 제1호 본문).
④ (×) 청원경찰은 평상근무 중에는 정모, 근무복, 단화, 호루라기, 경찰봉 및 포승을 착용하거나 휴대하여야 한다(청원경찰법 시행규칙 제9조 제3항).★

05

청원경찰법령상 청원경찰의 복제(服制) 등에 관한 설명으로 옳지 않은 것은? 기출 17

☑ ① 청원경찰의 복제는 제복·장구(裝具) 및 부속물로 구분하며 필요한 사항은 대통령령으로 정한다.
② 청원주 및 청원경찰은 행정안전부령으로 정하는 무기관리수칙을 준수하여야 한다.
③ 청원경찰이 특수복장을 착용할 필요가 있을 때 청원주는 시·도 경찰청장의 승인을 받아 착용하게 할 수 있다.
④ 시·도 경찰청장이 무기를 대여하여 휴대하게 하려는 경우에는 청원주로부터 국가에 기부채납된 무기에 한정하여 관할 경찰서장으로 하여금 청원경찰에게 무기를 대여하여 휴대하게 할 수 있다.

해설

① (×) 청원경찰의 복제(服制)는 제복·장구(裝具) 및 부속물로 구분을 하며, 필요한 사항은 행정안전부령으로 정한다(청원경찰법 시행령 제14조 제1항 및 제2항).★★
② (○) 청원경찰법 시행령 제16조 제4항★
③ (○) 청원경찰법 시행령 제14조 제3항★
④ (○) 청원경찰법 시행령 제16조 제2항★

06

청원경찰법령상 청원경찰의 복제에 관한 설명으로 옳지 않은 것은? 기출수정 16

① 부속물에는 모자표장, 가슴표장, 휘장, 계급장, 넥타이핀, 단추 및 장갑이 있다.
② 제복의 형태·규격은 청원주가 결정하되, 경찰공무원 또는 군인 제복의 색상과 명확하게 구별될 수 있어야 하며, 사업장별로 통일하여야 한다.
③ 청원경찰이 그 배치지의 특수성 등으로 특수복장을 착용할 필요가 있을 때에는 청원주는 시·도 경찰청장의 승인을 받아 특수복장을 착용하게 할 수 있다.
❹ **장구의 종류에는 허리띠, 경찰봉, 권총이 있다.**

해설

④ (×) 장구의 종류에는 허리띠, 경찰봉, 호루라기 및 포승이 있다(청원경찰법 시행규칙 제9조 제1항 제2호).★★
① (○) 청원경찰법 시행규칙 제9조 제1항 제3호★★
② (○) 청원경찰법 시행규칙 제9조 제2항 제1호
③ (○) 청원경찰법 시행령 제14조 제3항

07

청원경찰법령상 청원경찰의 제복착용 및 무기휴대에 관한 설명으로 옳은 것은? 기출수정 10

① 청원경찰의 하복·동복의 착용시기는 사업장별로 관할 경찰서장이 결정한다.
❷ **제복의 형태·규격 및 재질은 청원주가 결정하되, 사업장별로 통일해야 한다.**
③ 청원경찰은 교육훈련 중에도 허리띠와 경찰봉을 착용하거나 휴대해야 하나 휘장은 부착하지 아니할 수 있다.
④ 청원주 및 청원경찰은 대통령령으로 정하는 무기관리수칙을 준수하여야 한다.

해설

② (○) 청원경찰법 시행규칙 제9조 제2항 제1호 본문
① (×) 하복·동복의 착용시기는 사업장별로 청원주가 결정하되, 착용시기를 통일하여야 한다(청원경찰법 시행규칙 제10조).
③ (×) 청원경찰은 교육훈련 중에는 기동모, 기동복, 기동화 및 휘장을 착용하거나 부착하되, 허리띠와 경찰봉은 착용하거나 휴대하지 아니할 수 있다(청원경찰법 시행규칙 제9조 제3항).
④ (×) 청원주 및 청원경찰은 행정안전부령으로 정하는 무기관리수칙을 준수하여야 한다(청원경찰법 시행령 제16조 제4항). 대통령령이 아니라 행정안전부령이다.★★

08

청원경찰법령상 청원경찰의 제복착용과 무기휴대에 대한 설명으로 옳은 것은? 기출 08

☑ ① 청원경찰은 근무 중 제복을 착용하여야 한다.
② 청원경찰의 제복·장구 및 부속물에 관하여 필요한 사항은 대통령령으로 정한다.
③ 경찰청장은 청원경찰이 직무를 수행하기 위하여 필요하다고 인정하면 관할 경찰서장의 신청을 받아 시·도 경찰청장으로 하여금 청원경찰에게 무기를 대여하여 지니게 할 수 있다.
④ 청원경찰의 복제(服制)와 무기휴대에 필요한 사항은 경찰청장령으로 정한다.

해설
① (○) 청원경찰법 제8조 제1항
② (×) 청원경찰의 제복·장구 및 부속물에 관하여 필요한 사항은 행정안전부령으로 정한다(청원경찰법 시행령 제14조 제2항). ★
③ (×) 시·도 경찰청장은 청원경찰이 직무를 수행하기 위하여 필요하다고 인정하면 청원주의 신청을 받아 관할 경찰서장으로 하여금 청원경찰에게 무기를 대여하여 지니게 할 수 있다(청원경찰법 제8조 제2항).
④ (×) 청원경찰의 복제(服制)와 무기휴대에 필요한 사항은 대통령령으로 정한다(청원경찰법 제8조 제3항). ★

관계법령 **제복착용과 무기휴대(청원경찰법 제8조)**
① 청원경찰은 근무 중 제복을 착용하여야 한다.
② 시·도 경찰청장은 청원경찰이 직무를 수행하기 위하여 필요하다고 인정하면 청원주의 신청을 받아 관할 경찰서장으로 하여금 청원경찰에게 무기를 대여하여 지니게 할 수 있다.
③ 청원경찰의 복제(服制)와 무기휴대에 필요한 사항은 대통령령으로 정한다.

09

청원경찰의 복제에 대한 설명 중 틀린 것은? 기출수정 05

① 장구는 허리띠, 경찰봉, 호루라기 및 포승으로 구분한다.
☑ ② 기동모와 기동복의 색상은 검정색으로 한다.
③ 제복의 형태·규격 및 재질은 청원주가 결정하되, 경찰공무원 또는 군인 제복의 색상과 명확하게 구별될 수 있어야 한다.
④ 장구의 형태·규격 및 재질은 경찰장구와 같이 한다.

해설
② (×) 청원경찰의 기동모·기동복의 색상은 진한 청색으로 한다(청원경찰법 시행규칙 제9조 제2항 제1호).
① (○) 청원경찰법 시행규칙 제9조 제1항 제2호
③ (○) 청원경찰법 시행규칙 제9조 제2항 제1호
④ (○) 청원경찰법 시행규칙 제9조 제2항 제2호

10

청원경찰법령상 청원경찰의 대여품에 해당하는 것은? 기출 21

① 기동모
② 방한화
❸ 허리띠
④ 근무복

해설

기동모, 방한화, 근무복은 급여품(청원경찰법 시행규칙 [별표 2]), 허리띠는 대여품(청원경찰법 시행규칙 [별표 3])에 해당한다.

관계법령

청원경찰 급여품표(청원경찰법 시행규칙 [별표 2])

품 명	수 량	사용기간	정기지급일
근무복(하복)	1	1년	5월 5일
근무복(동복)	1	1년	9월 25일
한여름 옷	1	1년	6월 5일
외투·방한복 또는 점퍼	1	2~3년	9월 25일
기동화 또는 단화	1	기동화 2년, 단화 1년	9월 25일
비 옷	1	3년	5월 5일
정 모	1	3년	9월 25일
기동모	1	3년	필요할 때
기동복	1	2년	필요할 때
방한화	1	2년	9월 25일
장 갑	1	2년	9월 25일
호루라기	1	2년	9월 25일

청원경찰 대여품표(청원경찰법 시행규칙 [별표 3])

품 명	허리띠	경찰봉	가슴표장	분사기	포 승
수 량	1	1	1	1	1

11

청원경찰법령상 청원경찰에게 지급하는 대여품에 해당하는 것은? 기출 20

① 기동복
✅ ② 가슴표장
③ 호루라기
④ 정 모

해설

기동복, 호루라기, 정모는 급여품에 해당하나, 가슴표장은 대여품에 해당한다(청원경찰법 시행규칙 [별표 2]·[별표 3] 참조).

12

청원경찰법령상 급여품과 대여품에 관한 설명으로 옳지 않은 것은? 기출 19

① 근무복과 기동화는 청원경찰에게 지급하는 급여품에 해당한다.
② 청원경찰에게 지급하는 대여품에는 허리띠, 경찰봉, 가슴표장, 분사기, 포승이 있다.
③ 급여품 중 호루라기, 방한화, 장갑의 사용기간은 2년이다.
✅ ④ 청원경찰이 퇴직할 때에는 급여품과 대여품을 청원주에게 반납하여야 한다.

해설

④ (×) 청원경찰이 퇴직할 때에는 대여품을 청원주에게 반납하여야 한다(청원경찰법 시행규칙 제12조 제2항).
① (○), ③ (○) 청원경찰법 시행규칙 [별표 2]
② (○) 청원경찰법 시행규칙 [별표 3]

13

청원경찰법령상 청원경찰이 퇴직할 때 청원주에게 반납하여야 하는 것을 모두 고른 것은? 기출 17

ㄱ. 허리띠	ㄴ. 근무복
ㄷ. 방한화	ㄹ. 호루라기
ㅁ. 가슴표장	ㅂ. 분사기
ㅅ. 포 승	ㅇ. 기동복

① ㄱ, ㄷ, ㅁ, ㅇ
✅ ② ㄱ, ㅁ, ㅂ, ㅅ
③ ㄴ, ㄷ, ㄹ, ㅇ
④ ㄴ, ㄹ, ㅂ, ㅅ

해설

청원경찰이 퇴직할 때에는 대여품(허리띠, 경찰봉, 가슴표장, 분사기, 포승)을 청원주에게 반납하여야 한다(청원경찰법 시행규칙 제12조 제2항, [별표 3]). 참고로 급여품(청원경찰법 시행규칙 [별표 2])은 반납대상이 아니다.

14

청원경찰법령에 관한 설명으로 옳지 않은 것은? 기출 18

① 청원경찰의 신분증명서는 청원주가 발행하며, 그 형식은 시·도 경찰청장이 결정한다.
② 청원주는 소속 청원경찰에게 그 직무집행에 필요한 교육을 매월 4시간 이상 하여야 한다.
③ 청원경찰이 퇴직할 때에는 대여품을 청원주에게 반납하여야 한다.
④ 청원경찰은 국내 주재 외국기관에도 배치될 수 있다.

해설

① (×) 청원경찰의 신분증명서는 청원주가 발행하며, 그 형식은 청원주가 결정하되 사업장별로 통일하여야 한다(청원경찰법 시행규칙 제11조 제1항).
② (○) 청원경찰법 시행규칙 제13조 제1항
③ (○) 청원경찰법 시행규칙 제12조 제2항
④ (○) 청원경찰법 제2조 제2호

15

청원경찰법령상 청원경찰이 퇴직할 때 청원주에게 반납해야 하는 것은? 기출 15

① 장 갑
② 허리띠
③ 방한화
④ 호루라기

해설

대여품인 허리띠는 반납대상이다. ①·③·④는 대여품이 아닌 급여품이므로 반납대상이 아니다(청원경찰법 시행규칙 제12조 제1항).

관계법령	급여품 및 대여품(청원경찰법 시행규칙 제12조)

① 청원경찰에게 지급하는 급여품은 [별표 2](근무복(하복), 근무복(동복), 한여름 옷, 외투·방한복 또는 점퍼, 기동화 또는 단화, 비옷, 정모, 기동모, 기동복, 방한화, 장갑, 호루라기 등)와 같고, 대여품은 [별표 3](허리띠, 경찰봉, 가슴표장, 분사기, 포승 등)과 같다.★★
② 청원경찰이 퇴직할 때에는 대여품을 청원주에게 반납하여야 한다.★

16

청원경찰법령에 규정된 청원경찰의 복제와 관련하여 다음 중 그 형태·규격 및 재질을 경찰복제와 동일하게 하는 것을 모두 고른 것은?

ㄱ. 허리띠	ㄴ. 호루라기
ㄷ. 포 승	ㄹ. 기동복
ㅁ. 넥타이핀	ㅂ. 단 화
ㅅ. 방한복	ㅇ. 계급장

① ㄱ, ㄴ, ㄷ ✓
② ㄴ, ㅅ, ㅇ
③ ㄷ, ㄹ, ㅁ, ㅂ
④ ㄱ, ㄴ, ㄷ, ㅁ, ㅅ

해설

청원경찰의 복제 중 그 형태·규격 및 재질을 경찰복제와 동일하게 하는 것은 장구이며(청원경찰법 시행규칙 제9조 제2항 제2호), 장구에는 허리띠, 경찰봉, 호루라기 및 포승이 있다(청원경찰법 시행규칙 제9조 제1항 제2호).

핵심만콕 청원경찰의 복제(服制) ★★

구 분	종 류	형태·규격 및 재질
제 복	정모(正帽), 기동모(활동에 편한 모자), 근무복(하복, 동복), 한여름 옷, 기동복, 점퍼, 비옷, 방한복, 외투, 단화, 기동화 및 방한화	청원주가 결정하되, 경찰공무원 또는 군인 제복의 색상과 명확하게 구별될 수 있어야 하며, 사업장별로 통일해야 한다. 다만, 기동모와 기동복의 색상은 진한 청색으로 하고, 기동복의 형태·규격은 별도 1과 같이 한다. ★★
장 구	허리띠, 경찰봉, 호루라기 및 포승(捕繩)	경찰 장구와 같이 한다. ★★
부속물	모자표장, 가슴표장, 휘장, 계급장, 넥타이핀, 단추 및 장갑	• 모자표장의 형태·규격 및 재질은 별도 2와 같이 하되, 기동모의 표장은 정모 표장의 2분의 1 크기로 할 것 • 가슴표장, 휘장, 계급장, 넥타이핀 및 단추의 형태·규격 및 재질은 별도 3부터 별도 7까지와 같이 할 것

17

청원경찰법령상 무기관리수칙에 관한 설명으로 옳지 않은 것은? 기출 24

① 청원주가 무기와 탄약을 대여받았을 때에는 경찰청장이 정하는 무기·탄약 출납부 및 무기장비 운영카드를 갖춰 두고 기록하여야 한다.

❷ 청원주는 무기와 탄약이 분실되었을 때에는 경찰청장이 정하는 바에 따라 그 전액을 배상해야 하지만, 전시·사변·천재지변이나 그 밖의 불가항력적인 사유가 있다고 경찰청장이 인정하였을 때에는 그렇지 않다.

③ 청원주로부터 무기와 탄약을 지급받은 청원경찰은 무기를 지급받거나 반납할 때에는 반드시 "앞에 총" 자세에서 "검사 총"을 하여야 한다.

④ 청원주는 사직 의사를 밝힌 청원경찰에게 무기와 탄약을 지급해서는 안 되며, 지급한 무기와 탄약은 즉시 회수해야 한다.

[해설]

② (×) 청원주는 무기와 탄약이 분실되거나 도난당하거나 빼앗기거나 훼손되었을 때에는 경찰청장이 정하는 바에 따라 그 전액을 배상해야 한다. 다만, 전시·사변·천재지변이나 그 밖의 불가항력적인 사유가 있다고 <u>시·도 경찰청장</u>이 인정하였을 때에는 그렇지 않다(청원경찰법 시행규칙 제16조 제1항 제8호).
① (○) 청원경찰법 시행규칙 제16조 제1항 제1호
③ (○) 청원경찰법 시행규칙 제16조 제3항 제1호
④ (○) 청원경찰법 시행규칙 제16조 제4항 제3호

18

청원경찰법령상 무기관리수칙에 관한 설명으로 옳지 않은 것은? 기출 23

① 무기고와 탄약고에는 이중잠금장치를 하고, 열쇠는 관리책임자가 보관하되, 근무시간 이후에는 숙직책임자에게 인계하여 보관시켜야 한다.

❷ 소총의 탄약은 1정당 10발 이내, 권총의 탄약은 1정당 5발 이내로 출납하여야 한다.

③ 청원주는 무기와 탄약이 분실되거나 도난당하거나 빼앗기거나 훼손되었을 때에는 경찰청장이 정하는 바에 따라 그 전액을 배상하는 것이 원칙이다.

④ 청원경찰에게 지급한 무기와 탄약은 매주 1회 이상 손질하게 하여야 한다.

[해설]

② (×) <u>소총의 탄약은 1정당 15발 이내, 권총의 탄약은 1정당 7발 이내로 출납하여야 한다</u>(청원경찰법 시행규칙 제16조 제2항 제2호 전문).
① (○) 청원경찰법 시행규칙 제16조 제1항 제5호
③ (○) 청원경찰법 시행규칙 제16조 제1항 제8호 본문
④ (○) 청원경찰법 시행규칙 제16조 제2항 제3호

19

청원경찰법령상 청원주의 무기관리수칙에 관한 설명으로 옳지 않은 것은? 기출 22

① 청원주가 무기와 탄약을 대여받았을 때에는 경찰청장이 정하는 무기ㆍ탄약 출납부 및 무기장비 운영카드를 갖춰 두고 기록하여야 한다.
② 청원주는 무기와 탄약의 관리를 위하여 관리책임자를 지정하고 관할 경찰서장에게 그 사실을 통보하여야 한다.
❸ 무기고와 탄약고에는 이중잠금장치를 하고, 열쇠는 숙직책임자가 보관하되, 근무시간 이후에는 관리책임자에게 인계하여 보관시켜야 한다.
④ 청원주는 경찰청장이 정하는 바에 따라 매월 무기와 탄약의 관리실태를 파악하여 다음 달 3일까지 관할 경찰서장에게 통보하여야 한다.

해설

③ (×) 무기고와 탄약고에는 이중잠금장치를 하고, 열쇠는 관리책임자가 보관하되, 근무시간 이후에는 숙직책임자에게 인계하여 보관시켜야 한다(청원경찰법 시행규칙 제16조 제1항 제5호).
① (○) 청원경찰법 시행규칙 제16조 제1항 제1호
② (○) 청원경찰법 시행규칙 제16조 제1항 제2호
④ (○) 청원경찰법 시행규칙 제16조 제1항 제6호

관계법령 무기관리수칙(청원경찰법 시행규칙 제16조)

① 영 제16조에 따라 무기와 탄약을 대여받은 청원주는 다음 각호에 따라 무기와 탄약을 관리해야 한다.
  1. 청원주가 무기와 탄약을 대여받았을 때에는 경찰청장이 정하는 무기ㆍ탄약 출납부 및 무기장비 운영카드를 갖춰 두고 기록하여야 한다.
  2. 청원주는 무기와 탄약의 관리를 위하여 관리책임자를 지정하고 관할 경찰서장에게 그 사실을 통보하여야 한다.
  3. 무기고 및 탄약고는 단층에 설치하고 환기ㆍ방습ㆍ방화 및 총받침대 등의 시설을 갖추어야 한다.
  4. 탄약고는 무기고와 떨어진 곳에 설치하고, 그 위치는 사무실이나 그 밖에 여러 사람을 수용하거나 여러 사람이 오고 가는 시설로부터 격리되어야 한다.
  5. 무기고와 탄약고에는 이중잠금장치를 하고, 열쇠는 관리책임자가 보관하되, 근무시간 이후에는 숙직책임자에게 인계하여 보관시켜야 한다.
  6. 청원주는 경찰청장이 정하는 바에 따라 매월 무기와 탄약의 관리실태를 파악하여 다음 달 3일까지 관할 경찰서장에게 통보하여야 한다.
  7. 청원주는 대여받은 무기와 탄약이 분실되거나 도난당하거나 빼앗기거나 훼손되는 등의 사고가 발생했을 때에는 지체 없이 그 사유를 관할 경찰서장에게 통보해야 한다.
  8. 청원주는 무기와 탄약이 분실되거나 도난당하거나 빼앗기거나 훼손되었을 때에는 경찰청장이 정하는 바에 따라 그 전액을 배상해야 한다. 다만, 전시ㆍ사변ㆍ천재지변이나 그 밖의 불가항력적인 사유가 있다고 시ㆍ도 경찰청장이 인정하였을 때에는 그렇지 않다.

20

다음 중 청원경찰법령상 청원주가 명시적으로 무기와 탄약을 지급해서는 안 되는 사람을 모두 고른 것은? 기출수정 21

> ㄱ. 형사사건으로 조사대상이 된 사람
> ㄴ. 사직 의사를 밝힌 사람
> ㄷ. 평소에 불평이 심하고 염세적인 사람
> ㄹ. 변태적 성벽(性癖)이 있는 사람

① ㄱ, ㄴ
② ㄱ, ㄴ, ㄷ
③ ㄴ, ㄷ, ㄹ
④ ㄱ, ㄴ, ㄷ, ㄹ

해설

2022.11.10. 개정된 청원경찰법 시행규칙 제16조 제4항에 따르면 설문에 해당하는 자는 ㄱ과 ㄴ이다.

관계법령 무기관리수칙(청원경찰법 시행규칙 제16조)

④ 청원주는 다음 각호의 어느 하나에 해당하는 청원경찰에게 무기와 탄약을 지급해서는 안 되며, 지급한 무기와 탄약은 즉시 회수해야 한다.
1. 직무상 비위(非違)로 징계대상이 된 사람
2. 형사사건으로 조사대상이 된 사람
3. 사직 의사를 밝힌 사람
4. 치매, 조현병, 조현정동장애, 양극성 정동장애(조울병), 재발성 우울장애 등의 정신질환으로 인하여 무기와 탄약의 휴대가 적합하지 않다고 해당 분야 전문의가 인정하는 사람
5. 제1호부터 제4호까지의 규정 중 어느 하나에 준하는 사유로 청원주가 무기와 탄약을 지급하기에 적절하지 않다고 인정하는 사람
6. 삭제 〈2022.11.10.〉

21

청원경찰법령상 무기와 탄약을 지급받은 청원경찰의 준수사항으로 옳지 않은 것은?

① 무기를 지급받거나 반납할 때 또는 인계인수할 때에는 반드시 "앞에 총" 자세에서 "검사 총"을 하여야 한다.
② 무기와 탄약을 지급받았을 때에는 별도의 지시가 없으면 무기와 탄약을 분리하여 휴대하여야 한다.
③ 지급받은 무기는 다른 사람에게 보관 또는 휴대하게 할 수 없으며 손질을 의뢰할 수 없다.
④ ✓ 근무시간 이후에는 무기와 탄약을 관리책임자에게 반납하여야 한다.

해설

④ (×) 근무시간 이후에는 무기와 탄약을 청원주에게 반납하거나 교대근무자에게 인계하여야 한다(청원경찰법 시행규칙 제16조 제3항 제6호).
① (○) 청원경찰법 시행규칙 제16조 제3항 제1호
② (○) 청원경찰법 시행규칙 제16조 제3항 제2호 전단
③ (○) 청원경찰법 시행규칙 제16조 제3항 제3호

관계법령 **무기관리수칙(청원경찰법 시행규칙 제16조)**

③ 청원주로부터 무기와 탄약을 지급받은 청원경찰은 다음 각호의 사항을 준수하여야 한다.
 1. 무기를 지급받거나 반납할 때 또는 인계인수할 때에는 반드시 "앞에 총" 자세에서 "검사 총"을 하여야 한다.
 2. 무기와 탄약을 지급받았을 때에는 별도의 지시가 없으면 무기와 탄약을 분리하여 휴대하여야 하며, 소총은 "우로 어깨 걸어 총"의 자세를 유지하고, 권총은 "권총집에 넣어 총"의 자세를 유지하여야 한다.
 3. 지급받은 무기는 다른 사람에게 보관 또는 휴대하게 할 수 없으며 손질을 의뢰할 수 없다.
 4. 무기를 손질하거나 조작할 때에는 반드시 총구를 공중으로 향하게 하여야 한다.
 5. 무기와 탄약을 반납할 때에는 손질을 철저히 하여야 한다.
 6. 근무시간 이후에는 무기와 탄약을 청원주에게 반납하거나 교대근무자에게 인계하여야 한다.

22

다음 중 청원경찰법령상 청원주가 무기와 탄약을 지급해서는 안 되는 청원경찰로 명시된 자는?

① 민사소송의 피고로 소송 계류 중인 사람
② ✓ 사직 의사를 밝힌 사람
③ 주벽(酒癖)이 심한 사람
④ 변태적 성벽(性癖)이 있는 사람

해설

청원주는 사직 의사를 밝힌 사람에게는 무기와 탄약을 지급해서는 안 된다(청원경찰법 시행규칙 제16조 제4항 제3호).

23

청원경찰법령상 청원주의 무기관리수칙에 관한 설명으로 옳은 것은? 기출수정 18

① 탄약고는 무기고와 떨어진 곳에 설치하고, 그 위치는 사무실이나 그 밖에 여러 사람을 수용하거나 여러 사람이 오고 가는 시설로부터 인접해 있어야 한다.
② 무기와 탄약을 대여받았을 때에는 시·도 경찰청장이 정하는 무기·탄약 출납부 등을 갖춰 두고 기록하여야 한다.
❸ 대여받은 무기와 탄약이 분실되거나 도난당하거나 빼앗기거나 훼손되는 등의 사고가 발생했을 때에는 지체 없이 그 사유를 관할 경찰서장에게 통보해야 한다.
④ 청원경찰에게 지급한 무기와 탄약은 매월 1회 이상 손질하게 하여야 한다.

해설

③ (○) 청원경찰법 시행규칙 제16조 제1항 제7호
① (×) 탄약고는 무기고와 떨어진 곳에 설치하고, 그 위치는 사무실이나 그 밖에 여러 사람을 수용하거나 여러 사람이 오고 가는 시설로부터 격리되어야 한다(청원경찰법 시행규칙 제16조 제1항 제4호).
② (×) 청원주가 무기와 탄약을 대여받았을 때에는 경찰청장이 정하는 무기·탄약 출납부 및 무기장비 운영카드를 갖춰 두고 기록하여야 한다(청원경찰법 시행규칙 제16조 제1항 제1호).★
④ (×) 청원경찰에게 지급한 무기와 탄약은 매주 1회 이상 손질하게 하여야 한다(청원경찰법 시행규칙 제16조 제2항 제3호).

24

청원경찰법령상 무기관리수칙에 관한 설명으로 옳지 않은 것은? 기출수정 16

❶ 청원주는 대여받은 무기와 탄약이 분실되거나 도난당하거나 빼앗기거나 훼손되는 등의 사고가 발생했을 때에는 지체 없이 그 사유를 지방자치단체장에게 통보해야 한다.
② 청원주가 무기와 탄약을 대여받았을 때에는 경찰청장이 정하는 무기·탄약 출납부 및 무기장비 운영카드를 갖춰 두고 기록하여야 한다.
③ 청원주는 수리가 필요한 무기가 있을 때에는 그 목록과 무기장비 운영카드를 첨부하여 관할 경찰서장에게 수리를 요청할 수 있다.
④ 청원주는 사직 의사를 밝힌 청원경찰에게 무기와 탄약을 지급해서는 안 되며, 지급한 무기와 탄약은 즉시 회수해야 한다.

해설

① (×) 청원주는 대여받은 무기와 탄약이 분실되거나 도난당하거나 빼앗기거나 훼손되는 등의 사고가 발생했을 때에는 지체 없이 그 사유를 관할 경찰서장에게 통보해야 한다(청원경찰법 시행규칙 제16조 제1항 제7호).
② (○) 청원경찰법 시행규칙 제16조 제1항 제1호★
③ (○) 청원경찰법 시행규칙 제16조 제2항 제4호★
④ (○) 청원경찰법 시행규칙 제16조 제4항 제3호

25

청원경찰법령상 청원경찰의 무기휴대 등에 관한 설명으로 옳은 것은? 기출 14

① 청원주는 청원경찰이 직무를 수행하기 위하여 필요하다고 인정하면 관할 경찰서장으로 하여금 청원경찰에게 무기를 대여하여 지니게 할 수 있다.
② 청원주는 청원경찰에게 지급한 무기와 탄약을 매월 1회 이상 손질하게 해야 한다.
③ 시·도 경찰청장이 무기를 대여하여 휴대하게 하려는 경우에는 청원주로부터 국가에 기부채납된 무기에 한정하여 관할 경찰서장으로 하여금 무기를 대여하여 휴대하게 할 수 있다.
④ 청원경찰에게 무기를 대여하였을 때에는 시·도 경찰청장은 청원경찰의 무기관리상황을 수시로 점검해야 한다.

해설

③ (○) 청원경찰법 시행령 제16조 제2항
① (×) 시·도 경찰청장은 청원경찰이 직무를 수행하기 위하여 필요하다고 인정하면 청원주의 신청을 받아 관할 경찰서장으로 하여금 청원경찰에게 무기를 대여하여 지니게 할 수 있다(청원경찰법 제8조 제2항). ★
② (×) 청원주는 청원경찰에게 지급한 무기와 탄약을 매주 1회 이상 손질하게 해야 한다(청원경찰법 시행규칙 제16조 제2항 제3호). ★★
④ (×) 무기를 대여하였을 때에는 관할 경찰서장은 청원경찰의 무기관리상황을 수시로 점검해야 한다(청원경찰법 시행령 제16조 제3항). ★★★

26

청원경찰법령상 분사기 및 무기의 휴대에 관한 내용으로 옳은 것은? 기출 12

① 시·도 경찰청장은 청원경찰의 직무수행을 위하여 필요하다고 인정하면 청원주의 신청을 받아 관할 경찰서장으로 하여금 청원경찰에게 무기를 대여하여 지니게 할 수 있다.
② 청원경찰로 하여금 분사기를 휴대하여 직무를 수행하게 하고자 하는 경우 청원주는 「총포·도검·화약류 등의 안전관리에 관한 법률」에 따라 관할 경찰서장에게 소지신고를 하여야 한다.
③ 관할 경찰서장이 대여할 수 있는 무기는 청원주가 국가에 기부채납한 무기에 한하지 않는다.
④ 청원주가 무기와 탄약을 출납하려는 경우 청원주는 청원경찰에게 지급한 무기와 탄약을 월 2회 손질하게 하여야 한다.

해설

① (○) 청원경찰법 제8조 제2항
② (×) 청원주는 「총포·도검·화약류 등의 안전관리에 관한 법률」에 따른 분사기의 소지허가를 받아 청원경찰로 하여금 그 분사기를 휴대하여 직무를 수행하게 할 수 있다(청원경찰법 시행령 제15조). ★
③ (×) 무기대여 신청을 받은 시·도 경찰청장이 무기를 대여하여 휴대하게 하려는 경우에는 청원주로부터 국가에 기부채납된 무기에 한정하여 관할 경찰서장으로 하여금 무기를 대여하여 휴대하게 할 수 있다(청원경찰법 시행령 제16조 제2항).
④ (×) 청원경찰에게 지급한 무기와 탄약은 매주 1회 이상 손질하게 하여야 한다(청원경찰법 시행규칙 제16조 제2항 제3호).

27

청원경찰법령상 청원주로부터 무기 및 탄약을 지급받은 청원경찰의 무기관리수칙에 관한 내용으로 옳은 것을 모두 고른 것은? 기출 12

> ㄱ. 지급받은 무기는 다른 사람에게 보관하거나 휴대시킬 수 없으며 손질을 의뢰할 수 없다.
> ㄴ. 무기와 탄약을 지급받았을 때에는 별도의 지시가 없으면 무기와 탄약을 분리하여 휴대하여야 하며, 소총은 "우로 어깨 걸어 총"의 자세를 유지하고, 권총은 "권총집에 넣어 총"의 자세를 유지하여야 한다.
> ㄷ. 무기를 손질 또는 조작할 때에는 반드시 총구를 바닥으로 향하여야 한다.
> ㄹ. 무기를 지급받거나 반납할 때 또는 인계인수할 때에는 반드시 "검사 총" 자세 이후 "앞에 총"을 하여야 한다.

① ㄱ, ㄴ ✓
② ㄱ, ㄹ
③ ㄴ, ㄷ
④ ㄷ, ㄹ

해설

제시된 내용 중 옳은 것은 ㄱ과 ㄴ이다.
ㄱ. (○) 청원경찰법 시행규칙 제16조 제3항 제3호
ㄴ. (○) 청원경찰법 시행규칙 제16조 제3항 제2호
ㄷ. (✕) 무기를 손질하거나 조작할 때에는 반드시 총구를 공중으로 향하게 하여야 한다(청원경찰법 시행규칙 제16조 제3항 제4호).
ㄹ. (✕) 무기를 지급받거나 반납할 때 또는 인계인수할 때에는 반드시 "앞에 총" 자세에서 "검사 총"을 하여야 한다(청원경찰법 시행규칙 제16조 제3항 제1호).

28

청원경찰법령상 무기와 관련된 내용으로 옳지 않은 것은? 기출 11

☑ 관할 경찰서장은 무기를 대여하였을 경우 월 1회 정기적으로 무기관리상황을 점검하여야 한다.
② 청원주가 청원경찰이 휴대할 무기를 대여받으려는 경우에는 관할 경찰서장을 거쳐 시·도 경찰청장에게 무기 대여를 신청하여야 한다.
③ 시·도 경찰청장은 청원경찰이 직무를 수행하기 위하여 필요하다고 인정하면 청원주의 신청을 받아 관할 경찰서장으로 하여금 청원경찰에게 무기를 대여하여 지니게 할 수 있다.
④ 청원주로부터 무기를 지급받은 청원경찰이 무기를 손질하거나 조작할 때에는 반드시 총구를 공중으로 향하게 하여야 한다.

해설

① (×) 무기를 대여하였을 때에는 관할 경찰서장은 청원경찰의 무기관리상황을 수시로 점검하여야 한다(청원경찰법 시행령 제16조 제3항).★★★
② (○) 청원경찰법 시행령 제16조 제1항
③ (○) 청원경찰법 제8조 제2항
④ (○) 청원경찰법 시행규칙 제16조 제3항 제4호

29

청원경찰법령상 무기관리수칙 등에 관한 설명으로 옳지 않은 것은? 기출 10

☑ 청원주는 무기와 탄약의 관리를 위하여 관리책임자를 지정하고 관할 경찰서장을 거쳐 관할 시·도 경찰청장에게 그 사실을 통보하여야 한다.
② 청원주가 청원경찰이 휴대할 무기를 대여받으려는 경우에는 관할 경찰서장을 거쳐 시·도 경찰청장에게 무기 대여를 신청하여야 한다.
③ 대여받은 무기와 탄약을 청원주가 청원경찰에게 출납하려는 경우에는 원칙적으로 소총의 탄약은 1정당 15발 이내, 권총의 탄약은 1정당 7발 이내로 출납하여야 한다.
④ 청원주는 무기와 탄약을 출납하였을 때에는 무기·탄약 출납부에 그 출납사항을 기록하여야 한다.

해설

① (×) 청원주는 무기와 탄약의 관리를 위하여 관리책임자를 지정하고 관할 경찰서장에게 그 사실을 통보하여야 한다(청원경찰법 시행규칙 제16조 제1항 제2호).★
② (○) 청원경찰법 시행령 제16조 제1항
③ (○) 청원경찰법 시행규칙 제16조 제2항 제2호
④ (○) 청원경찰법 시행규칙 제16조 제2항 제1호

30

청원경찰법령상 무기관리수칙에 관한 설명으로 옳지 않은 것은? 기출 09

① 청원주가 무기와 탄약을 대여받았을 때에는 경찰청장이 정하는 무기·탄약 출납부 및 무기장비 운영카드를 갖춰 두고 기록하여야 한다.
② 청원주는 무기와 탄약의 관리를 위하여 관리책임자를 지정하고 관할 경찰서장에게 그 사실을 통보하여야 한다.
❸ **무기고 및 탄약고는 복층에 설치하고 환기·방습·방화 및 총받침대 등의 시설을 갖추어야 한다.**
④ 탄약고는 무기고와 떨어진 곳에 설치하고, 그 위치는 사무실이나 그 밖에 여러 사람을 수용하거나 여러 사람이 오고가는 시설로부터 격리되어야 한다.

[해설]
③ (×) 무기고 및 탄약고는 단층에 설치하고 환기·방습·방화 및 총받침대 등의 시설을 갖추어야 한다(청원경찰법 시행규칙 제16조 제1항 제3호).
① (○) 청원경찰법 시행규칙 제16조 제1항 제1호
② (○) 청원경찰법 시행규칙 제16조 제1항 제2호
④ (○) 청원경찰법 시행규칙 제16조 제1항 제4호

31

청원경찰법령상 청원경찰의 무기대여 및 무기관리에 관한 설명으로 옳은 것은? 기출 09

❶ **청원주는 대여받은 무기와 탄약이 분실되거나 도난당하거나 빼앗기거나 훼손되는 등의 사고가 발생했을 때에는 지체 없이 그 사유를 관할 경찰서장에게 통보해야 한다.**
② 청원주 및 청원경찰은 대통령령으로 정하는 무기관리수칙을 준수하여야 한다.
③ 청원주는 자신이 국가에 기부채납하지 않은 무기도 대여신청 후 국가로부터 대여받아 휴대할 수 있다.
④ 청원경찰은 무기를 손질하거나 조작할 때에는 반드시 총구를 바닥으로 향하게 하여야 한다.

[해설]
① (○) 청원경찰법 시행규칙 제16조 제1항 제7호
② (×) 청원주 및 청원경찰은 행정안전부령으로 정하는 무기관리수칙을 준수하여야 한다(청원경찰법 시행령 제16조 제4항).
③ (×) 무기대여 신청을 받은 시·도 경찰청장이 무기를 대여하여 휴대하게 하려는 경우에는 청원주로부터 국가에 기부채납된 무기에 한정하여 관할 경찰서장으로 하여금 무기를 대여하여 휴대하게 할 수 있다(청원경찰법 시행령 제16조 제2항).
④ (×) 무기를 손질하거나 조작할 때에는 반드시 총구를 공중으로 향하게 하여야 한다(청원경찰법 시행규칙 제16조 제3항 제4호).

32

청원경찰의 무기휴대에 관한 사항 중 틀린 것은? 기출 05

① 청원주가 청원경찰이 휴대할 무기를 대여받으려는 경우에는 관할 경찰서장을 거쳐 시·도 경찰청장에게 무기대여를 신청하여야 한다.
❷ **청원경찰은 별도의 허가를 받지 아니하고도 분사기를 휴대할 수 있다.**
③ 무기를 대여하였을 때에는 관할 경찰서장은 청원경찰의 무기관리상황을 수시로 점검하여야 한다.
④ 청원주는 경찰청장이 정하는 바에 따라 매월 무기와 탄약의 관리실태를 파악하여 다음 달 3일까지 관할 경찰서장에게 통보하여야 한다.

해설

② (×) 청원주는 「총포·도검·화약류 등의 안전관리에 관한 법률」에 따른 <u>분사기의 소지허가를 받아</u> 청원경찰로 하여금 그 분사기를 휴대하여 직무를 수행하게 할 수 있다(청원경찰법 시행령 제15조).
① (○) 청원경찰법 시행령 제16조 제1항
③ (○) 청원경찰법 시행령 제16조 제3항
④ (○) 청원경찰법 시행규칙 제16조 제1항 제6호

33

다음 중 청원경찰의 무기휴대 및 사용에 관한 내용 중 옳지 않은 것은? 기출 99

① 청원주 및 청원경찰은 행정안전부령으로 정하는 무기관리수칙을 준수하여야 한다.
② 무기를 대여하였을 때에는 관할 경찰서장은 청원경찰의 무기관리상황을 수시로 점검하여야 한다.
③ 청원경찰이 휴대할 무기를 대여받으려는 경우에는 무기대여 신청서를 관할 경찰서장을 거쳐 시·도 경찰청장에게 제출하여야 한다.
❹ **관할 경찰서장은 청원경찰이 직무를 수행하기 위하여 필요하다고 인정하면 청원주의 신청을 받아 관할 지구대장으로 하여금 무기를 대여하여 지니게 할 수 있다.**

해설

④ (×) <u>시·도 경찰청장</u>은 청원경찰이 직무를 수행하기 위하여 필요하다고 인정하면 청원주의 신청을 받아 <u>관할 경찰서장으로 하여금 청원경찰에게 무기를 대여하여 지니게 할 수 있다</u>(청원경찰법 제8조 제2항). ★
① (○) 청원경찰법 시행령 제16조 제4항
② (○) 청원경찰법 시행령 제16조 제3항
③ (○) 청원경찰법 시행령 제16조 제1항

34

청원경찰법령상 관할 경찰서장이 갖춰 두어야 할 문서와 장부로 옳지 않은 것은? 기출 24

① 청원경찰 명부
② 감독 순시부
③ 교육훈련 실시부
④ **배치결정 관계철**

해설

배치결정 관계철은 시·도 경찰청장이 갖춰 두어야 하는 문서와 장부에 해당한다(청원경찰법 시행규칙 제17조 제3항 제1호).

핵심만콕 문서와 장부의 비치(청원경찰법 시행규칙 제17조) ★★

청원주(제1항)	관할 경찰서장(제2항)	시·도 경찰청장(제3항)
• 청원경찰 명부 • 근무일지 • 근무 상황카드 • 경비구역 배치도 • 순찰표철 • 무기·탄약 출납부 • 무기장비 운영카드 • 봉급지급 조서철 • 신분증명서 발급대장 • 징계 관계철 • 교육훈련 실시부 • 청원경찰 직무교육계획서 • 급여품 및 대여품 대장 • 그 밖에 청원경찰의 운영에 필요한 문서와 장부	• **청원경찰 명부** • **감독 순시부** • 전출입 관계철 • **교육훈련 실시부** • 무기·탄약 대여대장 • 징계요구서철 • 그 밖에 청원경찰의 운영에 필요한 문서와 장부	• **배치결정 관계철** • 청원경찰 임용승인 관계철 • 전출입 관계철 • 그 밖에 청원경찰의 운영에 필요한 문서와 장부

35

청원경찰법령상 청원주가 갖추어야 할 문서와 장부가 아닌 것은? 기출 23

① **청원경찰 임용승인 관계철**
② 청원경찰 명부
③ 경비구역 배치도
④ 무기·탄약 출납부

해설

청원경찰 임용승인 관계철은 시·도 경찰청장이 갖춰 두어야 할 문서와 장부에 해당한다(청원경찰법 시행규칙 제3항 제2호).

36

청원경찰법령상 청원주와 관할 경찰서장이 공통으로 갖춰 두어야 할 문서와 장부로 옳은 것은?

① 무기·탄약 출납부
☑ 교육훈련 실시부
③ 무기장비 운영카드
④ 무기·탄약 대여대장

해설
청원경찰 명부와 교육훈련 실시부가 청원경찰법령상 청원주와 관할 경찰서장이 공통으로 갖춰 두어야 할 문서와 장부에 해당한다(청원경찰법 시행규칙 제17조 제1항·제2항 참조).

37

청원경찰법령상 청원주가 갖추어 두어야 할 문서와 장부에 해당하는 것을 모두 고른 것은?

ㄱ. 청원경찰 명부
ㄴ. 경비구역 배치도
ㄷ. 청원경찰 직무교육계획서
ㄹ. 전출입 관계철

① ㄱ, ㄷ
☑ ㄱ, ㄴ, ㄷ
③ ㄱ, ㄴ, ㄹ
④ ㄴ, ㄷ, ㄹ

해설
전출입 관계철은 청원경찰법령상 관할 경찰서장 또는 시·도 경찰청장이 갖추어 두어야 할 문서와 장부에 해당한다(청원경찰법 시행규칙 제17조 제2항 제3호·제3항 제3호).

38

청원경찰법령상 관할 경찰서장이 갖춰 두어야 할 문서와 장부가 아닌 것은? 기출 19

① 청원경찰 명부
② 전출입 관계철
③ 교육훈련 실시부
✔ ④ 청원경찰 임용승인 관계철

해설
청원경찰 임용승인 관계철은 시·도 경찰청장이 갖춰 두어야 할 문서와 장부에 해당한다.

39

청원경찰법령상 청원주가 비치하여야 할 문서와 장부가 아닌 것은? 기출 16

① 경비구역 배치도
② 징계 관계철
✔ ③ 감독 순시부
④ 교육훈련 실시부

해설
감독 순시부는 관할 경찰서장이 갖춰 두어야 할 장부이다(청원경찰법 시행규칙 제17조 제2항 제2호).

40

청원경찰법령상 청원주가 비치해야 할 문서와 장부에 해당되는 것은? 기출 14

① 감독 순시부, 징계요구서철
✔ ② 경비구역 배치도, 교육훈련 실시부
③ 무기·탄약 대여대장, 전출입 관계철
④ 배치결정 관계철, 청원경찰 임용승인 관계철

해설
②는 청원주가, ①·③은 관할 경찰서장, ④는 시·도 경찰청장이 각각 비치해야 할 문서와 장부다.

41

청원경찰법령상 청원주가 비치해야 할 문서와 장부가 아닌 것은? 기출 12

① **무기·탄약 대여대장** ✓
② 청원경찰 명부
③ 경비구역 배치도
④ 무기장비 운영카드

해설
무기·탄약 대여대장은 관할 경찰서장의 비치부책이다(청원경찰법 시행규칙 제17조 제2항 제5호).

42

청원경찰법령상 청원주와 관할 경찰서장이 갖추어 두어야 할 문서와 장부로서 공통적인 것은? 기출 11

① **청원경찰 명부, 교육훈련 실시부** ✓
② 근무일지, 징계요구서철
③ 경비구역 배치도, 감독 순시부
④ 무기장비 운영카드, 전출입 관계철

해설
청원경찰법령상 청원주와 관할 경찰서장이 공통적으로 비치해야 할 부책은 청원경찰 명부와 교육훈련 실시부 2개뿐이다.

43

청원경찰법령상 관할 경찰서장과 시·도 경찰청장이 공통적으로 비치해야 할 부책을 모두 고른 것은?

ㄱ. 청원경찰 명부
ㄴ. 징계요구서철
ㄷ. 배치결정 관계철
ㄹ. 전출입 관계철
ㅁ. 청원경찰 임용승인 관계철

① ㄹ
② ㄱ, ㄴ
③ ㄷ, ㅁ
④ ㄱ, ㄴ, ㅁ

해설

관할 경찰서장과 시·도 경찰청장이 공통적으로 비치해야 할 부책은 전출입 관계철이다.

44

청원경찰법령상 관할 경찰서장이 비치해야 할 부책에 해당하는 것을 모두 고른 것은?

ㄱ. 청원경찰 명부
ㄴ. 감독 순시부
ㄷ. 징계요구서철
ㄹ. 순찰표철
ㅁ. 징계 관계철

① ㄱ, ㄴ
② ㄹ, ㅁ
③ ㄱ, ㄴ, ㄷ
④ ㄷ, ㄹ, ㅁ

해설

제시된 내용 중 관할 경찰서장이 갖춰 두어야 하는 문서와 장부에 해당하는 것은 ㄱ, ㄴ, ㄷ이다(청원경찰법 시행규칙 제17조 제2항). 순찰표철(ㄹ)과 징계 관계철(ㅁ)은 청원주가 갖춰 두어야 하는 문서와 장부에 해당한다(청원경찰법 시행규칙 제17조 제1항).

청원경찰법 제9조의3~제10조의7

01 감독 등
02 쟁의행위의 금지, 직권남용금지 및 배상책임 등
03 권한의 위임
04 면직 및 퇴직

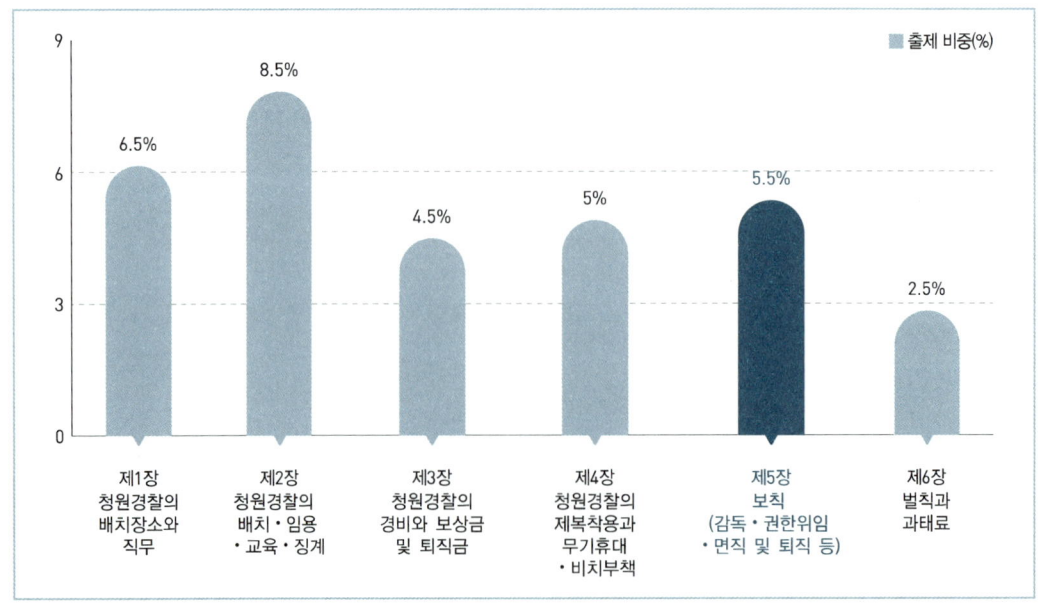

CHAPTER 05

보직
(감독·권한위임·면직 및 퇴직 등)

CHAPTER 05 보칙
(감독·권한위임·면직 및 퇴직 등)

01
CHECK O △ X

청원경찰법령상 청원경찰의 감독에 관한 설명으로 옳지 않은 것은? 기출 24

① 청원주는 항상 소속 청원경찰의 근무 상황을 감독하여야 한다.
② 청원주는 소속 청원경찰에게 근무 수행에 필요한 교육을 하여야 한다.
③ 관할 경찰서장은 매달 1회 이상 청원경찰을 배치한 경비구역에 대하여 복무규율과 근무 상황을 감독하여야 한다.
❹ 2명 이상의 청원경찰을 배치한 사업장의 청원주는 청원경찰의 지휘·감독을 위하여 청원경찰 중에서 경력이 많은 사람을 선정하여 감독자로 지정하여야 한다.

해설

④ (×) 2명 이상의 청원경찰을 배치한 사업장의 청원주는 청원경찰의 지휘·감독을 위하여 청원경찰 중에서 <u>유능한 사람을</u> 선정하여 감독자로 지정하여야 한다(청원경찰법 시행규칙 제19조 제1항).
① (○) 청원경찰법 제9조의3 제1항 전단
② (○) 청원경찰법 제9조의3 제1항 후단
③ (○) 청원경찰법 시행령 제17조 제1호

02
CHECK O △ X

청원경찰법령상 청원경찰의 감독에 관한 설명으로 옳지 않은 것은? 기출 23

① 청원주는 항상 소속 청원경찰의 근무상황을 감독하고, 근무 수행에 필요한 교육을 하여야 한다.
② 시·도 경찰청장은 청원경찰의 효율적인 운영을 위하여 청원주를 지도하며 감독상 필요한 명령을 할 수 있다.
❸ 관할 경찰서장은 매주 1회 이상 청원경찰을 배치한 경비구역에 대하여 복무규율과 근무상황, 무기의 관리 및 취급사항을 감독하여야 한다.
④ 2명 이상의 청원경찰을 배치한 사업장의 청원주는 청원경찰의 지휘·감독을 위하여 청원경찰 중에서 유능한 사람을 선정하여 감독자로 지정하여야 한다.

해설
③ (×) 관할 경찰서장은 매달 1회 이상 청원경찰을 배치한 경비구역에 대하여 복무규율과 근무상황, 무기의 관리 및 취급사항을 감독하여야 한다(청원경찰법 시행령 제17조).
① (○) 청원경찰법 제9조의3 제1항
② (○) 청원경찰법 제9조의3 제2항
④ (○) 청원경찰법 시행규칙 제19조 제1항

03

청원경찰법령상 청원경찰의 효율적인 운영을 위하여 청원주를 지도하며 감독상 필요한 명령을 할 수 있는 자는? 기출 22

① **경찰서장**
② **시·도 경찰청장**
③ 지구대장 또는 파출소장
④ 경찰청장

해설
시·도 경찰청장은 청원경찰의 효율적인 운영을 위하여 청원주를 지도하며 감독상 필요한 명령을 할 수 있으며(청원경찰법 제9조의3 제2항), 관할 경찰서장은 청원경찰을 배치하고 있는 사업장이 하나의 경찰서의 관할구역에 있는 경우 청원경찰법 제9조의3 제2항에 따른 청원주에 대한 지도 및 감독상 필요한 명령에 관한 권한을 시·도 경찰청장의 위임을 받아 행사할 수 있다(청원경찰법 시행령 제20조 제3호). 따라서 「청원경찰법령상」 청원경찰의 효율적인 운영을 위하여 청원주를 지도하며 감독상 필요한 명령을 할 수 있는 자는 시·도 경찰청장 또는 관할 경찰서장이다.

04

매월 1회 이상 청원경찰을 배치한 경비구역에 대하여 복무규율과 근무상황, 무기관리 및 취급사항을 감독하여야 하는 사람은? 기출 04·01·97

① 청원주
② 경비업자
③ 관할 파출소장
④ **관할 경찰서장**

해설
관할 경찰서장이 매월 1회 이상 복무규율과 근무상황 등을 감독하여야 한다(청원경찰법 시행령 제17조).

05

청원경찰법령의 내용으로 옳은 것은? 기출 19

① 청원주는 항상 소속 청원경찰의 근무상황을 감독하고, 근무 수행에 필요한 교육을 하여야 한다.
② 청원경찰 업무에 종사하는 사람은 「형법」에 따른 벌칙을 적용할 때에도 공무원으로 보지 않는다.
③ 청원경찰(국가기관이나 지방자치단체에 근무하는 청원경찰은 제외)의 직무상 불법행위에 대한 배상책임에 관하여는 「국가배상법」의 규정을 따른다.
④ 청원경찰이 직무를 수행할 때 직권을 남용하여 국민에게 해를 끼친 경우에는 6개월 이하의 금고나 구류에 처한다.

해설

① (○) 청원경찰법 제9조의3 제1항
② (×) 청원경찰 업무에 종사하는 사람은 「형법」이나 그 밖의 법령에 따른 벌칙을 적용할 때에는 공무원으로 본다(청원경찰법 제10조 제2항).
③ (×) 청원경찰(국가기관이나 지방자치단체에 근무하는 청원경찰은 제외한다)의 직무상 불법행위에 대한 배상책임에 관하여는 「민법」의 규정을 따른다(청원경찰법 제10조의2).
④ (×) 청원경찰이 직무를 수행할 때 직권을 남용하여 국민에게 해를 끼친 경우에는 6개월 이하의 징역이나 금고에 처한다(청원경찰법 제10조 제1항).

06

청원경찰법령상 감독자 지정기준에 관한 내용으로 옳은 것은? 기출 21

① 근무인원이 10명 이상 29명 이하 : 반장 1명, 조장 1명
② 근무인원이 30명 이상 40명 이하 : 반장 1명, 조장 3~4명
③ 근무인원이 41명 이상 60명 이하 : 대장 1명, 반장 2명, 조장 4~5명
④ 근무인원이 61명 이상 120명 이하 : 대장 1명, 반장 3명, 조장 10명

해설

근무인원이 30명 이상 40명 이하인 경우, 감독자로서 반장 1명, 조장 3~4명이 지정된다.

관계법령 감독자 지정기준(청원경찰법 시행규칙 [별표 4]) ★

근무인원	직급별 지정기준		
	대장	반장	조장
9명까지	-	-	1명
10명 이상 29명 이하	-	1명	2~3명
30명 이상 40명 이하	-	1명	3~4명
41명 이상 60명 이하	1명	2명	6명
61명 이상 120명 이하	1명	4명	12명

07

청원경찰법령상 청원경찰의 배치 근무인원별 감독자 지정기준으로 옳지 않은 것은? 기출 20

① 근무인원 7명 : 조장 1명
✓ ② 근무인원 37명 : 반장 1명, 조장 5명
③ 근무인원 57명 : 대장 1명, 반장 2명, 조장 6명
④ 근무인원 97명 : 대장 1명, 반장 4명, 조장 12명

해설

청원경찰이 37명 배치된 경우 감독자는 반장 1명, 조장 3~4명을 지정하여야 한다(청원경찰법 시행규칙 [별표 4]).

08

청원경찰법령상 사업장의 청원주가 감독자 지정기준에 의할 때 근무인원이 100명일 경우에 대장, 반장, 조장의 인원을 순서대로 나열한 것은? 기출 17

① 0명, 1명, 4명
② 1명, 2명, 6명
✓ ③ 1명, 4명, 12명
④ 1명, 6명, 15명

해설

청원경찰법 시행규칙 [별표 4]의 내용을 정확히 숙지하고 있어야만 맞힐 수 있는 문제이다. 근무인원이 100명일 경우엔 대장 1명, 반장 4명, 조장 12명을 지정한다(청원경찰법 시행규칙 [별표 4]).

09

청원경찰법령상 청원경찰의 지휘·감독을 위한 감독자 지정기준에 관한 설명으로 옳지 않은 것은? 기출 15

✓ ① 근무인원이 9명인 경우 반장 1명을 지정하여야 한다.
② 근무인원이 30명인 경우 반장 1명, 조장 3~4명을 지정하여야 한다.
③ 근무인원이 60명인 경우 대장 1명, 반장 2명, 조장 6명을 지정하여야 한다.
④ 근무인원이 100명인 경우 대장 1명, 반장 4명, 조장 12명을 지정하여야 한다.

해설

근무인원이 9명인 경우 조장 1명을 지정하여야 한다(청원경찰법 시행규칙 [별표 4]).

10

청원경찰법령상 근무인원이 62명인 때, 대장·반장·조장의 지정기준의 수를 모두 더하면 몇 명인가?

① 9명
② 12명
③ 15명
☑ 17명

해설

청원경찰법 시행규칙 [별표 4]에 따라 근무인원이 61명 이상 120명 이하인 때의 직급별 지정기준은 대장 1명, 반장 4명, 조장 12명이다. 따라서 모두 더하면 17명이다.

11

청원경찰법령상 내용으로 옳지 않은 것은? 기출 11

① 2명 이상의 청원경찰을 배치한 사업장의 청원주는 청원경찰의 지휘·감독을 위하여 청원경찰 중에서 유능한 사람을 선정하여 감독자로 지정하여야 한다.
☑ 관할 경찰서장은 청원주의 신청에 따라 경비를 위하여 필요하다고 인정할 때에는 청원경찰이 배치된 사업장에 경비전화를 가설할 수 있으며, 가설에 드는 비용은 관할 경찰서장이 부담한다.
③ 청원경찰이 직무를 수행할 때에는 경비목적을 위하여 필요한 최소한의 범위에서 하여야 한다.
④ 시·도 경찰청장, 관할 경찰서장 또는 청원주는 청원경찰에게 표창을 수여할 수 있다.

해설

② (×) 관할 경찰서장은 청원주의 신청에 따라 경비를 위하여 필요하다고 인정할 때에는 청원경찰이 배치된 사업장에 경비전화를 가설할 수 있다(청원경찰법 시행규칙 제20조 제1항). 경비전화를 가설할 때 드는 비용은 청원주가 부담한다(동법 시행규칙 제20조 제2항).
① (○) 청원경찰법 시행규칙 제19조 제1항
③ (○) 청원경찰법 시행규칙 제21조 제1항
④ (○) 시·도 경찰청장, 관할 경찰서장 또는 청원주는 청원경찰에게 표창(공적상, 우등상)을 수여할 수 있다(청원경찰법 시행규칙 제18조).

12

청원경찰법령상 청원경찰에 관한 설명으로 옳지 않은 것은? 기출 23

① 청원경찰이 그 배치지의 특수성 등으로 특수복장을 착용할 필요가 있을 때에는 청원주는 시·도 경찰청장의 승인을 받아 특수복장을 착용하게 할 수 있다.
② 청원주는 배치폐지나 배치인원 감축으로 과원(過員)이 되는 청원경찰 인원을 그 기관·시설 또는 사업장 내의 유사 업무에 종사하게 하거나 다른 시설·사업장 등에 재배치하는 등 청원경찰의 고용이 보장될 수 있도록 노력하여야 한다.
③ 청원경찰이 배치된 사업장이 하나의 경찰서의 관할구역에 있는 경우에는 시·도 경찰청장은 청원주에 대한 지도 및 감독상 필요한 명령의 권한을 관할 경찰서장에게 위임한다.
❹ 청원경찰이 직무를 수행할 때 직권을 남용하여 국민에게 해를 끼친 경우에는 1년 이하의 징역이나 금고에 처한다.

해설

④ (×) 청원경찰이 직무를 수행할 때 직권을 남용하여 국민에게 해를 끼친 경우에는 6개월 이하의 징역이나 금고에 처한다(청원경찰법 제10조 제1항).
① (○) 청원경찰법 시행령 제14조 제3항
② (○) 청원경찰법 제10조의5 제3항
③ (○) 청원경찰법 시행령 제20조 제3호

13

청원경찰법령에 관한 설명으로 옳지 않은 것은? 기출 23

① 청원경찰법은 청원경찰의 직무·임용·배치·보수·사회보장 및 그 밖에 필요한 사항을 규정함으로써 청원경찰의 원활한 운영을 목적으로 한다.
② 청원경찰은 청원주가 경비(經費)를 부담할 것을 조건으로 사업장 등의 경비(警備)를 담당하게 하기 위하여 배치하는 경찰을 말한다.
❸ 청원경찰의 직무상 불법행위에 대한 배상책임에 관하여는 「경찰관직무집행법」의 규정을 따른다.
④ 청원경찰은 형의 선고, 징계처분 또는 신체상·정신상의 이상으로 직무를 감당하지 못할 때를 제외하고는 그 의사에 반하여 면직되지 아니한다.

해설

③ (×) 청원경찰(국가기관이나 지방자치단체에 근무하는 청원경찰은 제외한다)의 직무상 불법행위에 대한 배상책임에 관하여는 「민법」의 규정을 따른다(청원경찰법 제10조의2).
① (○) 청원경찰법 제1조
② (○) 청원경찰법 제2조
④ (○) 청원경찰법 제10조의4 제1항

14

청원경찰법령에 관한 설명으로 옳지 않은 것은? 기출 20

① 청원경찰법은 1962년에 제정되었다.
② 청원경찰법은 청원경찰의 직무·임용·배치·보수·사회보장 및 그 밖의 필요한 사항을 규정함으로써 청원경찰의 원활한 운영을 목적으로 한다.
③ 청원경찰은 파업, 태업 또는 그 밖에 업무의 정상적인 운영을 방해하는 일체의 쟁의행위를 하여서는 아니 된다.
☑ 지방자치단체에 근무하는 청원경찰의 직무상 불법행위에 대한 배상책임에 관하여는 「민법」의 규정을 따른다.

해설

④ (×) 청원경찰(국가기관이나 지방자치단체에 근무하는 청원경찰은 제외한다)의 직무상 불법행위에 대한 배상책임에 관하여는 「민법」의 규정에 따른다(청원경찰법 제10조의2). 이 규정에서 제외하고 있는 국가기관이나 지방자치단체에 근무하는 청원경찰의 직무상 불법행위에 대한 배상책임에 관하여는 국가배상법이 적용된다(청원경찰법 제10조의2 반대해석, 국가배상법 제2조, 대판 92다47564).
① (○) 청원경찰법은 1962.4.3. 제정·시행되었다.
② (○) 이 법은 청원경찰의 직무·임용·배치·보수·사회보장 및 그 밖에 필요한 사항을 규정함으로써 청원경찰의 원활한 운영을 목적으로 한다(청원경찰법 제1조).
③ (○) 청원경찰은 파업, 태업 또는 그 밖에 업무의 정상적인 운영을 방해하는 일체의 쟁의행위를 하여서는 아니 된다(청원경찰법 제9조의4).

15

청원경찰법령상 청원경찰의 신분 및 직무수행에 관한 설명으로 옳지 않은 것은? 기출 18

① 청원경찰은 파업, 태업 또는 그 밖에 업무의 정상적인 운영을 방해하는 일체의 쟁의행위를 하여서는 아니 된다.
☑ 국가기관에 근무하는 청원경찰의 직무상 불법행위에 대한 배상책임은 「민법」의 규정을 따른다.
③ 청원경찰은 형의 선고, 징계처분 또는 신체상·정신상의 이상으로 직무를 감당하지 못할 때를 제외하고는 그 의사에 반하여 면직되지 아니한다.
④ 청원경찰의 근무구역 순찰은 단독 또는 복수로 정선순찰을 하되, 청원주가 필요하다고 인정할 때에는 요점순찰 또는 난선순찰을 할 수 있다.

해설

② (×) 청원경찰(국가기관이나 지방자치단체에 근무하는 청원경찰은 제외한다)의 직무상 불법행위에 대한 배상책임에 관하여는 「민법」의 규정을 따른다(청원경찰법 제10조의2). 해당 규정의 반대해석, 국가배상법 제2조 및 대판 92다47564에 의하면, 국가기관이나 지방자치단체에 근무하는 청원경찰의 직무상 불법행위에 대한 배상책임에 관하여는 「국가배상법」의 규정을 따른다.★
① (○) 청원경찰법 제9조의4
③ (○) 청원경찰법 제10조의4 제1항
④ (○) 청원경찰법 시행규칙 제14조 제3항 후문

16

청원경찰법령상 청원경찰의 근무 등에 관한 설명으로 옳지 않은 것은? 기출 17

① 청원경찰은 형법에 따른 벌칙을 적용할 때에는 공무원으로 간주하지 않는다.
② 청원경찰은 근무 중에는 행정안전부령이 정하는 제복을 착용하여야 한다.
③ 청원경찰이 직무수행 시에 직권을 남용하여 국민에게 해를 끼친 경우에는 6개월 이하의 징역이나 금고에 처한다.
④ 시·도 경찰청장은 직무수행에 필요하면 청원주의 신청을 받아 관할 경찰서장으로 하여금 청원경찰에게 무기를 대여하여 지니게 할 수 있다.

해설

① (×) 청원경찰 업무에 종사하는 사람은 「형법」이나 그 밖의 법령에 따른 벌칙을 적용할 때에는 공무원으로 본다(청원경찰법 제10조 제2항).
② (○) 청원경찰법 시행령 제14조 제2항
③ (○) 청원경찰법 제10조 제1항
④ (○) 청원경찰법 제8조 제2항

17

청원경찰법령상의 내용으로 옳은 것은? 기출 11

① 지방자치단체에 근무하는 청원경찰의 직무상 불법행위에 대한 배상책임에 관하여는 민법의 규정을 따른다.
② 청원경찰 업무에 종사하는 사람은 「형법」이나 그 밖의 법령에 따른 벌칙을 적용할 때에는 공무원으로 본다.
③ 청원경찰은 불가피한 사정이 있는 경우 경찰관직무집행법에 따른 직무 외의 수사활동 등 사법경찰관리의 직무를 수행할 수 있다.
④ 청원경찰이 직무를 수행할 때 직권을 남용하여 국민에게 해를 끼친 경우에는 1년 이하의 징역이나 금고에 처한다.

해설

② (○) 청원경찰법 제10조 제2항
① (×) 국가기관이나 지방자치단체에 근무하는 청원경찰의 직무상 불법행위에 대한 배상책임에 관하여는 국가배상법의 규정을 따른다.
③ (×) 청원경찰은 그 경비구역만의 경비를 목적으로 필요한 범위에서 경찰관직무집행법에 따른 경찰관의 직무를 수행한다(청원경찰법 제3조). 청원경찰은 「경찰관직무집행법」에 따른 직무 외의 수사활동 등 사법경찰관리의 직무를 수행해서는 아니 된다(청원경찰법 시행규칙 제21조 제2항).
④ (×) 청원경찰이 직무를 수행할 때 직권을 남용하여 국민에게 해를 끼친 경우에는 6개월 이하의 징역이나 금고에 처한다(청원경찰법 제10조 제1항).

18

청원경찰법령상 청원경찰의 직무 등에 관한 설명으로 틀린 것은? 기출 08

① 청원경찰이 직무를 수행할 때 직권을 남용하여 국민에게 해를 끼친 경우에는 6개월 이하의 징역이나 금고에 처한다.
② 청원경찰 업무에 종사하는 사람은 형법이나 그 밖의 법령에 따른 벌칙을 적용할 때에는 공무원으로 본다.
❸ **청원경찰의 나이가 58세가 되었을 때에는 당연 퇴직이 된다.**
④ 시·도 경찰청장은 청원경찰의 효율적인 운영을 위하여 청원주를 지도하며 감독상 필요한 명령을 할 수 있다.

해설

③ (×) 나이가 60세가 되었을 때. 다만, 그날이 1월부터 6월 사이에 있으면 6월 30일에, 7월부터 12월 사이에 있으면 12월 31일에 각각 당연 퇴직된다(청원경찰법 제10조의6 제3호).
① (○) 청원경찰법 제10조 제1항
② (○) 청원경찰법 제10조 제2항
④ (○) 청원경찰법 제9조의3 제2항

19

청원경찰법에 관한 설명으로 옳지 않은 것은? 기출 16

① 청원경찰 업무에 종사하는 사람은 형법이나 그 밖의 법령에 따른 벌칙을 적용할 때에는 공무원으로 본다.
❷ **국가기관이나 지방자치단체에 근무하는 청원경찰의 직무상 불법행위에 대한 배상책임에 관하여는 민법의 규정을 따른다.**
③ 청원경찰법에 따른 시·도 경찰청장의 권한은 그 일부를 대통령령으로 정하는 바에 따라 관할 경찰서장에게 위임할 수 있다.
④ 청원경찰이 직무를 수행할 때 직권을 남용하여 국민에게 해를 끼친 경우에는 6개월 이하의 징역이나 금고에 처한다.

해설

② (×) 청원경찰(국가기관이나 지방자치단체에 근무하는 청원경찰은 제외한다)의 직무상 불법행위에 대한 배상책임에 관하여는 민법의 규정을 따른다(청원경찰법 제10조의2). 이 규정에서 제외하고 있는 국가기관 또는 지방자치단체에 근무하는 청원경찰은 국가배상법에 따른다(청원경찰법 제10조의2 반대해석, 국가배상법 제2조 및 대판 1993.7.13. 92다47564).
① (○) 청원경찰법 제10조 제2항
③ (○) 청원경찰법 제10조의3
④ (○) 청원경찰법 제10조 제1항

20

청원경찰이 직무를 수행할 때 직권을 남용하여 국민에게 해를 끼친 경우의 처벌은?

- ✔ ① 6개월 이하의 징역이나 금고
- ② 2년 이하의 징역이나 금고
- ③ 1년 이하의 징역이나 금고
- ④ 3년 이하의 징역이나 금고

해설

청원경찰이 직무를 수행할 때 직권을 남용하여 국민에게 해를 끼친 경우에는 6개월 이하의 징역이나 금고에 처한다(청원경찰법 제10조 제1항).

21

청원경찰법령상 청원경찰을 배치하고 있는 사업장이 하나의 경찰서의 관할구역에 있는 경우, 시·도 경찰청장이 관할 경찰서장에게 위임하는 권한으로 명시되지 않은 것은?

- ① 청원경찰 배치의 결정 및 요청에 관한 권한
- ② 청원경찰의 임용승인에 관한 권한
- ✔ ③ 무기의 관리 및 취급사항을 감독하는 권한
- ④ 청원주에 대한 지도 및 감독상 필요한 명령에 관한 권한

해설

무기의 관리 및 취급사항을 감독하는 권한은 청원경찰법령상 관할 경찰관서장의 고유권한에 해당한다(청원경찰법 시행령 제17조 제2호).

관계법령 권한의 위임(청원경찰법 제10조의3)

이 법에 따른 시·도 경찰청장의 권한은 그 일부를 대통령령으로 정하는 바에 따라 관할 경찰서장에게 위임할 수 있다.

권한의 위임(청원경찰법 시행령 제20조)

시·도 경찰청장은 법 제10조의3에 따라 다음 각호의 권한을 관할 경찰서장에게 위임한다. 다만, 청원경찰을 배치하고 있는 사업장이 하나의 경찰서의 관할구역에 있는 경우로 한정한다.

1. 법 제4조 제2항 및 제3항에 따른 청원경찰 배치의 결정 및 요청에 관한 권한
2. 법 제5조 제1항에 따른 청원경찰의 임용승인에 관한 권한
3. 법 제9조의3 제2항에 따른 청원주에 대한 지도 및 감독상 필요한 명령에 관한 권한
4. 법 제12조에 따른 과태료 부과·징수에 관한 권한

22

청원경찰을 배치한 A은행은 서울 서초구 서초동에 소재하고 있다. 이 경우 청원경찰법령상 서울특별시경찰청장이 서초경찰서장에게 위임할 수 있는 권한으로 옳지 않은 것은? 기출 17

① 청원경찰 배치의 결정 및 요청에 관한 권한
② 청원경찰의 임용승인에 관한 권한
③ 청원주에 대한 지도 및 감독상 필요한 명령에 관한 권한
❹ **청원경찰의 무기대여 및 휴대에 관한 권한**

해설

시·도 경찰청장이 관할을 같이 하는 경찰서장에게 위임할 수 있는 권한에는 ①·②·③과 과태료 부과·징수에 관한 권한이 있다(청원경찰법 시행령 제20조).

23

청원경찰법령상 배상책임과 권한의 위임에 관한 설명으로 옳은 것은? 기출 17

❶ **시·도 경찰청장은 청원경찰의 임용승인에 관한 권한을 대통령령으로 관할 경찰서장에게 위임할 수 있다.**
② 경비업자가 중요시설의 경비를 도급받았을 때에는 청원주는 그 사업장에 배치된 청원경찰의 근무 배치 및 감독에 관한 권한을 해당 경비업자에게 위임할 수 없다.
③ 공기업에 근무하는 청원경찰의 직무상 불법행위로 인한 배상책임은 국가배상법에 의한다.
④ 국가기관에 근무하는 청원경찰의 직무상 불법행위로 인한 배상책임에 관해서는 민법의 규정에 의한다.

해설

① (○) 청원경찰법 시행령 제20조 제2호
② (×) 「경비업법」에 따른 경비업자가 중요시설의 경비를 도급받았을 때에는 청원주의 그 사업장에 배치된 청원경찰의 근무 배치 및 감독에 관한 권한을 해당경비업자에게 위임할 수 있다(청원경찰법 시행령 제19조 제1항).
③ (×), ④ (×) 청원경찰(국가기관이나 지방자치단체에 근무하는 청원경찰은 제외한다)의 직무상 불법행위에 대한 배상책임에 관하여는 「민법」의 규정에 따른다(청원경찰법 제10조의2). 국가기관이나 지방자치단체에 근무하는 청원경찰의 직무상 불법행위에 관하여는 국가배상법에 의한다(청원경찰법 제10조의2 반대해석, 국가배상법 제2조 및 대판 92다47564). ★

24

청원경찰법령에 관한 내용으로 옳지 않은 것은? 기출 12

① 청원경찰업무에 종사하는 사람은 형법이나 그 밖의 법령에 따른 벌칙을 적용할 때에는 공무원으로 본다.
❷ 경비업법에 따른 경비업자가 중요시설의 경비를 도급받았을 때에는 시·도 경찰청장은 그 사업장에 배치된 청원경찰의 근무 배치 및 감독에 관한 권한을 해당 경비업자에게 위임할 수 있다.
③ 청원경찰을 배치하고 있는 사업장이 하나의 경찰서의 관할구역에 있는 경우 시·도 경찰청장은 청원주에 대한 지도 및 감독상 필요한 명령에 관한 권한을 관할 경찰서장에게 위임한다.
④ 관할 경찰서장은 매달 1회 이상 청원경찰을 배치한 경비구역에 대하여 복무규율과 근무상황, 무기의 관리 및 취급사항을 감독하여야 한다.

해설

② (×) 경비업법에 따른 경비업자가 중요시설의 경비를 도급받았을 때에는 청원주는 그 사업장에 배치된 청원경찰의 근무 배치 및 감독에 관한 권한을 해당 경비업자에게 위임할 수 있다(청원경찰법 시행령 제19조 제1항).
① (○) 청원경찰법 제10조 제2항
③ (○) 청원경찰법 시행령 제20조 제3호
④ (○) 청원경찰법 시행령 제17조

25

청원경찰법령상 관할 경찰서장에게 위임된 권한이 아닌 것은?(청원경찰을 배치하고 있는 사업장이 하나의 경찰서의 관할구역에 있는 경우에 한함) 기출 11

① 청원주에 대한 지도 및 감독상 필요한 명령에 관한 권한
② 청원경찰 임용승인에 관한 권한
③ 청원경찰 배치의 결정 및 요청에 관한 권한
❹ 청원경찰에게 지급할 봉급·수당의 최저부담기준 결정에 관한 권한

해설

청원경찰에게 지급할 봉급·수당의 최저부담기준 결정에 관한 권한은 경찰청장에게 있다. 즉, 청원주의 봉급·수당의 최저부담기준액(국가기관 또는 지방자치단체에 근무하는 청원경찰의 봉급·수당은 제외한다)과 청원경찰의 피복비 및 교육비의 부담기준액은 경찰청장이 정하여 고시한다(청원경찰법 제6조 제3항).

26

청원경찰법령상 청원경찰을 배치하고 있는 사업장이 하나의 경찰서의 관할구역에 있는 경우 시·도 경찰청장이 관할 경찰서장에게 위임할 수 있는 권한이 아닌 것은?

① 청원경찰 배치의 결정 및 요청에 관한 권한
② 청원경찰의 임용승인에 관한 권한
③ **청원경찰의 특수복장 착용에 대한 승인 권한** ✓
④ 과태료 부과·징수에 관한 권한

해설
청원경찰이 그 배치지의 특수성 등으로 특수복장을 착용할 필요가 있을 때에는 청원주는 시·도 경찰청장의 승인을 받아 특수복장을 착용하게 할 수 있다(청원경찰법 시행령 제14조 제3항). 이러한 시·도 경찰청장의 특수복장 착용에 대한 승인권한은 권한의 위임과는 관련이 없다.

27

다음 중 경비업법에 따른 경비업자가 중요시설의 경비를 도급받았을 때에는 청원주는 그 사업장에 배치된 청원경찰의 근무배치 및 감독에 관한 권한을 누구에게 위임할 수 있는가?

① 관할 시·도 경찰청장
② 관할 경찰서장
③ **해당 경비업자** ✓
④ 관할 경비대장

해설
경비업법에 따른 경비업자가 중요시설의 경비를 도급받았을 때에는 청원주는 그 사업장에 배치된 청원경찰의 근무 배치 및 감독에 관한 권한을 해당 경비업자에게 위임할 수 있다(청원경찰법 시행령 제19조 제1항).

28

청원경찰법령상 청원경찰의 퇴직에 관한 설명으로 옳지 않은 것은?

① 임용결격사유에 해당될 때 원칙적으로 당연 퇴직된다.
② 청원경찰의 배치가 폐지되었을 때 당연 퇴직된다.
③ 나이가 60세가 되었을 때 당연 퇴직된다.
④ **국가기관이나 지방자치단체에 근무하는 청원경찰의 명예퇴직에 관하여는 「경찰공무원법」을 준용한다.** ✓

해설

④ (×) 국가기관이나 지방자치단체에 근무하는 청원경찰의 휴직 및 명예퇴직에 관하여는 「국가공무원법」제71조부터 제73조까지 및 제74조의2를 준용한다(청원경찰법 제10조의7).
① (○) 청원경찰법 제10조의6 제1호 본문
② (○) 청원경찰법 제10조의6 제2호
③ (○) 청원경찰법 제10조의6 제3호 본문

> **관계법령** 당연 퇴직(청원경찰법 제10조의6)
>
> 청원경찰이 다음의 어느 하나에 해당할 때에는 당연 퇴직된다.
> 1. 제5조 제2항에 따른 임용결격사유에 해당될 때. 다만 「국가공무원법」제33조 제2호는 파산선고를 받은 사람으로서 「채무자 회생 및 파산에 관한 법률」에 따라 신청기한 내에 면책신청을 하지 아니하였거나 면책불허가 결정 또는 면책 취소가 확정된 경우만 해당하고, 「국가공무원법」제33조 제5호는 「형법」제129조부터 제132조까지, 「성폭력범죄의 처벌 등에 관한 특례법」제2조, 「아동·청소년의 성보호에 관한 법률」제2조 제2호 및 직무와 관련하여 「형법」제355조 또는 제356조에 규정된 죄를 범한 사람으로서 금고 이상의 형의 선고유예를 받은 경우만 해당한다.
> 2. 제10조의5에 따라 청원경찰의 배치가 폐지되었을 때
> 3. 나이가 60세가 되었을 때. 다만, 그날이 1월부터 6월 사이에 있으면 6월 30일에, 7월부터 12월 사이에 있으면 12월 31일에 각각 당연 퇴직된다.
> [단순위헌, 2017헌가26, 2018.1.25., 청원경찰법(2010.2.4. 법률 제10013호로 개정된 것) 제10조의6 제1호 중 제5조 제2항에 의한 국가공무원법 제33조 제5호(금고 이상의 형의 선고유예를 받은 경우에 그 선고유예 기간 중에 있는 자)에 관한 부분은 헌법에 위반된다.]

29

청원경찰법령에 관한 내용이다. ( )에 들어갈 내용이 옳은 것은? 기출 19

> 청원경찰은 형의 선고, 징계처분 또는 신체상·정신상의 이상으로 직무를 감당하지 못할 때를 제외하고는 그 의사에 반하여 ( )되지 아니한다.

① 파 면
② 강 등
❸ 면 직
④ 견 책

해설

제시된 내용은 청원경찰법 제10조의4(의사에 반한 면직)와 관련된 법규정으로 ( ) 안에는 면직이 들어간다.

30

청원경찰법령상 청원경찰의 퇴직과 면직에 관한 설명으로 옳은 것은? 기출 20

☑ 국가기관이나 지방자치단체에 근무하는 청원경찰의 휴직 및 명예퇴직에 관하여는 「국가공무원법」 관련규정을 준용한다.
② 청원경찰은 65세가 되었을 때 당연 퇴직된다.
③ 청원경찰의 배치폐지는 당연 퇴직사유에 해당하지 않는다.
④ 청원주가 청원경찰을 면직시켰을 때에는 그 사실을 관할 시·도 경찰청장을 거쳐 경찰청장에게 보고하여야 한다.

해설

① (○) 청원경찰법 제10조의7
② (×) 65세가 아닌 60세가 되었을 때가 청원경찰의 당연 퇴직사유에 해당한다(청원경찰법 제10조의6 제3호).
③ (×) 청원경찰의 배치폐지는 당연 퇴직사유에 해당한다(청원경찰법 제10조의6 제2호).
④ (×) 청원주가 청원경찰을 면직시켰을 때에는 그 사실을 관할 경찰서장을 거쳐 시·도 경찰청장에게 보고하여야 한다(청원경찰법 제10조의4 제2항).

관계법령

의사에 반한 면직(청원경찰법 제10조의4)
① 청원경찰은 형의 선고, 징계처분 또는 신체상·정신상의 이상으로 직무를 감당하지 못할 때를 제외하고는 그 의사(意思)에 반하여 면직(免職)되지 아니한다.
② 청원주가 청원경찰을 면직시켰을 때에는 그 사실을 관할 경찰서장을 거쳐 시·도 경찰청장에게 보고하여야 한다.

당연 퇴직(청원경찰법 제10조의6)
청원경찰이 다음의 어느 하나에 해당할 때에는 당연 퇴직된다.
1. 제5조 제2항에 따른 임용결격사유에 해당될 때. 다만 「국가공무원법」 제33조 제2호는 파산선고를 받은 사람으로서 「채무자 회생 및 파산에 관한 법률」에 따라 신청기한 내에 면책신청을 하지 아니하였거나 면책불허가 결정 또는 면책 취소가 확정된 경우만 해당하고, 「국가공무원법」 제33조 제5호는 「형법」 제129조부터 제132조까지, 「성폭력범죄의 처벌 등에 관한 특례법」 제2조, 「아동·청소년의 성보호에 관한 법률」 제2조 제2호 및 직무와 관련하여 「형법」 제355조 또는 제356조에 규정된 죄를 범한 사람으로서 금고 이상의 형의 선고유예를 받은 경우만 해당한다.
2. 제10조의5에 따라 청원경찰의 배치가 폐지되었을 때
3. 나이가 60세가 되었을 때. 다만, 그날이 1월부터 6월 사이에 있으면 6월 30일에, 7월부터 12월 사이에 있으면 12월 31일에 각각 당연 퇴직된다.

[단순위헌, 2017헌가26, 2018.1.25., 청원경찰법(2010.2.4. 법률 제10013호로 개정된 것) 제10조의6 제1호 중 제5조 제2항에 의한 국가공무원법 제33조 제5호(금고 이상의 형의 선고유예를 받은 경우에 그 선고유예 기간 중에 있는 자)에 관한 부분은 헌법에 위반된다.]

휴직 및 명예퇴직(청원경찰법 제10조의7)
국가기관이나 지방자치단체에 근무하는 청원경찰의 휴직 및 명예퇴직에 관하여는 「국가공무원법」 제71조부터 제73조까지 및 제74조의2를 준용한다.

31

청원경찰법령상 국가기관이나 지방자치단체에 근무하는 청원경찰 본인의 의사에도 불구하고 휴직을 명하여야 하는 경우가 아닌 것은? 기출 13

① 국외 유학을 하게 된 때
② 신체·정신상의 장애로 장기요양이 필요할 때
③ 병역법에 따른 병역 복무를 마치기 위하여 징집된 때
④ 천재지변 등의 사유로 생사가 불명확하게 된 때

해설

국가기관이나 지방자치단체에 근무하는 청원경찰의 휴직 및 명예퇴직에 관하여는 국가공무원법을 준용한다(청원경찰법 제10조의7). ②·③·④의 경우에는 청원경찰 본인의 의사에도 불구하고 휴직을 명하여야 하는 경우이나, 국외 유학의 경우는 본인이 휴직을 원하면 휴직을 명할 수 있는 경우에 해당한다(국가공무원법 제71조 제1항·제2항).

관계법령 **휴직(국가공무원법 제71조)**

① 공무원이 다음 각호의 어느 하나에 해당하면 임용권자는 본인의 의사에도 불구하고 휴직을 명하여야 한다.
  1. 신체·정신상의 장애로 장기요양이 필요할 때
  2. 삭제 〈1978.12.5.〉
  3. 「병역법」에 따른 병역 복무를 마치기 위하여 징집 또는 소집된 때
  4. 천재지변이나 전시·사변, 그 밖의 사유로 생사(生死) 또는 소재(所在)가 불명확하게 된 때
  5. 그 밖에 법률의 규정에 따른 의무를 수행하기 위하여 직무를 이탈하게 된 때
  6. 「공무원의 노동조합 설립 및 운영 등에 관한 법률」 제7조에 따라 노동조합 전임자로 종사하게 된 때
② 임용권자는 공무원이 다음 각호의 어느 하나에 해당하는 사유로 휴직을 원하면 휴직을 명할 수 있다. 다만, 제4호의 경우에는 대통령령으로 정하는 특별한 사정이 없으면 휴직을 명하여야 한다. 〈개정 2024.12.31.〉
  1. 국제기구, 외국 기관, 국내외의 대학·연구기관, 다른 국가기관 또는 대통령령으로 정하는 민간기업, 그 밖의 기관에 임시로 채용될 때
  2. 국외 유학을 하게 된 때
  3. 중앙인사관장기관의 장이 지정하는 연구기관이나 교육기관 등에서 연수하게 된 때
  4. 8세 이하 또는 초등학교 2학년 이하의 자녀를 양육하기 위하여 필요하거나 여성공무원이 임신 또는 출산하게 된 때
  5. 조부모, 부모(배우자의 부모를 포함한다), 배우자, 자녀 또는 손자녀를 부양하거나 돌보기 위하여 필요한 경우. 다만, 조부모나 손자녀의 돌봄을 위하여 휴직할 수 있는 경우는 본인 외에 돌볼 사람이 없는 등 대통령령등으로 정하는 요건을 갖춘 경우로 한정한다.
  6. 외국에서 근무·유학 또는 연수하게 되는 배우자를 동반하게 된 때
  7. 대통령령등으로 정하는 기간 동안 재직한 공무원이 직무 관련 연구과제 수행 또는 자기개발을 위하여 학습·연구 등을 하게 된 때
③~⑤ 생략

32

청원경찰법상 청원경찰의 면직 및 퇴직에 관한 설명으로 옳지 않은 것은? 기출 10

① 청원경찰이 품위를 손상하는 행위를 한 때에는 당연히 퇴직된다.
② 청원경찰이 나이가 60세가 되는 날이 8월인 경우 12월 31일에 당연 퇴직된다.
③ 청원주가 청원경찰을 면직시켰을 때에는 그 사실을 관할 경찰서장을 거쳐 시·도 경찰청장에게 보고하여야 한다.
④ 청원경찰은 신체상·정신상의 이상으로 직무를 감당하지 못하는 경우에는 그 의사(意思)에 반하여 면직(免職)될 수 있다.

해설

① (×) 청원주는 청원경찰이 품위를 손상하는 행위를 한 때에는 <u>대통령령으로 정하는 징계절차를 거쳐 징계처분을 하여야 한다</u>(청원경찰법 제5조의2 제1항 제2호). 참고로 청원경찰의 징계의 종류는 파면, 해임, 정직, 감봉 및 견책으로 구분한다(청원경찰법 제5조의2 제2항).
② (○) 청원경찰법 제10조의6 제3호
③ (○) 청원경찰법 제10조의4 제2항
④ (○) 청원경찰법 제10조의4 제1항 반대해석

33

청원경찰법령상 청원경찰의 당연 퇴직사유에 해당하는 것은? 기출 07

① 금고 이상의 형의 선고유예를 받은 적이 있는 경우
② 직무상의 의무를 위반하거나 직무를 태만히 한 경우
③ 청원경찰의 배치가 폐지된 경우
④ 청원경찰 임용의 신체조건에 미달되는 사유가 발생한 경우

해설

③ (○) 청원경찰법 제10조의6 제2호
① (×) 금고 이상의 형의 선고유예를 받은 경우에 그 선고유예 기간 중에 있는 자가 당연 퇴직사유였으나 헌법재판소는 "금고 이상의 형의 선고유예를 받은 경우 사회적 비난가능성이 크거나 직무수행에 대한 국민의 신뢰 등에 미치는 부정적인 영향이 크다고 일률적으로 단정하기 어렵고, 같은 금고 이상의 형의 선고유예를 받은 경우라고 하여도 범죄의 종류, 죄질, 내용이 지극히 다양하다"고 하여 위헌결정으로 금고 이상의 형의 선고유예를 받은 경우를 당연 퇴직사유에서 제외시켰다(헌재결 2018.1.25. 2017헌가26).
② (×) 직무상의 의무를 위반하거나 직무를 태만히 한 경우는 징계사유이다(청원경찰법 제5조의2 제1항 제1호).
④ (×) 청원경찰 임용의 신체조건은 청원경찰의 임용자격이다. 따라서 임용의 신체조건에 미달되는 경우에는 임용결격사유이다. 다만, 청원경찰법 제10조의6 제1호에 따른 임용결격사유가 아니므로 당연 퇴직사유는 아니다.

34

청원경찰법상 청원경찰의 신분보장에 관한 설명으로 옳은 것은? 기출 06

① 청원주는 청원경찰을 대체할 목적으로 경비업법에 따른 특수경비원을 배치하는 경우에 청원경찰 배치를 폐지하거나 배치인원을 감축할 수 있다.
② 청원경찰이 배치된 시설이 폐쇄되거나 축소된 경우에도 청원주는 청원경찰의 배치를 폐지하거나 배치인원을 감축할 수 없다.
③ 시·도 경찰청장이 배치를 요청한 사업장에 배치된 청원경찰은 그 배치를 폐지하거나 감축할 수 없다.
❹ **국가기관이나 지방자치단체에 근무하는 청원경찰의 휴직 및 명예퇴직에 관하여는 국가공무원법의 관련규정을 준용한다.**

[해설]

④ (○) 국가기관이나 지방자치단체에 근무하는 청원경찰의 휴직 및 명예퇴직에 관하여는 국가공무원법 제71조부터 제73조까지 및 제74조의2를 준용한다(청원경찰법 제10조의7).
①(×), ②(×) 청원주는 청원경찰이 배치된 시설이 폐쇄되거나 축소되어 청원경찰의 배치를 폐지하거나 배치인원을 감축할 필요가 있다고 인정하면 청원경찰의 배치를 폐지하거나 배치인원을 감축할 수 있다. 다만, 청원주는 청원경찰을 대체할 목적으로 경비업법에 따른 특수경비원을 배치하는 경우와 청원경찰이 배치된 기관·시설 또는 사업장 등이 배치인원의 변동사유 없이 다른 곳으로 이전하는 경우에는 청원경찰의 배치를 폐지하거나 배치인원을 감축할 수 없다(청원경찰법 제10조의5 제1항).
③ (×) 청원주가 청원경찰을 폐지하거나 감축하였을 때에는 청원경찰 배치결정을 한 경찰관서의 장에게 알려야 하며, 그 사업장이 시·도 경찰청장이 청원경찰의 배치를 요청한 사업장일 때에는 그 폐지 또는 감축 사유를 구체적으로 밝혀야 한다(청원경찰법 제10조의5 제2항). 시·도 경찰청장이 배치를 요청한 사업장에 배치된 청원경찰도 그 배치를 폐지하거나 감축할 수 있는데, 다만 그 폐지 또는 감축 사유를 구체적으로 밝혀야 한다.★

35

청원경찰의 신분보장을 위한 규정이 아닌 것은? 기출 05

① 의사에 반한 면직금지
❷ **해임명령권 보장**
③ 배치폐지 또는 감축 사유의 명시
④ 특수경비원 배치를 목적으로 한 배치폐지의 금지

[해설]

관할 경찰서장의 징계요청권이 있지만, 해임명령권은 없다. 또한 이러한 감독기관의 징계요청권이 청원경찰의 신분보장을 위한 규정이 될 수 없다.★

36

청원경찰의 신분 및 근무 등에 관한 설명 중 옳은 것은? 기출 04

① 청원경찰 업무에 종사하는 사람은 형법이나 그 밖의 법령에 따른 벌칙을 적용할 때, 그리고 직무상 불법행위에 대한 배상책임을 따질 때에는 공무원으로 본다.
② 청원경찰이 직무를 수행할 때 직권을 남용하여 국민에게 해를 끼친 경우에는 6개월 이하의 징역이나 1천만원 이하의 벌금에 처한다.
③ 청원경찰은 근무 중 제복을 착용하여야 하고, 청원주는 직권으로 청원경찰에게 무기를 휴대하게 할 수 있다.
❹ 청원경찰은 형의 선고, 징계처분 또는 신체상·정신상의 이상으로 직무를 감당하지 못할 때를 제외하고는 그 의사(意思)에 반하여 면직(免職)되지 아니한다.

해설

④ (○) 청원경찰법 제10조의4 제1항
① (×) 청원경찰 업무에 종사하는 사람은 형법이나 그 밖의 법령에 따른 벌칙을 적용할 때에는 공무원으로 본다(청원경찰법 제10조 제2항). 청원경찰은 형법이나 그 밖의 법령에 따른 벌칙을 적용하는 경우와 법 및 이 영에서 특별히 규정한 경우를 제외하고는 공무원으로 보지 아니한다(청원경찰법 시행령 제18조). 청원경찰(국가기관이나 지방자치단체에 근무하는 청원경찰은 제외한다)의 직무상 불법행위에 대한 배상책임에 관하여는 민법의 규정을 따른다(청원경찰법 제10조의2). 청원경찰의 직무상 불법행위에 대한 배상책임에 관하여는 민법의 규정을 따르므로 공무원이 아닌 일반 사인으로 본다.★★
② (×) 청원경찰이 직무를 수행할 때 직권을 남용하여 국민에게 해를 끼친 경우에는 6개월 이하의 징역이나 금고에 처한다(청원경찰법 제10조 제1항).
③ (×) 시·도 경찰청장은 청원경찰이 직무를 수행하기 위하여 필요하다고 인정하면 청원주의 신청을 받아 관할 경찰서장으로 하여금 청원경찰에게 무기를 대여하여 지니게 할 수 있다(청원경찰법 제8조 제2항).★

할 수 있다고 믿어라.
그러면 이미 반은 성공한 것이다.

- 시어도어 루즈벨트 -

청원경찰법 제11조~제12조

01 벌 칙

02 과태료

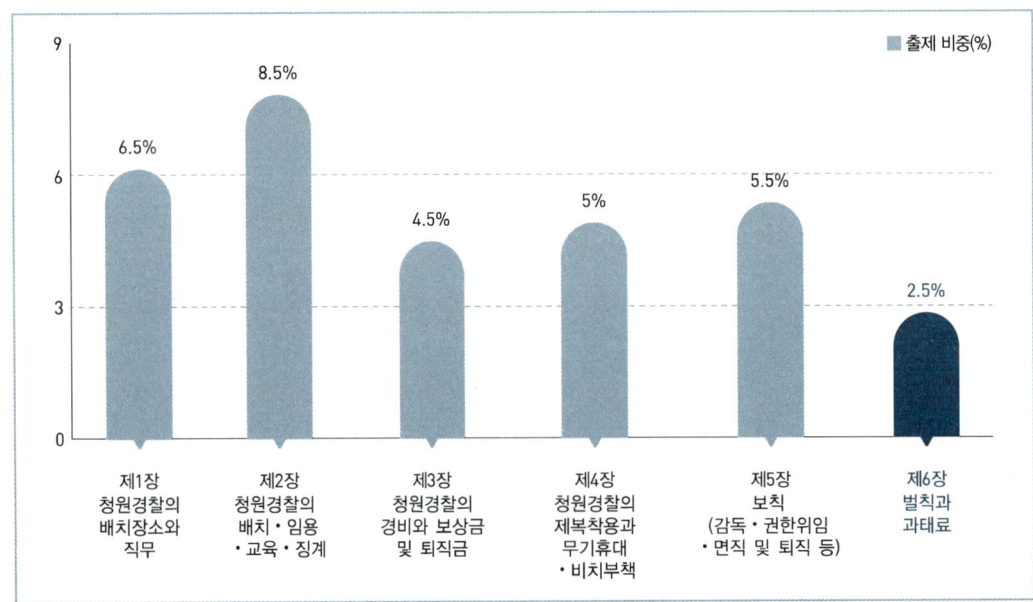

CHAPTER 06

벌칙과 과태료

CHAPTER 06 벌칙과 과태료

01
CHECK □△×

청원경찰이 파업, 태업 또는 그 밖에 업무의 정상적인 운영을 방해하는 쟁의행위를 했을 때의 벌칙내용으로 맞는 것은? 기출수정 02·01

① 1년 이하의 징역 또는 500만원 이하의 벌금에 처한다.
☑ 1년 이하의 징역 또는 1,000만원 이하의 벌금에 처한다.
③ 2년 이하의 징역 또는 500만원 이하의 벌금에 처한다.
④ 2년 이하의 징역 또는 1,000만원 이하의 벌금에 처한다.

해설
1년 이하의 징역 또는 1,000만원 이하의 벌금에 처한다(청원경찰법 제11조).

> **관계법령**
>
> **벌칙(청원경찰법 제11조)**
> 제9조의4를 위반하여 파업, 태업 또는 그 밖에 업무의 정상적인 운영을 방해하는 쟁의행위를 한 사람은 1년 이하의 징역 또는 1천만원 이하의 벌금에 처한다.
>
> **쟁의행위의 금지(청원경찰법 제9조의4)**
> 청원경찰은 파업, 태업 또는 그 밖에 업무의 정상적인 운영을 방해하는 일체의 쟁의행위를 하여서는 아니 된다.

02

청원경찰법령상 과태료에 관한 설명으로 옳지 않은 것은?(단, 가중·감경은 고려하지 않음) 기출 24

① **시·도 경찰청장의 배치 결정을 받지 아니하고 청원경찰을 배치한 경우 1,000만원 이하의 과태료가 부과된다.**
② 정당한 사유 없이 경찰청장이 고시한 최저부담기준액 이상의 보수를 지급하지 아니한 경우 500만원 이하의 과태료가 부과된다.
③ 감독상 필요한 명령을 정당한 사유 없이 이행하지 아니하였을 경우 500만원 이하의 과태료가 부과된다.
④ 경찰서장은 과태료처분을 하였을 때에는 과태료 부과 및 징수 사항을 과태료 수납부에 기록하고 정리하여야 한다.

해설
① (×) 시·도 경찰청장의 배치 결정을 받지 아니하고 청원경찰을 배치한 경우 <u>500만원</u> 이하의 과태료가 부과된다(청원경찰법 제12조 제1항 제1호 전단).
② (○) 청원경찰법 제12조 제1항 제2호
③ (○) 청원경찰법 제12조 제1항 제3호
④ (○) 청원경찰법 시행규칙 제24조 제3항

03

청원경찰법령상 과태료에 관한 설명으로 옳지 않은 것은? 기출 23

① 과태료는 대통령령으로 정하는 바에 따라 시·도 경찰청장이 부과·징수한다.
② **정당한 사유 없이 경찰청장이 고시한 최저부담기준액 이상의 보수를 지급하지 아니한 자에게는 300만원 이하의 과태료를 부과한다.**
③ 시·도 경찰청장의 배치결정을 받지 아니하고 청원경찰을 배치하거나 시·도 경찰청장의 승인을 받지 아니하고 청원경찰을 임용한 자에게는 500만원 이하의 과태료를 부과한다.
④ 시·도 경찰청장은 위반행위의 동기, 내용 및 위반의 정도 등을 고려하여 과태료 금액의 100분의 50의 범위에서 그 금액을 줄이거나 늘릴 수 있다.

해설
② (×) 정당한 사유 없이 경찰청장이 고시한 최저부담기준액 이상의 보수를 지급하지 아니한 자에게는 <u>500만원 이하의 과태료를 부과한다</u>(청원경찰법 제12조 제1항 제2호).
① (○) 청원경찰법 제12조 제2항
③ (○) 청원경찰법 제12조 제1항 제1호
④ (○) 청원경찰법 시행령 제21조 제2항 본문

04

청원경찰법령상 과태료의 부과기준에서 과태료 금액이 다른 것은? 기출 21

① 시·도 경찰청장의 배치결정을 받지 않고 국가중요시설(국가정보원장이 지정하는 국가보안목표시설을 말한다)에 청원경찰을 배치한 경우
② 시·도 경찰청장의 승인을 받지 않고 임용결격사유에 해당하는 청원경찰을 임용한 경우
❸ 시·도 경찰청장의 감독상 필요한 복무규율과 근무상황에 관한 명령을 정당한 사유 없이 이행하지 않은 경우
④ 정당한 사유 없이 경찰청장이 고시한 최저부담기준액 이상의 보수를 지급하지 않은 경우

해설

①·②·④는 500만원의 과태료 부과대상이나(청원경찰법 시행령 [별표 2] 제1호 가목·제2호 가목·제3호), ③은 300만원의 과태료 부과대상이다(청원경찰법 시행령 [별표 2] 제4호 나목).

관계법령 과태료의 부과기준(청원경찰법 시행령 [별표 2]) ★

위반행위	해당 법조문	과태료 금액
1. 법 제4조 제2항에 따른 시·도 경찰청장의 배치결정을 받지 않고 다음 각목의 시설에 청원경찰을 배치한 경우 가. 국가중요시설(국가정보원장이 지정하는 국가보안목표시설)인 경우 나. 가목에 따른 국가중요시설 외의 시설인 경우	법 제12조 제1항 제1호	500만원 400만원
2. 법 제5조 제1항에 따른 시·도 경찰청장의 승인을 받지 않고 다음 각목의 청원경찰을 임용한 경우 가. 법 제5조 제2항에 따른 임용결격사유에 해당하는 청원경찰 나. 법 제5조 제2항에 따른 임용결격사유에 해당하지 않는 청원경찰	법 제12조 제1항 제1호	500만원 300만원
3. 정당한 사유 없이 법 제6조 제3항에 따라 경찰청장이 고시한 최저부담기준액 이상의 보수를 지급하지 않은 경우	법 제12조 제1항 제2호	500만원
4. 법 제9조의3 제2항에 따른 시·도 경찰청장의 감독상 필요한 다음 각목의 명령을 정당한 사유 없이 이행하지 않은 경우 가. 총기·실탄 및 분사기에 관한 명령 나. 가목에 따른 명령 외의 명령	법 제12조 제1항 제3호	500만원 300만원

05

청원경찰법령상 과태료에 관한 설명으로 옳지 않은 것은? 기출 20

① 시·도 경찰청장의 배치결정을 받지 아니하고 청원경찰을 배치한 자에게는 500만원 이하의 과태료를 부과한다.
② 과태료는 대통령령으로 정하는 바에 따라 시·도 경찰청장이 부과·징수한다.
③ 경찰서장은 과태료처분을 하였을 때에는 과태료 부과 및 징수 사항을 과태료 수납부에 기록하고 정리하여야 한다.
❹ 경찰서장은 위반행위의 동기, 내용 및 위반의 정도 등을 고려하여 과태료 금액의 3분의 1의 범위에서 그 금액을 줄이거나 늘릴 수 있다.

해설

④ (×) 시·도 경찰청장은 위반행위의 동기, 내용 및 위반의 정도 등을 고려하여 [별표 2]에 따른 과태료 금액의 100분의 50의 범위에서 그 금액을 줄이거나 늘릴 수 있다(청원경찰법 시행령 제21조 제2항 본문).
① (O) 청원경찰법 제12조 제1항 제1호
② (O) 청원경찰법 제12조 제2항
③ (O) 청원경찰법 시행규칙 제24조 제3항

관계법령

과태료(청원경찰법 제12조)
① 다음 각호의 어느 하나에 해당하는 자에게는 500만원 이하의 과태료를 부과한다.
  1. 제4조 제2항에 따른 시·도 경찰청장의 배치결정을 받지 아니하고 청원경찰을 배치하거나 제5조 제1항에 따른 시·도 경찰청장의 승인을 받지 아니하고 청원경찰을 임용한 자
  2. 정당한 사유 없이 제6조 제3항에 따라 경찰청장이 고시한 최저부담기준액 이상의 보수를 지급하지 아니한 자
  3. 제9조의3 제2항에 따른 감독상 필요한 명령을 정당한 사유 없이 이행하지 아니한 자
② 제1항에 따른 과태료는 대통령령으로 정하는 바에 따라 시·도 경찰청장이 부과·징수한다.

> **과태료의 부과기준 등(청원경찰법 시행령 제21조)**
> ① 법 제12조 제1항에 따른 과태료의 부과기준은 [별표 2]와 같다.
> ② 시·도 경찰청장은 위반행위의 동기, 내용 및 위반의 정도 등을 고려하여 [별표 2]에 따른 과태료 금액의 100분의 50의 범위에서 그 금액을 줄이거나 늘릴 수 있다. 다만, 늘리는 경우에는 법 제12조 제1항에 따른 과태료 금액의 상한을 초과할 수 없다.

과태료 부과 고지서 등(청원경찰법 시행규칙 제24조)
① 법 제12조 제1항에 따른 과태료 부과의 사전 통지는 별지 제7호 서식의 과태료 부과 사전 통지서에 따른다.
② 법 제12조 제1항에 따른 과태료의 부과는 별지 제8호 서식의 과태료 부과 고지서에 따른다.
③ 경찰서장은 과태료처분을 하였을 때에는 과태료 부과 및 징수 사항을 별지 제9호 서식의 과태료 수납부에 기록하고 정리하여야 한다.

06

청원경찰법령상 벌칙과 과태료에 관한 설명으로 옳지 않은 것은? 기출 19

① 시·도 경찰청장의 승인을 받지 아니하고 청원경찰을 임용한 자에게는 500만원 이하의 과태료를 부과한다.
② 시·도 경찰청장은 위반행위의 동기, 내용 및 위반의 정도 등을 고려하여 대통령령에서 정한 과태료 금액의 100분의 50의 범위에서 그 금액을 줄일 수 있다.
③ 경찰청장은 과태료처분을 하였을 때에는 과태료 부과 및 징수 사항을 과태료 수납부에 기록하고 정리하여야 한다.
④ 파업 등 쟁의행위를 한 청원경찰은 1년 이하의 징역 또는 1천만원 이하의 벌금에 처한다.

해설

③ (×) 경찰서장은 과태료처분을 하였을 때에는 과태료 부과 및 징수 사항을 별지 제9호 서식의 과태료 수납부에 기록하고 정리하여야 한다(청원경찰법 시행규칙 제24조 제3항).
① (○) 청원경찰법 제12조 제1항 제1호
② (○) 청원경찰법 시행령 제21조 제2항 본문
④ (○) 청원경찰법 제11조

07

청원경찰법령상 과태료 부과기준 금액이 500만원에 해당하지 않는 경우는? 기출 18

① 임용결격사유에 해당하지 않는 청원경찰을 시·도 경찰청장의 승인을 받지 않고 임용한 경우
② 시·도 경찰청장의 배치결정을 받지 않고 국가정보원장이 지정하는 국가보안목표시설에 청원경찰을 배치한 경우
③ 정당한 사유 없이 경찰청장이 고시한 최저부담기준액 이상의 보수를 지급하지 않은 경우
④ 시·도 경찰청장의 감독상 필요한 총기·실탄 및 분사기에 관한 명령을 정당한 사유 없이 이행하지 않은 경우

해설

① (×) 임용결격사유에 해당하지 않는 청원경찰을 시·도 경찰청장의 승인을 받지 않고 임용한 경우, 과태료금액은 300만원이다(청원경찰법 시행령 [별표 2] 제2호 나목).
② (○) 청원경찰법 시행령 [별표 2] 제1호 가목
③ (○) 청원경찰법 시행령 [별표 2] 제3호
④ (○) 청원경찰법 시행령 [별표 2] 제4호 가목

08

청원경찰법령상 청원주의 위반행위로 인한 과태료의 부과기준이 500만원에 해당하지 않는 것은?

기출수정 17

☑ ① 시·도 경찰청장의 승인을 받지 않고 임용결격사유에 해당하지 않는 사람을 청원경찰에 임용한 경우
② 시·도 경찰청장의 감독상 필요한 분사기에 관한 명령을 정당한 사유 없이 이행하지 않은 경우
③ 정당한 사유 없이 경찰청장이 고시한 최저부담기준액 이상의 보수를 지급하지 않은 경우
④ 시·도 경찰청장의 배치결정을 받지 않고 국가정보원장이 지정하는 국가보안목표시설에 청원경찰을 배치한 경우

해설

① (×) 300만원 - 청원경찰법 시행령 [별표 2] 제2호 나목
② (○) 500만원 - 청원경찰법 시행령 [별표 2] 제4호 가목
③ (○) 500만원 - 청원경찰법 시행령 [별표 2] 제3호
④ (○) 500만원 - 청원경찰법 시행령 [별표 2] 제1호 가목

※ 출제오류로 '모두 정답'처리된 문제이며, 이에 기출문제를 수정하였다.

09

청원경찰법령상 다음의 위반행위에 따른 과태료 부과기준으로 옳게 짝지어진 것은? 기출 11

ㄱ. 시·도 경찰청장의 감독상 필요한 총기·실탄 및 분사기에 관한 명령을 정당한 사유 없이 이행하지 않은 경우
ㄴ. 시·도 경찰청장의 승인을 받지 않고 국가공무원법상 임용결격사유에 해당하는 청원경찰을 임용한 경우

① ㄱ : 300만원, ㄴ : 400만원
② ㄱ : 400만원, ㄴ : 400만원
③ ㄱ : 400만원, ㄴ : 500만원
☑ ④ ㄱ : 500만원, ㄴ : 500만원

해설

이 문제는 청원경찰법 제12조로는 해결할 수 없고, 청원경찰법 시행령 [별표 2]에 따라 해결하여야 한다. ㄱ에서 총기·실탄 및 분사기에 관한 명령인 경우에는 500만원의 과태료이고, 그 밖의 명령인 경우에는 300만원의 과태료에 해당한다. ㄴ에서 임용결격사유에 해당하는 청원경찰인 경우에는 500만원의 과태료이고, 임용결격사유에 해당하지 않는 청원경찰인 경우에는 300만원의 과태료에 해당한다.

10

청원경찰법상 벌칙 및 과태료에 관한 내용으로 옳지 않은 것은? 기출 12

① 청원경찰이 직무를 수행할 때 직권을 남용하여 국민에게 해를 끼친 경우 6개월 이하의 징역이나 금고에 처한다.
② 정당한 사유 없이 경찰청장이 고시한 최저부담기준액 이상의 보수를 지급하지 아니한 청원주에게는 500만원 이하의 과태료를 부과한다.
③ 파업, 태업 또는 그 밖에 업무의 정상적인 운영을 방해하는 쟁의행위를 한 자는 1년 이하의 징역 또는 1천만원 이하의 벌금에 처한다.
④ ✓ 청원경찰로서 직무에 관하여 거짓으로 보고하거나 통보하는 자에게는 500만원 이하의 과태료를 부과한다.

[해설]
④ (×) 「경찰공무원법」제24조(거짓보고 등 금지의무)를 청원경찰의 의무로서 준용하고는 있으나, 위배 시 이를 처벌하는 벌칙 또는 과태료 처분 규정은 존재하지 않는다. ★
① (○) 청원경찰법 제10조 제1항
② (○) 청원경찰법 시행령 [별표 2] 제3호
③ (○) 청원경찰법 제11조

11

청원경찰법 제12조(과태료) 제2항에 관한 규정이다. (   ) 안에 들어갈 내용으로 옳은 것은? 기출 16

> 제1항에 따른 과태료는 대통령령으로 정하는 바에 따라 (   )이(가) 부과·징수한다.

① 경찰청장
② ✓ 시·도 경찰청장
③ 지방자치단체장
④ 청원주

[해설]
제1항에 따른 과태료는 대통령령으로 정하는 바에 따라 시·도 경찰청장이 부과·징수한다.

12

청원경찰법상의 과태료에 관한 다음의 설명 중 잘못된 것은? 기출 04

① 시·도 경찰청장의 배치결정을 받지 아니하고 청원경찰을 배치한 자는 500만원 이하의 과태료를 부과한다.
② 시·도 경찰청장은 위반행위의 동기, 내용 및 위반의 정도 등을 고려하여 금액의 100분의 50의 범위에서 그 금액을 줄이거나 늘릴 수 있다. 다만, 늘리는 경우에는 과태료금액의 상한을 초과할 수 없다.
③ ✓ 과태료는 대통령령으로 정하는 바에 따라 경찰청장이 부과·징수한다.
④ 경찰서장은 과태료처분을 하였을 때에는 과태료 부과 및 징수 사항을 과태료 수납부에 기록하고 정리하여야 한다.

해설

③ (×) 과태료는 대통령령으로 정하는 바에 따라 시·도 경찰청장이 부과·징수한다(청원경찰법 제12조 제2항). 참고로 경비업법은 시·도 경찰청장 또는 경찰관서장을 부과·징수권자로 규정하고 있다(경비업법 제31조 제3항).
① (○) 청원경찰법 제12조 제1항
② (○) 청원경찰법 시행령 제21조 제2항
④ (○) 청원경찰법 시행규칙 제24조 제3항

13 CHECK ☐ △ ✕

청원경찰법령상 벌칙과 과태료에 관한 설명으로 옳은 것은? 기출 22

① 파업, 태업 또는 그 밖에 업무의 정상적인 운영을 방해하는 쟁의행위를 한 청원경찰은 1년 이하의 징역 또는 1천만원 이하의 벌금에 처한다.
② 시·도 경찰청장의 배치결정을 받지 아니하고 청원경찰을 배치하거나 시·도 경찰청장의 승인을 받지 아니하고 청원경찰을 임용한 청원주는 1년 이하의 징역 또는 1천만원 이하의 벌금에 처한다.
③ 정당한 사유 없이 경찰청장이 고시한 최저부담기준액 이상의 보수를 지급하지 아니한 청원주는 1년 이하의 징역 또는 1천만원 이하의 벌금에 처한다.
④ 시·도 경찰청장의 감독상 필요한 명령을 정당한 사유 없이 이행하지 아니한 청원주는 1년 이하의 징역 또는 1천만원 이하의 벌금에 처한다.

해설

① (○) 청원경찰법 제11조
② (×) 500만원 이하의 과태료가 부과된다(청원경찰법 제12조 제1항 제1호).
③ (×) 500만원 이하의 과태료가 부과된다(청원경찰법 제12조 제1항 제2호).
④ (×) 500만원 이하의 과태료가 부과된다(청원경찰법 제12조 제1항 제3호).

관계법령

벌칙(청원경찰법 제11조)
제9조의4를 위반하여 파업, 태업 또는 그 밖에 업무의 정상적인 운영을 방해하는 쟁의행위를 한 사람은 1년 이하의 징역 또는 1천만원 이하의 벌금에 처한다.

과태료(청원경찰법 제12조)
① 다음 각호의 어느 하나에 해당하는 자에게는 500만원 이하의 과태료를 부과한다.
  1. 제4조 제2항에 따른 시·도 경찰청장의 배치결정을 받지 아니하고 청원경찰을 배치하거나 제5조 제1항에 따른 시·도 경찰청장의 승인을 받지 아니하고 청원경찰을 임용한 자
  2. 정당한 사유 없이 제6조 제3항에 따라 경찰청장이 고시한 최저부담기준액 이상의 보수를 지급하지 아니한 자
  3. 제9조의3 제2항에 따른 감독상 필요한 명령을 정당한 사유 없이 이행하지 아니한 자
② 제1항에 따른 과태료는 대통령령으로 정하는 바에 따라 시·도 경찰청장이 부과·징수한다.

잊지 마세요.

당신이 버티고 버텨
가려던 곳을

– 작자 미상 –

2025 시대에듀 경비지도사 경비업법 [일반·기계경비]

개정14판2쇄 발행	2025년 03월 10일(인쇄 2025년 07월 03일)
초 판 발 행	2011년 05월 20일(인쇄 2011년 03월 25일)
발 행 인	박영일
책 임 편 집	이해욱
편 저	시대에듀 경비지도사 교수진
편 집 진 행	이재성·고광옥·백승은
표지디자인	박종우
편집디자인	표미영·임창규
발 행 처	(주)시대고시기획
출 판 등 록	제10-1521호
주 소	서울시 마포구 큰우물로 75 [도화동 538 성지 B/D] 9F
전 화	1600-3600
팩 스	02-701-8823
홈 페 이 지	www.sdedu.co.kr
I S B N	979-11-383-8633-3 (14350)
정 가	33,000원

※ 이 책은 저작권법의 보호를 받는 저작물이므로 동영상 제작 및 무단전재와 배포를 금합니다.
※ 잘못된 책은 구입하신 서점에서 바꾸어 드립니다.

합격의 공식 ▶ **온라인 강의**

혼자 공부하기 힘드시다면 방법이 있습니다.
시대에듀의 동영상 강의를 이용하시면 됩니다.
www.sdedu.co.kr → 회원가입(로그인) → 강의 살펴보기